상처받은 절개, 날개접은 발전

유교적 유산과 한국 자본주의의 부침

나남출판

조 혜 인

서울대학교 사회학과 및 동대학원 졸업
미국 펜실베이니아대학교 사회학 박사
현재 서강대학교 사회학과 교수

저서로
《현대사회문제》(공저), 《한국사회사의 이해》(공저)
《의료의 사회학》(역),

논문으로
"세속적 지성계에서 보는 그리스도교"
"막스 베버의 종파 및 당파 이론의 확충"
"유교적 유산과 중국 경제발전의 관계", "유교와 포스트모더니즘"
"The Historical Origin of Civil Society in Korea"
"Yangban as an Upwardly Open Elite Status Group"
"Confucianism and the Democratization of Korea"(공저)

나남신서 1202

상처받은 절개, 날개접은 발전
유교적 유산과 한국 자본주의의 부침

2007년 2월 25일 발행
2007년 2월 25일 1쇄

저자_ 趙惠仁
발행자_ 趙相浩
발행처_ (주) 나남출판
주소_ 413-756 경기도 파주시 교하읍
출판도시 518-4
전화_ (031) 955-4600 (代)
FAX_ (031) 955-4555
등록_ 제 1-71호(79. 5. 12)
홈페이지_ www.nanam.net
전자우편_ post@nanam.net

ISBN 978-89-300-8202-0
ISBN 978-89-300-8001-9 (세트)
책값은 뒤표지에 있습니다.

나남신서 · 1202

상처받은 절개, 날개접은 발전

유교적 유산과 한국 자본주의의 부침

조 혜 인

NANAM
나남출판

Beleaguered Chastity and Prostrated Development

The Confucian Heritage and the Up and Down of Korean Capitalism

by

Cho, Hein

NANAM
NANAM Publishing House

머리말

이 책은 우리 경제의 특성을 사회문화적 틀 속에서 역사적으로 추적하며 논하고 현재의 경제상황에 대해 진단하고 처방한 필자의 글들을 담고 있다. 오랜 기간에 걸쳐 학술지 등에 발표한 논문들과 함께 이 책을 위하여 새로 쓴 글들이 추가되어 있다. 우리 경제의 특성을 논하는 데 있어 우리의 역사적 유산으로서의 유교적 지향이 중요하기 때문에 유교적 유산의 형성과 그것의 작용을 논하고 있으며 최종적으로는 현재의 상황에 대한 진단과 처방을 따로 제시하였다. 필자가 유교적 지향을 다루는 것은 그것이 현실적으로 지니는 중요성 때문이며 필자의 관심이 특히 유교에 고착되어 있는 것은 아니다. 필자는 사회과학도가 관심을 가질 수 있는 많은 문제들에 대한 이론적, 실천적 관심을 가지고 있다. 필자가 관심을 가져 온 문제에는 우리 경제를 포함하여 다양한 경제들의 형성과 변동, 그리고 보다 바람직한 경제의 모습 등이 포함되어 있다.

필자는 경제를 포함하여 다양한 사회적 현상에 작용하는 역사적 차원의 중요성을 잘 인식하고 있다. 유교가 우리의 역사에서 차지해 온 비중만큼 중요한 역할을 하기 때문에 그에 관련된 것들을 다루어 온 것이 필자가 수행해 온 한 가지 연구 계열이었다. 필자가 우리의 경제문제를 다루는 데 있어 유교의 영향을 중시하는 것은 그것이 현실 속에서 그만큼 중요하기 때문에 그러는 것이지 필자가 유교에 어떤 심정적 애착을 갖고 있기 때문인 것은 아니다. 그런데 사람들은 흔히 그토록 중요한 유교의 현실적 영향을 잘 인식하지 못하고 있고 바로 그것이 우리 경제가 현재 처한 난국의 큰 원인이 되고 있다. 그리하여 이 책에서는 무엇이 사람들로 하여금 유교의 현실적 영향을 잘 인식하지 못하게 만들고 있는지를 또한 중점적으로 같이 설명하고 있다. 거기에는 그렇게 함으로써 현 경제난국을 극복하는 디딤돌이 되게 하려는 실천적 관심이 내포되어 있다.

본령이 사회학인 필자는 경제현상을 다루는 일차적 분야로서의 경제학의 전문적 능력을 회의하거나 폄하하려는 뜻을 조금도 갖고 있지 않다. 그러나 사회현상의 하나로서의 경제는 사회의 다른 측면들과 상호작용하는 속에서 존재하는데 경제학 특히 현대의 주류경제학은 그 점을 충분히 인식하지 않는 경향이 있다. 그런 데다가 "등잔 밑이 어둡다"는 우리의 속담처럼 경제 속에 들어가서 작업하고 있다는 바로 그 이유 때문에 경제전문가가 경제가 처해 있는 상황을 조감하기가 쉽지 않을 수가 있다. 그 점이 어떤 상황들에서 경제전문가가 주어진 경제상황을 정확히 진단하고 처방하는 데 걸림돌로 작용할 수가 있으며 지금 우리의 상황이 그런 경우의 하나라고 할 수가 있을 것 같다. 그럴 때는 근처에서 경제 속으로 덜 들어가 있다는 바로 그 이유 때문에 경제가 처한 상황은 오히려 더 잘 조감할 수도 있는 인근 영역의 사람들이 경제전문가들이 본원적으로 지니는 전문적 능력을 좀더 잘 사용할 수 있도록 도움말을 줄 수가 있다. 그런데 그 도움말이 타당한 것이라는 점을 설명하기 위하여 경제 자체에 대한 논의도 상당히 깊이 할 필요조차 다소간에 있는 국면도 있을 수 있는데 지금 우리의 상황이 그러한 경우가 아닐까 한다.

필자는 이러한 모든 것을 처음부터 끝까지 간극 없이 상술한, 이론적으로 더 밀도가 높은 책을 준비해 놓고 있다. 그런데 그것을 내놓기 전에 그때그때 좀더 단편적으로 쓴 논문들을 그대로 모아 먼저 내놓는 것이 순서라고 생각하게 되었다. 이 각각의 논문들은 단편적인 대신에 그 논증에 있어 그리고 그 상황에 있어 주어진 주제들을 확대시켜 다루고 있다는 장점을 갖고 있다. 이 책이 현재의 경제 난국을 극복하는 데 하나의 밀알이 될 수 있기를 염원한다. 이 책의 출판을 흔쾌히 맡아 준 조상호 사장님과 모든 글을 읽고 귀중한 조언을 제공해 준 박영도 박사님을 비롯하여 책의 편집을 위해 노고를 아끼지 않은 나남 가족 여러분들께 깊은 감사의 말씀을 드린다.

2007년의 새봄을 맞이하며,

조 혜 인

나남신서 · 1202

상처받은 절개, 날개접은 발전

유교적 유산과 한국 자본주의의 부침

차 례

▪ 머리말 / 5

서 설 15

제 1 부 유교적 유산의 역사적 정위

제 1 장 세계의 깸 : 개신교 윤리 명제의 동적 측면 67

1. 서 론 / 67
2. 개신교 이전의 "깸" / 75
3. 개신교의 "깸" / 85
4. 개신교로의 합리화 과정의 고찰에 나타난 베버적 진화론 / 94
5. 결 론 / 103

제 2 장 주자학적 세계관 속의 긴장 111
1. 베버의 유교관 / 111
2. 신유교로서의 주자학 / 118
3. 이의 관념적 초월성 / 132
4. 이와 기의 갈등 / 137
5. 결 론 / 148

제 3 장 조선 향촌질서의 특성과 그 정착과정 155
1. 조선왕조 등장의 초역성적 측면 / 155
2. 국가와 사회의 분화 문제와 유교 / 158
3. 조선 향촌질서의 새로운 점 / 167
4. 향촌질서 개편의 담지자 / 171
5. 명망가 지배의 정착 / 178
6. "교화활동"의 전개 / 181
7. 배경적 역학 / 186

제 4 장 동학과 주자학 : 유교적 종교개혁의 맥락 191
1. 평등주의의 구현 / 191
2. 금욕주의의 간소화 / 197
3. 신비주의와 금욕주의 / 209
4. 결 론 / 213

제 5 장 일본침입 행위의 논리적 성찰 :
경제적 결정론의 오류를 중심으로 219
1. 서 론 / 219
2. 일본의 성공에 대한 일원적 결정론의 오류 / 220
3. 일본의 침입에 대한 경제결정론의 오류 / 223
4. 국제적 세력관계의 정확한 모습 / 227
5. 일본침입의 효과분석에 개입되는 논리 / 234
6. 성찰적인 상상적 실험 / 239
7. 논리적 접근을 저해하는 두 가지 병리적 정서 / 243
8. 결 론 / 247

제 2 부 상처받은 유교적 금욕주의와 한국 자본주의

제 6 장 주자학적 계급 : 한국 노사관계의 이념적 후광 257
1. 이념과 계급 / 257
2. 노동자의 이념 / 270
3. 자본가의 이념 / 278
4. 신분지향적 금욕주의 / 285
5. 결 론 / 292

제 7 장 한국 교육현상 속의 왜곡된 성리학적 유산 : 보상과 의무의 문제와 관련하여 299
1. 서 언 / 299
2. 서구에서의 기능주의적 지식관의 발전 / 301
3. 성리학적 전통에서의 신분주의적 지식관의 발전 / 308
4. 일본침입하에서 특권주의적 지식관으로 전락 / 314
5. 특권주의적 보상의 현황 / 316
6. 효과와 부수효과 / 321
7. 결 론 / 331

제 8 장 아시아적 가치와 자본주의 : 조율적 분화의 선진성 337
1. 아시아적 가치논쟁의 연원 / 337
2. 확산적이면서도 구심적 경향을 지니는 아시아적 가치개념 / 339
3. 서구에서의 전념적 분화와 동아시아에서의 조율적 분화 / 341
4. 종교와 세속의 조율적 분화 / 344
5. 개인과 공동체의 조율적 분화 / 347
6. 국가와 사회와 시장의 조율적 분화 / 351
7. 동아시아에는 결코 새롭지 않은 "제 3의 길" / 355
8. 견제와 균형의 중요성 / 358

제 3 부 오처방과 추락

제 9 장 유교적 금욕주의와 한국의 경제발전 369

1. 경제발전의 올바른 버팀목 / 369
2. 기독교적 금욕주의와 그 현세화 / 371
3. 조선조 성리학적 삶의 내세적 금욕주의 / 373
4. 신분적 금욕주의 / 376
5. 서구와의 비교 / 379
6. 부정확하거나 전도된 인식 / 381
7. 개혁을 통해 살릴 강점 / 382
8. 경제주의의 무사려한 복사를 넘어 / 384

제 10 장 유교와 한국 자본주의 : 냉철한 선택을 위한 당위적 고찰 387

1. 서 언 / 387
2. 합리적 세속과 자본주의의 공유 / 388
3. 유교와 서구 세속적 이념체계의 공통점과 차이점 / 390
4. 서구의 열정성과 유교의 냉철성 / 392
5. 국가, 시장, 공동체 및 유교적 냉철성 / 394
6. 인간의 본성에 대한 냉철한 인식 / 398
7. 탈규제의 문제 / 399
8. 유교적 자산을 훼손한 개발독재와 자기비하 / 403
9. 블록도 이념도 아닌 순수한 방법론적 자산 / 406
10. 요구되는 냉철한 선택 / 409

제 4 부 병리적 인식의 해부와 난국타개의 유일처방

제 11장 경제회복의 선결과제로서의 분배개선과 경제학의 공동체적 역량 … 417

1. 서 론 / 417
2. 외환위기 이래의 오처방에 의해 함몰된 우리 경제 / 419
3. 성장과 분배에 관한 일반적 관점 및 경제학의 공동체지향 / 434
4. 결 론 / 439

제 12 장 경제 "종속화"마저 낳은 대외굴종적 특권 주지주의 ………………… 443

1. 대외굴종적 특권 주지주의의 부실한 지식 / 443
2. 종속적 개방을 통한 부 그리고 부의 원천의 유출 / 450
3. 대외굴종적 특권 주지주의의 전도된 "시장원리" / 455
4. 종속적 개방이 훼손한 "경쟁력" / 460
5. 시장원리의 대외적 수호자로서 경제성장을 지킨 민족주의 / 467
6. 우리 사회에서 농가성진이 되어버린 허구적 세계화 담론 / 474
7. 평지풍파를 뒷받침한 비민주적 의사결정기제 / 484
8. 난관극복의 처방과 대내적 지상과제인 국민대중 소득보전 / 489
9. 경제주권 회복과 대외굴종적 특권 주지주의 청산의 과제 / 503

서 설

서설에서는 이 책에 실린 글들을 소개하면서 그 글들을 묶고 있는 틀을 함께 설명하려고 한다. 우리 경제발전에 대한 유교의 기여를 논하는 것에 대해 흔히 제기되는 일반론적 비판의 하나는 그것이 유교 같은 종교 내지 이념으로 모든 것을 설명하려는 관념결정론이라는 것이다. 물론 단순주의적인 결정론으로는 사회현상을 정확히 파악할 수 없으며, 필자는 적지 않은 사람들이 오해하는 것과는 달리 결정론적 관점을 취한 적이 없다. 관념결정론에 반대하면서도 종교 내지 이념의 역할을 일정하게 인정하는 사람들은 그것뿐만 아니라 여러 가지 제도들의 역할이 중요하다고 주장한다. 하지만 그것은 필자의 생각이기도 하다. 그런데 필자는 종교와 제도의 역할을 단순히 평면적으로 비교하는 데 그치지 않고 그 사이에 존재하는 복합적인 상호작용의 틀 속에서 보아왔다. 그리고 이 책은 그러한 복합적인 상호작용의 틀 속에서 편집되었다. 그리고 이 책에서는 그 틀에 대한 명시적인 언급이나 설명도 상당히 이루어지고 있다.

역사적 접근의 의의와 장기사적 고찰의 중요성

그런데 그 상호작용의 틀은 역사 속에서 펼쳐지는 틀이다. 그리하여 실제 역사의 전개 속에서 그 요소들이 전개되어 온 구체적 모습을 추적하면서 그 상호작용의 틀을 보아야 그것을 온전히 파악할 수 있다. 유교의 역할도 그것과 제도들이 우리의 역사 속에서 실제로 살아 내려 온 모습을 그러한 틀의 전개와 함께 보아야 효과적으로 파악할 수 있다. 이 책에는 그러한 틀이 역사적으로 발전한 흐름이 담겨 있다. 그것은 이념과 제도에 관한 예의 복합적인 이론적 틀의 역사적 차원이 펼쳐지는 것이라고 할 수 있다. 이 책은 그렇듯 역사적으로 전개되어 온 틀 속에 논문들을 배치하였다. 그러나 이 책이 그 틀을 빠짐없이 보여주고 있는 것은 아니다. 논문들이 망라하지 못하는 "빈틈"들이 있다. 빈틈은 논문 안에도 있고 논문 사이에도 있다. 그래서 이 장에서는 그 빈틈을 어느 정도 메워 줄 수 있는 간략한 논의나 설명들을 같이 하였다.

우리가 요소들을 역사적 흐름 속에서 추적해 내려온다는 것은 결국 그것들을 전반적인 역사적 유산으로서 다룬다는 것이 되며, 유교도 그 속에 포괄된다. 그런데 지금의 현실을 이해하는 데 있어 역사적 차원의 중요성을 인식하는 사람들도 흔히 시야를 "개항" 이후의 역사에 국한하려는 경향이 있었다. 하지만 가까운 과거가 현재에 영향을 미치는 것을 인정한다면, 그 과거에 대해 "대과거"가 영향을 미쳤다는 것을 같은 논리로 인정해야만 한다. 그렇다면 대과거는 과거를 통하여 현재에 영향을 미칠 것이다. 그리하여 장기사적 고찰의 중요성에의 논리적 귀결을 피할 수 없게 된다.[1] 사실 지금의 현실을 정확히 이해하지 못하고 잘못된 진단과 잘못된 처방으로 문제를 악화시키는 데에는 역사적 고찰의

---

1) 최재현(1992)은 역사적 접근법의 중요성을 섬세한 필치로 설파하는 가운데 우리의 오랜 역사에 대한 정확한 지식이 현재의 우리 사회를 이해하는 데 얼마나 중요한 역할을 하는가 하는 점을 논하고 있다. 아날학파가 강조하는 "장기지속"의 개념도 결국 장기사의 중요성을 말하려는 것이라고 할 수 있을 것이다(Braudel, 1980: 75).

시야를 길게 잡지 않았던 것이 크게 가세했다고 할 수 있다. 이 책에서는 시야를 조선조 수립까지로 늘려서 역사적 추적을 할 것이다. 조선조 수립부터 시작하여 장기사적 발전의 틀을 추적해 내려오는 것이다. 그런데 사람들이 역사적 시야를 "개항" 이후로 국한하려는 것은 어느 정도 이유가 있는 일이다. 그것은 그 이후에 얼마 안 있어 우리가 일본에게 나라를 잃는 역사적 변고를 겪었기 때문이다. 그 이후에 가해지기 시작한 어떤 힘을 느끼기 때문이다. 하지만 장기사적 발전의 흐름을 인식한다면 그것은 거기에 왜곡력이 가해진 것임을 인식할 수 있을 것이다.[2] 그리고 그 왜곡력을 우리의 역사적 동력 자체로 혼동하는 일도 하지 않을 것이다. 그리하여 우리는 크게 장기사적 동력과 그러한 왜곡력의 두 상반된 힘의 작용을 같이 추적할 것이다.

우리는 유교가 그러한 역사적 과정을 통하여 현재에 미치게 된 영향을 살펴볼 것인데, 결과적으로는 유교라기보다 유교적 지향의 영향을 살피는 것이 된다. 그 많은 것이 현재 한국 사회에서 유교라는 이름으로 존재하지는 않는다. 예컨대, 사람들은 그 많은 것에 대해 그것이 유교와 관계 있는 것임을 의식하지 못하면서 그것을 표출하거나 관찰하고 있다. 그것은 유교적 기원을 갖지만 더 이상 유교라는 우산하에 있지 않는 것이다. 하지만 물론 그 유교적 기원과 그것이 역사적으로 이어져 온 과정을 알면 그 성격을 명확히 하는 지름길이 된다. 그러나 일단 그 성격을 명확히 하게 되면, 더 이상 그것이 유교와 관계 있는 것임을 염두에 두지 않아도 그 작용을 정확히 고찰할 수 있다.

한마디로 우리 사회성원들이 수백 년 동안 심각하게 살아온 유교적 삶의 모습들은 쉽게 다 사라지지 않고 여전히 큰 힘을 오늘날에도 우리

---

2) 최근에 이홍락(1997)은 내생적 역학이 일본의 침입을 통하여 왜곡된 과정을 보아야 한다는 점을 강조하였다. 내생적 역학의 출발점을 더욱 올려잡고 변동의 역학을 경제적인 것에 국한시키지 않고 사회문화를 아우르는 복합적인 틀 속에서 본다면 우리의 것과 크게 다르지 않다고 할 수 있다. 그에 더하여 일본의 침입에 의한 왜곡작용이 종국적으로는 광복 이후의 상황전개에 따라 구현되게 된다는 관점이 우리의 것에는 들어 있다.

사회 안에서 발휘하고 있으며, 경제에 대해서도 예외는 아니다. 한국 경제발전에 대한 유교의 기여를 논하는 것을 비판하는 사람들이 흔히 사용하는 논리의 하나는 유교의 기원과 자본주의의 기원은 아무런 관계가 없다는 것이다. 그렇게 말할 때는 흔히 자본주의가 좋은 것이라니까 유교를 거기에 갖다 붙이려고 무리를 하고 있다는 힐난이 담겨 있다. 하지만 그런 것은 전혀 필자의 의도가 아니다. 자본주의가 좋은 것이든 아니든 현대 한국사회 안에 광범위하게 들어있는 것이고, 또 한편에는 유교적 지향이 광범위하게 들어있다. 양자의 기원이 어떤 것이든 그런 상황에서 어떻게 서로 완전히 "따로 놀" 수 있겠는가? 조사해 보면 실제로는 다를 수 있다 하더라도, 일단은 그 사이에 영향을 주고받는 관계가 있다고 가정하는 것이 과학적이다. 그런 순리적 가정을 해보는 대신에 무조건 둘 사이의 관계를 배제하려 드는 태도야말로 이른바 "이데올로기"적인 것이다. 어떤 "도그마"가 현실을 직시하지 못하게끔 의식을 사로잡고 있는 것이다. 그리고 그 "도그마"는 수백 년간 절대적인 국교로 삼아왔다는 것을 배워서 알고 있는 그 전통이 하루아침에 다 사라져 버렸을 것인가 하는 너무도 당연한 의문부터 품어보지 못하게 만들고 있는 것이다.[3]

유교적 지향을 빼고 우리 사회를 설명하려는 것은 화강암 지형을 빼고 우리 지리를 설명하려는 것이나 마찬가지이다. 화강암 지형을 가지고 우리 지리의 많은 것을 설명할 수 있는 것은, 그렇게 설명하는 사람이 탁월해서가 아니라 무엇보다도 우리 지질구조에서 화강암 지형이 그만큼 큰 부분을 차지하고 있기 때문이다. 그 현상에 대해서는 너무도 명백한 사실을 직시하지 못하게 하는 성격의 "도그마"가 존재하지 않기 때문에 누구든 쉽게 그러한 설명을 할 수 있고 받아들인다. 그러나 만약 그에 관해서도 어떤 "도그마", 예컨대 화강암은 무의미한 암석이라든지 또는 암석은 지리현상에 중요하지 않다든지 하는 "도그마"가 자리

3) 필자는 유교 기여론에 대한 비판들이 갖는 전형적인 논리적, 인식론적 오류에 대해서 따로 묶어서 논한 바가 있다(조혜인, 2005).

잡고 있다면, 사람들은 당해 현실의 아주 중요한 부분을 무시하거나 왜곡하는 오분석과 오지침이 횡행하는 속에서 엄청난 고통과 역경을 겪게 될 것이다.[4] 그런데 그것이 바로 유교적 유산에 대해서 현재 우리 사회가 보여주는 모습이다.

결국 우리는 너무도 명백한 현실을 직시하고 그대로 드러내려는 것일 뿐이다. 이런 일이 조금이라도 새로운 시도인 것처럼 보이는 측면이 있다면 그것은 너무도 명백한 현실을 직시하지 못하게 하는 그 "도그마"들을 젖히고 현실을 그대로 드러내주는 작업이 다소간에 개재되기 때문일 것이다. 현실을 그대로 드러내는 맥락에서 우리가 하려는 것은 유교적 지향의 성격을 명확히 하고 그 영향을 정확히 살펴보려는 것인데, 결코 유교적 지향 같은 개별 요인의 영향에 대해 과대평가를 하려는 것이 아니다. 현실에는 그 외에도 수많은 요소들이 영향을 미치고 있다. 우리는 그 모든 요소들의 작용을 최대한 정확하게 파악해야 한다. 당위적 고찰에 대해서도 비슷한 말을 할 수 있다. 우리는 유교적인 자원 말고도 다양한 지적 자원을 최대로 활용하면서 자신의 능동적 사고력을 십분 발휘하여 현실에 대한 최선의 이정표를 수립할 수 있도록 노력해야 한다. 그렇게 하는 과정에서 각각의 요소의 발원처가 어디인지에 생각이 얽매일 필요는 없다. 이 책의 뒤쪽으로 가면서 현재 한국의 상황에 대한 진단과 처방을 할 때 이러한 원칙이 적용됨을 확인할 수 있을 것이다. 특히 맨 마지막 부분에 실린 논문들에서는 유교라든지 역사적 자산에 대한 언급 없이 어떤 고정관념에도 사로잡히지 않는 "자유로운" 현실 고찰의 작업이 현재 상황에 대해 이루어질 것이다.

여기서 "유교 자본주의"라는 용어에 대해 덧붙일 필요가 있을 것 같다. 필자는 그 용어의 사용을 주창한 적이 없는데, 적지 않은 사람들이 필자에 대해 그러한 오해를 해왔다. 지금까지 우리가 분명히 한 점들로부터 "유교 자본주의"와 같은 용어가 왜 무리한 것인지는 쉽게 설명될

---

4) 또한 명백한 사실을 보지 못하게 만드는 의식의 그러한 상태는 다른 변수들을 포함하는 일반적인 상황판단에 장애물로 작용할 가능성을 통해서도 그러한 난국에 가세할 수 있다.

것이다.[5] 한마디로 유교는 유교이고 자본주의는 자본주의인 것을 서로 묶으려 들면 현실분석과 당위적 고찰 모두를 훼손하게 된다. 자본주의적 경제상황을 진단하고 처방할 때엔 그것과 관련된 모든 필요한 변수와 요소를 고려에 넣어 최대로 자유롭게 분석하고 판단할 수 있어야만 한다. 그런데 유교라는 주어진 전통은 그렇게 자유로울 수가 없다.[6] 뿐만 아니라 유교, 그것도 정확히는 유교적 지향은 아무리 그 작용이 크다고 하더라도, 자본주의적 경제상황에 관계된 그러한 변수와 요소의 일부를 이루고 있는 것에 불과하다. 그러니 어떻게 유교라는 말로 자본주의를 제약할 수 있겠는가? 유교를 종교적으로 따르거나 지키려는 사람이라고 할지라도 유교와 경제 사이의 관계를 고찰할 때에는 그런 맥락에서 더욱 "가치자유"적 분석이 요구된다. 더군다나 유교를 종교적으로 지키려는 하등의 동기도 없는 필자가 "유교 자본주의"를 주창할 이유는 전혀 없는 것이다.

이념의 비대칭적 중요성을 포함하는 복합적 틀

이 책의 제1부 "유교적 유산의 역사적 정위"에서는 조선조의 발전과정과 그 안에서의 유교의 역할을 추적하고 막판에 이민족의 침입에 의해 그에 대한 장애물이 형성된 사정을 논하는 글들이 주로 실려 있다. 제1장 "세계의 깸: 개신교 윤리 명제의 동적 측면"은 베버의 저서 "개신교 윤리와 자본주의 정신"의 의의에 관한 글이다. 필자가 하는 것과 같은 연구들을 사람들은 흔히 베버의 관점을 "적용"하는 것이라고 말한

---

5) 한편 "한국 자본주의"는 무난한 용어가 될 수 있다. 그것은 우선 앞으로도 자본주의는 기본적으로 국민경제들로 존재할 것이기 때문이며 또한 "한국"은 내용적으로 좀더 폭이 넓은 실체이기 때문이다. 적어도 자본주의를 풍부하게 할 수 있는 만큼은 한국도 풍부해질 수 있는 것이다.

6) 유교 자체도 새로운 상황에 적응해야 하며, 적응할 수 있다고 역설하는 윤사순(2006)도 강한 연속성을 전제하면서 적응 가능성을 논하는 것이다.

다. 그런데 실은 필자가 베버를 적용하려고 했던 것은 아니다. 예컨대 필자의 박사학위 논문(Cho, 1989)은 현대 종교사회학에서 세속화 현상을 설명하는 이론들을 살펴 본 후 필자 자신의 입장을 설정하여 그것을 우리사회의 사례를 가지고 검증해 본 것이다. 역세속화(*countersecularization*)라는 이름을 붙여 본 그 입장은, 간단히 말하자면, 현대에 벌어지고 있는 세속화라는 것이 전체적으로 종교의 약화라기보다는 기존의 지배적 종교 안에 들어있던 지향들이 다른 영역으로 확산되는 현상이라는 것이었다. 서구에서 기독교의 지향들이 그렇게 되었다면 우리사회에서는 유교의 지향들이 그렇게 되었다는 것을 보여줌으로써 역세속화가 일반적 명제로 성립됨을 그 논문은 증명하려고 했다.[7)]

이 책에서는 그 주제를 직접 계속해서 다루고 있진 않지만 그것은 유교의 경제발전 기여론에 대해 제기되는 중요한 의문점을 해결해 준다. 많은 사람들이 유교가 자본주의 발전에 기여한다면 왜 유교가 국교이던 예전에는 자본주의가 발전하지 않았느냐고 반론을 제기해 왔다. 그에 대해 흔히 제시된 답안은 제도적 환경이 변했기 때문이라는 것이었다. 유교의 잠재력을 발휘하지 못하게 하던 예전의 제도적 환경과는 다른 제도적 환경이 이제는 유교의 잠재력이 발휘될 수 있도록 허용했기 때문이라는 것이다. 그것은 타당한 명제일 뿐만 아니라 우리가 꼭 고려에 넣어야 할 중요한 사항이지만 우리가 그 이전에 인식해야 할 더욱 중요한 사항이 있다. 그것은 우선 유교적 지향과 제도들 사이의 연결방식부터가 그렇게 다른 제도들이 자리잡을 수 있게끔 달라졌다는 사실이다. 그런데 그것은 다시 유교적 지향이 담겨 있는 "종교적 영역" 자체에 상응하는 변화가 있었음을 의미한다. 궁극적으로 종교 자체의 그러한 변화가 제도적 환경의 변화를 자리잡도록 허용하였던 것이고, 그러한 제도적 환경의 변화를 통하여 자기의 잠재력을 발휘하였던 것이다. 필자

---

7) 공동선의 이해심을 가지고 유교, 불교, 이슬람교 등 다른 종교를 연구할 때 어떻게 그들 종교의 다양한 측면에 관한 섬세한 해석에 도달할 수 있는지를 잘 보여주고 있는 김승혜 수녀 교수가 이 논문의 의미를 평가해 준 바 있다(김승혜, 1999).

가 "역세속화"로 푼 세속화가 바로 그러한 변화에 해당한다. 다시 말해서 유교적 전통도 유태기독교 전통이나 다른 종교적 전통들처럼 한 가지 상태에만 머물러 있었던 것이 아니라 변동을 해 왔던 것이다. 그런데 유교의 성격과 역할을 논한 거의 모든 입장의 사람들이 이 중대한 사항을 놓치고 있었다.

필자가 역세속화의 입장을 설정할 때 일차로 참조한 것은 현대의 이론들이었다. 그런데 현대의 그 이론들은 다른 고전적 학자들과 함께 베버의 성과를 크게 활용한 것들이었다. 필자는 처음에 그렇게 베버를 간접적으로 수렴했지만, 나중에는 베버 자신을 직접적으로도 수렴하게 되었다. 필자는 베버를 적용하려는 것이 아니고 베버로부터 수렴할 수 있는 옳은 관점을 최대로 수렴하여 자신의 관점으로 발전시킨 것이다. 베버의 관점만 수렴한 것은 아니고 다른 사람들의 관점도 수렴해 왔으며, 더 나아가서 선인들의 관점을 수렴한 것이 그 전부인 것도 아니다. 이 책에 실린 많은 글들은 필자의 박사학위 논문과 같은 종교사회학적 주제에 정확히 초점이 맞추어져 있는 것은 아니지만 그 점에 있어서는 마찬가지이다. 그러나 물론 필자의 연구들에는 베버의 관점이 많이 수렴 내지 활용되고 있는 것이 또한 사실이다. 그만큼 베버의 관점은 뛰어나다. 베버가 위대하다는 말이 달리 나온 것이 아닌 것이다.

필자의 연구를 비판하는 사람들은 흔히 필자가 베버의 관점을 잘못 적용하고 있다고 비판한다. 베버는 종교와 같은 이념 내지 "문화"가 일방적으로 사회변동을 이끈다고 본 것이 아니고 다른 제도들의 작용도 같이 고찰한 것인데 필자와 같은 연구는 베버를 "문화론적"으로 축소시켜 잘못 적용하고 있다는 것이다. 물론 필자는 베버의 관점을 적용하려고 하는 것이 아니기 때문에 베버의 관점을 "잘못 적용한다"는 비판은 애초에 무의미하다고 할 수 있다. 필자의 주장이 어떻게 사실과 어긋나는 것인지를 지적한다면 모르지만 특정의 기존 이론을 "잘못 '적용'"한다며 궁극적으로 진리의 척도가 될 수 없는 것을 들이대며 공격해 봐야 필자가 동요할 이유는 없다. 하지만 그들의 그러한 비판은 무의미한 것만이 아니고 사실관계에 있어 정밀도가 낮은 비판이기도 하다. 그들이 그렇게 말할 때 베버의 관점이라고 전제하는 것은 베버의 관점에 대해 너무 단순하게 알고 있는 것이다.

베버는 이념과 제도의 관계를 그렇게 평면적으로 다루고 만 것이 아니었다. 이념과 제도의 관계가 상호적이라고 선언한 것이 전부가 아니었던 것이다. 해박한 역사적 지식과 자료를 바탕으로 수많은 사회들의 수천 년에 걸친 역사 속에서 그것을 다루었다. 이념을 포함하는 각 영역들이 기본적으로 자율성을 가지고 발전하면서 동시에 서로 영향을 주고받는 상호작용을 넓고 긴 역사적 안목 속에서 입체적으로 펼쳐 보이고 있었다. 단순히 "이념과 제도가 같이 작용한다"는 말로는 다 포착할 수 없는 복합적인 틀이 거기에는 그려지고 있었던 것이다. 그 한 가지는 "이념과 제도가 상호적이면서도 이념이 좀더 우선하는 '비대칭적으로 상호적인' 관계"가 있다는 것인데 첫 번째 논문에서 필자는 베버가 갖고 있던 그러한 복합적인 틀을 최대한 자세히 보여주려고 하였다. 그리고 베버의 그러한 안목이 "개신교 윤리와 자본주의 정신"이라는 책 자체에 이미 들어있다는 점도 새롭게 지적하였다. 필자가 수렴한 것은 베버의 바로 그러한 입체적인 또는 "고차원"의 안목이었다.

성리학에서의 금욕주의의 발전

필자는 제도적 고찰도 주욱 수행했다. 그러나 그것은 단순히 한편으로는 이념적 고찰도 하고 한편으로는 제도적 고찰도 하는 그런 것이 아니라, 궁극적으로는 어떤 복합적 틀을 염두에 둔 것이었다. 그 틀은 베버와 똑같은 것은 아니지만 베버의 학문적 성과가 많이 수렴되어 있는 것이다. 틀뿐만 아니라 내용적으로도 필자는 베버의 학문적 성과를 많이 수렴했다. 제 2장 "주자학적 세계관 속의 긴장"은 베버가 종교 분류에 사용한 개념인 "금욕주의"의 요소가 유교 전통에서 발전한 구도를 조금은 도식적으로 살펴 본 글이다. 사실 필자는 그보다 좀더 일반화시킨 개념을 갖고 있지만 "금욕주의" 개념 자체도 대단히 유용한 것이기 때문에 계속 사용하고 있다. 그 한 가지 이유는 될 수 있으면 선인의 업적을 기리는 것이 바람직한 것이라는 데 있지만, 더 중요한 이유는 "금욕주의"라고 베버가 규정한 그 요소가 너무도 뚜렷하게, 실은 더욱 "명시적으로", 성리학 속에 존재한다는 엄연한 사실을 존중해야 하기 때문이다.

그 점을 보여주기 위하여 그 글에서는 우선 베버가 규정한 금욕주의의 구도를 명확히 하였다. 그동안 너무 막연히 유교에도 "개신교의 등가물"이 있다는 주장과 그것을 반박하는 주장이 이어져 왔기 때문에 조금은 도식적이 되더라도 그렇게 할 필요가 있었다. 그 "등가물"이라는 것이 정확히 무엇이며 구체적으로 어떻게 규정되는 것인지를 분명히 하고서야 유교에 그것이 있는지 없는지를 효과적으로 따질 수 있는 것이다. 이 논문에서는 요약하자면 "주어진 세계의 끊임없는 개선을 위하여 욕구를 누르고 삶의 모든 것을 이성의 통제하에 철저히 조직해 나가는" 것으로 베버가 규정한 금욕주의의 그 구체적 지향이 성리학의 핵심적 교설에서부터 들어 있음을 맨 모습 그대로 보여주고 있다. 그것이 지니는 의의를 떠나서 그것의 정의 그대로를 가지고 따졌을 때 그것이 유교 전통 속에 핵심적 요소로 존재한다는 사실이 분명해지는 것이다.

그러나 그것이 유교가 기독교와 동일한 성격을 갖는다는 뜻은 물론 아니다. 금욕주의 자체만 해도 그것이 부수적으로 지니는 속성에 차이가 있음을 베버로부터 한 걸음 더 세밀한 논의로 나아간다면 말할 수 있는 일이다. 또한 이 논문에서는 금욕주의의 구도가 유교 속에 처음부터 나타난 것이라기보다는 불교와의 상호작용을 거쳐 성리학이 되면서 발전한 것임을 논하고 있다. 실은 첫 번째 논문에서 필자가 강조한 한 가지 사항이 기독교 전통에서도 금욕주의가 역사적 발전의 소산으로서 베버가 다루었다는 점이었는데 유교 전통에서도 금욕주의는 역사적 발전의 소산이었던 것이다. 그것은 유교의 역할에 관련된 논쟁에 참여해 온 여러 당사자들이 흔히 미처 고려에 넣지 않은 한 가지 중대한 사항인데, 그것을 고려하지 않았다는 것이 오류를 범하게 하는 중요한 원인일 수 있었다.

실은 베버 자신도 유교를 연구할 때 그것을 고려에 넣지 않았었다.

베버는 기독교 전통에 대해서는 발전의 과정을 인식하고 있었지만 유교에 대해서는 그러한 과정의 여지를 미처 인식하지 않았던 것이다. 그것은 베버가 입수할 수 있었던 유교에 대한 자료가 기독교만큼 풍부할 수 없었다는 것과, 베버도 완전히 벗어 날 수 없었던 서구중심적 시야가 함께 작용한 것이라고 할 수 있다. 어쨌거나 유교가 금욕주의적 종교라는 것은 베버의 구체적 주장 한 가지를 수정하는 것이 된다. 왜냐하면 베버 자신이 그렇듯 유교를 연구했었고 그것을 금욕주의적 종교로 보지 않는 맥락의 논의를 하였기 때문이다. 금욕주의적 종교 내지 합리적 종교로서의 유교가 경제발전에 기여했다고 주장하는 연구들을 비판하는 사람들이 취하는 한 가지 공격방식은 베버를 적용한다면서 그 점에서 베버와는 다른 주장을 편다는 것이다. 하지만 생각해 보면 베버 자신이 유교를 연구한 적이 있는 상황에서 유교에 대해 베버를 적용하려고 한다면 그것은 베버를 다소간에 수정해야 할 필요성을 내포하는 것이 된다.

더군다나 필자의 경우는 베버를 적용하려는 것이 아니기 때문에 그런 공격은 근본적으로 무의미한 것이다. 다시 말하자면 필자는 베버의 옳은 점만 최대로 수렴하려고 해왔을 뿐이다. 그런데 실은 그것이 베버가 자신의 학문적 성과에 대해 가져주기를 바랐던 자세이기도 하였다. 자신의 연구성과에 대해서도 "개선"의 가능성을 당연한 것으로 전제한 학문적 염직성(Weber, 1946)이 베버의 위대함을 이루고 있는 것이다. 또한 베버의 어떤 주장이 무조건 베버가 옳아서가 아니라 현실과 비교해서 진정 옳다고 판단되기 때문에 옳다고 할 때 더 높은 과학적 인정을 부여받는 것이 된다.

조선조 시민사회 발전의 맥락

제3장 "조선 향촌 질서의 특성과 그 정착과정"은 조선시대에 대해 필자가 수행한 제도적 고찰을 담고 있는 논문이다. 이 글에서는 조선시대의 사회적 모습이 유교를 국교로 바꾼 지배 엘리트로서의 사대부들의

제도변혁 노력이 하향적으로 확산되어 간 것임을 논하였는데, 유교라는 이념과 제도가 비대칭적으로 상호작용하는 복합적인 모습을 만날 수가 있다. 이 글에서는 우선 유교라는 이념이 발휘할 수 있는 강력한 영향력과 동시에 사대부가 지배 엘리트로서의 세력을 독점하는 제도적 발전이 없었다면 그것이 발휘될 수 없었다는 점을 보여준다. 조선시대의 계층체계가 원칙적으로 개방적이면서 현실적으로 일정기간 모종의 귀속성이 나타났던 것도 지배계층으로서의 사대부의 성격을 규정하는 유교의 개방적 성격과 동시에 유교와 같은 이념만 가지고는 모든 것을 설명할 수 없고 계층체계 자체의 역사성 및 사대부의 "이익추구" 등을 같이 고려에 넣어야 하는 "틀"의 복합성을 함께 잘 보여주는 또 다른 단면이 된다. 그렇지만 또한 원칙에 대한 현실적 일탈로서의 그러한 모종의 귀속성이 오히려 결과적으로 개방성을 더욱 증폭시키는 작용을 함에 있어서는 이념의 비대칭적 중요성이 다시 부각된다.

그러한 발전의 과정을 논하는 가운데 필자는 조선조의 사회를 시민사회로 볼 수 있음을 처음으로 그 글에서 말하였다.[8] 조선조 사회를 시민사회로 규정하는 것은 그 자체가 사실일 뿐만 아니라 조선조에서 이루어진 많은 특성적 발전을 매우 효과적으로 설명할 수가 있기 때문이다. 선비들의 공론이 이끄는 민주적 의사결정 기제, 붕당이라는 이름의 정당, 사림이 주도하는 지역사회의 자치 등을 비롯하여 허다한 사회문화적 발전을 효율적으로 설명할 수 있게 된다. 필자는 몇 년 후의 국제학술대회에서 본격적으로 그 주제를 가지고 영어 논문을 발표하였고(Cho, 1996), 그것을 좀더 자세하게 발전시킨 영어논문을 학술지에 발표하였다(Cho, 1997). 얼마 안 있어 그에 대해 논하는 글들이 적지 않

8) 정확히는 "공민사회"라는 표현을 사용하였다. 그렇게 하면 무엇보다도 서구의 시민사회에 비해 상대적으로 공적인 성격이 더 분명해진다. 그러나 서구의 'civil society'라는 말 자체를 "공민사회"라고 "의역"하는 것이 더 적절한 번역일 수 있는데 이 점에 관한 논의는 차후로 미루겠다. 여기서는 현재 거의 전적으로 사용되고 있는 번역어로서의 시민사회라는 용어를 그대로 씀으로써 다른 말이 아님을 바로 알 수 있게 하고자 하였다.

게 나오기 시작하였다. 필자가 반가웠던 것은 그것을 논한 국내외 학자들(예컨대 Steinberg, 1997; Shin, 2000; Duncan, 2002)이 그러한 필자의 주장의 의의를 완전히 부정하려 드는 경우가 의외로 많지 않았다는 것이다. 외국인 학자들의 경우, 서구에서의 시민사회의 원래의 의미를 자연스럽게 익혔으면서 한국의 전통에 대해서 상당히 깊은 경험적 지식을 획득한 그들에게 필자의 주장이 "펴볼 수 있는" 주장으로 다가왔기 때문일 것이었다. 다만 그들이 어쩔 수 없이 버리지 못하는 일말의 서구중심적 고정관념들이 그것을 단숨에 받아들이지는 못하게 하는 것이다. 그들이 제기하는 "회의"들을 포함해서 필자의 "조선조 시민사회" 주장에 대한 비판들을 불식시켜 줄 서구에서의 시민사회 개념과 우리 역사에서의 시민사회 발전 양쪽 모두에 대한 보다 세밀한 추적을 담은 책을 필자는 준비해 왔으나, 경제적 문제가 계속 위급하게 불거지는 상황에서 그 완성을 잠시 미루고 있다.

국가와의 분화 속에서 다루어지는 시민사회의 개념은, 근대 영국의 상황에서 퍼거슨이 문제제기를 하고, 독일에서 헤겔이 발전론적 맥락에서 전향적으로 부각시키면서 그 분화의 맥락을 확실히 한 후(Uz-Salzberger, 1995: xix), 맑스가 그것을 "유물론적"으로 뒤집으며 결국 해체시켜 나갔는데(나혜심, 1993), 베버는 이 개념에 큰 관심을 기울이지 않았다. 필자는 시민사회의 개념이 비교적인 맥락에서 발전의 문제를 더욱 의미있게 다루는 데 크게 유용한 개념으로 간주하고 있다. 서구에서 시민사회 논의는 한편에서 계속 살아 있었고 오늘날에는 새로운 문제들이 더해지며 활성화되고 있는데, 비교사회학적 의의는 소홀히 되고 있는 점이 아쉽다. 필자는 비교사회학적 맥락 속에서 시민사회 개념을 수렴하고 있다. 실은 금욕주의 개념도 그 의미를 다소간에 확대시키는 연결고리를 통하여 거기에 접속될 수 있다. 우선 국가와 분화된 시민사회가 발전해 나간 것은 마찬가지이지만 그것을 주도한 엘리트의 성격에서 조선과 영국이 차이점을 노정하였다. 영국에서는 그 엘리트가 귀족으로부터 연속성을 지니면서 파생되어 나왔으나 조선에서는 그 엘리트가 귀족과 별개의 생성원리를 지니는 선비였다. 그리하여 군주의 중앙정부의 과도한 개입을 가능한 한 막으려는 재지귀족의 지향이 침전되어 있는 영국의 시민사회와 달리 중앙정부의 과도한 개입뿐 아니라 과도한 방임도 막으려는 것이 조선조의 시민사회였다. 국가와의 관계에서 대척적 분화가 아니라 조율적 분화가 이루어졌던 것이다.

그러한 차이는 이념의 성격에서의 차이점들과도 연결되어 있었다. 그 한 가지 차이점은 "지식인"에 대한 태도에 있었다. 지식을 인격의 일부로 보지 않고 사용할 연장으로 간주하는 기독교적 지향하에서 영국에서는 "지식인" 이라는 지배 엘리트가 자리잡을 수가 없었지만, 지식을 인격의 일부로 간주하는 유교적 지향하에서 조선에서는 선비라는 이름의 "지식인"이 지배 엘리트로 자리잡았던 것이다. 그리고 영국에서는 그 엘리트가 금권주의적 성격을 띠어갔지만, 조선에서는 선비라는 이름의 그 엘리트가 반금권주의적 성격을 견지하였다. 이러한 복합적 틀 속에서 보면 경제의 성격도 효과적으로 논할 수 있다. 그동안 조선 후기에 일어난 경제적 변동을 "자본주의의 맹아"라고 부르려는 노력이 있었다. 그러나 그러한 복합적 틀 속에서 보면 그것은 정확히 "자본주의"라고 부를 수 있는 방향으로의 발전이 아니었으며, 그러한 괴리로부터 오는 약점이 "아시아적 생산양식론자"들이 그것이 아무런 진정한 발전이 없는 정체의 계속이라고 역공을 펴는 것을 효과적으로 제압하지 못하게 하는 데 일조했다.

공통점과 차이점을 복합적 틀 속에서 함께 보면 그것이 자본주의와는 또 다른 근대적 경제라는 것을 알게 된다. 실은 시민사회라는 근대적 발전이 조선 전기에 이미 전개되기 시작하였기 때문에, 그 틀 속에서 근대적 경제의 발전도 조선 전기에 이미 이루어지기 시작하였다.[9] 그것은 이미 화폐경제로 발전해 가는 중이었던 고려의 진전된 경제가 성리학의 금욕주의적이면서도 반금권주의적인 이념적 영향하에 고기술

9) 사실 조선체제의 근대성에 대해서는 우리 사학계에서 오랜 동안 문제제기가 있었다. 한편 최근 사회과학계에서는 조선조에 존재했던 근대성에 대해서 서구중심적 근대관을 극복하는 "다원적" 근대성이라는 관점에서 새롭게 문제제기를 하는 학자들도 출현하고 있다(김상준, 2003; 신종화, 2004).

수준의 근대적 중농주의 경제로 현실 속에 독보적으로 구현된 것이었다. 그리하여 프랑스 중농주의자들이 이상 속에서 그리던 경제체제의 많은 것들이 이미 수세기 전에 조선에서 현실 속에 등장해 있었다. 조선 후기에 전개된 것은 그러한 독보적 유형의 근대적 경제가 한 걸음 더 나아간 후속적 단계의 발전이었다. 조선 전기에는 그러한 이념적 지향이 영리성을 엄격하게 억누르고 인위적인 실물경제를 부과하였으나 조선 후기에는 영리성을 허용하는 방향전환이 이루어져 영리적 화폐경제로 발전하게 되었던 것이다. 그러나 반금권주의적인 이념적 성격 및 그와 결부된 분화의 차이점은 남아 있었기 때문에 그것이 자본주의였던 것은 아니다. 영국의 다분히 금권주의적인 틀 속에서 애덤 스미드가 이웃 나라에서 방금 전에 나온 중농주의를 기존의 중상주의와 "지양"시켜 자본주의의 학문적 기초를 종합해내게 한 것과는 다른 방향의 발전이었던 것이다.[10)]

유교의 외연적 종교개혁의 과정

하지만 조선 후기에 나타난 그러한 변화를 학문을 통하여 이념적으로 재가하려는 움직임이 나타난 것은 우리도 마찬가지였다. 반금권주의를 유지하면서도 현실 속에서 이루어진 영리성을 이념적으로 정당화시켜주려는 것이 크게 묶어 실학이라고 불리던 학문적 흐름이 나아가던 방향이었다. 조선 후기에 나타난 이념적 "개혁"의 흐름은 경제뿐 아니라 그것을 포괄하는 시민사회의 확산이라는 틀 전체의 발전을 재가하려는 것이었다. 그러한 이념적 흐름이 실학보다 한 걸음 더 나아간 곳에서 출현한 것이 동학이었다. 제 4장 "동학과 주자학: 유교적 종교 개혁의 맥락"은 그 점을 상론하고 있다. 양반이라는 획득적 엘리트의 지위

10) 물론 스미드는 자기가 물려받은 중상주의적 유산에 비해 중상주의를 조금 과도하게 비판한 것이 사실이다(Magnusson, 25~26).

를 그대로 후손이 향유하려 드는 가운데 지위의 획득은 계속되므로 양반의 비율은 점점 늘어나게 되었고, 시간이 흐를수록 그 지위를 획득하는 통로조차 넓혀지자 양반비율의 팽창은 가속되었다.

획득이라는 규범적 지향이 그에 대한 일탈에 의해 오히려 궁극적으로 현실 속에 강화되어 자리잡는 이러한 과정이 계속되어, 선비 내지 양반이라는 이름의 시민권이 인구의 반수를 넘어 확산되어 갈 때가 동학이 출현하였던 때였다. 동학은 민중으로 확산되어 가던 그 시민권의 이름을 선비에서 민중 자신으로 바꾸어 놓으려고 하였다. 그러기 위해서 지식을 인격의 일부로 간주하는 유교의 주지주의를 해소시키고자 하였다. 과시를 위한 시식, 지식을 위한 지식의 번삽하면서도 섣도는 지식이 아니라 민중이 향유할 수 있는 간소하고도 실질적인 지식을 강조하였다. 그러면서도 금욕주의를 위시한 유교의 기본적 지향은 계승함으로써 민중 전체가 현실 속에서 그 확고한 주인이 되게 하려는 것이었다. 유교가 규정하는 주지주의적 엘리트로서의 선비를 부정함으로써 유교의 기본적 지향을 유교의 경계를 넘어 민중 전체의 것으로 선언하는 것이었다. 그러기 위하여 어떻게 성리학의 이기론적 구도에 대한 도식적 혁신을 꾀하였는지, 또한 어떻게 불교와 선교적 지향을 필요한 만큼 활용하려 들었는지 이 글은 논하고 있다.

동학의 이러한 성격을 알게 되면, 비록 이 책에서는 그것을 다룬 글을 포함시키지 못했지만, 동학혁명의 성격도 명확해진다. 많은 사람들이 동학혁명과 동학이라는 "종교" 내지 이념과의 관계를 축소시켜서 보았는데, 위에서 논한 동학과 유교의 관계를 인식하지 못한 것이 그 한 가지 중요한 이유였다. 동학과 유교 간의 그러한 관계를 인식하지 못하기 때문에 동학군 지도자들이 유교적 지향을 보이는 것을 가지고 그들이 동학을 신봉하지 않았다고 말할 수 있는 것이다. 또한 참가한 많은 농민들은 자신들이 동학의 "신도"라고 의식하지 않았을지 모르지만, 그들을 유교적 지향의 주인으로 선언한 동학의 취지에 실제상 호응한 것이라고 할 수 있다. 그 지향에 어떤 이름을 붙이느냐 하는 것에 크게 개의치 않을 뿐이었던 것이다.

이때 동학군 지도자나 병사들이 보여주는 유교적 지향을 가지고 그들의 거사를 "보수적" 내지 "낮은 수준"의 의식의 표출이라고 보는 것은 (예컨대 유영익, 1995) 이러한 원천적 발전의 틀에 대한 인식에 걸림돌이 작용하기 때문이다. 그러한 발전의 틀 속에서 보면 근본적으로 동학혁명은 민중으로 확산된 금욕주의적 시민사회의 완성을 지향하는 거사임을 알 수 있다. 그것은 선비에서 민중으로 확산된 시민사회와는 달리, 선비 중에서도 노론 일당의 수중으로 좁혀져 있던 국가의 과두정을 민중의 시민사회가 궐기하여 해소시키려는 것이었다. 그리고 그 국가를 가지고 거꾸로 사회 속에서의 이념적 개혁을 완성할 것이었다.[11] 그렇게 되면 조선 후기에 이루어진 발전은 공고해지면서 더욱 격상된 발전이 이어지는 토대가 될 것이었다. 그러면서 기독교와 더불어 이미 받아들이기 시작했던 서구의 공업화된 자본주의와의 종합을 어떤 식으로든 이루게 되었을 것이다.

일본의 침입에서 비롯된 왜곡

그런데 동학혁명이 일본군이라는 불청객에 의해 좌절되면서 우리의 역사가 휘기 시작했다. 이후 급기야 나라의 병탄으로 이어진 일본의 틈입은 우리의 그러한 발전의 도정을 가로막아 지체시키면서 왜곡까지 시키게 되었다. 그동안 일본의 침입에 대한 논의는 일본침입이 발생하기 전까지의 우리의 발전과정과 이후 그것이 이어질 추계를 고려에 넣지 않고 일본침입의 전후를 단순 비교하여 자본주의 또는 근대 내지 "식민지적 근대"가 이식되었다고 말해왔다. 그러한 관점이 "식민지 근대화론"으로 이어졌고, 이후에도 그 탈바꿈된 형태로 계속 이어지고 있다. 그런데 사실은 일본침입 이전의 발전과정을 적극적으로 고려하지 않는다

11) 국가의 장악을 통하여 다시 "아래로" 사회 개혁을 꾀하는 혁명의 통로에 대해서는 스카치폴이 도식화한 바 있다(Skocpol, 1979).

고 하더라도, 그렇듯 단순비교를 하면서 일본의 침입이 우리의 발전을 가져다주었다고 말하는 것은 어떤 요인의 효과를 따질 때에는 그 요인이 가해지지 않았을 때의 결과와 대조 비교해야 한다는 가장 기본적인 과학적 논리를 저버리는 것이다.

제 5장 "일본침입 행위의 논리적 성찰: 경제적 결정론의 오류를 중심으로"에서는 바로 그 최소한의 과학적 논리마저 저버릴 때에 일본이 우리의 발전에 기여했다는 말을 할 수 있음을 중점적으로 지적하였다. 굳이 과학적 논리를 거론하지 않는다고 하더라도, 유괴범에게 학대당한 아이가 유괴기간 동안 조금이라도 신장이 커졌다 하여 유괴범이 그 아이의 성장에 기여했다고 말하는 것이 모순이라는 것은 삼척동자에게도 명백한 점인데, 그와 완전히 같은 구도를 갖는 주장의 논리적 모순을 파악하지 못하는 것은 어떤 초논리적인 병리적 정서가 작용하기 때문이라고 할 수 있다. 이 논문에서는 그 병리적 정서의 성격에 대해서도 가장 기본적인 고찰을 추가하였다. 그러한 병리적 정서는 모든 세밀한 과학적 분석을 도외시하고 어떤 불가항력적 힘을 맹목적으로 숭배하게 만든다. 그런데 그러한 자세는 흔히 경제주의와 결합되어 있다. 일본은 자본주의 발전을 위하여 한국을 식민지로 획득할 필요가 있었으며 그것은 세계 자본주의 체계의 관철과정에 순차적으로 편입되는 것을 의미한다는 경제결정론적 명제가 그 전형적 표현이다.

그러한 경제주의는 일본침입이 가져다준 폐해를 논할 때에도 경제영역에 논의를 집중시킴으로써 일본의 침입이 야기한 잠재적으로 가장 위험한 상처를 소홀히 하게 만든다.[12] 그 상처는 일본의 침입 자체를 그런 식으로 정당화 내지 당연시하게 하는 만드는 바로 그 병리적 의식에 있다. 그것은 자신을 아예 쳐다보지 못하게 하려고 자신이 들어 있는 의식 내지 이념이라는 영역의 중요성을 무시하게 만든다. 그 병리적 의식은 대외굴종적 특권 주지주의라고 부를 수 있는 하나의 복합체를 이루고 있는데, 이 논문에서는 그것까지 본격적으로 다루지는 않았다. 대

12) 박영신(1995)은 경제주의 자체가 일본지배의 결과 생겨난 것이라고 본다.

외굴종적 특권 주지주의는 일본침입기간 동안 생겨난 친일파의 자세에서 비롯되었다. 그것은 일본지배자를 따라 자기 민족을 비하하며 그 위에 이민족처럼 군림하면서 부실한 대외추종적 지식을 가지고 자기 민족을 "개조" 내지 "계몽"하겠다고 호언하는 자세에서 비롯된 것이다.[13]

그러나 그것이 점점 형태를 갖추게 된 것은 광복 후에 그렇게 만드는 상황전개가 이어졌기 때문이다. 첫 번째 계기는 광복후의 친일파 미청산에 있었다. 그때 만약 친일파가 청산되었다면 대외굴종적 특권 주지주의는 형태를 갖추지 못하고 사라졌을 것이다. 두 번째 계기는 군사독재의 장기화에 있었다. 군사독재가 민족주의를 규범으로 존중했지만 그 밑으로 대외굴종적 특권 주지주의가 형태를 갖추며 재생산되는 것을 충분히 막지 않고 오히려 방조 내지 자극하는 일을 하였다. 세 번째 계기는 군사독재 뒤에 집권한 "민주화" 정부들이 대외굴종적 특권 주지주의에 의해 추동되는 정책기조를 채택한 데 있다. 그래서 적어도 지금까지는 대외굴종적 특권 주지주의가 점점 강해지는 상황전개가 이어졌다. 그것이 낳는 가장 위험한 문제는 그것이 일본의 침입과 같은 박탈의 상태를 당연시하는 만큼 그러한 상태를 점점 다시 지향하게 하고 있다는 것이다.

동학혁명 때까지 형성된 우리의 역사적 자산과 동학혁명 좌절 이후 이민족 지배로부터 뒤늦게 유래한 장애물이라는 두 요소를 인식할 때 현대 한국사회에서 지금까지 전개된 사회 및 경제 변동의 주된 부분을 잘 설명할 수 있다. 장기사적 자산과 단기사적 장애물을 정확히 인식할 때 현대 한국사회와 경제를 잘 이해할 수 있는 것이다. 일본침입으로부터 비롯된 대외굴종적 특권 주지주의가 장애물인 것은 무엇보다도 그것이 우리의 장기사적 자산이라는 힘을 가리고 있기 때문이다.[14] 그것은

---

13) 이른바 "민족개조론"(이준식, 2000 참조)은 그러한 자세를 대표하는 것이었지만 그것에 국한된 것은 아니었다.

14) 이승환(2000)은 현대 한국에서의 독재 등과 같은 부정적인 측면이 유교적 지향과 배치되는 것임을 정확히 지적하고 있다. 그러면서 한국의 자본주의가 유교적이 아니라 오히려, 말하자면 역설적으로, "반유교적"이었다고 풍

우리의 장기사적 유산을 비하하고, 그러기 전에 장기사적 유산의 역할 자체를 무시하게 만든다. 그리하여 그것을 제대로 활용하지 못하게 할 뿐 아니라 점점 버리도록 만들어 간다. 그리고 그 자리에 부실한 대외추종적 지식에 기반한 외국 것의 불량모조품을 들여놓으려 하게 만든다. 그것은 더 나아가 아예 대외굴종적 정책을 추구하게 한다. 그리하여 결과적으로 일본지배하에 있었던 것과 같은 박탈과 몰락의 상태를 재현하도록 만드는 것이다.

그동안 우리의 장기사적 자산을 강조하는 사람들이 적지 않게 있었다. 그러나 장기사적 자산을 그렇듯 무력화시키는 단기사적 장애물을 논하지 않음으로써 장기사적 자산을 온전히 드러내주지 못했다. 우리의 역사적 자산을 강조하는 사람들이 설명하지 않으면 안 되는 것은 현대 한국사회가 보이고 있는 부정적 측면들과의 괴리이다. 우리의 역사적 자산을 강조하면서 현대 한국사회의 난점을 설명하려면 필연적으로 우리의 장기적 역사가 현대 한국사회에 그대로 이어지지 않고 있는 부정합성을 설명하지 않으면 안 된다. 그랬을 때 우리의 역사에 그 사이에 발생한 사건 중에 일본침입보다 더 중한 것이 있을 수가 없다. 하지만 어렸을 때에는 누구나 투명하게 느끼는 일본침입의 불연속성을 현재의 우리 상황에서 나이가 들수록 대외굴종적 특권 주지주의에 점점 더 노출되면서 의식에서 잊어 가는 경향이 있다. 심지어 우리의 역사적 자산을 강조하는 사람들도 그것을 잊고 있을 때가 많다. 그러나 역사적 자산을 기지수로 놓고 현재의 상황을 기지수로 놓는다면 그 사이의 괴리라는 미지수는 일차적으로 일본침입이 야기한 부정합성으로 풀릴 수밖에 없음은 논리적 필연이다. 그리하여 현재의 상황을 두고 우리의 역사적 자산을 논할 때 그 부정합성이 야기한 부정적 측면을 들어내야 우

자하고 있다. 그러면서도 진정한 유교적 지향이 독재타도의 투쟁에 나서게 하는 발전추동의 면모를 또한 논하고 있다. 현대에서의 왜곡이 유교적 유산을 가리고 있다는 사실을 강조하느라 그러면 그렇게 가리워진 밑에서 유교적 유산이 어떻게 작용했는지 좀더 본격적으로 논의했으면 하는 아쉬움이 있다.

리의 역사적 자산이 온전히 드러나게 되는 것이다.

현대 한국인의 의식 속에 있는 신분적 금욕주의

이 책의 제2부 "상처 입은 유교적 금욕주의와 한국 자본주의"에는 제1부에서 파악한 우리의 장기사적 자산과 단기사적 장애물을 가지고 20세기 후반부에 일어난 우리의 자본주의적 발전을 설명한 논문들이 실려 있다. 제6장 "주자학적 계급: 한국 노사관계의 이념적 후광"에서는 현대의 한국인들의 의식 속에 있는 역사적 유산으로서의 성리학적 지향을 가감 없이 보여준다. 그것이 어떤 역할을 수행하였는지 논하기 이전에 그것이 있다는 사실을 확인하고 있는 것이다. 의식과 직결된 요소이기 때문에 그것이 사람들의 의식 속에 있음을 생생하게 찾아서 보여주고 있다. 이 글에서는 자본가, 노동자, 주부 등 다양한 직업의 사람들이 스스로에 대해 쓴 수기적 자료들에서 그것을 꺼내 보여준다. 사람들이 자신의 삶에 관해 토로하는 말들 속에서 성리학적 금욕주의의 여러 가지 구체적 성분들을 끄집어내서 보여준다. 그 성분들이 우리의 경제발전과 민주화에 지닐 수 있는 의미는 제1부에 대한 설명 때 말한 일반론적인 틀 속에 전제되어 있으며, 뒤쪽에 실린 논문에서 그 틀과 그 틀의 현대 한국 경제발전에서의 작용을 개관하는 논의가 담겨 있다. 그 틀 및 그 틀 속에서 성리학적 금욕주의가 발휘하는 역할에 대한 좀더 자세한 논증도 필자는 준비했지만 이 책에는 담지 못한다. 그러나 직관적으로는 이 논문에서 시사 내지 전제되고 있는 수준의 인과론에 대해서 공감을 하는 것이 어려운 일은 아닐 것이다. 강한 성취욕을 가지고 열심히 노동하고 절약하고 경영하는 것이 경제발전에 초석이 된다는 점을 바로 반대하기가 오히려 어려운 일일 것이다.

이의를 제기하는 사람들은 극단적 경제주의에 사로잡힌 경우가 아니라면 그 점 자체에 반대한다기보다는, 예컨대 그러한 자세가 종교 같은 이념에서 공급되는 것이 아니라 그렇게 하지 않으면 살아 남을 수 없는

"자본주의적 환경"에서 비롯된다고 주장한다.[15] 하지만 이 논문에서 우리는 그러한 자세가 성리학과 직결되어 있는 구도를 현대 한국인들의 의식 속에서 같이 보여주고 있기 때문에 그러한 주장은 맞지 않음을 알 수 있다. 그러한 자세의 기원은 일차적으로 "자본주의적 환경"에 있는 것이 아니라 우리의 경우 수백 년 동안 사회화되어 왔던 성리학적 가치들로부터 비롯되는 것이다. 여기서 분명히 해두어야 할 점은 그러한 자세가 경제발전의 충분조건이라고 우리가 주장하는 것은 결코 아니라는 점이다. 우리는 "자본주의적 환경"이 중요하지 않다고 주장하는 것이 아니다. "자본주의적 환경"도 물론 중요하지만 우리는 그러한 자세가 "자본주의적 환경"과는 별도의 기원을 갖는 것임을 보여 주고 있는 것이다.

그러한 자세를 별도로 갖지 못하고 "자본주의적 환경"만 도입하려 한 많은 사회들이 경제발전에 실패했다. 그러나 물론 그것은 그것이 들어 있는 "자본주의적 환경"과 함께 작용한다. 그 점에서 이른바 "제도론"이 이념 내지 "문화"의 역할과 함께 "자본주의적 환경"을 강조하는 것은 맞다. 그러나 흔히 "제도론"은 시야가 거기에서 멈춘다. "자본주의적 환경"조차도 그러한 자세의 지원을 받고 있다는 사실을 "제도론"의 제한된 시야는 미처 보지 않는 것이다. 우리의 복합적 틀은 상호작용의 그러한 비대칭성까지도 다 고려에 넣는다. 현대 한국 성원들의 금욕주의적 자세는 "자본주의적 환경"과 별도의 기원을 지닐 뿐 아니라 금욕주의가 대표하는 유교적 지향이 "자본주의적 환경"을 지원까지 하고 있다는 것인데, 이 논문에서는 그 차원까지 본격적으로 논의하지는 않았다.[16]

---

15) 이승환도 예의 풍자적 비판에 이 명제를 같이 사용하고 있다(이승환, 2000: 217).

16) 이형균은 유교에 대한 베버의 실체적 판정을 개선하여 유교적 지향이 기독교적 지향처럼 "사회 합리화"를 낳고 이것이 그동안의 경제발전의 토대가 되었음을 강조하고 있다. 그러면서 금욕주의적 자세가 직접 자본주의적 경제발전을 낳은 것이 아니라면서 필자가 그 점에서 베버의 틀을 잘못 적용하고 있다고 시사한다(이형균, 2000: 13). 물론 유교적 지향은 "사회 합리화"를 통하여 그렇듯 "간접적"으로도 자본주의적 경제발전을 이끌었고 또한 그것은 대단히 중요한 통로이기 때문에 그것에 초점을 맞춰 부각시킨 점을 높이 평

그런데 우리가 여기서 현대 한국인들의 의식 속에서 포착해낸 성리학적 금욕주의는 "신분적 금욕주의"라고 부를 수 있는 상태로 존재하고 있다. 우리는 이 책의 제 1부에서 동학혁명 봉기시까지의 역사적 자산과 동학혁명 좌절 이후 이민족 침입에서 비롯된 왜곡과정이라는 두 가지 요소를 대별하였다. 그리고 나서 왜곡과정이 역사적 자산을 훼방하는 작용을 일단 서술하였다. 하지만 좀더 세밀하게 논하자면 그 둘이 완전히 별개의 요소로 나뉘어 있으면서 작용하는 것만은 아니다. 왜곡과정은 역사적 자산 안에까지 어느 정도 들어가서 벌어져 온 측면도 있다. 역사적 유산 자체가 일정하게 왜곡되어 있는 것이다. 그리하여 역사적 유산 자체가 병리적 모습을 일정하게 띠게 된 것이다. 제 1부에서 살펴보았듯이 동학은 양반이라는 주지주의적 획득 엘리트 신분을 부정하고 국민 전체를 사회의 주인으로 명명하려는 지향을 표출했다. 동학혁명이 성공하였다면 국가의 힘을 가지고 그 과제를 완수할 수 있었을 것이지만, 혁명이 일본군에 의해 좌절됨으로써 그 과정이 착종상태에 빠지게 되었다. 광복 후에도 그 과업은 재개되지 않은 채 착종상태는 계속 내지 심화되었다. 성리학에서 비롯된 한국인들의 금욕주의가 그렇듯 착종상태에 빠져 있는 것을 "신분적 금욕주의"라고 부르는 것이다. 그러나 "신분적 금욕주의"는 일단 금욕주의이기 때문에 현대 한국의 혁혁한 경제 발전을 이끌 수 있었던 것이다.

그러면서도 "신분적 금욕주의"의 "신분적" 측면이 그 경제발전이 완벽한 것이 되지 못하고 상당한 문제를 지니게 하는 큰 요인이 되었다. 여기서 "신분"은 혈통에 의해 주어지는 것이 아니라 사대부가 지식의 획득에 규정되는 만큼 획득적 신분임을 유의해야 한다. 그러나 그것은 쉽게

가해야 할 것이다. 그러나 금욕주의 같은 유교적 지향은 "직접적"으로도 사람들을 추동하여 경제발전을 이끈 측면이 함께 있으며 그 또한 대단히 중요한 통로이다. 필자가 그 쪽 통로 한 가지만 인식한 것이라는 오해는 차치하고 어느 한 가지 통로만 의미 있다고 전제하는 것을 넘어설 필요가 있다. 베버의 틀 역시 그렇게 복합적이었으며 어느 한 가지 통로만 본 것이 아니었다. 그리고 비대칭적이긴 하지만 사회 쪽으로부터의 "환류"작용도 또한 있는 것이다.

말해서 "염불"이 아닌 "잿밥"을 획득하려는 "상한" 마음가짐을 내포한 것이었다. 불행하게도 이후 이 "신분적 금욕주의"는 대외굴종적 특권 주지주의의 심이 되어갔다. 필자가 이 논문을 쓸 때인 1990년대 초에는 아직 대외굴종적 특권 주지주의가 한국사회의 방향을 좌우할 위상에 도달하지 않았다. 제1부에 대한 설명에서 말했듯이 대외굴종적 특권 주지주의는 친일파의 자세에 기원한다. 그러나 친일파의 자세에는 "신분적 금욕주의"가 내포하는 병리적 주지주의가 아직 본격적으로 결합되지 않고 사회에 별도로 존재하고 있었다. 그러다가 광복 후의 사태전개에 따라 그 결합이 이루어지기 시작하였고, 군사독재 정권의 장기화에 따라 현대 한국사회의 엘리트 사이에 새로이 형성된 마음가짐이 촉매역할을 하여 대외굴종적 특권 주지주의라는 형태를 분명히 갖추게 되었다. 그러나 그것이 나라의 앞날을 좌우할 위치에 점점 도달하게 된 것은 유감스럽게도 "민주화" 정부들에서의 사태전개였다. 하지만 그런 방향으로의 사태전개가 미리 "결정"되어 있었던 것은 아니며, 더군다나 "민주화" 정부들에서 그런 방향으로 가리라고 예상을 하기란 필자로서도 쉬운 일이 아니었다.[17]

"신분주의적" 임금차별의 추이와 특권 주지주의의 엄습

제7장 "한국 교육 현상 속의 왜곡된 성리학적 유산: 보상과 의무의 문제와 관련하여"는 "신분적 금욕주의"가 대외굴종적 특권 주지주의로 화하며 낳은 한 가지 부정적 측면을 다룬 글이다. 필자는 이 논문에서 일단 대내적인 "특권적" 주지주의에 초점을 맞추었고, 대외굴종성은 차후의 다른 논문에서 다루게 된다. "특권주의"라는 병리적 의식은 일단 엘리트가 지니는 것이다. 그것은 국민에 대한 의무와 연계되지 않은 과리적 보상을 당연시하는 자세로, 그 기원은 친일파로부터 비롯되었다.

17) 김순영(2005)은 "민주화의 배반"이라는 표현을 사용한다.

조선시대 후기에 적지 않은 경우의 엘리트들이 보여주던 "부패"와 같은 모습은, 그것을 당연시하지 못하게 하는 규범 및 사회내적 상호작용하에 그들의 뇌리 속에서 의무와 절연되어 있지 않았기 때문에, 특권"주의"와는 차원이 다르다. 친일파와 같이 자기 사회와 유기적으로 연결되지 않는 외부세력에 빌붙어 있는 경우에는, 그러한 규범 및 내적 상호작용이 가해지지 않는 상태에서 뇌리 속에 일체의 의무감이 배제되어 있었다. 사회를 향한 그들의 가학성은 그 강도에 있어 사회 안 엘리트가 어떤 상황에서 가할 수도 있는 것과 비교할 수가 없는 수준이지만 그러기 전에 서로 차원이 다른 것이며 강도가 비교할 수 없는 수준인 것도 차원이 다른 것의 반영이다.

하지만 물론 친일파는 엘리트가 아니었다. 일본인이 지배자의 위치를 차지하고 있는 상황에서 우리 민족성원은 정상적으로 엘리트의 지위에 있을 수 없었다. 광복 후 친일파 청산을 했더라면 친일파의 그러한 자세는 바로 사라졌을 것이다.[18] 그러나 친일파 청산을 하지 못했어도 광복이 의미하는 국민의 내적 상호작용의 복원은 엘리트 위치에 오르는 사람들에게 의무와 보상을 연계시키는 규범도 다시 복원하게 함으로써 친일파의 그러한 자세를 자연 교정해 가고 있었다. 그러던 것이 군사정변이 일어나 성공하여 힘에 기반한 독재가 장기화되면서 엘리트로 하여금 독재에의 협력 내지 수용과 특권적 보상의 교환을 받아들이도록 몰아감으로써, 친일파의 그러한 자세가 사라지다 말고 외려 엘리트의 특권주의로까지 본격적으로 자리잡게 되었던 것이다.

이 병리적 의식은 다기한 증상을 내포하면서 수많은 문제를 낳고 있고 특히 이후 대외굴종성이 본격적으로 이끌게 되면서 더욱 심대한 문제들을 낳고 있지만, 이 논문에서는 그것이 교육부문 및 임금차이에 대해 야기한 어두운 모습에 초점을 맞추었다. 현대 한국의 교육부문이 안고 있는 많은 문제는 이 병리적 의식과 결부되어 있어서 배후에 있는

---

18) 즉 흔히 사용되는 "문학적인" 표현으로 "민족정기"가 바로잡혔을 것이다. 진정한 "사회과학적" 분석은 그러한 표현의 실체성을 부정하는 것이 아니라 확증해 주고 있음을 알 수 있다.

이 현상을 고려하지 않고 교육제도 자체만 생각하는 교육"개혁"들은 오히려 우리 교육을 적지 않게 악화시켜 왔는데, 근래에는 그 교육 "개혁"이라는 것들조차 이것에 추동되기까지 하면서 또 다른 차원의 난국으로 진입하고 있다.[19] 이 논문에서는 그 가운데에서 더 심각할 수 있는 질적 측면은 일단 차치하고 양적 측면에서 접근하였다.

소득 수준에 비해 과도한 고등교육을 향해 모든 것을 투입하는 이른바 "과잉교육열"의 문제는 대학졸업자에 대해 "특권적" 보상을 하려는 병리적 의식을 떼 놓고는 제대로 설명할 수 없다. 그러한 "특권적" 보상이 경제적으로 나타나는 한 가지 중요한 모습이 대졸자와 고졸자 사이의 임금격차이다. 우리는 우리 사회에서의 그러한 "신분주의적" 학력별 임금격차가 다른 사회에서의 기능주의적 학력별 임금격차와 어떻게 다른지를 수량적 자료를 동원하여 설명하였다. 그러한 "신분주의적" 학력별 보상차이를 그대로 두고 교육영역 자체에만 초점을 맞추어 "과잉교육열"을 해결하려는 것은 무리일 수밖에 없다. 또한 그러한 "신분주의적" 학력별 보상차이는 그 자체가 불평등심화라는 문제를 낳는다. 그렇기 때문에 그러한 병리적 양태에 대한 치료를 병행하지 않으면 안 되는 것이다.

기본적으로 주류 경제학적 접근법을 취하면서 우리의 경제발전을 다룬 연구들은 유교를 위시한 문화적 특징을 주어진 것으로 인정하는 경우도 많았다. 그럴 때 흔히들 비체계적이고 피상적인 접근을 취하는 경우가 많았다. 그리하여 교육, 가족, "규율" 등 유교적 특징으로 알려져 있는 요소들의 기여를 단편적으로 논하는 경우가 많았다. 그런데 본격적으로 유교에 초점을 맞추어 그 경제발전에의 기여를 주장해 온 "유교기여론"적 연구들도 기본적으로 그러한 맥락의 논의를 확대시켜서 하는 경우가 적지 않았다. 유교의 중요성에 관심을 환기시킨 공헌을 인정하는 데 인색해지려는 것은 아니지만, 그렇게 하면 유교적인 것의 명확한

19) 그렇듯 전도된 교육"개혁"의 방향이 "민주화" 정권하에서 자리잡은 것이다 (박거용, 1995).

규정과 그것이 경제발전에 작용한 정확한 맥락을 보여주지 못하게 될 수가 있다.

정확히 유교의 특성이 아닌 것을 유교의 특성으로 전제한다던가, 유교의 특성이라고 하더라도 그 작용을 전반적인 틀 속에서 온전하게 추적하지 않는다던가, 사실은 경제발전에 기여하지 못하는 현대 한국사회의 어떤 모습을 유교를 칭찬하면서 같이 묶어서 칭찬한다든가 하는 오류를 범할 수가 있는 것이다. 그렇게 되면 주어진 경제상황에 대한 실천적 이정표를 제시하는 데도 별 도움이 되지 않는다. 교육이라는 요소도 흔히 그렇게 다루어 질 때가 많았다. 교육과 관련된 적지 않은 병리적 현상을 직시하지 않으면서 교육열을 유교와 단순 등치시켜 유교적 교육열이 경제발전에 기여했다는 단조로운 주장에 그치는 경우가 많았던 것이다. 우리는 금욕주의와 주지주의라는 유교의 보다 근본적인 특성 복합체 속에서 교육문제를 다룰 때 정확히 유교적인 것, 유교에서 발전해 나가던 것, 비유교적인 것, 상호접속하여 생겨난 파생요소 등을 식별할 수 있고, 그러한 각각의 성분들이 경제에 주는 기여와 장애를 가려 낼 수 있어서 그로부터 교육에 대한 진정코 의미 있는 처방을 마련할 수 있다.[20]

그런데 동시에 이 논문에서는 학력증폭이 어느 지점을 넘어서면 오히려 그것이 경제적 불평등은 개선하는 효과를 낳게 되었음을 또한 보여주고 있다. 고졸자보다 임금을 너무 많이 받는 대졸자의 비율이 급증하여 소수에서 다수로 변하면 그것은 고임금의 대중화를 의미하기 때문이다. 이것은 구도적으로 조선조에서 양반의 비율이 급증함으로써 양반이라는 시민권이 대중화된 것에 비견될 수 있다. 그렇듯 소득격차의 문제가 고학력 양산의 지속이라는 자기해결을 보게 된 상황에서 그렇다면 과제는 이제 고학력 양산이 의미하는 마음의 "인플레"를 직시하고 광

20) 강순원(1993)은 우리 사회의 "과잉교육"을 낳고 있는 병리적 의식의 기원을 일본지배에서 찾으면서, 또한 그것이 유교적 지향과 관련이 있음을 논하고 있다. 일본지배로부터 비롯된 왜곡이 거기에 어떻게 작용했는지 세밀하게 분석하면서 유교적 지향의 역할을 논하기는 현재의 상황에서 어려웠을 것이다.

정하는 것이었는데, 그것은 동학혁명의 좌절시 중단된 유교적 주지주의의 성찰적 지양의 재개를 절실히 요청하는 것이었다. 필자는 그렇게 하는 데 있어 유교적 지식관의 장점으로부터 서구의 기능주의적 지식관의 장점으로의 접속을 한 가지 좋은 전략으로 제시했다. 유감스럽게도 그 이후에 현실 속에서 전개된 것은 장점에의 접속이 아니라 주로 단점에의 접속을 통한 대외굴종적 특권 주지주의의 악화였다. 그리하여 대외굴종적 특권 주지주의는 부적절한 구조조정과 개방을 몰아붙임으로써 그동안 생겨났던 분배개선효과마저 물거품으로 만들어 버렸다.

성장과 분배 공유의 자본주의로 제고하는 조율적 분화의 전통

제 8장 "아시아적 가치와 자본주의: 조율적 분화의 선진성"은 대외굴종적 특권 주지주의가 거의 물거품으로 만들기 전까지 이룩했던 뛰어난 경제발전을 가능케 한 우리의 역사적 유산의 작용을 이 책의 논문들에서 추적해 온 복합적인 발전적 틀의 한 가지 핵심적 측면으로서의 조율적 분화라는 틀 속에서 논한 글이다. 분화는 근대화라는 변화를 규정하는 데 있어 허다한 서구 학자들이 명시적, 묵시적으로 고용해 온 관점이다(Lash, 1990). 근대적 시민사회의 논의부터가 국가와의 분화라는 관점을 내포하고 있었다. 그리고 종교와 세속, 정치와 경제, 집단과 개인 등 허다한 분화가 같이 벌어졌다. 자본주의는 그러한 복합적 분화의 과정 속에서 발전할 수 있었던 한 가지 경제형태였다. 그런데 그러한 근대적 분화의 틀은 실은 우리 쪽에서 먼저 발전했다. 제 1부에서 추적한 조선조에서의 발전의 틀이 바로 그것이었다. 성리학이라는 이념은 그러한 틀에 상응하는 핵심구도가 기록되어 내려온 정보압축체라고 할 수 있다. 틀의 발전이 계속되어 그것을 다 담을 수 없게 되자 다른 이름의 이념에게라도 그 기록작업을 인계하는 과정이 이민족의 침입에 의해 교란되어 아직까지 완료되지 못하고 있는 것이다.

이 틀이 광복 후 많이 재생되면서 자본주의를 담아 경제성장을 시켜 왔다. 그러나 그것은 서구에서의 틀과는 조금 다른 성격을 지닌 틀이었다. 우리의 근대적 분화는 서구보다 일찍 시작했을 뿐 아니라 조금 다른 양태를 지니는 것이었다. 그것은 서구에서와 같은 대척적 분화가 아니라 조율적 분화였다. 국가와 시민사회가 서구에서와 같이 서로를 적대시하며 분화한 것이 아니라 서로를 인정하며 분화했다. 국가경계적 시민사회와 국가용인적 시민사회의 차이도 그러한 분화의 틀의 차이 속에서 나타나게 된 것이다. 그러한 차이는 종교와 세속, 집단과 개인 등 다른 분화에도 같이 나타난다. 우리의 경우 그렇게 조율적으로 분화가 전개되었기 때문에 우리의 전통에 관해 분화가 이루어진 것을 들어보지 못했으면서 피상적인 인식을 하는 사람들은 분화의 사실 자체를 간과하기가 쉽다. 그러나 그것은 서구의 것보다 더 안정된 분화이기도 하다. 서구에서는 나뉘어지는 두 요소가 서로 적대시하다가 상대방을 합병하려는 반전이 일어나기도 한다. 예컨대 국가가 "시장실패"를 탓하며 시장을 품어버리는 일이 발생한다. 그러면 다시 시장은 "정부실패"를 외치며 국가를 털어내 버리려는 일이 발생하는 시행착오적 반전이 반복된다.

우리에게는 그런 시행착오적 반전을 면제해 줄 수 있는 안정적 분화가 있었다. 그러한 조율적 분화 속에서 조선조에 등장한 근대적 경제가 조선 후기에 탈바꿈하며 발전하다가 일본의 침입을 만나게 된 것이다. 광복 후 많이 재생된 그 틀은 서구에서 온 자본주의를 담아 서구와는 조금 다른 성격의 자본주의를 발전시키게 되었다. 많은 사람들이 서구와 조금 다른 성격의 자본주의를 발전시킨 것은 일본이며 우리는 다시 그것을 받아들인 것으로 알고 있다. 그러나 우리와 많은 시차를 가지고 더디 발전한 일본에서는 그러한 분화의 틀이 제대로 자라지 못한 상태에 있었기 때문에, 서구와 질적으로 다른 성격의 자본주의까지 발전시키지 못했으며, 그것이 현재 일본이 방황하며 고통을 겪고 있는 근본적 이유이다. 그것이 그러한 분화의 틀을 제대로 키워 낸 한국에게서 질적으로 다른 성격의 자본주의를 발전시킬 수 있는 기회를 빼앗아 일본이 대신 그 일을 하려고 했던 결과인 것이다. 일본의 침입은 한국이 그 일을 하는 것을 광복 후로 지체시키면서 중간에서 그 일을 왜곡시키는 작용을 하였다. 그리하여 한국이 온전히 만들어냈을 그러한 독보적 자본주의의 혜택을 자신도 당분간 못보게 되었다. 일본의 침입은 우리가 창출하는 문화적 혁신을 다시 한번 수입하여 향유할 기회를 스스로 유린한 돌출적 우행이었던 것이다. 광복 후 한국이 이루어 낸 경제발전상에는 질적으로도 다른 독보적 자본주의의 빛과 일본의 침입으로부터 시작된 왜곡이라는 그늘, 이 두 가지가 혼재하게 되었다. "민주화"와 함께 빛이 그림자를 압도했다면 독보적 자본주의의 결정체가 온전하게 그 모습을 드러냈을 것이다. 그러나 반대로 그늘이 더 커지면서 빛을 더 많이 가리는 불행한 사태가 그동안 전개되었다.

이 논문은 제목에 적었듯이 "아시아적 가치"에 대한 변론을 담고 있다. 하지만 필자는 아시아적 가치론자들의 진영에 같이 서려는 것은 아니다. 많은 아시아적 가치론자들과 아시아적 가치 비판론자들이 공유하는 중대한 오류가 있다. 그것은 필자가 시민사회 개념으로 말하려는 것과 같은 민주적인 자율적 사회를 부정하면서 독재 내지 압제적 국가를 "아시아적"인 것으로 잘못 전제하는 것이다. 아시아적 가치론자들은 그것을 좋아하면서 경제발전에 긍정적 역할을 한다고 주장하는 것이고, 아시아적 가치 비판론자들은 그 반대라는 차이가 있을 뿐이다. 필자는 이 글에서 그러한 중대한 오류를 지적하고 지켜야 할 것은 독재가 아니라 양쪽 모두가 인식하지 않고 있는 자율적 전통임을 분명히 하였다. 필자는 많은 아시아적 가치론자들이 범하고 있는 그러한 오류뿐만 아니라 아시아적 가치를 아시아 "공동체"론과 연결시키려는 일각에서의 무리한 시도 때문에도 아시아적 가치라는 개념을 사용하는 것을 최소화했다. 그러나 공동체적 지향 등 함께 변론해야 할 요소들이 분명히 있는데다 아시아적 가치 비판론자들이 눈감고 있는 서구적 유형들 및 그에 대한 추종주의의 문제점들은 지적되어야 했다. 필자가 궁극적으로 지키려고 했던 것은 정확히 말해 한국이 역사적으로 물려받은 독보적 틀이었으며, 다른 아시아 사회들이 그와 완전히 일치하는 틀을 물려받은 것은 아니었다. 그러나 아시아적 가치라는 이름으로 우리의 것도 공격을 받았기 때문에 그것으로부터 우리의 것을 방어하면서 그러한 차별성들을 분명히 하려고 했던 것이다.

물신숭배와 인신숭배에 의해 가려지는 사회문화적 자산

이 책의 제3부 "오처방과 추락"에서는 우리의 독보적 틀이라는 빛을 대외굴종성 특권 주지주의라는 그늘이 점점 더 커지면서 가려버리는 근래의 사태전개를 안타까워하면서 썼던 논문들이 실려 있다. 제9장 "유교적 금욕주의와 한국의 경제발전"은 얼마 후 외환위기로까지 치닫기 직전의 상황에서 쓴 글이다. 좀더 많은 사람들에게 읽히려는 목적에서 자세한 논증이나 틀에 대한 상론을 최대로 생략한 글이다. 그러나 직관적으로는 오히려 더 호소력 있는 글이 되었는지도 모른다. 필자는 여기서 우리의 자산을 지키고 살리는 것의 중요성을 그 자산의 형성과 작용을 조감하며 압축시켜 말하려고 하였다. 그런데 근래 들어 점점 그것을 버리려고 하는 것에서 경제위기가 초래되고 있음을 강하게 지적하고자 하였다. 경제발전을 이끌어 온 힘을 버리면 당연히 경제는 몰락하기 마련인데, 오히려 반대로 말하는 착란적 태도를 겨냥한 것이다. 그러한 태도를 조장하고 있는 경제주의와 독재향수의 해로움에 초점을 맞추면서 궁극적으로는 그것에 수반되는 가치파괴의 위험성에 대해서도 경종을 울리려 하였다.

경제주의는 우리의 경제발전을 낳은 것이 모든 사회에 보편적으로 작용하는 "경제적 법칙" 이나 "자본의 논리"라고 말하며 각 사회에 특수한 역사적 유산, 특히 의식적 자산이라는 것은 허상에 불과한 것으로 본다. 그리하여 현대 한국의 경제발전을 이끌어 온 주된 힘으로서의 우리의 역사적 자산을 무가치한 것으로 대할 뿐 아니라 그러한 "보편적 경제원리"가 작용하는 데에의 걸림돌로 간주하면서 빨리 제거할수록 경제발전에 유리한 것으로 본다. 경제주의가 "경제적 법칙"에 대한 물신숭배를 낳고 있다면 독재향수는 인신숭배를 낳고 있다. 그것은 우리의 경제발전을 낳은 것이 박정희라는 위대한 독재자의 영도력에 있다면서 경제발전을 가져다준 진짜 역군인 우리의 역사적 자산을 외면하고 폄하하게 만든다. 못난 역사와 못난 국민성을 지닌 사회를 위대한 독재자가 그 영도력으로 끌고 왔다는 것이다. 그 물신숭배와 인신숭배가 결합하여 "위대한 경제 대통령"이 나와달라고 외쳐되는 상황에서 필자는 그것이 경제회복은커녕 본격적인 경제몰락을 낳게 될 위험한 요구라는 점을 강력히 지적하고자 하였다. 한 가지씩만 해도 위험한데 그 둘이 결합까지 하면 얼마나 위험해지겠는가? 불행하게도 이후 상황은 그 위험성이 현실화되는 쪽으로 전개되었다.

그런데 경제주의는 원래 박정희 개발독재가 낳은 부산물이었다.[21] 그동안 박정희 개발독재를 유교적인 것으로 전제하는 오류가 있었다. 유교가 경제발전에 기여했다고 말하는 사람들 가운데에도 그러한 오류를 범하는 경우가 있었다. 그것이 박정희 개발독재를 비판하는 사람들에게 그것이 정말 유교적인 것인 양 생각하도록 조장하는 반작용을 가해 왔다. 그리하여 독재에 대한 반감을 유교에 대한 반감으로 확대하도록 조장하였다. 진실은 박정희와 경제발전에는 유교가 작용했지만 독재 자체는 유교가 아닐 뿐만 아니라 반유교적이라는 것이다. 유교는 선비들 사이의 공론에 의해서 군주정을 이끌어 가는 강한 민주적 지향을 내포하고 있다. 그런데 박정희에게는 이러한 민주적 지향을 포함하는 유교적 지향들이 상당히 작용하고 있었다.

박정희는 주지하다시피 일본지배하에서 장교를 지낸 사람이었다. 만약 친일파 청산이 이루어졌다면 그는 군사쿠데타를 일으킬 수 있는 위치에 오를 수 없을 가능성이 컸겠지만, 친일파 청산이 이루어지지 않았고 그는 군사쿠데타를 일으킬 수도 있는 자리에 올랐다. 그리고 불행히도 쿠데타를 일으켜서 성공하여 20년 가까이 집권하게 되었다. 그리하여

21) 강수돌(2005)은 개발독재의 유물로서의 경제주의를 버리지 않은 것이 바로 이후의 잘못된 선택이었음을 역설하고 있다. 그는 삶의 온전한 가치의 보존 없이는 경제도 살 수 없음을 강조한다. 서구의 경제학자나 경영학자들은 다 그러한 양식을 지니고 있다. 아무리 경제를 강조하는 사람이라도 현재의 우리와 같은 정도의 경제주의에 빠져 있는 경우는 드문 것이다.

그가 어떤 세계관과 가치관을 가지고 있느냐가 현대 한국의 진로를 위하여 큰 작용을 하게 되었다. 그가 보여준 것은 그의 과거 행적에도 불구하고 기본적으로 광복 후 회복되던 우리의 주체성과 사회문화적 유산을 상당한 정도 반영하는 모습이었다. 우선 그 자신이, "우리도 할 수 있다"는 말로 알려졌듯이, 성리학적 금욕주의의 핵심적 요소의 하나인 성취욕을 표출하였다. 그리고 그는 유교적 능력주의를 중시하였다. 우선 고시에 의해 능력을 검정하는 방식을 존중하였다. 그것이 표현된 제도로서의 각종 진학과 임용시험에서의 공정한 응시 및 엄격한 관리와 그것들이 부여하는 자격을 존중하였다. 그리고 그는 그러한 자격을 갖춘 사람을 쓸 때도 능력과 청렴성을 규범으로서 중시하는 모습을 보였다.

이러한 것은 그 자신이 그것들을 당연시하기 때문 이상으로 국민이 그것들을 당연시하는 가치압력에 복종했기 때문이라고 할 수 있다. 그리하여 그는 기본적 정책기조의 차원에서도 국민이 원하는 것을 하는 것을 기본원칙으로 삼았다고 볼 수 있다. 그의 군사독재는 장기집권의 욕망과 즉각 상충되지 않는다고 판단하는 한 그러한 민주적 압력을 존중하려고 하였다. 그러한 민주적 압력을 그는 궁극적으로 독재적 기제에 의해 판단하고 시행하였던 것이다. 그리하여 비록 그는 독재라는 큰 일탈행위를 저지르고 있었지만 일탈행위를 늘리는 것은 되도록 피하려는 마음가짐을 기본적으로 가지고 있었다고 할 수 있다. 이런 것들이 그의 군사독재가 대부분의 다른 곳에서의 군사독재와 크게 다른 점이었다. 근본적으로 가해지는 사회문화가 달랐기 때문이다. 우리 국민들의 빼어난 의식적 자산은 군사독재정권에 그렇듯 합리적 방향의 힘을 가했을 뿐 아니라 스스로 경제영역에서 표출되고 있었다. 정권이 그것을 존중한다는 선결요건이 유지되는 한, 그것은 경제성장의 주된 동력이 될 수 있었다. 기본적으로 관리는 유능하게 경제정책을 이끌었고 기업가는 열심히 회사를 경영했으며, 노동자는 땀흘려 상품제조에 헌신하였다.

그러한 유능성과 근면성은 수세기 동안 성리학적 금욕주의를 통하여 축적한 역량이 발휘된 것이었다. 그들은 궁극적으로 개인적, 기업적, 국가적으로 금자탑을 이루고야 말겠다는 포부에 이끌려 그러한 노력을 기울였는데, 그것은 성리학적 금욕주의가 성취지향의 차원에서 표출된 것이었다. 또한 그들은 각자의 영역에서 뛰어난 조직력을 유감없이 발휘하였으며, 그것은 조선시대 국가 및 시민사회 속에서 풍성한 조직을 이루며 살았던 경험이 한껏 발휘된 것이다.[22] 그리고 그러한 조직 내, 조직 간에 작용하던 견제와 균형이라는 틀의 유산은 군사독재하에서도 상당한 강도로 발휘되었다고 할 수 있다. 이런 많은 것들이 다른 곳의 군사독재정권들에는 작용하지 않았다. 그리하여 다른 곳들의 허다한 군사독재정권에서와는 달리 뛰어난 경제발전이 이루어졌던 것이다.

경제성장을 이끈 유교적 지향과 배치되는 독재의 왜곡작용

하지만 독재 자체는 우리의 역사적 유산과 배치되는 것이었다. 그리하여 그것은 적지 않은 왜곡작용을 가하게 되었다. 만약 경제성장이 독재가 아니라 자유 민주주의 체제의 정상적 상태에서 이루어졌다면, 그러한 왜곡이 없는 경제발전이 이루어졌을 것이다. 사회문화적 자산이 독재 없이 발휘되었다면 경제성장은 계속 이루어져 우리가 신속히 유수의 부국이 되는 데 아무런 현재적 문제와 잠재적 장애물을 갖지 않았을 것이다. 그러나 박정희가 독재를 하는 가운데 경제성장을 하였기 때문에 그러한 문제와 장애물이 만들어졌다. 그 한 가지 문제가 경제주의였다. 독재가 본원적으로 충족시킬 수 없는 정치적 선 대신 경제의 역할을 과잉 강조함으로써 만회를 하려 한 데서 경제주의라는 병리적 의식을 조성하게 되었던 것이다. 그것은 경제를 지원하는 합리적인 사회문화적 틀을 외면함으로써 오히려 경제를 와해시킬 수 있는 심각한 경제위해물이었다.

독재라는 일탈행위를 만회하려는 동기가 외려 잘못된 태도와 행동

---

22) 그러나 그러한 역사적 발전에 대한 인식 없이 "조직력"만 강조하면(예컨대 MacFarquhar, 1980) 예의 잘못된 "아시아적 가치" 찬양론으로 잘못 연결될 수 있다.

유형을 형성하게 되었던 것인데, 경제주의 말고도 전시주의는 독재정권의 성취를 보여주려는 마음이 과잉됨으로써 생겨났으며, 구호남용이라든지 졸속주의 등이 또한 그로부터 파생되었다. 박정희 독재가 왜곡을 가한 또 한 가지 기제는 장기집권이라는 일탈행위를 지지해 줄 세력을 조성하려는 데서 비롯되었다. 지연, 학연 등에서 "자기 사람"을 우대함으로써 독재를 지지하도록 하였는데 이것은 지역감정이라는 병리적 의식을 조장하였을 뿐만 아니라 재벌체계와도 결합하여 이른바 "정실"적 유착관계를 조성하였다. 이른바 "아시아적 가치 비판론자"들은 그런 "정실"적 유착관계가 우리를 포함하는 많은 아시아 국가 경제의 핵심 성격이라고 매도했었다. 그러나 우리 경제에서 그것은 독재체제가 들씌운 비본원적 성격이었던 것이다.

독재적 기제는 또한 장래의 상황에 따라 현실화될 수도 있는 잠재적 장애물들을 만들어 내고 있었다. 크게 세 가지 맥락을 통하여 그러한 잠재적 장애물이 만들어졌다. 하나는 박정희가 분명히 국민으로부터의 민주적이면서 문화적인 압력을 존중하였지만 그것이 민주적 기제를 통하여 구현되는 것을 막고 권력자 자신의 판단에 의해 독재적 기제를 통하여 그것을 대신 실현시켜 주는 유형을 자리잡게 하였다는 것이다. 그것은 국사가 논의되고 결정되고 실시되고 평가되는 모든 과정을 국민의 의사가 이끄는 일상적인 민주적 기제가 자리하지 못하도록 만들었다. 그리고 독재가 상당히 오래 이어지게 되자 그러한 민주적 기제가 옳은 것이라는 의식조차 많이 약해졌다. 또 하나는 그가 민족주의를 규범으로 존중하였지만 역사적 광복을 충분한 강도로 수행하지 않았다는 것이다. 그러한 독재권력이 오래 군림함으로써 국민으로부터의 자연교정의 강력한 힘이 역사적 광복을 실현해내는 것을 가로막았다. 그리고 그 대신 대외굴종적 세계관이 잔존하며 은연중 확대되는 것을 막지 않고 있었다. 그리하여 그 독재 기간에는 예컨대 식민지 근대화론이 공공연하게 출현하지는 않았지만 장래에 공공연히 출현할 수도 있는 토양이 자라나고 있었다.

세 번째 맥락은 독재라는 일탈을 지지하는 마음가짐을 형성시키려는 맥락에서 계층적으로 상위에 있는 사람과 하위에 있는 사람의 지배관계의 서열을 강조하고 독재정권이 그 맨 위에 당연히 군림한다는 분위기를 조성하려 하였다. 그것이 기업공동체를 강조하면서도 노동자에 대한 부당한 억압과 학대를 묵인하는 이중성을 보여주게 하였다. 그리고 특히 "엘리트"로 하여금 독재를 묵인하는 대가로 특권을 추구하는 선택을 하도록 힘으로 몰아감으로써 엘리트 사이에 그에 상응하는 마음가짐이 자리잡게 되었는데, 이것이 친일파로부터 비롯된 대외굴종적 특권주의를 우리 사회에 착근하게 하는 작용을 하였다. 그리고 독재 정권이 예의 "보상" 동기로 "군사"독재를 만회한다는 맥락에서 학력과 학벌을 과잉강조한 것이 유교의 발전적으로 해소되다만 주지주의를 일성하게 동원해 거기에 결합시켜 대외굴종적 특권 주지주의로서 착근하게 하였던 것이다.

강력한 민주적 지향을 내포하는 유교적 유산은 경제성장에만 작용한 것이 아니었다. 그것은 바로 정치적 민주화를 이루는 데에도 큰 힘으로 작용하였다. 유교의 강한 민주적 지향을 조선조의 발달한 민주적 틀 속에서 직접 살아 온 경험이 우리 국민의 마음 깊은 곳에는 살아있어서, 그에 반하는 독재정부를 자유 민주주의의 신념으로 거부하면서 그것을 타도하기 위하여 끈질기게 투쟁하게 만든 것이다. 거기서 성리학적 금욕주의는 민주회복이라는 목표를 기필고 실현하도록 추동하였으며, 조직적인 것을 포함하여 유교적 유산 속의 갖가지 역량도 그 길에서 한껏 발휘되었다. 견제와 균형의 민주적 틀의 기여는 더 말할 나위도 없을 것이다. 민주적 지향을 위시한 유교적 지향은 군사독재정권에 압력을 가해 경제성장을 이루도록 추동한 힘이었던 것만이 아니라 독재정권 자체를 타도하려는 끈질긴 투쟁을 지원한 힘이기도 하였던 것이다(이승환, 2000: 215).

그 힘은 경제성장을 먼저 촉발시킨 후 좀더 시간이 흐르면서 군사독재정권 자체를 타도하기에 이르게 된다. 그동안 일각에서는 박정희 독재정권이 경제성장을 이룩함으로써 중산층을 키웠고 본원적으로 정치적 자유를 갈망하는 속성을 지니는 이 중산층에 의해 민주화가 이루어졌다는 관점을 유포시켜 왔다. 그러나 진실은 전혀 그런 것이 아니고 역사적으로 이어받은 우리의 민주적 자산이 힘으로 들어선 박정희 독재 정권 아래에서도 경제성장을 일구도록 시키는 작용을 먼저 하고 시간이 흐르면서 박정희 독재 정권 자체를 타도하게 하는 지점에까지 이르렀다는 것이다. 힘으로 들어선 박정희 정권은 민주화의 토대를 만들기는커녕 그렇게 하지 않았다면 더 순탄했을 경제성장과 그것을 계속 이끌어 갈 민주적 기제를 억압하여 이후에 잠재적 장애물로 작용할 기제와 토양만 덧붙여 놓은 것이다.

장애물이 "민주화" 이래 외려 부상하며 낳은 오처방과 몰락

"민주화" 이후의 정부에 당연히 기대되었던 것은 그동안 억압되었던 민주적 기제를 확립하여 국민의 의사가 독재자의 "아량"에 의해서가 아니라 자기결정과정을 통하여 구현될 수 있게 바로잡는 것이었다. 그렇게 되면 우리의 사회문화적 힘은 "아량"에 의해서 반영되던 것보다 더 강하게 표출되었을 것이다. 그리고 그러한 민주적 의사결정기제에 의해 그동안 독재적 기제가 야기한 왜곡된 모습은 바로 잡히게 되었을 것이다. 그러나 유감스럽게도 "민주화" 이후의 정부는 기존의 비민주적 의사결정기제를 바로잡는 선택을 하지 않았다. 그러면서 독재자가 국민에게 "아량"을 베풀 듯하던 것도 더 이상 하지 않았다. 그 대신 "개혁"이라는 이름으로 자신의 뜻을 국민에게 부과하기 시작하였다. 그리하여 독재에서 전제로의 탈바꿈이 생겼다. 이것을 두고 비평가들은 "제왕적 대통령"이라고 부르며 한편으로는 미국의 정치문화와 또 한편으로는 조선의 정치문화와 잘못 연계시키려 든다. 하지만 미국의 경우는 자연인의 전제를 말하는 것이 아니고 잘 확립된 삼권분립의 법치체계 속에서 그 직책의 권한이 조금 과다한 것이 아닌가 하는 것에 대한 과장 섞인 문제제기일 뿐이다. 그보다 더 강하게 연계시키려드는 조선의 정치문화는 실록 한 쪽만 읽어보아도 선비의 공론 정치에 예속된 군주의 권력은 거의 명목적이었음을 바로 알 수 있다.

만약 그 전제적 "개혁"이 국민의 의사가 민주적으로 표출된 것과 같은 것이라면 괜찮지 않은가 하는 반론을 제기할 수 있을 것이다. 먼저 개별적인 사항에서 그럴 수 있다 하더라도 안정적으로는 그것을 보장할 수 없다는 데에 자유 민주주의 체제의 당위성이 있는 것이다. 더 중요한 것은 현재 우리 상황에서 그것이 대외굴종적 특권 주지주의의 발로일 가능성이다. 그렇게 되면 그 "개혁"이라는 것이 부실한 서구추종적 지식을 가지고 장점을 버리고 약점을 키우는 일이 될 수 있기 때문이다. 그런데 유감스럽게도 그것이 실제로 벌어진 일이었다. 그러한 오도된 "개혁"이 추진되기 전에 논의되던 진정한 개혁은 개발독재가 야기한 왜곡된 모습을 바로 잡는 것이었다. 그러나 그 오도된 "개혁"은 개발독재가 야기한 왜곡된 모습 때문에 사람들이 느끼는 문제의식을 정작 왜곡된 모습이 아니라 방향을 바꿔 우리 경제의 강점을 공격하는 데 동원하려 들었다. 그리하여 진정한 개혁을 대체한 이 오도된 "개혁"하에서 왜곡된 모습은 방치 내지 심화되었다. 그러면서 우리 경제의 성장을 지탱해 왔던 버팀목이 허물어지기 시작하였다.[23] 그것은 그러한 왜곡된 모습과 연계되어 형태를 갖추어 가던 대외굴종적 특권 주지주의가 자신을 방어하면서 더 나아가 아예 자신을 표출하는 상황으로 점점 변해가고 있음을 의미하였다. 그것이 재벌의 과도한 외채사용과 일반인의 과도한 외화사용을 조장하는 이른바 "탈규제" 정책을 추진하게 함으로써 달러부족을 초래해 급기야 외환위기를 낳게 되었던 것이다.

제10장 "유교와 한국 자본주의: 냉철한 선택을 위한 당위적 고찰"에서는 외환위기를 극복하는 길은 외환위기를 불러온 그러한 자세를 버리는 데에 있음을 말하려는 것이었다. 그러나 국제통화기금(IMF)의 처방은 우리의 강점을 위시한 정상적인 모습까지도 손보아야 할 "아시아적 가치"라며 파괴하려 드는 내용으로 이루어져 있었다. 그렇게 오처방을

---

23) 조원희(2000)는 민주화 이후의 경제"개혁"이 실제로는 개악이었음을 논하고 있다.

내린 한 가지 이유는 그 이전에 IMF가 구제하러 갔던 남미와 동구의 사례들이 우리와는 반대로 방만한 재정과 낮은 저축률, 그리고 약한 근로의식과 낮은 성장률이라는 특징을 지닌 저성능 경제였다는 데 있었다. 그 경험에다 "아시아적 가치"에 대한 반감이 결합하여 엄청난 오처방을 들고 왔던 것이다. 필자는 이 글에서 우리의 경제가 그러한 사례들과 모든 면에서 정반대의 고성능 경제이기 때문에 IMF가 제시한 "구조조정"은 불필요할 뿐 아니라 생살을 잘라내는 착란적 오처방이라는 점을 강력히 지적하였다.

그것은 우량기업을 포함하여 자생할 수 있는 수많은 기업과 금융기관의 도산을 유도하는 것이었다. 그러면서 정리해고제까지 도입함으로써 거의 무에 가깝던 실업률을 단 수개월 사이에 근 10%까지 상승시키는 세계에 유례없는 생살자르기가 될 것이었다. 그것은 소화불량을 이유로 위수술을 처방한 것이나 마찬가지였다. 그것은 무엇보다도 국민대중의 소득을 붕괴시킴으로써 소비를 원천적으로 위축시키고, 경기는 그에 따라 누승적으로 악화되어 갈 것이었다. 그것은 만성적 경기 침체를 넘어 경제몰락을 야기할 것이었다. 미국의 주류 경제학자들을 포함하는 많은 사람들이 그런 IMF에 대해 비판의 목소리를 높이는 상황에서 필자는 우리가 그것을 정면으로 거부하거나 최대한 피해가야 하며, 적어도 반기며 맞아 들여서는 안 되고 앞서 가서는 더더욱 안 된다는 취지의 경고를 발했다. 그러나 유감스럽게도 최악의 상황이 전개되었던 것이다.

그것은 외환위기를 불러온 대외굴종적 특권 주지주의가 외환위기를 다루는 상황에서 더 심화된 모습으로 자리잡았기 때문이었다. 그것은 기존의 대외추종적 수준에서 대외굴종적 수준으로까지 심화되었다. 그리하여 대내적 생살자르기와 함께 대외적 경제종속까지 추구되었다. "닫힌 민족주의를 버리고 열린 세계주의"로 가자는 구호 아래 세계 대부분의 정상적 국가들은 결코 버리지 않는 경제적 주권을 대거 포기하였다. 주식시장의 외국인 지분 비중은 아시아 최고로 치솟으면서 주요 기업들이 외국인의 수중에 넘어가고 심지어 금융기관까지 넘어가게 되었다. 필자는 그리하여 이 글에서 정상적인 주권국가로서의 면모를 지켜주기를 간절히 촉구하였다. 목숨을 걸고 민주적 정부를 쟁취하여 그 정부로서 국민을 보호하지 못하면 너무도 허망하지 않겠느냐는 호소도 덧붙였다. 그러나 엄연한 주권국가이면서도 심화된 대외굴종적 특권 주지주의에 의해 추동됨으로써 국민을 보호하지 못할 뿐 아니라 오히려 적극적으로 박탈과 종속을 들씌우게 되었던 것이다.[24] 필자는 그와 관련하여 민주정부란 국민을 위해서 강한 정부라는 점을 강조하고자 하였다. 그 점에서 민주정부는 오히려 독재정부보다 진정으로 더 강한 정부가 될 수 있다. 민주적 기제를 통한 국민의 강력한 지지력에 의해 움직이게 되면 그렇게 되는 것이다.

경제난국 타개의 유일한 처방으로서의 긴급소득보전

제 4부 "병리적 인식의 해부와 난국타개의 구급처방"에서는 결국 오처방이 계속 채택됨으로써 몰락하게 된 우리 경제의 현상황을 타개할 올바른 구급처방이 무엇인지를 다루는 두 논문을 싣고 있다. 우리 경제에 함께 발생한 대내적 붕괴와 대외적 종속을 나누어 하나씩 순차적으로 논한 글들이다. 아주 최근에 발표한 논문인 제 11장 "경제회복의 선결과제로서의 분배개선과 경제학의 공동체적 역량"에서는 대내적 붕괴의 과정을 되돌아보고 그것을 타개할 수 있는 유일한 처방으로서 국민대중의 소득긴급보전책을 논하고 있다. 필자 같은 사람들이 그것을 중단하고 올바른 처방으로 바꿔주기를 촉구했지만 그것이 묵살되고 그 오처방이 계속 가해짐으로써 필자가 경고한 그 너무도 당연한 사태의 전개과정을 따라 우리 경제의 몰락이 벌어져 왔다.

다만 그 경고 이후 국민대중의 소득붕괴에 따른 소비의 가공할 수축

---

24) 강수돌(2005: 97)은 "국민"이라는 구호와는 반대로 실제는 "외국민"을 위하고 있었던 점을 힐난한다.

이 가시화되기 시작하자 소득이 붕괴된 국민들로 하여금 카드대출을 남발하게 함으로써 당장의 대수축을 막는 추가적 오처방이 가해졌다(김순영, 2005). 자산이 남아 있지 않은 가계에 대량의 부채까지 안기게 된 이 이중의 소득붕괴는 소비수축을 수 년 후에 더욱 가공할 수준으로 찾아오게 하였다. 그리하여 본격적인 경제몰락이 다음 정부 들어 나타나기 시작하였던 것이다. 그러나 계속 목소리를 장악하고 있는 대외굴종적 특권 주지주의는 그렇게 만든 자신의 궤적을 엄폐하면서 외려 자신을 비판해 온 "분배주의"를 그렇게 만든 주범으로 공격하고 있다. 자신이 움켜쥐어 온 정책기조의 자리에 제대로 접근조차 하지 못해 너무도 명백한 "알리바이"를 갖춘 상대를 경제를 잘못 이끌어 온 주범으로 자기 대신에 모는 적반하장의 공격을 하고 있는 것이다.

그러면서 계속 목소리를 장악하고 그 오처방을 계속 올바른 처방으로 내세우면서 정책기조를 이끌고 있기 때문에 경제의 몰락은 계속 가속도가 붙고 있다. 그래서 그것을 막고 진정 올바른 처방을 말하기 위해 이 논문을 쓴 것이다. 그런데 그 오처방의 목소리가 너무 강해 사람들로 하여금 자신들의 눈으로 주욱 목도한 현 경제난국의 전개과정을 머릿속에서 제대로 인식하지 못하게 만들고 있기 때문에 이 글에서는 사람들에게 "벌거벗은 임금님"을 투명하게 보여주는 작업을 먼저 하였다. 그리고 현 난국을 타개하는 올바른 길은 지금까지 가해진 오처방으로부터 원상회복을 시키는 긴급복구작업 밖에는 없음을 논하였다. 그리고 그것은 그동안 가해진 심대한 파괴로부터 정상상태로 되돌리는 것을 필요로 하기 때문에 단순한 분배강조나 공공사업진작으로는 필요한 효과를 내지 못함으로써 역공의 빌미를 주거나 그에 더해 재정적자만 늘리는 역효과만 낳는다는 점을 지적하였다. 그리하여 현재의 난국으로부터 탈출하는 유일한 처방은 소득이 붕괴된 국민대중에 대한 대폭적인 긴급소득보전임을 논하였다.

그런데 그러한 올바른 결론에 도달하는 길을 가로막는 데 큰 작용을 하고 있는 일반론적 오류가 있어 이 논문에서는 그것을 같이 논하였다. 생살자르기의 자해적 "구조조정"이 성장과 분배를 같이 파괴하는 데 있어 "성장론", 정확히는 "반분배론"이 그 착란적 행동을 도와왔던 것이다. "구조조정"이 분배를 파괴하는 것을 두고 분배를 악화시키면 성장이 촉진된다며 성장도 눈앞에서 같이 파괴하고 있는 그 "구조조정"을 찬양하였다. 이것은 그 상황 자체에 대한 착란적 인식을 분배와 성장 사이에 존재하는 관계에 대한 일반론에 대한 부실한 지식이 증폭시키고 있는 것이었다. 왜냐하면 정작 서구에서 최근까지 이루어져 온 이 주제에 대한 경제학적 지식의 축적은 분배개선이 성장증진에 기여하는 것으로 향해 왔기 때문이다. 그래서 이 논문에서는 우리나라의 경제 전문가들이 외면하고 있는 그러한 서구에서의 경제학적 축적을 요약해서 소개하는 작업도 같이 하였다. 그 "구조조정"이 "서구적 첨단 지식"의 반영인양 내세우지만 실은 서구적 첨단 지식은 전혀 그런 것이 아니었다. 앞서 언급해 왔던 대외굴종적 특권 주지주의의 한 가지 중요한 속성이 여기서도 잘 드러난다.

그렇게 "원본"과 괴리를 보이는 부실한 모습은 그러한 경제 전문가들의 뇌리에서 공동체적 지향이 훼손되어 있는 것과도 관계가 있다. 그래서 이 논문에서는 "원본" 경제학에는 이른바 "자유주의" 경제학에서조차도 그와 같은 "반분배론"을 찾을 수 없는 것은 서구의 경제학자들에게는 공동체적 지향이 그렇게 훼손되어 있지 않다는 사실과 관련 있음도 같이 논하였다. 그리하여 공동체 지향의 회복이라는 지상과제를 촉구하였다. 그런데 훼손된 공동체 지향이라는 문제도 이 논문에서는 논하지 않은 대외굴종적 특권 주지주의와 결부되어 있었다. 그것은 대외굴종적 특권 주지주의의 정서적 측면이라고 할 수 있다. 대외굴종적 특권 주지주의의 정서적 측면이 인지적 측면과 얽혀 있는 것이다. 이런 일련의 논의를 전개함에 있어 필자는 유교를 포함하는 우리의 역사적 자산에 관한 논의나 언급을 전혀 하지 않았는데, 이는 경제 종속화를 다룬 다음 논문에서도 마찬가지이다. 서두에 필자가 명백히 한 바와 같이 유교는 중요하긴 하지만 우리가 참조 내지 활용해야 할 하나의 요소에 불과한 것이다.

우리는 유교말고도 다양한 지적 자원을 참조 내지 활용해야 하며 자신의 능동적 사고도 물론 필요한 것이다. 우리가 경제를 포함하여 현실의 문제를 제대로 해결하려면 그렇게 하여 머리를 최대로 “자유롭게” 씀으로써 상황을 정확히 보고 적절한 대응을 할 수 있어야 한다.[25] 이 논문에서 유교에 대해 언급하지 않은 것은 그러한 필자의 입장을 명백히 보여주고 있다. 필자가 유교의 역할을 정확히 보여주려고 하는 한 가지 중요한 이유는 현대 한국의 경제상황을 진단하고 처방하는 데 있어 유교에 대한 몰인식이 그렇게 할 수 있는 자유에 대한 걸림돌이 되는 것을 막아 주려는 것이다.[26] 하지만 반대로 유교에 대한 불필요한 집착이 그 자유에 걸림돌이 되어서도 안 된다. 그런 맥락에서 어떤 요소가 유교적인 것이라 하여도 그것이 유교적인 것이라는 그 사실에 생각을 묶어 둘 필요가 없는 것이다.

공동체주의만 하더라도 유교만이 그리고 더 나아가 종교들만이 공동체주의를 지니고 있는 것은 아니다. 여러 세속적 이념들에도 공동체주의가 들어있다. 필요한 공동체주의를 위하여 최대로 많은 전통을 규합할 수 있으면 좋은 것이다. 그리고 우리는 그러한 다양한 전통들을 참조하면서 가장 바람직한 공동체주의의 모습을 논할 수 있다.[27] 거기서 우리가 유교를 식별해야 할 필요가 있는 이유는 먼저 우리가 유교 속에서 살아온 강도만큼은 유교적 공동체주의가 현실 속에서 그만큼 큰 작용을 하고 있을 것이기 때문에 그 점을 고려할 필요가 있기 때문이다. 또한 역으로 현재 우리 사회에서 공동체주의가 약화되어 있다면 공동체

25) 유교적 자산에 대한 인식 없이도 그동안 우리가 직면해 온 경제적 상황에 대해 기본적으로 옳은 방향의 처방을 내린 연구들이 있었다. 경제학이나 경영학만 하여도 장상환(1998), 이필상 외(2001), 장하준(2004) 등의 예를 얼른 들 수 있겠다.

26) 그리고 앞서간 뛰어난 역사에 대한 인식으로부터 오는 자신감이 그러한 자유를 뒷받침해 줄 수 있기 때문이다.

27) 전통들의 공동체주의를 서로 비교하는 것은 그러한 목적에 도달하는 한 가지 통로가 될 수 있을 것이다. 필자가 진정한 자유의 토대로서의 공동체주의를 유교와 사회학이 공유한다는 점을 논한 데에는(조혜인, 2001) 그러한 목적의식도 있었다.

주의의 현실적 공급원으로서의 유교적 지향의 작용을 방해하는 무엇인가가 있기 때문이라고 할 수 있다. 그리고 당위적 차원에서도 유교적 공동체주의 속의 특수한 모습이 어떤 장점을 갖고 있다면 그것을 다른 공동체주의들의 장점과 함께 최대로 활용할 필요가 있는 것이다. 그러나 일단 가장 바람직한 모습의 공동체주의를 논하는 작업 속으로 들어가면 그러한 연원들을 일일이 상기하고 있을 필요가 없다.

더 큰 문제로서의 경제 "종속화"를 낳은 종속적 의식

제 12장 "경제 "종속화"마저 낳은 대외굴종적 특권 주지주의"는 이 책을 위해 새로 쓴 논문이다. 앞 논문에서 대내적 붕괴를 다루었던 것에 비해 이 논문에서는 대외적 종속을 주로 다루었다. 그동안 발생했던 대외적 종속의 과정을 되돌아보고 그로부터의 원상회복이 없이는 설사 대내적 붕괴에 대한 올바른 처방을 쓴다고 해도 그것을 근저에서 뒷받침해주지 못함으로써 경제발전의 재개가 불가능함을 강조하고 있다. 이 글에서는 또한 대내적 붕괴와 대외적 종속을 같이 추동한 대외굴종적 특권 주지주의를 설명하고 그 작용을 본격적으로 논하고 있다. 그리고 경제난국을 초래해 온 잘못된 정책이 계속 적반하장의 목소리를 내고 있으면서 붕괴가 심화되는 상황에서 앞 논문에서 제시한 국민 소득긴급보전책이 유일한 구출로임을 다시 한번 강조하였다. 그리고 그와 관련하여 앞 논문에서도 이미 언급한 바 있는 두 가지 유의점을 좀더 자세하게 강조하였다.

그 한 가지는 현상황을 이끌어 온 정책기조가 마치 그 자리에 없었던 것처럼 그 자리에 결코 없었던 다른 목소리를 현상황을 낳은 주범으로 몰고 있는 적반하장이라는 측면이다. 또한 그것이 특히 최근에 가지를 새로 친 형태에 대한 경각심을 같이 촉구하였다. 그것은 최근에 분배상황이 더욱 악화되어 가는 상황에서 그에 대한 불만이 고조되자, 기존에 성장과 분배를 대립적으로 말하던 것과는 달리 성장과 분배가 함께 간다는 말을 하지만 결론에 가서는 성장을 해야 분배를 할 수 있다는 주장을 하기 위하여 그렇게 말하는 형태이다. 그렇듯 둘 사이의 공생관계를 말하면서도 인과관계를 전도시켜서 말하는 것은 "성장"을 강조한다는 점에서 나아진 것이 없을 뿐 아니라, 그것이 목소리를 장악하는 상황에서 오히려 민중의 불만을 반대방향으로 오도해 간다는 점에서 더욱 부정적인 역할을 한다고 할 수 있다.

또 한 가지 유의해야 할 점은 "성장"이라는 이름하에 우리 경제를 이끌어 온 그 정책기조를 반대하는 우리 사회의 "분배주의자들"이 그러한 적반하장을 도와준 측면이 있다는 것이다. 흔히 그들이 그 "성장론"을 반대하면서 "성장 대신에 분배"를 요구하거나 "성장만 아니라 분배도" 요구해온 모습이 그것이다. 그런 식으로 요구하면 마치 그동안 성장은 잘 이루어진 것처럼 전제하는 것이 되기 때문이다. "분배를 희생하고 성장을 우선 추구해야 한다"는 "성장론"자들의 주장이 실현되어 온 것처럼 전제함으로써 그들을 도와준 셈이 되는 것이다. 그동안 성장률이 추락해 온 사실을 눈앞에 두고서도 쌍방 모두의 뇌리에서 "성장"이 잘 이루어진 것처럼 전제하고 있다. 그렇게 상대방이 사실과 다른 것을 같이 전제해주면 "성장론"자들은 득의만만해져서 "성장을 해야 분배할 것이라도 생기게 되니까" 자기들의 선택이 더 옳은 것이라고 말하게 된다. 그렇기 때문에 분배론자들은 그동안 성장이 추락했음을 분명히 지적하면서 분배를 먼저 살려야 성장이 살아난다는 인과관계를 강조하면서 분배를 요구해야 한다는 점을 이 글에서는 자세히 설명했다.

그런데 분배론자들도 흔히 그렇게 잘못 전제하는 것은 그들도 그동안 벌어진 것이 "분배를 희생하고 성장을 추구하는 정책"이 전혀 아니고 성장과 분배를 모두 파괴한 생살자르기라는 것을 잘 모르기 때문일 경우가 많다. 그리고 그들도 분배개선이 성장제고에 기여한다는 일반론적 관계를 잘 모르고 있을 때가 많다. 그래서도 앞선 논문에서와 같이 그러한 일반론적 관계에 대해서도 잘 알려 줄 필요가 있었다. 그런데 이렇듯 쌍방 모두가 그동안 진행된 일이 성장과 분배를 모두 파괴하는 생살자르기라는 점을 흔히 모르는 것과 결부되어 있는 것이 우리나라에서 이른바 "신자유주의"라고 의도하는 정책이 정확히 "신자유주의"가 아니라는 것을 흔히 인식하지 못하고 있다는 것이다. 그렇게 불려지는 정책기조가 영미에서 결국 부작용이 커져 갔지만 단기적으로 일정하게 효과를 냈던 그 "신자유주의" 조차 전혀 아닌 완전히 엉뚱한 착란적 자해기도라는 것을 인식하지 못하고 있는 것이다. 그 점에서 관해서는 앞선 논문들에서도 언급했지만 이 논문에서 좀더 본격적으로 설명하고 있다. 우리나라에서 "신자유주의"라고 의도되었던 것이 영미에서 전개되었던 "신자유주의"와 그 정책적 지향, 그 전제 증상, 그 결과, 전개시기, 파급 국가 등 모든 측면에서 틀리고 상반되고 아귀가 맞지 않는 것임을 자세히 보여주고 있다. 그런데 그러한 인식오류를 "신자유주의" "비판자"들도 종종 공유하고 있는 것이다.

신자유주의라는 개념보다 좀더 추상적인 수준에서 그동안의 생살자르기와 종속화에 대한 저지역량을 크게 마비시키는 것이 세계화 과잉담론이다. 그것은 탈민족주의라는 자가당착적 관점의 부상과 얽혀 있다.[28] 단적으로 말해서 "경제발전"을 바란다는 것은 우리 "국민경제의 발전"을 말하는 것이지 "세계경제의 발전"을 말하는 것이 아닌 것이 자명한데도 민족주의를 반대한다면서 "경제발전"은 변함없이 운위하는 자가당착을 보이는 것이다. 민족주의를 반대한다면 "경제발전"을 바라지 말아야 한다. 그렇지 않고 "경제발전"을 계속 염원하려면 "탈민족주의"는 운위하지 말아야 한다. 그것은 우리 사회의 대외굴종적 특권 주지주의가 주어진 개념을 그것과 연계된 실체가 무엇인지 알아보려고 하지도 않고 앵무새처럼 되뇌이려 드는 모습을 잘 보여주는 것이다. 그래서 필자는 민족주의라는 것이 정확히 무엇을 가리키는 개념인지를 먼저 분명

28) 서중석(2004)은 현대 한국사회에 존재하는 종속적 의식이 민족주의에 적대적 자세를 낳고 있는 모습에 대해서 날카롭게 문제제기를 한 바 있다. 그런데 그러한 자세는 이른바 "보수"뿐 아니라 "진보"를 포함하는 다양한 범주의 경계를 넘어 유포되어 있다(조희연, 2002 참조). 서구에서는 몇 사람의 주변인들이 그들의 입지에 맞추어 말하자면 투항주의적으로 결론을 틀어 가는 이른바 "탈식민론"이 우리 사회의 "지식인들" 사이에 상당히 널리 퍼져 가고 있는 것도 같은 병인에 의한 증상이라고 할 수 있다.

하게 설명하는 작업을 하였다. 민족주의라는 것이 "국민경제의 발전" 같이 국민의 행복과 번영을 추구하는 것에 다름아님을 다각적으로 설명하였다. 그리고 오늘날 각국의 민족주의가 쇠퇴하기는커녕 계속 더 강화되고 있음을 보여주는 많은 현실적 증거들을 제시하였다.

그리고 나서 그렇듯 민족주의가 계속 심화되는 세계에서 "국경이 사라진다"는 세계화 개념은 허구에 불과한 것임을 많은 가시적, 가촉적 증거들을 같이 보여주며 설명하였다. 그리하여 다른 나라에서 세계화 개념은 기껏해야 수사적 의미 이상으로는 쓰이지 않으며 사용 빈도조차가 높지 않은데 비해 우리는 그 빈도와 강도 모두에서 과잉담론이 벌어져 왔음을 논하였다.[29] 한마디로 정색하고 세계화를 정책으로까지 추구한 나라는 우리 밖에 없음을 분명히 하였다.[30] 그리하여 우리나라에서 벌어진 일은 결코 세계를 휩쓸고 있는 세계화에 동참한 것이 아니라 세계화라는 새로 도입한 이름하에 그 기간 동안 우리나라에서만 벌어진 구종 질병으로서의 경제 종속화라는 것을 논하였다. 그러나 그 경제 종속화는 종속이론이 기초하고 있는 "잉여가치"에서 비롯된 것이 아니라 대외굴종적 특권 주지주의라는 종속적 의식에서 비롯된 것임을 또한 논하였다.[31] 우리가 이 때아닌 경제종속을 제거하고 몰락한 경제를 다시 끌어올리려면 "세계화" 과잉담론까지 낳고 있는 그러한 병리적 의식의

---

29) "세계화"라는 말이 만들어져 유통되고 있는 오늘날에도 자본주의의 본원적 모습으로서의 국가간 국익다툼, 지속적인 남북격차 속에서의 주관 있는 소수국가의 성공 등 아무 것도 달라진 것이 없는 가운데 세계화 담론에 등장하는 모든 쟁점들이 수십 년, 수백 년 묵은 구태의연한 논쟁들이 다만 새로운 용어로 치장한 것에 불과하다는 점을 조목조목 보여 주는 세계체계론자 마셜(Marshall, 1996)은 결국 세계화 담론은 부국으로 상승하려는 개도국을 유인해 좌절시키려는 "주문"(*mantra*) 같은 것이라고까지 말한다.

30) 신광영(2006: 205)은 우리 나라에서 이른바 "세계화"라는 것이 정치적으로 선택된 행동임을 말하고 있다.

31) 김승수(2004)는 미디어의 종속적 행태가 그러한 종속적 의식에 이어지는 과정을 논하고 있다. 다만 미디어의 그러한 종속적 행태는 다른 곳에서도 일반적으로 발생하고 있는 말 그대로의 "세계화"가 한국에서도 벌어지는 것이 아닌 "한국의 사례"에 그치는 것이다.

치유가 시급히 요청된다. 그리하여 정치경제적 주권과 사회문화적 주체성을 확립하여 세계만방과 알차게 교류하는 당당한 국민경제로서 독보성을 가지고 우뚝 서야 하는 것이다.[32]

▪ 참고문헌 ▪

강경근(2004), "대의정에서의 시민단체의 존재 의의와 한계", 〈헌법학연구〉 10권 3호.

강수돌(2005), "'참여정부'의 경세주의 비판과 대안경제의 전망", 〈문화과학〉 43호.

강순원(1993), "1990년대 상대적 과잉교육의 일반적 추이와 그것의 정치경제학적 귀결", 〈한신논문집〉 10집.

김상준(2003), "조선후기 사회와 '유교적 근대성' 문제", 〈대동문화연구〉 42권.

김순영(2005), "민주화의 배반: 신용불량자 문제의 구조와 특징", 〈언론과학연구〉 5권 3호.

김승수(2005), "경제 정보 매체의 지구화-종속화: 한국의 사례", 〈언론과학연구〉 5권 3호.

김승혜(1999), "한국유교 연구 100년", 〈한국종교연구〉 1집.

나혜심(1993), "맑스의 시민사회관", 노명식 외, 《시민계급과 시민사회: 비교사적 접근》, 한울 아카데미.

박거용(1995), "김영삼 정권 교육개혁의 문제점: 5.31 교육개혁안의 대학교육정책을 중심으로", 〈경제와 사회〉 28호.

박영신(1995), 《우리 사회의 성찰적 인식: 전통, 구조, 과정》, 현상과 인식.

서중석(2004), 《배반당한 한국 민족주의》, 성균관대학교 출판부.

신광영(2006), "한국의 세계화", 〈문화과학〉 47호.

---

32) 이병천(1998)은 외국의 경제유형 중 우리에게 가장 적합한 것을 택해야 한다고 역설한다. 임현진(2006)은 한 걸음 더 나아가 우리 자신에 맞는 것을 적극 창출해야 한다고 말한다. 그런데 그렇게 하려면 정치경제적 주권과 사회문화적 주체성을 가지고 우리 경제에 대해 우리 자신이 통제력을 지니는 것이 그 불가분의 조건이 되는 것이다.

신종화(2004), “한국의 거시정치 변동의 이론화를 위한 소고 - 근대와 전근대의 이분법을 뛰어 넘는 근대성에 대한 역사사회학적 이해”, 〈동양사회사상〉 10호.
우석훈(2006), “시민단체의 공직참여”, 〈인물과 사상〉 2006년 10월.
유영익(1995), “갑오농민봉기의 보수적 성격”, 〈한국정치외교사논총〉 12권.
윤사순(2006), 《유학의 현대적 가용성 탐구》, 나남출판.
이병천(1998), “한국경제 패러다임의 반성과 전망”, 이병천 · 김균 편, 《위기, 그리고 대전환 - 새로운 한국경제 패러다임을 찾아서》, 당대.
이승환(2000), “‘아시아적 가치’논쟁과 유교문화의 미래”, 〈퇴계학〉 11집.
이준식(2000), “일제 강점기의 친일지식인의 현실인식”, 〈역사와 현실〉 37권.
이필상 외(2001), 《2001년 한국경제해법》, 시공사.
이형균(2000), “유교사회의 사회합리화와 유교윤리의 역할 - 베버의 사회합리화 분석도구로 동아시아의 사회발전 재조명”, 〈한국사회학〉 34집.
이홍락(1997), “내재적 발전론 비판에 대한 반비판”, 〈역사비평〉 39집.
임현진(2006), “한국의 발전 경험과 대안 모색: 새로운 발전 모델을 찾아서”, 〈한국사회학〉 40집 1호.
장상환(1998), “한국자본주의, 왜 IMF시대를 맞았나”, 〈역사비평〉 42호.
장하준(2004), 《개혁의 덫》, 부키.
조원희(2000), “신자유주의에 편승한 경제 민주화 운동 비판과 대안 모색”, 〈동향과 전망〉 47호.
조혜인(2001), “공동체적 토대위의 참된 자유”, 〈사회과학연구〉 11집.
______(2005), “유교 기여론 비판에 개재된 오류들”, 후기 사회학대회 발표논문, 2005년 12월.
조희연(2002), “좌파 식민지성의 극복을 위해”, 〈말〉 2002년 12월호.
최재현(1992), “사회구조와 사회변동: 역사적 접근방법의 가능성”, 《열린 사회학의 과제》, 창작과비평사.

Braudel, Fernand(1980), *On History*, trans. by Sarah Matthews, Chicago: The University of Chicago Press.
Cho, Hein(1989), “Secularization of Neo-Confucianism and Industrialization of Korea: A Study of Counter-Secularization.” Ph. D. Dissertation, University of Pennsylvania.
______(1996), “The Confucian Tradition of Civil Society As a Rich Terrain

for Sociological Discourse." paper presented at the international conference on The Future of Sociology in East Asia, jointly organized by International Sociological Association and Korean Sociological Association.

______(1997), "The Historical Origin of Civil Society in Korea." *Korea Journal*, vol. 37, no. 2: 24~41.

Duncan, John(2002), "The Problematic Modernity of Confucianism: the Question of Modernity in Choson dynasty Korea." in Charles K. Armstrong ed., *Korean Society: Civil Society, Democracy and the State*, London: Routledge, pp. 36~55.

Lash, Scott(1990), *Sociology of Postmodernism*, London: Routledge.

MacFarquhar, Roderick(1980), "The Post Confucian Challenge." *The Economist*, Feb. 9: 67~72.

Magnusson, Lars(1994), *Mercantilism: The Shaping of an Economic Language*, London: Routledge.

Marshall, Don D. (1996), "National Development and the Globalisation Discourse: Confronting 'Imperative' and 'Convergence' Notions." *Third World Quarterly*, vol. 17, no. 5: 875~901.

Shin, Jong-Hwa(2000), "The Limits of Civil Society: Observations on the Korean Debate." (Review), *European Journal of Social Theory*, vol. 3, no. 2: 249~270.

Skocpol, Theda(1979), *States and Social Revolutions: A Comparative Analysis of France, Russia, and China*, Cambridge: Cambridge University Press.

Steinberg, David I. (1997), "Civil Society and Human Rights in Korea: On Contemporary and Classical Orthodoxy and Ideology." *Korea Journal*, vol. 37, no. 3: 145~165.

Uz-Salzberger, Fania(1995), "Introduction." in Adam Ferguson, *An Essay on the History of Civil Society*, Cambridge: Cambridge University Press.

Weber, Max(1946), "Science As a Vocation." in *From Max Weber*, trans. and ed. by H. H. Gerth and C. Wright Mills, New York: Oxford University Press, pp. 129~156.

제 1 부

유교적 유산의 역사적 정위

제 1 장 세계의 깸 : 개신교 윤리 명제의 동적 측면

제 2 장 주자학적 세계관 속의 긴장

제 3 장 조선 향촌질서의 특성과 그 정착과정

제 4 장 동학과 주자학 : 유교적 종교개혁의 맥락

제 5 장 일본침입 행위의 논리적 성찰 :
경제적 결정론의 오류를 중심으로

제 1 장

세계의 깸*

개신교 윤리 명제의 동적 측면

1. 서 론

1) 개신교 윤리 명제와 합리화

베버의 개신교 윤리 명제에 대해서는 수 없이 많은 논의가 이루어졌다. 오늘날 베버 사회학의 다른 측면에 대한 논의에 비해 개신교 윤리 명제에 대한 논의가 침체되어 있는 한 가지 이유는, 그에 대해 그토록 많은 논의가 이미 이루어진 만큼 더 이상 새로운 논의를 할 수 있는 여지가 많지 않다는 인식에 있지 않나 여겨진다. 그러나 베버의 개신교 윤리 명제는 오래된 만큼이나 늘 새로울 수 있다.[1] 그것에 관한 논의의 여지가 아직 많이 남아 있다고 생각된다. 특히 그 동적 측면이 적절한 주목을 받지 못한 것이 아닌가 여겨진다. 사실 동적 측면은 개신교 윤리 명제의 오히려 좀더 중요한 측면일 수 있다. 본 연구는 개신교 윤리 명제의 핵심측면은 합리화의 동적 과정이라는 문제의식으로부터 출

* 〈한국사회학〉 30집 봄호(1996), pp. 31~64.

1) 최근 개신교 윤리명제를 비롯한 베버의 종교사회학적 연구의 중요성을 다시 일깨워 준 연구로 양영진(1995)이 있다.

발한다. 개신교 윤리 명제는 서구의 종교전통에 일어난 변동을 이른바 "세계의 깸"(*the disenchantment of the world*)이라는 맥락 속에서 고찰한 것임을 전제하는 것이다. 합리화 명제는 베버 사회학 이론의 가장 핵심적인 명제로 일컬어지고 있는데(전성우, 1992) 개신교 윤리 명제에 대해서는 그것이 그만큼 논의되지 않았다.

개신교 윤리 명제에 대한 논의는 오랫동안 크게 두 가지 쟁점을 축으로 전개되었다. 첫째, 개신교 윤리 명제가 이익에 대한 관념의 결정적 역할을 상정한다는 취지의 해석과 그에 대해 베버가 양자 사이에 상호적 관계를 상정했다는 해석 사이의 논쟁이다. 베버에 대한 관념론적 오해는 베버 자신도 만난 적이 있었고 또 그것에 대해 베버 자신이 입장을 밝힌 바가 있었지만, 이것은 그 뒤로도 오랫동안 계속된 논쟁이었다. 둘째, 개신교 윤리 명제가 개신교와 다른 종교 사이의 공시적 차이에 주로 초점을 맞춘 것으로 전제하고 개신교와 다른 종교 사이에 정말 그러한 차이가 있느냐 하는 것을 둘러싼 논쟁이다. 먼저 개신교와 카톨릭 사이에 그러한 차이가 있다고 주장하는 연구와 그렇지 않다고 주장하는 연구 사이에 논쟁이 벌어졌고, 이후 개신교와 유교, 불교, 이슬람교 등 비서구 지역의 종교 사이에까지 그러한 논쟁이 확대되었다.[2] 이른바 개신교 윤리 명제 유추연구들이란 그러한 비서구적 종교가 개신교와 그렇게까지 다르지 않다는 것을 주장하는, 베버에 대한 내용적 수정이었다.

개신교 윤리 명제에 대해 그러한 논쟁이 전개되고 있는 동안 베버의 사회학 전반에 대한 연구가 많은 발전을 보게 되었다. 그리하여 점점 부각된 점은 베버가 종교 외에도 계층, 조직, 시장 등 갖가지 제도적 측면을 두루 고찰한 포괄적 이론을 구축하였다는 것이다. 특히 서구의 근대화 과정에서 그러한 것들이 어떠한 모습을 가졌는지를 합리화 개념 아래 전반적으로 살펴보려 하였다는 것이다. 베버 인식의 이러한 발전은

---

2) 슐루터는 종교들 사이의 이러한 공시적 차이에 주로 초점을 맞추어 베버의 유형론을 정리해 보고 있다(Schluchter, 1989).

개신교 윤리 명제 논의를 침체시킨 좀더 중요한 요인이 되었다. 베버의 그러한 커다란 사회학적 틀에서 개신교 윤리 연구는 지엽적인 것으로 생각되었기 때문이다. 말하자면 관념과 이익의 관계에 대한 문제는 그러한 인식 속에 용해될 부분문제이고 개신교 윤리 유추연구 역시 전체의 제도적 맥락을 고려하지 못한 베버의 지엽적 적용이라는 것이다.

본 연구는 개신교 윤리 명제에 대한 집중적 탐구는 베버의 그러한 큰 틀에 대한 우리의 인식을 강화시켜 줄 수 있을 뿐 아니라 더 나아가 그것을 좀더 섬세하게 가다듬어 줄 수 있다는 인식에 토대를 두고 이루어졌다. 먼저 이미 말한 바와 같이 합리화는 개신교 윤리 명제의 핵심 측면이기도 하다는 점이 강조되어야 한다. 개신교 윤리 명제는 종교들 사이의 공시적 차이에 초점을 맞추기 이전에 기독교 전통 안에서의 통시적 변화에 초점을 맞추고 있었다. 카톨릭과 개신교 사이의 비교는 두 상이한 교파 사이의 비교이기 이전에 중세 기독교와 근대 기독교 사이의 선후비교였던 것이다. 그것은 서구적 합리화 과정에 대한 고찰이었다.

그런데 그렇게 개신교 윤리 명제를 통하여 행한 서구적 합리화의 분석은 서구적 합리화에 대해 베버가 행한 고찰의 요체를 담고 있었다. 거기에는 베버가 본 서구적 합리성의 핵심규정과 그 합리성에 도달하게 되기까지의 진화과정이 잘 나타나 있다. 다시 말해서 개신교 윤리 연구의 핵심적 명제가 합리화였을 뿐만 아니라 합리화 명제의 핵심적 연구가 개신교 윤리 연구이기도 하였던 것이다.

그러면 기독교 전통에서 일어났다고 베버가 본 합리화 과정의 요체는 무엇이었던가? 무엇보다 베버는 그 변동을 완전히 없던 것의 새로운 출현이라기보다는 기독교가 본래 가지고 있던 잠재적 성격의 구현으로 보았다. 베버는 서구 합리화 과정을 다른 지역과 다르게 걸어온 장기적 노정 속에 자리매김하고 있었던 것이다. 그리고 베버는 그러한 장기적 변동과정에서 종교에 대해 상당히 특별한 위상을 부여하고 있었다.

2) 서구적 합리성의 요체로서의 금욕주의 및 그 발전과정

개신교 윤리 명제를 통하여 우선 드러나는 것은 베버가 본 서구적 합리성의 기본구도이다. 베버는 서구적 합리성의 기본구도를 세계를 끊임없이 개혁해 나가려는, 그리하여 세계를 정복하려는 지향으로 보았다.[3] 베버에게 서구적 합리화의 전개과정은 그러한 지향이 각종 제도 속에 자리잡는 과정이었으며, 그것이 종교상에 나타난 것을 그는 금욕주의(*asceticism*)라고 불렀다.

좀더 구체적인 구도에서 금욕주의란 초월적 기준을 두고 주어진 세계를 거기에 비추어 문제시하면서 그 기준에 접근하는 쪽으로 끊임없이 개혁해 나가려는 것이다.[4] 더욱 구체적으로, 금욕주의는 세계에 대한 두 가지 일견 상반되는 태도가 결합되어 있는 것이다. 하나는 세계 참여를 긍정하는 것이다. 또 하나는 그러면서 주어진 세계를 반대하는 것이다. 이 일견 상반되는 두 태도가 결합된 것이 바로 세계를 끊임없이

---

3) 이것은 베버에게 있어 형식적 합리성과 실질적 합리성의 구분 너머에 있는 가장 궁극적 합리성의 구도라고 할 수 있다. 베버에게 그러한 자세는 한마디로 서구 과학문명의 이정표였는데, 이것은 예컨대 그의 "소명(직업)으로서의 과학(학문)"에 잘 표현되어 있다(Weber, 1946a).

4) 베버에게 있어 기본적으로 같은 구도가 다른 모든 분야에서의 서구적 합리성을 구성하고 있었다. 영문판 "개신교 윤리와 자본주의 정신"의 서문이기도 한 베버의 종교사회학 논문집 서문에서 베버는 각종 제도 및 분야에 있어 오직 서구에서만 합리적 형태가 자리잡았다는 점을 역설하고 있는데, 그 구체적 내용에 있어 그러한 문물의 각각 — 종교에서 "주어진 세계"에 해당 — 을 하나의 준거점 — 종교에서 "초월적 존재"에 해당 — 을 향해 체계적으로 조직한다는 형태적 특성을 얘기하는 것임을 알 수 있다(Weber, 1976: 13~31). 거기에서는 주로 형식적 합리성을 말하는 것처럼 느껴지지만 그 각각의 합리화 과정을 논하는 저술들에서는 그렇게 하여 그 문물의 내용 자체를 계속 개혁해 나간다는 내용을 포괄하고 있음을 알 수 있다. 예컨대 법의 영역에서 형식합리성의 "자연법" 전통과 실질합리성의 "실정법" 전통의 양자를 서로 지양하였을 때 법은 계속 개혁될 수 있다고 베버가 시사할 때는 바로 이러한 금욕주의적 구도와 같은 구도를 법에 대하여 말하는 것이라고 할 수 있다. 법에 대한 베버의 관점을 합리성과 관련시켜 논하고 있는 전성우(1995) 참조.

개혁하려는 지향이다.[5] 이에 비해 한편으로 세계를 피하려는 지향과 반대로 세계를 그대로 수용하려는 지향은 둘 다 금욕주의가 아니다. 베버는 전자가 종교상에 나타난 것을 신비주의(*mysticism*)라고 부르고 인도가 그 길을 전형적으로 걸어갔다고 보았다. 그리고 후자의 길로 빠진 대표적 지역을 중국으로 보았다.

베버는 종교상에 나타난 서구의 합리화 과정을 그러한 금욕주의적 구도의 발전이라는 맥락에서 크게 세계수용에서 세계거부로 그리고 다시 개혁적 세계참여로 몇 번 도약적 반전의 계기들을 거치며 나아가는 과정으로 보았다. 먼저 유태교에서 초월신의 계율을 통한 세계수용의 방향으로 첫걸음을 내딛음으로써 서구에서의 합리화는 인도에서와 같은 신비주의로의 도정이 배제되었다. 그리고 기독교가 출범할 때 세계를 거부하는 자세가 형성됨으로써 서구에서의 합리화는 유태교적 냉철성으로부터 한 걸음 더 나아가 금욕주의의 영역에 본격적으로 진입하게 되었다. 그러나 교회권위가 확립된 이후의 중세 기독교에서 금욕주의는 잠재적 상태에 들어가 있었다. 베버에 의하면 개신교에서 일어난 변화는 세계를 반대하는 자세를 유지하면서 세계에 참여하는 것으로, 이를 통해 세계를 개혁하려는 자세가 본격적으로 실생활 속에서 구현될 수 있었다. 세계를 끊임없이 고양시켜 가려는 금욕주의적 자세가 세속적 삶의 한 가지 주된 영역인 경제적 삶에서 지속적인 확대 재생산을 지향하는 자세로 나타난 것이 곧 자본주의 정신이라는 것이다.

3) 베버의 진화론적 관점

개신교 윤리의 발전과정에 대한 이러한 서술이 궁극적으로 보여주는 것은 베버가 지녔던 진화론적 관점이다.[6] 개신교 윤리 명제의 동학적

---

5) 베버는 이를 금욕주의의 야누스적 얼굴이라고 말한다(Weber, 1946c: 327).

6) 베버가 진화론적 관점을 가졌다고 할 때 진화의 개념은 꼭 가치평가의 차원에서 더 바람직한 상태로 나아간다는 뜻은 아니다. 그것이 가치평가의 차원에서 더 바람직한 상태이든 아니든, 변화의 방향이 크게 보아 역전됨이 없

측면에는 베버의 진화론적 관점의 요체가 들어있었다고 할 수 있다. 베버에게 합리화란 좀더 일반적으로는 비단 서구뿐 아니라 인류 전반의 진화적 과정을 요약하는 개념이었다. 그렇듯 일반적인 과정으로서의 합리화를 베버가 종교적으로 규정한 것이 곧 카리스마의 일상화 내지 체계화 과정이다. 원시사회의 종교에서 구체적 맥락에 따라 비체계적으로 부여되던 카리스마는 점차 통일적 교리 속에 체계화된 형태로 자리잡게 되는데, 그것이 베버에 의하면 고등종교로의 일반적 발전과정이다.[7]

그러면서 베버는 합리화가 지역별로 서로 다른 노정을 따라 진행된다고 보았다.[8] 카리스마의 체계화가 이루어질 때 아시아의 많은 곳에서는 세계 안에 내재하는 존재를 중심으로 체계화가 이루어졌다면, 반대로 세계 바깥의 초월적 존재를 중심으로 체계화된 것이 서구가 경험한 발전방향이라고 보았다. 개신교는 그러한 서구적 발전의 귀착점이었다. 베버의 이 관점은 오늘날 다선적 진화라고 부르는 관점과 이미 기본적으로 같은 것이었다.

베버의 다선적 진화론은 종교가 변할 때 기존의 유산을 계승하면서 변한다는 말로 요약할 수 있다. 각각의 인류사회에서는 변동이 일어날 때 그때까지 그곳에서 전개된 특수한 역사적 경험을 계승하면서 변동이 일어난다. 또 현재가 과거의 경험을 계승하듯이 과거 또한 대과거의 경험을 계승할 것이기 때문에 진화는 아주 장기적으로 이루어진다. 그리하여 서구적 합리화의 기원은 유태교가 창시되던 때까지 거슬러 올라갈 수 있다.

베버는 또 지역적 계승도 함께 다루었다. 만약 한 곳의 역사적 경험이 다른 곳으로 전파되는 일이 발생한다면, 그 전파된 곳에서는 수입된

이 계속 심화되는 것을 일단 가리키는 것이다.

7) 《경제와 사회》 2권의 '종교사회학' 첫 부분은 주로 종교의 이러한 전반적 진화를 다루고 있다(Weber, 1968b: II, 399~468).

8) 그러나 합리화가 일어난다는 점에서는 공통의 변화도 겪는다고 할 수 있는데, 공통과 특수의 두 요소를 같이 보는 것이 오늘날의 다선적 진화론이라고 할 수 있다. 베버가 인류사회의 발전상에서의 공통과 특수를 모두 보고 있었다는 것을 잘 보여주는 예로 로트의 연구(Roth, 1976)가 있다.

역사적 경험과 자기 자신의 역사적 경험이 같이 계승되어 둘 사이에는 어떤 식으로든 결합이 이루어진다는 것을 보여주고 있다. 베버는 기독교가 서아시아에서 유럽으로 건너갔을 때 그러한 결합이 전형적으로 이루어졌음을 보여준다. 변동이 발생할 때에는 이렇게 여러 가지 계승이 이루어지기 때문에 사회의 진화는 대단히 연속적인 흐름으로 나타난다.

베버는 그러한 속성을 지니는 사회의 진화과정을 여실히 반영하는 매체로서 종교를 다루고 있었다. 그렇듯 계승적인 변화를 이루어 가는 역량에 있어서 다른 일반적 제도에 비해 종교가 조금 특별한 위상을 보여주는 것으로 베버의 서술들은 실제로 다루고 있었던 것이다. 베버는 크게는 합리화가 모든 제도에 걸쳐 관철되는 하나의 전반적 현상이라고 보았다. 그러나 각 제도마다 합리화가 자리잡는 일정표는 서로 차이가 날 수 있다. 그렇듯 합리화 과정이 개별적으로 진행될 수 있다는 점에서 각 제도간에는 서로 상당한 자율성이 있었다(배동인, 1995: 36). 그러나 그렇다고 그것들이 서로 완전히 유리된 채 진행되는 것은 아니고 서로 영향을 주고받으면서 진행되기 때문에 전반적 과정으로서의 합리화도 성립이 되는 것이었다.

베버는 이렇게 서로 영향을 주고받는 데 있어 어떤 제도도 결코 결정적 위치를 차지하지 않는다는 점을 누누이 강조하였다. 이 점에서 그는 경제가 그런 위치를 차지한다는 유물론적 관점을 비판하였다. 그러나 그는 그 대신에 종교 같은 관념이 그런 위치를 차지하는 것도 결코 아니라는 점을 여러 곳에서 피력하였다. 이 점에서 대해서는 자신이 그러한 입장을 취한다고 믿는 오해가 있었기 때문에 특별히 그러한 오해를 언급하면서 그것을 직접 부인하기까지 했다(Weber, 1978). 종교와 다른 제도 사이의 관계가 결코 일방이 다른 일방을 결정하는 관계가 아니라는 그의 입장은 그렇듯 명시적으로 서술되어 있는데, 관념과 이익 사이의 상호적 관계에 대한 전철수의 비유는 그것을 요약하는 대표적 대목이라고 하겠다(Weber, 1946b: 280).

그런데 상호적 관계라는 것은 그 구체적 양상에서 여러 가지를 포함할 수 있다. 서로 영향을 주고받을 때 그 영향이 완전히 대칭적인 것일 수도 있지만 그렇지 않은 것일 수도 있다. 혹은 다른 말로, 모든 제도가 서로 완전히 동등한 위상을 갖는 관계는 아닐 수 있는 것이다.[9] 베버는 이 점에 대해서는 명시적으로 논의한 바가 없었다. 그렇지만 이 점에 대해서도 베버는 아주 많은 것을 실제로는 보여주고 있었다. 베버는 그러한 합리화 과정에서 종교로 대표되는 관념이 조금은 더 특별한 위상을 지니는 존재임을 실제로 보여주었던 것이다. 이 논문은 이렇게 베버가 실제로 보여준 것을 드러내면서 그 맥락을 명시적으로 규정하려는 것이다. 이렇게 그 맥락의 틀을 명시적으로 서술한 것은 베버가 하지 않은 일이기 때문에, 이 연구는 베버의 저술을 그대로 정리하는 것만은 아니고 나름의 주석을 같이 달아 본 작업임을 인정할 수밖에 없다. 그렇지만 그 대부분이 베버의 관련된 서술을 정리하는 작업인 것이 사실이다.

이후 본 연구에서는 기독교의 발전과정에 관한 베버의 구체적 고찰의 핵심내용을 정리하고 나서 그것을 토대로 베버의 진화론적 관점이 지니는 특성을 좀더 자세하게 논의하려 한다. 먼저 다음 두 절에서는 베버가 논한 기독교의 발전과정을 단계별로 살펴볼 것이다. 그 모든 것을 베버가 한 곳에 모아 제시한 것은 아니었다. 그는 "개신교 윤리와 자본주의 정신"에서 이러한 진화적 틀의 대강을 시사한 후에 각 과정에 관한 자세한 논의는 다른 저술들에서 쟁점에 따라 나누어 한 것이 많았다.[10] 그 과정에서 그는 서구적 진화의 날줄을 비서구 사회들과 횡적으로 비교하는 맥락 속에 적지 않게 끊어뜨려 가며 논의하였다. 본고는 그것들을 한 곳에 모아 본 것이다.

---

9) 텐브룩은 이것을 평이하게 베버가 종교를 좀더 중시하였다는 말로 표현한다(Tenbruck, 1980).

10) "개신교 윤리와 자본주의 정신"에는 이 진화의 전과정을 처음과 끝과 한 가지 중간역을 들어 압축적으로 말하는 곳도 있다(Weber, 1976: 105). 베버가 같은 내용을 여러 저작에서 되풀이해서 서술하는 경우도 적지 않은데, 본 연구에서는 베버가 어떤 저술에서 그런 주장을 하였느냐 하는 것에 일차적 초점을 맞추고 있지 않기 때문에, 꼭 필요한 경우를 제외하고는 한 군데만 대표적으로 근거를 제시하는 것을 원칙으로 하였다.

2. 개신교 이전의 “깸”

1) 현세긍정의 초월신: 유태교적 유산

(1) 현세수용적 냉철성

베버는 서구적 합리화의 기점을 어디서부터 잡고 있었는가? 끝까지 거슬러 올라간다면 서아시아에서 유태교가 출현했을 때 서구의 깸이 시작된 것으로 보고 있다고 할 수 있다.[11] 기독교가 유태교로부터 물려받은 대표적 유산은 초월적 인격신이다. 초월적 신관에서는 세계를 피조물로 보기 때문에, 세계내적 대상에 신적 지위를 부여하면서 그것들이 본질적으로 할 수 없는 일을 해주도록 바라는 이른바 우상숭배의 주술적 자세를 갖지 못하게 한다. 그러한 측면의 합리성은 베버가 인용하듯 점성술의 타당성을 부정하는, “(피조물인) 별의 힘은 여호와의 권능 앞에서 사라진다”는 추론이 잘 보여준다(Weber, 1952: 203). 세계 대부분의 나라에서 점성술이라는 주술문화가 통용될 때 유태인들은 일찍부터 그러한 주문에서 깨어나 있었던 것이다.

유태교의 신은 또한 계율의 신이다. 사람들에게 사회 속에서 지켜야 할 규범으로서 율법을 부과하면서 절대 복종하도록 명령한다. 그만큼 유태교는 세계적 활동을 지향하는 종교로 출범했다. 유태교의 초월신은 사람을 도구로 부려 적극적인 세계적 활동을 하도록 시킨다. 그리고 유태교에서 시작된 선지자의 전통은 이러한 지향을 강화시켜 준다. 선지자는 초월신의 계율을 내면화한 사람이다. 신의 철저한 도구가 되어 신의 소리를 대신 전하는 사람인 것이다.[12]

---

11) 베버가 기독교의 유산을 인정하는 데 인색한 것처럼 느껴질 때가 많긴 하지만 그는 여러 곳에서 기독교의 유태교적 유산을 분명히 인정하고 있다. 베버는 “개신교 윤리와 자본주의 정신”에서도 유태교적 유산을 분명히 인정하고 있다(Weber, 1976: 164~166). 아마 가장 본격적으로 논의하고 있는 곳은 “일반경제사”일 것이다(Weber, 1950: 360~364).

12) 이런 의미에 있어서의 진정한 선지자(예언자)는 베버에게 있어서 다른 곳에서는 존재하지 않았다. 다른 곳에는 기껏해야 “모범을 보이는” 선지자가 있

이에 반해 다른 종교에서의 내재적 신은 사람으로 하여금 세계를 잊고 그와의 신비적 합일을 꾀하게 만든다. 사람은 신을 담을 그릇이 되어 세계적 활동 대신 신비적 앎에 탐닉하는 것이다. 이 점에서 유태교에서 시작된 서구의 종교 전통은 동방의 종교들과 애초에 다른 길을 내디뎠다고 베버는 본다(Weber, 1968b: II, 552~553). 주술문화를 거부하고 세계적 활동을 적극적으로 수행하는 것은 유태적 냉철성을 낳는다. 그러한 냉철성에 기반하여 유태인들은 자기를 절제하며 삶을 상당한 수준으로 조직하여 살아간다. 그러한 생활양식의 한 가지 표현이 유태인의 상술이다(Weber, 1968b: II, 618).

(2) 전투유랑민의 종교

관념과 구조 사이의 상호작용은 유태교 시대부터도 이루어지고 있음을 베버는 논하였다. 유태교의 경우 그 담지자는 무엇보다도 하나의 민족적 상황 전체이다. 베버는 계율의 신인 여호와와 애초에 전투하는 유랑민족이던 이스라엘의 부족연맹체 국가 사이에 친화성이 있다고 본다. 여호와는 가나안인, 블레셋인 등과 싸우면서 나라를 건설해야 했던 유랑민족으로서의 이스라엘에 대해 무엇보다도 사령관과 같은 존재였다. 유태교의 계율(*commandments*)은 사령관이 부족연맹군에게 내리는 명령이었던 것이다. 그리하여 유태교의 신은 농경정착 민족이 믿던 이런 저런 기능신도 단순히 지역단위의 수호신도 아니고 율법에 관한 언약을 통해 부족연맹군을 이루는 인간 공동체 전체와 맺어진 신이었다(Weber, 1952: 131).

일단 유태교가 성립된 이후에는 이스라엘 민족이 농경민족으로 정착해 가는 것에 상관없이 그러한 성향이 유지되었다. 그리고 결국에는 농민이나 토지귀족이 아니라 도시의 소시민들이 유태교의 주된 담지자가 되어 유태교의 반주술적이고 계율지향적인 성격을 지켜나가게 된다고 베버는 본다. 그는 후대의 선지자들과 점차 자리잡아 가는 율법사 집단

을 뿐이었다(Weber, 1950: 362).

이 바로 이러한 소시민 계층을 주된 기반으로 하고 있었다는 점을 강조한다(Weber, 1952: 224).

(3) 유태교의 한계

베버에 의하면 유태교의 냉철성은 기본적으로 세계를 수용하는 데서 오는 만큼의 합리성으로 이루어져 있다. 그것은 세계로부터 또는 세계 속으로 도피하려는 동방적 신비주의와는 다른 만큼은 서구적 합리성의 관점에서 상당한 수준을 보여준다. 그러나 그러한 유태교적 합리주의는 서구적 합리성의 가장 철저한 모습으로서의 금욕주의는 아니다.[13)]

베버에 따르면 그 정도의 냉철성은 다른 곳에서 다른 연원에 의해서도 도출될 수 있다. 예컨대 로마와 중국의 관리들 역시 그에 못지 않은 냉철성을 지니고 있다. 특히 중국의 경우 그러한 냉철성은 유교가 세계를 수용하는 종교라는 사실에서 마찬가지로 나온다고 베버는 생각한다(1968: 611). 베버에 의하면 유태교는 결국은 세계를 수용할 뿐 개혁하려 하지 않는다는 것이 한계이다. 유태교는 세계적 활동 내지 욕구들을 금하지 않는다. 예컨대 유태교에서 성에 대한 태도는 자연주의적 상태 그대로 남아 있다. 성을 즐기는 것이 죄악시되지 않는다. 그것을 부부 사이에서만 추구한다면 문제될 것이 없는 것이다. 부부간 정절을 요구하는 유태교의 계율을 금욕주의로 오해해서는 안 된다. 부부간 정절을 요구하는 것은 유태교만의 특성이 아니다. 대부분의 세계에서 부부간 정절은 요구되기 때문이다. 마찬가지로 부에 대한 유태교의 태도 역시 자연주의적 탐욕 그대로이다. 그렇기 때문에 유태 상술을 진정한 자본주의로 볼 수는 없다. 그것은 세계 대부분의 곳에 있었던, 탐욕에 기초한 말하자면 "의사 자본주의"의 하나일 뿐이다(Weber, 1968b: II, 614).

유태교가 세계에 대해서 무엇인가 선한 일을 할 것을 요구하는 율법의 종교인 것은 틀림없지만 그것이 주어진 현상에 대해 끊임없이 더 바

---

13) 베버는 서구 근대 자본주의의 도입자가 청교도가 아닌 유태인이라고 주장하는 동료이자 논적인 좀바르트와의 논쟁을 통해 이 점을 명확히 해 나갔다(Klausner, 1982).

람직한 상태를 요구하는 개혁지향성을 구성하는 것은 아니다. 그것은 오히려 한번 주어진 구체적 율법을 축어적으로 지킬 것을 요구하는 전통지향성을 구성하고 있다. 또한 유태교의 민족적 특수주의도 주된 걸림돌이다.[14] 유태교의 민족적 특수주의는 유태 상술을 진정한 합리성에 기반한 경제행위로 파악할 수 없게 한다. 이윤추구는 유태교에 의해 유태인들 상호간에도 정당시된 행동이 아니다. 그것은 특수주의적인 유태교가 비유태인과의 관계까지를 적극적으로 규정하지 않기 때문에 취할 수 있는, 유태교에 대해 아무런 적극적 의미를 지니지 못하는, 편의적 행동에 불과하다(Weber, 1968b: II, 615~623).

2) 세계거부의 교회: 기독교로의 발전

(1) 기독교적 혁신

① 보편주의

베버에 의하면 기독교가 창시되면서 유태교가 지니는 그러한 한계를 혁파하고 커다란 진보를 이룩함으로써 본격적 금욕주의로의 진입이 이루어지게 되었다. 기독교가 이룩한 혁신은 우선 그 보편주의에 있었다. 하나의 종교가 합리성에 관하여 완전한 의미를 지니려면 우선 그것이 보편주의적 종교여야 함을 베버는 전제한다고 할 수 있다. 베버는 기독교로 개종하는 문호를 비유태인에게 개방한 후 피력한 바울의 해방감을, 인류로부터 고립된 천민의 종교에서는 결코 얻을 수 없는 그러한 격상된 지위를 배경에 두고 살펴보고 있다(Weber, 1968b: II, 622~623).

② 세계거부

보편주의가 금욕주의적 종교로 발전하기 위한 정지작업이라면 좀더

---

14) 파슨즈는 자기 신도공동체인 우마를 경계선으로 삼는 특수주의를 보이는 이슬람교도 같은 종류의 걸림돌을 지닌다는 것으로 베버를 해석한다(Parsons, 1963).

적극적 혁신은 세계의 거부에 있다고 베버는 보았다. 베버에 의하면, 예수에게 현재의 세계는 곧 올 하느님의 나라에 비추어 볼 때 무가치한 것이었다. 그러한 맥락에서 예수는 주어진 세계의 질서에 무관심하였다. 예수는 정치적 지배질서를 백안시하였다. 로마의 지배질서에 대해서도 그 힘에 대한 고려 때문에 명시적 거부는 하지 않았지만 실제로는 묵살하고 있었음을 이해할 수 있다(Weber, 1946d: 337). 또한 부자에 대한 여러 곳에서의 비난이 잘 보여주듯 예수는 주어진 경제적 지배질서를 수용하지도 않았다. 그러나 베버는 예수가 일부에서 오해하듯 "프롤레타리아적 충동"에 의해 움직였던 것이 결코 아님을 역설한다. 그러기에는 예수는 너무도 피안에 의거하여 세계를 거부하고 있었던 것이다(Weber, 1968b: II, 630~633).

③ 전통주의 거부

예수가 주어진 세계를 받아들이지 않았다는 점은 좀더 인식론적인 차원에서 유태교의 율법주의를 부정하였던 것에서 나타난다. 베버는 예수가 그렇게 함으로써 유태교의 윤리지향을 반대한 것이 아님을 강조한다. 예수는 구체적 율법 자체보다 율법의 궁극적 원천으로서의 윤리정신을 지킬 것을 강조했던 것이다. 예수에게 있어 구체적 율법조항들을 축어적으로 지키는 것은 때에 따라서는 오히려 더 근본적인 선을 지키지 못하게 할 수 있다는 점에서 악일 수 있었다. 베버는 사회학적으로 예수가 그렇게 함으로써 사회의 주어진 규범에 맹종하는 전통주의를 타파하고 기독교에 개혁지향성을 심은 것이라고 본다.15) 가장 추상적인 수준에서의 윤리정신을 지키는 것은 주어진 규범을 그 정신에 비추어 고치게 한다. 그리하여 개선된 규범이 만들어지면 그 규범을 또 다시 그러한 정신에 비추어 고치게 하며, 이 과정은 끝없이 계속된다. 구체적 내용이 없는 윤리지향은 이렇듯 그 내용이 끊임없이 새로워지는,

15) 힌두교가 카스트의 의무를 강조하는 만큼 개신교의 소명개념과 통하는 바가 있어 보이지만 그 의무가 전통주의적 규범의 맹종으로 이루어져 있다는 점에서 마찬가지로 금욕주의가 아닌 것으로 베버는 본다(Weber, 1967).

항상 세계 너머에 있는 기준으로 작용함으로써 세계를 끊임없이 개혁해 나가도록 채찍질한다.[16]

④ 도덕적 초월성

그랬을 때 이제 초월신은 세계를 언제까지나 새롭게 비춰보게 하는 초월적 기준이 되어 나타난다. 다시 말해서, 베버에게는 초월신이 있다는 것이 바로 초월적 기준이 있다는 것을 뜻하지 않았다. 베버는 초월신이 금욕주의의 충분조건이라는 트뢸치의 견해에 찬동하지 않는다. 만약 그렇다면 유태교에서 금욕주의는 성립되었을 것이다. 베버는 기독교로 발전할 때 삼위일체의 성자나 성신의 개념으로 신이 세계에 내재할 수도 있게 되어 유태교에 비해 신의 초월성이 상당히 약화되었음에도 오히려 금욕주의는 자리잡게 되었음을 지적한다(Weber, 1946b: 325).

초월신은 그에 비추어 주어진 세계와 세계의 규범을 거부하게 하는 신이 될 때 비로소 금욕적 신이 된다는 것이다. 원죄라는 기독교적 개념은 신과 세계 사이의 그러한 관계를 공고히 해준다. 유태교에서는 신과 세계를 창조주와 피조물로 분리시켜 놓았지만 아직 신과 세계 사이에 본격적으로 도덕적 간극이 자리잡지는 않았다. 그러나 기독교에서는 신과 세계 사이에 그러한 간극이 존재한다. 신은 이제 죄로 가득한 타락한 세계 너머에 지선지고의 신으로서 존재하면서, 세계를 끊임없이 거기에 비춰보게 한다. 굳이 초월성을 따진다면 그 의미를 확대하여 기독교에서 신은 창조적 초월성에 도덕적 초월성의 차원이 더해짐으로써 금욕적 신이 되었다고 할 수 있는데, 예수의 대속은 그러한 맥락 속에서 이루어졌다(Weber, 1968a: 226~249).

16) 기독교의 세계를 거부하는 지향은 세계로부터 도피하려는 동방적 신비주의와 같은 것은 아니고 궁극적으로는 그렇듯 세계의 윤리적 상태에 관심을 두는 것이어서 그만큼은 유태교적 유산을 계승하는 것이었다. 이것은 세속지향적 성격에 있어서의 연속성으로도 표현된다(Weber, 1950: 363).

(2) 소시민의 반주지주의

베버에 의하면 기독교는 소시민 계층을 담지자로 하여 출범한 종교였다.[17] 주지하다시피 예수의 인간적 특성의 하나는 목수 집안에 태어났다는 것이다. 그의 제자들 가운데도 그러한 소시민 계층 출신이 제 비율을 넘었다고 할 수 있다. 그리고 이른바 오순절 교회의 구성도 그러하였다. 베버는 바울도 주변적 지식인 계층 출신으로서 바로 이러한 성격을 공유했다는 것을 강조한다. 또 베버는 기독교의 전파도 줄곧 도시들을 따라 이루어졌다는 점을 강조한다(Weber, 1968b: II, 481).

베버는 이렇게 기독교의 주된 창시자 집단이 소시민 계층이었다는 것이 기독교의 내용에 중대한 각인을 남겼다고 본다. 그것은 소시민 계층의 이익, 특히 관념적 이익을 반영하는 것이었다. 그것은 장인 같은 소시민들의 실제적 삶에서 유리된, 지식을 위한 지식의 추구에 대한 깊은 반감에 토대를 두는 것이었다. 예수가 유태교의 율법주의에 반대한 것에는 이러한 맥락이 크게 자리잡고 있었다. 예수가 안식일 계율을 지키지 않을 수 있음을 보인 것은 기술적으로 그 계율을 결코 지켜낼 수 없는 소시민 및 농민의 직업적 입장 — 안식일에 긴급사태가 발생하지 말라는 법은 없으니까 — 에서 율법을 위한 율법을 추구하는 율법사 계급의 주지주의에 대한 비판이었던 것이다(Weber, 1968b: II, 633).

베버는 그리하여 기독교 전통에서는 종교와 엘리트적 주지주의가 결합하는 일이 영원히 배제되었다고 본다. 그것은 기독교가 금욕주의로 유지되는 중요한 기반이었다. 베버에 의하면, 종교 속에서 주지주의가

---

17) 여기서 소시민이란 직업적으로 농민이 아니면서 지배계층도 아닌 사람들을 가리킨다. 나중의 중세 유럽의 경우에는 상공업에 종사하는 "시민"계층이 이에 해당하지만 일반적으로 그러한 소상공업자 외에도 말단 서리, 주변적 지식인등 잡다한 부류의 사람들을 포괄할 수 있는 개념이다. 여기서 "소"시민이라는 것은 근대에 이르러 자본가 계급이라는 지배계급과 연계되어지는 시민과 역사적으로 구별하기 위해서다. 앞 절에서 이미 언급한 것처럼 베버는 시간이 흐를수록 소시민 계층이 유태교의 주된 담지자가 되었다고 보았다. 그러나 또한 베버는 기독교 이전에는 소시민 계층이 금욕주의적 혁파를 이룩해내지 못했다고 보았다(Weber, 1952: 405~417).

작용하면 우주나 피안 또는 인식과 삶의 방식 등에 관한 현란한 사변이 지배하게 되면서 흔히 신비주의로 빠지게 되는데, 대부분의 아시아적 종교가 그 길을 걸었다는 것이다. 반면 기독교에서는 어떤 경우에도 실제적 필요에서 크게 유리되지 않은 교리체계 이상의 사변적 요소가 자리잡지 않았다고 본다. 서구에서도 나중에 엘리트적 주지주의가 출현하는 경우가 있었지만 그 대부분이 종교 바깥의 움직임에 머물렀고 종교와는 끝내 결합하지 못하였다. 그리하여 기독교는, 비단 유태교의 랍비뿐 아니라 힌두교의 브라만, 유교의 선비처럼 주지주의적 엘리트를 주된 담지자로 하는 다른 종교들과 달리, 생산에 종사하는 소시민계층을 시종 그 주된 담지자로 하는 독보적 종교로 남게 되었다는 것이다(Weber, 1968b: II, 510~517).

(3) 고전문명과의 종합

베버는 유럽이 기독교를 받아들일 때 그것을 단순히 받아들인 것이 아니고 자신의 고전 전통을 결합시켜 받아들였다고 본다. 이렇게 유럽의 고전 전통과 결합함으로써 기독교의 금욕주의가 공고해졌다는 것인데, 거기서 베버는 오히려 고전 전통의 역할을 더 강조하는 것처럼 보이기도 한다.

① 영혼의 개념

유태교에서도 혼(*ruach*)의 개념은 처음부터 있었다. 그러나 그것이 죄 많은 육체와 이분법적으로 대립시킨 지순의 영혼이 된 것은 그리스어 pneuma의 개념을 바울이 기독교에 도입함으로써이다. 베버에 의하면 그러나 헬라 전통에 대한 바울의 "비전문적" 교양은 그 개념을 영지주의적 맥락에 빠뜨리지 않고 히브리 전통과 결합시킬 수 있게 하였다(Weber, 1968b: II, 510~511). 그것을 히브리 전통에서의 신이 창조주/피조물의 관계에서만 초월적 지위를 지니던 것에서 지선/타락의 도덕적 지위에서까지 초월적 지위를 지니는 것으로 하는 데 결정적인 역할을 하게끔 사용한 것이다. 그리고 더 나아가 이 영혼의 개념은 초기기독교도들이 세계를 거부하는 종교적 공동체로서의 이른바 종파를 전형적으로 형성하는 데에도 기여하였다고 베버는 본다. 그들이 그러한 영혼을 성령으로서 공유한다고 믿는 데에서 그러한 정신적 공동체가 도출되었던 것이다(Weber, 1968b: II, 511~512).

② 자연법과 관료제

베버에서 합리성의 핵심적 측면의 하나는 체계성이다. 로마의 법체계는 자연법이라는 공리를 갖고 각종 법리들을 이끌어 내는 체계성으로 특징지어진다. 하나의 초월적 기준과 세계를 관계짓는 금욕주의의 기본구도에 기본적으로 상응하는 구도를 지니고 있는 이 로마법 체계가 기독교 전통에 들어가 교회법체계의 모태가 됨으로써 기독교의 금욕주의적 합리성을 강화시키는 데 커다란 기여를 하였다고 베버는 본다(Weber, 1968b: II, 553). 로마는 또 체계적 조직으로서의 관료제를 정치영역에서 발전시켜 갔는데, 그것도 기독교에 큰 영향을 주었다고 베버는 본다. 기독교의 교회조직은 바로 로마의 관료제를 모태로 하였기 때문이다.[18]

3) 세계거부의 종교와 방치된 세속: 중세 기독교에서의 잠복

(1) 내세적 금욕주의

교회권위가 확립된 지 얼마 안 있어 서로마는 멸망한다. 이후 시작된 중세시대의 기독교는 그 금욕적 지향에 있어 초기 기독교로부터 후퇴한 측면이 있음을 베버는 말한다. 그러나 한편으로는 중세 기독교의 상태

---

18) 베버에 의하면 로마의 관료제는 관료가 지니는 종교적 태도를 통해서도 기독교에 영향을 미쳤다. 베버는 그리스 종교의 열광성을 경멸하는 로마관료의 태도를 흔히 얘기한다. 그것은 광란제(*orgy*)적 도취를 경멸할 뿐 아니라 주술문화를 백안시하는 자세로도 나타나는데 서로마에서는 초기 기독교 공동체 전체가 그러한 자세를 지니게 되었다는 것이다(Weber, 1968b: II, 554).

가 개신교로 나아가기 위한 예비적 단계였다는 시사를 베버는 하고 있다. 무엇보다도 중세 기독교의 상태는 기독교가 거쳐야 할 단계일 수밖에 없는 측면이 있었다. 교회가 세계를 거부한다면 세계는 거부된 채 방치되어 있을 수 있기 때문이다.

중세는 이렇게 세계거부의 종교계와 제멋대로 방치된 세속계가 병존하는 이중구조의 상태에 있었다(Weber, 1950: 364~366). 금욕주의는 종교계에 국한되어 추구되고 세속계는 그 영향 바깥에 놓여 있었던 것이다. 베버는 이렇듯 종교계에 국한되어 추구되던 금욕주의를 내세적 금욕주의(*other-worldly asceticism*)라고 불렀다. 그러나 이것은 비유적이기만 한 표현은 아니다. 금욕적인 삶을 사는 종교인들을 위시하여 중세인들은 주로 내세에서의 안위에 관심을 쏟고 있었던 것이다.[19]

(2) 종교 - 세속간 이중구조

금욕주의와 그것이 의미하는 고도의 합리성은 사제계급에 대해서는 이미 중세 때 잘 확립된 삶의 양식이 되어 있었다. 사제계급은 그들의 일상생활을 신에 복종하기 위하여 철저히 조직함으로써 그들이 세속을 거부하여 떠난 것이 다른 종교들에서처럼 내면적 힘과 신비적 합일을 이루려던 것이 아님을 보여주고 있었다. 수도원에서의 삶이 예컨대 불교사원에서의 삶과 구별되는 것은 좌선과 같은 행동의 극소화를 지향하지 않고 노동일과표가 말해주듯 행동의 철저한 조직화를 지향하였다는 것인데 베버는 그것이 금욕주의의 중요한 시금석이라고 본다(Weber, 1968b: II, 555).

반면 귀족계급을 포함한 평신도들은 대단히 비조직적이고 주술적인 삶을 살고 있었다. 그들은 그때그때의 욕정과 감정이 충동질하는 대로 살았으며 갖가지 방탕한 욕구들을 분출해가며 살았다. 평신도들은 또 스스로는 주술사가 아닌 사제계급을 마치 주술사인양 간주하면서 그들

---

19) 반면에 나중에 개신교 윤리하에서는 현세와 내세를 모두 중시했다(Weber, 1976: 176).

을 통해 각종 주술적 욕구들을 발산하며 살았다(Weber, 1976: 117).

(3) 금욕주의의 잠복

그리하여 전체적으로 보면 중세 기독교하에서 금욕주의는 후퇴하였다고 할 수 있다. 인구의 다수를 차지하는 평신도들의 비금욕적, 주술적 삶이 더 전반적인 모습이 되었기 때문이다.[20] 그리고 경제를 포함하는 세속적 제도들은 금욕주의의 영향 바깥에 남아있었기 때문이다. 이러한 사정은 종교계 안에도 어느 정도 나타나 교회의 매개적 지위, 선악의 대차대조표 등의 교리나 교회가 누렸던 적지 않은 세속적 특권 등으로 표현되고 있었다(Weber, 1976: 116~117).

그러나 베버가 이러한 서구 중세의 모습을 단순히 비금욕적 체계라고 말하지 않고 내세적 금욕주의라고 한 것에는 금욕주의가 차후에 좀 더 비약하기 전 잠복기에 놓여 있는 상태라는 맥락이 있었다. 금욕주의가 세속계로 확산되기 전 종교계에 발전이 집중된 단계라는 맥락이 있었던 것이다. 그리하여 베버에게 내세적 금욕주의란 잠재적 금욕주의를 의미하고도 있었다.

3. 개신교의 "깸"

1) 세계반대의 세계참여: 개신교에서의 구현

금욕주의가 세계를 개혁하려는 자세를 가리킬 때 중세 기독교에서는 그것이 실제로 구현되지 않고 잠복해 있었다. 세계를 실제로 개혁하려면 세계 속으로 들어가야 하는데 중세 기독교에서는 세계를 아예 거부하고 있었기 때문에 금욕주의적 지향은 종교적 영역에 머물러 있었고

20) 주술의 문제에 있어서는 유태교에서보다도 후퇴한 측면이 있다고 베버는 말한다(Weber, 1976: 117).

세계는 방치된 채 있었다. 베버에 의하면 개신교에서 일어난 변화는 무엇보다도 세계에 참여하는 방향전환이 일어났다는 것이다. 그러나 그것은 세계를 그대로 수용하는 것이 아니었다. 세계를 반대하는 자세는 유지하면서 세계에 참여하는 것이었기 때문이다. 그랬을 때 중세 기독교에서 잠재적인 지향으로 남아있던, 세계를 개혁하려는 자세는 오히려 본격적으로 실생활 속에서 구현될 수 있었다. 금욕주의를 강화시키는 방향전환이었던 것이다(Weber, 1968b: II, 542).

(1) 금욕주의의 현세화

① 루터의 소명의식

루터는 그러한 "현세화"의 방향으로 중요한 일보를 내디딘 사람이다. 그는 교회의 특권을 부정함으로써 금욕주의의 추구에 있어 종교계와 세속계 사이의 차별성을 허물었다. 베버에 의하면 그것은 평신도에게도 기독교적 윤리를 똑같이 추구할 의무를 부여하는 의의를 지니는 것이었다. 그가 사제불혼율을 깨뜨린 것은 그러한 맥락에서였다. 사제가 결혼하여 평신도와 세속적인 삶을 함께 하는 만큼 평신도도 세속적인 삶에서 이제는 사제처럼 금욕적인 삶을 살아야 한다는 것이었다(Weber, 1950: 366). 루터의 소명의식의 개념은 세속적 직업활동도 신 앞에서 그렇게 똑같은 가치를 지닐 수 있다는 것을 말하는 개념이었다.

그러나 루터에게 있어 금욕주의의 구현은 불완전한 것이었다. 그에게는 베버가 볼 때 금욕주의와는 반대되는 경향으로서의 신비주의적 요소도 적지 않게 혼재해 있었던 것이다. "내 마음은 나의 교회"라는 루터의 애용구는 루터에게서 신의 개념이 무시할 수 없게 지니는 내재성과 함께 그러한 신비주의적 경향을 잘 보여주는 것이다.[21] 다만 그것은 기본적으로 금욕주의의 발전노정에서 일부 발생할 수 있는 신비주의적 요소였지 신비주의 쪽으로 완전히 들어선 것은 아니었다(Weber, 1968b:

---

21) 그리하여 베버가 보기에 루터교에는 상당한 전통주의가 남아 있었다(Weber, 1976: 85).

II, 550~553).

② 칼빈의 운명예정설

베버는 루터가 내디딘 방향으로 개신교적 변화를 더욱 이끌어가 그것을 완성시킨 사람은 칼빈이었다고 본다. 칼빈의 운명예정설은 금욕주의를 현세화시키는 과정에서 루터가 보여주었던 일말의 신비주의적 경향마저 완전히 불식시키고 현세적 금욕주의(*inner-worldly asceticism*)를 철저하게 구현해 낸 교리였다. 그것은 루터의 신에 있던 일말의 내재성마저도 불식시키고 신의 초월성을 극대화시킨 교리였다. 그것은 창조의 초월성, 도덕의 초월성 등 기존의 초월성에 의지의 초월성까지 더해진 것이다. 그러한 초월성을 일컫는 데 흔히 쓰이는 표현이 신의 전지전능성이다. 전지전능한 신은 세계의 과거, 현재, 미래의 모든 일을 지배하는 만큼 운명은 이미 결정되어 있는 것이다. 반면 신의 의지는 인간이 전혀 미치지 못하는 곳에 있기에 인간은 신의 뜻을 바꿀 수 없을 뿐 아니라 그것을 알 수조차 없다.[22]

인간이 신의 뜻을 결코 알 수 없다는 것을 알 때, 각종의 점술에 관련된 주술은 불식될 것이다. 또 인간이 신의 의지에 전혀 영향을 미칠 수 없다는 것을 알 때, 신에 호소하여 신의 의지를 바꾸려는 내용을 지니는 주술문화마저도 배제될 것이다. 그리하여 청교도에게서 주술문화는 그 뿌리가 완전히 뽑혀지게 되었다(Weber, 1976: 117). 사제 계층은 이미 중세 때부터 벗어나 있었던 주술문화에서 이제 평신도를 포함한 서구사회 전체가 벗어나게 된 것이다. 베버가 사용한 세계의 깸이라는 표현의 의미를 좁히면 원래 이러한 탈주술화가 된다(Weber, 1946a: 139). 그것은 서구세계가 중세 세속계의 무지몽매한 상태에서 깨어나는 일차적 측면이었다.

주술문화가 중세 대중의 무지몽매한 의식의 주된 성분이었다면, 전

---

22) 베버는 운명예정설의 신은 한마디로 신의 초월성이 그 논리적 극에 다다른 것이라고 말한다(Weber, 1976: 103~104).

통지향적 인간관계는 그 주된 온상이었다고 할 수 있다. 베버에 의하면 운명예정설은 중세의 대중을 옭아매고 있던 이 인간적 사슬도 깨뜨려 놓았다. 운명예정설에서 신의 선택은 각 개인별로 이루어지는 것이며, 거기에서는 가족을 포함한 어떤 집단도 아무런 역할을 할 수가 없다. 부모도, 자식도, 이웃도 신이 각 개인에 지워놓은 운명에 아무런 도움도 해도 줄 수 없다. 베버에 의하면 신의 선택의 그러한 극단적으로 개인적인 맥락이 철저한 책임의식에 기반을 둔 자율적인 개인을 형성해냄으로써 근대 서구 개인주의의 토대가 되었다(Weber, 1976: 104~109). 기독교 전통에서 초월적 인격신과의 일대일 교신은 주욱 있어왔지만, 그것이 개인주의적 지향으로 그렇게 구현된 것은 운명예정설의 개인주의적 맥락을 통해서였다는 것이다.[23)]

그렇듯 자율적인 개인으로서 존재하게 된 청교도에게는 주어진 상태에 만족하지 말고 항상 더 나은 상태로 나아가라는 신의 목소리가 내면화되어 있다. 그리하여 청교도의 인성은 그러한 금욕주의적 목소리와 인간의 자연적 욕구 사이의 격렬한 긴장으로 가득 차 있는 인성이다(Weber, 1968a: 226~249). 운명예정설이 청교도의 마음속에서 그렇듯 금욕주의적 강박관념으로 작용하는 한 가지 심리논리적 기제를 베버는 다음과 같이 말한다. 즉 선행은 이미 정해진 신의 선택을 바꿀 수 있는 원인은 아니지만 그 증거일 수는 있다. 그 증거를 확인해 보려는 동기에서 청교도는 근검절약하는 금욕적 삶 — 선행의 중요한 내용 — 을 살게끔 된다는 것이다. 그리고 그러한 구원에의 확신 대신에 잠시라도 불안이 자리잡을 틈을 주지 않기 위해서도 청교도는 계속 땀흘려 일한다는 것이다.[24)]

---

23) 베버가 청교도들이 고립된 개인의 상태로 남아 있었다고 보는 것은 아니다. 베버는 개신교도들이 그러한 개인적 책임의식에 기초하여 공동체적 협동과 통제를 하면서 그러한 자율적 인간상과 궁극적으로는 현세적 금욕주의를 집단적 수준에서 담지하는 종파(*sect*)적 삶을 살고 있었다고 본다(Weber, 1946c).

24) 운명예정설의 이 심리논리적 과정은 베버의 개신교 윤리 명제에 관해 아마 가장 잘 알려져 있는 과정이라고 할 수 있을 것이다. 베버의 취지는 그러한 마

(2) 현세적 금욕주의

청교도의 인성에 내면화된 금욕주의적 목소리는 궁극적으로 세계에 반대하면서 세계에 참여하게 한다. 이는 좀더 구체적으로 평신도들이 세속적 삶에서 그들의 자연적 욕구를 억압하면서 산다는 것을 의미하였다. 한마디로 청교도들은 인생을 즐겨서는 안 되었다. 청교도들은 우선 성적 쾌락을 억압해야 했다. 성은 청교도들에게서 생식 이외의 의미를 지녀서는 안 되는 것이었다. 청교도들은 또 부를 탐해서도 여가와 사치를 향유해서도 안 되었다.[25] 이러한 모든 자세는 기독교가 본연적으로 가지고 있던 자세가 평신도들에게 구현된 것이었다.

그리하여 중세 기독교의 내세적 금욕주의하에서 자리잡고 있었던 도덕적 규범에 관한 이중성이 타파되었다. 이제는 평신도도 그들의 세속적 삶에서 목회자와 똑같이 금욕주의적 삶을 살도록 요구되었다. 베버가 사용하는 표현으로 이제는 "평신도도 수도승처럼 살아야 했다"(Weber, 1976: 121).[26] 그리하여 삶의 전반적 양식에 있어서 청교도들은 자연적 욕구와 감정이 그때그때 일으키는 충동을 억누르는 통제된 삶을 살아야 했다. 그리고 일거수 일투족을 그 효과에 대한 고려 위에 계획적으로 이끌어야 했다. 그렇게 하여 전 인생을 철저하게 조직해야 했던 것이다(Weber, 1976: 117).

청교도가 세속적 삶의 한 가지 주된 영역으로서의 경제적 삶을 그렇듯 금욕적으로 조직하여 끊임없이 확대 재생산하려는 자세가 베버에 의하면 곧 자본주의 정신이었다(Weber, 1976: 53). 근대적 자본가는 기업활동을 할 때 그 이윤효율성을 치밀하게 계산하여 그에 따라 모든 것을 철저하게 조직하여 수행한다. 경제적 생활을 포함한 세속적 활동이 하

음속의 강박관이 숙명주의와는 반대의 "하늘은 스스로 돕는 자를 돕는다"는 마음가짐으로 금욕적인 노동을 하는 데 일조를 한다는 것이다(Weber, 1976: 115).

25) 심지어 스포츠도 단순히 즐기기 위한 목적으로는 허용되지 않았다(Weber, 1976: 167).

26) 베버에 의하면 이것은 원래 Sebastian Franck가 한 말이다(Weber, 1950: 366).

나의 금욕적 규범하에 똑같이 예속되었던 것이다. 그러한 행위지향하에 나태와 향락의 충동을 철저히 억누르면서 열심히 일하고 그렇게 일하여 번 것을 인생을 즐기는 데 낭비하지 않고 계속 재투자한다.[27] 그것은 끊임없는 확대 재생산을 낳을 것이다. 결국 세계를 끊임없이 고양시켜 가려 하는 금욕주의적 자세는 경제적으로는 지속적인 확대 재생산이 되어 나타난다. 그러한 확대 재생산이 반복되면서 자본주의는 본궤도에 올라 발전하게 되는 것이다.[28]

그런 식으로 청교도는 이 현실의 세계를 정복해나갈 것이었다. 베버의 생각에 청교도의 자기통제는 유교의 선비처럼 세계에 적응하는 수준에 그치는 그러한 자기통제가 아니라 그렇듯 세계를 정복해 나가려는 맥락에서 이루어지는 보다 철저한 자기통제였다(Weber, 1968a). 지금까지 기독교 전통 속에서 잠재적으로만 남아 있던 세계정복의 지향이 이제 현실 속에서 구현된 것이다. 중세 기독교는 전반적으로 내세적인 것에 대한 관심에만 사로잡혀 있었고 현세적인 삶에 대해서는 관심을 거의 기울이지 않았다고 할 수 있다. 청교도들에게 있어서도 궁극적인 관심은 내세에서의 지복에 놓여 있다는 점에서는 변함이 없다. 그러나 그 직접적인 준거를 현세에서의 그러한 성공에 둔다는 점에서는 커다란 변화가 생긴 것이다(Weber, 1976: 118). 현세적, 그리고 물질적 삶의 중요성에 대하여 눈을 뜨게 된 셈이다. 이것이 베버가 세계의 깸이라는

---

27) 노동자의 경우도 임금을 더 줄 때 오히려 그것으로 좀더 편한 삶 쪽을 택해 일을 덜하려 들 수 있는데, 그렇게 하지 않고 더 벌기 위해 더 일하려 듦으로써 자본주의적 노동시장을 성립시키게 되는 데에는 주어진 수준의 삶을 받아들이는 "전통주의" 대신에 이렇듯 더 높은 수준을 지향하는 금욕주의적 자세가 자리잡는 것이 선결조건이라고 베버는 말한다(Weber, 1976: 59~60).

28) 그러한 결과는 칼빈이 미처 염두에 두었던 것은 아니었기 때문에 개신교 윤리의 비의도적인 결과라고 베버는 말한다. 그러나 열심히 일하면서 그 열매를 즐기지 않는다면 부는 필연적으로 쌓일 수밖에 없다. 베버는 그러한 "역설적" 상황이 금욕적인 삶을 살았던 사원들이 결과적으로 큰 부를 축적한 데에서까지도 이미 중세에 그 원형이 나타나 있었다고 본다(Weber, 1946d: 332).

말을 쓸 때 탈주술화보다 한 차원 더 넓은 의미로 사용하는 맥락이다. 그러나 가장 큰 맥락에서 그 말은 유태교의 초월적 신에서 시작된 서구적 합리화의 전(全)과정을 의미하고 있었다.[29] 그 말을 좁혔을 때 내세성으로부터의 깸도 되는 것이다.

2) 자본주의의 맹아와의 관계

(1) "이념적 헤게모니"와 윤리적 굴레

개신교 윤리 명제에 대한 오랜 비판의 하나는 자본주의의 발전은 역사적으로 개신교의 등장에 선행한다는 것이다.[30] 그러나 자본주의 발전에 대한 베버의 장기사적 인식은 그러한 주장을 포괄하고 있었다. 베버도 물론 자본주의의 맹아가 일찍 나타난 사정에 대하여 잘 알고 있었고 말하고 있었다. 자본주의가 개신교보다 먼저 출현하였다는 것을 강조하는 사람들 가운데에는 개신교가 그렇게 먼저 나타난 자본주의를 뒷받침하는 이데올로기의 역할을 하였다고 말하는 경우가 있다. 그람시의 이념적 헤게모니 개념은 그러한 맥락에 주로 초점을 맞춘 것이라고 할 수 있을 것이다.[31] 그런데 베버의 관점은 그러한 측면조차도 포괄하고 있었다. 베버는 칼빈교의 교리가 이윤추구를 정당화함으로써 자본가의 입지를 강화시켜주는 측면을 논하고 있었던 것이다.

그러나 관념이 이익에 미치는 영향을 바라보는 베버의 시야는 사람들이 관념을 그렇듯 경제적 이익의 도구로 간주하는 측면에 머물러 있지는 않았다. 베버에게는 청교도들이 그들의 종교를 그렇듯 경제적 이익이라는 다른 목표의 수단으로 삼기 이전에 그 자체를 목적으로 하여 따르고 있었다는 것이 하나의 중요한 전제였다. 그리하여 청교도의 그

---

29) 실은 탈주술화조차도 그렇게 수천 년에 걸쳐 이루어진 과정이었음을 베버는 동시에 말한다(Weber, 1946a: 139).

30) 잘 알려진 토니의 비판도 그렇게 오래된 것이다(Tawney, 1926).

31) 오늘날에는 이데올로기에 대한 연구도 그러한 기존의 차원을 넘어 인식론적으로 좀더 근본적인 차원에서 이루어진다고 할 수 있다(전태국, 1994).

러한 자세가, 특정의 가치규범을 절대적 목표로 받아들이지 않는 "목적합리적" 관점에서 봤을 때는, 대단히 비합리적인 자세일 수 있음을 베버는 말하고 있었다(Weber, 1976: 53). 청교도들이 이룩한 부의 획기적 축적은 그것을 목적으로 삼고 한 일이기 이전에 칼빈교 자체를 절대적 가치로 하여 따름으로써 생긴 결과라는 점은 개신교 윤리의 "의도되지 않은" 결과를 말하는 맥락(Weber, 1968b: II, 587)에 포함시킬 수 있을 것이다. 베버에게 있어 자본가는 관념을 가지고 누구를 지배하기 전에 바로 그 관념에 먼저 종속되어 있었던 것이라고 할 수 있다. 자본가가 주어진 관념으로부터 이익을 얻는 것도 그 관념을 믿어서 생긴 소득인 측면이 큰 것이다. 관념은 이념이기 이전에 신념이었던 것이다.[32]

이것을 조금 다른 각도에서 말하자면, 칼빈교가 자본가 계급의 이윤추구를 승인해 줄 때 자본가 계급에게 윤리적 굴레를 씌우면서 그렇게 한 것이라고 베버는 보는 것이다. 칼빈교하에서 이제 자본가는 근검절약해서 기업활동을 해야 한다는 것부터가 윤리적인 생활방식이 되는 것이지만, 더 나아가 자본가는 정직하고, 공정하게 영리활동을 해야 한다. 협잡에 의해서 그리고 부당한 유통과정의 독점에 의해서 이득을 취하는 것은 더 이상 용납되지 않는다. 신 앞에서 떳떳한 방법으로 부를 축적해야 했던 것이다.[33]

한마디로 더 이상 눈먼 탐욕에 의해서가 아닌 윤리적인 자본주의 "정신"에 의해 부를 축적하도록 자본가들은 동기지어졌던 것이다. 그렇게 할 때 오랫동안 자리잡아왔던 자연적인 단순 재생산 대신에 획기적인 확대 재생산이 지속적으로 이루어질 것이었다. 베버에게 있어 칼빈교의 등장은 일단 나타난 자본주의를 이렇듯 본궤도에 진입시켜 놓는 역

32) 이런 맥락에서 베버는 이 문제에 "신념의 윤리" 개념을 적용하고 있다(Weber, 576).

33) "개신교 윤리와 자본주의 정신"의 속편이라고 할 수 있는 "개신교 종파와 자본주의 정신"에서 베버는 개신교도로 구성된 종파적 공동체가 이러한 윤리적 사항을 사회적으로 통제하는, 말하자면 개신교 윤리의 공동체적 담지자의 역할을 하는 점을 주로 논하고 있다(Weber, 1946c).

할을 하였다(Weber, 1976: 170). 그리고 그것은 자본가가 칼빈교를 신념으로 받들고 따랐기 때문에 나타났던 결과였다.

(2) "이행"의 계기

베버는 원래 서구에는 근대 자본주의의 출현에 유리한 여러 가지 제도적 조건들이 있었다고 보았다. 예컨대 중세 서구에는 국가권력으로부터 상당한 자율성을 누리는 시민 계층이 독특하게 존재하였다는 것인데 그것은 국가권력으로부터의 자율성을 한 가지 기반으로 하는 합리적인 경제체계로서의 자본주의의 성립에 유리한 조건이라고 할 수 있을 것이다.[34] 또 베버는 국가권력의 지배구조 자체도 서구에서는 다른 곳의 가산제와 다른 "신분적" 가산제로서의 봉건제를 특수하게 지니고 있었다는 점을 강조하고 있다. 군주와 신하의 쌍무적이고 상당한 정도 계약적인 관계는 계약적 관계를 또 하나의 기반으로 하는 근대 자본주의에 친화성을 갖고 있다고 할 수 있을 것이다(Weber, 1968b: III, 1070). 그러한 몇 가지 "제도적" 특성들이 서구에서 근대적 자본주의가 출현하는 호조건으로 작용하였다는 시사를 베버는 하고 있는 것이다.

그러한 서구의 제도들은 시대가 근대로 나아감에 따라 각각 상당한 자율성을 가지고 합리화의 과정을 밟아 나가고 있었다. 그러면서 그러한 개별적 합리화 과정은 서로 영향을 주고받으며 하나의 전반적 합리화 과정을 이루고 있었다. 자본주의란 경제분야에서 이루어진 합리화를 가리킨다. 그에 대해 정치, 법, 과학 분야 등에 있어서의 합리화는 영향을 받기도 하고 주기도 하면서 진행되고 있었다. 그런데 베버는 자본주의로의 합리화에 끼친 영향에 있어서 종교적 합리화의 산물인 청교도 윤리가 지니는 좀더 특별한 위상을 다음과 같은 맥락에서 부각시키고 있다.

즉, 국가나 법이나 지식의 합리화에 있어서는 유럽의 대륙국가들은

34) 이 점을 두고 중국을 포함한 다른 곳들의 도시와 대비시키기도 한다(Weber, 1968a: 16).

영국을 훨씬 앞지르고 있었다. 영국은 이들 분야에서 상당한 후진국에 속했다. 그럼에도 불구하고 근대 자본주의의가 제일 먼저 자리잡은 나라는 이들 대륙국가들이 아니라 영국이었다. 여기서 전제되는 것은 물론 영국이 청교도가 주도하는 종교적 합리화에 있어서 그들 대륙국가들에 비해 앞서 있었다는 것이다.[35] 그러한 맥락에서 베버에게 있어 개신교 윤리는 여러 변수가 복합적으로 작용하여 이루어진 근대 자본주의 이행과정에서도 가장 직접적인 계기로서 작용한 변수였던 것이다.

4. 개신교로의 합리화 과정의 고찰에 나타난 베버적 진화론

이상에서 살펴본 서구종교의 개신교로의 합리화 과정에 대한 베버의 구체적 논의를 통해 우리는 베버가 지니고 있던 진화론적 관점을 좀더 세밀하게 살펴볼 수 있다. 그것을 크게 그의 계승적 변동에 대한 생각과 그러한 진화 과정에서 차지하는 관념의 위상에 대한 생각으로 나누어서 정리해 보겠다.

1) 계승적 변동

(1) "다선적" 진화

서구의 종교발전과정에 대한 그의 고찰에서 여실히 드러나는 것은 베버가 진화적 관점을 받아들이고 있었다는 점이다. 개신교 윤리는 무에서 갑자기 출현한 것이 아니고 장구한 진화적 과정을 통하여 발전한 것이라는 생각을 베버는 갖고 있었던 것이다. 그것은 유태교에서 초기 기독교로, 다시 중세 기독교로, 그리고 루터교를 지나 칼빈교로 여러 계기를 거치며 진행되어 온 합리화 과정의 누적점이었다.

---

35) 그것은 베버가 "개신교 윤리와 자본주의 정신"의 앞부분에서 연구의 문제로서 제기한 사실이었다(Weber, 1976: 76~78).

또한 우리는 베버가 진화적 관점을 좀더 발전된 형태로 지니고 있었다는 것도 알 수 있다. 그것은 오늘날 다선적 진화라고 부르는 관점과 기본적으로 같은 것이다. 베버는 합리화가 지역별로 서로 다른 노정을 따라 진행된다고 보았던 것이다. 아시아의 많은 곳에서 신비주의로의 합리화를 경험하였다면 서구에서는 금욕주의로의 합리화를 경험하여 왔다는 것이다. 개신교는 그러한 서구적 발전의 귀착점이었던 것이다.[36]

(2) "장기사"

베버는 서구의 그러한 특수한 합리화가 아주 일찍부터 시작된 것으로 보고 있었음도 우리는 알 수 있다. 서구에서 벌어진 세계의 깸은 서구의 근대화 과정을 포괄하며 더 나아가 그리스, 로마의 고전문명까지로도 거슬러 올라가는 과정이었던 것이다. 더 나아가 그것은 기독교가 출범할 때까지로도 거슬러 올라가야 할 뿐 아니라 궁극적으로는 유태교가 출현할 때까지로 거슬러 올라가는 과정이었다.

그러한 분석을 통하여 장기사적 고찰의 중요성을 이미 베버는 보여주고 있었던 것이며 그것은 최장기사로까지 이어질 수 있는 장기사였다. 그러한 장기사적 고찰을 통해 서구적인 특수성들을 그 기원을 인지하여 더욱 의미있게 규정할 수 있을 뿐 아니라 단기적으로 사라지거나 약화되어진 것으로 보이는 요소들이 실제로는 숨어 있다가 장기적으로 강화되는 잠복의 맥락도 놓치지 않을 수 있는 것이다.[37]

---

36) 베버의 진화적 관점은 다른 측면에 대한 고찰에서도 흔히 나타난다. 예로서 지배구조에 관한 베버의 다선적 진화론에 대해서는 차종천의 연구(차종천, 1995)를 참조할 것.

37) 베버에게 있어 그러한 장기적인 세계의 깸의 과정에서 오늘날 우리가 근대화라고 부르는 부분이 제일 중요했던 것은 사실이다. 그러나 그것을 그는 그렇게 단절적으로만 보지 않았던 것이며, 따라서 그의 이론이 근대화에 초점을 맞추었기 때문에 "근대 후"의 과정에 대해서는 시효를 상실한다고 말하는 것은 타당하지 않다.

(3) "문화변용"

그러한 장기사적 발전과정을 통하여 서구의 합리화는 점차 심화되어 갔다. 그런데 베버에게 있어서 그것은 여러 가지 합리적 요소가 누적적으로 합쳐져 극대화되어 온 과정이기도 하였다. 그렇게 하는 과정에서 서로 다른 지역의 합리적 요소들이 상승적으로 결합하는 경우도 있었다. 베버는 특히 기독교가 서아시아에서 유럽으로 넘어올 때 유태교적 지향과 유럽의 고전적 지향이 합쳐짐으로써 금욕주의를 확립시키는 쪽으로 합리화가 심화되었다고 보았던 것이다. 그리스의 인식론, 그리고 로마의 법 및 관료제가 유태교의 한 종파였던 기독교를 유태교의 한계로부터 탈각시키면서 세계정복의 지향을 확고히 지니도록 하는 데 커다란 밑거름이 되었다고 본 것이다. 그러한 분석을 통하여 베버는 오늘날 문화변용이라고 불리는 관점을 이미 갖고 있었음을 보여준다.

(4) "예정진화"

한마디로 베버는 종교가 변할 때 기존의 유산을 계승하면서 변한다는 점을 보여주고 있었다. 주어진 곳에서 변동이 일어날 때 그때까지 그곳에서 전개된 역사적 경험을 계승하면서 변동이 일어난다는 것은, 그것을 일반적으로 적용할 때, 모든 곳은 각각 그렇듯 다소간에 특수한 역사적 경로를 밟아 간다는 말이 된다. 또 현재가 과거의 경험을 계승한다면 과거는 다시 대과거의 경험을 계승할 것이기 때문에 그것은 이어져서 장기사적 맥락이 될 개연성이 커지는 것이다. 또 한 곳의 역사적 경험이 다른 곳으로 전파되었을 때는, 그 전파된 곳에서는 수입된 역사적 경험과 자기 자신의 역사적 경험을 같이 계승할 것이므로, 그 둘 사이에는 어떤 식으로든 결합이 이루어질 개연성이 큰 것이다.

그러나 베버가 이렇듯 계승적 변화를 말하였다는 것이 역사 결정론을 피력하였던 것을 의미하지는 않는다. 베버는 어떤 시점까지 걸어간 방향이 다음 시점에서도 꼭 그대로 계속되는 것이라고 보지 않았다. 방향은 어떤 시점에서 바뀔 수도 있는 것이다. 베버는 혁신을 역사발전의 중요한 기제로 보았던 것이다.

그러나 주어진 유산을 완전히 바꾸어 놓는 혁신도 베버는 상정하지 않았다. 먼저 방향변화가 수시로 일어나는 것이 아니다. 그리고 방향변화가 일어나는 경우에도 완전히 방향을 돌릴 수 있는 것이 아니다. 역사는 미래를 결정하지는 않지만 크게 제약하는 것이 사실인 것이다. 그리하여 어떤 큰 흐름이 계속되는 것처럼 느껴질 때가 많다. 베버가 서구의 합리화 과정을 잠재적인 것이 점차 구현되는 과정으로 말하는 것처럼 느껴질 때가 있는 것도 그러한 이유에서이며 진정 역사결정론의 맥락에서 그렇게 하는 것은 아니다.

베버의 관점은 오늘날 생물학에서의 발전한 진화론적 관점과 여러모로 흡사하다고 할 수 있다. 진화를 일으키는 구체적 계기는 무엇보다도 유전자의 돌연변이이다. 그런데 돌연변이란 그 어감과는 달리 유전자 모두가 바뀌는 것이 아니다. 유전자의 일부만 바뀐다. 그리하여 계보를 계승하면서 진화하는, 말하자면 진화의 나무를 그려간다. 현대 생물학에서의 다선적 진화의 관점은 그러한 것이다. 그런데 많은 경우에 그 계승과 변이가 결합된 진화의 모습이 크게 보아 계속 같은 방향으로 발전하는 것처럼 느껴지기도 하기 때문에 예정진화의 관점이 부차적으로 있는 것이다.

서구의 종교적 발전을 베버가 잠재적인 것이 점차 구현되는 것으로 느낀 것은 실질적인 예정진화의 관점이 그에게도 부차적으로 있었기 때문인 것이며, 그만큼 베버는 고도의 진화론적 관점을 이미 갖고 있었던 것이라고 할 수 있다. 그러나 변이를 통하여 진화를 하면 일단 다른 종이 되는 것인 만큼, 베버는 유태교와 기독교를, 그리고 그보다는 덜하지만 카톨릭과 개신교를 그저 다른 종교인양 대조할 때가 많은 것이라고 할 수 있다.

2) 진화의 관리처로서의 관념

서구적 종교의 진화과정에 대한 분석을 통하여 베버는 관념과 이익의 관계를 보다 구체적으로 보여주고 있다. 그것으로부터 우리는 베버가 관념과 이익 사이의 관계를 상호적인 것으로 보고 있었다는 것을 확인할 수 있었다. 그러나 동시에 베버가 그것을 정확히 대칭적 관계로 보지 않았다는 것도 우리는 알 수 있다.

애초에 하나의 관념이 생겨날 때는 그 밑에 그와 친화성을 갖는 이익이 존재한다. 베버는 유일 초월신으로서의 여호와와 애초에 전투하는 유랑민족이던 이스라엘의 부족연맹체 국가 사이에 친화성이 존재한다고 보았다. 이스라엘 민족이 원래 전투유랑민이었다는 사실이 농경 정착 민족들이 선호하는 주술적 농경신이나 신비주의적 세계관을 배제시킬 수 있었다고 베버는 보는 것이다.

그러나 일단 관념이 생겨난 후에는 이익은 늘 그렇게 주도적으로 작용할 수 있는 것이 아니다. 일단 생겨난 관념은 하나의 신원을 유지하면서 존재를 이어 나간다. 그러면서 그 주어진 관념은 밑의 이익을 자신의 모습을 반영시키며 강하게 제어하게 된다. 그렇기 때문에 이익이 새로운 형태를 띠는 것부터가 그렇게 쉬운 일이 아니다.

그러나 비록 주어진 관념이 이익의 형태를 강하게 구속하기는 하지만 완전히 구속하는 것은 아니기 때문에 주어진 관념에서 어느 정도 이탈한, 새로운 형태의 이익이때로 출현할 수 있다. 그러나 그것이 그대로 위에 있는 기존의 관념을 변모시키게 되는 것은 아니다. 무엇보다 누군가가 나타나 그것과 친화성이 있게 관념을 변형시키는 데 성공해야 한다. 그러기 전까지는 그 새로운 형태의 이익은 별 의미 없이 존재할 뿐이고, 만약 그런 사람이 끝내 나타나주지 않는다면, 그것은 의미 있는 족적을 남기지 못한 채 결국은 역사 속으로 거품이 되어 사라져 버릴 수도 있는 것이다.

유태교가 성립된 후 이스라엘 민족은 농경을 하는 정착민족으로 바뀌는 경향을 어느 기간 동안 보여주었다. 유랑민의 종교로서의 유태교와 별개의 하부구조가 출현할 수 있었던 것이다. 그것이 아래로부터 유태인의 종교에 영향을 주려고 하는 역작용은 바알 신앙 등 인근 농경 정착 민족의 주술신앙의 침투기도라는 모습으로 나타나 그 기간 동안 유태교를 끊임없이 위협했다. 그러나 그러한 새로운 형태의 이익과 그로부터의 상향적 역작용은 기존의 관념이 그것을 억누르려 하는 통제 작용을 끝내 이겨내지 못하고 유태사회로부터 결국 사라지게 되었다. 반주술적, 윤리지향적 종교로서의 유태교와 그 기본성향이 보전된 것이다. 오히려 유태교는 자신의 지향을 유지시켜 줄 성향을 지닌 계층으로서의 소시민 계층을 선지자, 율법사의 형태로 선택적으로 육성하게 되었다. 그리하여 결국 유태인은 정착한 농부로서보다 베버의 표현으로 "유랑하는 상인"으로서 주로 남게 되었던 것이다(Weber, 1968b: II, 512).

소시민 계층의 형성은 어떤 점에서 새로운 하부구조의 출현이라고 할 수 있다. 그러나 그것은 기존 종교의 후견을 통해 출현한 하부구조이다. 그렇더라도 그 새로운 만큼은 다시 밑으로부터 기존 종교에 영향을 줄 수 있을 것이다. 그러나 그것조차도 손쉽게 이루어지는 것은 아니다. 유태교 자체는 하부구조에서의 변화에도 불구하고 본래의 특성이 큰 변화 없이 보전되었다는 것이 그러한 사정을 말해 준다. 그러나 그 계층에서 좀더 창조적인 사람들이 나타난다면 상황은 달라질 수 있다. 그러면 기존의 종교를 상당히 새로운 방향으로 변모시킬 수 있기 때문이다. 예수를 위시하여 바울 등 기독교를 창시한 사람들이 그러한 역할을 한 사람들이었다. 그들은 소시민 계층의 관념적 이익이 취할 수 있는 반주지주의에 기반하여 유태교를 기독교라는 금욕주의적 종교로 환골탈태시킬 수 있었던 것이다.

이렇듯 누군가가 나타나 기존의 관념을 성공적으로 변모시켰을 때 비로소 그 새로운 형태의 이익은 역사에 의미 있는 족적을 남기게 되지만 그때에도 관념이 변모하는 범위는 제한되어 있다. 무엇보다도 위의 경우처럼 흔히 그 새로운 이익이라는 것도 기존의 종교의 후견을 통해 자리잡는 만큼은 새롭더라도 기존의 종교와 상당한 친화성을 가지는 것이다. 그리하여 그것이 기존의 종교를 바꾸려 들 때의 그 시야조차가 기존의 종교에서 완전히 벗어나 있을 수 없는 것이다. 그런 이유들로 하여 베버에게 있어서는 일단 지배적 관념으로 자리잡은 종교는 강한 관성을 가지고 존속을 하면서 변하더라도 완전히 변하지는 않고 일부만

이 변하게 되는 것으로 그려지고 있다. 한마디로 변하더라도 연속성을 가지고 변하는 것이다. 그리하여 기독교는 유태교에서 완전히 독립한 종교가 되었지만 유태교의 반주술성, 윤리지향성 등은 계승하는 혁신을 이룩하여 금욕주의가 되었던 것이다.

이렇게 금욕주의가 된 기독교는 유럽이라는 다른 지역으로 건너감으로써 상황적으로 전혀 새로운 하부구조 및 그와 결부된 상부구조를 고전시대에 만나게 되었다. 관료제나 자연법 사상이 그것들로서, 그것들은 기독교에 커다란 영향을 주게 되었다. 그러나 그것은 기독교의 금욕주의를 공고하게 하는 쪽으로의 영향이었다. 하부구조로부터의 새로운 입력이 주어진 종교의 성향을 오히려 강화시키는 작용을 하였던 것이다. 고전시대에 이어 중세의 서구 사회는 이스라엘 사회와 달리 애초에 농경사회로 시작하였다. 서구 사회는 그러면서 상당한 자율성을 지니는 도시사회도 지니게 되었지만 처음에 그 비중은 미미하여 전체적으로 농경부문이 압도하고 있었다. 그러나 서구 사회가 이스라엘 사회에서 발전해온 종교 전통을 로마로부터 계승하였다는 사실이 농경사회가 선호하는 주술적 종교나 신비주의적 종교가 발전해 나갈 가능성을 배제시켜 버렸던 것이다.[38]

뿐만 아니라 여기서 다시 종교는 하부구조에 대해 후견적 활동을 하기 시작하였다. 서구 사회를 이루는 "하부구조" 가운데 좀더 전반적인 요소로서의 농경사회의 역작용은 극소화시키고 좀더 부분적인 요소로서의 시민 계층의 역작용은 극대화시키는 선택적 제어작용을 하고 있었던 것이다. 그리하여 서구는 그러한 관념의 선택적 제어작용을 통해 애초에는 예외적인 존재였던 도시가 사회의 주도적 요소가 되는 자본주의로의 변천으로 나아가게 되었던 것이다. 기독교의 후견하에서 서구의 시민 계층은 독보적인 세력으로 더욱 자라날 수 있었다. 그중 일부가 기독교의 금욕주의를 그 최종적 형태인 현세적 금욕주의로 발전시키는

38) 베버는 이러한 맥락에서 서아시아의 종교가 유럽에 (말하자면 마치 운명처럼) "부과되었다"고 서술한다(Weber, 1968b: II, 552).

담지자의 역할을 해냈던 것이다. 애초에 이스라엘의 "소"시민 계층을 담지자로 하여 형성된 기독교와 그 금욕주의 전통을 서구가 받아 들였다는 것이, 서구에서 등장하게 된 유사한 계층이 더욱 강력한 시민 계층으로 성장하도록 조장하여, 장래 기독교의 그러한 금욕주의적 지향이 더욱 강화되는 종교적 혁신이 이루어질 때 그것을 밑에서 받쳐주는 역군으로 활용할 수 있게 하였던 것이다.

좀더 일반적으로 말해, 베버에게서 기독교는 유럽의 기본적으로 합리적인 제도적 요소들이 상당한 정도 자율적으로 성장할 수 있도록 허용하는 종교로서 세계 다른 종교들과 구별되는 전통이었다. 베버는 다른 제도에서 먼저 나타난 어떤 합리성이 종교에 영향을 주는 측면을 논하고 있었다. 로마의 관료제가 그 한 예였으며 그런 예에서 베버가 경제결정론 대신에 관념결정론을 피력하고 있는 것이 아님을 확인할 수 있었다. 분명히 종교는 다른 제도로부터 영향을 받기도 하였던 것이다. 그렇지만 서구의 경우 애초에 종교가 다른 제도의 그러한 합리성을 받아들여 더욱 합리적인 종교로 발전할 수 있었던 것은 그 종교가 그러한 역량을 갖춘 기본적으로 금욕주의적인 종교였기 때문이라는 맥락을 베버의 실제적 서술은 보여주는 것이다.[39] 그리고 만약에 종교가 그렇게 금욕주의적인 종교가 아니었다면 그 다른 제도에서의 합리성은 한때 등장하였다 하더라도 금욕주의적이지 않은 그 종교에 눌려, 그에 대해 영향을 주지도 못하고 조만간 사그러들 가능성이 컸다고 전제하는 것으로

---

39) 그것은 앞서 살펴본 것처럼 금욕주의의 개혁지향적 구도에서는 구체적인 규범의 수준에서는 윤리를 규정하지 않고 그것을 빈 것으로 두면서 가장 추상적인 윤리정신만을 지키려고 하기 때문이다. 그것이 세세한 기술적, 제도적 문제에는 위임의 자세로 나타나는 것이다. 예컨대 서구에서의 법은 로마법 전통에 기반을 두고 상당히 강한 자율성을 가지고 합리화가 진행되어 왔었고 기독교도 로마법의 그러한 합리성의 덕을 보았다고 베버는 말하지만 애초에 그렇게 될 수 있었던 것은 세세한 규범은 방임하는 성격을 기독교가 지니고 있었기 때문이고 또 그렇게 덕을 보아 지니게 된 교회법이 자신과는 별도의 세속법의 존재를 허용했기 때문이라고 베버는 본다(Weber, 1968b: II, 828~829).

밖에 해석할 수 없는 맥락을 베버의 실제적 서술은 많이 지니는 것이다.[40] 기독교는 애초에 그렇게 포용력이 큰 종교였기 때문에 다른 제도에서 진행된 합리화의 입력까지 포용하여 자신이 더욱 합리적인 종교가 되는 길에 하나의 자극으로 받아들일 수 있었던 것이다.

그리고 많은 경우 종교에서 심화된 합리화는 다시 다른 제도에서 진행되는 합리화를 공고히 해 주는 후견자의 역할을 하고 있었음을 베버는 실제로 보여주고 있었던 것이다.[41] 우리는 흔히 오해되는 것과는 달리, 베버는 칼빈교가 출현하기 이전에 이른바 자본주의의 맹아에 해당하는 것이 나타났다는 것을 잘 인지하고 있었음을 보았다. 그러나 칼빈교가 자본주의를 정당화시켜주는 한편으로 그에 대해 금욕주의의 재갈을 물려주었기에 지속적인 확대 재생산 양식으로서의 자본주의가 확고히 자리를 잡았다고 그는 보았던 것이다. 거기서 물론 칼빈이 한 일은 무에서 금욕주의를 창출한 것이 아니라 중세 기독교의 잠재적 금욕주의를 현재적 금욕주의로 바꾸어 놓은 일이었던 것이다.

이렇듯 한번 지배관념이 된 종교는 때로 변하는 경우가 있더라도 자신의 삶을 계속 이어가면서 하부구조의 변동을 선택적으로 허용 및 수용하여 나아간다. 베버에게 있어서 앞서 논한 역사의 계승적 변화의 흐

---

40) 양영진은 그러한 맥락에 초점을 맞추어 중국의 경우에 대한 베버의 관점을 설명하고 있다(양영진, 1995: 415).

41) 어떤 점에서 이것은 마치 알튀세의 서술을 반대로 하여 종교가 최후의 결정권을 쥐고 있음을 뜻하는 맥락인 것처럼 느껴질 수도 있다. 베버의 집필체제에서 그러한 것을 느끼게 될 수도 있다. 예컨대 베버가 각종 제도를 종합적으로 고찰한 대표적 사례연구의 하나인 "중국의 종교"에서도 마지막 결론 부분은 종교에 바쳐지고 있고, 서구 자본주의 발전에 관련된 여러 제도의 발전을 종합적으로 고찰한 "일반 경제사"에서도 역시 맺는 부분은 종교적 발전에 바쳐지고 있는 것이다. 그러나 베버가 결코 어떤 형태의 결정론도 받아들이지 않고 있었음은 분명하다. 베버는 어디까지나 종교를 포함한 각종 제도 사이가 서로 영향을 주고받는 상호적 관계라는 관점을 벗어나지 않았다. 본 연구에서 말하려는 것은 그 상호적 관계 안에서도 대칭적 관계와 비대칭적 관계 등의 다름은 있을 수 있으며 그 중에서 베버는 비대칭적 관계 쪽을 가리키는 서술을 실제로 많이 하고 있었다는 것이다.

름을 이어가는 것은 바로 주어진 사회의 주된 관념적 전통이었던 것이다.[42]

베버는 관념과 이익 사이의 이러한 비대칭적 관계를, 그 상호적 관계처럼 적극적으로 규정하고 있지는 않지만 서구적 종교의 진화과정을 분석하면서 실질적으로는 강하게 보여주고 있었던 것이다. 그리고 바로 그렇기 때문에 우리는 개신교 윤리 명제에 베버가 보는 합리화 과정의 요체가 들어 있음을 말할 수 있다. 베버에게 있어 개신교 윤리는 서구가 걸어온 합리화 과정의 핵심적 궤적이 등재되어 있는 관리처였던 것이다.

5. 결 론

베버의 개신교 윤리 연구는 종교들 사이의 공시적 차이에만 평면적으로 관심을 두는 연구가 아니고 주어진 종교전통 안에서의 통시적 변화에 일차적 관심을 두는 연구였다. 베버가 종교들을 비교할 때는 그러한 통시적 차원을 포함시켜 종교전통들 사이를 입체적으로 비교하였다고 할 수 있다. 베버는 합리화가 지역에 따라 각각 서로 다른 경로를 통하여 진행되어 왔다고 보고 있었고, 그 궤적이 무엇보다도 각 지역의 종교에 등재되어 있는 것으로 보고 있었다. 그러한 맥락 속에서 기독교 전통은 몇 번의 혁파를 통하여 진화를 계속해 왔으나 그것은 연속성을 가지고 진화하는 계승적 변화로서, 초월적 목표를 가지고 세계를 정복하려 하는 금욕주의적 지향이 심화되어온 과정이었다. 개신교 윤리란 서구에서 걸어온 그러한 특수한 합리화 과정의 누적점이었다.[43] 그만

---

42) 법도 관념적인 성격을 많이 지니는 제도로서 서구에서 상당히 강한 연속성을 가지고 발전해 온 것으로 베버는 본다. 베버에게 있어 종교는 그러한 연속성이 더욱 강했다고 할 수 있다. 트라이버는 베버에게 종교의 합리화가 법의 합리화보다 더욱 자율적이었음을 그 발전모델에 있어서의 미세한 차이에서 찾고 있다(Treiber, 1985).

큼 베버에서 관념은 이익에 비해 더 강한 연속성을 가지고 변화하면서 역사에 지속적으로 작용하는 존재였던 것이다.

사실 관념이 그렇듯 연속성을 가지고 변한다는 생각은 개신교 이후의 변동에 대한 베버의 언급에도 변함없이 나타나고 있었다. 잘 알려진 바와 같이 베버는 자본주의가 고도로 성숙한 단계로 들어서면 개신교 윤리는 더 이상 필요 없어진다고 생각하였다. 개신교 윤리와 자본주의 정신의 시대에서 개신교 윤리 없는 자본주의 정신의 시대로 넘어가는 것이다(Weber, 1976: 181). 그때까지 서구적 합리화는 종교하에서 진행되지만 이제부터 합리화는 종교를 넘어 진행되는 것이다.[44] 베버는 고도자본주의 사회에서는 더 이상 자본가가 근검절약하는 금욕적 삶이 요구되지 않는다고 말한다. 말하자면 대량소비사회에서 절약은 더 이상 미덕이 되지 않는 것이다. 그러나 쓰고 즐기는 사회가 되었다는 것이 다시 탐욕이 지배하는 상황이 되었다고 베버가 본 것을 의미하는 것은 아니다.

이 쓰고 즐기는 고도 자본주의인들에게 더 이상 초월적 신은 존재하지 않는다. 그러나 그 자리에 그 대신 세속적인 차원의 초월적인 목표는 존재한다. 오늘날 가장 흔히 쓰이는 표현을 사용한다면 생산성이 그러한 목표가 될 것이다. 그러한 목표가 가장 비속한 수준으로 타락한 것을 베버는 스포츠가 되었노라고 풍자하고 있다(Weber, 1976: 182). 그러나 그렇게 비속해진 것도 여전히 탐욕이라는 자연주의적 욕구는 아니다. 이 점에서 우리는 서구에 대해 말해지는 이른바 "자본의 논리"가 흔히 우리 사회에서 오해되듯 탐욕과 동의어가 아님을 알 수 있다. 그리고 그 점에서 초기 자본주의에 대해 베버가 말한 자본주의 정신의 중요성은 더 이상 그 정신이 기독교적 영혼이 아닌 물질적 효용이라고 하

---

43) 영문판 "개신교 윤리와 자본주의 정신"의 서문이기도 한 종교사회학 논문집의 서문에서는 서구적 합리성의 연속성이 강조되는 한편으로 시대적 심화과정이 같이 언급되고 있다(Weber, 1976: 13~31).

44) 베버에서 세속화는 "세계의 깸"의 어구가 갖는 또 하나의 의미로 시간상 전향적으로 연장시킨 의미가 된다(Weber, 1946a: 155).

더라도 계속해서 성립된다. 결국 개신교가 효용이라는 종교 이후의 관념으로 바뀌었어도 여전히 서구적 특수성은 그 속에 계승되고 있다고 할 수 있다(Weber, 1976: 183).

우리는 이러한 고도의 진화론적 관점이 개신교 윤리 명제의 핵심적 요소라는 사실로부터 적지 않은 것을 얻을 수 있다고 생각한다. 그 점을 여기서는 개신교 윤리 유추연구를 예로 들어 설명해보려 한다. 먼저 개신교 윤리 명제가 기독교상에 일어난 변화에 일차적인 초점을 맞추고 있다는 사실을 유의해야 한다. 그동안의 개신교 윤리 유추연구들은 예컨대 유교와 개신교를 평면적으로 비교하는 것으로 그치는 경향이 있었다. 유교상에 일어난 변화에는 거의 초점을 맞추지 않았던 것이다. 이 점은 개신교 윤리 유추연구에 대한 제도론적 비판들도 대체로 공유하고 있었다. 제도론적 비판들이 기존의 문화론적 연구들이 흔히 보여주었던 관념결정론적 오류를 지적하고 각종 제도의 변화를 같이 고려에 넣어야 한다고 역설하는 것은 중대한 발전이 된다(김호기, 1992).[45] 그러나 우리는 또한 제도만이 변할 수 있는 것이 아니라 관념 자체가 변할 수 있다는 것을 염두에 두어야 한다. 관념 자체가 변할 수 있다는 것은 유교가 더욱 순기능을 발휘하기 위해서는 자체혁신을 필요로 함을 역설하는 김경동의 당위적 전망에 나타나 있거니와(김경동, 1993: 109~131), 그것을 현재와 미래 사이에서뿐만 아니라 과거와 현재 사이에서도 일반적으로 적용해 볼 수 있을 것이다.[46]

그리고 우리는 베버의 진화론에서 제도와 관념은 상호적 관계에 있긴 하지만 대칭적 관계에 있는 것은 아니라는 점에도 유의할 필요가 있을 것이다. 베버는 제도적 변화에 대해 관념이 다분히 관리처로서의 위

---

45) 벨러 같은 사람은 자신의 초기 역저인 《도꾸가와 종교》가 베버 응용에 있어서 그러한 오류를 범했었다고 자아비판하면서 제도적 고찰을 같이할 것을 역설할 정도이다(Bellah, 1976).

46) 꼭 베버이론과 관련된 것은 아니지만, 기어츠는 근대화에 관한 그동안의 연구들이 종교를 사회변동을 촉진시키거나 반대로 가로막거나 하는 존재로 보는 데 몰두한 나머지 스스로 변동할 수 있는 존재라는 점을 간과하였다고 말한다(Geertz, 1973).

상을 지니고 있는 것으로 보았던 것이다. 점점 강조되고 있듯이, 베버는 자본주의의 발전에 관해 그 정신적 측면 말고도 여러 가지 제도적 측면을 포괄적으로 다루었다. 그렇지만 베버는 제도적 발전이 기독교와 상관없이 이루어진다고 생각하지는 않았다. 우리가 살펴 본 것처럼 애초에 포용력이 큰 종교가 있었기에 세속적 제도들이 상당한 자율성을 가지고 성장할 수 있었다는 관점을 베버의 분석은 담고 있었다. 뿐만 아니라 개신교가 등장한 후에는 그러한 제도적 발전을 근대적 형태로 공고히 하는 많은 경우에 다시 개신교가 작용했다고 베버는 보고 있었다.[47] 베버의 그러한 관점을 살릴 때, 우리 사회에서 현재 많은 다른 사회들보다 서구적 제도들이 좀더 용이하게 도입되고 있다면 종교체계상의 어떤 변화가—그러한 변화가 처음에는 다른 제도상의 변화에 의해 촉진되었다고 하더라도—그것을 허용하고 있기 때문일 가능성을 생각해 보아야 하는 것이다.

베버의 다선적 진화론에서 또 한 가지 살릴 수 있는 점은 서구에서의 변화가 연속성 위에서의 변화였던 것처럼 우리 쪽에서의 변화도 연속성 위에서의 변화일 개연성에의 착안이다. 그 한 가지 요소는 같은 지향의 잠재적 형태가 현재적 형태로 구현되도록 관념이 변했을 개연성이다. 서구에서 내세적 금욕주의가 현세적 금욕주의로 탈바꿈한 것에 상응하는 변화를 상정해 볼 수 있는 것이다. 또 한 가지 요소는 지역적 연속성이다. 베버는 기독교가 서아시아에서 유럽으로 확산되었을 때 유럽적 유산을 몰아내기보다 그것과 결합하였다는 것을 강조하였다. 이제 자본주의가 유럽에서 아시아로 확산될 때 그것이 아시아적 유산을 몰아내기보다 그것과 결합한다고 보는 것이 그런 점에서 좀더 온전한 관점이 될 수 있을 것이다.[48]

47) 그 구체적 과정에 있어서, 그것은 자본주의에 대해 자본주의 "정신"을 형성하는 데 기여함으로써 작용한 것처럼 무엇보다도 각종 근대적 제도들이 운영되는 정신 내지 원리를 형성하는 데 기여함으로써 작용했다고 베버는 생각한다(Weber, 1976: 109, 183).

48) 베버의 가산제론을 우리 사회에 적용하면서 시도된 박성환의 절충적 개념화

베버의 주장들이 전부 옳다고 말할 수는 없을 것이다. 그러나 베버의 주장 중 타당한 만큼은 최대한 더 살려내는 것이 바람직한 일일 것이다. 여기서는 일단 베버의 생각을 좀더 정확히 살피는 것을 목적으로 하였기 때문에 베버의 그러한 생각들이 과연 옳은 것이었느냐 하는 것은 다루지를 않았다.[49] 베버 이론을 비판하기 위해서도, 더욱 발전시키기 위해서도 이미 많은 사람들이 해오고 있는 작업으로서의 베버의 생각에 대한 정리는 계속되어야 한다고 생각된다.

▪ 참고문헌 ▪

김경동(1993), 《한국사회변동론》, 나남출판.

김호기(1992), "동아시아 자본주의 발전과 유교의 역할", 유석춘 편, 《막스 베버와 동양사회》, 나남출판.

박성환(1992), "한국의 가산제 지배구조와 그 문화적 의의", 유석춘 편, 《막스 베버와 동양사회》, 나남출판.

배동인(1995), "베버의 '합리성' 개념의 비판적 검토와 재구성", 배동인 외, 《막스 베버 사회학의 쟁점들》, 민음사.

양영진(1995), "막스 베버의 종교사회학의 일고찰", 배동인 외, 《막스 베버 사회학의 쟁점들》, 민음사.

전성우(1992), "막스 베버의 근대사회론", 유석춘 편, 《막스 베버와 동양사회》, 나남출판.

______(1995), "막스 베버의 지배사회학 연구", 배동인 외, 《막스베버 사회학의 쟁점들》, 민음사.

전태국(1994), 《지식사회학》, 사회문화연구소.

차종천(1995), "가산관료제의 역동성", 배동인 외, 《막스베버 사회학의 쟁점들》, 민음사.

의 의의는 그 점에서 찾을 수 있을 것이다(박성환, 1992).

49) 따라서 여기에서 제시된 베버의 주장에 관한 많은 비판적 문헌을 본 논문에서는 다루지 않았다.

Bellah, Robert N. (1976), "Reflections on the Protestant Ethic Analogy in Asia." in *Beyond Belief: Essays on Religion in a Post-Traditional World*, New York: Harper & Row, pp. 53~63.

Geertz, Clifford (1973), "Internal Conversion in Contemporary Bali." *The Interpretation of Cultures*, New York: Basic Books.

Klausner, S. Z. (1982), "Introduction to the Transaction Edition." Werner Sombart. *The Jews and Modern Capitalism*, trans. by M. Epstein, New Brunswick, N. J.: Transaction Books.

Parsons, Talcott (1963), "Introduction." Max Weber, *The Sociology of Religion*, trans. by Ephraim Fischoff, Boston: Beacon Press.

Roth, Guenther (1976), "History and Sociology in the Work of Max Weber." *British Journal of Sociology*, vol. 27: 306~318.

Schluchter, Wolfgang (1989), *Rationalism, Religion, and Domination: A Weberian Perspective*, trans. by Neil Solomon, Berkeley: University of California Press.

Tawney, R. H. (1926), *Religion and the Rise of Capitalism.*, New York: Harcourt, Brace.

Tenbruck, Friedrich H. (1980), "The Problem of Thematic Unity in the Works of Max Weber." *British Journal of Sociology*, vol. 31: 316~351.

Treiber, Herbert (1985), "Elective Affinities Between Weber's Sociology of Religion and Sociology of Law." *Theory and Society*, vol. 14: 809~861.

Weber, Max (1946a), "Science as a Vocation." in *From Max Weber*, trans. and ed. by H. H. Gerth and C. Wright Mills, New York: Oxford University Press, pp. 129~156.

______(1946b), "The Social Psychology of the World Religions." in *From Max Weber*, pp. 267~301.

______(1946c), "The Protestant Sects and the Spirit of Capitalism." in *From Max Weber*, pp. 302~322.

______(1946d), "Religious Rejections of the World and Their Directions." in *From Max Weber*, pp. 323~359.

______(1950), *General Economic History*, trans. by Frank H. Knight,

Glencoe, Ill. : The Free Press.

______(1952), *Ancient Judaism*, trans. and ed. by Hans H. Gerth and Don Martindale, New York: The Free Press.

______(1967), *The Religion of India: The Sociology of Hinduism and Buddhism*, New York: The Free Press.

______(1968a), *The Religion of China: Confucianism and Taoism*, trans. and ed. by Hans H. Gerth, New York: The Free Press.

______(1968b), *Economy and Society: An Outline of Interpretive Sociology*, 3 Vols., trans. and ed. by Guenther Roth and Claus Wittich, New York: Bedminster Press.

______(1976), *The Protestant Ethic and the Spirit of Capitalism*, trans. by Talcott Parsons, New York: Charles Scribner's Sons.

______(1978), "Anticritical Last Word on The Spirit of Capitalism." *American Journal of Sociology*, trans. and ed. by Wallace M. Davis. vol. 83: 1105~1129.

제 2 장

주자학적 세계관 속의 긴장*

1. 베버의 유교관

1) 유교와 기독교

베버는 세계관적 긴장이 유교에는 거의 들어있지 않다고 보았다. 유교에서 보는 이 세계는 기본적으로 결함이 없는 세계이다. 왜냐하면 유교는 세계에 대해 별도로 존재하는, 세계에 대한 규범적 기대를 지니지 않기 때문이다. 세계에 대한 규범적 기대가 있다면 그것은 다름아닌 세계 그 자체라고 할 수 있다. 유교에서의 바람직한 인간상은 흠없는 이 세계를 내면화한, 원만하고 조화로운 인품을 갖춘 사람이다. 그랬을 때 세계와, 세계를 초월해서 존재하는 종교적 규범 또는 그 규범을 내면화한 자아가 서로 대치하는 일이 유교에서는 발생하지 않을 것이다:

유교는 세계와의 긴장을 최소로 줄이는, (의도에 있어서는) 합리적인

* 《사회변동과 사회의식》(고영복 교수 회갑 기념논문집), 전예원, 1988, pp. 363~397.

> 종교이다. … 이 세계는 가능한 세계 중 최상의 것이고 인간의 본성은 도덕적으로 착하다. … 구원에 이르는 바른 길은 도라고 하는 영원하고, 신보다 높은 현세의 규범에 따르는 데에 있다. … 세속적 권력의 고정된 질서에 충실히 따르는 일이 몹시 중요하여, 그에 따라 개인적인 이상도 모두에게 받아들여지는, 조화롭게 균형잡힌 인품 — 그 점에서 세계의 축소판 — 을 계발하는 것이다. 유교의 이상적 인간 즉 군자에게 있어서의 "품위"는, 전통이 요구하는 바를 들어줌으로써 표현된다. … 고대 그리스인에게서와 마찬가지로, 윤리의 초월적 근거, 세계보다 높은 신의 계율과 피조물인 세계 사이의 긴장, 피안적 목표에의 지향, 절대악의 관념 등이 존재하지 않는다(Weber, 1968: 227~228).

반면에, 베버에 의하면, 개신교의 세계관은 긴장으로 가득 차 있다. 개신교에서 보는 이 세계는 도덕적으로 타락한 세계이기 때문이다. 이 타락한 세계 너머로 지선의 신이 자리잡고 있어서 세계를 거기에 비춰 보게 한다. 개신교적 세계관 속에서는 이렇듯 세계와 세계에 대한 규범이 서로 대치하고 있는데, 개신교도는 원죄의 개념을 통해 그 자아 속에서, 서로 대치하고 있는 양자 사이의 긴장을 통렬하게 체험한다(Weber, 1968: 227).

양 종교의 세계관을 비교함으로써 베버가 궁극적으로 풀어보려고 했던 문제는 왜 진정한 자본주의가 서구에만 나타나고 중국에는 나타나지 않았는가 하는 것이었다. 합리성을 자본주의의 핵심적 지향으로 본 베버에게 이 문제는 왜 완전한 합리성이 서구에만 자리잡고 있었는가 하는 것과 동일한 문제였다.

합리성이란 말은 상당히 다양한 의미로 쓰일 수 있는 말이기 때문에 그 발견적 가치에 대해 논란이 있을 수 있다. 베버도 이 말을 꼭 한 가지 의미로만 쓰고 있는 것은 아니지만 어떤 초점을 가지고 쓰고 있는 것은 분명하다.[1] 베버가 사용하는 합리성의 몇 가지 주요 의미를 다음

---

1) 이 말의 의미를 베버는 당연시하고 사용하고 있는 것처럼 느껴질 때도 많다. 그러나 대개는 전후문맥에 의해 그 뜻이 명확히 드러난다. 오늘날 합리성의 정의에 관한 연구는 의외로 많지가 않은데 그중 많은 부분이 베버의

과 같이 들 수 있다. 첫째, 미신 내지 주술에 대한 반대의 의미이다. 주술이란 초현실적 존재, 즉 신이나 귀신 등에 의존해서 현실 속의 문제를 해결하려는 태도이다. 예컨대 귀신에게 빌어서 병을 낫게 해달라는 일 같은 것이다. 이에 반해 합리적인 태도는 자연현상의 직접적 인과를 자연 바깥에서 구하지 않는다.[2] 둘째, 감정이나 전통이 요구하는 바에 따라 "반사적으로" 행동하려는 태도에 대한 반대의 의미이다.[3] 셋째, 특히 사회조직의 합리성을 논할 때 자주 쓰이는 의미인데, "인"적인 관계에 대한 반대의 의미이다. 즉, 구체적인 사람에 따라 다른 고려를 하는 것을 배제하려는 태도를 가리킨다.[4] 넷째, 행동의 조직성을 의미한다. 즉 인간이 자신의 일련의 행동을 그 효과에 대한 평가에 기초하여 의도적으로 조직하는 상태를 가리킨다. 그런데 베버는 이 네 번째 의미를 합리성의 좀더 원천적인 의미로 사용하는 경향이 있는데[5]

합리성 개념을 명확히 하려는 것이므로 베버가 사용한 의미가 강한 표준성을 지니고 있다는 것을 말해 준다. 이런 연구들을 모아 놓은 책으로 *Benn and Mortimore* (1976)를 들 수 있다.

2) 특히 이 측면에 있어서의 서구의 합리화를 가리킨 베버의 잘 알려진 표현이 "세계의 깸(각성)"이다(Weber, 1968: 226).

3) 우리는 흔히 이성과 감정을 서로 반대말로 쓰는데 베버도 이 용법을 포용하고 있다고 할 수 있다. 감정적 행동을 이성에 의한 사고의 여과 없이 "반사적"으로 하는 행동이라고 한다면 전통을 무조건 따르는 행위도 비슷한 성격을 지니고 있다고 할 수 있다. 이와 관련하여 베버는 행동의 유형을 (목적 및 가치) 합리적 행동, 감동적 행동, 전통적 행동으로 분류하고 있다(고영복, 1983: 83).

4) 궁극적으로 형식합리성의 문제에 관련된 의미이다(최재현, 1987: 249).

5) 베버는 그의 세계 비교 종교사회학 연구기획의 "서론"(Weber, 1976: "Author's Introduction")에서 별도의 정의 없이 서구의 제문물을 "합리적"이란 말로 수식하고 있어서 일종의 "서구중심주의"를 보여주는 것처럼 느껴지기도 하고 또 너무 많은 곳에 그 말을 쓰기 때문에 공허하다는 인상을 받게도 된다. 그렇지만 사실 베버는 거기서 합리적이란 말을 조직적이란 뜻으로 거의 일관되게 사용하고 있는 것이다. 음악의 화성, 수학의 증명, 법의 체계화, 노동의 조합화 … 등이 공통적으로 의미하는 것은 조직화, 특히 이론을 가지고 하는 조직화인 것이다. 이것을 베버는 서구에만 있고 다른 지역에는 없다고 간주한 것이다.

다시 말해서 합리성의 다른 의미는 바로 이 의미에서 파생되어 나온 것일 때가 적지 않다는 것이다. 이 점은 베버가 합리성을, 다음에 살펴볼 종교적 금욕주의와 연결시킬 때 잘 드러난다.

2) 베버의 종교분류

인간의 행동에 담긴 의미를 사회학의 기본 연구대상으로 본 베버에게 종교는 인간행동의 의미에 깊숙이 관련된 실체였다. 종교는 무엇보다도 세계를 보는 인간의 시각에 관여한다(Schluchter, 1983: 66).

베버는 세계와 세계에 대한 규범적 기대 사이의 관계를 어떻게 방향짓고 있느냐에 따라 종교를 크게 신비주의적 종교와 금욕주의적 종교로 나누었다. 이 세계는 결함 있는 것으로 받아들여질 수 있다. 세계와 그것에 대한 규범적 기대 사이에 괴리가 있는 경우이다. 이때 어떤 종교는 그 괴리를 제거하기 위하여 세계를 규범 쪽으로 끌어올릴 것을 요구한다. 이런 종교를 베버는 금욕주의적 종교라고 불렀다. 반면에 어떤 종교는 세계 쪽을 버리고 오직 규범과의 내면적 합일을 추구하는 쪽으로 문제해결을 꾀한다. 베버는 이런 종교를 신비주의적 종교라고 불렀다.[6]

베버에 의하면 개신교는 금욕주의적 종교의 전형이다. 개신교도는 타락한 이 세계 — 죄 많은 육(肉) — 를 그대로 받아들이기를 거부하고 그것을 신의 계율에 철저히 복속시켜야 할 목적물로 간주한다. 이렇듯 세계를 신의 규범 쪽으로 이끌어 가는 데에는 육의 부정 — 금욕주의의 가장 일반적 의미 — 이 관련되는데, 개신교도의 자아 속에서는 신의 명

6) 베버가 세계종교의 분류를 위해 금욕주의 및 신비주의를 이렇게 정의한 것은 이들 개념의 일상적 의미를 부정하고 자신의 것으로 이에 대체하려 한 것이라기보다는 그 원천적 요소를 종교적 차원에서 도출해보려 한 것이었다고 할 것이다. 그런데 베버는 이 두 가지 범주의 종교를 양자 공히 현세적/내세적 종교로 세분하였다. 현세적인 종교란 금욕주의든 신비주의든 그 추구를 세속적인 영역 안에서 하려는 종교이고 내세적인 종교란 그 바깥에서 하려는 종교이다(Weber, 1963: 168~183).

령과 육의 욕정이 첨예하게 대치하고 있어서 극도로 강한 세계관적 긴장을 이룬다. 육을 신의 계율에 철저히 복속시킨다는 것은 육의 충동을 거부하고 모든 행동, 나아가서는 전 생애를 신의 명령을 수행하기 위해 의식적으로 조직한다는 것이다. 베버는 이렇게 하여 합리성의 가장 본원적 속성으로서의 행동의 조직성을 금욕주의와 직결시키고 있다:

> 칼빈교의 신은 그를 믿는 사람들에게 하나하나의 착한 일을 요구하지 않고 하나의 통일된 체계로 결합된 평생동안의 착한 일을 요구한다. 구교에서 보던 것 같이, 대단히 인간적인, 죄짓고 회개하고 속죄받고 방면되고 그리고 나서 또 죄짓고 하던 주기적 인생이 허용되지 않는다. … 일반인의 도덕적 행위는 이렇듯 그 무계획적이고 비조직적이던 성격이 제거되고 행위전체를 하나의 일관된 체계로 만드는 조직적 방법에 종속된다(Weber, 1976: 117).

신비주의적 종교로는 예컨대 불교를 들 수 있다. 불교는 이 세상을 고해로 봄으로써 일단 세계를 문제시하고 있다는 점에서는 개신교와 맥을 같이 한다. 그러나 개신교와는 달리 불교는 이 결함 있는 세계를 어떤 규범 내지 진리 쪽으로 끌어올리라고 하지 않는다. 대신 이 세계를 떠나 그 진리와의 내면적 합일을 꾀하게 한다. 세계를 버리고 떠난다는 것은 개신교에서 세계를 "거부"한다는 것과 비슷하게 보이지만 후자는 세계를 개혁하려는 적극적 의미의 부정인데 반해 전자는 세계로부터 그냥 도피하고 만다는 소극적 의미의 부정이다. 세계로부터 탈퇴한다는 것은 세계적 활동에서 탈퇴한다는 것이므로 불교에서는 행동, 언어, 사고 등 모든 세계적 활동의 극소화를 추구하게 된다. 여기서 정좌(靜坐), 관조(觀照) 등의 일반적 의미에서의 "신비주의"적 행동방식이 도출된다.[7]

---

7) 베버는 불교와 개신교가 각기 "내세적" 신비주의와 "현세적" 금욕주의라는 두 완전히 반대되는 범주에 속한 전형적 종교로 보았다고 파슨즈는 해석한다(Parsons, 1976: lii).

3) 유교의 위치

불교와 개신교는 서로 반대되는 종교유형의 범주에 속하지만 세계의 결함을 인식하고 그 해결책을 모색하려는 점에서는 서로 비슷하다. 개신교는 구원이라는, 불교는 해탈이라는 "구원론"을 갖고 있는 것이다. 그리고 그 이전에 양 종교 공히 피안에 관하여 잘 발달된 이론을 지니고 있다.

그런데 유교는 베버에게 명확하게 분류하기가 상당히 힘든 종교였다. 세계로부터의 도피를 권하지 않는다는 점에서 보면 분명히 유교는 신비주의적 종교는 아니었다(Weber, 1968: 182). 그러나 세계를 그에 독립된 규범을 향해서 끌고 갈 것을 요구하지 않는다는 점에서는 그것을 쉽사리 금욕주의적 종교로 분류할 수도 없는 일이었다.

유교는 불교, 개신교 등과는 달리 피안을 적극적으로 인정하지 않는 종교였다. 또, 불교나 개신교가 주어진 이 세계를 각기 제나름의 방식으로 부정하고 있는 데 반해 유교는 현세를 긍정하고 있었다. 그렇기 때문에 기본적으로 현세의 문제를 어떻게 해결할 것이냐 하는 구원론에 기초하여 행하고 있는 베버의 금욕/신비주의 종교분류의 사각지대에 유교는 자리잡고 있었다.[8] 그렇지만 유교는 현세를 긍정하고 있다는 바로 그 이유 때문에, 현세의 적극적 거부를 통하여 결국은 현세에 참여하고 있는 개신교와 어느 정도 비슷한 성격을 띠게 되었다고 베버는 보았다. 즉 베버에 의하면 금욕주의의 다른 얼굴로서의 합리성을 유교도 어느 정도는 갖추고 있다. 그러나 그것은 진정한 금욕주의에 기초하지 않은 불완전한 합리성이다. 유교는 세계정복이라는 목표를 두고 인간의 행동을 철두철미 조직하게 만드는 개신교와는 달리, 세계에 적응하는 데 필요한 만큼만 행동의 조직을 꾀하도록 만든다:

---

8) 근본적인 문제는 유교나 희랍 인문주의가 피안 내지 초월신의 존재를 소홀히 취급하고 있는 너무 "세속적", 따라서 "비종교적"인 종교였기 때문이었다고 파슨즈는 해석하기도 한다(Parsons, 1976: liii).

> (개신교는) 하나의 내적 가치척도를 창출하고 행위를 이 척도를 향하여 조직한다. 이 척도 앞에서 세계는 그 기준에 맞추어 도덕적으로 구성되어야 할 재료로 간주된다. 유교는 이와 달리 외부에 자리잡고 있는 이 세계의 현 상태에 적응하는 것을 목표로 삼는다. 적응이 잘 된 인간은 그 행동을 적응에 필요한 만큼만 합리화시키기 때문에, 조직적인 통일체로서의 인간이 되지 못하고 이것저것 필요한 특징을 개별적으로 모아 놓은 복합체에 불과하게 된다. … 생활은 일련의 우발사건으로 남을 뿐 초월적 목표하에 조직되는 전체가 되지 못한다(Weber, 1968: 235).

결국 베버는 개신교의 (진정한) 합리성을 "세계의 합리적 정복"으로, 유교의 (불완전한) 합리성을 "세계에의 합리적 적응"으로 각각 부연하였다(Weber, 1968: 248).

베버가 행한 금욕주의/신비주의의 본질에 대한 정의나 금욕주의-합리성의 연계가 전적으로 타당한 것이냐 하는 점에 관해서는 논의의 여지가 있겠지만, 그것이 탁월한 사회학적 통찰력을 가진 한 대가가 평생 동안 세계 주요 종교의 연구를 통하여 행한 본격적인 사회학적 종교분석이었음은 무시할 수 없을 것이다. 베버가 사회학에 도입한 많은 다른 개념처럼 그 장점은 기리고 단점은 보완함으로써 사회학이론의 발전에 기여할 수 있는 개념으로 보인다.[9]

본고는 종교분류에 관한 베버의 개념틀은 일단 수용하되 유교라는 특수 종교에 대한 베버의 구체적 성격 규정은 그동안 증가한 자료 등에 의해 수정의 여지가 있는 것으로 보고 유교의 성격을 재조명해 보려는 것이다. 베버가 합리성, 금욕주의 등의 개념을 근대 서구라는 역사적 개체를 넘어[10] 다른 지역에 대해서도 적용가능한 것으로 의도하고 사

---

9) 슐루터(Schluchter, 1986)는 이 두 가지 개념 모두가 오늘날의 사회과학 속에서도 계속 유용하다고 본다.

10) 베버가 기본적으로 실증주의가 아닌 관념주의 전통에 서있었던 것이 사실이지만 동시에 그는 관념주의 역사학자들의 몇몇 극단적인 관점 — 예컨대 일반화 가능성의 전면적인 부정 — 을 많이 완화하려 했다는 것 또한 사실이다. 베버와, 방법론적으로 전형적인 관념주의의 입장을 고수한 좀바르트 — 베버와 자본주의의 기원을 놓고 오랜 기간 논쟁을 전개한 — 의 차이에 대해

용하였느냐 하는 데 대해서도 역시 논의의 여지가 있겠으나, 우리는 슐루터(Schluchter) 등의 의견과 같이 베버의 의도가 그러하였으며 또 그렇게 적용하는 것이 실제 가치 있는 작업이라고 보고 연구를 행하였다. 베버의 개념에 서구중심주의 등 특이한 요소가 있다면 그런 요소들을 수정하여 더 발전된 개념으로 만들어 가야 할 것이다.

베버의 유교관에 대해 이미 국내외적으로 적지 않은 비판적 검토가 행해졌다. 특히 유교에 (진정한) 합리성이 결여되어 있다고 본 베버의 주장이 많이 문제시되어 왔다.[11] 본고에서는 합리성 자체보다도 베버가 합리성과 연계시킨 금욕주의—결국 세계관 속의 긴장으로 나타나는—쪽에 좀더 초점을 맞춰 과연 그것이 유교에 없었는가 하는 문제를 주로 유교의 교설적 측면을 중심으로 살펴보았다.[12] 교설적 측면에 초점을 맞추기 때문에 유자(儒者)들이 실제 금욕주의적 생활을 영위했었는가 하는 문제는 다루지 못한다.

2. 신유교로서의 주자학

1) 베버의 유교 연구의 제약성

베버는 그에 앞서 중국을 논한 사람들, 예를 들어 헤겔이나 맑스보다 월등히 많은 자료를 가지고 자신의 분석을 시도하였다고 할 수 있다.

서는 Klausner(1982) 참조.

11) 국내 사회학계에서는 이동인(1986)의 연구가 유교의 합리성을 사회문화의 제 측면을 통하여 본격적으로 보여주고 있다. 정재식(1982)은 베버의 유교관에 대한 좀더 일반적인 평가를 간략하게 포함시키고 있다.

12) 메츠거(Metzger, 1977)는 주자학자와 같은 신유학자들과 관련하여 긴장의 문제와는 상당히 다른 각도에서 접근한 것이지만 연결되는 점이 전혀 없지 않은 곤경의식(*sense of predicament*)의 문제를 통하여 베버의 유교관에 의문을 제기하였는데 그것은 긴장의 문제와 직결된 베버의 금욕주의 개념에 초점을 맞춰 따져 본 것이 아니었다.

중국에 대한 베버의 해박한 지식에는 감탄을 금할 수가 없으며, 중국이 그가 연구했던 허다한 주제 가운데 하나에 불과하였다는 점을 생각하면 이는 분명 놀라운 일이다. 그런데 베버가 선인들에 비해 더 많은 중국학 지식을 갖추게 된 것은 시간의 흐름에 따른 정보축적량의 증가에도 그 원인이 있다고 봐야 할 것이다.

베버 사후 중국을 비롯한 아시아 지역의 전통에 관한 정보는 대폭적인 증가추세를 보여 왔다. 이것은 비단 서구에 있는 연구자들에게만 그러한 것은 아니며 아시아인들 스스로가 새로운 관점을 가지고 아니면 적어도 새로운 의욕을 가지고 자기의 전통을 탐구하는 일이 크게 늘어나게 되었다.[13)]

오늘날의 안목으로 볼 때 베버는 유교 내의 새 경향으로서의 주자학의 존재를 포착하지 못하고 있었다. 사실 베버는 주자 및 공인된 그의 이론의 권위를 알고는 있었지만(Weber, 1968: 23) 그 이론의 자세한 성격이나 그것이 유교사를 크게 양분하는 획기적 존재라는 사실에 대해서는 거의 알지 못하고 있었다.[14)]

베버는 기본적으로 유교를 변동하지 않는 종교로 보고 있었는데, 반면 그에게 있어서 기독교는 간단없이 변화를 계속해 온 종교였다. 종교개혁은 말할 것도 없고 초기 기독교와 교회성립 이후의 기독교 사이에 발생한 차이에도 베버는 큰 의의를 부여하고 있었던 것이다.[15)]

---

13) 그러나 여전히 많은 중요한 발견이 서구인들에 의해 이루어진 것도 사실이다. 그 전형적인 예로 니덤(Needham, 1954)을 들 수 있다. 그는 과거에는 도저히 상상할 수 없었던 정도의 많고 위대한 과학적 발명발견이 중국지역에서 이룩되어 온 것과 그 중 허다한 것을 서구지역이 차용해 온 사실을 발굴해 냈다. 이러한 사실만 베버가 알았더라도 그의 유교관은 완전히는 아니더라도 상당히 바뀌었을지 모른다. 이 점을 포함, 베버가 지녔던 중국사에 대한 고정관념을 최재현(1987)이 명쾌하게 지적하고 있다.

14) 따라서 베버는 유교는 형이상학이 없는 것이 한 가지 주된 특징이라고 믿었다(Weber, 1968: 155).

15) 사실은 유태교와 기독교 사이의 변동도 베버에겐 중요한 것이었다. 유태-기독교 전통에 발생한 변동에 관한 베버의 언급은 Weber(1963)에서 많이 찾아 볼 수 있다.

전반적으로 중국의 제 사물에 대한 베버의 서술은 몰역사성을 전제하고 있었다. 베버는 중국 역사상의 주요 사건들을 많은 경우 연대까지 포함하여 자세히 알고 있었으나 이때 연대란 그에게 있어 흔히 각 사건에 딸린 서지적 사항의 하나에 불과하였고 시대적 전후라는 맥락을 대체로 결하고 있었다. 베버도 중국의 역사가 정체해 있었다고 보는 서구 지식인들 사이의 강한 분위기에 어쩔 수 없이 영향을 받고 있었던 것이다. 중국역사의 전반적 몰역사성의 전제는 베버의 유교관과도 관련되어 있어서 베버는 유교가 세계에의 적응을 강조하기 때문에 기존 전통에의 맹종을 초래, 의미 있는 사회변동을 억제하는 역할을 했음을 시사하고 있다(Weber, 1968: 27). 그렇다면 유교 스스로가 변한다는 것은 베버로서는 그 가능성조차도 생각해보기 어려운 일이었을지도 모른다.

2) 유교의 역사성과 연속성

예수의 가르침이 곧 기독교가 아니듯이 공자의 가르침이 그대로 유교인 것은 아니다. 기독교가 바울, 아우구스티누스, 아퀴나스, 루터 등 허다한 사람들의 손을 거치며 그 성격이 변천되어 왔듯이 유교의 내용 역시 맹자, 동중서, 주희, 이퇴계, 이율곡 등 많은 사람들의 작업을 통해 변화를 계속해 왔다. 그러나 유교의 성격이 가장 큰 변동을 겪은 것은 주희로 대표되는 송대의 유학자들에 의해서였다. 그래서 오늘날에는 유교를 시대적으로 이들 이전의 유교와 이들 이래의 유교, 즉 신유교(新儒教) 내지 신유학(新儒學)으로 양분하는 것이 보통이지만 주자학은 신유교 시대를 열었으면서 동시에 그 정통적 지위를 계속 유지해 왔던 교설체계였다.[16]

---

16) 주자학의 정통적 지위는 조선보다 중국에서 약했던 것이 사실이지만, 중국에서도 양명학, 고증학 등의 새로운 학풍의 도전을 받으면서도 주자학은 그 정통적 지위를 상실하지 않았다. 청조가 종언을 고할 때까지 주자학은 과거 고시의 표준이론으로서의 위치를 유지하였고 늘 절대다수의 유자는 주자학파에 속해 있었다(陳榮捷, 1982).

유교가 변했다고 하여 유교의 모든 것이 변했다는 것은 물론 아니며 어느 문화에서나처럼 유교라는 종교문화에도 강한 연속성이 유지되어 왔다고 할 수 있다. 유교의 특징을 논할 때는 무엇보다도 충이나 효와 같은 구체적 윤리강령들을 중심으로 삼는 것이 보통이다. 이들을 오늘날의 사회과학 개념으로 해석하자면 충과 효가 국가나 가족이라는 집단을 대상으로 하고 있기 때문에 집단주의로의 추상을 할 수 있다. 또 삼강오륜의 개념과 같이 생각해보면 잘 알 수 있듯이, 국가나 가족이라는 집단 자체와 함께 그것을 대표 내지 구성하고 있는 임금이나 부모 등 구체적인 사람과의 관계를 중시한다는 점에서 그 "인"적 성격도 논할 수 있다. 구체적인 사람을 준거하며 행위규범이 적용된다는 점에서 유교적 인간관계에 "특수주의"적인 측면이 내포되어 있다고 할 수 있을 것이다. 최홍기(1986)는 소속집단에 따른 친소 및 상하관계라는 수평 및 수직 좌표에 의해 유교적 인간관계가 정확히 포착될 수 있는 것임을 보여주고 있다.

인간관계에 대한 측면 외에도 유교에 관해서는, "예"(禮), "인"(仁) 등의 다른 실천강령이나 교육주의, 엘리트주의, 평화주의 등 허다한 개념들이 논의된다. 베버도 유교의 그런 구체적 측면들을 많이 살펴보고 있고 그가 유교에 금욕주의, 따라서 완전한 합리성이 결여되어 있다는 근본적인 성격 규정을 하는 데 연결시켜 다루는 경우도 있었다. 여기서는 그런 다른 측면들까지는 살펴보지 못하고 베버가 규정한 금욕주의의 핵심적 구도와 관련된 세계관의 특성 자체에만 주로 초점을 맞추어 보았다. 유교의 그러한 많은 측면들은 전 유교사를 통하여 그 특성이 상당한 정도 유지되었을 것이라고 할 수 있다. 그러나 금욕주의라는 관점에서 각각의 측면들이 결합하여 구성하는 전체적인 상은 달라질 수 있고 또 그런 맥락 속에서 각 측면들의 세밀한 양태나 상대적 중요성이 다소간에 달라질 수 있다. 그리하여 구체적 측면들에서의 상당한 연속성과 금욕주의와 관련된 세계관적 특성이라는 보다 근원적인 차원에서의 획기적 변동이 서로 양립할 수 있는 것이다.

3) 원유교(原儒敎)의 성격

유교나 기독교에 강한 연속성이 있을 수밖에 없는 가장 중요한 이유는 그 경서의 연속성에 있다고 할 것이다.[17] 기본적으로는 동일한 경서로부터 새로운 해석 내지 교리체계를 도출해내 온 것이기 때문에 완전한 돌연변이는 발생하기가 힘들었다. 원래 논어 등에 기록된 공자의 가르침은 구체적인 실천지침이 대종을 이루고 있었으며 거기에는 존재론이라든지 인식론이 본격적으로 들어 있지 않았다. 이런 점에서 공자의 가르침은 예컨대 소크라테스나 석가의 가르침과 조금 달랐다.

공자의 언행 자체만을 본다면 공자는 피안의 문제를 중시하지 않았다. 그는 "괴이한 일, 초인적 힘, 혼란한 일, 귀신을 말하지 않았다." 귀신과 죽음에 관한 질문을 받았을 때, 공자는 "사람도 제대로 섬기지 못하면서 어찌 귀신을 섬길 것인가? … 삶을 모르는데 어찌 죽음을 알리오?"하고 반문하였다.[18] 사실 공자의 어록을 살폈을 때 피안에 관한 언급은 그리 많지 않다.[19]

---

17) 물론 양 종교에 위경(僞經) 또는 위자(僞字)에 관한 논란이 있었으며 시대에 따라 중시된 부분이 늘 같지 않았지만 그 대부분의 내용은 경서로서 존재를 계속하였다.

18) "子不語 怪力亂神"《論語》, 〈述而〉, "未能事人 焉能事鬼 … 未知生 焉知死"《論語》, 〈先進〉.

19) 이렇게 공자의 말을 우리가 따로 고찰한다는 것은 또 하나의 해석체계를 형성하는 일이 될 수도 있을 것이다. 주자학이라는 것도 많은 부분 공자의 말을 나름대로 더 정확히 해석하려는 시도였는데, 우리가 여기서 공자의 언행의 원 의미와 그 주자학적 해석 사이에 변동이 있다는 고찰을 한다면, 그것은 공자의 언행에 대한 우리의 고찰이 주자의 고찰보다 더 객관적이라는 전제를 하고 들어가는 것이 될 수도 있는 것이다. 그런데 우리는 여기에서 주자의 해석체계와의 직접적인 경쟁을 하려는 것은 아니고 본원적으로 경쟁이 되지 않을 측면만 활용하려고 한다. 첫째, 어떤 개념이나 문제가 공자에 의해 얼마나 자주 언급되었는가 하는가를 통해 그것에 대한 공자의 관심이나 태도를 유추하는 것이다. 둘째, 공자의 말을 해석하는 데 있어 공자 자신은 사용하지 않았으나 주자학에서 새로이 쓰이게 된 개념 내지 개념틀은 그 존재 자체가 변화이다. 셋째, 공자의 말을 해석하는 데 있어 주자학자들은 가

피안을 도외시했다는 것은 베버에게 이중적인 의의를 갖고 있었다. 먼저, 원칙적으로는 "귀신"에 의존하지 않게 만든다는 점에서, 주술성을 감소시키는 역할을 하였다. 이 원칙에 보다 충실한 엘리트 스스로는 어느 정도 "깨어"있을 수 있었고, 베버도 이 점에서만큼은 유교에 어느 정도 합리성이 있음을 인정할 수밖에 없었다. 그러나 그것은 원칙에 그쳤고 실제로는 대중들 사이에 주술문화가 만연하는 것이 방치되었고 엘리트 자신들도 사실은 일말의 회의를 견지하면서도 주술문화에 상당히 빠져 있었다(Weber, 1968: 229).

베버가 보기에 이렇듯 주술성에 관한 합리성이 불완전할 수밖에 없었던 것은 피안의 부재라는 것이 합리성의 근본적 기준인 금욕주의를 원천적으로 배제하는 역할을 한편으로 하고 있었기 때문이었다고 할 수 있다. 이 세계를 어떤 독립된 규범을 향해 끌어올리기 위한 순수한 목적물로 간주할 때 세계의 일부를 조상신, 토지신, 영웅신 등으로 삼아 신앙하는 일은 없어질 것이다. 그런데, 유교에서는 세계에 대해 독립된 규범 이전에 이 세계와 별도로 존재하는 영역조차를 상정하지 않고 있다는 것이었다(Weber, 1968: 145).

공자는 피안을 경시한 만큼 세계 속의 삶, 사회생활을 대단히 중시하였다. 인간관계에 대한 규정이 공자의 가르침의 주된 부분을 차지하고 있다는 것은 그 단적인 표현이라고 할 수 있다. 그런데 바로 이 철저한 현세참여가 유교적 합리성이 불완전한 근본적 이유로 베버가 문제삼는 요소가 되는 것이었다. 현세참여는 현세도피가 그 핵심인 신비주의를 배제해 준다. 그러나 그것은 세계의 현상을 부정하고 그것을 절대규범을 향하여 끌고 가려는 동기에서의 현세참여가 아니고 현상을 긍정하고 거기에 적응하려는, 너무 철저하기 때문에 오히려 금욕주의라는 측면에서는 미온적인 것이 되는 현세참여이다. 중국상인이 부를 축적하려는 것은 부 자체를 탐하기, 즉 긍정하기 때문이라는 것인데, 여기서 부

질 수 없었던, 현대 사회과학에 특유한 문제의식 — 예컨대 전통지향성의 여부 — 에 기초한 해석은 적어도 주자학과의 경쟁을 배제한다.

를 긍정한다는 것은 부가 내포하고 있는 여러 가지 현세적 쾌락을 긍정하는 것도 포함하기 때문에 부의 소비를 필연적으로 지향하게 만든다. 즉 부라는, 이 세계의 것을 긍정하기 때문에 오히려 (저축을 통한) 부의 극대화 — 경제적 차원에서 표현된 금욕주의 — 를 철저하게 추구하지 않게 된다는 것이다.[20]

그런데 공자가 피안의 문제를 강조하지 않았다는 것이 그 존재를 부정하였다는 말은 아니다. 무엇보다도 공자는 "하늘"을 받들고 있었다. 그런데 하늘은 인격신이 아니었다.[21] 그것은 세계를 만든 신도 아니었다. 하늘은 공자에게서 우선 우주만물의 법칙을 뜻한다. 먼저 그것은 자연현상의 법칙이다:

> 하늘이 무슨 말을 하더냐?
> 네 계절은 운행하고 만물은 번성한다.
> 하늘이 무슨 말을 하더냐?[22]

즉 하늘은 자연의 만물에게 일일이 말을 하지는 않지만 만물은 하늘이라는 법칙을 따라 활동하는 것이다. 여기서 하늘은 그 법칙 자체인지 혹은 법칙을 마련하는 원천적 존재인지가 명확히 구분되지 않는다.

---

20) 반대로 개신교도는 부를 부정하는 데서 출발하기 때문에 부가 가져다주는 현세적 쾌락도 부정, 오로지 부를 신의 영광을 실현하기 위한 목적물로만 간주하여 저축을 통한 부의 철저한 극대화를 꾀한다는 것이다. 그런데 베버는 유태상인에게서도 중국상인에게서와 같은 태도를 발견하였는데 유태상인도 부 자체를 탐하고 있는 것이었다. 이것은 유태교 역시 너무 현세긍정적인 종교였기 때문이다. 즉, 유태교는 초월신까지 구비하고 있었으면서도 현세를 거부하지 않았기 때문에 불완전한 금욕주의-합리성밖에는 지니지 못하게 되었다는 것이다(Weber, 1952).

21) 원래 중국 상고시대의 종교는 사람 모습을 한 신을 갖고 있었고 이것이 후에도 특히 대중들 사이에서 "상제"의 개념으로 존속하였다. 그러나 공자의 하늘은 이런 인격신이 아니었다. 사실은 공자뿐 아니고 공자시대의 "지식인들"은 대부분 인격신의 개념을 버리고 있었다(Chan, 1973: 1~2).

22) "天何言哉 四時行焉 百物生焉 天何言哉"《論語》, 〈陽貨〉.

하늘은 또 도덕률이기도 하다:

> 크도다, 요의 임금됨이여,
> 오직 하늘만이 크나니 요는 하늘의 본을 따르는도다.[23]
> 하늘에 죄를 지으면 빌 곳이 없다.[24]

첫 번째 인용문은 요의 도덕성이 하늘의 도덕률과 일치한다는 뜻이 되겠으며, 두 번째 인용문에서는 하늘이 도덕률 자체라기보다는 도덕률의 연원이 된다는 의미를 어느 정도 내포한다고 할 수 있겠으나 그것이 아주 명확하게 드러나 있다고 할 수는 없을 것이다. 문제는 공자가 하늘이라는 말을 사용하는 경우의 수가 절대적으로 적어서 이 문제를 이 이상 추궁할 충분한 재료를 제공해주지 못한다는 것이다. 다시 말해서 공자는 많은 경우 하늘이라는 개념의 도입 없이 자신의 윤리체계를 정당화시키고 있었던 것이다. 자연법칙/도덕률로서의 하늘은 분명히 세계 자체는 아니다. 그것은 세계의 물질적 일부도 결코 아니다. 세계의 법칙적 측면을 세계의 일부라고 본다면 하늘은 그 점에서 세계의 일부일 수 있다. 여기서 중요한 것은 하늘이 법칙 자체이냐 아니면 그것의 원천이냐 하는 문제이겠는데, 이 점 뚜렷이 분화가 안 되어 있는 것으로 판단되는 것이다.

그런데 하늘은 한편으로 인간과 왕조에 그 임무를 명하는, 따라서 그 운명을 관장하는 존재이기도 하다:

> 내 나이 쉰에 천명(天命)을 알았다.[25]
> 생사와 부귀는 하늘에 달려있다.[26]

---

23) "大哉堯之爲君也 巍巍乎 唯天爲大 唯堯則之"《論語》, 〈泰伯〉.
24) "獲罪於天 無所禱也"《論語》, 〈八佾〉.
25) "五十而知天命"《論語》, 〈爲政〉.
26) 이것은 자하가 공자의 말로서 한 말이다. "死生有命 富貴在天"《論語》, 〈安淵〉.

여기서 하늘은 법칙을 일단 제시하고 나서는 활동을 멈추고 있는 그런 존재는 아님을 알 수 있다. 하늘은 세계의 역사를 주관하고 있는 존재인 것이다. 그런데 하늘이 세계에 "대해" 명령을 부여할 수 있으려면 세계와는 독립해서 존재해야 할 필요가 있다고 할 수 있을 것이다. 그러나 그러리라는 것은 우리의 추론일 뿐이지 공자나 그의 제자들은 그 점을 명확하게 하려는 노력을 거의 기울이지 않았다. 무엇보다도 하늘이라는 말이 언급된 경우가 절대적으로 적었던 것이다.

하늘이 언급된 경우가 많지는 않았지만 그 가운데서도 공자가 이 말에 어떤 "초월성"을 부여하면서 사용하는 경우는 분명히 있었다. 예컨대, 공자가 가장 사랑하였고 자기 학통의 계승자로 일찍부터 점찍어 둔 안자가 요절했을 때, 공자는 "오호라, 하늘이 나를 버리는구나! 하늘이 나를 버리는구나!"하고 한탄하고 있다.[27] 이것은 공자가 자신에게 주어진 천명을 성을 다해 받들어 왔다고 자부하고 있었다는 것을 생각할 때 하늘은 그런 공자의 노력을 보상하려고 하지 않고 자기 스스로의 일방적 의지를 강요하는 존재라는 것, 그리고 그런 것을 공자 자신이 어쩔 수 없는 사실로 받아들인다는 것을 토로하는 말인 것이다.[28]

여기서 하늘은 인간사를 일방적으로 지배하는 존재이며 인간이 거꾸로 하늘에 영향을 "미칠" 수 없다는 의미에서의 초월성이 감지되는데 실은 이런 의미의 초월성이 베버에서는 개신교의 신의 초월성의 아주 중요한 측면의 하나였다.[29] 그렇지만 역시 그런 의미로, 나아가서는 무슨

27) "噫 天喪予 天喪予"《論語》, 〈先進〉.

28) 이 말고도 백우라는 "선행을 많이 한" 사람이 몹쓸 병에 걸렸을 때에도 비슷한 의미가 내포된 탄식을 하고 있고 공자가 유세 중 위기를 당했을 때에도 인간이 하늘의 의지를 어떻게 할 수 없다는 요지의 말로 제자들을 격려한다. 《論語》, 〈雍也〉 및 〈子罕〉.

29) 개신교가 주술문화를 추방하게 된, 따라서 세계를 "각성"시킨 주된 이유가 바로 이 측면에 있어서의 신의 초월성이었다고 베버는 보았다. 주술문화의 본질은 인간이 신 또는 다른 초자연적인 존재에 영향을 미쳐서, 그것을 "회유" 내지 "매수"하여, 현실 속의 문제를 해결할 수 있다는 믿음에 있는 것인데, 개신교에서의 신은 인간사를 완전히 지배하지만 거꾸로 인간은 신에게 전혀 영향을 미칠 수가 없는 것이므로 주술문화가 자연히 배제되는 것이다.

의미에서든, 하늘이라는 말을 사용한 회수가 적었다는 것, 그리고 그러한 성격을 명시적으로 규정하고 있지 않았다는 것 때문에 하늘의 그런 성격은 잠재적인 것으로 남아 있었다고 밖에 말할 수 없을 것 같다.

결국 공자의 하늘은 초월적 측면을 지닐 수 있는 잠재성이 없지는 않았으나 그것이 본격적으로 드러나지 못한 채로 남아 있었다. 따라서 그것을 내재적인 존재로 암시하고 있는 베버의 논의에 대해서[30] 유효하게 반박할 수 있는 근거는 아직 존재하지 않았다고 할 수 있다. 가장 온당한 해석은 공자가 하늘의 "초월성"을 적극적으로 규정하지 않음으로써 하늘은 실질적으로도 아직 그러한 성격을 제대로 부여받지 못했다고 할 것이다.[31] 여기서는 주로 유교의 신으로서의 하늘의 초월성에 관해 고찰해 보았는데, 그것이 아직 잘 발달되지 않았다는 것은 유교에는 이 세계와 별도로 존재하는 규범적 기대가 없었다는 베버의 평가가 적어도 공자시대의 유교에 대해서는 즉각적으로 어긋나는 평가가 아니었음을 말해 준다고 하겠다.

공자 사후 유교는 맹자, 순자 등의 손에 의해 이론적으로 더 자세한 발전을 보았으나 곧 법가에 의해 분서갱유의 탄압을 당하게 된다. 한대에 부활된 이후 법가를 백안시하였으나 법가의 "합리적" 사고의 요소를 은연중 흡수하였고,[32] 한편으로는 동중서 같은 학자에 의해 원래는 음양가의 산물인 음양오행론적 "우주론"의 편입을 받게 되었다. 음양론은

주술문화의 본질에 관해서는 O'Dea and Aviad(1983: 7) 참조.

30) Weber, *The Religion of China*, pp. 22~23.

31) 말은 말에 그치지 않고 존재에 바로 연결되어 있는 측면이 분명히 있다. 말이 바뀌면 존재도 바뀐다는 말에 일말의 진리가 있다고 보인다(Winch, 1980 참조).

32) 법가의 합리성은 주로 사회조직에 있어서 "인"적 관계를 배제하려는 데서 근원하고 있는데 이것이 베버가 사용하는 합리성의 한 주요 의미임은 앞에서 살펴보았다. 베버도 법가에 관련된 합리성을 인식했으나 법가라는 독립된 학파의 존재와 영향에 대해서는 알지 못했다(Weber, 1968: 41~45). 법가의 법에 의한 지배와 유가의 사람에 의한 지배의 두 반대되는 원리는 한대 이래 많이 절충되었는데 특히 중국의 제도적 문화에 법가의 영향이 강하게 남아 내려오게 되었다(Gernet, 1982).

비록 이원론이긴 하지만 세계내적인 이원론이었으며, 그 유교 속으로의 수용도 철저한 것이 되지 못했다.[33] 따라서 약간의 변화에도 불구하고 유교는 다분히 주어진 현실을 축으로 하는 세계관에 기초한, 윤리체계로 계속 남아 있었다고 할 것이다.

4) 불교가 유교에 미친 영향

한대 이후 정치적 혼란기였던 남북조(南北朝)시대에 중국에 불교가 본격적으로 수입되어 중국인들의 마음을 끌기 시작하였는데 그것은 먼저 불교의 현세부정주의가 혼란에 지친 중국인들에 어떤 위안처를 제공해 줄 수 있었기 때문이며 그에 못지 않게 중요한 이유는 불교가 그 진위여부는 차치하고 그때까지 중국인이 가져 보지 못한 대단히 세련된 우주론—본고에서는 이 단어가 존재론, 인식론 등이 아직 분화되지 않고 뭉뚱그려져 있는 상태를 가리키고 있다—을 갖추고 있었기 때문이었다. 당(唐)대의 중기까지 불교는 번창을 계속했는데 그때까지 이를 수수방관하고 있던 유가는 이후 한유(768~824)를 필두로 하여 불교배척의 기치를 들게 되었다.

불교를 위시한 도교 등 타 종교에 대해 배타적, 정통주의적 자세를 취하기 시작한 이후의 유교를 오늘날의 유교 연구에서는 흔히 신유학이라고 부르는데, 신유가(新儒家)가 문제삼은 것은 무엇보다도 불교의 현세도피주의 [출가(出家)]였다. 그리고 보다 궁극적으로는 현상의 실체를 빈 것으로 본 불교의 존재론적, 인식론적 "허무주의"에 대한 반발이었다. 결국, 유교의 현세긍정주의가 불교의 현세부정주의를 부정하려 한 것이 신유교의 핵심적 계기라고 할 수 있다.

신유가들은 불교에 효과적으로 대항하기 위해서 불교의 "우주론"을 극복할 유교의 "우주론"을 창출하였다.[34] 그중 가장 최초로 만들어졌으

33) 음양론의 존재는 베버도 알고 있었으며 양자 사이의 비대립적 관계는 유교의 세계관에 긴장이 없다는 것을 말해 주는 또 하나의 지표가 되고 있었다(Weber, 1968: 29).

면서도 이후 전통시대가 종언을 고할 때까지 "정통"의 자리를 고수한 체계가 곧 주자학이다(陳榮捷, 1982). 이(理) 및 기(氣)의 양대 존재-인식-윤리학적 개념을 바탕으로 한 이 우주론은 한대에 이미 유교에 편입되었던 음양론을 그 하위개념으로 활용한 송(宋)대(960~1277)의 발명이었다.[35]

유교의 현세긍정주의가 불교의 현세부정주의를 부정하였다는 것은 우리의 문제인 금욕주의라는 관점에서 중대한 의미를 지닌다. 무엇보다도 그것은 유교의 현세긍정이 즉자(卽自)적 현세긍정에서 대자(對自)적 현세긍정으로 바뀐 것을 의미하기 때문이다.[36] 주자학자들은 불교에서 주장하듯 이 세계가 실재하지 않는다는 말이 틀리다는 것을 보여주려 하였다. 존재가 공(空)이 아니고 실(實)이라는 것을 강조하기 위하여 기라는 개념을 사용하였다. 우주는 비어 있는 것이 아니고 기라는 물질적 실체로 꽉 차 있는 것이었다. 또 존재를 지배하는 법칙 — 불교에서 법(法)이라고 부르는 것 — 도 그 본질이 공(空)이 아니고 실(實)이라는 것을 강조하기 위하여 이라는 개념을 사용하게 되었다.

앞서 논의했듯이 베버는 불교를 "세계로부터의 도피"를 추구하는 전형적인 신비주의적 종교로 보았는데, 말하자면 주자학자들은 그 "신비주의적" 성격을[37] 혐오하고 반대했던 것이다. 이것은 원래의 유교에 신

34) 이 우주론에 입각하여 경서의 내용을 포괄적인 교설 체계로 조명하였는데, 이리하여 유교도 윤리강령을 형이상학적으로 합리화하는 정통주의적 교설 체계를 갖추게 되었다. 이에 대한 인지가 없었던 베버는 형이상학의 결여가 유교의 한 가지 주된 특징이라고 믿었던 것이다(Weber, 1968: 155).

35) 주자학은 송의 많은 학자들의 손을 거쳐 형성되었지만 주돈이(1017~1073), 장재(1020~1077), 정호(1032~1085), 정이(1033~1077), 주희(1130~1200)의 다섯 사람의 공헌이 가장 큰 것으로 여겨진다. 우주론 자체의 개념이나 기본도식은 정이의 손에서 거의 마무리가 지어졌지만, 주희는 정이의 체계를 그 보다 앞선 세 사람의 저술을 재활용하면서 좀더 정교화시켰다. 주희를 주자학의 집성자로 보는 주된 이유는 이 새 우주론에 입각하여 유교의 전 경전에 대한 철저하고 포괄적인 주석체계를 완성했기 때문이다.

36) 여기서 즉자, 대자의 개념은 예컨대 맑스의 즉자적 계급, 대자적 계급에서와 같은 변증법적 술어를 원용한 것이다.

비주의의 반대되는 요소—"금욕주의"—가 적어도 잠재적으로 있었다는 것을 의미하지만, 주자학자들은 신비주의에 의식적으로 반대하는 과정에서 이 금욕주의의 맹아를 피어나게 한 것이다.

그런데 실은 주자학은 불교에 반대하는 과정에서 부지불식간에 불교로부터 적지 않은 차용을 하고 있다. 예컨대, 법이라는 불교 개념에 반대하기 위하여 이라는 개념을 도입함으로써 불교의 세계관의 기본구조를 이루는 벽돌 하나를 유교에 도입하였다고 볼 수 있다. 다만 법이라는 벽돌을 이라는 다른 벽돌로 대체하였던 것이다.[38] 궁극적으로는 불교의 현세부정적 요소가 유교 속에 일부 침투하게 되었는데 이것이 오히려 원유교의 "철저한" 현세긍정을, 현세부정을 통한 현세긍정이라는 교차적 구조로 만듦으로써 금욕주의의 발현에 기여하게 되었다. 이를 논하기 전해 먼저 이기론의 기본구도를 살펴보겠다.

5) 이기(理氣)론의 기본구도

이(理), 기(氣)의 양 개념은 주자학적 존재론-인식론-윤리학의 골간을 이루는 개념이지만 그 기본착상은 간단하다고 할 수 있을 것 같다. 사과가 존재하기 위해서 사과의 구조에 대한 청사진이 있어야 된다면 그것이 사과의 이이다. 사과가 실제로 존재하려면 이 청사진을 실현할 재료—사과의 경우 과육 등—가 사과를 살아있게 할 동력을 담은 채 또한 있어야 된다고 할 때 이것을 사과의 기라고 부른다.[39]

---

37) 과연 불교가 베버나 주자학자들이 규정한 그대로의 종교냐 하는 것은 별 개의 문제일 것이다. 사실 불교—대단히 많은 종파를 거느리는—가 완전히 현세와 존재를 부정했느냐 하는 데에는 이의가 있을 수 있다. 예컨대 명의 초횡은 불교적 진리와 유교적 진리가 궁극적으로 일치한다고 보고 이 점에서 주자학을 비판하고 있다(Chien, 1985).

38) '이'라는 말 자체도 원래 중국 불교에서 우주론적 의미로 사용되어졌었다(Metzger, 1977: 73).

39) 이기론은 유럽철학사의 여러 개념들과 비교되어 왔다. 가장 흔히 행해지는 비교는 아리스토텔레스의 형상, 질료와의 비교이다. 사과의 청사진과 재료

사과에는 사과의 이가 있듯이 사람에는 사람의 이가 있을 것이다. 그런데 주자학에서는 사과의 이는 사과의 이로 사람의 이는 사람의 이로 끝나는 것이 아니다. 사과를 기능하게 하는 원리와 사람을 기능하게 하는 원리는 궁극적으로 상통하는 바가 있을 것이다. 이런 착상을 확대시키면 우주만물을 하나로 꿰뚫는 원리의 존재에 도달하게 된다. 즉 세계에는 궁극적으로 하나의 이가 있다는 것이다.[40]

우주를 꿰뚫는 하나의 이가 있다면 만물의 차이는 기가 맡을 것임을 예상할 수 있다. 사실은 이와 기 사이의 관계에 대한 주자까지의 규정은 모호한 측면도 때로는 상호 모순되는 듯한 측면도 적지 않게 있었다. 이것을 명확한 것으로 하는 데 후세의 주자학자들 특히 조선주자학자들이 많은 노력을 기울였다.[41] 그렇게 하는 과정에서 허다한 논쟁이 유발되었으며 여러 갈래의 학파가 형성되었으나 여기서는 학파적 차이점이 아닌 공통점이 중요하다고 할 수 있다. 강한 정통주의하에 놓여 있었던 조선 주자학은 우리의 문제와 관련하여 충분한 수렴성을 지녔던 것으로 판단된다. 이하 조선 주자학이론의 쌍벽으로 받들어지는 퇴계와 율곡의 이론을 수렴하는 맥락에서 주자의 이론과 함께 활용, 금욕주의의 문제를 구명해 보았다.[42]

를 아리스토텔레스는 각각 사과의 형상 및 질료라고 부른다는 점에서 사실 양자 사이에는 상당한 유사성이 있다고 해야 할 것이다(Fung, 1953: II, 542).

40) 이 점에서 이의 개념을 근대 서구 관념철학에서의 Reason에 더 가깝다고 보고 스피노자, 라이프니츠, 칸트 등과 비교하기도 한다. 특히 스피노자의 능산적 자연과 소산적 자연을 이와 기에 각각 비견할 때가 많다. 이기론과 유럽철학 사이에 그간 행해진 비교는 陳榮捷(1982: 426~429)에 잘 정리되어 있다. 그런데 이기론과 이런 여러 유럽철학 개념과의 비교가 결코 “잡다”한 것이라고 할 수는 없을 것이다. 왜냐하면 플라톤의 이데아로부터 헤겔의 이성에 이르기까지 결국 발생론적으로 같은 계보에 속하는 개념들이기 때문이다.

41) 조선 주자학의 전체적 흐름에 대해서는 현상윤(1971)에 많이 의존하였다.

42) 퇴계와 율곡의 이론에 접근하는 데에는 유명종(1987)과 채무송(1985)에 많이 의존하였다.

3. 이의 관념적 초월성

앞에서 살펴 본 대로 유교 전통 내에는 주자학의 출현 이전에 자연 및 도덕 "법칙"으로서의 하늘이 이미 존재하였으나 아직 그 존재론적 성격이 명확히 정의되지 않은 상태에 있었다. 주자학자들은 자기들이 만든 새 우주론을 토대로 하여 하늘의 존재론적 성격을 명확히 하려 하였다.

주자학에서도 하늘의 인격신이 아닌 성격은 그대로 유지되었다. 베버에게 있어서 인격신인 여부는 신의 초월성을 판단하는 중요한 기준이었는데, 사실 베버가 궁극적으로 찾으려 했던 점은 인간에게 계율을 명하는 의지적이고 생동하는 신이었다고 할 수 있다. "말을 하거나", "분노를 터뜨리거나" 하는 것은 그 상징적인 표현이라고 이해하는 것이 적절할 것 같다(Weber, 1968: 27~28).

베버도 어느 정도 간파하였듯이 적어도 중국에서의 발전방향에서 보았을 때는 하늘은 인격신의 단계를 지나 있었으며 이 점에서 원점으로의 복귀는 일어나지 않았다(Weber, 1968: 22~23). 주자학자들은 그러나 비인격신의 범주 내에서 하늘을 세계에 대해 최대한으로 의지적인 존재로 규정하려 하였다.

먼저 하늘은 손으로 세계를 만들진 않았지만 그 존재를 있게 한 관념적 생성인이다.

"하늘이 내리는 것이 명령이요 만물이 받는 것이 본성이다."(天所賦爲命 物所受爲性) 주자의 좀더 자세한 설명을 들어본다면:

> 하늘은 음양오행을 가지고 만물을 만들어낸다. 기로써 형태를 만들고 이를 또한 부여하니 명령을 하는 것과 같은데 여기로부터 사람과 만물이 생겨나는 것이다.[43]

---

43) "天以陰陽五行化生萬物 氣以成形而理亦賦焉 猶命令也 於是人物之生"《江永註 近思錄》, 卷一. 이것은 주자가 예의 선구자로서의 송대 학자들의 말을 간추려 엮은 모음 책인 주자학 기본서로서의 근사록에 주자 자신의 말로 후

그런데 주자학자들은 이 관념적 "조물주"로서의 하늘을 세계 속으로 바로 끌어들이기를 꺼리는 편인데 하늘을 그 관념적 "피조물로서의" 세계와 섞으려 하지 않기 때문이다. 그렇게 함으로써 하늘은 세계에 대해 "조물주"로서의 초월성을 유지하게 된다.

그 대신 주자학자들이 활용하는 개념이 바로 이인 것이다. 이는 하늘이 세계 속에서 직접 활동하는 측면을 가리킨다. 퇴계의 말을 들어보자:

> 하늘은 곧 이인데 네 가지 덕을 지니니 원(元), 형(亨), 이(利), 정(貞)이 그것이다. … 무릇 원은 시작하게 하는 이요, 형은 통하게 하는 이요, 이는 맺게 하는 이요, 정은 이루게 하는 이이다. … 음양오행의 기가 운행할 적에 이 네 가지의 이는 늘 그 가운데 자리잡고 있으면서 만물에 명령을 내리는 근원이 된다.[44]

여기서 하늘이 곧 이라는 것은 두 가지가 전혀 같은 개념이라는 뜻이 아니고 하늘이 구체적으로 활동하는 측면 — 여기서 말하는 네 가지 덕 — 을 이라고 부른다는 뜻인 것이다. 혹은 "하늘은 이러한 이를 통해 사물에 명령을 내린다."(天以此理命) 결국 말을 바꿔서 하자면 이는 하늘이라는 관념적 생성인이 세계 속으로 들어와 있는 분신이라고 할 수 있겠다. 앞서 이는 각개의 사물을 기능하게 하는 원리이자 동시에 만물에 공통된 원리임을 설명한 바 있는데 이것은 이가 각각의 원리에 대한 모든 구체적 정보를 지니고 있는 존재라기보다 그 가장 원천적 정보 — 그런 것이 있다고 한다면 — 만을 지니고 있는 존재임을 시사한다. 각 사물의 개별적 원리에 관한 나머지 정보는 거기로부터 파생되어 나올 것이다.[45] 공자에게 있어 하늘은 우주의 법칙인지 법칙원인지가 불분명

대인이 주한 것임.

44) "天卽理也 而其德有四 曰元亨利貞 … 蓋元者始之理 亨者通之理 利者遂之理 貞者成之理 … 當二五流行之際 此四者 常寓於其中 而爲命物之源"《退溪續集》, 〈天命圖說〉.

45) 이것을 주자학의 관용구로 "하나의 이가 분화하여 다른 여럿"(理一分殊)이라고 말하는 것이다.

하였는데 주자학에서의 이 — 하늘의 세계내적 분신으로서의 — 는 법칙 자체가 아닌 법칙원임이 이렇게 해서 드러난다. 이때 법칙원이란 결국 관념적 생성인이라는 말의 다른 이름이라고 할 것이다.

이는 시간 및 공간적으로 현상 속에 내재하지만 내재한 가운데에도 그 본신으로서의 하늘의 초월성을 유지하게 된다. 퇴계에 의하면, "이는 지극히 높아 그 상대가 없고 사물에 명령을 내리되 사물로부터 명령을 받지 않는다."[46] 공자에게 있어 하늘은 인간사를 지배하되 거꾸로 인간은 하늘에 영향을 미칠 수 없다는 성격이 암시되어 있었을 뿐인데 주자학의 이는 일방적 지배라는 측면에서의 초월성을 이렇게 명시적으로 규정받고 있다.

관념적 생성인으로서의 이는 스스로 존재하기 때문에 생겨나지도 없어지지도 않는다(不生不滅). 이의 존재의 이 영원성은 이가 궁극적으로 하나 있다는 보편성과 더불어 이의 초월성의 또 다른 지표가 된다. 그런데 "이는 하나이되 달리 나뉘는"(理一分殊) 점은 일견 모순되는 성격 같지만 사실은 이가 그 초월성에 있어서 양면성을 띠고 있기 때문에 비롯되는 성격이다. 이는 공간적으로는 각기 다른 사물 속에 들어있지만 관념적으로는 개개의 사물을 초월해서 존재하고 있다. 이것을 가리켜서 이는 사물의 "형태위에 있다"(形而上) 고 말한다. 여기서 내재/초월의 범주를 이원화하여 시공적인 내재/초월과 관념적인 내재/초월로 구분할 필요가 있다고 본다. 이는 시간 및 공간적으로는 세계 내에 들어와 있을지 모르지만 관념적으로는 세계에 대한 초월성을 이렇듯 철저하게 유지하고 있는 것이다.[47]

사실은 하늘이라는 존재의 영구성과 높은 지위만은 베버도 인정을

---

46) "此理極尊無對 命物而不命於物"《退溪集》, 〈答李達李天機〉.

47) 이렇게 구분하지 않으면 많은 혼동이 초래될 수 있다. 예컨대, "천지가 있기 전에 분명히 먼저 이 이가 있었다"고 한 주자의 말은 시간적인 의미로 해석해서는 안 될 것으로 보인다. 이 말은 천지가 있으려면 그 구조에 관한 청사진의 존재가 "관념적인" 선결요건이라는 뜻으로 해석해야 할 것 같다. 여하튼 주자가 이 말로 "조물주"로서의 이의 초월성을 시사하고 있다는 점은 의문의 여지가 없을 것이다.

하고 있었다. 그러나 어디까지나 그것은 세계내의 존재로서 누리는 속성이었다. 지금까지의 논의로 베버가 인지하지 않았던 전반적인 초월성을 적어도 관념적인 수준에서는 주자학의 이가 누리고 있음을 보았다. 그런데 초월신의 존재가 베버의 금욕주의를 곧바로 충족시켜 주는 조건은 아니었다. 신은 또 세계를, 세계에 대해 초월해 있는, 자기의 수준으로 끌어올릴 것을 요구해야 한다. 그렇게 하려면 그렇게 할 수 있는 속성을 신 자신이 또한 갖춰야 할 것이 틀림없다. 즉 신은 부단히 세계에 그 계율을 명하는 활동하는 신이어야 한다. 그런데 베버에게 있어 유교의 하늘은 "말을 하지 않는" 존재였다. 그리고 세계내적 존재로서의 하늘의 유구성은 오히려 생동성의 결여를 의미하는 것이었다. 하늘은 말하자면 죽어있는 신이었다. 이런 신을 받들고 있는 중국의 역사는 멈춰 있을 수밖에 없는 일이었다:

> 수천 년 묵은, 동요되지 않는 세계내적 정치사회생활의 질서가 신의 가호를 받고 있었고 또 그것이 신의 계시인양 여겨지고 있었다. … 세계 위에 군림하는 조물주로서가 아니라 신령들 위에 군림하고, 비인격적이며, 늘 똑같은 채로 남아 있는 존재가 지존의 존재로 여겨지고 있었다. 이 존재가, 변하지 않는 질서의 타당성을, 그리고 그런 질서가 시간에 구애받지 않고 존재를 계속하는 것을, 재가해 주는 것이었다. 이 하늘이라는 비인격적인 힘은 사람에게 "말을 하지" 않았다. 그것은 만물의 섭생, 자연과 전통의 고정된 질서 등을 통해 나타나고 있었다(Weber, 1968: 27~28).

주자학에서 하늘과 그 분신으로서의 이는 인간의 모습을 하고 있지 않았기 때문에 그 점에서는 인격신이라고 부를 수 없다. 그러나 그 점을 빼놓고는 하늘과 이는 베버가 추론한 것과는 달리 끊임없이 피조물에 명령을 내리고 능동적으로 역사를 주관하는 존재였다. 말하자면 기독교에서 여호와가 할 수 있었던 거의 모든 일을 다 할 수 있었던 것이다. 손이 없었지만 세계를 만들었다. 입은 없지만 만물에 명을 내린다. 그리고 몸은 없지만 살아 있다. 그리고 무한히 자신을 갱신해 나가는

생동하는 존재이다. 바로 그렇기 때문에 이가 영원성을 잃지 않을 수 있다는 점을 주자는 정리하고 있다:

> 천하의 이는 늘 갱신을 거듭하는데, 그 까닭은 그것이 영원하고 무궁한 존재이기 때문이다. 영원하다는 것은 한량이 없다는 말이다. 한량이 있다면 영원할 수가 없을 것이다. 이는 수시로 변화하고 바뀌는데 바로 그래서 영속할 수 있는 도인 것이다.[48]

활동을 계속하는 하늘은 끊임없이 인간에게 계율을 부과하는데 이는 또한 그 측면을 가리키기도 한다. 각 사람은 태어날 때 바로 이 계율을 부여받으며 그것이 그 사람의—그리고 모든 사람의—본성이 된다. 이렇게 하여 내면화된 하늘은 사람에게 끊임없이 도덕률을 부과한다. "사람이 받은 하늘의 이를 본성이라고 하는데, 그 세목을 가리켜서 인(仁), 의(義), 예(禮), 지(知), 신(信)이라고 한다."[49] 이는 말하자면 윤리의 신으로서의 하늘이 세계에 부과하는 율법을 총체적으로 일컫는 말이라고 할 수 있다. 그것은 세계가 따라야 할 당위율인 것이다. 퇴계의 요약처럼, "무릇 천하가 행해야 할 바가 이이고, 행하지 말아야 할 바가 이 아님이라."[50] 그런데 이 말에는 세계(천하)가 그 당위적 상태로부터 분리되어 있을 수 있다는 뜻이 함축되어 있다.

---

48) "天下之理終而復始 所以恒而不窮 恒非一定之謂也 一定則不能恒矣 惟隨時變易乃常道也"《江永註 近思錄》, 卷一.

49) "天理之賦於人者 謂之性 性之目有五 曰 仁義禮智信"《栗谷全書》, 〈人心道心說〉.

50) "凡天下所當行者 理也 所不當行者 非理也"《退溪先生言行錄》, 〈論理氣〉.

4. 이와 기의 갈등

1) 이와 기의 관념적 독립

이가 세계의 관념적 생성인이라는 말은 이 안에 만물의 구조에 관한 정보 — 적어도 그 연원 — 가 들어있다는 말이다. 이는 이렇듯 정보는 가지고 있으나 그 정보를 사물에 구현할 에너지는 갖지 못하고 있는데 기가 바로 그 에너지를 갖고 있는 요소이다. 그러나 기는, 반대로, 에너지는 가지고 있으나 정보는 가지고 있지를 않다.[51] 따라서 사물이 존재하기 위해서는 이와 기가 결합해야 할 필요가 생긴다.

이와 기는 사물 속에서 결합한다. 이때 양자는 시공적으로는 합쳐지지만 관념적으로는 서로 독립을 유지한다. 각자의 역할, 성격 등이 혼합되지 않는 것이다. "이는 끝내 기와 섞이지 않지만 그렇다고 기와 분리되지도 않는다."(理終不雜乎氣 亦不離乎氣) 시공적 결합, 관념적 독립이라는 양자 관계의 이중적 성격을 율곡은 다음과 같이 말한다:

> 이와 기가 하나가 아니라는 것은 무슨 말인가? 이와 기가 비록 서로 떨어질 수 없는 것이지만 그 서로 오묘하게 결합한 가운데에도 이는 스스로 이이고 기는 스스로 기임으로써 서로 섞이지 아니하므로 하나가 아닌 것이다. 둘이 아니라는 것은 무슨 말인가? 비록 이는 스스로 이이고 기는 스스로 기라고 말하지만 그 합침에 간격도 없고 앞뒤도 없고 나뉘었다 다시 합하는 일도 없으므로 그 둘이 됨을 볼 수 없으니 둘이 아니라는 것이다.[52]

그런데 이와 기의 결합/독립에 관한 이러한 이중성은 앞장에서 살핀 이의 관념적 초월성을 다시 한번 확인시켜 주는 것이라고 할 수 있다.

---

51) 이것은 두뇌제어체계(*cybernetics*)의 개념을 빌린 것이다(Parsons, 1966: 9).

52) "非一物者 何謂也 理氣雖相離不得 其妙合之中 理自理 氣自氣 不相挾雜 故非一物也 非二物者 何謂也 雖曰 理自理 氣自氣 氣混淪 無間 無先後 無離合 不見其爲二物 故非二物也"《栗谷集》, 〈答成浩原〉.

이는 공간적으로 사물 속에 들어 있기 때문에 사물의 "살"을 이루어 주어야 할 기와 어떤 식으로든 맞물려 있지 않으면 안 되겠지만, 관념적으로는 초월성을 유지하기 때문에 결코 기와 합쳐질 수 없는 것이다. 주자가 "이와 기는 결단코 두 개의 것"(理與氣 此決是二物)이라고 말하는 것은 관념적 독립성이 양자 관계의 본질이라는 점을 강조하려는 것이라고 생각된다.

2) 이의 대립자로서의 기

이와 기 사이의 결합/독립의 이중적 관계는 양자 사이의 상호의존/상호대립의 이중적 관계로 발전되는데 사물의 생성을 위해서는 이와 기가 서로 의존하지만 일단 사물이 형성된 뒤에는 양자 사이의 대립적 성격이 노정되기 시작한다. 기는 생성인으로서의 이의 구현을 위해 필요하지만 한편으로는 당위율로서의 이의 실현을 방해하는 요소이기도 하기 때문이다.

기는 먼저 보편자로서의 이를 제약함으로써 사물의 특수성을 초래한다. 만물에 들어 있는 이는 원래 다 똑같은 하나의 이인데 각 사물을 구성하고 있는 기가 서로 달라 이의 차등적 발현을 야기함으로써 사물의 특수성이 나타난다는 것이다. 이 점을 율곡이 잘 설명해 준다:

> 무릇 이는 하나가 있을 뿐으로 본래 비뚜르고 바름, 뚫리고 막힘, 맑고 흐림, 순수하고 잡박함의 다름이 없다. 그런데 이가 타고 다니는 기가, 운동을 쉬임없이 하여 다양하게 섞어 놓으니 이로부터 천지만물이 생겨난다. 그 결과, 어떤 것은 바르고 어떤 것은 비뚜르며 어떤 것은 뚫렸으되 어떤 것은 막혔으며 어떤 것은 맑으나 어떤 것은 흐리며 어떤 것은 순수한데 어떤 것은 잡박한 것이다. 이는 비록 하나이나 기를 타고 나뉘어지는 데에서 만물의 다름이 생기는 것이다.[53]

---

53) "夫理一也已矣 本無偏正通塞淸濁粹駁之異 其所乘之氣 升降飛揚 未當之 雜疑參差 是生天地萬物 易或正或偏 或通或塞 或淸或濁 或粹或駁 理雖一而乘方氣 則其分萬殊"《栗谷集》, 〈答成浩原〉.

여기서 이가 기를 타고 다닌다는 것은 이라는 정보가 기라는 에너지를 필요로 한다는 것을 말하기 위한 비유인데 이가 공간적으로 기 위에 있다는 뜻이 아니지만, 이와 기가 관념적인 차원에서는 상하관계에 있는 것이 사실이다. 이는 사물의 형태 내지 현상 위에 있는 데(形而上) 반해 기는 현상 아래에 있다(形而下).

이 말은 이가 존재에 대해서 관념적으로 초월적인 위치에 있는 데 반해 기는 오히려 존재보다 하위에 있다는 뜻이다. 즉 이와 기는 존재를 가운데 두고 관념론적으로 상하의 대립적 위치에 놓여 있는 것이다. 초월적인 이와 그에 반대되는 기를 대비하여 "이는 무한하되 기는 유한하고", "이에게는 생사가 없으나 기에게는 생사가 있다"고 퇴계는 말한다(유명종, 1987: 161). 결국 이와 기는 존재를 사이에 두고 하나는 그 위에 하나는 그 밑에 서로 대칭을 이루고 있어서 그 균형점에 존재가 자리잡게 하고 있는데, 이것이 이와 기가 존재의 형성을 위해 서로 필요로 한다는 것의 한 측면이다.

그런데 이 상하대립적 역학 구조에서 기가 이의 초월성을 중화하여, 말하자면 존재라는 "염"(鹽)을 있게 한다는 것이 곧 그 상하대립적 역학 구조를 중화한다는 것은 아니다. 이는 여전히 (관념적으로) 초월적인 위치를 유지하고 기는 그 반대의 위치를 유지하여 서로 대립하는 관계를 지속한다. 좀더 구체적으로 말한다면, 기가 보편자로서의 이를 제약하여 사물의 특수성을 초래하게 했을 때 그 "특수한" 사물 내에서 보편자로서의 이가 소멸된 것이 아니고 여전히 보편자 그대로, 관념적으로 초월하여 존재하는 것이다. 다시 말해서 이는 그대로 있는데 이것을 기가 "가리고" 있는 것으로 된다.

일반적으로 말해서 세계의 현상(現狀)이란 세계의 이를 세계의 기가 가리고 있는 것이다. 즉 세계의 현상은 (기 때문에) 그 원상(原狀)으로서의 이로부터 괴리되어 있는 것이다. 그런데 사물에 따라 그 구성하고 있는 기의 질이 다르기 때문에 사물의 다름이 초래되는데 이때의 차이는 다분히 수직적인 차이이며 따라서 "차등"이라고 하는 것이 더 나을 것이다. 말하자면 우수한 기는 열등한 기보다 이를 가리는 정도가 약하다는 것이다. 그런데 주자학자들은 만물 중 사람이 가장 빼어난 기를 지니고 태어난다고 본다. 따라서 사람이 만물 중 이를 제일 잘 실현하고 있는 존재라는 것이다.[54]

3) 악의 기원

인간은 만물 중에서 이를 가장 잘 실현하고 있지만, 결국은 정도의 차이일 뿐, 인간의 기 역시 이를 가리고 있기는 마찬가지이다. 인간 역시 도덕률로서의 이로부터 괴리되어 있는 것이다. 인간의 본성은 선하다. 인간의 내부 깊은 곳에는 도덕률로서의 이가 들어 있기 때문이다. 그러나 이 이는 인간의 살을 이루는 기에 의해 가리워 있어서, 그 결과 악이 그 모습을 드러내게 된다. "인간의 본성은 이이므로 선하고 결코 악하지 않으나 … 그것이 발현될 때에 기에 가리우게 되므로 선과 악의 기미가 갈리게 된다고 하는 것이다."[55]

---

54) 이 주자학의 인간중심주의와 유태-기독교 전통의 인간중심주의를 비교해 볼 가치가 있다고 생각한다. 유태-기독교의 인간중심주의는 인간이 신의 모습을 좇아 만들어진, 따라서 피조물 가운데 으뜸인 존재라는 것이었다. 그렇다면 다른 피조물 가운데서 인간보다 높은 존재 — 우상 — 를 찾을 이유는 더욱 없어지므로, 유태-기독교 전통에서 주술문화 — 합리성의 반대 측면의 하나 — 의 기반은 그만큼 더 약한 것일 수밖에 없었다. 그런데 주자학의 인간중심주의도 몹시 비슷한 논리를 지니고 있었던 것이다. 인간은 우주의 생성인인 이를 가장 잘 구현하고 있다는 점에서 가장 빼어난 존재라는 것이다. 이 말에는 역으로 이, 또는 그 본체로서의 하늘이 인간을 닮은 존재라는 암시가 들어 있는데, 신체적으로 닮았다기보다는 역시 "관념적으로" 닮았다는 의미일 것이다. 여기서 주자학에서의 하늘을 "관념적 조물주"라고 부르는 것이 결코 과한 일이 아님을 다시 확인하게 된다. 하늘이 결코 단순한 범신론적 개념이 아님은 주자학자들이 사람을, 하늘을 가장 잘 닮았다는 이유에서, "가장 영적인"(最靈) 존재라고 불렀다는 점이 역으로 잘 보여 준다. 이것은 또 유교가 종교가 아니라는 의혹을 단숨에 불식해 준다.

55) "性卽理 固有善無惡 … 性於發處 理蔽於氣 此所謂幾分善惡"《退溪全集》, 〈答洪應吉〉. 여기서 기 그 자체가 악한 것은 아니고 악의 원인일 뿐이다. 주자학자들의 말 가운데는 마치 기 자체가 악한 존재인 것 같이 주장하는 것처럼 느껴지는 부분도 있다. 그러나 이것은 악의 원인으로서의 기를 강조하는

악은 이렇듯 인간의 현 상태가 그 원 상태로부터 괴리되어 있음을 가리키는데, 주자학에서 악하다는 말은 궁극적으로는 세계가 하늘로부터 괴리되어 있는 상태를 가리킨다.[56] 세계는 기로 말미암아 타락해 있는 것이다:

> 대저 천하에는 선한 본성을 지니지 않은 사물은 없다. 그 본 상태는 다 선한데 악으로 흐르게 된 것일 뿐이다. … 이가 현상을 이루는 기의 가운데 "떨어져" 있는 것인데 이 상태가 사물의 본상태는 아니다.[57]

이 말은 어떻게 보면 이 자신이 타락했다는 말인 것처럼 보일 수도 있는데, 사실은 관념적으로는 초월성을 유지하지만 사물을 존재하게 하기 위해서는 공간적으로 사물 내에 들어와 있어야 되는 이의 성격을 빗대어 기에 의해 가리움을 당하고 있는 이의 현실을 상징적으로 표현하고 있는 것으로 볼 수 있다. 실제로 떨어져 있는 것은 이가 아니고 현상인 것이다.

여기서 세계의 현상이 그 본질과 다르다는 것은 세계의 현상이 그 실체가 아니라는 불교의 관점과 동일한 구조를 지니고 있다. 불교의 현세부정이 주자학 속에 일부 흡수되어 있는 것이다. 주자학에서는 세계의 실체가 이라는 철저히 "실한" 존재인데 반해 불교에서의 세계의 실체는 법이라는 궁극적으로는 "빈" 존재인 것이 다르다. 종래 유교에서는 대체로 세계를 단순히 긍정했을 따름인데 주자학에서는 세계를 현상과 원상으로 나누어 현상만큼은 그대로 윤리적으로 타당한 것으로 받아들이기를 거부하게 된 것이다.

인간 내지 세계의 본성이 선하다고 보는 주자학의 관점은 일견 원죄

데서 나온 부산물이라고 봐야 할 것이다(Metzger, 1977: 109 참조).

56) 보편자로서의 이는 인간에만 들어 있지 않고 만물에 공히 들어 있음을 상기할 것. 만물의 본성은 이인 것이다.

57) 강영이 주자의 말로 근사록에 주한 것. 인용부호는 필자의 것임. "蓋天下無性外之物 本皆善而流於惡耳 … 此理墮在形氣之中 不是性之本體矣"《江永註近思錄》, 卷一.

론에 기초하고 있는 개신교 내지 기독교의 세계관과 상반되는 것처럼 보이지만 이 점은 좀더 깊은 성찰을 요한다고 본다. 먼저, 기독교에서도 세계가 신이 창조할 당시부터 타락해 있었던 것은 아니고 아담에 의해서 비로소 타락하게 되었으며 또, 기독교의 구원론에서는 세계의 이 타락한 상태가 궁극적으로는 극복되어질 잠재적 혹은 "역사적" 현상이다. 결국 개신교에서 세계의 현상을 거부하는 것은 결국 그것이 세계의 원상으로부터 이탈해 있는 것이기 때문이며 그러면서도 세계에 참여하는 것은 세계의 원상을 회복하기 위한 것이라고 할 수 있다. 베버 자신이 개신교에서 현세거부가 어떻게 현세참여로 반전될 수 있는지를 설명하기 위해 다음과 같은 논리를 전개한다:

> 세계에 그저 굴복하는 것은 구원으로부터 무조건 멀어지는 것이 되지만, 그럼에도 불구하고 피조물인 세계과 인간은 신의 창조물이기 때문에, 신은 이들에게 명령을 내린다. 칼빈교의 관념에 따르면, 신은 세계를 "자신의 영광을 위해" 만들었다. 따라서, 인간이 아무리 사악한 피조물이라도, 신은 죄를 — 될 수 있으면 고통도 — 정복하여 자신의 영광을 실현해 주기를 바라며 그것들을 합리적인 체계를 통하여 윤리적으로 극복해 주기를 바라는 것이다(Weber, 1968: 240).

여기서 신이 자신의 영광을 위해 세계를 만들었다는 것은 세계의 원상태 속에 신이 반영되어 있었다는 말의 다른 표현이 된다. 개신교에서 세계가 타락해 있다는 것은 곧 세계가 어디까지나 "현재" 신으로부터 "떨어져" 있는 것이며 그러한 상태를 극복하고 원상을 회복하는 것이 궁극적 목표인 것이다.[58)]

---

58) 여기서 개신교의 원죄론만 재음미하였다고 할 수는 없고 주자학의 "성선설"도 재음미하였다고 할 수 있다. 주자학의 "성선설"은 맹자의 성선설과 다르다. 맹자의 성선설은 세계의 현상이 기에 의해 악해져 있음을 "간과하고" 있기 때문이다. 이 점에서 주자는 맹자와 순자를 같이 비판하고 있는데 사실은 그 두 사람의 학설이 주자학적 세계관 속에서 종합되어 있다고 할 것이다. 《江永註 近思錄》, 卷二.

4) 금욕주의의 전개

기독교적 세계관의 강한 긴장은 다시 회복되어야 할 세계의 원상으로서의 신이라는 규범이 세계의 현상 위에 부과되어 있는 데서 비롯되는 것인데, 주자학에서도 이로부터 괴리되어 있는 세계의 현상을 방치해 두라고 하지 않는다. 주자학에서의 가장 주된 생의 목표는 이를 가리고 있는 불순한 기를 정화하여 이를 온전히 드러내도록 하는 데 있었다. 주자에 의하면:

> 인간의 본성은 착하지 않음이 없건만 단지 기의 질의 혼탁함이 있음으로 말미암아 (착한 것으로부터) 괴리되어 있는 것이다. … 노력을 통하여 이것을 극복하면 세계의 본성이 보존될 것이다.[59]

세계의 현상을 극복하여 그 원상을 회복하려는 이 주자학의 목표는 타락한 세계에 신의 영광을 복원하려는 개신교의 목표와 구조적으로 일치하는데, 이것은 세계의 현상을 도덕적으로 타당한 것으로 받아들이기를 거부하고 그것을 신(하늘)이라는 규범을 향해 끌어올린다는 베버의 금욕주의의 정의를 정확히 만족시켜 주고 있다.

그런데 현세부정을 통한 현세긍정이라는,[60] 베버가 강조하는, 교차적 구조를 주자학이 갖게 된 것은 앞서 논했듯이 불교의 현세부정을 일부 흡수함으로써 이루어진 것인데, 이것이 오히려 유교를 불교라는 "신비주의"적 종교에 반대되는 종교로 만드는 데 공헌을 하고 있는 것이다. 이런 역설적 현상이, 유교의 즉자적 현세긍정이 대자적 현세긍정으로 바뀔 때 일어나고 있었던 것이다.

그런데 실제적으로도 이 주자학적 금욕주의는 "욕"을 부정하고 신에

---

59) 괄호는 필자의 것임. "本原之性 無有不善 只被氣質 有混濁隔了 … 學而反之 則天地之性存矣"《江永註 近思錄》, 卷二.

60) 공교롭게도, 당군의는 주자학의 실천론을 "부정의 부정"이라고 부른다. 즉 기라는 부정적인 요소를 부정하여 이를 실현한다는 것이다(Tang, 1971).

종속시키려는 개신교적 금욕주의와 동일한 의미를 내포한다. 사람의 기란 곧 사람의 살—"육"과 그 "욕정"—을 가리키는 것이기 때문이다. 율곡에 의하면:

> 사람의 마음속엔 하늘의 이가 들어 있지만 그 속에는 동시에 사람의 욕정도 들어 있기 때문에 선악이 갈라지게 된다. 먹어야 할 것을 먹고 입어야 할 것을 입는 것으로 말하자면 그것은 물론 하늘의 이이다. 식욕과 색욕에 "생각을 두기" 때문에 악으로 빠지게 되는 것이다.[61]

그런데 욕구를 부정한다는 것은 그 자체가 곧 금욕주의—적어도 베버의 정의에 있어서의—를 의미할 수는 없다. 욕구를 부정한다는 것은 현세에서의 삶을 부정한다는 것을 뜻할 수 있으므로 현세도피가 그 핵심인 신비주의와 오히려 더 관계가 있을 수도 있다. 베버도 분명히 이 가능성을 염두에 두었을 것임에 틀림없으며[62] 어쩌면 그는 바로 그래서 세계/규범의 대립이라는 그의 금욕주의 도식을 마련했을지도 모른다.

금욕주의가 되기 위해서는 단순히 욕구를 부정해 가지고서만은 안 된다. 욕구를 "신의 계율"에 철저히 종속시키기 위해서 부정해야 되는 것이다. 이 경우 현세를 단순히 부정하는 데 끝나는 것이 아니고 그것을 "적극적으로 거부"하는 것이 되며 이것이 금욕주의와 신비주의를 갈라놓는 분계점이 된다고 하겠다. 즉 금욕주의는 육과 신의, 또는 그 유사한, 이원론적 대립관계가 그 충분조건은 아니더라도 필수조건임을 알 수 있다. 주자학도 이런 대립관계를 보여주는데, 퇴계는 주자학의 실천적 측면이 좀더 부각되는 이름인 심학(心學), 즉 "마음의 학문"에 대한 다음과 같은 요약을 적고 있다:

---

61) 인용부호는 필자의 것임. "人心也 有天理也 有人欲 故有善惡 如當食而食 當衣而衣 此則天理也 因食色之念 而流而爲惡者"《栗谷全書》, 〈人心道心說〉.

62) 베버와 평생동안 개신교 및 유태교의 본질을 두고 논쟁을 벌인 좀바르트는 개신교를 오히려 신비주의로 규정했던 것이다(Klausner, 1982).

> 심학은 비록 다단하나 요약해서 얘기하자면 사람의 욕정을 누르고 하늘의 이를 보전한다는 두 가지 일에 불과하다.[63]

여기에 잘 표현되어 있듯이 주자학에서의 "인욕"의 부정은 "천리"를 드러내기 위한 수단인 것이며 이것은 베버의 금욕주의의 도식을 정확히 그리고 그 어디에서보다도 분명히 만족시켜주고 있다.[64]

5) 긴장적 세계관

그런데 주자학 이전의 유교에서 절대선이라는 기준을 전혀 상정하지 않은 것은 아니었다. 그러나 그곳은 공자 같은 성인만이 거할 수 있을 뿐 범인은 결코 이를 수 없는 곳이었다. 일반인이 할 수 있는 일은 공자를 신앙 내지 숭모하는 일 뿐이었다(Tang, 1971). 그러나 주자학에서는 누구나 기의 정화를 통하여 성인의 경지에 도달할 수 있고 또 그렇게 해야만 된다는 것을 역설하였다:

> 인성은 본래 선하여 바꿀 수 없다는 것은 왜인가? … 그 본성을 논한다면 다 선하다. 그 자질을 논한다면 구제할 수 없이 어리석은 자의 위로 올라가지 못함이 있지만, 이렇듯 구제불능의 어리석은 자가 되는 데에는 두 가지가 있으니 하나는 자포요 하나는 자기다. 사람은 진실로 본성의 선함에 의해 스스로 다스릴 수 있다. 위로 올라가지 못할 바가 없

---

63) "心學雖多端 總要以言之 不過遏人欲存天理兩事"《退溪全集》, 〈答李平叔〉.

64) 베버에 의하면 고대 유태교는 초월적인 신을 가지고 있었지만 육/신의 이원론을 지니지 못했었다고 한다. 이것이 유태교가 (유교처럼) 불완전한 합리성밖에 지니고 있지 못했던 한 이유였다. 그런데 바울이 희랍기원의 육/신 이원론을 초월신의 전통과 결합시킴으로써 (초기) 기독교를 완전히 금욕주의-합리적인 종교로 만드는 기초를 형성하였다고 한다(Weber, 1963: 130). 불교의 형이상학적 세계부정과 유교 고유의 실천적 세계긍정이 접합하여 생긴 주자학의 금욕주의는 이렇듯 유태교의 현세긍정과 희랍의 이원론이 결합하여 발전한 기독교의 금욕주의와 발생론적으로도 유사한 데가 있다고 볼 수 있다.

> 는 것이다. 비록 어리석음의 극에 달한 사람이라도 점차 연마하여 진보할 수 있는 것이다. 오직 자포하는 자만이 이것을 불신하여 거부하는 것이다. 자기하는 자만이 이것을 행하지 않음으로써 거절하는 것이다.[65]

그런데 바로 이 "평등적"이고 "낙관적" 구원론과 관련된 어떤 분위기를, 베버는 그 주자학적 배경에 대한 인지 없이, 관찰하게 되었는데 그것을 금욕주의에의 장애물로 추론하였다(Weber, 1968: 227~228).[66]

개신교에서는 인간이 스스로의 노력에 의해서 구원될 여지는 조금도 없다. 인간의 운명은 완전히 신에 의해 결정되어 있는 것이다. 그렇기 때문에 개신교에 있는 죄 많은 세계와 절대선의 신 사이의 긴장은 적어도 한 인간의 일생을 통해서는 해소될 수 없다. 즉 개신교도는 알 수 없는 자신의 구원 여부에 대한 불안, 초조와 더불어 평생을 사는 것이다. 다만 현세에서의 정직한 성공이 자신의 구원에 대한 증거 — 열쇠는 아니지만 — 일 수 있다는 희망을 가지고 현세에 역설적으로 참여하는 것이다. 이때 불안과 초조는 그 동력으로서 중요한 역할을 한다(Weber, 1976: 112).

---

65) "人性本善 有不可革者何也 … 語其性則皆善 語其才有下愚之不移 所謂下愚有二焉 自暴也自棄也 人苟以善自治 則無不可移者 雖昏睡之至 皆可漸磨以進 有自暴者 拒之以不信 自棄者 絶之以不爲"《江永註 近思錄》, 卷一.

66) 성인이 될 수 있다는 것은 세계의 일부로서의 인간이 하늘의 수준에 이를 수 있다는 뜻이므로 이 가능성을 거론한다는 것은 세계에 대한 하늘의 초월성을 약화시키는 일이 된다. 그런데 주자학자들이 말하는 성인이 실제적으로 가리키는 사람은 역사적으로 극소수 — 궁극적으로는 거의 공자 한사람 — 에 국한되어 있다고 할 수 있으며, 이 점에서 주자학이 성인의 개념을 통해 하늘의 초월성을 약화시키는 정도는 기독교에서 삼위일체의 개념을 통해 신의 초월성을 약화시키는 정도보다 실제로 그렇게 크지 않다고 할 수 있다. 베버는 기독교가 세계내적 존재로서의 예수 및 성자들에게 신의 지위 내지 그에 준하는 지위를 부여함으로써, 유태교에서의 신의 초월성을 어느 정도 희석시켰음을 인정한다. 그러나 그 정도의 희석은, 세계와 규범 사이의 대립이라는 금욕주의의 핵심적 요소를 해하지 않는다는 것이다(Weber, 1946: 325).

여기서 중요한 것은 인간의 운명에 인간 자신이 영향을 미칠 수 있음을 믿느냐의 여부 그 자체보다는 세계와 규범 사이의 긴장이 일생의 어느 순간에 해소될 수 있느냐, 그리하여 그 순간 이후 금욕주의의 추구를 중단하는 사태가 발생할 수 있느냐의 실질적 문제라고 하겠다.[67] 그런데 주자학에서 누구나 성인이 될 수 있다는 것은 불교에서 누구나 부처가 될 수 있다는 것과는[68] 그 성격이 조금 다르다고 할 수 있다. 불교에서는 열반이라는 경지에 일단 진입하면 해탈이 완료된다. 그러나 주자학에서는 성인으로의 입경이라는 것이 따로 있는 것이 아니다. 다시 말해서 주자학의 이는 그것과 어느 시점에서 "한 몸"을 이룸으로써 구원을 얻는 신비주의적 진리가 아닌 것이다. 주자학에서 누구나 성인이 될 수 있다는 것은 다분히 행동적이며 연속적인 개념인 것이다. 사람이 한 순간 한 순간 행동할 적마다 기를 단련하여 이를 드러내는 일을 평생을 통하여 계속해야 하는 것이다. 즉 주자학에서의 구원은 세계적 활동의 극소화를 통하여 얻어지는 신비주의적 구원이 아니고, 반대로 그 극대화를 통하여 얻어지는 금욕주의적 구원이다. 그렇다면 실질적으로도 주자학에서는 세계와 규범 사이의 긴장이 평생 계속되는 것이다.[69]

---

67) 혹은 베버의 말대로 "하늘은 스스로 돕는 자를 돕느냐"의 여부가 중요하다고 하겠다(Weber, 1976: 115).

68) 물론 기본적인 착상 자체는 불교의 영향이다(Tang, 1971: 58).

69) Metzger(1977: 113)는 주자학자들이 성인을 이루는 "실제적" 가능성에 대해서도 그렇게 낙관했던 것은 아니며 오히려 이 문제와 관련, 강한 불안과 초조감을 지니고 있었다고 주장한다.

5. 결 론

세계관적 긴장이라는 측면을 통하여 주자학에 금욕주의가 있는지의 여부를 살펴보았다. 이것을 통하여 금욕주의의 존재에 대해 완전한 평가를 내릴 수는 물론 없을 것이며, 금욕주의가 구체적으로 나타날 수 있는 모든 측면을 두루 살펴봄으로써 더욱 완전한 결론에 도달할 수가 있을 것이다. 예컨대 베버가 금욕주의의 구체적 지표로서 특히 강조한 소명(召命)의식의 문제는 본고에서 다루지를 못 했다. 주지하다시피 공자는 전문주의를 그렇게 강조하지 않았기 때문에 이 점을 해명하지 않는 한 베버의 유교관에 대한 포괄적 평가는 완료될 수 없을 것이다. 그러나 적어도 베버가 금욕주의의 핵심적 구조로 본 세계와 규범 사이의 긴장적 이원관계라는 측면에서는 주자학의 교설 내에서 그 존재를 확인할 수 있었다. 원유교에서는 그렇게 뚜렷이 나타나지 않았던 이 측면이 주자학 속에 뚜렷이 나타나게 된 가장 큰 원인은 역사적인 불교와의 상호작용이었다. 불교라는 신비주의적 종교에 대한 반발로 유교 전통 속에 이미 어느 정도 내포되어 있던 금욕주의적 요소가 뚜렷이 부상하게 된 것이다. 한편, 주자학은 은연중 불교의 세계관으로부터 적지 않은 차용을 하게 되었는데, 많은 경우 이 차용은 주자학의 금욕주의화를 오히려 도와주는 역할을 하였다. 예를 들어 불교의 현세부정 — 욕망을 버리라는 — 은 주자학에 흡수되어 유교의 현세긍정은 이제 현세부정을 통한 현세긍정 — 인욕을 누르고 천리를 보존하라는 — 이라는 교차적 구조를 지니게 되었는데 바로 이것이 베버가 진정한 금욕주의로 본 유형의 현세거부였던 것이다.

그런데 드 배리는 주자학은 결국 어쩔 수 없이 불교의 "신비주의"를 상당히 흡수하게 되었다고 본다(de Bary, 1975).[70] 드 배리가 신비주의라고 부르는 요소, 예를 들어 주자학자 — 특히 퇴계 — 가 강조하는

70) 드 배리는 베버의 종교 분류와는 상관없이 분석을 행하고 있다.

"경"(敬)의 자세는 그러나 베버가 말하는 신비주의를 의미한다기보다[71] 베버가 사용한 또 다른 이분법인 현세/내세적 방향 중 "내세적"인 것을 의미하는 것으로 번안할 수가 있어 보인다. 다시 말해서 주자학자들은 그들의 금욕주의를 경제, 정치 등 실생활 혹은 "속세"—이것을 현세라고 비유한다—에서보다 서재나 정자 등 주자학적 "수도원"—내세로 비유되는—에서 더 열심히 추구했던 것으로 보인다.[72] 다시 말해서 주자학은 내세적 금욕주의였으며 아직 개신교와 같은 현세적 금욕주의가 되지 못했다고 생각한다. 여기서 소명의식의 문제를 다루지는 못했지만 주자학에서도 아직 소명의식은 발달이 안 되었을지도 모른다. 베버에 의하면 소명의식—세속에서의 삶을 강조하는 측면을 지닌—은 내세적 금욕주의에서는 아직 나타나지 않고 현세적 금욕주의에서만 나타난다. 다시 말해서 서구에서는 그것이 종교개혁의 산물이었던 것이다.

여기서는 주로 개신교에만 초점을 맞추었지만 베버는 개신교만 금욕주의적 종교로 본 것이 아니고 기독교 전체를 금욕주의적 종교로 보았다. 구교와 신교 사이에는 실은 이처럼 강한 연속성이 있었던 것이다. 구교와 신교 사이에 바뀐 것은 구교에서의 내세적 금욕주의가 신교에서는 현세적 금욕주의로 그 방향이 바뀐 것이었다:

> 성자들의 종교적 생활—아무렇게나 살아가는 생활과 대조되는—이 더 이상 세상 바깥의 수도원 세계에서 영위되지 않고 세계 안의 제도들 속에서 영위되기에 이르렀는데 이것이 가장 중요한 점이다. 현세 내에서의 행동의 합리화—내세에서의 행복을 위한 것이긴 하지만—는… 개신교의 소명의식이 가져다준 것이다(Weber, 1976: 154).

베버는 유교를 분석할 때 유교의 교설적 문헌에만 의존하지 않고 유자의 실제 행동이나 중국의 제 문물이라는 그림자를 통하여 그 빛으로

---

71) 주자학자들 자신이 경과, 예컨대 불교의 좌선이 비슷할 수 있다는 위험성에 유의하고 있었고 따라서 그 차이를 극구 강조하였다(유명종, 1987: 118 참조).

72) 주 6) 참조.

서의 종교적 가치를 유추해 내려고 하였다.[73] 여기서 언급하고 넘어가야 할 일은 베버가 중국에 대해서 그리고 세계의 다른 지역에 대해서 각론적으로 한 연구들이 종교에서 출발하여 문화의 다른 측면으로 향했던 것이 아니라는 것이다. 베버가 평생을 두고 품고 있던 문제의 하나는 왜 진정한 자본주의가 서구에만 나타났고 세계의 다른 지역에는 나타나지 않았는가 하는 것이었다. 유교 및 중국의 종교를 연구한 것도 왜 중국에 진정한 자본주의가 존재하지 않았나 하는 것을 구명하기 위한 수단적 성격을 띠고 있었다. 즉 그 관심이 경제에서 출발하여 종교 쪽으로 향하고 있었던 것이다.

베버에게 있어 중국에 진정한 자본주의가 결여되어 있었다는 것은 그 자체가 중국에 완전한 합리성이 결여되어 있었다는 것과 같은 말이었다. 즉 종교를 비롯한 중국의 문화에 완전한 합리성이 결여되었을 것을 전제하고 그의 유교분석은 시작되었던 것이다. 그렇다면 유교의 성격에 대한 베버의 규정이 수정을 요한다고 할지라도 그것을 순전히 베버만의 책임으로 돌릴 수는 없을 것이다. 그때까지 중국에 본격적인 자본주의는 출현하지 않고 있었다는 사실 쪽에도 조금은 "책임"이 있었던 것이다.

베버에 의하면 중세 기독교의 "내세적" 금욕주의하에서는 뒷날의 개신교문화에 있게된 전반적 합리성의 맹아로서 그 사회 일부에서는 철저한 합리성이 영위되고 있었다. 그것은 곧 승려사회였다. 승려들은 자신의 모든 생활을 신의 명령을 따른다는 목표하에 철저히 조직하고 있었다. 이 철저한 금욕주의를 그러나 일반 대중들은 따르지 않고, 대신 대단히 이완된, 그때그때의 충동에 의해 살아가는, 비합리적 생활을 영위하고 있었다(Weber, 1976: 116~117). 따라서 사회 전체로는 합리성이 약했다는 평가를 내릴 수밖에 없었다. 종교혁명을 통해 일어난 일은 이 일부에만 국한되어 있던 금욕주의가 사회전체에 확산된 것이다. 이제

---

73) 베버의 또 다른 목적은 다른 제도들의 "다변수적" 고찰을 통하여 종교와 경제 사이의 관계를 상대화하려는 것이었다(Bellah, 1976).

는 시민 계층조차가 승려처럼 신의 명령에 자기의 생활을 조직하는 일을 하게 되었는데 이것이 바로 현세적 금욕주의라는 말의 실질적 의미이다.

베버가 유교에는 불완전한 금욕주의-합리성밖에 없다고 결론 내린 점에 대해 다음과 같은 고찰을 해 볼 수도 있을 것이다. 중세 기독교 사회에 있어서와 전혀 마찬가지로 정통주의 주자학의 영향하의 사회에서도 금욕주의 생활을 영위한 엘리트와 비합리적인 생활을 영위한 대중의 두 부분이 존재했다. 베버는 두 경우 모두를 전체적으로 평가하여서는 부족한 합리성 내지 금욕주의밖에 없다는 결론을 도출하였다. 베버는 이에 그치지 않고 두 경우 모두에 합리성에 관해 어느 정도 엘리트/대중 간의 이중구조가 있음도 간파했다. 그러나 서구의 경우에는 종교적 엘리트의 "소수문화"로서의 금욕주의가 후에 올 개신교 사회의 "전체문화"로서의 맹아라는 것에 주목하여 그 금욕주의를 하나의 독립된 실체로 인정하였다. 그리고는 당시 사회의 전체적으로는 불완전한 금욕주의를 설명하기 위하여 현세/내세라는 부가적 분류를 더 사용하였다. 그러나 유교사회의 이중구조에 관해서는 베버는 그것을 진정한 의미에 있어서의 이중구조로 보지 않았다. 따라서 유교엘리트의 상당한 합리성/금욕주의를 (나중에 올) 전체적 경향의 맹아라는 의미에서의 독립된 실체로 보지 않았다. 그것은 다만 전체적으로 "불완전한 금욕주의"라는, 그 자체가 실체인 통일된 경향의 이중주에 불과했던 것이다 (Weber, 1968: 229~230).

베버가 이렇게 유교문화에 대해 "차별"적 분석을 하게 된 데에는 크게 두 가지 이유가 있다고 생각된다. 첫째는 전반적인 몰역사성 전제이다. 그리하여 정체할 유교사에 개신교와 같은 새 경향이 나타나리라는 가정을 할 필요는 없었을 것이다. 둘째, 더 중요한 이유로 베버가 살펴본 시점까지는 개신교에 해당하는 그 새 경향은 중국에 나타나지 않았다는 것이다. 주자학의 출현은 그 새 경향의 출현에 해당하지 않는 것 같다. 그렇지만 본고에서는 주자학의 출현이 유교의 성격을 변하게 한 중요한 역사적 사건임을 강조하지 않았던가? 물론 본고에서는 그 점을 강조했다. 그러나 주자학의 출현을 통해 일어난 변화는 유교가 금욕주의라는 차원에서 상당히 애매한 성격을 지니고 있던 종교로부터 명확히 금욕주의적인 종교로 발전했다는 것이다. 그런데 주자학의 그 금욕주의는 아직 기독교의 구교에서와 같은 내세적 금욕주의였다고 판단이 되는 것이다.

근래에 적지 않은 중국학 학자들이 주자학의 출현을 서구에서의 개신교의 출현에 견주고 있는데[74] 이것은 양자 사이에 존재하는 적지 않은 차이점들을 간과하는 것이다. 그 중요한 예로, 현세/내세의 방향 말고도 정통주의에 관한 반대방향으로의 발전을 들 수 있다. 즉 서구에서는 종교개혁 이후 종교적 정통주의에서 각 종파가 공존하는 다원주의로 점차 이행하게 되었으나 중국에서는 주자학의 출현 이전에는 유교, 도교, 불교가 대체로 공존관계를 누리고 있었으나, 이후 유교가 타종교를 배척할 뿐 아니라 유교 내에서도 주자학만을 옳은 것으로 여기는 정통주의가 자리잡게 되었다. 이런 이유들로 해서 유교에서의 주자학의 출현은 기독교 전통에서의 교회권위의 확립의 단계에 더 가깝다고 생각된다. 즉 적어도 베버 시대까지는, 아직 개신교의 출현에 해당하는 변화가 중국에서는 본격적으로 발생하지 않았던 것으로 보여진다.

▪ 참고문헌 ▪

고영복(1983), 《현대사회학》, 법문사.

박승길(1987), "한말 신흥 종교의 혁세 정신과 민중의 자기 인식 방향과 유행", 〈한국사회사연구회 논문집〉 7집.

유명종(1987), 《퇴계와 율곡의 철학》, 부산: 부산대학교 출판부.

---

74) 드 배리는, 아마도 그가 말하는 주자학내의 "신비주의적"요소 때문에, 좀더 포괄적으로, 서구의 르네상스에 견준다(de Bary, 1979: 5). 어떤 사람들은 꼭 유교뿐만 아니라 "종교적 시대정신"이라는 차원에서 중국의 모든 종교에, 송대 이래, 서구에서의 종교개혁에 해당하는 변화가 발생하였다고 주장한다(Berling, 1985; 余英時, 1986).

이동인(1986), "유교적 합리성과 근대화", 〈정신문화연구〉 28호.

정재식(1982), 《종교와 사회변동》, 연세대학교 출판부.

채무송(1985), 《퇴계 율곡 철학의 비교연구》, 성균관대학교 출판부.

최재현(1987), "마르크스와 베버의 아시아 사회관", 〈동아연구〉 11집.

최홍기(1986), "한국인의 질서의식에 관한 역사적 고찰", 〈한국의 사회와 문화〉 6집.

현상윤(1971), 《조선유학사》, 민중서관.

陳榮捷(1982), 《朱學論集》, 臺北: 學生書局.

余英時(1986), 〈中國近世宗教倫理與商人精神〉, 《知識分子》 1986年 冬季號.

Benn, S. I. and G. W. Mortimore, eds. (1976), *Rationality and the Social Sciences*, London: Routledge.

Bellah, Robert N. (1976), "Reflections on the Protestant Ethic Analogy in Asia." *Beyond Belief: Essays on Religion in a Post-Traditional World*, New York: Harper & Row, pp. 53~63.

Berling, Judith (1985), "Rethinking the Reinterpretation of Traditions: Religious Change in Southeast China during the Sung." paper presented at the Institute for the Advanced Study of Religion, The Divinity School, The University of Chicago.

Chan, Wing-Tsit ed. (1963), *A Source Book in Chinese Philosophy*, Princeton, N. J.: Princeton University Press.

Chien, E. T. (1985), *Chiao Hung and the Restructuring of Neo-Confucianism in the Late Ming*, New York: Columbia University Press.

de Bary, Wm. Theodore (1975), "Introduction." de Bary ed., *The Unfolding of Neo-Confucianism*, New York: Columbia University Press.

______(1979), "Introduction." de Bary and Irene Bloom eds., *Principle and Practicality: Essays in Neo-Confucianism and Practical Learning*, New York: Columbia University Press.

Fung, Yu-Lan (1953), *A History of Chinese Philosophy*, 2 Vols., Princeton: Princeton University Press.

Gernet, J. (1982), *A History of Chinese Civilization*, Cambridge: Cambridge University Press.

Klausner, S. Z. (1982), "Introduction to the Transaction Edition." W.

Sombart, *The Jews and Modern Capitalism*, New Brunswick, N. J. : Transaction Books.

Metzger, Thomas A. (1977), *Escape from Predicament: Neo-Confucianism and China's Evolving Political Culture*, New York: Columbia University Press.

Needham, Joseph (1954), *Science and Civilization in China*, Vol. 1, Cambridge: Cambridge University Press.

O'Dea, Thomas F. and J. O'Dea Aviad (1983), *The Sociology of Religion*, Englewood Cliffs, N. J. : Prentice-Hall.

Parsons, Talcott (1966), *Societies: Evolutionary and Comparative Perspectives*, Englewood Cliffs, N. J. : Prentice-Hall.

______(1976), "Introduction." Max Weber, *The Protestant Ethic and the Spirit of Capitalism*, New York: Charles Scribner's Sons.

Schluchter, Wolfgang (1983), "The Future of Religion." in M. Douglas and S. Tipton eds., *Religion and America: Spiritual Life in a Secular Age*, Boston: Beacon Press.

______(1986), "The Battle of the Gods: From the Critique to the Sociology of Religion." paper presented at Pennsylvania's Annual Seminar of Sociology.

______"Max Weber's Typology of Religious Rationalism and Religious Attitudes toward the World." Unpublished paper.

Tang, Chün-I (1971), "The Spirit and Development of Neo-Confucianism." *Inquiry*, 14: 56~83.

Weber, Max (1946), *From Max Weber*, ed. and trans. by H. H. Gerth and C. Wright Mills, New York: Oxford University Press.

______(1952), *Ancient Judaism*, New York: The Free Press.

______(1963), *The Sociology of Religion*, Boston: Beacon Press.

______(1968), *The Religion of China: Confucianism and Taoism*, ed. and trans. by Hans H. Gerth, New York: The Free Press.

______(1976), *The Protestant Ethic and the Spirit of Capitalism*, New York: Charles Scribner's Sons.

Winch, P. (1980), *The Idea of a Social Science and Its Relation to Philosophy*, London: Routledge & Kegan Paul.

제 3 장

조선 향촌질서의 특성과 그 정착과정*

1. 조선왕조 등장의 초역성적 측면

고려말에 이르면 주자학도로서의 사대부는 실질적인 지배세력으로 자라나 있었다. 그러나 그들은 아직 완전한 지배집단은 아니었다. 예컨대 그들이 반대하는 종교인 불교가 아직 국교라고 불리는, 고려사회 제일의 지도이념이었던 것이다. 그만큼 그들은 정신적 "지도자"의 자리를 불교 승려로부터 완전히 가져오지 못했던 것이다. 일단의 사대부들이 조선이라는 새로운 왕조를 수립하려고 한 배경에는 실질적인 지배세력으로서의 사대부가 지배집단으로서의 지위를 명실상부하게 확립하려는 욕구가 있었다.[1] 이 욕구와 강하게 결합되어 있었던 또 하나의 욕구는

---

* 〈한국의 사회와 문화〉 21집(1993), pp. 149~184.

1) 사대부라는 것이 완전히 하나의 동질적인 범주를 구성하고 있었던 것은 아니다. 주자학 내지 유교를 중심적인 신념체계로 받들고 있으면서도 고려말의 주어진 체제에서의 기득권과 관련하여 체제혁파를 지향하는 강도가 서로 다른 몇 개의 분파가 존재했던 것이다. 기득권과의 연계가 강한 쪽을 "권문세족"(의 사대부)이라 하고 그렇지 않은 쪽을 신흥사대부로 구분하는 것은 오래 된 관점이다. 그런데 신흥사대부도 꼭 기득권과 연계되어 그러한 것은 아니지만 체제혁파의 방법을 두고 왕조유지의 온건파와 왕조교체의 급진파

주자학적 이상향을 건설한다는 욕구였다. 주자학적 이상향에서는 사대부가 지도자집단이라는 점에서 첫 번째 욕구는 두 번째 욕구에 포함된다고도 할 수 있지만 첫 번째 욕구는 그러한 가치합리적 측면 외에도 권력 내지 지위를 추구하려는 인간 고유의 추동을 포함하고 있기 때문에 일단 별개로 취급되어야 하는 욕구다. 그리고 조선조 건립에는 순수하게 권력지향적인 욕구도 물론 작용하고 있었다. 그것은 나중에 태종으로 즉위한 이방원이 밀도 높게 보여주는 욕구이지만 그것을 그만이 지니고 있었고 그를 도와 조선조 개국에 참여한 다른 사람들에게는 전혀 없었다고 말할 수는 없는 것이다.

순수하게 권력지향적인 욕구가 있는 만큼은 조선왕조 건립에 역성혁명의 요소가 있다고 할 수 있다. 그러나 주자학적 이상향을 건설하려는 욕구가 같이 있는 한에는 그것을 역성혁명만으로 간주할 수 없다. 그것은 사회개혁의 요소를 같이 지니고 있었던 것이다. 그리고 꼭 이상향을 건설한다는 의식적인 개혁욕구가 없더라도 주자학도로서의 사대부가 당연시하는 사회체계가 불교를 제일지도이념으로 하던 고려의 사회체계와 다르다면 강화된 그들의 힘과 지위는 그 차이를 가만 내버려두지 않는 쪽으로 조만간 작용할 것이었다. 이 점만을 놓고도 조선개국을 순수한 역성혁명으로 볼 수는 없지만 그 이상으로 의식적인 개혁욕구가 있었던 것이다.[2)]

조선왕조의 건립으로 사대부는 이제 명실상부한 지배집단이 되었지만 생활양식이라는 측면에서 그들은 소수였다. 절대다수의 인구 — 민중 — 는 아직 불교적 생활양식을 따르고 있었기 때문이다. 이들이 초역성적이라는 것은 무엇보다도 그러한 민중의 생활방식을 유교적인 것으

로 나뉘어졌던 것이다. 어쨌거나 명실상부한 지배집단이라는 — 정치, 사회, 이념을 포괄하는 — 기대치와 현재의 위치와의 괴리감을 크게 느낀 사람들일수록 "급진적", "신흥" 사대부로서 조선조 개국을 주도하게 되었다고 일반적으로 말할 수 있을 것이다(변태섭, 1986: 231~240 참조).

2) 이러한 사정을 단순화시켜서 얘기하는 것이 흔히 말해지는 조선왕조 수립이 이성계의 군사적 힘과 사대부의 이념적 욕구가 결합된 것이라는 명제일 것이다(이기백, 1987: 208).

로 바꾸려는 데 있었다. 그들은 민중을 개종시키려 하였던 것이다. 그것은 상층의 존재양식이 아래로 침투해 들어가는 것을 의미했다. 즉 조선 왕조에 의해 도입된 사회개혁은 이렇게 하향적인 침투운동이었다. 공간적인 차원에서 얘기했을 때 그것은 향촌으로의 침투로 얘기될 수 있는 것이었다. 민중의 삶의 공간적 터전인 향촌의 질서를 여하히 유교적인 것으로 재편해 가느냐 하는 문제였던 것이다. 이 논문은 유교적인 향촌질서가 어떤 것이며 그것이 어떤 과정을 통해 교체되어 들어갔는가 하는 것을 보다 이론적인 수준에서 살펴보려는 것이다.[3]

그러기 위하여 우리는 유교에서 조정과 향촌이 어떠한 관계로 규정되느냐 하는 것을 먼저 살펴볼 필요가 있다. 그리고 그것은 좀더 일반적으로는 서구에서도 다루어져 왔던 국가와 사회의 분화 문제에 해당하는 것이기 때문에 그러한 맥락 속에서 살펴보려고 한다.

---

3) 이태진(1983a)은 불교적 향촌질서가 유교적인 향촌질서로 개편되어 가는 것을 주로 사림파의 성장과정을 통하여 살펴보고 있다. 그 과정은 하나의 중요한 과정으로서 이 논문에서도 수용되고 있다. 그러나 사림파가 조선왕조 수립 참여세력의 전통 — 소위 "훈구파" — 에 대한 반작용으로 형성되고 성장한 세력이라고 단순화시켜 보는 것은 꼭 사실지향적인 견해인 것만은 아닌 것 같다. 조선왕조 수립에 참여하지 않은 소위 절의파가 참여파에 대해 완전한 안티테제를 구성하고 있었던 것은 아니었다. 둘 다 주자학도로 주자학적 사회체계를 지향하고 있었던 점에서는 한 무리였던 것이다. 그리하여 참여파는 절의파를 불필요하게 박해하지 않았고 절의파를 관직과는 상관없이 사대부로서의 같은 사회적 지배 신분으로 인정하였다. 참여파는 절의파가 향촌에서 그러한 지배신분으로 터를 잡으려 하는 것을 가로막지 않았고 오히려 그들이 그러한 위치에서 향촌에 주자학적 질서를 도입하려 하는 것을 방조 내지 원조하였다. 두 집단은 이 점에서 협력관계에 있었다. 조선조에 들어와 절의파 가운데에서 속속 새 정부에 참여하는 사람들이 있게 된 것은 그러한 협력관계가 더욱 구현된 것에 불과한 것이라고 할 수 있다. 사림이란 이 두 집단이 그러한 협력관계 속에서 향촌에서 양성해낸 사대부 집단을 가리킨다. 달리 표현하자면 사림이란 조선의 정치적 지배 집단이 직접, 그리고 계속 향촌에 머물러 있는 사대부를 통하여 간접적으로, 양성하여 늘어난 재향 사대부 집단을 가리키는 것이다. 사림의 어떤 분파들이 절의파를 그들의 정신적 조종으로 내세운다고 해서 그러한 사실이 달라지는 것은 아닌 것이다.

2. 국가와 사회의 분화 문제와 유교

1) 국가/사회 분화와 합리성

서구가 근대로 넘어오면서 경험한 한 가지 중요한 변화는 사회가 국가와 분화하여 존재하게 되었다는 것이다.[4] 자유를 중시하는 전통에 서있는 사회과학자들에게 있어서는 이 분화된 사회야말로 근대 서구 합리성의 장이다. 경제적 자유를 강조하는 전통의 경제학자들에 있어서 합리성과 동의어인 시장은 이 분화된 사회의 경제적 측면이다.[5] 시장의 합리성이 충분히 발휘되기 위해서는 이 영역에 간섭해 들어오지 못하게 국가는 될 수 있는 한 작아야 한다.

그런데 많은 맑스주의 사회과학자들에게 있어서도 이러한 분화는 다음 단계로 넘어가기 위한 발전을 낳는 필수적 과정이다. 본래 맑스는 시민사회가 국가와 분화하는 것이 근대 서구에서 이루어진 역사발전의 중요한 측면이라는 헤겔의 관점을 계승하였었다. 그에게 있어서 그것은 자본주의 출현의 이면에 나타나는 거시적 현상이었었다. 그리하여 사회가 국가와 일단 분별되는 자본주의 사회는 그렇지 못한 봉건제 사회로부터의 분명한 발전이었던 것이다. 봉건제 사회는 각 부락공동체가 영주에 의해 정치, 경제적으로 예속되는 국가-사회 미분의 무수한 자족단위들의 집합이었다. 이 부락공동체의 성원은 그러한 구조적, 지리적 굴레 속에 갇혀 살아가는 땅의 부속물이었다. 그들은 그러한 굴레를 넘어서는 어떠한 전망도 가져보지 못한 채 원시인들보다 별로 복잡해진 것이 없는 의식을 가지고 "손에서 입으로" 살아갔던 것이다. 그들

---

4) 파슨즈는 그의 사회체계이론과 관련시켜 이것을 역으로 정치(*polity*)가 사회공동체(*societal community*)로부터 명확하게 분화되는 과정이라고 본다(Parsons, 1977: 147~154).

5) 파슨즈는 경제도 사회 공동체로부터 분화되어 나간 것이라고 보는데 이것은 그의 구분을 따랐을 때 조직상의 분화 — "집단들"(*collectivities*) — 라기보다 측면적인 분화 — "기능들"(*functions*) — 를 더 의미하는 것이라고 할 수 있다(Parsons, 1977: 154~157).

의 공동체란 원시부족의 성원들이 상호간에 갖는 것과 크게 다르지 않은 원초적 동류감정에 기초한 것이었다.[6)]

이렇게 봉건제사회가 사람들이 각자가 속한 신분의 멍에 속에 묶인 대가로 "향유하던" 공동체사회(*Gemeinschaft*)의 병렬체였다면 자본주의 사회는 그러한 신분의 멍에가 깨뜨려져서 이념적인 개인이 된 사람들이 한 개의 큰 결사체사회(*Gesellschaft*)에 조직되어 있는 것이다. 그것은 각자가 사회 전체를 지향하는 전망을 지니고—"국민 국가"—그 전망 속에서 경제적 이해관계에 따라 결합되어 있는 것이다. 계급이란 바로 그렇게 통일된 장안에서 이해관계에 따라 분립하여 상호대결하는 집단이다. 사회가 이렇게 하나로 이어질 때 국가는 사회로부터 일단 분화되지만 사회의 지배를 받는 존재로 발전한다. 국가가 사회로부터 분화, 예속되는 이 과정은 사람들이 신분적 굴레에서 벗어나 "시장"에서의 경제적 이해관계에 따라 행동할 수 있게 하는 만큼은 합리성의 성장이다(Marx, 1976: 90).

다만 경기순환이 잘 보여주듯 시장이 합리성 못지 않게 지니고 있는 비합리성은 궁극적으로 국가/사회 분화의 종결에 의해 극복될 수 있다. 20세기의 많은 맑스주의자들이 받아들이는 국가독점자본의 이론이란 그러한 분화의 종결이 자본주의가 고도로 성숙한 단계에서부터 진행된다는 것을 말하려고 하는 것이다. 국가개입에의 의존은 맑스 전통에 있어서도 사회주의 혁명으로부터 공산주의 사회에 이르는 도정에서 국가의 역할을 강화하여 예컨대 계획경제를 운용하려는 방침으로 표현된다(Jessop, 1982). 그러나 맑스에게 있어 국가는 궁극적으로는 신뢰할 수 없는 존재로 국가와 사회의 분화의 종결은 결국 국가의 소멸로서 이루어질 것이었다. 소비에트 체제가 맑스에 대하여 부당할 정도로까지 국가의 역할을 강화시켰었는지는 알 수 없는 일이지만 그 지도자의 손에 의해 시작된 체제의 자기파기기도는 국가의 비합리적인 측면의 자각에

6) 뒤늦게 발견된 맑스의 원고 중의 하나인 "자본주의에 선행하는 제경제형태"(Marx, 1973)는 아시아적, 고대적, 봉건제적 사회들이 각각 어떻게 원시공동체 사회로부터 변한 것인지를 논하고 있다.

기초하고 있는 것이다(Lane, 1990: 43~44).

국가의 비합리성을 강조하는 조류는 영미 등의 자본주의 사회에서도 일어나 1980년대의 "신보수주의" 정권들은 그 전까지 이들 사회에서도 상당한 정도로 커져왔던 국가를 다시 작게 하려고 했음은 주지의 사실이다. 그렇지만 작은 국가 이상으로의 시대착오적인 복귀가 문제해결의 올바른 방향이 될 수는 없다(Block, 1987). 단적인 예로 일본의 성공 여부는 과거에도 그랬던 것처럼 현재에도 국가주도에 그 많은 것을 의존하고 있는 것이다.[7] 역사의 시행착오를 통하여 우리가 점점 더 깨닫게 되는 것은 국가만이 혹은 사회만이 홀로 합리성을 독점하고 있는 영역은 아니라는 것이다. 그 정도와 방식은 따로 탐구가 되어야 하겠지만 둘이 적절하게 연계되었을 때 합리성의 극대화를 이룩할 수 있다는 것이다.

2) 아시아적 생산양식론

이런 맥락 속에서 우리는 소위 동방정체론(*orientalism*)을 재조명해 볼 수 있을 것이다. 아시아의 사회는 전제군주의 정부에 의해 완전히 장악되어 있어서 사회가 국가로부터 분화될 수가 없고 따라서 역사의 발전은 불가능하다는 것이다. 서구의 자본전(*pre-capitalist*)사회구성으로서의 봉건제는 바로 그러한 분화가 장차 가능하도록 되어 있었다는 점에서도 동적인 사회구성이었다. 반면 아시아의 전통시대에 존재해 온 소위 아시아적 생산양식은 비대한 국가가 그러한 역사적 발전을 가로막음으로써 정체되어 있었다. 그것을 잘 보여주는 것이 사유제의 미발달이다. 생산수단으로서의 토지가 "왕토"라는 이름하에 국가에 의해 전유되어 있기 때문에 사유제를 둘러싸고 벌어지는 계급투쟁 등의 변동의 역학이 작용할 수 없다는 것이다. 너무 강한 국가라는 헤겔의 동방적 전제개념

7) 다만 일본에 있어서 국가의 모습과 행동양식은 서구와 같지 않다(Wolferen, 1989).

을 역시 계승하여 그것과 충분히 약한 서구적 국가를 대조시키는 맑스의 관점은 파슨즈, 브로델, 월러스타인 등 현대의 다양한 이론적 전통에도 계승, 확대되어 왔다(Parsons, 1977; Braudel, 1984; Wallerstein, 1988).

그런데 오늘날 이러한 관점은 아시아 사회에 관한 피상적 이해에 기초했었던 것으로 평가되어지고 있다. 예컨대 아시아의 어떤 사회들에 있어 토지의 국유란 형식적인 것에 불과하고 실제로는 사유제가 자리잡고 있었다는 것이 주목받게 된 것이다(최재현, 1990). 이것이 토지의 겸병을 낳고 그에 따른 생산력, 생산관계의 발전을 낳게 되었다는 것이다. 그런데 이에 대해 비판적인 논자들은 형식적인 것의 중요성에 주의를 환기시키려 한다. 서구는 형식적인 것에서부터 사유제가 자리잡고 있었다고 강조하는 것이다. 형식적인 국유에 실제적인 사유, 이것은 분명히 실제적인 사유조차도 인지하지 못한 아시아적 생산양식론을 부정확한 것으로 평가하게 만드는 사실이다. 그러나 형식적으로나마 국유라는 것이 아시아적 생산양식론을 일거에 부정하게 하는 데는 걸림돌로 작용하고 있는 것도 사실이다.

그런데 바로 이 문제는 국가/사회 분화의 합리성이라는 문제와 연계되어 있다. 우리나 중국 사회는 역사가 오랜 만큼 이 문제에 대한 시행착오의 역사도 서구에 비해 오랜 것이었다. 그러나 우리가 나중에 서구가 겪은 시행착오와 동일한 내용의 시행착오를 경험한 것은 아니었다. 돌이켜 볼 적에, 우리는 서구가 겪은 시행착오보다 폭이 작은 시행착오의 여로를 걸어 왔다고 할 수 있다. 사회를 국가로부터 일단 절단해 보려는 시도와 다시 결합시키려는 상반된 시도 사이의 시계추 운동이 서구에서의 시행착오 과정이라면 우리는 처음부터 중심의 최적점을 향한 시행착오 과정을 겪어 온 것이라고 할 수 있다.

우리는 국가/사회가 미분된 지역단위공동체들이 하나로 통합되어 가는 과정에서 국가를 사회가 분화-종속시켜 나갔다기보다 국가가 외피상으로 확대해 나가면서도 그 내부에는 사회가 차지할 공간 역시 그에 비례해서 확보해 나간 것이라고 할 수 있다. 국가가 넓이의 통합을 하는 동안 사회는 깊이의 통합을 한 것이라고 할 수 있는 것이다. 따라서 우리의 전통에서 국가와 사회가 미분되어 있었다는 말은 수정을 요하는 말이다. 우리는 국가와 사회가 조율적인 분화를 한 것이었다. 그 결과 국가에도 사회적인 성격이 삼투해 있고 사회에도 국가적인 성격이 삼투해 있게 된 것이다.[8] 그렇게 해서 발전한 우리의 사회를 서구의 시민사회에 대해 공민사회라고 불러 줄 수 있을 것이다.[9]

소유문제에 있어서의 형식적 국유, 실제적 사유는 그러한 조율적 통합이 실현되어 가는 일면이라고 할 수 있다. 그런데 그러한 "상대적 사유"로 대표되는 국가/사회의 "상대적 분화"는 한편으로 합리성의 추구노력 — 성취는 별도로 치고 — 이 애초부터 작용한 결과였다. 그리고 그것은 유교적 작은 정부의 이상과 관련이 있는 일이었다.

3) 유교의 진면모

동방정체의 관점은 한편으로 베버에게도 이어지고 있었다. 베버는 아주 빈약한 자료에 근거한 헤겔과 맑스의 동방정체의 관점에 상대적으로 훨씬 풍부한 자료를 채워 넣었다. 그리고 그러한 족쇄적 국가의 배경에 있는 이념의 존재를 새로이 부각시켰다. 중국에 있어 그것은 유교라는 다분히 세속적인 종교였다. 베버에 의하면 주어진 세계를 개혁하라는, 따라서 동적인 역사를 낳는, 금욕적 교리를 지니는 개신교와 달리 유교는 주어진 세계에 적응 내지 동조하라는, 따라서 정체된 역사를 낳는, 비금욕적 종교였다(Weber, 1968a: 248).

베버가 유교를 강조하기 위하여 전제적 국가의 개념을 파기한 것은

---

8) 국가/사회 분화를 거치지 못한 일본에서는 오늘날 그중 "삼투"만이 불거져 보일 수 있는데 밴 울퍼렌에게는 그것이 일본 권력현상의 "수수께끼"로 느껴졌던 것이다(van Wolferen, 1989).

9) 그러한 사회의 짝이라 할 합리적이고 민주적인 관료제가 중국에서 송대에 이미 발전해 있었음을 프랑스의 중국사학자인 제르네는 강조하고 있다(Gernet, 1982: 318).

아니었다. 베버는 전제성 혹은 족쇄성을 국가라는 요소를 넘어 전체 사회문화로 확대시켜서 파악하고 있었다. 다시 말해서 베버에게 있어 중국역사의 정체성은 전제적 국가의 성격이 사회문화 전체에 확산되어 있는 것이라고 할 수 있다. 그 과정을 단순화시키면 다음과 같다. 중국의 국가는 그 권력이 전 중국영토에 걸치는 포괄적인 것이다. 그 점에서 국가기구의 담당자인 관료는 중국의 지배집단이다. 유교는 이 관료라는 지식인 집단의 지위를 공고히 하는 존재이유를 갖고 있는 종교이다. 황제는 이 종교의 수장이며 관료의 대표자다. 형식적으로 관료는 황제의 수족이라는 점에서 중국의 국가도 서구 바깥의 문명사회들이 일반적으로 갖는 가산제 국가(*patrimonial state*) — 봉건제 국가(*feudal state*)와 대비되는 협의로서의 — 의 한 형태임에 틀림없다. 그러면서도 황제와 관료는 함께 중국을 지배하며 주워진 지위를 지탱하는 종교로서의 유교의 사제조직을 구성하는 것이다. 가산제 국가가 군주 일인의 인간적 지배를 지탱하기 위한 지배조직이라면 중국의 경우는 그러한 인간적 지배의 원리를 군주를 넘어 관료라는 집단전체가 향유하는 것으로 확산되어 있다는 것이다. 그러한 인간적 지배의 원리가 규준화된 것이 바로 유교라는 것이다(Weber, 1968a: 153).

중국의 국가는 넓이에 있어 전 중국영토에 걸치는 포괄적인 것이지만 깊이에 있어서는 사회전체를 장악하지 못하고 있다. 주어진 기술 수준 — 통신, 교통 등을 포함하는 — 이 그것을 불가능하게 하기 때문이다. 그리하여 각 지방에 파견된 관리들에게 행정을 대부분 위임한다. 그런데 이 지방관들도 관할구역을 직접 다스리기보다 기본적인 것은 주민자치에 맡기고 그것을 위에서 통제하는 수법을 쓰고 있다(Weber, 1968a: 91). 이때 주민자치를 담당하는 것은 무엇보다도 문중이다. 유교는 이 친족집단 내에 효과적인 인간적 지배질서를 자리잡게 하여주는 종교이기도 한 것이다. 다시 말해서 유교는 중국 사회에 있어서 국가가 침투하지 못하는 영역에까지 인간적 지배의 원리를 관철시켜 주는 존재인 것이다. 예컨대 중국에도 도시와 도시경제가 있었다. 그러나 그 경제조직으로서의 중국식 길드는 친족적 끈 — 중국경제의 "씨족 족쇄(*sib fetters*)" — 으로 그 내부는 물론 농촌사회와도 단단히 묶여 있다(Weber, 1968a: 95). 유교는 이렇듯 주어진 인간적 지배질서를 지키기 위해 존재하면서 국가를 넘어 중국의 사회문화 전체에 관철되어 있기 때문에 중국의 역사를 정체해 있도록 옴짝달싹하지 못하게 묶어 놓고 있다는 것이다.

이러한 베버의 유교관은 유교의 성격을 규명하려는 사회과학적 노력의 좋은 출발점이 되었다. 베버가 사용한 자료는 헤겔이나 맑스에 비해 훨씬 풍부한 것이었으나 유교를 정확히 아는 데는 양과 질 모두에 있어 불충분한 것이었다. 그리고 베버가 어쩔 수 없이 지니고 있던 서구중심주의는 주어진 자료나마 완전히 공정하게 사용하는 데 약간의 걸림돌로 작용하고 있었다. 특히 금세기 후반부에 들어 집중적으로 행해진 유교에 대한 심도있는 연구들은 베버의 유교관과는 많이 다른 유교의 상을 제시해 주었다. 그러나 베버의 위대성은 그러한 새 연구결과를 베버와 전혀 무관하게 사용하지 않고 베버가 제시한 틀을 수정하는 쪽으로 사용할 때 훨씬 의미 있는 모습으로 나타난다는 점에서 잘 드러난다.

베버는 개혁지향성을 역사적으로 특정 종교 전통에 집중시켜 찾아보는 경향을 어느 정도 보여 주었다. 이것은 보편적 존재로서의 카리스마적 지도자가 지니는 혁신적 성격을 논하는 그의 일반적 이론들과 상충되는 점이다. 개혁지향성이란 인간이 다소간에 내재적으로 지니고 있는 요소라고 할 수 있는 것은 그것이 사회와 시대를 넘어 표출되는 것이 발견되기 때문이다. 다른 것은 그 표출되는 양식이라고 할 수 있다. 유교는 결코 주어진 질서에 대하여 동조할 것만을 가르치는 종교가 아니었다. 그것은 그 질서가 올바른 일을 하도록 목숨을 걸고 요구할 것과 그것이 수용이 안 될 경우 그 질서 자체를 혁파할 것을 가르치는 종교이기도 하였다. 베버는 충이라는 개념과 짝을 이루는 간이라는 개념이 있다는 것을 보지 못했다.[10] 베버가 유교를 관료의 종교로 본 것은

---

10) 간 내지 간쟁은 다만 교리적 덕목에 그치지 않고 간관 — 우리의 경우 소위 삼사로 불리는 기관들 — 으로 제도화되었다. Metzger(1977)는 간관을 통한 베버 비판을 담고 있다.

틀린 것이 아니었다. 출발은 상당한 정도 그러하였기 때문이다. 그러나 유교적 관료를 지위 추구자로 단순화시킬 수 있다고 본 것은 오해였다. 자신을 지위추구자로 정의하는 것으로 만족하기에 그들은 자존심이 너무 강한 지식인들이었다.[11] 그들은 스스로를 의로운 세계로의 양치기로 자처하였던 것이다. 그들이 "살의 유혹"에 넘어가 많은 불의를 저질렀다던가 하는 것은 그 다음의 문제였다. 유교라는 종교가 그러한 자존심을 고도로 규준화시켜 놓은 한에는 그러하였던 것이다.

그리하여 관료들은 그들의 신분적 위신을 그들의 자리에서보다 의로운 양치기로서의 인격적 소양에서 이끌어내려 하게 되었다. 그것은 관직을 지니지 않아도 그러한 소양을 갖추었다고 인정되는 사람은 모두가 공유할 수 있는 위신이었다. 그렇게 하여 유교는 관료를 넘어 사대부의 종교가 된 것이다. 사대부는 관직을 지닌 자든 지니지 않은 자든 무엇보다도 그러한 인격의 힘—"감화"—에 의하여 백성을 이끌어야 했다. 관직을 지닌 자라도 자기가 그 일익을 맡고 있는 국가기구에 의해서보다 자신의 인격에 의해서 먼저 백성을 이끌어야 했다. 다시 말해서 법치에 우선하여 예치를 펴야 했던 것이다.[12] 이것은 결국 유교적 작은 정부의 이상으로 이어지게 되었다. 국가기구에 의한 통치를 최소화하고 각 지역의 관직 없는 사대부들—사림—이 그곳의 백성을 인격적으로 이끌어 가는 주민자치를 극대화하는 것을 이상으로 삼게 된 것이다. 베버가 중국에서 발견한 주민자치는 그것이 꼭 기술적으로 불가피하였기 때문이 아니라 이렇듯 바로 그것을 올바른 것으로 보았기 때문이다. 그것이 기술적으로 불가피했는지도 모르지만 그것과는 별도의 동기를 일차적으로 지니는 것이었고 그것은 광범위한 함의를 갖는 중대한 사실

11) 베버도 중국의 관료를 지식인으로는 보고 있으나 그것을 초월하는 범주로서가 아니라 전혀 동일한 범주를 다른 측면으로 부르는 이름에 불과하다. 유교의 담지자는 관료는 그 일부에 불과한, 좀더 광범위한 지식인 집단으로서의 선비이다. 선비는 그 태도에 있어서도 관료적 이해관계를 상당한 정도 초월하는 존재였다. 관료는 그중 관직을 갖게된 부분집단이었던 것인데 그 태도에 있어서는 부분집단이 아니었다(Weber, 1968b: II, 502~504).

12) 이것을 도학정치라는 이름으로 이상화하였던 것이다(금장태, 1980).

이다.

각 지역을 도덕공동체로 만들어 나가는 데 있어서 지도자 집단인 사림의 일부가 국가기구에 진출하여 그러한 도덕공동체적 개혁을 국가기구 안에까지 확대시켜 가는 것이 주자학에 있어서의 정치적 이상이었다. 다시 말해서 국가의 전제성이 사회전체에 확산되어 있다는 베버의 관찰과는 달리 오히려 사회의 자율성이 국가로 확대되어 가고 있는 측면이 있었던 것이다. 그런데 그것은 국가를 본질적으로 사악한 존재로 보고 그것을 봉쇄하거나 무력화시키려 한 것은 아니었다. 유교적 작은 정부란 비대하지 않은 정부를 가리키는 것이지 강력하지 않은 정부를 가리키는 것이 아니었다. 정부는 모든 영역에서 사회에 대해 지침을 마련하고 사회를 예의 수범과정을 통해서 마땅히 앞에서 선도해 가야 할 임무를 지고 있었다.

유교는 반정치적 종교가 아니었던 것이다. 심지어 흔히 일컬어지는 대로 유교를 정치적 종교로 보는 것마저도 틀린 것은 아니지만 정치지향 일변도의 종교로 보아서는 결코 안 되는 것이다. 정치는 정치대로 할 일이 있고 사회는 사회대로 할 일이 있으며 또 둘 사이에는 긴밀한 연계와 상호통제가 이루어져야 한다는 것이다. 이상향을 건설하기 위해서는 그렇게 하는 것이 가장 효과적이라는 것이다. 하나의 이념이 시행착오의 오랜 과정을 통하지 않고서도 바로 국가/사회 분화, 통합의 최적점을 염두에 두고 걸어가도록 도와주고 있었던 것이다. 꼭 "합리성"이라는 개념을 사용하여 그러한 논의를 한 것은 아니지만 그것이 궁극적으로는 같은 문제에 대한 앞서가는 접근법이었다. 바로 이러한 이념이 우리 쪽에서의 국가/사회 사이의 상대적 분화의 배경에 있었다.

3. 조선 향촌질서의 새로운 점

조선의 사대부가 궁극적으로 도입하게 될 향촌질서는 물론 유교적 향촌질서였다. 그것은 각각의 향촌이 고립되어 그 안에서도 신분적 굴레 안에 상당한 정도 묶여 있었던 공동체사회가 아니라 하나의 국가와 하나의 사회로의 통합이 진전되어 가는 맥락 속에 자리잡고 있던 향촌질서였다. 각 개인은 다소간 그러한 전체적 전망을 지니고 결합하여 향촌질서를 만들어 낸다는 점에서 그것은, 비록 자본주의 사회구성에서처럼 궁극적으로 경제적인 이해관계에 결부될 수 있는 선택의지에 기반하는 집단은 아니지만, 넓은 의미로 결사체사회였다.[13)]

고려적 향촌질서는 그 사회의 지배이념인 불교의 특성을 반영하고 있었다. 불교는 유교와 달리 세속과 비세속을 확연히 구분하고 있는 종교이다. 그리하여 고려적 향촌질서에서는 종교적 지도자와 세속적 지배자가 서로 역시 잘 분화되어 있었다. 종교적 지도자인 승려는 세속적 향촌질서 바깥의 사원에 거점을 두고 있었고, 세속적 향촌질서 내에서는 순전히 세속적인 지배자로서의 호족이 자리잡고 있었다. 고려의 향촌질서란 이 소수의 지배 신분으로서의 호족에 대하여 피지배 신분으로서의 촌민공동체가 예속되어 있는 그러한 상태였다. 세속적인 지배자란 주로 세력에 의해 군림하는 존재이다. 고려사회가 세습적인 분위기가 아직 완전히 가시지 않아서 "귀족사회"라는 말을 듣기도 하였지만 관료제가 확충되어 가고 있었던 것과 궤를 같이 하여 핏줄에 의하지 않고 관료가 될 수 있었던 사람들이 신흥 호족으로서 구 호족에 가세하거나

13) 조선체제가 자리잡아 가던 시대에 나타나서 조선체제와 흥망을 같이 한 사대부의 거국적 집단분화였던 붕당은 (좋든 나쁘든) 바로 이렇듯 복잡해진 또는 "진보된" 사회로서의 조선사회의 한 단면임을 필자는 다른 데서 논한 바 있다. 그것은 베버가 정의하듯이 "결사체적인 성격을 지니는 사회에서 그 사회의 권력을 획득하려고 하는 그 자체가 결사체인" 파벌로서의 당파 (*party*) 인 것이다(조혜인, 1990).

아예 그를 대신하는 일도 나타나고 있었다. 또 그런 분위기가 자리잡아 가고 있었던 만큼 다른 종류의 "성취"에 의해서 신흥 호족이 되는 사람들도 나타났다. 특히 격심한 동란기에는 그러한 일이 증가하였다. 이렇게 호족의 자리는 장기적으로 계속 물갈이가 되고 있었지만 호족이 누가 되든 그 호족을 정점으로 하는 상기의 향촌질서는 또한 계속 유지되고 있었던 것이다(이기백, 1990).

호족에 예속된 촌민들은 그러한 신분적 굴레와 더불어 공간적으로도 상당한 정도 땅에 묶인 원초적 공동체를 구성하고 있었다. 강한 동류감정이 그들을 하나의 촌락공동체로 묶어 주는 것이었다. 고려의 향촌사회를 갈라놓는 불연속성이 없었던 것은 아니다. 천민이라는 존재가 있었던 것이다. 그런데 많은 경우 천민은 공간적으로 같은 향촌사회를 구성한다기보다 별개의 향촌사회를 구성하고 있었다. 천민부락이 따로 있었던 것이다. 그리고 일반 부락에도 천민은 있었지만 "정해진 곳"에 있거나 아니면 엄격하게 천민의 지위가 아니고 다른 주민들과 어울릴 수 있는 부류였다. 대부분의 사노비가 후자의 경우에 속하는 것이었다(홍승기, 1983). 그리하여 그런 일반 부락의 경우는 호족, 호족에 의해 지배당하는 일반 주민, 그 점에서 일반 주민보다 크게 못할 것이 없는 "천민", 정말 못하지만 숫자가 미미한 진정한 천민 등이 하나의 지역공동체를 구성하는 데 큰 어려움을 겪지 않는 그런 존재였다. 특히 종교적 지도자 집단이 속세 바깥에 따로 있고 호족은 그러한 위치를 차지하지 못하였기 때문에 향촌 바깥의 종교적 지도자로서의 승려에 대해서 그들은 하나로 묶여진 평신도 집단이었다. 이 전체가 하나의 공동체라는 것이 특히 잘 드러나는 경우는 종교적 의식 ― 연등회 등의 축제를 포함하는 ― 을 수행할 때였다. 그때는 승려의 지도하에 완전히 하나의 정신적 공동체로 융합되어 일사불란하게 움직였던 것이다. 바로 이러한 맥락에서 그 시대의 향촌공동체가 일컬어지던 이름이 향도라고 할 것이다(이태진, 1986b).

고려의 촌민들을 이렇게 강한 촌락공동체로 묶여 있게 한 한 가지 요인은 방대한 부계적 친족으로서의 문중의 부재였다. 세속계와 종교계를 확연히 구분짓는 종교로서의 불교의 교리는 속세를 떠난 — 출가한 — 승려들에 주로 맞추어져 있고 속세의 평신도들에 대해서는 상당한 정도 방임적이었다. 바로 이 때문에 고려의 향촌질서에는 우리의 고유한 요소가 많이 살아 남아 있었다. 한 가지 예는 가족구조이다. 말할 것도 없이 고려에서든 조선에서든 향촌의 주민들은 각자의 가족에 먼저 소속된 후 이 가족을 통하여 향촌이라는 부락공동체를 구성한다. 고려의 가족은 우리의 독특한 양계적 요소를 고도로 유지하고 있는 가족이었다. 그것은 원칙적으로 아버지의 성을 따른다는 점에서 비록 부계였지만 아버지 쪽의 친척과 어머니 쪽의 친척에 아무런 실질적 거리의 차이를 두지 않는 가족구조였다. 이것은 반대쪽으로 봤을 때 아들과 딸의 상속에 있어 아무런 경제적, "사회적", 심리적 차이를 두지 않는다는 것을 의미한다. 그렇게 되면 그 가족은 세대가 내려감에 따라 가지를 치게될 때 어느 한 쪽으로 몰리지 않고 골고루 흩어지게 된다. 다시 말해서 가족구조가 문중이라는 커다란 혈연공동체로 뭉쳐지지 않게 되는데 그렇기 때문에 각 개인은 가족 위의 전체적 지역공동체 속에 좀더 강하게 용해될 수가 있다. 고려의 향촌질서는 그리하여 강한 지역공동체적 성격을 띠고 있었다. 지역적인 것이 혈연적인 것으로 변안 될 수도 있었다. 예컨대 자기와 혈연이 닿지 않는 아이를 입양할 수 있었고 실제로 많이 입양하였던 것이다(최재석, 1983).

반대로 조선에 자리잡게 될 가족은 극도로 부계적인 유교적 가족이었다. 그것은 문중이라는 혈연공동체를 형성하도록 되어 있는 가족제도였다(최재석, 1983). 향촌질서는 몇 개의 문중들의 집합이라는 성격이 강했다. 사람들의 충성심의 많은 부분을 가져가는 이 혈연공동체 위의 향촌은 그렇게 강한 지역공동체가 자연히는 될 수가 없었다. 사람들은 이 지역공동체의 장에서 어떤 문중의 일원으로 다른 문중들의 성원들과 일대일로 만나는 것이었다. 각 문중들은 위신이나 세력에 있어서 서로 다를 수 있었다. 그러나 그렇더라도 각자는 성이라는 것을 가지는 한에서 형식적으로 동격이었다. 그리고 비록 혈연공동체 안에서는 집단 속에 위치 지워져 살아가는 것이지만, 그 바깥의 향촌에서 그러한 식으로 서로 다른 문중적 의식을 가지고 대면할 때 그들은 개인으로서 그렇게 하는 것이었다. 다른 집합에의 소속의 교차는 사람들 사이에 “개성”적 의식의 차이를 낳고 그것이 바로 개인이라는 “근대적”의식에 다름아니라는 탁월한 형식사회학적 고찰을 짐멜이 한 바 있다(Simmel, 1971: 251~293). 그러한 과정의 도움을 받는 개인이 된 그들은 향촌을 초월하여 전 조선사회의 성원이라는 공민적 전망을 지니게 될 것이었다. 물론 그렇게 되는 데는 유교가 지니게 하는 국가적 전망이 동시에 작용하고 있었다. 문중은 그러한 국가적 전망을 매개하는 유교 특유의 제도였던 것이다. 지연공동체가 아닌 다른 종류의 공동체로서 땅에 묶여있는 신분적 공동체를 깨뜨릴 수 있는 잠재력을 가지고 있는 존재였다.

물론 이러한 조선적 향촌질서가 금방 자리잡을 수 있었던 것은 아니었다. 그것이 고려적 향촌질서를 대체하고 자리잡는 데는 수세기가 걸렸다. 왜란과 호란을 거치고 조선조 후반부에 가서야 제대로 자리잡을 수가 있었던 것이다. 그렇게 될 때까지의 과도기에서는 어떤 측면들에 있어서 오히려 배타성이 더욱 심화된 후에 급히 해소되는 식으로 개방성에 이르는 역전과정을 밟는 경우도 있었다. 궁극적으로 신분적 공동체를 깰 문중이 단기적으로는 그 배타성을 강화시키는 역할을 하기도 했던 것이다. 그것은 무엇보다도 조선적 향촌질서를 확산시킬 담지자로서의 사대부 내지 양반의 성격이 작용했기 때문이다. 그만큼 조선조에서의 향촌질서의 개편과정을 이해하는 데는 이 담지자의 성격을 아는 것이 중요하다.

4. 향촌질서 개편의 담지자

1) 사대부로서의 양반

조선조에서의 향촌질서의 개편은 고려조에서 내려 온 촌락공동체에서의 호족의 자리를 사대부가 완전히 차지하고 들어섬으로써 시작되었다. 새 향촌질서는 이 상층 지배집단으로부터 아래로 확산되어 갈 것이었다. 그리고 그 확산의 역학은 새 호족의 성격에 의해 좌우될 수밖에 없었다. 사대부라는 호족은 고려 때의 호족과 달리 종교적 지도자를 겸임하는 집단이었다. 그들은 지배자이면서 지도자였던 것이다. 정신적 지도자까지 겸하여 자임하려는 이들에게 기존의 불교적 평신도 공동체의 정신적 구심점이었던 향촌질서 바깥의 사원과 승려는 큰 경쟁자이기도 하였다. 그러한 상황이 조선초 사원과 승려에 가해진 엄청난 박해(변태섭, 1986: 262)를 추동한 이념적 동기의 강화요인이 되었을 가능성을 생각해 볼 수 있다.

사대부가 이러한 이중적 성격의 지배집단이 되기까지의 과정은 중국과 한국에서 조금 달랐다. 중국에 있어서 사대부는 관료제의 발달과 더불어 같이 성장한 지배집단이었다. 거기서도 관료제의 성장이 사대부의 성장을 역사적으로 어느 정도 주도했던 것이 사실이지만 점진적으로 이루어진 그 두 가지의 성장은 상당히 평행하게 이루어졌다고 할 수 있다. 한국에서는 관료제의 성장이 내적 동력에서뿐만 아니라 그 방면에서 앞서가는 중국으로부터의 차입이 같이 작용해서 전체적 사회구성의 변화보다 더 빠른 보조 — 적어도 중국에서의 양자 사이의 관계에 비해서 — 로 이루어지고 있었다. 그리하여 관료 내지 사대부가 지배집단 — 사회구성 전체에 대해 의미를 지니는 — 이 된 것은 관료제의 발전에 비해 훨씬 지체되는 것이었다. 통일신라시대의 관료인 최치원이 토로하는 열등신분으로서의 울분은 말할 것도 없지만 관료제의 성장이 심화된 고려시대에서도 묘청의 난과 무신란이 의미하는 것은 종래의 지배신분이었던 승려와 무사가 관료가 지배신분으로 상승하는 것을 곱게 내버려

두지 않으려 했다는 것을 잘 말해 준다. 그러나 관료가 지배집단으로 상승하는 것은 궁극적으로는 막을 수 없는 추세였다. 무신란은 기존의 관료를 무자비하게 숙청했지만 관료의 기능적 필요까지 제거할 수 없는 한 관료는 다시 자라날 수밖에 없었다. 그리고 고려말에 주자학이 도입된 이후로는 관료는 아니면서 향촌의 호족으로서 지배자의 지위를 같이 누리는 부류의 사대부의 세력도 형성되고 있었다.

그러나 이때까지 관료를 포함하여 사대부는 호족의 일부로서 단지 지배자 집단을 구성하고 있었을 뿐이었으나 왕조의 교체를 통하여 자신들의 종교를 국가의 새 지배이념으로 확립시킨 후에는 그렇듯 지도자의 지위를 겸하는 집단이 된 것이다. 사대부의 지배자로서의 측면을 좀더 지칭하는 말이 양반이라고 했을 때 지금까지 흔히 양반을 서구 중세의 귀족과 동일한 종류의 신분으로 간주해 온 경향이 있었다. 그러나 귀족은 단지 지배자 집단일 뿐이었으며 그 점에서는 고려시대의 호족과 크게 다르지 않았다. 양반은 사대부이기도 하였지만 귀족은 귀족일 뿐이었던 것이다.

2) 양반과 귀족

양반은 서구 중세의 귀족과 같은 영유신분(領有身分, *estate*)이 결코 아니다. 우리나라에서도 삼국시대까지 존재하던 영유신분은 관료제의 발전과 함께 고려 때에는 이미 사라졌던 것이다. 물론 양반은 베버의 기준을 따를 때 계급(*class*)과는 달리[14] 경제적 이해에 앞서 사회적 위신(*prestige*)에 의하여 규정된다는 점에서 귀족처럼 신분(*status group*)의 일종임에 틀림없다.[15] 그러나 양반은 귀족과는 달라진 형태의 신분이

14) 베버에게 있어서 신분은 재산의 유무에 따라 나누어지는 경제적 계층인 계급과는 독립적인 차원에서 사회적 위신에 따라 나누어지는 계층이다(Weber, 1968: II, 932).

15) 서구어 estate의 번역어로 신분이라는 말을 사용함으로써 의미상 약간의 혼동이 초래되었다. 그 영어단어는 맑스도 그랬던 것처럼 현대의 개방적인 계

었던 것이다.[16]

귀족이 본질적으로 영유지(*estate*)에 대한 물리적 세력에 주로 기초한 신분인데 반하여 사대부로서의 양반은 세력 못지 않게 이념에도 의존하는 신분이었다. 양반에게 있어서도 정치적 세력은 여전히 신분의 중요한 원천이었으나 이념적 후광은 그에 못지 않게 중요한 원천이었던 것이다. 좀더 구체적으로 양반은 국가기구라는 물리적 세력에 의해서뿐만 아니라 주자학적 학덕 내지 교양의 성취로써 성립되는 신분이었다. 조선시대에 관직에 나아가지 않고 오로지 학문적 명성을 성취하는 것도 양반의 신분을 획득 내지 유지하는 중요한 길이었던 것은 잘 알려진 사실이다. 이념이 이러한 위치를 차지하고 있었기 때문에 주자학이라는 그 이념의 구체적 성격은 양반이라는 신분의 성격을 결정하는 중요한 요소가 된다.

주자학은 사람은 누구나 군자가 될 수 있다고 하는 것을 핵심교설로 삼고 있기 때문에 신분이 혈통에 의해 정해지는 것을 부정하는 본질적

층, 즉 협의의 계급(*class*)과 대비되는 중세의 폐쇄적 계층을 가리키는 데 쓰는 것이다(Marx, 1976: 78). 그런데 우리에게 있어서 신분이라는 말은 꼭 세습적인 계층을 가리키는 데 쓰이는 것은 아니다. 노비 신분, 양반 신분, 유생 신분, 승려 신분, 정승 신분이라는 말들이 다 가능한 것을 생각해보면 알 수 있다. 신분이라는 말을 이러한 의미로 계속 쓰면서도 영어의 estate에 대한 번역어로 "공식화"시켜 사용하기 때문에 다른 종류의 신분들까지도 estate로 등치시켜 버리는 같은 단어 사용의 함정에 쉽게 빠지게 된다. 독어의 Stand는 우리의 신분과 같은 포괄적인 의미를 담고 있어서 그냥 신분이라고 번역하면 되는데 영어로는 그 하나의 좁은 뜻에 불과한 estate와 구별하기 위하여 status group이라고 번역하고 있고 그것을 우리말로 다시 번역하여 "지위 집단"이라는 말을 사용하기 때문에 혼란이 가중되는 측면이 있다. 중요한 것은 베버의 Stand는 획득적인 것을 포함하는 다양한 종류의 집단을 가리키는 말이라는 점이다. 여기서는 베버의 Stand, 영어로는 status group을 신분으로 번역하고 그 특수형태인 estate는 영유신분으로 번역하였다.

16) 베버에 의하면 중세 서구의 귀족(및 평민) 과 같은 영유신분(*estate*)은 신분의 한 특수한 형태이지만 그것말고도 인도의 카스트, 유럽에서의 유태인과 같은 천민(*pariah*), 현대사회의 직업집단 등과 같이 다른 형태의 신분이 있다. 이들은 모두 사회적 위신에 일차적으로 기초한다는 점에서 같지만 그 구체적 형태는 서로 많이 다른 것이다(Weber, 1968b: II, 935~937).

경향을 지닌다. 이것이 관리시험의 문을 원칙적으로 누구에게나 열어 놓아야 한다는 구체적 명제와 맞물려 있었다. 더 근본적으로 학문을 통하여 양반 신분을 획득하는 것을 누구에게나 열어 놓아야 한다는 명제를 지원하고 있었다.[17] 바로 그러한 가치적 지향이 양반이라는 신분을 폐쇄적으로 만드는 것을 끝끝내 허락하지 않았던 것이다. 이념의 내용이 이렇듯 개방적인 점이, 이념을 궁극적인 신분적 위신의 원천으로 지니고 있다는 점에서는 닮은 인도의 브라만과 양반이 정반대가 되는 이유였다.[18]

3) 향촌질서에의 함의

이것을 향촌질서라는 관점으로 바꿔 얘기한다면 양반은 유교가 지향하는 통합된 국가 및 통합된 사회에서의 지배계급이라는 본원적 성격을 지니고 있었다. 양반과 귀족은 그 성격의 차이만큼 그 자리잡는 사회구성의 통합도가 달랐던 것이다. 양반은 사회가 하나의 중앙집권화된 국가에 의해 포괄되어 있는 사회구성에 속해 있고 귀족은 아직 중앙집권화된 국가기구를 지니지 못한 소위 봉건제 사회구성에 속해 있는 것이다. 귀족은 아직 분절화된 채로 남아 있는 각 자족적 단위 — 영(유)지 — 를 개별적 귀족가문이 대내적으로 그리고 대외적으로 독점하고 있는 지배집단이고 양반은 자기를 위에서 포섭하고 있는 국가와 결합된 통합된 사회 속에 병렬적으로 속해 있는 다른 집단들에 대해 서열적 우위를 점하고 있는 것에 불과한 지배집단이다.

귀족은 그 위에서 그들을 포섭할 포괄적인 국가기구를 갖지 못한 상태에서 자기의 사적 소유지인 영지 및 그 주민들에 대한 정치적 통치권(*imperium*)까지를 직접 행사할 수 있었지만 양반은 자기를 위에서 포섭

---

17) 주자학이 존비, 귀천 따위의 차등적 인간관을 가지지 않았다는 것이 아니라 그러한 차등이 후천적으로 성취된다고 보았다는 것이다. 말하자면 "형식적 평등"의 관점을 상당한 정도 가지고 있었다는 것이다(김필동, 1988: 458).

18) 카스트와 힌두교 사이의 관계에 대해서는 예컨대 Dumont(1980).

하고 있는 그러한 포괄적인 국가가 지니는 통치권을 관리한다는 차원에서만, 간접적으로, 세력을 펼 수 있었던 것이다. 귀족은 무력을 수반하는 자기 가문의 위상에 의해 세력을 갖는 것이었지만(Bloch, 1961)[19] 양반은 원래 그 전체로서 국가기구를 관리한다는 기능적인 역량에 의해 집단적으로 세력을 갖는 것이었다. 귀족의 원래 직업이 무사(기사)이고 양반의 원래 직업이 관료인 것은 단순한 직업적 차이에 끝나지 않고 그러한 세력의 구조적 맥락의 차이와 연결이 되는 것이다. 그렇듯 스스로 거의 절대적이라고 할 세력을 지닌 귀족은 지배신분으로서의 포괄적 특별권리(*privilege*)를 거의 완전히 제도화—관습법이든 성문법이든—할 수 있었던 데 비해 양반은 그렇지 못했던 것이다. 귀족의 신분적 위신은 바로 그렇게 힘 자체에 의해 확립된 것이며 중세 서구의 지배이념으로서의 기독교가 그러한 위신의 궁극적 원천은 아니었다. 기독교는 다만 승인, 기껏해야 후원하는 정도의 소극적인 도움을 주고 있었다고 할 수 있다.[20] 그러나 양반은 그 신분적 위신을 조선의 지배이념으로서의 유교에서 일차적으로 도출하고 있었다.[21]

세월이 흐름에 따라 서구의 봉건제 사회구성도 절대왕정, 시민국가 등을 거쳐 하나의 포괄적인 사회구성으로 성장해 갔고 새로운 지배계급인 자본가 계급이란 바로 그런 포괄적 사회구성 안에서 다른 집단에 대해 서열적 우위를 점하는 집단인 것이다. 다만 양반이 일차적으로 국가기구를 통하여 그러한 우위를 누리는 데 반해 자본가는 일차적으로 생산수단을 통하여 그러한 우위를 누리는 것이 다를 뿐이다. 양반은 경제적 관계가 전면에 나서는 존재가 아니라는 점에서 자본가와 동일한 성격이라고는 할 수 없지만 국가에서(상대적이나마 일단 분화된) 사회에

19) 앤더슨은 그렇게 하는 데 있어서 로마의 틀이 준거적 영향을 미쳤다는 것이다(Anderson, 1974).

20) 풀란차스는 중세 서구의 영유신분(*estate*)을 정치가 전면에 나서고 이념이 거드는 형태의 계급이었다는 점을 다룬다(Poulantzas, 1978: 70).

21) 지승종(1988: 471)이 말하는 가계의 위신은 이것까지를 포함하는 포괄적인 것이라고 생각된다.

터잡고 있다는 점에서는 자본가와 다르지 않은, 따라서 맑스가 귀족과 같은 (영유)신분(*estate*)과 분리시켜 말할 때의 "계급"(*class*)을 구성한다.[22]

포괄적인 (시민)사회에서의 계층이면서도 경제적인 계급이 아니고 위신에 의존하는 신분이라는 점에서 양반은 베버에게 있어서 신분의 현대적 형태인 비세습적인 직업집단과 닮았다. 사실 양반에게는 직업집단의 성격도 존재했다. 양반은 원래 고려시대에 국가기구의 주된 관리자로 부상한 관료라는 직업집단이 문관과 무관을 같이 부르는 그 이름과 함께 이어져 내려온 것이다(이성무, 1980: 12).[23] 양반은 현대사회의 직업집단과 같이 일단 후천적 성취에 의해서 그 신분이 정해지는 존재였다. 그리고 직업집단처럼 혈통은 성취의 현실적 기회의 차이에 작용하였다. 즉 현대사회의 직업집단에게 있어서도 그런 것처럼 후천적 성취를 하는 데 있어서 "가정환경 및 배경"에 따라 이, 불리가 달라질 수 있었던 것이다.[24] 또 현대의 직업집단도 마찬가지지만 위신이란 자연

---

22) 사회주의체제하의 소위 특권집단(*nomenklatura*)이 "새로운 계급"(*new class*)이라는 질라스(Djilas)의 주장은 사회주의체제하에서 생산수단의 사유는 폐지되었으므로 모순이라고 얘기되어진다. 분명히 특권집단은 생산수단의 소유에 기반하는 자본주의적 (지배)계급은 아니다. 그것은 생산수단을 통제하는 국가기구에의 차등적 접근가능성에서 비롯되는 불평등현상인 것이다. 그러나 그렇다고 그것이 귀족과 같은 (영유)신분은 물론 아니다. 그것은 하나의 포괄적인 사회에서의 열린 지배집단이라는 점에서 (영유)신분과 대조되는 것이고 그리하여 두 단어 중 선택해야 한다면 계급을 선택할 수밖에 없게 되는 것이다. 그것이 질라스가 계급이라는 말을 선택한 문맥이라고 했을 때 양반을 그런 뜻에서의 계급이라고 부를 수도 있다. 그리고 미국 사회학에서 널리 쓰이는 계층이라는 개념은 더욱 탄력적인 사용이 가능하다. 계층은 생산수단의 소유여부와 상관없이 규정되는 것이므로 예컨대 소련사회의 분석에도 사용될 수 있는 것이다(Lane, 1990: 124~160 참조).

23) 고려시대에 이 직업을 갖게 된 사람들이 이기백이 말하는 "귀족" 신분의 사람이었다는 것은 별개의 문제라고 할 수 있다.

24) 양반이 세습적인 신분이 아니라고 주장하는 최영호는 가문의 영향이 주로 이러한 차원에 국한된다고 주장한다. 그러나 다음에 보듯이 가문의 영향이 거기에 국한된 것만은 아니었다(Choe, 1974).

적으로 한두 세대는 가계를 타고 계승될 수 있는 것이다.[25]

그러나 조선조에 들어와 국가기구를 완전히 장악하게 된 양반은 단순한 직업집단 이상의 성격도 갖추게 되었다.[26] 관료만이 아니라 사대부가 함께 공유하는 범사회적인 신분이 된 것이다. 그리고 그 세력에 기반하여 그들이 획득한 신분에 연계된 위신을 그들의 가문에서 최대한 오랫동안 향유하려고 들었다. 이때 공교롭게도 같이 도입된 유교적인 가족제도로 말미암아 생겨난 문중이라는 혈연공동체는 그러한 세력경기가 벌어지는 매체 역할을 하게 되었다. 그러나 양반은 아무리 가문이 작용하더라도 기본적으로는 비세습적 신분으로 남아 있었다.[27] 열린 이념하에서의 세력의 작용이 세력이 주로 작용하여 된 서구 중세의 영유신분이나 닫힌 이념하에 형성된 인도의 카스트와는 다른 열린 신분으로 남게 하였던 것이다. 영유신분이나 카스트와 같이 혈통에 의해 결정되는 신분체계에서는 상하이동이 원칙적으로 불가능하였다. 그러나 조선의 향촌질서에서는 그것이 원칙적으로 그리고 현실적으로 가능하였다. 아래에 있던 가문이 위로 가고 위에 있던 가문이 아래로 가는 "대류"현상이 내재적으로 존재하는 동적인 체계였다. 그런데 위로 간 가문들이 그 세력을 가지고 아래로 가지 않으려고 하면서 나머지 가문들이 위로 가는 것은 계속되었기 때문에 상승기류가 증폭되어지게 되었다.

25) 이성무가 양반이 고려 때에도 이미 단순한 (관료라는) 직업을 초월하는 하나의 신분이 되었다고 말하는 것은 주로 이 차원의 신분을 의미하는 것이다(이성무, 1980: 13). 그렇지만 현대사회의 직업도 하나의 신분이라고 할 때는 이 차원이 당연히 들어있는 것이다.

26) 그렇기 때문에 단순한 직업집단과는 다른 차원의 신분이었다(지승종, 1988: 470).

27) 우선 과거응시 자격이 상민들에게 계속 개방되어 있었다(지승종, 1988: 40).

5. 명망가 지배의 정착

1) 명망가 기구

종교적 지도자를 겸하는 향촌의 지배자로서의 양반은 베버(Weber, 1968b: 290~292)가 논한 명망가(*honoratiores*)의 일종이라고 할 수 있다(박승길, 1987: 12 참조). 유교라는 생활가치는 사대부의 명망가 지배를 통하여 하향침투 되는 과정을 겪게 되었다. 먼저 사대부들은 명망가의 지위를 확고히 하기 위하여 그 하나의 제도적 기반으로서 유향소를 복원하려 하였다. 정치적 지배자와 종교적 지도자를 겸하는 사대부들은 유향소가 강화시켜 줄 자신들의 정치적 세력을 가지고 종교적 지도자의 역할을 뒷받침하려 했던 것이다.

유향소란 고려 때 호족들이 향촌에서의 자기의 세력을 도모하기 위하여 설립한 기구였다(이태진, 1983a: 143). 이때도 호족들의 적지 않은 경우는 사대부였지만 지배집단으로서의 그들의 성격은 그들이 위치하는 사회구성적 맥락에 따라 나중의 사대부와 같지 않았다. 그런데 조선조에 들어와 이 기구가 본격적인 중앙집권적 국가기구를 확립하려는 정부의 기도에 장애물로 작용하였기 때문에 초반부에는 일단 폐지되었었다. 그것은 중앙에서 교대로 파견되는 지방수령을 무력하게 만들려고 하는 기존 호족의 입장이 반영되는 기구로서의 역할을 하였기 때문이다. 중앙정부로서는 이 기구를 폐지함으로써 기존 호족의 너무 강해진 세력 및 그에서 비롯되는 수탈가능성으로부터 향촌의 주민을 보호해야 한다는 입장이 있었던 것이다. 이때 이 기존의 호족이란 아직 완전히 사대부로 변모한 존재가 아니었다.

그러나 세월이 흐를수록 중앙정부에서 파견된 지방수령의 세력이 너무 강해져 오히려 그로부터 주민을 보호해야 한다는 생각이 나오게 되었다. 이러한 생각은 이제 거의 완전히 사대부로 변모한 각 지방의 호족들이 누구보다도 강하게 토로하게 되었다. 이제 같은 사대부가 된 입장에서 그들은 지방관리에 대해 존중해줄 것은 존중해주고 견제해야 할 것은 견제하는 사대부의 역할분화지향을 내면화한 것이다. 이제 완연한 명망가가 된 사대부에게 동일한 기구가 단순한 지배자에 불과한 고려말 호족에게 하던 기능과는 다른 기능을 수행할 수 있게 된 것이다. 유향소는 결국 복원되었고 향청으로 발전하게 되었다. 그 수장에는 당해 지역 사대부중 "가장 명망 있는" 인사가 선임되도록 되어 있었다(이성무, 1980).

2) 회중조직

사대부가 향청을 통해 명망가 "지배"를 하였다면 향약은 "지도"를 하는 조직이었다. 고려의 향도가 평신도 조직이었다면 향약은 회중조직이었다고 할 수 있다. 그것은 그 안에 사제계급을 포괄하는 것이었다. 향약은 주자학의 종국적 수립자인 주희가 적극 채택한 도덕공동체 지향의 결사체적 향촌조직이었다. 그만큼 주자학과 향약 사이에는 밀접한 관련이 있었다. 법가적 전통이 보갑제 등을 통하여, 감시 처벌 등 보다 물리적인 수단에 의해 정치적인 의미에서의 향촌질서를 추구하였다면, 주자학에서는 향약 같은 인격적 수범, 상호격려, 상호구휼과 같은 도덕적인 의미에서의 향촌질서를 추구하였던 것이다. 이것은 원칙적으로 모든 성인주민을 실생활 속에서 직접 교화시키기 위한 조직이었다(한영우, 1983: 98~108).

향약의 보급은 유향소의 설치보다 약간 늦게 이루어졌다. 16세기 초 중종조의 도학적 정치개혁을 시도한 조광조가 향약을 보급해 나가다가 그의 정치개혁과 함께 좌절되었고 선조조인 16세기 말경부터 사림의 정치참여가 본격화되면서 당파에 상관없이 다시 향약보급운동이 일게 되었다. 유향소의 정착이 강화해 준 명망가로서의 지위확립에 기초하여 사대부는 자기들이 그 안에서 정신적 지도자—명망가—역할을 할 수 있는 향약이라는 보다 수평적인 회중조직을 염원했던 것이다. 이 회중조직 안에서 그들 스스로 인격적 모범의 수립이나 인간적 지도활동을 통하여 회중들을 동일한 "신도"로서 선도하려는 주동기가 있었던 것이다(이태진, 1983c).

그런데 결과적으로 조선에서의 향약은 송에서의 향약과 약간 다른 구조적 맥락을 지닐 수밖에 없었다. 그것은 앞에서 논한 바와 같이 조선조에서는 유교적인 부계적 가족제도를 새롭게 도입하였기 때문에 당분간은 먼저 양반으로 상승하면서 본격적으로 문중이 되는 가문과 나머지 가문들의 구분이 초래되었던 것이다. 그리하여 이때의 향약은 그러한 구분을 용해하지 못하는 상태에서 (유교적으로) "도덕적인 생활방식"을 구현한다는 것이었다. 그러므로 그것은 도덕적 혹은 종교적 공동체를 지향하긴 하지만 통합적 결사체는 이룩하지 못했던 것이다. 그러나 그것이 향약의 본원적 지향이었던 것은 아니다. 다만 우리는 사대부가 전일적 엘리트 지위를 차지하면서 가족제도가 양계적 가족제도에서 부계적 가족제도로 변천해갔기 때문에 단기적으로 그런 맥락을 지니게 된 것이라고 할 수 있다.

향약 자체는 통합을 지향했다는 것은 예컨대 향약 모임에서의 자리 배열이 신분과는 상관없는 장유유서의 원칙에 의해 정해졌다던가 하는 것에서 잘 드러나는 것이다. 그것이 지니는 "평등주의" 정신과 도덕지향성은 그 안에 편입된 민중들을 고무할 수 있었다는 것은 조광조의 보급운동 때 보여준 민중들의 열광적 수용자세가 잘 보여준다(이태진, 1983c: 267). 다시 말해서 향약을 통하여 민중들은 주자학이라는 것이 자기편에 설 수 있는 도덕이라는 믿음에 대해 설득되어지고 있었던 것이다. 이런 것들이 민중들의 마음을 열게 하게 주자학이라는 생활가치는 그들의 마음속으로 점점 더 내려갈 수 있었다. 이것은 소위 하향적 개혁의 과정에서도 밑에서의 호응은 필수적이라는 것을 보여준다.

6. "교화활동"의 전개

1) 종교적 제도

흔히 유교는 종교적 조직을 결여하고 있었다고 말해진다. 조금이라도 그렇게 보이는 이유는 유교에서 종교와 정치가 이어져 있었기 때문이다. 유교에는 분명히 완전히 전문적인 사제계급과 그로 구성된 조직이 없었다. 위에서 언급한 공민사회가 아직 발달하지 않았을 때는 관료가 사제계급을 겸하고 국가기구가 교회조직을 겸하고 있었다고 할 수 있다. 이때 군주는 말하자면 교황을 겸하고 있었다고 할 수 있다(Weber, 1968a: 31). 중국의 군주가 하늘에 제사지내는 의식은 군주로서의 활동이 아니고 말하자면 교황으로서의 활동이었다. 주자학이 자리잡음에 따라 같이 제도화된 경연은 종교적 권위가 일시적으로 왕에게서 떠나 사대부에게 있게 하는 의식이 되었다. 이것은 물론 왕권이 유교의 교권에 예속된다는 것을 상징하는 것이었다. 그러나 그것 말고도 일시적으로나마 왕권과 교권이 실제로 분리될 수 있다는 것을 보여 줌으로써 왕이 구현하고 있는 그 두 가지 권위의 구분이 단순히 논리적인 구분에 불과한 것이 아니라는 것을 웅변해 주는 단서이다. 왕은 왕이면서 사대부의 교권을 대표하는 존재이기도 하였던 것이다.[28] 그리고 왕이 지니는 그 두 가지 권위 중 후자가 우선하였던 것이다.

그러나 관료가 아닌 재향사대부의 지도에 의한 국가기구 밖 주민자치가 자리를 잡게 되었을 때, 이 사림의 지도활동에서는 그만큼 정치적 성격이 줄어들게 되었다. 그 대신 "교화활동"의 성격이 더 강해지게 되었다. 다시 말해서 사대부의 절대다수를 차지하는 재향사대부는 완전히는 아니지만 상당한 정도로 "전업적인" 종교적 지도자—사제—의 역할을 띠게 된 집단이었던 것이다. 그리고 이 사림이 "정계"에 진출하

28) 파슨즈에 의하면 영국에서도 정치와 사회공동체가 분화될 때 왕은 국가의 수장이면서 사회공동체의 지도자들인 귀족출신 명망가들의 수장이기도 하였다(Parsons, 1977: 148).

여 국가기구를 장악하게 되었을 때는 정치를 주로 국민을 교화시키는 수단으로 삼으려 한다는 점에서 오히려 그 경우는 이제 종교적 조직과 사제계급만이 보이고 정부가 보이지 않는다고 극언을 할 수도 있을 것이다. 이때 군주는 정치적 권력은 대부분 박탈당하고 진실로 "교황"의 노릇을 하고 있는 것에 불과하다고도 할 수 있게 되는 것이다. 그러나 가장 정확한 진술은 유교 특유의 정-교 복합체에서 정치와 종교가 상대적으로 분화되어 있고 무게중심이 정치 쪽에 있다가 종교 쪽으로 이동하게 되었다고 하는 것이 될 것이다. 사림의 형성은 정치적 지도자와 종교적 지도자의 상대적 분화의 심화를 의미한다고 할 것이다. 이때, 사림의 존립을 가능케 한 각종 물적, 의식적 "제도"를 상대적으로 분화된 종교적 제도라고 할 수 있을 것이다.

유교의 종교의식이 집중적으로 행해지고 있는 기관들도 있었다. 천단이라든지 사직단은 하늘과, 하늘처럼 이신화된 땅의 신에게 제사지내는 장소였다. 그러나 종교와 정치(세속)의 분화가 상대적이었던 유교 전통하에서 그런 의식들은 "세속적"인 활동을 하는 기관에서 같이 행해지는 경우가 많았다. 경연만 하더라도 그 장소는 조정이었고 그것을 맡은 기관도 관료기구의 일부였다. 보다 일반적으로는 교육을 맡은 기관이 그러한 의식을 같이 맡아 하는 경우가 많았다. 문묘에의 배향은 중앙에서 성균관과 각 지방에서 향교가 맡고 있었던 것이다(류승국, 1976: 278). 그런데 이들 기관에서 수행하고 있던 "세속적"인 활동으로서의 교육도 사실은 상당한 정도 종교적인 것이었다. 교육이란 본질적으로 세속적 활동과 종교적 활동이 만나는 영역이다. 기독교의 경우에도 원래 교육은 종교적 교육이었던 것이 점차 그로부터 세속적 교육이 분화되어 갔던 것이다. 그리하여 종교적 교육을 담당하던 수도원은 중세 기독교 종교조직의 중요한 부분을 차지하고 있었다. 유교의 경우에도 이들 학교에서 유교경전의 집중교육이 이루어진다는 점에서 그 종교적인 성격을 같이 말할 수 있는 것이다.[29]

---

29) 그래서 조선의 학교는 재능있는 학생을 양성하는 것보다 사람들에게 유교적

2) 의식의 일상화: 서원

종교적 지도자이기도 하였던 향촌의 사대부들은 이러한 교육기관을 더욱 발전시키고 그를 통한 교화활동을 통하여서도 유교적 생활가치를 민중에게 보급시켜 나갔던 것이다. 유교의 중앙 교육기관으로서의 국자감 내지 그 전신들은 조선시대 이전에도 있었다. 고려시대에는 그러한 국립기관과 경쟁적인 사학으로서의 공도들도 여럿 있었다. 그것들은 그러나 기본적으로 관료양성소의 의의를 지니고 있었을 뿐이었다. 고려말에 국자감이 성균관으로 바뀔 때부터 (유학의 새로운 조류로서의 주자학의 국내 흥기와 맞물려져) 그것은 그 이상의 기능을 지니게 되었다. 이제 그것은 주자학이라는 "신흥종파"의 신도 집단에 대해 말하자면 대학 신학부의 역할을 하게 된 것이다.

그러나 종교로서의 주자학이 일상화되기 위해서는 그 전 단계의 교육기관도 필요했다. 그리하여 서울의 4부 학당과 각 지방의 향교가 설치되었다(류승국, 1976: 165). 이제 성균관은 본격적인 고등교육기관으로서 향교는 중등교육기관으로서의 역할분화가 있게 된 것이다. 그러나 사림의 성장을 통하여 국가/사회의 분화가 자리를 잡자 이러한 국립 중등교육기관에 상응하는 사립 중등교육기관으로서의 서원이 사림의 주도로 보급되기 시작했다. 이것은 16세기에 시작되었는데 최초의 서원도 그렇듯 많은 서원이 국고보조를 받게 되었다는 것은 그러한 국가/사회의 분화가 사회의 주도에 못지 않게 국가의 장려에 의해 이루어진 둘 사이의 협력 작용이었음을 알 수 있다. 이 서원은 사림이 자신을 재생산하는 주된 기관이 되었다.[30] 그리고 그 일부는 정계에 진출하여 사회의 자율성이 국가로 침투해 들어가는 인적 고리역할을 하였다. 이러한 사회의 자율성은 국가 속에서 붕당정치라는 현상을 낳게 되었다(조혜인, 1990 참조).

사회화를 시키는 것을 더 중요한 목적으로 하고 있었다는 것이다(한우근·이태진, 1984: 57).

30) 서원의 수는 전국적으로 600을 넘게 되었다(변태섭, 1986: 384).

그런데 서원은 특히 17세기말 숙종조에 한 붕당이 완전히 정부에서 소외된 이후 특히 증설되었다(변태섭, 1986: 384). 이때부터 정치는 점점 한 다른 한 붕당에 의해 독점되게 되었으며 국가/사회의 분화는 그에 따르는 특수한 맥락이 겹쳐져 심화되어 갔다. 현실적으로 정계에 진출할 수 없었던 늘어나는 사림들은 서원의 설립을 통하여 자신들의 사회적 지위를 공고히 함으로서 정치적 권력의 박탈을 보상받으려 하게 되었던 것이다.[31] 또 정부를 독점하게 된 측에서는 그것을 방조함으로써 그들을 무마하려는 동기가 있었다. 한편 향교는 원래 정부에서 직접 지방의 지적 엘리트를 양성하기 위하여 설립한 기관이었지만 시간의 흐름에 따라 재향 사대부와의 합작을 도모하였으며 그 운영에서 차지하는 사림의 영향력은 점점 증대해 갔다. 이들 교육기관에서는 유교적 학교교육을 시키는 외에 주자학적 성현에 대한 배향이라는 의례적 기능을 같이 수행하고 있었다.

3) 소년기 사회화: 서당

주자학적 교육의 아래로의 뿌리내림은 시간이 감에 따라 더욱 진행되어 향교나 서원의 전 단계로서의 초등교육기관이 널리 보급되어 갔다. 서당은 오늘날의 초등교육기관에 해당하는 존재였는데 이곳에서는 주자학의 가장 기본적인 세계관과 그에 대한 존경이 교육되었다. 이곳에서는 청년기까지의 주민에게 주자학적 세계관을 직접 주입시키는 교육기관이었다. 가장 많은 수의 지역주민을 가장 어린 시기에 교육시키는 만큼 그 역할은 지대한 것이었다. 그리고 거기에서 교육받은 인구는 나머지 가족성원들에 대해서 그것을 전파하는 역할을 수행하였기 때문에 그러한 간접적 교화의 효과까지 생각한다면 그 역할은 실로 대단한 것이었다(박금림, 1982). 이곳은 청년기까지의 주민에게 주자학적 세계

---

31) 서원이나 사우가 세력의 상징으로서 작용하는 구체적 상황들은 성낙훈(1979)에 의해 잘 묘사되고 있다.

관을 직접 주입시키는 교육기관이었다. 조선후기로 갈수록 서당의 존재는 보편화되어 적어도 초등교육 수준에서는 거의 대량교육이 실시되고 있었던 것으로 여겨진다. 그렇듯 서당이 가속적으로 늘게 된 것은 무엇보다도 민중의 주자학 수용욕구가 엘리트의 주자학 보급욕구와 맞아떨어지게 되었기 때문이었다.

그런데 주자학적 대량교육의 발전은 양반인구의 확대를 가속화시키는 한 가지 중요한 기반이 되고 있었다. 그 과정에는 한 붕당의 정권독점이 역설적으로 증폭적 매개작용을 하였다. 그들은 국가권력을 독점하는 반대급부로 경쟁에서 배제된 그 잠재적 경쟁자들이 사회적인 수준에서 양반의 신분을 지니려는 것에 대해 관대해질 수밖에 없었다. 그것이 주자학적 학덕의 평가수단으로서의 과거의 역할이 줄어들게 하는 중요한 동인이 되었다. 과거에 합격하지 않고 학업의 "전시"만을 통해 양반의 신분을 획득하는 일이 증가하게 된 것이다. 그리고 그렇게 과거 합격 없이 양반이 된 사람들은 자기들처럼 학업의 "전시"를 통해 새로이 양반이 되려는 사람들에게 관대할 수밖에 없었다. 기존의 양반과 새로 양반이 되려는 사람은 그리하여 양반의 신분을 획득하는 기준을 조금씩 낮춰 가는 쪽으로 의기가 투합하였다. 규정된 최소한의 주자학 수업을 받았다는 것 — 소위 "유학"(幼學) — 을 "전시"하면 양반으로서 필요한 기본적인 주자학적 소양을 갖추었다고 봐주기로 하는 막을 수 없는 대세가 되어 갔다. 그리고 그래서도 다만 얼마동안이라도 글공부를 시키는 것은 대중적인 일이 되어버렸다. 그렇게 하여 주자학적 시민권의 대중화가 가속되어졌다.

7. 배경적 역학

양반이 세력과 이념 양자에 기초하고 있는 이중성은 향촌질서의 확산에 이렇듯 결과적인 상승작용을 낳고 있었다. 이념으로 말하자면 완전히 개방적 향촌질서를 바로 도입해야 될 양반이 한편으로 가지고 있는 세력은 그들로 하여금 그 세력을 가지고 그들의 이념에 반하는 일탈적인 행동을 일단 어느 정도 하게 하였다. 전체적으로 국가기구를 독점하는 데서 오는 물리적 힘을 가지고, 이념이 그들의 마음속에 심어 놓은 궁극적 가치에 반하는 것이어서 약화되어져 있기는 하지만 인간으로서 가질 수 있는 욕구를 일탈적으로 실현하려 들었던 것이다. 그리하여 양반은 귀족과 같이 전반적이진 않지만 상당한 정도의 우월권을 일방적으로 강요, 때로는 제도화까지 시킬 수 있었다. 그리고 자신의 사회적 위신을 자손들에게 계속 물려주려고 하였다. 새로이 도입되는 가족형태로서의 문중은 그 마당으로서의 역할을 일정하게 하였다.

여기까지의 과정에서는 이념적 세력이라는 이중구조를 구성하는 두 요소가 상호갈등을 빚었다고 할 수 있다. 그러나 이념은 결코 세력에 자기자리를 뺏긴 것이 아니었다. 세력에 의해 강요하고 심지어 제도화한 "우월"권들을 본인들을 포함하여 사람들이 내면 깊숙이 지니고 있는 주자학적 가치는 승인을 해주지 않았던 것이다. 그것은 그러한 가치에 반하는 일탈적 관행에 불과했던 것이다. 그리하여 다만 양반의 자식으로 태어난 자는 양반의 신분을 진정으로 획득한 — 과거합격 등의 학문적 성취를 통하여 — 자 앞에서 "가슴을 펴고" 있을 수 없었던 것이다. 그렇게 몇 세대를 경과한 양반의 후예는 잔반이라는 주변적 범주로 몰락하게 되는 것이었다. 그렇게 하는 동안 양반신분을 획득하는 일은 줄지 않았을 뿐 아니라 점점 늘어나게 되었다. 그리하여 양인 중에서 양반이 차지하는 비율은 계속 증가할 수밖에 없었을 뿐 아니라 그 증가속도는 가속되어 갔다.

이렇게 이념과 세력의 이율배반적 요소들은 서로 갈등을 빚는 것이 오히려 상승작용을 일으켜 양반신분의 개방성을 더욱 확대시켜 나갔던 것이다. 그러면서도 — 아니 어쩌면 바로 그렇기 때문에 — 양반은 많은 부분집단으로 분화되어 갔다. 서울에서는 오랫동안 정권을 오로지 하고 있던 붕당의 핵심적 가문들인 벌열이 세력을 휘두르고 있었다. 그리고 지방에서도 세력에 의해서 자기들이 알짜 "양반"이라고 자처하는 배타적인 집단을 형성하려는 축들이 있었다. 그러나 지방의 경우는 세력에의 독점이 훨씬 불완전했기 때문에 그 인원의 교체가 심했을 것으로 추정할 수 있다. 한편 저변에는 그러한 힘을 지니지도 못하고 별다른 학문적 성취도 하지 못한 채 기존 양반의 후예라는 사실이나 예의 최소한의 학업의 전시에 의해 간신히 양반의 신분을 지니게 된 다수의 사람들이 있었다.

이 부분집단들은 모두 자기들이야말로 (또는 자기들도) 양반임에 틀림없다고 생각하는 집단으로서 말하자면 양반이라는 주어진 신분을 놓고 어느 정도 경합을 벌이고 있었다. 양반이 세력에만 기초하지도 이념에만 기초하지도 않은 이중구조를 지니는 신분이었기 때문에 이런 경합을 벌이게 된 것이라고 할 수 있다. 그러다보니 주로 세력에 의해서 양반임을 주장하려는 측도 있고, 주로 이념에 기초하여 주장하려는 측도 있고, 또 세력과 이념 사이의 상승작용의 혜택을 입고서 양반이 되려는 측도 있게 된 것이다. 그러나 이념적 세력이라는 이중구조 전체가 양반의 정확한 성격이라고 했을 때 이중에서 제일 마지막 범주까지 수용하는 포괄적인 범위가 양반의 그러한 본질이 구현된 것으로서 모두의 궁극적 가치가 거부할 수 없는 "객관적"인 범위였다.[32] 이 범위가 점점 확대되어 나간 것이다.

예컨대 그 안에서 배타적인 지배집단을 자임하려는 집단은 정확히는 그렇게 해서 폐쇄적인 신분을 형성한 것이 아니었다. 만약 이념적 세력

32) 지승종이 요약해서 말하는 것처럼 조선시대 신분구조가 양/천 에서 반/상/천으로, 그리고 최종적으로는 반/상으로 변천해 갔다는 것은 조선시대의 지배 신분을 형성하는 원리가 시간이 경과하면서 점점 더 구현됨에 따라 신분구조 전체에 "개방성"이 관철되어 간 것을 말해 주는 것이라 할 수 있다.

의 신분으로서의 양반이 자리를 잡지 않았다면 이들은 하나의 세력적인 지배신분으로—그 점에서 귀족 같은 영유신분과 크게 달라지지 않은 채—모두에 의해 인정되었을 것이다. 그러나 이념적 세력의 신분으로서의 양반이 지배신분으로서 확고히 자리잡고 있는 곳에 생겨난 그러한 존재들은 그렇지 않았을 경우와 달리 본질적으로 일탈적인 존재들이었던 것이다. 다시 말하자면 그것은 양반과 같은 차원의 (사회적) 신분이 아니고 그 가치에 대해 일탈적 존재로서의 정치적인 세력—도당이라고 부를만한—에 불과하였다. 송준호가 말하는 "양반"은 바로 이 집단을 얘기하고 있는 것이라고 할 수 있다(송준호, 1987). 그것은 그 정치적 힘을 가지고 주어진 시점에서 상당히 배타적인 사회집단을 형성할 수 있다. "양반의 벽"을 강조하는 그의 관점은 그 집단에 대해서는 옳은 것이다. 그러나 우리가 말하는 진정한 차원의 양반이 있는 한—송준호는 그 차원을 인식하지 않는 것이다—그것은 하나의 사회적 신분이라고 할 수가 없는 것이다. 이념적 세력집단으로서의 양반이라는 신분이 있는 한 그것을 그 위치에서 대체하려는 어떠한 비이념적 세력집단도 그 신분이 될 수가 없었던 것이다.[33] 그러한 것들은 양반의 범위가 점점 밑으로 확산되어 가는 것을 막을 수 없었다. 그리하여 열린 유교적 향촌질서는 그 이념적 담지자의 그러한 하향적 확산과정을 따라 깊이 뿌리내려 가게 되었다.

▪ 참고문헌 ▪

금장태(1980), 《유교와 한국사상》, 성균관대학교 출판부.

김필동(1988), "신분이론 구성을 위한 예비적 고찰", 《사회 계층: 이론과 실제》, 전예원.

---

33) 다른 위치에서 존재하는 것은 별개의 문제이다. 이 점에서 노비, 서얼 등은 별개의 신분이 될 수 있는 것이다. 여기에서는 조선시대의 지배신분으로서의 양반의 신분적 성격을 규정해 본 것이고 이들 다른 신분들은 또 다른 차원의 신분일 수 있다.

박금림(1982), "서당교육의 사회적 기능에 관한 고찰", 숙명여자대학교 석사 논문.

박승길(1987), "한말 신흥 종교의 혁세 정신과 민중의 자기 인식 방향과 유행", 〈한국사회사연구회 논문집〉 7집.

변태섭(1986), 《한국사통론》, 삼영사.

류승국(1976), 《한국의 유교》, 세종대왕기념사업회.

성낙훈(1979), "한국당쟁사", 《한국사상논고》, 동화출판공사.

송준호(1987), 《조선사회사 연구》, 일조각.

이기백(1987), 《한국사신론》, 일조각.

______(1990), 《고려 귀족사회의 형성》, 일조각.

이성무(1980), 《조선초기 양반연구》, 일조각.

이태진(1983a), "사림파의 유향소 복립운동", 《한국사회사연구》, 지식산업사.

______(1983b), "예천 개심사 석탑기의 분석 - 고려전기 향도의 일례", 《한국사회사연구》, 지식산업사.

______(1983c), "사림파의 향약보급운동 - 16세기의 경제변동과 관련하여", 《한국사회사연구》, 지식산업사.

조혜인(1990), "베버의 종파 및 당파 이론의 확충 - 조선조 붕당에 기초하여", 〈한국사회사연구회논문집〉 24집.

지승종(1988), "신분개념과 신분구조", 《사회 계층: 이론과 실제》, 전예원.

최재석(1983), 《한국 가족제도사 연구》, 일지사.

최재현(1990), "맑스의 '아시아적 생산양식'에 대한 비판적 검토", 〈역사비평〉 1990년 가을.

한영우(1983), 《조선전기 사회사상연구》, 지식산업사.

한우근 · 이태진(1984), 《사료로 본 한국문화사: 조선전기편》, 일지사.

홍승기(1983), 《고려 귀족사회와 노비》, 일조각.

Anderson, Perry(1974), *Passages from Antiquity to Feudalism*, London: Verso.

Bloch, Marc(1961), *Feudal Society*, London: Routledge.

Block, Fred(1987), *Revising State Theory*, Philadelphia: Temple University Press.

Braudel, Fernand(1984), *Civilization and Capitalism: 15th~18th Century*, 3 Vols., trans. by Siân Reynolds, New York: Harper & Row.

Choe, Yong-Ho (1974), "Commoners in Early Yi Dynasty Civil Examination: An Aspect of Korean Social Structure, 1392~1600." *The Journal of Asian Studies*, 33, 4: 611~32.

Dumont, Louis (1980), *Homo Hierarchicus*, Chicago: The University of Chicago Press.

Gernet, J. (1982), *A History of Chinese Civilization*, Cambridge: Cambridge University Press.

Jessop, Bob (1982), *The Capitalist State*, Oxford: Martin Robertson.

Lane, David (1990), *Soviet Society under Perestroika*, Boston: Unwin Hyman.

Marx, Karl (1973), "Forms Which Precede Capitalist Production." *Grundrisse: Foundations of the Critique of Political Economy*, New York: Vintage Books, pp. 471~514.

______ (1976), *The German Ideology*, Moscow: Progress.

Metzger, Thomas A. (1977), *Escape from Predicament: Neo-Confucianism and China's Evolving Political Culture*, New York: Columbia University Press.

Parsons, Talcott (1977), *The Evolution of Societies*, Englewood Cliffs, N. J.: Prentice-Hall.

Poulantzas, Nicos (1978), *Political Power and Social Classes*, London: Verso.

Simmel, Georg (1971), *On Individuality and Social Forms*, Chicago: The University of Chicago Press.

Wallerstein, Immanuel (1988), *The Modern World-System*, 3 Vols., New York: Academic Press.

Weber, Max (1968a), *The Religion of China: Confucianism and Taoism*, ed. and trans. by Hans H. Gerth, New York: The Free Press.

______ (1968b), *Economy and Society: An Outline of Interpretive Sociology*, 3 Vols., edited by Guenther Roth and Claus Wittich, New York: Bedminster Press.

van Wolferen, Karen (1989), *The Enigma of Japanese Power*, London: Macmillan.

제 4 장

동학과 주자학*

유교적 종교개혁의 맥락

동학은 평등주의를 고취하였다는 점에서 흔히 주자학에 반하는 종교운동으로 간주된다. 그러나 동학과 주자학을 단순히 대립적인 관계로 파악할 수는 없다. 동학의 평등주의는 주자학에 그 씨앗이 들어있었을 뿐 아니라 동학은 주자학의 금욕주의를 또한 계승하고 있었다. 이 글의 목적은 평등주의와 금욕주의의 양 측면을 통하여 동학과 주자학 사이의 정확한 관계를 살펴보려는 데 있다.

1. 평등주의의 구현

주자학은 조선에서 현실적으로 양반의 우월한 지위를 뒷받침하는 데 사용되고 있었으나 원래는 상당히 평등주의적인 전제를 가지고 출발한 종교였다. 기존의 유교가 성인을 범접할 수 없는 존재로 보고 그 숭배에 역점을 두고 있었다면 주자학은 사람이라면 누구나 수양을 통해서 성인이 될 수 있다고 보고 그 성취에 역점을 두고 있었다(Tang, 1971).

* 〈한국사회사연구회 논문집〉 17(1990), pp. 142~167.

평등주의가 사람 위에 사람이 없다는 원칙으로부터 비롯되는 것이라면 그것이 잘 다듬어진 명제로 근대 서구 지성사에 등장하기 전에도 기본적으로 그러한 원칙을 지향하는 지적 정열은 이미 세상에 존재하고 있었다. 예컨대 기독교는 서구에서 상당 기간 동안 평등주의에 반하는 세력으로서 기능해 왔지만 그 창시자인 예수는 상당히 강한 평등주의적 정열을 가지고 있었던 것으로 평가되며 비슷한 정열은 석가와 노자에게도 있었다(Hebblethwaite, 1989; 김동화, 1989). 공자에게는 그러한 강한 정열이 없었으나 주자학자들은 모든 인간에게 불성(佛性)이 들어있다는 석가의 명제를 모든 인간에게 이(理)가 들어있다는 동일한 구도의 명제로 바꾸어 유교 전통에 흡수하였다(Metzger, 1977).

평등주의의 프로그램을 만드는 일은 평등주의적 정열을 갖추는 것만큼 쉬운 일이 아닐 것이다. 무엇보다도 개인간의 차이가 어떻게 차등이 되지 않을 것인지를 납득시켜야 할 것이다. 특히 분업의 불가피성에 비추어 보면 이 점은 절실해진다. 그러나 분업의 경우만 해도 사람들에 의해 정당한 것으로 받아들여지는 차이의 예지만 개인간의 차이에는 그렇지 않은 것도 존재하는데 이를테면 규범에의 동조에 있어서의 차이가 있다. 규범은 사회에 따라 그 내용이 동일하진 않지만 일반적으로 인간의 생리적 성향과는 다소간 거리가 있게 마련이다. 그랬을 때 규범에의 동조가 이루어지기 위해서는 인간의 편에서 규범에 동조하려는 의지와 노력이 갖추어져야 한다. 그러한 의지와 노력이 늘 갖추어지는 것이 아닐뿐더러 그것들이 갖추어지는 경우에도 늘 동조에 성공하는 것이 아니기 때문에 규범이 있는 곳에 일탈이 있다는 명제가 성립하게 된다. 규범에의 동조자와 일탈자가 한 사회에 불가피하게 공존할 때 그 차이는 평등주의에 대한 중대한 도전이 될 것임에 틀림없다.

주자학의 평등주의적 전제가 실제의 적용과정에서 굴절하게 된 데에는 이 도전에 효과적으로 대응하지 못한 것이 한 몫을 하였다. 주자학은 모든 종교 및 대부분의 세속적 이념이 그러하듯 규범에 관하여 절대주의적 태도를 견지하고 있었다. 즉 어떤 행위가 선한지 악한지는 인간이 인위적으로 정한 것이 아니고 그 행위의 본질에 속하는 것으로 간주하였던 것이다. 그런데 주자학에서는 어떤 사람이 특정의 규범에 대하여 선한—동조적—행위를 하는 것은 그 사람이 모든 규범에 대하여 동조적 행위를 하려 하고 또 할 수 있는 일반적 성향을 지니고 있기 때문이라고 믿고 있었다. 이 심리적 존재를 주자학자들은 평이하게 마음이라고 불렀다. 어떤 주어진 시점에서 각 개인이 지니고 있는 마음의 능력은 서로 똑같지 않다는 것인데 이것이 주자학자들에게 있어서는 규범에의 동조와 일탈에 관한 개인적 차이를 설명해주는 기본명제였다.

주자학의 교설에 따르면 누구나 그 마음속에 이(理)를 지니는 인간이 바로 성인이 되지 못하는 것은 이를 둘러싼 채 그 온전한 발현을 방해하고 있는 기(氣)라는 존재 때문이다. 기의 단련—마음의 수련—을 통하여 그것으로 하여금 이의 발현을 더 이상 방해하지 못하게 하는 데 성공하면 인간은 성인이 된다. 그런데 기는 사람에 따라 그 질이 달라서 어떤 사람의 기는 다른 사람의 기보다 맑고 깨끗하다. 이렇게 보다 나은 기를 소유한 사람은 보다 못한 기를 지닌 사람에 비해 노력을 덜 들이고도 성인이 될 수 있을 것이다. 그런데 주자학자들은 사람의 기를 크게 군자(君子)의 기와 소인(小人)의 기로 나누는 경향이 있었다. 기는 인간이 태어날 때 갖고 태어나지만 주자학자들은 이 선천적 차이를 후천적 노력에 의해 극복할 수 있다고 믿었고 이것을 그들이 세상에 줄 "복음"으로서 자부했다(Tang, 1971 참조). 그러나 한편 그들은 어떤 주어진 순간에 군자의 마음을 획득한 사람과 소인의 마음을 갖게 된 사람의 구별이 있음을 인정하였으며 그에 대한 차등적 보상을 반대하지 않았다. 오늘날 기회의 평등을 평등의 본질로 보는 사람들과 같이 주자학자들은 규범에의 동조의 차이에 따라 다른 보상을 하는 것을 그들의 평등주의적 정열에 반하는 것으로 굳이 생각하려 하지 않았다고 할 수 있다.

이렇듯 어디까지나 수양에 필요한 노력의 양이 다를 수 있음을 말하고 있었던 주자학적 교설이 조선에서 양반의 우월한 지위를 뒷받침하게 된 것은 다음과 같은 배경에서였다. 어느 사회이건 규범체계가 대체로 잘 확립되어 있는 사회에서는 주어진 규범체계에 보다 잘 동조하는 사람은 그렇지 못한 사람보다 더 많은 존경을 받는데, 존경이 위신

(*prestige*)으로 굳혀지면 사회계층적인 함의를 지니게 된다. 양반이란 애초에 주자학적 규범체계에 보다 잘 동조하는 사람—유교적 표현으로 군자의 마음을 가진 사람—에 대한 존경을 위신으로 굳혀 지니는 사람들의 집단을 가리키는 것이었다. 다시 말해서 그것은 베버가 말하는 신분집단(*status group*)의 한 가지 획득적 유형이었다.

군자에 대한 존경이 양반에 대한 위신으로 굳어진 데에는 조선사회에서 양반이 단순한 도덕적 우등생 이상의, 도덕적 지도자의 역할을 자임하였던 것이 큰 작용을 하였다. 이 자임의 논리에 의하면, 소인은 그 기가 너무 불순하여 스스로는 그것을 극복하고 이를 구현해내기가 매우 어렵기 때문에 군자의 지도를 따르는 것이 효과적이었다. 이때 양반은 바로 종교적 지도자로서의 군자의 집합이었다.[1] 군자의 마음을 성취의 대상으로 본 주자학의 교설에 맞추어 양반은 원래 중세 서구의 귀족과 같은 혈연 귀속적인 영유신분(*estate*)이 아니고 승려나 현대사회의 전문직 같은 획득적 신분집단으로 자임되었었다. 중세 서구에서든 조선에서든 그 종교적 지도층의 지위를 획득적으로 삼은 것까지는 기독교와 주자학의 양 전통에 본래 들어 있던 평등주의적 정열의 발로였다.

그러나 승려와 달리 양반은 정치적 지도층의 지위까지 포함하고 있었는데 그것은 기독교와 달리 주자학은 정치를 도덕적 지도활동의 일환으로 간주하고 있었기 때문이다(금장태, 1980).[2] 이것은 양면도의 성격을 지니고 있어서 그 의도대로 정치를 도덕적인 것으로 만드는 역할도 할 수 있었지만 동시에 종교를 어떤 차원에서는 더 쉽게 권력의 후원자

---

1) 이러한 자임의 논리는 중국의 신사(紳士) 집단도 마찬가지로 가지고 있었으나 주자학의 교설 자체는 아니었다(Metzger, 1977: 180 참조). 이것은 인간이 가지고 있는 욕구 내지 이해 관계가 어떻게 주어진 이념과 결합하는가를 보여 주는 한 예라고 할 수 있다. 주지하다시피 베버는 이념과 이해 사이의 관계가 상호적인 것임을 역설하는 한편으로 지배의 유형에도 많은 관심을 기울였는데 박승길(1987: 12)은 양반이 주자학에 기반한 명망가(名望家) 지배를 하고 있었다고 본다.

2) 이것은 결국 정교(政教) 통합으로 나타나는데 서쪽에서는 기독교와 달리 이슬람교가 적어도 그 점에서는 비슷하다(Crone and Cook, 1980: 28).

로 만드는 역할도 할 수 있었다. 종교적 지도층이 동시에 정치적 지도층이기도 하면 자기가 자기를 견제해야 하는, 적어도 타집단을 견제하기보다는 어려운 일을 맡는 것이 되는 측면이 있었다.

사람이 어떤 규범체계를 받아들인다는 것이 자신의 생득적 욕구구조를 거기에 맞추어 바꾼다는 것을 뜻할 수는 없다. 주자학적 규범체계를 받아들였다고 해서 인간이 원래 가지고 있는 권력욕, 탐욕 등—주자학에서 기의 발로로서 설명되는—이 없어지는 것은 아닌 것이다. "군자"란 그런 것들이 없는 사람이 아니라 기껏해야 그런 것들이 더 적거나, 보통은 그런 것들에 대한 자제력을 더 배양한 사람일 뿐이다. 조선의 체제는 양반들끼리 서로 감시시킴으로써 양반 개개인이 스스로의 그러한 욕망에 빠져 들어가는 것을 막으려는 기제를 채택한 것이었으나, 양반 전체로서 상민에 대하여 그러한 욕망을 채우려고 할 때에는 그것을 견제할 다른 집단이 없는 것이었다.

그러한 상황에서 양반은 주자학적 교설을 회피하거나 심지어 무시하면서까지 그러한 욕망을 채우고 싶은 자기유혹을 이기기가 더 어려워질 것이었다. 이것이 시간이 지남에 따라 양반이 원래의 모습으로부터 조금 변모하여 일단 획득하는 지위는 상당한 정도 귀속성을 띠게 된 가장 큰 이유였다. 양반에게 주어진 지위는 상민을 지도할 수 있는—관료로서 또는 사림(士林)으로서—도덕적 능력의 획득에 연계된 것이었지만 양반은 힘에 기초하여 그 우월한 지위를 자손에게 물려주려 하게 되었다.

그것이 조선의 사회계층에 대해 일본지배 이래 도입된 잘못된 관점에서처럼 양반이 혈연 귀속적 신분임을 의미하는 것은 전혀 아니지만, 양반이라는 획득적 신분이 부차적이나마 그러한 귀속적 양태를 띠게 된 것은 특히 마음에 있어서의 불평등이 경화된 상태를 보여주고 있다. 거기에는 정교(政教) 통합의 취약성과 함께, 백성에 의하지 않고도 백성을 위할 수 있다는 민본주의의 허점도 개재되어 있었지만, 우리가 깨닫게 되는 것은 획득적이라고 하더라도 엘리트를 우월한 "신분"으로 상정한 것은 평등주의를 침식하는 작용을 하게 되었다는 점이다.

그런데 양반/상민의 신분구분은 군자/소인의 기를 구분하는 주자학적 존재론에 기초한 것이기 때문에 평등주의에 관한 한 주자학은 큰 약점을 지니고 있었다고 할 수 있다. 최제우는 바로 그것을 교정하려 하였다. 모든 사람이 하느님을 모시고 있다는(侍天主) 그의 명제는(신용하, 1987: 161) 누구나 이를 지니고 있다는 주자학의 평등주의적 명제의 약점을 교정하는 의미를 지니고 있었다. 최제우의 그 명제는 동학적 평등주의의 출발점이 되고 있는데 그것은 누구나 똑같이 존귀한 하늘을 지니고 있는 만큼 인간은 서로 평등하다는 함의가 거기에 내포되어 있었기 때문이다. 문제는 그렇다면 누구나 다 똑같은 이를 가지고 있다는 주자학은 왜 그러한 평등주의가 될 수 없는가 하는 점일 것이다.

구도 상의 유사성에도 불구하고 사람 속에 하늘이 들어있다는 명제는 사람 속에 이가 들어있다는 명제를 혁신하는 의의를 지니고 있었다. 이 점을 논하기 위해서는 주자학에서의 하늘과 이의 관계를 잠깐 살펴볼 필요가 있다. 주자학에서 하늘은 세계를 만든 창조자이며 만물에 명(命)을 내리는 주관자이다. 그런데 피조물인 우주와 분리되어 있는 하늘은 자기가 직접 세계 안으로 들어가는 대신에, 필자가 앞선 논문에서 설명하였듯이, 자기의 "분신"인 이로 하여금 들어가 활동하게 한다. 사람을 포함한 만물의 안에 들어있는 이 이를 통하여 하늘은 세상사를 주재하는 것이다. 최제우가 사람이 하느님을 모시고 있다고 말하는 것은 하늘은 이와 같은 매개자를 사이에 둠이 없이 사람 안에 바로 들어와 있다는 것이며 이것은 하늘의 공간적 초월성을 부정하는 동시에 하늘/이의 중첩 구도를 배제하는 것이었다.

이것은 양반이 자임한 종교적 지도층으로서의 우월성을 부정하는 함의를 지니고 있었다. 앞에서 살펴 본 바와 같이 양반의 논리에 따르면 상민은 그 기가 너무 불순하여 자신들 안에 있는 이를 직접 따르는 것이 매우 어려운 일이었다. 따라서 스스로 이를 따를 수 있는 능력을 갖춘 양반의 지도를 대신 따르는 것이 그들로서는 도덕에 이를 수 있는 길이 될 것이었다. 이렇게 상민에게 있어서 양반은 이를 대신하는, 또는 그것이 사회적으로 구현된, 집단이었다. 하늘의 중개자로서의 이의 필요성을 부정하는 것은 따라서 종교적 매개자로서의 양반의 필요성을 부정하는 함의를 지니는 것이었다.

2. 금욕주의의 간소화

기독교 전통에서 종교개혁가들이 교회의 매개적 역할을 부정함으로써 한 일의 하나는 신의 초월성을 강화한 것이라고 흔히 말해진다. 유태-기독교 전통에서의 신은 잘 알려진 바와 같이 자신의 피조물인 세계와 분리되어 있는 초월적 신이다. 그런데 중세 기독교에서는 교회 내지 사제계급을 세계와 신을 잇는 교량적 존재로 상정함으로써 신의 초월성을 희석시켰으며, 베버에 의하면 이것은 중세 기독교가 전체적으로 비합리적이고 비금욕적인 문화를 지니고 있었던 중요한 이유였다(Weber, 1976). 종교개혁은 말하자면 교회라는 신과 세계를 잇는 탯줄을 끊음으로써 신의 초월성을 되살렸고, 이것은 근대 서구의 합리적인 문화의 배경이 되었다는 것이다(Berger, 1967).

여기서 우리가 생각해보아야 할 문제는 우월한 지도층의 부정이라는 동일한 효과를 얻기 위함이었지만 최제우의 경우는 사람이 그 안에 하늘을 모시고 있다고 주장함으로써 오히려 하늘을 내재적인 존재로 만든 것이 아닌가 하는 점이다. 즉 서구의 종교개혁은 중세 기독교 속에 들어 있던 신비주의와 마술을 제거하고 철저한 금욕주의와 합리성을 도입하였지만 최제우의 종교혁신은 거꾸로 주자학의 금욕주의와 합리성을 신비주의와 마술로 바꾸어 놓은 것이 아닌가 하는 것이다. 하늘이 "저 높은 곳"에 있지 않고 사람 안에 바로 들어 있다면 동학교도는 "자기를 이겨 도덕을 살리는"(克己復禮) 주자학적 금욕주의를 버리게 될 것이었던가? 다시 말해서 최제우는 평등주의 도입의 대가로 도덕적 기대수준을 낮추는 일을 하였던 것인가?

베버는 종교를 크게 금욕주의적 종교와 신비주의적 종교로 나누었다. 금욕주의란 세계를 결함 많은 존재로 보고 그것을 어떤 초월적 기준을 향하여 개혁해 나가려는 자세를 가리킨다. 한편 신비주의란 세계로부터 떠나 어떤 내재적 힘과의 황홀한 합일을 꾀하려는 자세를 가리킨다. 여기서 신의 초월/내재성이 중요한 기준이 되어 있는데 베버에 의하면 금욕주의의 신은 또한 계율의 신이기도 하다. 즉 세계를 개혁하려는 자세는 동시에 대단히 윤리적인 자세이기도 한 것이다. 반면에 세계로부터 탈퇴하려드는 신비주의자는 (세속적) 윤리에 별반 관심을 기울이지 않는다. 신과 합쳐짐으로써 구원을 얻을 수 있다는 확신이 그로 하여금 윤리적 문제를 등한시하게끔 만드는 것이다. 베버는 또 세계내의 사물에 대해 신성(神性)을 부여하지 않는 금욕주의의 초월적 신관(神觀)은 합리성을 낳고 반대로 신비주의의 내재적 신관은 마술과 쉽게 결합된다고 보았다(Weber, 1968b, II: 541~556).

베버는 불교를 전형적인 신비주의적 종교로 간주하였다(Weber, 1967). 불교에서는 세상을 떠나 마음속에 들어 있는 불성과의 내면적 합일을 추구하는데 이것이 해탈이라고 불리는 불교적 구원이다. 특히 선종에서 의존하는 좌선은 행동, 언어, 사고의 극소화를 통하여 해탈을 얻으려고 하는 것인바 이것은 신비주의의 전형적 지표들에 해당된다. 또한 대승불교는 일반적으로 보살에의 마술적 의존을 강조한다는 점에서 내재적 신과 마술의 관련성에 관한 베버의 지적이 기본적으로 옳은 것임을 보여준다. 윤리적 관심에 관한 한 베버의 진술은 과장된 점이 있으나 적어도 세속적 윤리에 관해서 불교의 관심은 일반적으로 그렇게 강하지 않다고 할 수 있을 것이다.[3] 그런데 주자학자들은 베버 이상으로 불교를 윤리적 관심이 결여되어 있고 동시에 마술적인 종교로 간주했다. 말하자면 주자학자들도 불교를 신비주의적인 종교로 보았다고 할 수 있는데, 베버와 달리 그들은 불교의 그런 점을 혐오하고 있었다. 주자학자들은 불교의 승려들이 기본적으로 자신들의 개인적인 구원을

---

3) 불교가 허다한 종파를 지니고 있다는 점을 베버는 고려하지 않고 있는 편이다. 또 베버는 불교가 평신도의 윤리에 무관심하다고 생각했지만 대승불교는 평신도의 "세간"(世間)적 윤리에도 상당히 관심을 기울인다고 봐야 한다. 그러나 그것이 아주 발달하지는 않았던 것이다(김동화, 1989: 320~331 참조).

위하여 사회에 대한 윤리적 책임을 저버린 이기주의자라고 비난하였다. 또 그들에 의하면 불교는 윤회, 지옥, 극락 등의 존재하지도 않는 내세에 대한 거짓말을 가지고 민중의 무지에 기생하는 비합리적인 종교였다.[4]

과연 유교는 대단히 윤리지향적이면서 합리적인 전통이었다(이동인, 1986). 그것은 사람이 현세에서 다른 사람과 어울려 살아가는 데 있어서 어떻게 행동하는 것이 옳은가 하는 문제를 집중적으로 추구하는 대단히 세속적인 가르침이었다. 그리고 내세의 문제라든지 초자연적 현상에 대해서는 대단히 소극적인 관심으로 일관하고 있었다. 그러나 이것을 뒤집어서 얘기했을 때 기존의 유교는 뚜렷한 신관이나 우주관, 혹은 한마디로 존재론을 갖추지 않은, 종교라기보다는 하나의 단순한 윤리체계에서 많이 벗어나지 않는 존재였다고도 말할 수 있다.[5] 그러한 상태에서 유교가 불교에 바로 맞서기는 힘들다는 것을 주자학자들은 또한 느끼고 있었다.

이것이 바로 주자학자들이 이기론(理氣論)이라는 유교적 존재론을 창출해 낸 가장 큰 이유였다고 할 수 있다. 마음속의 집념을 버림으로써 해탈에 이를 수 있다는 불교적 구원론의 배경에는 세상을 지배하는 법칙이 궁극적으로 공허한 것이라는 불교적 존재론이 있었는데 주자학자들은 그것을 타파하기 위하여 이기론을 창출해 낸 것이었다. 이와 기는 불교의 법(法)과는 달리 궁극적으로 실재하는 존재였다(Chen, 1972: 473). 특히 이는 실재할 뿐만 아니라 영원하고도 불변하는 존재였다. 그것은 조물주인 하늘이 우주 안에 들어와 있는 분신인 것이다. 주자학자들은 이렇게 뚜렷한 신관과 우주관을 마련함으로써 하나의 세속적

4) 주자학자들은 불교를 배척하려는 동기를 가지고 불교를 보고 있었기 때문에 불교의 입장에서 보기에는 부당한 평가도 있다고 할 수 있다. 불교에 대한 주자학적 비판을 집대성한 글로는 鄭道傳, 《佛氏雜辯》을 들 수 있다. 한편 베버는 이념형(理念型)을 만들기 위해 어느 정도 의도적인 "부각" 작업을 하였다.

5) 오늘날 흔히 유교는 이러한 ― 주자학 이전의 ― 상태로 규정되고 있다. 베버도 주자학에 관한 자료를 많이 접하지 못하였었다(정재식, 1982: 149).

윤리체계에서 많이 벗어나지 않았던 유교를 완연한 종교로 발전시켜 놓았다.

그런데 주자학자들은 불교적 존재론과 구원론에 대항하는 과정에서 그들의 의도와는 상관없이 적지 않은 차용을 불교로부터 하고 있었다. 먼저 비록 그 비고 비지 않은 성격에서 갈리기는 하지만 사물에 내재한다는 점에서는 법과 닮은 이라는 존재론적 개념을 갖게 된 것이다. 또 주자학자들은 마음에 초점을 맞추는 불교적 방법을 도입하고 있었는데 그것은 이가 사람의 마음속에 들어있기 때문이다. 주자학자들에게 있어서 가장 중요한 생의 목표는 마음의 수양을 통하여 기의 표현인 욕정을 극복하고 이의 표현인 도덕을 실현하는 것이었다(Metzger, 1977: 380~384). 이것이 주자학을 마음의 학문(心學)이라고 부른 이유였다.

그러나 이러한 불교에서의 차용은 주자학을 신비주의가 아닌 금욕주의적 종교로 만들고 있었다. 주자학자들이 마음에 초점을 맞출 때는 마음을 비워 황홀경에 빠져 들어가자는 것이 아니고 마음속에서 들려 오는 율법의 목소리를 좇아 욕정과의 냉철한 투쟁을 벌이자는 것이었다. 무엇보다도 불교가 가지지 못하는 초월적인 계율의 신으로서의 하늘을 주자학은 가지고 있었다. 그 분신인 이는 우주 안에 들어와 있다는 점에서 공간적인 초월성은 상실하게 되었지만 그 외의 모든 점에서 하늘의 초월성을 유지하고 있었다. 이것을 단순화시켜서 말했을 때, 이는 비록 사람의 마음속에 들어있지만 기에 의해 가려져 있기 때문에 사람이 미치기 힘든 위치에 자리잡고 있는 것이었다.

초월적인 신으로 잘 알려져 있는 경우는 유태-기독-이슬람교 전통에서의 신이다. 그런데 그 신은 사람과 닮았을 뿐 아니라 사람과 교신을 나누는 인격적인 신이기도 하다. 반면 하늘은 그런 인격신이 아니었는데 사람으로부터 더 멀리 떨어져 있다는 점에서는 하늘이 더 초월적인 신이라고도 할 수 있었다.[6] 이렇듯 철저한 초월성을 하늘에 대해 부여

---

6) 베버를 포함하여 서구인들은 초월적인 신은 인격신이라는 고정관념을 가지는 경향이 있다. 그러나 사람과 닮았다는 것은 그렇지 않은 것보다 사람에 가깝다고 할 수 있다. 원래 유교 전통에는 상제(上帝)라는 인격신이 있었는

한 것은 적어도 의식 속에서는 주자학을 불교와 반대되는 종교로 만들고 싶어했던 주자학자들의 이념적 욕구가 반영된 것일 수 있다. 분명한 것은, 그들이 마음에의 집중이 불교와 같은 종교로 주자학을 만들게 되지 않을까 하는 우려를 가지고 있었던 사실인데, 그들이 한편으로 격물치지(格物致知)의 방법을 강조하게 된 것은 그것과 관련이 있었다.

격물치지의 방법이란 이가 인간 밖의 객체(物) 속에도 들어있기 때문에 이에 도달하기 위해서는 사물에 관한 객관 내지 경험적 연구도 병행해야 한다는 취지를 지니는 것이었다.[7] 그러한 객관적 연구는 선인들에 의해 이미 많이 축적되어 있을 것이기 때문에 독서를 통하여 그것을 활용하는 것이 장려되었는데 바로 이 주지주의(主知主義)는 너무도 초월적인 하늘과 더불어 주자학의 평등주의적 전제를 굴절시키는 교설이 되었다. 주자학자들은 하늘의 공간적 초월성마저 살리기 위하여 이라는 하늘의 분신을 상정, 하늘-이의 이중구조를 마련하였던 것인데 이것

데 그것은 공자 시대 — 유교 전통의 기원은 공자 이전으로 거슬러 올라간다 — 에 이르러 하늘이라는 추상적인 개념에 의해 실질적으로 대체되었다(Chan, 1963: 3~4). 하늘은 원래 창공을 가리키는 말이었지만 공자가 사용하는 하늘의 개념은 이미 그런 의미를 벗어나 있었다. 예수가 '하늘에 계신 아버지'라고 말할 때 하늘은 세계에 대한 초월적 위치를 상정하는 말이라고 할 수 있는데 나중에 기독교 세계에서 그 말이 '하늘에 계신 아버지'를 대신하여 사용되는 경우도 있게 되었다. 공자의 하늘도 비슷한 맥락을 지니는 말이었는데 그것이 예수에게서 '아버지'로 상징되는 인격적인 존재가 아닌, 추상적인 존재라는 점이 한 가지 달랐다. 또 한 가지는 공자에게 있어서는 하늘과 세계의 관계가 창조자/피조물의 관계로 명확히 규정되지 않고 있었다는 점이다. 이에 대해 주자학자들은 창조자/피조물의 관계를 포함하여 세계에 대한 하늘의 초월성을 좀더 명확히 하였다. 베버를 포함한 많은 서구의 연구자들이 유교의 신관이 내재적이라고(예컨대 Bellah, 1976) 말하기 위해 초점을 맞추는 도(道)의 개념은 하늘 자체가 아닌 하늘의 섭리를 가리키는 말이라는 점에도 유의해야 한다.

7) 주자, 즉 주희(朱熹)의 경쟁자였던 육구연(陸九淵)은 진리는 마음속에 다 들어있다고 주장하였는데 주자는 이에 대해 그러면 그것이 불교와 뭐가 다르냐고 비판하였다. 육구연의 관점을 부활시킨, 또 다른 신유학(新儒學)인 양명학(陽明學)을 조선 주자학자들이 계속 백안시했던 것도 결국 그러한 논리에서였다. 주-육의 논쟁에 관해서는 陳榮捷(1982).

이 어떻게 양반의 우월적 지위를 뒷받침하는 역할을 하게되었는지는 이미 살펴 본 바 있다.

독서의 과잉강조는 현실적으로 장기간에 걸친 교육을 받을 기회를 갖기 힘든 대부분의 생산대중에게 "누구나 노력하면 성인이 될 수 있다"는 명제를 무의미한 것으로 만드는 역할을 하고 있었다. 이것은 더 나아가서 지식의 획득이 곧 도덕적 성취의 지표인 양 악용될 수 있는 소지를 제공해주고 있었다. 이것은 또 지식을 획득할 수 있는 필요조건으로서의 여가의 획득이 지식의 획득 그 자체인 양 내세워지게 되면 여가의 획득을 가지고 군자의 지위를 참칭할 수 있는 여지까지를 제공하고 있었는데, 그러한 일이 실제로 발생하게 되었다. 속칭 "한량(閑良)"이라는 것이 대표적인 경우인데, 금욕과는 동떨어진 생활을 하는 자들이 금욕의 대가로 상정된 양반의 우월적 지위를 향유하는, 앞뒤가 바뀐 현상이 발생했던 것이다.

이렇게 독서의 과잉강조는 주자학자들로 하여금 그들이 불교에서 차용한 평등주의적 전제를 진정한 평등주의적 교설로 발전시키지 못하게 하는 데 일조를 하고 있었다.[8] 생각해보면 이때 평등주의는 내재적인 힘의 상정과 관련되어 있었음을 알 수 있는데, 내재적인 힘이 만인의 마음속에 두루 들어 있다는 것에서 평등주의적 함의가 생겨나는 것이었다. 최제우가 하려고 했던 것은 금욕주의를 해치지 않는 범위 안에서 그러한 내재성을 강화함으로써 평등주의를 한번 끝끝내 살려보려는 것이었다고 할 수 있다.

그가 주자학자들에 의해 이미 한번 차용된 불교적 내재성을 다시 한번 차용한 것은 바로 그러한 동기를 지니는 것이라고 할 수 있었다. 혹은 베버의 말대로 내재적 신관이 신비주의를 이루는 요소라면, 최제우는 불교적 신비주의 자체를 상당량 그의 가르침 속에 도입했다고도 말할 수 있다. 그러나 그 정도의 신비주의는 그의 가르침 속에서 주자학

8) 평등주의와 본원적으로 모순되는 것은 아니지만 주자학의 한 가지 실제적인 차별적 관계 설정에 대해서는 최홍기(1986) 참조.

의 금욕주의에 압도되어 다만 그 금욕주의의 주지주의적 색깔을 중화시키는 밑받침이 되었다고 할 수 있다.

사실 주자학자들도 이미 불교적 신비주의를 적지 않게 흡수하고 있었다고 말할 수 있다. 주자학자들이 마음속에 있는 이를 탐구하기 위하여 숲 속의 정자에 홀로 앉아 생각에 잠겨 있을 때 그것은 분명히 절에서 좌선을 하고 있는 승려의 모습을 연상시키는 바가 있었다. 비록 이때 승려는 생각을 비우고 선비는 생각에 빠지는 것이 대조적이지만 적막한 공간에 옷깃을 여민 채 앉아 도(道)를 구하려고 하는 그 자세에는 상당히 신비주의적인 분위기가 들어 있었던 것이다. 특히 퇴계에 의해서 강조되었던 외경(敬)이라는 개념은 바로 그러한 분위기를 가리키는 것이었다(de Bary: 1979).

그러나 앞서 말했듯이 불교적 신비주의에 대한 경각심 또한 한편으로 가지고 있던 주자학자들은 격물치지의 개념을 가지고 그러한 것을 상쇄해보려는 동기를 동시에 가지고 있었다. 이에 대해 사람이 그 마음속에 바로 하늘을 모시고 있다고 역설하는 최제우는 이제 거리낌없이 진리는 다른 데에 있지 않고 각자의 마음속에 들어있음을 역설하였다. 이렇게 주자학에서 이미 강조되어진 마음의 수양을 최제우가 그 주지주의적 제약마저 풀어버리면서 강조한 것이 이른 바 수심정기(守心正氣)의 방법론이다. 따라서 신비주의는 그만큼 더 강화되었다고 할 수 있는데 그렇더라도 마음속에 들어있는 하늘이 빈 존재가 아닌 계율의 신으로 남아 있는 한 최제우의 가르침은 여전히 금욕주의로 남아 있을 것이었다.[9]

---

9) 최제우는 무위(無爲)라는 신비주의적 개념을 자주 사용하고 있지만 원래의 의미대로가 아닌, 금욕주의적 가르침에의 유인으로서 사용하는 편이다. 예컨대 그의 《교훈가》에는 "입도(入道)한 세상 사람 그날부터 군자 되어, 무위이화(無爲而化) 될 것이니 지상신선(地上神仙) 네 아니냐" 하는 구절이 있지만 이것을 그 앞 절에 나오는 "시킨 대로 시행해서 차차차차 가르치면, 무궁조화(無窮造化) 다 던지고 포덕천하(布德天下) 할 것이니"라는 구절과 연결시켜서 생각해보면 '그날부터'는 '차차차차'라는 말에 의해, 그리고 '무위이화'는 '포덕천하'에 의해, 그 의미가 완화되고 있음을 알 수 있다. 그랬을

문제는 하늘이 모든 사람의 마음속에 들어있어 사람을 움직이고 있다면 왜 어떤 사람은, 예컨대 부패한 류의 양반처럼, 악한 행동을 하는가 하는 점일 것이다. 인간이 존귀한 하늘을 자기 안에 모시고 있다는 것은 혁신적이긴 해도 부담스러운 명제였다. 주자학에서는 기라는 개념의 도입을 통하여 역시 존귀한 이를 인간으로부터 떨어뜨려 놓았다. 그리하여 이로부터 떨어진 인간이 평생을 두고 이를 향하여 나아가는 것을 생의 목표로 삼았다. 최제우가 불교로부터 한번 더 도입한 신비주의가 주자학적 금욕주의를 해치지 않았다는 것은 바로 그의 가르침이 그 금욕주의의 기본구도를 계승하고 있었기 때문이다. 최제우에게서 하늘은 궁극적으로 주자학의 이가 차지하고 있던 위치에 이 대신 자리 잡게 되었던 것이다. 주자학에서 이는 세계 내에 들어와 있어 공간적 초월성을 상실하고 있었지만, 그 외의 모든 점에서는 창조주의 분신으로서의 초월성을 누리고 있었다. 이것을 편의상 관념적 초월성이라고 부른다면 동학의 하늘은 이의 관념적 초월성을 접수하고 있었다. 이와 다른 점은 다른 무엇의 분신이 아니었다는 것이다.[10)]

최제우가 한 일은 금욕주의를 간소화 내지 보편화시킨 것이었다. 그는 하늘의 계율을 따르기 위하여 과도한 지식을 추구할 필요가 없음을

때, 지향하는 바가 그냥 신선이 아닌 '지상' 신선이라는 것이, 군자라는 말의 사용과 더불어, 신비주의자처럼 세계를 떠나지 않고 금욕주의자로서 사회적 윤리를 지키겠다는 것임이 명백해진다. 무엇보다도 '시킨 대로 시행해서'라는 말은 합일의 대상이 아닌 복종의 대상으로서의 신 — 계율의 신 — 을 가리키고 있는 것이다.

10) 최제우의 제자 가운데에는 주자학의 기본적 지식을 습득한 사람들도 있었을 것인데 그들에게도 하늘이 사람의 마음속에 들어 있다는 것이 바로 받아들이기 힘든 명제였을 것이다. "하늘의 마음이 곧 사람의 마음이라면 어찌하여 선한 자와 악한 자가 있습니까 하고 〔누군가가〕 물었다. 〔나는 여기에〕 대답하여 … 군자의 덕은 기가 바른 편이어서 마음이 안정되어 있는 편이고 … 소인의 덕은 기가 바르지 못해 마음이 불안정한 편이다"(曰 天心卽人心 則 何有善惡也 曰 … 君子之德 氣有正而心有定 … 小人之德 氣下正而心有移). 결국 최제우도 기가 이를 가리고 있기 때문에 선악의 구분이 발생한다는 주자학적 도식에 어쩔 수 없이 의존하고 있음을 알 수 있는데 거기서 하늘이 이의 자리를 대신 차지하고 있는 것이다.

역설하였다.[11] 적지 않은 양반들이 그것을 가지고 허세를 부리던 글공부라는 것은 유교적 도덕을 추구하는 데 있어서 많은 부분 불필요할 뿐 아니라 상당한 정도 본질에서 벗어나 있는 지식이다.[12] 많이 아는 척하는 양반은 따라서 그 자신 유교적 도덕을 충실히 따르지 못하면서 동시에 대중으로부터 그 도덕을 가리우는 이중의 잘못을 범하고 있는 것이었다. 최제우에 의하면 도덕률은 바로 각자의 마음속에 들어 있어서 누구라도 쉽게 접근할 수 있는 것이었다.[13] 그것은 바로 모두가 그 마음속에 모시고 있는 하늘이었기 때문이다. 사람들은 먼저 그 하늘을 정성〔誠〕과 외경〔敬〕으로 받들고 따르면 될 일이었다. 여기서 외경이란 앞서 본 바와 같이 마음에 초점을 맞출 때의 다소 신비주의적인 분위기를 풍기는 개념이거니와 정성이란 그렇게 마음에 초점을 맞추는 것이 궁극적으로는 신비주의적 황홀경이 아닌 금욕주의적 행동을 지향하고 있다는 것을 재확인시켜 주는 역시 중요한 주자학적 개념이었다.[14]

정성과 외경이 주자학적 개념 중 마음에 초점을 맞추는 개념의 재강조라고 한다면, 최제우는 하늘에의 접근을 더욱 열린 것으로 하기 위하여 새로이 믿음(信)의 방법을 도입하였다. 하늘을 사람들이 따르고 받들 뿐 아니라 믿고 의지할 수 있는 존재로 만들려고 했던 것이다. 이를 위하여 최제우는 주문, 부적 등의 선교(仙教)적 마술을 도입하였다.[15] 그러나 여기서도 마술은 어디까지나 주자학적 금욕주의를 대중화하는

11) "열세〔13〕자(字) 지극하면 만권시서(萬卷詩書) 무엇하며, 心學이라 하였으니 불망기의(不忘其意) 하여셔라", 《교훈가》.

12) "십 년을 공부해서 도성입덕(道成立德) 되게되면 속성이라 하지마는 무극(無極)한 이내 도는 삼년불성(三年不成) 되게되면 그 아니 헛말인가", 《안심가》. "문필(文筆)이 유여(裕餘)하니 도덕군자 분명타고 모몰염치(冒沒廉恥) 추존(推尊)하니 우숩다 저 사람은 지벌(地閥)이 무엇이게 군자를 비유하며 문필이 무엇이게 도덕을 의논하노", 《도덕가》.

13) "네 몸에 모셨으니 사근취원(捨近取遠) 하단 말가", 《교훈가》.

14) 퇴계가 경(敬)을 강조한 반면 율곡은 성(誠)을 강조하였으나 상대적인 차이였다(유명종, 1987).

15) 선교란 중국의 도교(道教) 및 우리의 이른바 '샤머니즘'을 포괄하는 개념이다. 둘 사이에는 오랜 교류가 있었다.

수단으로 사용되고 있었다고 할 수 있다. 첫째, 이것은 대중이 지니고 있는 최소한의 마술적 욕구를 포용함으로써 그의 가르침을 대중에게 좀 더 설득력 있는 것으로 하려는 의도였다. 이것을 약간 달리 말하자면, 그의 가르침 속에 들어있는 금욕주의를 대중들이 받아들이는 대가로 그들의 마술적 욕구를 수용하려는 것이었다고 할 수 있다.

이러한 "타협"은 마술이 본질적으로 비금욕주의적인 요소인 만큼 금욕주의를 원칙적으로는 어느 정도 약화시킬 수 있겠지만 그렇게 완화된 금욕주의를 대중들이 더 용이하게 따를 수 있다는 점에서 금욕주의를 현실적으로는 오히려 더 강화시키게 된다고도 할 수 있다. 마술이라는 것은 인간이 신(적인 존재)의 의지를 바꾸어 놓을 수 있다는 믿음에서 비롯되는 것인데 최제우에게 있어서는 하늘이 거의 언제나 초월적인—인간의 의지가 미치지 못하는—의지를 지니는 것으로 묘사되고 있다는 사실에서 우리는 이러한 동기를 읽을 수 있다.[16]

이런 점에서 예수의 주기도문처럼 그의 정형화된 주문은 마술적 내지 도구적 의미보다는 표현적 의미를 더 강하게 지니고 있었다고 할 수 있다.[17] 마찬가지로 그가 마술적 치병(治病) 능력을 강조한 것도 예수

16) "명명(明明)한 이 운수는 원한다고 이러하며 바란다고 이러할까", 《교훈가》. "이도 역시 천정(天定)이라 무가내(無可奈)라 할 길 없다", 《안심가》. 그렇기 때문에 최제우가 간혹 '지성감천(至誠感天)' 등과 같은 말을 쓸 때는 역설적인 맥락에서라는 것을 알 수 있다. 또 그가 그를 따르는 사람들에게 소위 삼년괴질(三年怪疾)을 면하게 해 줄 수 있다고 얘기할 때 그것은 그가 하늘로부터 받은 카리스마를 (하늘의 계획에 따라) 사람들에게 나누어 주는 과정으로 설명되고 있기 때문에 하늘의 의지적 초월성은 손상되지 않는다. 베버에 의하면 신의 의지적 초월성을 철저하게 강조한 교리가 곧 칼빈의 운명예정설이며 거기에서는 마술적 비합리성이 자리잡을 여지가 없어진다(Weber, 1976: 103~107).

17) 강령주문(降靈呪文)은 "지기금지원지대강(志氣今志願爲大降)"이고 본주문(本呪文)은 "시천주조화정영세불망만사지(侍天主造化定永世不忘萬事知)"이다. 이 주문과 예수의 주기도문 모두 자기를 위해서가 아닌 신을 위해서 기도를 한다는 형식을 취하고 있는 것은 신은 인간의 도구가 될 수 없고 인간이 신의 도구가 된다는 측면에서의 신의 초월성을 표현해 주는 것이다. "묻기를 주문의 뜻이 무엇입니까 하므로 대답하여 지극히 하느님을 위하는 글

에게서와 같이 대중의 "믿음"을 얻기 위한 수단의 성격을 띠고 있었다고 봐야 할 것이다. 둘째, 믿음은 믿을 의지만 갖춘다면 가장 쉽게 성취할 수 있는 방법이라는 점에서 대중에게는 가장 열려진 방법일 수 있다. 그가 구세주인 것을 믿는 것으로 족히 구원을 얻을 수 있다는 예수의 언명은 그런 의의를 지니고 있었던 것인데 불교 전통에서도 예컨대 서방정토에 살기를 염원하는 것으로 충분하다는 원효의 설법은 기본적으로 같은 동기를 가지고 있었다.

최제우가 하늘을 인격신으로 정한 것도 결국 사람이 좀더 쉽게 믿고 의지할 수 있는 존재로 삼기 위함이었다고 할 수 있는데 여기에는 동학에 대한 기독교의 영향이 반영되어 있었다. 조선 주자학자들은 오래 전부터 마테오 리치의 《천주실의》(天主實義)에 소개된 기독교의 신 — 하느님(天主)으로 번역된 — 과 주자학의 하늘(天)을 비교해왔다. 비교를 해 본 대부분의 사람들에게 하늘은 하느님보다 더 초월적인 존재였고 그 점에서 우월한 신이었다. 그들이 보기에 하느님은 인간과 닮았다는 점에서 — 세계와 겹친다는 점에서 — 완전히 초월적이지 못한 신이었다. 그리하여 기독교도들이 신에게 예배하고 기도하는 것은 기독교의 미신성을 말해주는 것이었다.

그러나 정약용을 비롯한 몇몇 사람들은 오히려 하느님을 하늘의 잠재적 성격이 완전히 구현된 형태로 간주하였다. 주자학의 권위 밑에 놓여 있던 그들은 하느님을 하늘보다 우월한 존재라고 말하지는 않았으나 그 동의어로 대체해 사용함으로써 자신들의 선호가 어디에 놓여 있는지를 보여주고 있었다(금장태, 1984). 후의 위정척사(衛正斥邪) 론자들이 전자의 입장을 계승 강화한 것이라면 최제우는 후자의 입장을 채택한 것이라고 할 수 있는데, 그는 하늘을 대체로 하느님(한울님)이라는 이름으로 부르고 있었다. 적어도 인격적 초월자라는 점에서 그의 하느님은 기독교의 하느님과 동일한 성격을 지니고 있었던 것이다.

인간에게는, 적어도 많은 인간에게는, 마술적 욕구가 다소간에 존재

이다"(曰 呪文之意何也 曰 至爲天主之字), 〈論學文〉, 《東經大典》.

하는 것인지도 모르는데, 만약에 그렇다고 한다면 주자학은 그러한 욕구를 종교적으로 승화시키는 데 실패하였다고도 할 수 있을 것이며, 어쩌면 그것이 그 자체로서는 지극히 합리적인 유교 전통이 "마술의 정원"에 둘러싸여 그것을 퇴치할 수 없었던 궁극적 원인이었는지도 모른다.[18] 최제우가 선교적 마술을 도입한 것은 "과도하게" 초월적인 하늘을 사람들이 현실적으로 의존할 수 있는 수준에까지 끌어내리려는 한 방편이었던 것이다.

이제 하늘은 사람의 마음속에 들어와 있는 것으로 그치지 않고 사람을 닮기까지 한 존재가 된 것이었다. 그런데 그렇게 내려온 하늘이었지만 그것은 여전히 대단한 초월성을 누리는 신이었다. 그것은 세계를 창조하였고 지금도 주관하며 인간에게 도덕을 강요하고 운명을 일방적으로 결정하는 그러면서도 지극히 공평무사한 신이었던 것이며, 이런 의미들을 모두 담아서 최제우가 하늘을 부른 이름이 하느님이었던 것이다.[19]

최제우가 하늘을 만날 때는 불교적인 합일로서보다는 선교적인 신내림으로서 만났는데, 금욕주의적 — 계율적 — 인 신이 그에게 내렸을 때 그는 무당이 아닌 예언자가 되었고, 예언자로서의 그가 세계에 대해 경종을 울리는 방법은 종말론이었다.[20] 이렇듯 그는 불교와 선교를 사용

---

18) '마술의 정원'은 유교 안의 존재가 아니었던 것이다(Weber, 1968a: 155).

19) 윤이흠은 동학이 수련주의와 봉언주의를 포괄하고 있다고 말한다(윤이흠, 1988: 116~117).

20) 동학은 그가 37세 때 이른바 대각(大覺)을 이룸으로써 시작되었는데《東經大典》,〈布德文〉에서는 그 장면을 다음과 같이 서술하고 있다. "뜻밖에 사월에 마음이 서늘해지고 몸이 떨려 병인 듯하되 그 증세를 꼬집어 말할 수 없을 즈음에 문득 어떤 선어(仙語)가 귀에 들어오는지라"(不意四月 心寒身戰 疾不得執症 言不得難狀之際 有何仙語 忽入耳中). 베버의 표현을 빌자면 이것은 궁극적으로 그가 신을 담기 위한 그릇으로 자기를 만드는 신비주의자가 아니라 신에 의해 그 도구로서 사로잡힌 금욕주의자라는 것을 보여주는 서술이 된다. 신에 의해 신 대신 신의 계율을 사람들에게 환기시키는 도구로서 선택된 사람이 곧 예언자〔*prophet*: 선지자(先知者)로도 번역이 되지만 가장 가까운 번역은 대언자(代言者)라고 할 것임〕이다. 베버는 나중에

하여 결과적으로 주자학의 금욕주의를 거의 기독교적 금욕주의—베버가 전형적 금욕주의로 간주한—와 같은 것으로 바꿔 놓고 있었다.[21] 이 새로운 금욕주의는 하늘에 대한 정성, 외경, 믿음으로 표현될 것이었다.

최제우 자신의 말대로 동학은 유, 불, 선 삼교가 합한 것이었다. 그러나 그것을 합금이라고 한다면, 우리가 보아온 바와 같이 그 본재는 어디까지나 유교였고, 불교와 선교는 주자학의 금욕주의를 대중에게 열린 것으로 하기 위해 사용한 강화재였다. 그런 점에서 동학은 유교적 전통의 연장선상에 있는 종교개혁운동이었다고 말할 수 있다(신일철, 1982 참조).

3. 신비주의와 금욕주의

우리는 여기서 내재적 신관을 신비주의적 요소로 당연시한 베버적 관점의 타당성을 한번 검토해보아야 할 필요를 느낀다. 왜냐하면 우리가 보아왔듯이 불교나 선교의 내재적 신관은 최제우에 의해 사용되어 주자학의 금욕주의를 현실적으로 강화시켜 주는 역할을 하였기 때문이다. 뿐만 아니라 불교의 내재적 신관은 이미 주자학자들에 의해 사용되어 하나의 세속적 윤리체계에 지나지 않던 기존의 유교를 완연한 금욕주의적 종교로 발전시켜 놓았었다. 똑같지는 않지만 어느 정도 유사한 변동이 기독교가 유태교로부터 발전해 나올 때에도 발생했던 점을 주목해 볼 필요가 있을 것이다.

고대 유태교는 고대 유교만큼은 아니었지만 아주 세속적인 종교였고 유교에 못지 않게 윤리지향적인 종교였다. 유태교의 경우 십계명을 근

신비주의와 관련해서도 예언자의 유형을 하나 첨가하였지만 그 원형은 금욕주의에 있었다(Weber, 1968b: II, 439~451).

21) 물론 그 둘이 똑같았던 것은 아니다. 한 가지 차이점은 동학이 민족주의적 종교였다는 것이다.

간으로 하여 구약성서의 첫 부분(모세오경)에 기록되어 있는 갖가지 율법에 복종하는 것이 구원의 조건이었다. 그런데 예수가 문제삼았던 것은 유태교의 지도자들이 율법의 자구적 이행에 얽매인 나머지 그 본 정신을 망각하고 있다는 점이었다. 그들은 행동의 외면적인 동조에만 관심을 두고 그 내면은 소홀히 하고 있었다. 이에 대하여 예수는 구원의 열쇠가 인간의 마음에 있다는 점을 강조하였다. 그는 사람들에게 순결한—탐욕과 자만을 비운—마음을 가질 것을 요구했다.

그런데 윤리지향성을 금욕주의적 종교의 속성으로 본 베버가 유태교 대신 기독교를 금욕주의적 종교로 간주하였던 것이다. 이것은 율법보다 마음을 강조한 예수의 가르침에 비추어 일견 역설적이라고 할 수 있는데, 더군다나 마음의 강조는 여기에서도 어떤 내재적인 힘과 결부되어 있었다. 예수는 자신에게 신의 권능이 들어있음을 강조하였고 또 그 권능을 그를 따르는 사람들에게 나누어 줄 수 있음을 보여주었는데, 이를테면 마음을 비운 자가 그 권능을 더 쉽게 받아들일 수 있다는 것이었다.

그러나 마음을 비우라고 하는 데까지 이르렀던 그의 가르침이 결코 신비주의적 종교로 된 것은 아니었다. 예수는 결코 율법의 중요성을 부인한 것이 아니었다. 예수가 하려고 했던 것은 율법을 "마음으로" 지키게 하려는 것이었다. 그가 사람들의 빈 마음속에 집어넣어 주려고 했던 권능은 그 본질이 빈 것이 아닌 율법의 권능이었던 것이다. 그랬을 때 사람들의 마음속에 자리잡을 것은 열반의 황홀경이 아니라 선과 악의 격렬한 투쟁일 것이었다.

예수의 이러한 가르침은 후에 성령이라는 개념으로 기독교의 교리에 자리를 잡게 되었는데 이 성령이라는 힘은 물론 내재적인 존재인 것이며 바로 이 점에서 기독교의 신은 유태교에서보다 덜 초월적이라는 사실은 베버도 인정하고 있다(Weber, 1981: 325). 그런데 베버는 여기서 그 정도의 초월성의 약화는 기독교가 금욕주의적 종교로 되는 것을 막지 못했다는 소극적인 평가를 하고 있지만, 필자의 생각에는 그것을 오히려 적극적으로 평가해야 할 필요가 있다고 본다. 즉 성령이라는 개념의 도입이 기독교가 금욕주의로 되는 것을 저해하지 않았을 뿐 아니라 더 나아가 공헌을 했다고 보는 것이다.

먼저, 성령은 사람의 행동뿐 아니라 마음까지를 율법으로 사로잡기 위하여 사람의 내부에 들어와 있게 된 것이라고 할 수 있다. 마음에의 강조에 따라 행동으로의 동조가 즉각적으로는 어느 정도 약화된다고 하더라도, 그것은 마음으로의 동조라는 새 수확을 통해 상쇄되고도 남을 것이었다. 또 이것은 계층적으로 현학적 율법지식을 갖출 수 없는 일반 대중에게도 (간소화된) 율법을 보급한다는 점에서도 윤리의 강화를 가져올 것이었다. 또 한 가지는, 기독교도들이 세속적 영화를 거부할 때 성령은 그들이 그 대신 의존할 수 있는 내면적 대칭물이 되어 준다는 사실이다. 베버는 희랍 기원의 영(靈)/육(肉) 이원론이 기독교의 현세거부 — 금욕주의의 다른 표현 — 의 배경에 있다는 시사를 하고 있으나 성령이라는 개념은 신과 연계된 상태의 영혼을 가리키고 있다는 점에서 앞서 본 예수의 종교적 창안이 그 핵을 이룬다고 해야 할 것이다.

한편, 베버는 희랍 지식체계의 조직성 및 로마 행정-법체계의 조직성이 기독교적 금욕주의 — 그 합리성(조직성)이라는 측면에서 봤을 때 — 의 또 다른 연원이라고 시사하고 있으나, 우리는 성령이라는 개념이 가지는 조직성의 의미도 그에 못지 않게 중요하다고 생각한다.[22] 성령은 어느 한 사람의 마음이 아닌 만인의 마음에 강림하는 존재이기 때문이다. 성령은 기독교도로 구성된 사회를 하나의 내면적 힘으로 꿰뚫는, 말하자면 정신적 조직성을 제공하고 있다고 볼 수 있는 것이다. 기독교의 신은 정확히 말해서 초월성과 내재성을 겸비하고 있었던 것이고, 이것이 신이 초월적이기만 하던 유태교가 될 수 없었던 금욕주의적 종교로 기독교가 발전한 한 요인이라고 해야 할 것이다. 이것은 역시 초월성과 내재성을 겸비한 이라는 존재의 도입에 의해 주자학이 금욕주의가 될 수 있었던 것과 비교될 수 있는 현상이라고 하겠다.[23]

---

22) 그리스-로마 전통과 기독교와의 관계에 대해서는 Weber(1968b, II)의 여러 대목에서 언급이 되고 있다.

23) 기본적으로 같은 현상을 유신론(有神論, *theism*)/범신론(汎神論, *panthe-*

사실은 내재성이 신비주의와 마술에 연결된다는 베버의 주장이 완전히 초점을 빗나간 것은 아니다. 신비주의는 언어와 행동 대신에 무언(無言)과 무위(無爲)에 보다 의존하려는 경향으로 구체화된다. 예수는 무위를 설교하지 않는다는 점에서는 말할 것도 없거니와 언어에의 의존을 배제하지는 않는다는 점에서도 분명히 석가—예컨대 염화시중의 미소를 지을 때의—같은 신비술사(神秘術士)는 아니지만 그가 직설 대신에 비유를 즐겨 사용하는 것은 언어를 "초논리적"으로 사용하려는 신비주의적 경향의 일단을 보여준다고 하겠다. 또 그가 율법에 관한 지식을 강조하지 않은 것도 궁극적으로 "말"에의 의존을 줄이려는 태도를 보여준다고 할 것이다. 한편 예수가 행한 무수한 기적은 적어도 그것 때문에 그를 따르게 된 사람들에게는 마술의 역할을 하고 있는데, 이것은 비단 내재적인 힘이 마술과 연결되어 있다는 베버의 고찰에 의하지 않더라도 예수에게 들어있는 신의 권능의 표현으로 제시되고 있다는 점에서 우연한 일이 아님을 알 수 있다. 이런 점들은 어느 정도의 신비주의와 마술이 최제우에 의해 사용되어 주자학의 금욕주의에 들어 있던 주지주의를 순화하였다는 것과 비교될 수 있을 것이다.

여기서 그렇다면 수정되어야 할 것은 내재적 신관이 신비주의와 연결되어 있다는 명제 자체라기보다 금욕주의와 신비주의를 서로 대칭되는 범주로 나누는 베버의 시각일 수 있다. 이 두 가지는 서로 양극의 관계에 있다기보다 고대 유교라든지 유태교 같은 보다 세속적 전통에 대해서는 반대방향에 같이 있다고 해야 할 것 같다. 세속적 전통에서 보았을 때, 빈 마음으로 빈 힘과의 합일을 추구하는 데까지 이르면 신비주의가 되지만, 빈 마음속에 내면적 계율을 수용하는 데에서 그치면 금욕주의가 된다는 것이다. 다시 말해서 종교를 세속적, 금욕주의적, 신비주의적 종교의 세 가지로 크게 분류하고 그것을 일차원의 연속선상에 늘어놓는다면, 세속적 종교와 신비주의적 종교가 양극에 위치하

---

ism)/범재신론(汎在神論, *panentheism*)의 진화과정으로 설명해 보려는 의미있는 시도로서 김경재(1982)가 있다.

고 금욕주의적 종교가 그 가운데에 위치한다는 것이다. 이때 그것들은 점들이라기보다 영역들이며 서로 간의 경계가 확연히 그어지는 것이 아니다. 조그만 수정이지만 이것은 베버의 탁월한 사회학적 통찰력의 산물인 신비주의/금욕주의의 종교분류를 좀더 정밀한 것으로 하는 데 공헌하리라 믿어진다.

4. 결 론

우리는 금욕주의의 신관이 초월성과 내재성을 겸비하고 있는 것임을 보았다. 중세 기독교는 말하자면 신의 내재성이 강화된 경우라고 할 수 있다. 그리하여 금욕주의의 영역을 지나쳐 신비주의 속으로 상당히 들어간 종교가 되었다고 할 수 있다. 그런데 베버는 신비주의(및 마술)를 중세 기독교의 본질로 보지는 않았다. 베버는 중세 기독교를 금욕주의가 잠재해 있는 상태로 보고 그것을 내세적 금욕주의로 불렀다. 신비주의는 말하자면 주변적 증후에 불과하다는 것인데 이 내세/현세라는 부가적 구분은 특히 금욕주의를 시대적으로 세분하는 데 편리한 분석틀이라고 할 수 있다. 베버에 의하면 중세 기독교하에서는 금욕주의는 종교적 엘리트 즉 사제계급에 의해서만 추구되었고 종교적 주변 계층 즉 평신도 계급은 비금욕주의적 생활을 영위했다고 한다. 승려들이 수도원에서 신의 계율에 자신들의 일거수일투족을 종속시키는 생활을 하고 있을 때 평신도들은 "그때그때의 충동에 의해" 살아가고 있었을 뿐이다(Weber, 1976: 116~117).

이렇듯 중세 기독교하에서는 금욕주의에 관한 한 계층적 이중성이 자리잡고 있었던 것인데, 이는 삶의 영역에 관한 이중성이기도 하였으니, 금욕주의는 종교적 영역—내세로 상징되는—에서만 추구되고 세속적 영역—현세로 상징되는—에서는 추구되지 않았던 것이다. 베버에 의하면 종교개혁의 효과는 무엇보다도 이 이중성을 깨뜨리고 금욕주의를 평신도와 세속적 삶에도 확산시킨 데 있다는 것이다. 예컨대 경제라는 세속적 영역의 생활에서도 이제 기독교의 평신도들은 승려에 못지 않게 엄격한 금욕주의를 실천하게 되었는데, 이것이 바로 근대 자본주의라는 것이며, 이때의 금욕주의가 바로 현세적 금욕주의라는 것이다 (Weber 1976: 154).

베버의 분석틀을 사용했을 때, 조선 주자학이 불평등주의적이고 주지주의적이었던 것은 궁극적으로 그것이 내세적 금욕주의였기 때문이라고 할 수 있다. 조선사회에서 주자학의 금욕주의는 기본적으로 양반만이 추구하도록 되어 있었던 것이다. 양반이 금욕주의를 추구하는 가장 전형적인 영역은 정자와 서재였다. 여기서의 거경궁리가 주자학의 가장 숭고한 생의 목표였었다. 이런 이유에서 사림이 관료보다 더 존경받는 양반의 유형이었으나, 결국은 (유교에서 전통적으로 강조되어 내려온 세속적 삶의 영역으로서의) 정치마저도 (종래의 유교하에서 그랬던) 현실정치가 아닌 관념의 정치가 되었고, 이것은 일부 사림의 정치에의 참여에 의해서 더 심화되었다. 경제로 말하자면 이윤추구의 영역인 상공업은 주자학적 금욕주의의 바깥에 존재하였던 것인데 그것은 조선 주자학이 이윤추구를 악덕으로 규정하였기 때문이다.

조선 주자학의 계층적 이중성은 문화적으로도 나타나고 있었다. 양반들은 주자학적 규범에의 접근에 있어서의 우위를 견지하려고 하였는데, 주자학적 주지주의는 그 효과적인 수단이 되어 주었다. 상민에 대해 도덕적 우월성 — 그들의 우월한 지위의 전제인 — 을 누리기 위해서도 상민의 주자학적 규범에의 쉬운 접근을 바라지 않았던 것이다. 상민이 소인이 될 때 그들은 쉽게 상대적인 군자가 될 수 있을 것이었다. 물론 상민이 주자학의 모든 규범으로부터의 일탈이 용인 내지 조장되었던 것은 아니다. 충, 효, 정조 같은 덕목들은 마찬가지로 엄격하게 강조되었다.

상민이 배제되었던 것은 금욕주의의 일반적 덕목으로부터였다. 예컨대 상민은 감정의 노골적 표현을 억제하지 않아도 되었고, 부부 사이에 성적 쾌락을 추구하는 것도 비교적 자유스러웠다. 양반은 가난을 이상으로 받아 들여야 했으나 상민은 그렇게 하지 않아도 좋았다. 물론 많은 상민은 양반보다 가난해서 가난을 이상으로 삼을 필요도 여유도 없었으나, 그들은 양반처럼 가난해도 근엄을 잃지 말아야 한다는 청빈의 덕목에 구애받을 필요도 또한 없었던 것이다. 실은 적지 않은 상민이 조선중기 이후에 많은 양반보다 훨씬 큰 부를 누리고 있었는데 그들은 부에 대한 탐욕을 어느 정도 드러내도 적어도 정신적으로는 용납이 되었다.[24]

주자학의 금욕주의를 현세적인 것으로 — 세속화(世俗化) — 하려는 시도는 이미 북학파(北學派)에 의해서 행해지고 있었다. 그들이 이용후생(利用厚生)을 강조한 것은 이윤추구를 주자학적 금욕주의 속에 포용하려는 것이었고, 이것은 말을 바꾸어 말하자면 금욕주의를 상공업 같은, 본격적으로 경제적인 영역 속에 도입한다는 의미를 지니고 있었다. 그러나 이들의 시도는 어디까지나 이론적인 것에 그쳤는데, 동학은 이론적 측면에서는 오히려 그것을 그만큼 가다듬지를 못했으나 실질적인 생활 분위기 속에서는 그것을 본격적으로 추구하게 할 교리적 지향을 지니고 있었다.

동학이 양반/상민의 차이를 부정한 것은 여러 가지 직업 사이에 존재하는 차별에 대한 반대이기도 하였는데, 이것은 다만 논리적 귀결일 뿐 아니라 실제의 분위기이기도 하였다. 그것은 궁극적으로 금욕주의를 사대부의 서재에서뿐만 아니라 농부의 밭에서도, 공장(工匠)의 작업장에서도, 상인의 가게에서도 똑같이 엄격히 추구하는 것을 의미하는 것이었다.[25] 이러한 현세적 금욕주의와 관련하여 소명(召命)에 해당하는 관념까지 나타났으며 그러한 것들은 교리적 명제라기보다 그 세속적 함의로 남은 채, 그와 그의 후계자의 교리적 저서에서는 자세히 다루어지고 있지 않지만, 동학이 어떻게 그러한 분위기를 실제로 유도해 내게 되었는지를 보여주는 일화들이 있었다.[26]

---

24) 조선 사회의 규범 체계에 있어서의 이중성이 잘 묘사되어 있는 곳으로 박지원의 소설 《양반전》(兩班傳)을 들 수 있다.

25) 모든 노동은 사람 속에 있는 하늘이 도구로 부려서 하는 것인 만큼 귀한 것이고 차별이 있다면 노동과 불노동〔不勞〕 사이에 있을 것이었다.

결국 우리가 본론에서 살펴 본 최제우에 의한 평등주의의 결정화(結晶化) 및 금욕주의의 간소화는 조선 주자학의 이중성을 타파하고 현세적 금욕주의를 도래하게 한다는 의미를 지니고 있었다. 주자학적 규범은 원래 보편적 규범이었다. 상민들이 어떤 덕목들에 접근하지 못한다는 것이 그 접근에의 희구조차 상실하는 것을 의미하는 것은 아니었다. 그리고 이미 말했듯이 충효와 같은 기본적인 덕목들에 대해서는 양반과 마찬가지의 접근이 강조되었던 것이다. 이렇게 상민들이 지니고 있던 주자학의 기본적 가치에 대한 접근 및 그 일반적 가치에 대한 희구를 합쳐서 우리는 조선 주자학의 민중적 기저라고 부를 수 있을 것이다. 동학이 빠른 속도로 민중 사이에 전파되고 당시의 지배층이 그것을 기독교에 대해서만큼 심하게 탄압하지 않은 이유는, 바로 동학이 유교의 연장선에서의 종교개혁운동으로서 이 주자학의 민중적 기저를 포용하는 운동이었기 때문이라고 할 수 있다. 그러나 그것은 거기에 그치지 않고 그 민중적 기저를 고양시킴으로써 우리 민족 전체를 금욕주의적 공동체로 확립시킬 잠재력을 지니고 있던 운동이었다.

---

26) 이와 관련하여 '하늘로부터 받은 직업'〔天授之職〕이라는 말의 사용을 언급할 수 있다. 그리고 동학의 2대 교주였던 최해월의 회고담 가운데의 "내가 청주읍을 지나다가 서택순의 집에서 그 며느리의 베 짜는 소리를 듣고 서군에게 묻기를 '저 누가 베를 짜는 소린가' 하니 서군이 대답하기를 '제 며느리가 베를 짭니다' 하는지라 내가 또 묻기를 '그대의 며느리가 베 짜는 것이 참으로 그대의 며느리가 베 짜는 것인가' 하니 서군이 나의 말을 분간하지 못하더라" 하는 일화들도 음미해 볼 가치가 있을 것이다.

▪ 참고문헌 ▪

금장태(1980), 《유교와 한국사상》, 성균관대학교 출판부.

______(1984), 《동서교섭과 근대한국사상》, 성균관대학교 출판부.

김경재(1982), "최수운의 신개념", 〈동학사상논총〉 1집.

김동화(1989), 《불교윤리학》, 보연각.

박승길(1987), "한말 신흥 종교의 혁세 정신과 민중의 자기 인식 방향과 유행", 〈한국사회사연구회 논문집〉 7집.

신용하(1987), "동학의 사회사상", 《한국근대사회사상사연구》, 일지사.

신일철(1982), "동학사상의 전개", 〈동학사상논총〉 1집.

유명종(1987), 《퇴계와 율곡의 철학》, 부산: 부산대학교 출판부.

윤이흠(1988), 《한국종교연구》, 집문당.

이동인(1986), "유교적 합리성과 근대화", 〈정신문화연구〉 28호.

정재식(1982), 《종교와 사회변동》, 연세대학교 출판부.

최홍기(1986), "한국인의 질서의식에 관한 역사적 고찰", 〈한국의 사회와 문화〉 6집.

陳榮捷(1982), 《朱學論集》, 臺北: 學生書局.

Bellah, Robert N. (1976), "Father and Son in Christianity and Confucianism." *Beyond Belief: Essays on Religion in a Post-Traditional World*, New York: Harper & Row, pp. 76~99.

Berger, Peter L. (1967), *The Sacred Canopy: Elements of a Sociological Theory of Religion*, Garden City, New York: Doubleday.

Chan, Wing-Tsit (1963), *A Source Book in Chinese Philosophy*, Princeton, N. J.: Princeton University Press.

Chen, Kenneth (1972), *Buddhism in China: A Historical Survey*, Princeton, N. J.: Princeton University Press.

Crone, Patricia and Michael Cook (1980), *Hagarism: The Making of the Islamic World*, Cambridge: Cambridge University Press.

de Bary, Wm. Theodore (1979), "Introduction." de Bary and Irene Bloom eds., *Principle and Practicality: Essays in Neo-Confucianism and Practical Learning*, New York: Columbia University Press.

Hebblethwaite, Peter (1983), "The Popes and Politics: Shifting Patterns in 'Catholic Social Doctrine'." in Mary Douglas and Steve M. Tipton eds., *Religion and America: Spirituality in a Secular Age*, Boston: Beacon Press, pp. 190~204.

Metzger, Thomas A. (1977), *Escape from Predicament: Neo-Confucianism and China's Evolving Political Culture*, New York: Columbia University Press.

Tang, Chün-I (1971), "The Spirit and Development of Neo-Confucianism." *Inquiry*, 14: 56~83.

Weber, Max (1946), *From Max Weber*, trans. and ed. by H. H. Gerth and C. Wright Mills, New York: Oxford University Press.

______(1967), *The Religion of India: The Sociology of Hinduism and Buddhism*, New York: The Free Press.

______(1968a), *The Religion of China: Confucianism and Taoism*, ed. and trans. by Hans H. Gerth, New York: The Free Press.

______(1968b), *Economy and Society: An Outline of Interpretive Sociology*, 3 Vols., ed. by Guenther Roth and Claus Wittich, New York: Bedminster Press.

______(1976), *The Protestant Ethic and the Spirit of Capitalism*, New York: Charles Scribner's Sons.

제 5 장

일본침입 행위의 논리적 성찰*

경제적 결정론의 오류를 중심으로

1. 서 론

이 글은 일본침입의 배경과 그 결과에 대한 정확한 논의에 관건이 되는 주된 논리적 사항을 적시해보려는 것이다. 그리고 그에 입각하여 오늘날 만연되어 있는 경제적 결정론의 오류를 중점적으로 규명해보려고 한다. 경제적 결정론이란 일본이 우리를 병탄한 전후의 과정이 오로지 경제적으로 결정되어 있었다고 보는 관점이다. 그 과정을 크게 세 가지 대목으로 나누어 볼 수 있다. 첫째, 일본이 우리를 칠 수 있는 선진국이 먼저 된 상황이다. 둘째, 그 연후에 일본이 우리를 병탄한 이유이다. 셋째, 그렇게 해서 일본의 지배가 가져다준 효과이다.

원래, 오랫동안 일본의 침입에 대해 일반적으로 견지되어온 통념 속에도 경제결정론이 강하게 들어 있었다. 그것이 이제는 표준명칭이 되어 버린 일제시대 즉 일본 제국주의 시대라는 말에 들어 있는 관점이었다. 그것은 위에서 말한 세 가지 대목 중 두 번째 대목에 대해 경제 결정론을 취하는 것이었다. 정치적 침략의 궁극적 동기를 경제적 착취로

* 〈한국사회사연구회 논문집〉 49(1996), pp. 11~48.

놓고 일본이 새 자본주의 열강으로서 자원 및 노동의 공급원과 공업 생산물의 시장을 필요로 했다고 전제하는 것이다. 통념적 접근에서는 이것을 당연시하는 위에 흔히 일본이 그러한 필요에 의해 우리를 침입하여 수탈한 것을 비난하는 어조가 결합되어 있었다.

어떻게 생각하면 그러한 비난은 모순된 것일 수 있었다. 일본이 발전하기 위해 필요한 일을 어쩔 수 없이 한 것이라면 그것을 어떻게 도덕적으로 비난할 수 있겠는가? 하필 그 일본 옆에 살고 있었던 우리의 불운을 비난한다면 비난할 수 있을까. 그리고 통념적 접근에서는 흔히 일본의 수탈을 비난하는 데 그치고 그 수탈이 우리의 근대화를 방해했다는 것까지 적극적으로 논증하려고 하지는 않았다. 그렇기 때문에 이후에 일본이 바로 그렇게 수탈을 하였기 때문에 우리의 근대화가 진척된 것이라는 주장이 나오자 통념적 접근은 세를 많이 내주게 되었다.

그러한 주장은 어떻게 보면 통념적 관점에 들어있던 경제적 결정론을 더 확대시킨 것이라고 할 수 있다. 그것은 일본을 장악한 자본의 논리가 시간의 흐름에 따라 일본을 통하여 다시 한국에도 관철되는 현상에 불과한 것이라는 관점이기 때문이다. 그리하여 최근에 오면서 그러한 경제 결정론은 더욱 철저한 모습을 띠게 되었다. 모든 것을 자본주의 체계라는 일원적 힘에 의해 일거에 설명하려는 관점이 풍미하게 된 것이다. 일본이 성공한 것에서부터 시작하여, 우리를 병탄한 것과 그리고 그 결과까지를 한마디로 세계적인 자본주의 체계가 동아시아 지역으로 확대되어간 과정이라는 말로 설명할 수 있다는 것이다.

2. 일본의 성공에 대한 일원적 결정론의 오류

1) 일본과 한국의 짧은 편입 시차

우리 사회에서 19세기 말 이래 일어난 변동을 세계 자본주의 체계에의 포섭이라고 규정짓는 일은 이제 많은 진보적 지식인 사이에서 하나의 교양이 되어버린 것 같다. 그런데 그것은 매끈하게 들릴지는 몰라도 찬찬히 따져보면 허점이 적지 않은 말임을 알 수 있다. 세계체계의 개념은 유용한 개념임에 틀림없지만, 다른 모든 유용한 개념들과 마찬가지로, 남용되어서는 안 되는 것이다. 그러한 일원론적 명제에서 일본이 먼저 선진국이 된 것은 자본주의 체계에 먼저 편입되었기 때문이다. 그런데 그렇게 전제할 때 사람들이 간과하고 있는 한 가지 중요한 사실은 일본이 개항을 강요당한 시점이 우리가 그렇게 된 시점보다 불과 10~20년밖에 앞서지 않는다는 사실이다. 다시 말해서 수백 년이라는 세계 자본주의 체계의 역사에서 일본과 우리는 거의 같은 시기에 그 체계에 포섭되었다고 할 수 있는 것이다. 그런데 아무도 일본에 관해서는 우리와 같은 주변부의 역사를 얘기하지 않는다.

이에 대해 그 시점에서 일, 이십 년의 차이는 시기를 획하는 의미를 지니고 있었다는 변론을 펼 수도 있을 것이다. 말하자면 그 사이에 자본주의 중심부로의 막차가 끊기게 되었고 일본은 운좋게 막차가 끊기기 전에 역에 댈 수 있었다는 것이다. 그리하여 그 10~20년 동안 일본은 중심부 내지 반주변부에 쾌속으로 도달할 수 있었고, 막차를 놓쳐 발이 묶인 우리와의 사이에는 중심부에의 장벽이 가로놓이게 되었다는 것이다. 결국 중심부로 가 부자가 된 일본은 시골을 벗어나지 못한 한국에 상전으로 귀환하게 되었다는 것이다.

2) 일본보다 앞선 중국의 편입

그러나 그것은 조금만 더 생각해 보면 성립되지 않은 변론임을 알 수 있다. 당장 일본보다 개항의 시점이 더욱 이른 중국이 있기 때문이다. 아편전쟁 끝의 남경조약이 체결된 시점을 잡는다 해도 중국의 개항은 일본의 개항보다 다시 10~20년이 앞선다. 어째서 세계체계에의 포섭시기가 일본보다도 앞선 중국은 중심부로 편입되지 못 했단 말인가? 일본과 중국의 그러한 사건들은 너무도 잘 알려진 세계사의 사건들인데 그렇듯 잘 알려진 유관사항들조차도 생각해보지 않는 경향이 있는 것이다.

중국은 이 문제와 관련해서 있을 수 있는 다른 오해 한 가지도 쉽게 불식시켜줄 아주 좋은 예이다. 그것은 일본이 서구 자본주의 체계에 포섭된 시점이 우리보다 10~20년만 앞선 것이 아니라 수세기를 앞섰다는 오해이다. 페리가 오기 전에, 예컨대 16세기에 벌써 화란인들이 일본에 오지 않았던가? 그렇지만 중국은 그 점에서도 일본보다 선배였었던 것이다.

실은 화란인이 온 후 얼마 안 되어 들어선 도꾸가와 정부는 페리가 올 때까지 일본판 쇄국정책을 근 삼백 년 동안이나 펴고 있었으며, 이 점은 역사지식이 웬만큼 되는 사람은 다 아는 사실이다. 페리는 바로 이 쇄국정책을 함포로 위협하여 중단시키고 일본을 열게 했다고 말해지는 것이다. 그런데 그러한 쇄국정책에 있어서도 중국은 우리와 함께 역시 선배였던 것이고 이 점 역시 상당한 정도 역사적 상식이 되어 있다. 수백 년 동안 이쪽 세 나라가 모두 쇄국정책을 펴고 있었던 것이다(Clyde and Beers, 1975: 65).

3) 내부적 요인의 필연성

결국 우리와 일본의 다른 운명은 세계체계라는 일원적인 외생적 힘만 가지고는 설명할 수 없음을 알 수 있다. 이쪽의 내부적 특수성이 동원될 수밖에 없는 것이다(박명규, 1994). 동아시아 각 사회의 내부적 특수성, 그 사회들 사이의 관계의 특수성을 생각해보지 않을 수 없다. 유럽 각 지역의 상이한 발전에 대해서는 세계체계라는 외생적 힘 말고 그렇듯 각 지역의 내부적 요인이 중요했음을 보여주는 연구들이 진보진영 안에서도 나오고 있다(Brenner, 1985; Katz, 1989).

사실 우리와 일본의 성패가 갈라진 내재적 요인에 대한 논의는 죽 있어 왔었다고 할 수 있다. 한 가지 흐름은 서구가 왔을 때는 우리와 일본의 운명이 꼭 그렇게 달라지도록 되어 있었다고 전제하지 않는 것이다. 다만 그 후의 과정에서 일본은 대응을 잘 한 반면 우리는 대응을 잘못하였다는 것이다. 또 한 가지 흐름은 서구가 오기 전부터 나중에

서구가 왔을 때의 그러한 대응의 차이로 이어질 본래의 차이가 어느 정도 있었다고 전제하는 것이다.

그 차이가 구체적으로 무엇이었느냐에 대해서는 다양한 명제가 있다고 할 수 있다. 어느 것이 진정한 내재적 요인이냐 하는 것을 살피는 것은 이 글의 목적이 아니다. 여기서 중요한 것은 일본이 우리를 침입할 수 있는 능력을 갖추게 된 것이 어떤 일원적인 경제적 논리에 의한 것은 아니었다는 것이다. 통념적 접근에서는 그 가능성을 열어 놓고 있었다. 다만 두 번째 대목에서 경제적 필연성을 갑자기 강조하기 때문에 그것이 역으로 앞 대목에서의 그러한 내생적 요인에 대한 논의를 논리적으로 약화시키는 측면이 있었던 것이다. 그리하여 경제적 필연성을 앞 대목으로 확대시킨 일원론의 침식을 받게 된 것이라고 할 수 있다.

3. 일본의 침입에 대한 경제결정론의 오류

1) 일본 자신의 개항 상황

그러면 이제 산업화에의 일보를 먼저 내디딘 일본은 바로 그 발전의 논리에 의해 뒤에 처진 우리를 식민지로 병탄하도록 "결정"되어 있었다는 대목의 논리적 타당성에 대해 살펴보자. 이 점을 따져보는 데 있어서도 역시 세계의 역사적 실례들을 활용하는 것이 좋은 방법이 될 수 있을 것이다.

바로 들 수 있는 예가 일본을 개항시킨 미국일 것이다. 일본을 개항시킨 미국은 우리를 개항시킨 일본과 달리 일본을 식민지로 병탄은커녕 군대파견조차 하지 않았다. 이 역시 상식에 속하는 사항이고 예의 일원론으로서는 그 타당성에 바로 걸림돌로 작용할 수 있는 사항인데, 지척지간에 놓여 있는 이 걸림돌에 조금도 시선을 주지 않는 것이다. 이렇게 명백히 모순되어 보이는 사실에 관해서는 해명의 시도라도 있어야 하는데 그렇지를 못하다.

그 차이에 대해 여러 가지 추론을 해 볼 수 있을 것이다. 먼저 미국은 이미 산업혁명을 완료했기 때문에 식민지가 그다지 화급하게 필요하지 않았다는 생각을 해 볼 수 있다. 또한 미국은 인구와 자원이 많아서도 식민지를 별반 필요로 하지 않았다고 생각해 볼 수도 있다. 그렇지만 분명한 것은 미국이 그 후 필리핀은 식민지로 병탄했다는 것이다. 사실 태프트-카쓰라 밀약으로 유명한 것처럼 그때 미국은 필리핀을 병탄하고 일본은 우리를 병탄하는 것을 서로 양해했다.

일본에 대해서 미국은 기본적으로 동격의 대우를 해주고 있었던 것이다. 중요한 것은 애초 일본을 개항시킬 당시부터 미국은 일본에 대해서 그렇게 상당히 신사적인 대우를 해주었다는 것이다. 그것은 미국이 적어도 "문명국"들에 대해서는 그렇게 일단 신사적인 행동을 하려 하던 나라였거나 아니면 일본이 그렇게 신사적인 대우를 해주지 않을 수 없었던 상태에 있었거나일 것이다. 어떤 경우이거나 일원적인 세계체계의 논리와는 별도로 당사자인 두 사회만이 관련된 특수성이 작용하고 있었다는 말을 할 수 있다.

같은 맥락에서 일본이 우리에게 한 행동에는 자본주의의 논리와는 별도로 당사자인 우리와 일본이 관련된 특수성이 개입되었을 수 있는 것이다. 왜 일본은 우리에게 그렇게 신사적인 행동을 하지 않았던 것일까? 일본이 우리를 병탄해서 경제적 이익을 볼 수 있었다는 것은 부정할 수 없다. 그러나 그렇게 해서 볼 수 있는 그 이익은 모든 나라가 다른 나라를 병탄했을 때 볼 수 있는 이익이다. 그렇지만 산업화를 추진하던 모든 나라가 그 성공적인 추진을 위한다는 이유로 오랜 세월 같은 문명권 속에 살아온 바로 이웃나라를 병탄하려 들지는 않았던 것이다.

2) 서구의 경우

서구사에서도 이웃나라를 잠식한 경우는 있었다. 그러나 예컨대 영국이 아일랜드를 침략한 것은 자본주의나 산업혁명의 발전과는 큰 상관없는 이른 시대로부터 이어지는 고전적 패권주의 때문이었다. 영토와 신민의 수를 늘리려는 군주들 사이의 전통적인 경쟁과 함께 백성들 입장에서는 노획에의 동참이라는 유인, 그리고 나중에는 종교전쟁적 동기가 가미되어 내려온 것이었다(Fry and Fry, 1988). 어쨌든 아일랜드를 제외하고는, 영국이 산업혁명으로 훨씬 앞서 가던 시절에도 뒤진 이웃들인 프랑스나 독일 심지어 네덜란드나 벨기에 같은 작은 나라에 대해서도 결코 병합을 시도한 적은 없었다. 일본이 우리를 병합해서 볼 수 있는 경제적 이익을 왜 영국은 이들 이웃나라를 병합해서 볼 수 없었겠는가?

그런 물음은 세계사적 상식을 지닌 사람들에게는 우문으로 들릴 것이다. 이들 유럽대륙의 나라들은 영국이 아일랜드처럼 쉽게 대할 수 있는 나라들이 아니었다고 말이다. 거기에서는 영국이 그렇게 함부로 행동할 수 없는 국제적 세력관계의 틀이 그전부터 이어져 내려오고 있다는 맥락을 모르지 않고서야 그런 어리석은 질문을 할 수 없는 것이라고 말이다. 그런데 우리가 하고자 하는 말이 바로 그 말이다. 자본주의의 발전이라든지 산업혁명의 발발이라든지 하는 것과는 별 상관없이 과거부터 내려오는 국제관계의 맥락이 계속 영국의 행동에 작용하는 가장 큰 요인으로 남아 있었다. 그 점에서는 아일랜드의 경우와 다를 바가 없다.

요컨대 산업화가 시작된 나라라고 하더라도 특히 바로 이웃나라들과의 관계에서 그 나라를 움직이는 동기는 예의 “제국주의의 기제”로 공식화되어 있는 경제적 동기만 있는 것이 아니고 때로는 그보다 더 강력하게 작용하는 동기들의 복합체가 있다는 것이다. 기본적으로 같은 얘기를 경제적인 동기로 이웃나라에 대한 병탄을 시도한 적이 없는 산업화 제2, 3 주자 프랑스, 독일에 대해 할 수 있을 것이다. 독일 옆의 폴란드를 병탄한 것은 정작 러시아였는데 그때 후진국 중의 후진국 러시아가 추진하던 팽창정책은 고색창연한 “절대주의적” 팽창주의의 연속선상에 있었다.[1] 유럽 전체를 놓고 보았을 때 중세후기로부터 이어져 오는

1) 원래는 폴란드가 동구의 강자로 러시아 위에 군림하고 있다가 세월이 흐르면서 다음에 살펴 볼 프랑스와 독일 사이에 있었던 장기사적 역전과 비슷한 역전이 일어났던 것이다(Dukes, 1985: 30, 109).

세력다툼의 틀이 기본적으로 계속되는 맥락 속에서 "자본주의화"는 약간의 새 힘을 점진적으로 가하는 이상의 일을 하지 않았다.

3) 장기사의 중요성

유럽에서 자본주의화 내지 산업화가 이루어져 가는 과정에서 국가들 사이에 벌어지고 있던 세력다툼은 이렇듯 그전 수백 년 역사에 연결시켜봐야 그 온전한 모습을 볼 수 있다. 변화가 일어나고 있었고 때로는 순간적으로 급격한 변화가 일어나기도 하였지만 그것은 그러한 장기사적 흐름이라는 기저 위에서 일어나고 있었던 것이다. 장기사는 커다란 굴곡의 흐름일 때가 많다. 독일과 프랑스의 관계를 봤을 때, 거기에서도 우리는 그러한 굴곡된 장기사의 흐름을 발견할 수 있다.

애초에 독일이 신성로마제국의 지위를 계승하여 서유럽의 패자가 되었을 때 프랑스는 적어도 정치적으로는 그 하위에 놓여 있었다. 이후 독일이 경제적으로도 한자동맹 등으로 번영할 때 프랑스의 위치는 상대적으로 계속 침체되어 있었다. 그러면서도 독일 황제의 정부가 국제적인 역할에 크게 묶여 있는 동안 프랑스는 착실히 내실을 다져 나가기 시작했다. 그리하여 세월이 흘러 프랑스가 강력한 절대왕정을 구축하고 있을 때 독일은 아직도 수많은 분국들의 집합체로 남아 있다가 베스트팔리아 조약을 거치며 우열은 완전히 역전되기에 이르렀다(Hughes, 1992: 1~9).

그러다가 독일에 대한 프랑스의 본격적인 침입은 나폴레옹 시대에 이루어졌다. 나폴레옹의 원정은 영국에서 시작된 산업화가 프랑스에도 파급되어 오던 시점에 이루어졌지만 주지하다시피 원정의 주된 동기는 시민혁명 체계의 확산 내지 방어라는 정치적 동기였다. 그리고 그것을 당한 측에서는 타민족에 대한 침략이라는 또 다른 정치적 동기로 먼저 해석하게 되었다. 그로써 분발하게된 "후진국" 독일이 이후 통일을 쟁취하고 뒤늦게 시작한 산업혁명을 앞질러 성취한 후 프랑스와 보불전쟁을 일으켰을 때에도 그 갈등의 계기들은, 왕위 계승, 외교적 의례 문제

등이 포함된 오래 된 형태의 패권다툼이었다.

두 나라 관계의 이러한 역사적 흐름에 산업화가 영향을 미쳤다면 그것을 늦게 시작했으면서도 조금 먼저 쟁취한 독일이 그러한 장기사적 반전을 꾀할 때 도움을 줬다는 것이다. 그때 독일은 앞서가는 산업화에 의해서 더욱 강해질 수 있었던 무력을 가지고 정치적 패권 자체를 확립하려고 하였던 것이지 결코 프랑스의 자원과 노동과 시장이라는 이익을 노리고 그랬던 것은 아닌 것이다(Hearder, 1988: 170~173). 특히 이웃하는 개별적 국가들 사이의 관계에 나타나는 장기사적 흐름 속에서 경제적 침략의 동기는 그 명백한 가능성—더 많은 자원과 인구는 더 큰 축적을 가져다준다—에도 불구하고 실제로는 이렇듯 결정적인 역할을 하지 못한 경우가 많은 것이다.

4. 국제적 세력관계의 정확한 모습

1) 경제적 동기의 연속성 및 시대적 특수성의 정확한 모습

이것은 국가간의 관계에 있어서 경제적 맥락의 존재를 부정하는 것이 아니다. 사실 경제적 동기는 나라들 간의 평화적 관계에서든 팽창주의적 경쟁에서든 오랜 옛날부터 작용하여 오던 주된 동기의 하나이다. 전통 시대의 팽창주의적 경쟁은 흔히 군주의 입장에서 더 많은 영토와 백성을 차지하려는 욕망의 표현으로 얘기되곤 하였다. 그것은 그만큼 더 많은 물자 따라서 세금을 의미한다는 점에서 분명히 경제적인 동기가 강하게 들어 있었던 것이다. 그러나 더 많은 영토와 백성을 차지한다는 것은 그 자체가 정치적인 지배욕을 비상하게 만족시켜 주는 일이기도 하였다. 그러한 동기들이 뭉뚱그려져서 작용하고 있었던 것이다.

그리고 그러한 경제적 이익, 정치적 지배는 비단 군주만이 향유하는 전리품이 아니었다. 그것은 정도의 차이는 있어도 군주의 가신들을 포함하여 기존의 백성 모두가 향유하게 되는 전리품이었던 것이다. 기존의 백성은 정복된 곳의 토지와 물자의 수탈에 동참하게 되며 피정복민들 위에 노예주가 아니라고 하더라도 일등시민으로서 군림하여 그만큼의 경제적, 정치적, 사회적 지위의 향상을 조금이라고 누리게 되는 것이 일반적인 결과였다. 그리고 바로 그것이 그들이 군주의 정복전쟁에 피와 땀을 바치게 되는 중요한 유인이었다.[2)]

그러한 점이 자본주의가 출현하면서 완전히 바뀐 것은 아닌 것이다. 자본주의의 출현으로 경제적 동기의 강도와 맥락이 상당히 변한 것은 틀림없는 일이다. 그러나 그것이 그 전에는 정치적 동기만 지배하고 그 후에는 경제적 동기만이 지배하는 개벽적인 변화를 낳은 것은 아닌 것이다.[3)] 자본주의 이후의 비서구지역의 식민지가 서구열강들의 공업화에 소요되는 원료와 식량의 공급처로서 커다란 역할을 하였다는 것은 아무도 부정할 수 없을 것이다. 그러나 그와 같이 상품시장의 역할을 거론한다는 것은 그 자체가 논리적 모순이다. 도대체 값싼 원료와 식품을 파는 저개발국가의 구매력이 얼마나 될 것인가? 레닌도 지적했듯 제국주의 시대의 남북간 국제무역에서 상품교역이 차지하는 역할은 그리하여 미미할 수밖에 없는 것이다(Lenin, 1975).

그리고 노동의 공급처로서의 역할은 제조업 자체에서보다는 원료와 식량을 추출하는 데에 주로 있었던 것이라고 할 수 있다. 그런데 원료와 식품의 공급처라는 역할은 전통시대에도 있었던 전리품의 경제적 측면이었다. 다만 그 맥락이 공업화라는 새로운 기술적 변동에 소요된다는 것과 그리하여 그 강도가 심화되었다는 점이 달랐던 것이다. 한편 전통적으로 정복을 통하여 군주가 누려온 정치적, 경제적 야욕과 본국의 국민이 누리는 정치적, 경제적, 사회적 지위의 전반적 향상의 동기는 그대로 작용하고 있었다. 영국이 인도를 지배하고 프랑스가 인도차

---

2) 전쟁의 동기를 사회학적으로 냉철하게 접근하고 있는 예로 아롱을 들 수 있을 있을 것이다(Aron, 1964).

3) 그러나 그때그때의 특수한 전쟁동기를 포함하여 적지 않은 변화가 있어 온 것도 또한 사실이다. 아롱의 고찰은 그 점까지도 포괄하고 있다(Aron, 1964).

이나를 지배하고 서구열강이 함께 중국을 침략했던 것은 그러한 복합적 동기가 작용했다고 말할 수 있는 것이다. 그리고 이들 서구국가가 자기들 인근국가에 대해 벌였던 팽창주의적 경합에서는 앞서 살펴 본 것처럼 새로운 제국주의적 동기는 더욱 미약했던 것이다.

일본이 서구화를 시도할 때 서구의 비서구 지역, 특히 아시아에 대한 침략까지를 모방하려 한 측면이 있다고 말할 수 있다. 그리하여 일본과 그 지배하에 들어간 한국과의 관계를 서구와 그 지배를 받았던 비서구 지역과의 관계에서 유추할 수 있는 측면이 많이 있다. 예컨대 한국도 일본의 지배하에서 식량과 원료의 추가적 공급처 역할을 많이 하게 되었다. 그러나 서구에 대해서와는 달리 일본에 대해서 아시아, 특히 한국은 역사적 상호작용이 그전에는 전혀 없었던 그런 관계가 아니었다. 반대로 수천 년간 밀접한 상호작용이 이어져온 말 그대로 인근국가였던 것이다. 그러한 이전의 역사적 맥락이 일본의 행위에 중대한 작용을 가하고 있었다.

서구화 이전에 일본이 살았던 역사는 이미 일본의 국내적 행위에 중대한 작용을 가하고 있었다. 일본이 서구화라는 이름하에 시행된 정책들이 실제로는 서구적 유형에서 크게 이탈하여 전통적인 일본적 특성의 재건인 경우가 적지 않았다. 예컨대 일본이 수행한 중대한 개혁의 하나인 "왕정복고"란 영국에서처럼 군주를 명목적인 존재로 만드는 변화가 아니라 정반대로 명목적이던 군주를 실권을 지닌 군주로 격상시키는 변화였던 것이다. 그것은 상고시대 일왕의 지위로의 복권이었다(강동진, 1985: 49). 굳이 서구로 친다면 수백 년 전 절대왕정에 해당하는 것이었다.

일본은 서구로부터 자극을 받은 민족주의 역시 상당히 전통적인 틀 속에서 추구하고 있었다. 그것을 부르는 이름은 존왕양이(尊王攘夷)라는, 말조차가 중국기원의 개념이었다. 존왕양이는 전통시대에 출현한, 말하자면 동아시아적 민족주의였던 것이다. 바로 그 구호에 영향을 받고 자라난 일단의 사무라이들이 페리라는 "오랑캐"에 굴복한 도꾸가와 정권을 전복시키고 예의 왕정복고를 이룩한 것이다. 존왕양이라는 관념은 바로 명치유신 이후의 일본의 국내적 행위의 장기사적 특수성과 국제적 행위의 장기사적 특수성을 이어주고 있는 한 가지 고리라고 할 수 있다.

2) 동아시아 국제관계의 장기사적 맥락

존왕양이라는 말은 고대 중국인들이 주위의 이른바 새외민족(塞外民族)에 대한 민족적 단결을 봉건체제에의 충성과 연계시키려고 하던 구호였다(이춘식, 1991: 69). 그것은 말하자면 동아시아의 민족들 사이의 종속관계에서 중심지향이 내포되어 있는 구호라고 할 수 있다. 그러한 자세는 세월의 흐름에 따라 새외민족들에게도 파급되어 부메랑효과를 낳게 되었다. 흉노, 몽고, 여진족 등 원래 중국에 대해 주변을 형성하고 있었던 새외민족들은 중국에 대해 민족적인 중심-주변의 관계를 바꾸려는 시도를 하여 실패하기도 하고 성공하기도 하였다.

흔히 우리가 중국에 대해 갖고 있었던 것처럼 운위되는 종속관계는 실은 이들 새외민족이 중국을 차지한 후 우리와 맺게된 관계 내지 그것을 그 후의 중국왕조가 승계한 것일 때가 많았다. 사실 그들 새외민족과 우리의 관계도 그들과 중국의 관계처럼 종속관계가 장기사적으로 역전되고 또 역전되고 하던 경우가 적지 않았다. 우리 자신은 그만큼 중국처럼 소중화라는 이름하에 또 하나의 중심적 정착사회를 지향해 왔다고 할 수 있다(조혜인, 1995: 264).

복잡했던 동아시아 대륙에서의 관계에 비해서 동아시아, 특히 한국과 일본의 관계는 한국에 대한 일본의 종속관계가 점차 증대되는 추세가 조선중기까지 자리잡아 왔다. 대륙에서 방향을 바꿔놓는 소용돌이가 휘몰아 칠 때에도 일본은 주위의 비교적 물살이 잔잔한 곳에서 그 폭풍의 여파를 받아들이며 살아오던 지속적인 주변부 국가였던 것이다.

일본이 한국에 대하여—그리고 어느 정도로는 중국에 대해서도—갖고 있던 종속관계를 뒤집으려는 시도는 16세기 말 토요토미에 의해 처음 행해졌다. 그것이 조선 쪽에서 그것을 임진왜"란"이라고 부르는 배경이다. 그것은 실패하였고 새로 정권을 차지한 도쿠가와 막부는 주지하다시피 다시 그 종속관계를 적극적으로 복원하였다.[4] 명치유신을 일으킨 세력이 도쿠가와 정권에 대해 가지고 있던 중요한 불만은 곧 그러한 종속관계에서 비롯된 것이었다. 페리에의 굴복은 그렇듯 누적되어 있었던 저항심에 불을 붙여준 사건이었던 것이다.

존왕양이라는 구호는 종속관계를 역전시키려는 동아시적 관념이 이제 일본의 엘리트들 사이에서 하나의 세력으로 번져가고 있음을 뜻하는 것이었다. 그리하여 명치의 새 엘리트들은 다시 그 종속관계를 타파하려 하였다. 그들은 결국 서구화가 그들에게 준 군사력의 순간적인 우위를 효과적으로 이용하여 다시 한 번 "난"을 시도하였고 이번에는 성공한 것이다. 이러한 맥락은 일본이 명치유신을 일으킨 직후 시작하여 10년 동안 조선과 일본 사이에 벌어진 외교적 갈등사에 남겨진 양측의 문헌에 너무도 잘 기록되어 있다. 그것은 한동안 일본의 한국침입을 변명하는 구실로도 활용되었으나 오늘의 일본에서는 도덕적 변명을 위하여 자존심은 기꺼이 버리던 순진함에서도 벗어나 좀더 영악해진 국수주의 사관이 자리 잡아 가고 있다.[5]

우리는 앞서 일본이 당시 서구화를 시도하면서 서구의 제국주의적 흐름도 모방하려 했던 맥락이 어느 정도 성립됨을 보았다. 그러나 국내정치에서 서구를 모방하려는 맥락은 장기사적 맥락과 결합되어 독특한 일본적 왕정복고를 낳고 있었다. 국제관계에서도 서구적 영향과 장기사적 맥락은 그렇게 서로 합쳐지고 있었던 것이다. 이른바 일본 제국주의의 한국침입의 시도는 한국에 대한 존왕양이적 역전의 동기에 접속되어 이루어졌던 것이다.[6]

---

4) 에커트도 과거 한국에 대한 일본의 그러한 주변부적 위상을 정확히 인지하고 있다(Eckert, 1990: 389~390).

5) 상황의 진상과 그것을 대하는 일본의 그러한 민족주의적 희구는 오늘날 일본의 직간접적인 영향하에 쓰여지는 서구인의 일본학 그리고 한국학 논저에 흔히 반투명한 모습으로 반영되어 있다.

6) 비록 그 구체적인 내용이야 알 수 없었겠지만 "전통적" 동기가 경제적 동기에 앞서 일본의 한국 침입에 작용하고 있었음을 아롱은 예리하게 포착해내

그리고 그것은 “정한론”과 “반정한론”의 피비린내 나는 대결사에서 보여지듯 처음부터 확고하게 일본의 행동을 장악하게 된 동기는 아니었고, 그 이후의 양국의 상호작용을 포함하는 많은 우연적 상황들을 거치며 굳어져 갔고, 그리고 그보다 좀더 많은 세월이 소요되어서야 성공에의 확신으로 이어질 수 있었던 동기였던 것이다(강동진, 1991: 52~56).

일단 한국의 병탄에 성공하자 이후 일본의 존왕양이적 역전은 급기야 중국까지를 겨냥하게 되었다. 일본에 비해 좀더 약았던 서구열강이 일찍 포기해버린, 군사적으로 인도처럼 만만치는 않은 중국 전체의 병탄을 일본은 경제적인 관점에서는 결코 선택하지 않았을 엄청난 희생을 쌍방간에 지불하게 하면서 무모하게 감행해 들어간 것이다.

일본침입의 경제적 동기를 과잉강조해 온 한 가지 이유는 똑같은 침략을 하더라도 그 근본동기가 경제적인 데 있다고 보아야 더 비판적이라고 느껴지는 현금의 경제주의적 분위기에 있다. 이것은 사리에 부합하는 관점이 아니다. 사람을 폭행할 때 돈을 뺏기 위한 것이 아니고 폭행하는 자체가 목적일 때 그 행동이 덜 사악한 것은 아닌 것이다. 오히려 돈을 뺏기 위한 폭행은 돈을 뺏을 수 있을 만큼만 폭행할 가능성이 크기 때문에 그 정도가 상대적으로 약할 가능성이 크다.

일본이 그렇듯 너무도 잔학한 행동을 한 것은 그 동기가 경제적이어서가 아니었던 것이다. 그것은 몽고와 여진의 중국 침입시와 같은 전통적 동기가 작용하지 않았다면 설명할 수 없는 행위였던 것이다. 물론 그 전쟁의 모습은 산업화 이후의 현대전의 성격을 띠고 있었다. 이렇듯 역사 속에서 행위자들을 제약하는 상황은 하나가 아닌 복수의 맥락이 서로 겹쳐져서 그때그때의 특수한 역사적 행위를 낳을 때가 많다. 맞물림세(*conjuncture*)란 그런 것을 알튀세가 부르는 말이다(Althusser, 1977: 178).

고 있다(Aron, 1964: 370~371).

3) 세계체계 개념에의 입력

종속이론은 사회들 사이에서 작용하는 힘이 존재한다는 점에 대해 주의를 환기시켜줌으로써 개별 사회 안에 존재하는 힘에만 주로 관심을 기울이던 기존의 사회과학에 적지 않은 긍정적 충격을 가하였다고 할 수 있다. 다른 대부분의 사회과학적 개념들도 마찬가지겠지만 종속이론도 한 때 쓰고 버리는 유행처럼 취급해서는 안 될 것이다. 우리 사회의 경우 현재도 종속의 위험이 완전히 사라졌다고 장담할 수는 없을 것이다. 종속이란 비단 어느 한 때, 어느 한 곳의 문제가 아니고 늘 상존하는 위험성이라고 봐야 하는 것이다. 우리는 바로 앞에서 종속이라는 개념을 사용하여 동아시아 국제관계의 장기사적 맥락을 좀더 효과적으로 서술할 수 있었다고 본다. 그런데 그렇게 한 것은 기존의 개념을 상당히 확장한 맥락이었다고 할 수 있다. 임현진은 처음부터 세계체계와 그 사회의 내재적 전통을 같이 고려해야 한다는 점을 역설해 왔지만(임현진, 1987),[7] 우리의 고찰 결과 다음과 같은 입력을 세계체계 개념 자체에 대해 줄 수 있다고 본다.

첫째, 국제적 힘의 마당은 다차원적으로 존재한다는 것이다. 먼저, 종속이론에서 흔히 전제되듯 경제적 내지 정치경제적 역관계만 존재하는 것이 아니라는 것이다. 경제적 수탈을 궁극적 목적으로 하지 않고 정치적 지배 그 자체를 목적으로 하는 역관계가 존재할 수 있다는 점에서 우리는 국제정치학의 오래된 지혜를 버리지 말아야 한다. 그리고 신진분야인 교신학(*communication science*)에서 특히 강조하는 경향이 있는 "문화적 제국주의"가 포괄하는 사회간의 문화적, 과학기술적 역관계도 소홀히 해서는 안 된다(김호기, 1995; 김환석, 1990). 다차원적 역관계가 있다는 것은 또한 그 범위에 있어서도 그렇다. 세계적인 범위에서

7) 꼭 종속이론과 관련시켜서는 아니지만 김진균(1979)이 내생적 과정의 중요성을 역설한 이래로 많은 진보적 학자들이 내생적 변수의 고찰의 필요성을 말해 왔다(한상진, 1983; 최장집, 1985; 유석춘, 1992; 송호근, 1994; 신광영, 1994).

작용하는 힘이 있는가 하면 좀더 국지적인 범위에서 몇 나라, 때로는 두 나라 사이에서만 작용하는 힘이 있을 수 있는 것이다.

둘째, 그러한 역관계는 동태적으로 존재한다는 것이다. 한때 힘의 중심이었던 곳이 세월이 흘러 주변부로 변하고 주변부였던 곳이 중심이 되는 교체현상이 발생한다는 것이다. 이미 세계체계론자들 자신이 그러한 확장 작업을 해오고 있다고 할 수 있다. 월러스타인을 비롯하여 많은 세계체계론자들이 근대의 자본주의 세계체계가 인류역사상 유일한 세계체계인 것이 아니고 그 전에도 다른 중심을 지니는 세계체계들이 존재해 왔다고 얘기한다(Shannon, 1989: 38~43). 그렇다면 특히 구대륙에서는 새로운 세계체계가 그곳에 원래 있던 구체계와의 접속작용을 생각해 보지 않을 수 없을 것이다. 우리가 살펴 본 것은 그러한 논의를 일반화시키는 방향으로의 한 가지 입력이 될 수 있을 것이다.

5. 일본침입의 효과분석에 개입되는 논리

1) 일본침입의 동기와 효과의 관계

일본침입이 우리 역사에 미친 영향은 일본침입의 동기에 의해 완전히 좌우되는 것은 아니다. 통념적 접근에서는 침입의 동기를 제국주의로 보면서 일본이 한 행동에 대해서 비난하였지만 일본이 그런 행동을 한 결과 우리 사회에 미친 영향에 대해서는 그다지 적극적으로 분석하지 않는 경향이 있었다.

일본이 나쁜 행동을 했다는 것과 일본이 우리 사회에 근대화를 초래했다는 것은 하나는 가치평가의 차원에 속하고 하나는 사실분석의 차원에 속하는, 그 점에서는 서로 모순되지 않을 수도 있는 명제이다. 실제로 통념적 관념에서 저술된 많은 글들이 일본이 나쁜 행동을 했다고 비난하면서도 동시에 일본이 여러 가지 근대적 제도들을 도입한 것으로 사실적인 차원에서 여기저기 서술하는 경우가 있었다. 그러면서 흔히 그렇다는 것이 일본침입이 근대화를 낳았다는 뜻인지의 여부는 말을 하지 않았던 것이다.

이 후 일원적 경제결정론이 풍미하게 된 데에는 그 점을 분명히 하지 않는 통념적 접근에 대한 불만이 적지 않게 작용했다고 할 수 있다. 그러면서 오히려 일본의 "나쁜" 제국주의적 동기와 그 결과를 일관된 자본의 논리로 파악해 보려고 하게 된 것이다. 거기에는 주지하듯이 몇 가지 경쟁적 관점이 출현하게 되었다. 예컨대 종속이론에서는 그것이 우리의 저발전 내지 종속적 발전을 초래했다고 본 반면에 신식민지국독자론에서는 그것이 기본적으로 자본주의의 이식을 낳았다고 보았던 것이다. 그것은 자본의 논리에 대한 믿음이 약간 다른 방식으로 표현된 것이었다.

그런데 통념적 접근에서든, 일원적 경제결정론에서든 흔히 소홀히 되어 온 중대한 논리적 요소가 있었다. 어떤 역사적 사건의 효과를 논한다는 것은 인과론적 분석을 한다는 말이다. 그런데 인과론적 분석에는 필연적으로 개입되는 논리가 있다. 그동안의 대부분의 이론들은 바로 그 필수적 논리를 소홀히 하고 있었다. 이 필수적 논리는 자본의 논리를 적용하려고 할 때에도 마찬가지로 개입되는 가장 기본적인 논리이다.

2) 실험에 공식화된 인과관계 규명의 논리

우리가 어떤 요인의 효과를 분석할 때 필수적으로 개입되는 논리는 그 요인이 없었을 때와 비교한다는 것이며, 그것은 실험의 절차에 잘 공식화되어 있다.[8] 실험을 할 때에는 그래서 실험집단 외에 통제집단이라는 것을 두는 것이다. 예컨대 흡연의 효과를 정확히 분석하기 위해서는 실험을 받을 사람들에게 담배를 피게 하여 그 전과 후의 차이를 보는 것으로는 불충분하다. 왜냐하면 그 사이에 담배 말고 무수히 다른

8) 그 논리는 밀(J. S. Mill)이 고전적으로 서술해 놓은 것이다(김경동·이온죽, 1986: 274~279).

요인이 그 사람들에게 작용할 수 있기 때문이다.

그렇기 때문에 같은 기간 동안 같은 상황하에서 담배를 피지 않았던 사람들을 통제집단으로서 비교해 보는 것이다. 그 사람들에게도 그 기간 동안 그 다른 요인들이 같이 작용하였다면, 통제집단에는 전후 변화가 없었는데 실험집단에만 변화가 있었다는 것은 과연 흡연이 그 변화의 원인이라는 것을 말해 주는 것이 된다. 그런데 이때 만약 통제집단에도 같은 변화가 발생했다면 그 변화의 원인은 흡연이 아니라 그 다른 요인들 가운데 있을 것이다. 이런 기본적 논리를 모르고 통제집단 없이 실험을 하는 사람들은 이 경우 흡연이 원인이었다고 그냥 믿어 버리는 것이다.

3) 잘못된 인과적 주장의 쉬운 예

역사적 사건에 대해서는 정확히 실험을 할 수가 없다. 동일한 상황의 통제집단을 또 하나 둘 수가 없기 때문이다. 그 대신 상상적 실험(*mental experiment*)이라는 것을 하게 된다. 그것은 그 역사적 사건이 발생하지 않았을 때 어떻게 되었을까 하는 식으로 마음속에 통제집단을 그려보는 것이다.[9] 우리가 어떤 역사적 사건의 효과를 말할 때는 바로 그러한 논리에서 말을 하는 것이다. 일본침입의 효과를 말할 때는 일본침입이 없었다면 어떻게 되었을까 하는 것을 마음속에서 그려보면서 그렇게 하는 것이다. 이 논리를 모르고 일본침입의 효과를 말하는 사람들은 일본침입의 전후차이 만을 보고 간단히 말해 버릴 가능성이 있는 것이다.

비유를 하자면 여기 유괴범에게 납치되었다가 몇 년 후에 발견된 어

9) 동일한 상황이 아니고 다른 곳에서 일어난 상황들을 같은 점과 다른 점을 구분하여 비교하는 것이 역사사회학의 방법으로 더 흔히 논해지는 이른바 비교법(*comparative method*)이다(McMichael, 1990). 그런데 베버에게 있어 이 두 가지는 이념형으로 연결되며 그 기저에는 밑이 말한 그 논리가 있다(Aron, 1970: 202~226).

린이를 생각해 보자. 그 아이는 갖은 학대에도 불구하고 그동안 신장과 체중 등이 조금 늘어 있었다. 그래서 그 유괴범은 말하는 것이다. 자기 때문에 이 아이가 성장했노라고! 물론 그 말을 들으면 부모는 말문이 막힐 것이다. 우리가 여기서 논한 것은 그러한 반응이 왜 옳은 것인지 논리적으로 따져 본 것도 된다. 말할 것도 없이 이 경우 그 아이가 유괴되지 않고 자기 부모 밑에서 정상적으로 자랐을 경우와 비교를 해야 하는 것이기 때문이다.

4) 성찰적 실험의 의의

이러한 논리는 그것을 의식하든 안하든 그러한 주장을 할 때에는 필연적으로 개입되는 논리이다. 사람이 말을 할 때에는 문법을 의식하든 안하든 문법이 개입되는 것과 마찬가지이다. 문법을 꼭 의식하지 않더라도 언어감각이 뛰어난 사람은 문법적으로 정확한 말을 하는 것이 보통이다. 그 경우는 말하자면 문법이 내면화되어 있다고 할 수 있다. 그러나 그렇지 못한 사람들에게 있어서는 문법을 모르고 말을 할 때에는 문법을 배우고 나서 말을 할 때에 비해 틀린 표현을 사용할 가능성이 있는 것이다.

일본침입이 근대화를 낳았는지의 여부를 논하는 것은 일본침입의 효과를 논하는 인과론인 것이며 그러한 논의를 할 때는 그것을 의식하든 안하든 일본침입이 없었을 때와 불가피하게 비교를 하고 있는 것이 된다. 일본침입이 근대화를 낳았다고 주장하는 것은 일본침입이 없었더라면 근대화가 이뤄지지 않았을 것이라는 상상적 실험을 불가피하게 하고 있는 것이다.[10]

---

10) 이것은 일본의 지배가 그 후 한국의 현실에 영향을 미치지 않았다는 뜻은 아니다. 일본의 지배는 그 시점에 있었던 많은 다른 요소들과 함께 그 후의 한국의 현실에 영향을 미친 것이다. 그러나 일본침입의 효과를 긍정적으로든 부정적으로든 추론한다는 것은 단순히 영향을 미쳤다는 인식을 하는 것에 그치는 것이 아니다. 그것은 그렇게 해서 영향을 받은 한국의 현실과는 별도

그러나 그렇게 주장하는 대부분의 사람들이 그 논리를 정확하게 인식하지 못하면서 그렇게 말하고 있다.[11] 그리하여 그것을 정확히 인식하면서 논의를 한다면 스스로도 믿지 않을 말을 하게 될 수 있다는 것이다. 그렇게 말하는 사람들 가운데 만약 일본침입이 없었더라면 우리 자신은 서구화 내지 근대화를 수행하지 않았을 것인가 라고 묻는다면 아마 그렇다고 대답할 사람은 드물 것이다. 사실 신용하가 수많은 실증적 연구(신용하, 1978; 1980; 1987)를 통해 보여주려고 했던 점이 바로 이 점이었다고 해도 과언은 아닐 것이다.

의 기대치를 상정하고 현실을 그 기대치와 비교한다는 것을 의미한다. 바로 그 기대치가 상상적 실험의 결과라는 것이다. 일본침입의 효과를 긍정적으로 본다는 것은 그 기대치를 낮게 상정한다는 것을 의미하고 일본침입의 효과를 부정적으로 본다는 것은 그 기대치를 높게 상정한다는 것을 의미한다.

11) 물론 상상적 실험의 정답은 궁극적으로는 알 수 없다. 그것은 현실 속에서 구현되지 않았기 때문이다. 그리고 한 번 흘러버린 역사는 되돌릴 수 없기 때문에 새로 구현시켜 볼 수도 없다. 그러나 일본침입의 효과를 긍정적으로든 부정적으로든 말한다는 것은, 이때 그렇듯 정답을 알 수 없다고 판단을 유보하는 것이 결코 아니고 그중 어떤 답안을 적극적으로 선택하는 것이 된다. 에커트가 한국에서 일본의 지배 없이 한국인 자신들이 서구화를 시도했다면 어떻게 되었을지 "말하기란 불가능하다"(Eckert, 1990: 390)고 말할 때는 이 문제에 대해 판단을 유보하겠다는 말로서 기대치를 상정할 수 없다는 것인데 그렇게 말했으면 일본침입의 효과를 더 이상 논하지 말든지 논하더라도 "그럴 수도 있지만 안 그럴 수도 있다"는 식으로 판정유보를 해야 일관성이 있는 것이다. 우리가 여기서 말하려고 한 것은 그것이 그러한 선택이라는 것을 깨닫고 차근차근 따져서 선택하기로 한다면, 그렇지 않았을 때 낮은 기대치를 선택한 사람들이 그들의 동일한 지식기반 위에서 반대로 높은 기대치를 선택할 가능성이 크다는 것이다.

6. 성찰적인 상상적 실험

1) "하부구조"

일본침입이 근대화를 낳았다는 주장의 그러한 논리적 허점은 성찰적인 상상적 실험을 세부적으로 조목조목 해볼수록 더욱 분명히 드러나게 된다. 예컨대 만약 일본침입이 없었더라면 우리는 주어진 자원을 우리 수배의 인구를 먹여 살릴 쌀을 생산하는 데 투입하고 따라서 그만큼 다른 목적으로부터 전용하는 비합리적 자원배분을 하였을까? 이렇게 성찰적인 상상적 실험을 조목조목 한다면 일본침입이 근대화를 낳았다고 주장해 온 많은 사람들도 자기도 몰래 했던 상상적 실험의 결론이 얼마나 눈먼 것이었는지를 깨닫게 될 것이다. 반면에 그동안 이루어졌던 의미 있는 실증적 연구들은 그 점에서 흔히 올바른 상상적 실험을 하고 있었다고 할 수 있다.

경제적 결정론에서 그렇게 강조하는 경제 내지 "하부구조"만 하더라도 그에 대해 그러한 상상적 실험을 한다면 일본침입이 근대화를 낳았다는 주장은 설 땅이 바로 사라진다. 여기서 주된 사항 몇 가지에 대해서만 따져 본다고 하더라도, 일본침입이 없었더라면 이루어졌을 자원배분으로부터의 이탈은 비단 곡물생산에만 관련된 것은 아닐 것이다. 정상적인 산업발전구조를 희생시키고 목재, 광업, 병참 등 조달산업을 비대하게 만든 비정상적인 자원배분이라는 측면도 볼 수 있을 것이다.[12] 자본가 계급 및 경영인력의 수, 규모, 성격에 있어서의 빈곤성은 말할 것도 없을 것이다. 관리직 및 노무직 노동자의 민족간 계량적, 생존적 격차는 잘 연구되어 있는 사실이다. 일본인과의 격차는 곧 일본인의 지배가 없었을 때의 우리 자신의 모습과의 격차로 바꾸어서 생각할 수 있다. 자영농의 부재와 극소수의 대지주 및 무토지 농민 대중의

---

12) 정근식은 면업구조에 초점을 맞추고 있고 김영정은 그러한 동기들이 도시들에 성장에 미친 왜곡작용을 살펴보고 있다(정근식, 1991; 김영정, 1996).

구조가 비정상적이라는 점을 외면할 수 없을 것이다. 그렇듯 기형적인 하부구조가 우리 자신이 주도한 발전과정이었으면 나타났겠는가?[13)]

2) "상부구조"

일본이 물러 간 후 뒤늦게 본격적으로 시작된 경제성장으로 그러한 모습의 하부구조와는 많이 단절된 하부구조가 새로이 자리잡게 되었다. 이제는 본격적인 자본가, 노동자, 신중간 계급까지가 급속히 성장해 온 것이다(홍두승, 1983; 서관모, 1985; 조돈문, 1994). 일본의 지배가 우리의 근대화를 방해했다면 우리의 경제발전을 그만큼 지체시킨 데에 있다는 말은 거기에서 나오는 것이다. 그렇다면 일본지배시대의 병적인 하부구조를 파헤친 연구들은 현대 한국사회에 대해서는 별다른 함의를 지니지 못하는 것일까? 상부구조를 통한 우회적 영향이라는 통로가 있음을 유의하면 그렇지 않다는 것을 알게 된다. 과거에 하부구조에 미쳤던 영향도 상부구조에 흡수되어 상부구조 내에 존재하고 있던 일본지배의 유산과 함께 오늘날 영향을 미치는 측면이 있는 것이다.

오늘날 이른바 재벌지배구조로 불리는 특이한 경제적 상황은 일본 자신을 포함하여 선진 자본주의 사회에서는 찾아보기 힘든 모습이다. 이것은 물론 일본지배하의 하부구조로부터의 직접적인 유산인 것은 아니다. 그것은 모두 알다시피 전전 일본의 재벌위주 경제성장전략을 모델로 생각한 현대 한국의 박정희 정부의 경제개발정책이라는 상부구조에서 창출되어 내려온 것이다.[14)] 그러면서 재벌과 다른 대기업, 그리고 무엇보다도 중소기업 사이에 형성된 지배관계는 일본에서의 모습과도 또 다르다.

일본에서의 "이중구조"는 그렇게 가학적이지는 않으며(van Wolferen,

---

13) 이러한 취지를 담고 있는 경제학적, 사회학적 글들을 일일이 열거하기에는 너무 많다고 하겠다.

14) 자본가의 면면도 그동안 권력의 교체와 함께 많이 교체되어 왔다(공제욱, 1993).

1989: 170~171), 그것은 마치 일본지배하 한국에서의 이민족간 "이중구조"가 재현된 것 같은 측면이 없지 않은 것이다. 그렇게 된 것은 무엇보다도 민족차별의 이중구조가 강하게 스며 있었던 그때의 생산관계에서 형성된 심성이 현대의 생산관계에 위로부터 다시 내려와 구현된 데서 비롯된 것이라고 할 수 있다. 이민족간의 가학적이던 관계가 같은 민족 사이에서 그 정도가 많이 약화된 상태로 형식상에서 재발한 측면이 있는 것이다.

극단적인 경제주의를 따르는 사람들 가운데에는 일본지배하에서 민족적 차이를 논하는 것은 무의미하다고 보는 사람들이 있다. 한국인이든 일본인이든 자본가면 착취를 하였고 노동자면 착취를 당했던 것인데 그런 구분이 무슨 의미가 있겠느냐는 것이다. 우리는 그런 구분이 다른 것을 다 떠나서 현대 한국의 경제적 생산관계 자체만을 정확히 이해하는 데에도 필수적임을 살펴본 셈이다.

3) 상호작용

그러한 경제주의적 자세는 친일파의 청산을 하지 못한 결과 광복 후 우리 것이 된 한국의 국가에 일본지배기구의 이민족 지배의 태도가 완전히 불식되지 않고 어느 정도 남아 있게 되었던 연결고리가 중요한 역할을 하였다고 할 수 있다. 그러한 자세가 현대 한국의 경제상황이 창출되는 과정에서 같이 묻어 내려왔다고 할 수 있을 것이다. 오늘날 그러한 자세는 사회 저변에까지 확산되어 있어서 예컨대 재중국 동포를 "외국인"으로 다루는 자세는 그 한 표현이라고 할 수 있다. 경제적인 차별에 마치 이민족을 대하듯 하는 의식이 혼합되어 있는 그러한 태도는 경제적 수준에서 고도로 이질적인 부분집단들을 포함하는 유태인, 중국인, 아랍인 등의 사회에서는 발견하기 힘든 태도이다.

이민족에게 가할 수 있는 냉혈적 학대 외에도 일본의 지배기구는 우리 자신이라면 하지 않았을 기형적인 정책을 수 없이 펼쳤다. 우선 우리 자신이라면 다른 권위주의적 통치는 몰라도 헌병통치만큼은 안 했을 것이 틀림없다. 우리 자신이라면 초등학교만 보급하고 중등교육을 억제하면서 대학교는 하나만 세웠을 리도 결코 없을 것이다.[15] 무엇보다도 우리 자신이라면 이른바 "식민사관"을 극력 수립, 보급하지는 않았을 것이다.

그리고 결과적으로 그렇지 않았을 때에 비해 일본지배는 외세 종속집단—"친일파"—을 만만찮은 세력으로 자리잡게 하였다. 특히 이 집단의 물질적, 관념적 이익이 작용하여서도 외세종속적 자세가 널리 자리잡게 된 사정을 보아야 할 것이다. 더 나아가서 일반적인 정신적 지조와 주인의식의 상실이 만연하게 되었다고 할 수 있다. 결국은 이러한 의식적 유산들, 그리고 그것을 굳히는 식민사관을 통한 자기비하가 일본지배가 남긴 가장 끈질긴 부채로 작용하게 되었다고 할 수 있다. 이에 대해서는 오히려 최홍기를 위시한 원로세대가 깊이 있는 고찰을 적지 않게 남기고 있지만(최홍기, 1987; 임종국, 1989; 이현희, 1991) 근래에 있었던 경제주의적 우상타파의 급류 속에 그만 잠겨버린 측면이 있는데 우리는 이제라도 선학의 지혜를 되살려 더욱 발전시켜야 할 것이다.

어쨌든 광복 후 국가와 경제는 우리 자신의 것이 되었지만 그것이 운용되는 의식 속에서 보다 끈질기게 남아 있던 그러한 잔재에 의해 일본지배가 남긴 기형적 면모가 위에서부터 재생산되어 내려온 측면이 있었던 것이다. 그리고 국가와 경제에 생겼던 일본지배의 자국은 직접 현대에 승계되기보다 상부구조를 통한 그러한 우회적 과정으로 승계된 측면이 있었다. 그런데도 상부구조를 보지 않는다면 경제 자체에 대한 일본침입의 장기적 효과마저도 온전하게 이해하기 힘들 수밖에 없다.

---

15) 최근에 김중섭은 일본의 극심한 교육적 탄압정책하에서 어떻게 주민적 차원의 자구적 교육보급운동이 상당한 성취를 거두고 있었나 하는 것을 보여주고 있다(김중섭, 1996). 심하게 억누르는 힘 아래서 그랬을 때 우리 자신의 국가하에서라면 어떠했을지 이 역시 너무도 확실한 실험이 된다.

7. 논리적 접근을 저해하는 두 가지 병리적 정서

1) 자본주의에 대한 물신 숭배

우리는 그러한 상상적 실험을 의식적으로 하지 않는다고 하더라도 정상적인 논리력을 가진 사람은 실제로 정확한 상상적 실험을 흔히 한다는 점을 이미 말하였다. 거기서 우리는 상상적 실험의 논리를 설명하기 위해 유괴된 아이의 비유를 사용하였었다. 그 아이가 그동안 조금이라도 성장을 한 것을 두고 유괴범이 자신이 그 아이를 그렇게 "육성했다고" 말한다면 그 부모뿐 아니라 대부분의 사람들은 난감해 할 것이다. 이때 많은 사람들은 그러한 주장의 허점을 논리적으로 포착하기 이전에 그것을 감정의 수준에서 포착하는 것이라고 할 수 있다. 이렇게 건강한 감정은 이성보다 더 예리하게 상황을 포착할 때가 있다. 손끝을 바늘로 찔렸을 때 비명을 지르는 것은 건강한 감정의 표현이라고 할 수 있다. 건강한 감정은 마찬가지로 정신대 문제에 대해 학문적으로도 아픔을 일단 서술하게 할 것이다(정진성, 1994).

만약에 누군가가 그것을 "발전을 위해 불가피한 고통"이라고 담담하게 반응한다면 그것은 이성이 감정을 적절히 통제하고 있는 것이 결코 아니라 병든 감정이 이성마저도 병들게 하고 있음을 의미하는 것이다.[16] 일본의 침입에 대해 사람들이 유괴범의 학대에 대해서만큼 예리한 반응을 보일 수 없다는 것은 논리력 이전에 이 문제에 대해 사람들이 대단히 병리적인 정서상태에 있음을 의미하는 것이라고 할 수 있다. 사람들로 하여금 그토록 잘못된 추론을 별 심리적 저항감 없이 행하고 수용하게 만드는 병리적인 정서상태는 어떤 것일까?

오늘날 진보를 자임하는 지식인들이 일본이 우리를 수탈한 것은 근대적 제도를 도입하는 과정에서 발생한 일이었다고 말해버리고 마는 경우가 적지 않다. 예컨대 일본은 토지조사사업으로 우리의 땅을 많이 빼

16) 감정의 사회학적 위상에 관해서는 이성식·전신현(1995) 참조.

앗았지만 그것은 토지소유 관계에 있어서 근대적 관계를 도입한 과정임에 틀림없으며 그만큼 한국에서 자본주의를 본격적으로 출범시키는 계기가 되었다고 주장하는 것이다.

신기한 것은 그러한 주장을 민족주의적이라고 찬양의 맥락에서 부르는 경우가 있다는 것인데 그러한 입장에서는 흔히 민족주의를 부정적인 존재로 보기 때문에 신기한 것이다. 어쨌거나 그러한 주장이 민족주의라고 불리는 이념과는 객관적으로 상치되는 것은 너무도 명백하다. 아마도 그렇게 부르는 근거로 제시할 수 있는 것이 조금이라도 있다면 그렇게 말할 때의 어조가 더러 비난조라는 감정적인 차원의 것이 아닌가 한다. 거기에서 우리는 감정의 어떤 병리적 상태가 그렇듯 민족주의 같은 명백한 개념조차를 정확하게 사용하지 못하게 하고 있음을 직관하게 된다.

거기에는 자본주의에 대한 모순된 감정도 같이 들어 있는 것으로 생각된다. 일본이 토지조사사업으로 한국을 착취한 "나쁜" 일을 한 것이 실은 한국을 자본주의라는 근대적 생산관계로 올려놓은 힘이 되었다고 주장하는 것은 자본주의를 악하면서 세상을 바꿔놓는 힘으로 숭배하고 있는 의식의 표현인 것이다. 우리는 앞서 "나쁘다"는 것과 "기여했다"는 것은 하나는 가치평가의 차원에 하나는 사실분석의 차원에 속하는, 서로 별개의 명제일 수 있음을 말한 바 있다. 그러나 오히려 나쁘기 때문에 기여했다는 쪽으로 연결이 이루어진다면 그것은 비논리적인 것이 되는 것이고 만약 그러한 비논리적 연결이 고착적으로 행해진다면 그 뒤에는 병리적인 정서가 있을 가능성이 크다는 것이다. 자본주의가 세상을 이끌어 가는 힘이라고 하더라도 그 논리로 일본의 침입효과를 논할 때는 상상적 실험의 논리가 불가피하게 개입된다는 것을 우리는 논했지만 숭배하더라도 "나쁜" 존재를 숭배한다는 감정의 뒤엉킨 맥락이 그러한 기본적 논리에 눈을 멀게 할 수도 있다는 것이다.

한편으로 많은 독서와 생각이 담겨 있는 서용석의 최근 연구는(서용석, 1994) 다른 한편으로는 자본주의에 대한 그러한 자세를 집성한 것이라고도 할 수 있을 것 같다. 그 취지를 간단히 말하자면, 자본주의는 착취인데, 일본은 우리를 착취했으므로, 일본은 우리에게 자본주의를 심어주었다는 것이다. 그에 의하면 일본은 그 점에서 다른 제국주의자들을 훨씬 능가하는 업적을 이룩했다. 말하자면 영국은 아프리카나 인도를, 프랑스는 인도지나를, 일본이 우리를 착취한 만큼 제대로 착취해 주지 않았던 것이다. 우리를 제대로 착취해 준 일본 덕분에 우리는 인도, 아프리카, 인도지나보다 훨씬 앞서가는 자본주의 사회가 된 것이다.

여기에서는 자본주의가 착취인지 아닌지 논할 맥락은 아니고 다만 착취라고 할 때에도 논리적인 문제는 전혀 마찬가지라는 점만을 말하겠다. 일본이 한국에서 한 활동들을 착취를 위한 활동이었다고 부르기로 하더라도, 일본이 그렇게 함으로써 어떤 결과를 초래했다고 말하는 것은 변함없이 상상적 실험이 개입되는 행위이다. 그 실험을 좀더 정확히 하기 위해서는 논리적으로 조목조목 따져보는, 그리하여 우리가 앞에서 한 것과 형식적으로 동일한, 성찰적 실험을 거쳐야 하는 것이다.

그렇게 한다면 결국 다음과 같이 말할 수밖에 없을 것이다. 만약, 일본이 아닌 우리 스스로에 의해 이루어졌다면 그러한 "착취적" 활동은 더 본격적으로, 더 용의주도하게 이루어졌을 것이라고 말이다. 사실 저자는 자신도 모르게 여기저기서 그러한 논리를 내비치고 있다. 즉 "식민지"에 비교적 무관심했던 다른 제국주의 국가들과 달리 일본은 적극적으로 나서서 한국을 "직접 지배"하려고 하였었다는 것이다. 남이 "직접 지배"하려고 할 정도라면 자신은? 하고 한번 자문해 보라는 것이 우리의 성찰적 실험의 요지이다.

즉 자본주의의 요소들은, 그것을 좋게 부르든 나쁘게 부르든, 그것들이 일본이 아닌 우리 자신의 손에 의해 도입되었다면 더 본격적으로 도입되었을 것이다. 그렇다는 것이 그것을 좋게 부르지 않고 나쁘게 부른다고 하여 크게 달라질 이유가 논리적으로는 없다. 하지만 감정적으로는 그렇지 않을 수가 있다는 것이다. 자본주의가 착취를 일삼는 나쁜 체제라고 비난하면서 그것을 세상을 꼼짝 못하게 지배하는 힘으로 숭배하는 모순된 감정이 논리를 가릴 수도 있기 때문이다.

2) 일본에 대한 악신숭배

그러나 그 하나의 모순된 감정만 가지고는 설명할 수 없을 정도의 논리적 문제가 특히 일본의 침입에 대한 일원적 경제결정론에는 개재되어 있다. 상상적 실험의 문제 말고도 우리는 앞서 우리와 일본의 서구화 시작의 짧은 시차, 그 점에서 일본보다 앞서는 중국의 역사 등 너무도 잘 알려진 상식과 명백한 논리에도 불구하고 일원적 경제결정론을 펴려는 경향을 지적했었다. 그런 것에까지 눈을 가리게 하려면 더 강한 병리적 정서가 있지 않고서는 힘들다는 것이 직관된다.

그런데 사실 그 어떤 것보다 더 사람들의 의식에 깊이 자리잡아온 결정론적 태도가 한 가지 있다. 그것은 일본은 원래부터 오랜 세월 "약소국"인 우리를 무수하게 침입해온 강대국이라는 것이다. 동아시아에 관한 한 오히려 내생적이 되는 이 결정론이 바로 "상식"의 수준에서는 더 널리 내면화되어 있는 관점이다. 이 관점은 현대의 아주 많은 한국인들이 적어도 잠재의식 속에서 지니고 있는 것이기 때문에, 누가 만약 의식의 표층에서 다른 관점을 갖고 있다면 그것과 같이 이중구조를 형성하고 있을 가능성이 크다. 그때 그 표층의 의식은 그러한 잠재의식의 지원을 받거나 아니면 아예 그것이 탈바꿈한 형태일 수 있다.

일본이 강대국으로서 우리를 숙명적으로 병탄하도록 되어 있다는 결정론적 태도를 너무도 깊숙이 지니고 있기 때문에 사람들은 우리에 대한 일본의 침입을 당연시하게 되는 것이다. 그것이 일본의 침입을 결정론적으로 설명하는 이론들의 어떠한 논리적 모순에도 무감각하게 만든다. 그리고 좀더 이론지향적인 사람들에게는 그러한 내생적 관점보다는 세계체계편입이라는 경제주의적일 뿐 아니라 좀더 일원적이면서 거시적인 결정론이 그 자리에 환치되어 들어가 있는 것이다. 혹은 내생적 결정론을 외생적 결정론으로 승화시켜 지니고 있다고도 말할 수 있다. 그 경우 일본의 침입에 관해서 자본주의를 악신숭배하는 경향은 실은 일본 자신에 대한 악신숭배의 치환이 되는 것이다.[17] 그러한 의식 속에서는 일본은 나쁘긴 하지만 우리의 역사를 꼼짝 못하게 지배해온 어쩔 수 없는 힘으로 여겨지는 것이다.

이러한 의식은 일본이 다른 모든 것처럼 역사서술 역시 본격적으로 서구화되기 시작하는 바로 그 시점에 그 과정을 장악하고 왜곡된 서구적 역사교육을 시작한 것에서 비롯된다. 이른바 식민사관이라고 알려져 있는 그러한 역사적 관점은 말할 것도 없이 우리가 앞서 살핀 동아시아 역사의 실제 종속관계를 뒤집어 놓은 것이다. 식민사관이라는 말에서는 그러한 점이 충분히 드러나지 않기 때문에 필자는 전도(顚倒) 사관이라는 말을 쓰게 된다.

이것은 이후 그들의 우민화 교육정책으로 급속히 확대 재생산되었고 광복 이후에 이 분야에서도 친일세력을 청산시키지 못한 결과 확대재생산과정은 멈춰지지 않았다. 오히려 그러한 역사관을 내면화하면서 자란 지식인들에 의해, 다른 인문학과 사회과학, 나아가서는 지식활동 전반에 대해 확대 재생산되어 왔던 것이다. 이 효과는 경제나 정치에 있는 그 어떤 왜곡작용보다도 현재까지 가장 강하게 남아 있는 일본침입의 효과라고 할 수 있다. 결국 진보적 지식인들을 포함하여 오늘날의 많은 한국인들로 하여금 일본침입 자체를 운명적으로 받아들이게 만든 것이야말로 일본이 침입을 통하여 거둔 가장 큰 수확이라면 수확이라고 할 수 있는 셈이다.

8. 결 론

우리는 일본침입을 둘러싼 전과정을 세계체계에의 편입이라고 일원론적으로 말하는 것이 논리적으로 성립될 수 없음을 살펴보았다. 그것은 순전히 논리만의 문제는 아니고 몇 가지 역사적 지식이 같이 개입되는 문제이지만 그 역사적 지식은 대부분 크게 보아 상식의 수준에 속하

17) 박영신(1995)은 오늘날 경제주의가 우리 사회를 풍미하게 된 것도 결국은 일본지배의 여파임을 통렬하게 지적하고 있다.

는 것이어서 그것들을 모르는 데서 오는 문제라기보다 그것들을 논리적으로 연결시키지 못하는 데서 오는 문제인 것이다. 많은 이론들이 그토록 기본적인 논리들을 무시한 채 화려한 개념들에 도취되어 거대한 사상누각을 축조해 왔던 것이다.

그러나 우리가 서구에서 자본주의적 체계가 생겨서 범세계적으로 확산되어 왔다는 것을 부정하려는 것은 결코 아니다. 그 과정에서 작용하는 많은 국지적, 상황적 변수들을 고려해야 한다는 것이다. 우리가 어떻게든 서구로부터 영향을 받게 되었다는 것과 우리가 일본한테 지배받게 되었다는 말은 같은 말이 아니다. 다시 말해 일본의 지배와 서구화는 같은 말이 아니다.[18)]

이 점을 일본 자신에 대해 생각해 본다면 더욱 분명해 질 것이다. 일본에 있어 서구화는 미국의 "식민"지배였던 것이 아닌 것이다. 만약 일본이 미국의 지배를 받았다면 어떻게 되었을까? 일본인들에게 그렇게 물어본다면 그런 것 없이도 이렇게 성공했는데 무슨 소리냐고 할 것이다. 그리고 더 나아가 말할 것이다. 그런 것은 방해밖에 하지 않았을 것이라고 말이다.

일본이 그만큼 성공했던 것은 분명히 외부로부터 지배를 받지 않은 것이 그 한 가지 중요한 요인이었다고 할 수 있다. 우리는 한국이 일본의 지배를 적극적으로 받았기 때문에 다른 비서구국보다 성공했다는 것을 비교적인 방법으로 증명하려 했던 연구에 대해 살펴보았다. 그런데 그 연구에서는 막상 일본 자신에 대해서는 같은 입장에서의 비교를 하지 않았다. 일본을 "식민"지배의 대상으로는 결코 가정조차 할 수 없는, 일본에 대한 악신숭배적 자세가 존재하지 않는다면 생각하기 어려운 일이다.

생각하건대, 일본은 외부의 힘을 덜 받은 만큼 그 후의 결과에는 일본 자신의 특성이 많이 작용했다고 말할 수 있다. 일본의 어떤 내부적

---

18) 김경일은 우리의 왜곡된 근대성을 본래 같은 현상이 아닌 이 두 현상이 우리에게 있어 합쳐진 결과 발생한 국가-시민사회의 왜곡된 상호작용에서 찾아내고 있다(김경일, 1995).

특성이 일본으로 하여금 다소간에 "성공적인" 근대화를 이룩할 수 있게끔 하였던 것이다. 동시에 그 특성은 그것이 일본의 내부적 특성인 만큼 당연히 일본이 외부의 힘을 덜 받았기 때문에 더 잘 작용할 수 있었다고 할 수 있다.

미국에 의해 최소한의 자극만 받은 일본과, 영국에 의해 최소한의 통치를 받은 홍콩 등을 포함시켜 국제비교를 좀더 섬세하게 하였다면 그러한 사항들이 수렴되어 다음과 같은 일반적 명제들이 가장 논리적인 귀결로 도출되었을 것이다. 근대화의 성공 여부에 각 사회 내부적 특성은 중요한 역할을 한다. 그리고 그 내부적 특성은 당연히 외부의 힘에 의해 왜곡되지 않은 상태에서 더 잘 작용한다.[19]

그러한 명제들로부터 우리가 다른 비서구 국가보다는 앞서고 일본보다는 뒤지게 된 원인은 우리는 성공할 수 있는 내부적 특성을 지니고 있었으나 외부의 과도한 힘에 의해 그것이 왜곡된 채 발휘되어 반밖에 성공하지 못한 것이라는 명제를 도출할 수 있다.[20] 본 논문에서는 그

---

19) 만약에 그 내부적 특성이 불리한 것이라면 불리한 대로 작용할 것이다. 홍콩과 인도는 같이 영국의 지배를 받았으므로 그 성공의 차이에 내부적 특성의 차이가 크게 작용했음이 바로 드러난다. 한편 인도지나 반도에서 태국은 독립을 유지한 유일한 나라였으나 그렇지 않은 이웃 나라들과 별 차이가 없다는 것이 많이 거론되어 왔었다. 오늘날 인도지나 여러 나라들의 일반적인 내부적 특성도 근대화에 어느 정도 유리하게 작용할 수 있음이 최근에 이 나라들이 보여주고 있는 상당한 발전속도에서 드러나고 있다. 그렇게 하는데 있어서 독립을 유지했다는 점이 장기적으로는 자산으로 작용하게 됨을 태국이 이들 나라들 가운데에서도 성공적인 경우에 속한다는 사실이 보여주고 있다(손장권 · 최석만, 1996). 이것은 이민족 지배를 받았다는 것이 극복할 수 없는 운명이 된다는 뜻이 아니다. 이민족 지배가 상당히 무거운 짐이라는 말 이상도 이하도 아니다. 말레이시아처럼 그것을 덜어내면 성공할 수 있다. 그러나 그것이 덜어내어야 할 짐이라는 점은 분명히 인식해야 하는 것이다.

20) 서용석의 연구는 다른 "제국주의자"와 달랐던 일본의 침입내용, 우리의 전통적인 사회구조적 특징 등 세계체계와 함께 "내부적" 특성들을 구체적으로 같이 고찰하려 하였다는 점에서 뛰어난 측면이 없지 않은 글이다. 우리는 그가 일본에 대한 "악신숭배"의 영향에서 자유로웠다면 좀더 의미 있는 결론을 도출해 낼 수도 있었으리라 믿는다.

러한 비교적인 방법 대신에 성찰적인 상상적 실험의 방법을 명확하게 함으로써 기본적으로 같은 결론에 도달했던 것이라고 할 수 있다.[21]

우리는 그러한 내부적 특성이 무엇인가 하는 것은 다루지 않았다. 그 점에서 우리는 상상적 실험을 소극적인 맥락에서 하였다고 할 수 있다. 상상적 실험을 적극적으로 하려면 그 내부적 특성을 개입시켜서 그것이 어떻게 변했는가 하는 것을 구체적으로 다루어야 한다. 그렇게 하려면 상상적 실험을 시작하는 그 시점까지의 우리 사회의 내생적 발전사가 전개되어온 과정을 정확히 포착해야 한다. 그렇게 하면 일본침입의 효과를 좀더 적극적으로 서술할 수 있을 것이다. 그러나 일본침입이 우리의 근대화에 기여하였다는 것을 반박하기만 하는 데에는 여기서 한 소극적 실험으로도 일단 충분하다고 할 수 있다.

▪ 참고문헌 ▪

강동진(1985), 《일본근대사》, 한길사.

김경동·이온죽(1986), 《사회조사연구방법 - 사회연구의 논리와 기법》, 박영사.

김경일(1995), "근대성과 헤게모니의 역사적 변론: 식민지 시기의 경우", 〈한국사회사논문집〉 47집.

김영정(1996), "일제시대의 도시성장 - 군산시 사례", 〈한국사회학〉 30집 가을.

김중섭(1996), "일제 식민통치와 주민 교육운동", 〈한국사회사논문집〉 47집.

김진균(1979), "발전과 내생적 변동 이론의 필요성", 〈한국사회학연구〉 3집.

김현식(1995), "일제식민지 시대 치안관계법규의 형성과 적용에 관한 연구", 〈한국사회학〉 29집 봄.

김호기(1995), 《현대 자본주의와 한국사회》, 사회비평사.

김환석(1990), "기술혁신의 관점에서 본 한국의 자본주의 발전", 〈한국사회

21) 물론 두 가지를 병행하면 더욱 이상적이며 베버는 사회학과 역사학의 결합이 그렇게 이루어질 수 있다고 보았다(Bendix, 1991: 170).

사연구회 논문집〉 22집.
박명규(1994), “개화파와 도막파의 사회경제적 배경과 근대 지향성에 관한 비교 연구”, 〈한국사회사연구회 논문집〉 42집.
박영신(1995), “가족주의 전통과 한국의 자본주의 구조”, 《우리 사회의 성찰적 인식 - 전통, 구조, 과정》, 현상과 인식.
서관모(1985), “한국사회 계급구성의 사회통계적 연구”, 〈산업사회연구〉 1집.
서용석(1994), “해방후 자본주의와 변화하는 식민지 시각”, 한국사회사 연구회 발표논문.
손장권 · 최석만(1996), “태국의 발전: 식민지 미경험의 공과”, 1996년 6월 비교사회연구회 발표논문.
송호근(1994), 《열린 시장, 닫힌 정치》, 나남출판.
신광영(1994), 《계급과 노동운동의 사회학》, 나남출판.
신용하(1976), 《독립협회 연구》, 일조각.
______(1980), 《한국 근대사와 사회 변동》, 문학과지성사.
______(1987), 《한국 근대 사회사상사 연구》, 일지사.
유석춘 편(1992), 《막스 베버와 동양 사회》, 나남출판.
이성식 · 전신현(1995), 《감정 사회학》, 한울.
이춘식(1991), 《중국사 서설》, 교보문고.
이현희(1991), “일제통치가 한국인의 의식에 미친 영향”, 《광복 전후사의 재인식》 I, 범우사.
임종국(1989), “일제말 친일군상의 실태”, 《해방전후사의 인식 1》, 한길사.
임현진(1987), 《현대 한국과 종속이론》, 서울대학교 출판부.
정근식(1991), “일제하 전남에서의 면업구조의 형성과 재편성”, 〈한국사회사연구회 논문집〉 28집.
정진성(1994), “일본 군 ‘위안부’ 정책의 본질”, 〈한국사회사연구회 논문집〉 42집.
조돈문(1994), “한국사회 계급구조의 변화, 1960~1990”, 〈한국사회학〉 28집 봄.
조혜인(1995), “종교와 사회사상의 흐름”, 신용하 외 편, 《한국 사회사의 이해》, 문학과지성사.
최홍기(1987), “한국 문화의 자생적 전개”, 임희섭 편, 《한국 사회의 발전과 문화》, 나남출판.
한상진(1983), “관료적 권위주의와 한국사회”, 《한국 사회구성의 성격 논쟁》, 법문사.

홍두승(1983), "한국사회 계층연구를 위한 예비적 고찰", 서울대학교 사회학연구회 편, 《한국 사회의 전통과 변화》, 법문사.

Althusser, Louis(1977), *For Marx*, London: NLB.

Aron, Raymond(1964), "War and Industrial Society." Leon Bramson and George W. Goethals eds., *War: Studies from Psychology, Sociology, Anthropology*, New York: Basic Books, pp. 359~402.

______(1970), *Main Currents in Sociological Thought* Vol. II, trans. by Richard Howard and Helen Weaver, New York: Harmondsworth.

Bendix, Reinhard(1991), "Max Weber's Interpretation of Conduct and History." in Peter Hamilton ed., *Max Weber: Critical Assessments 1*, London: Routledge, pp. 166~181.

Brenner, Robert(1985), "Agrarian Class Structure and Economic Development in Pre-Industrial Europe." in T. H. Aston and C. H. E. Philpin eds., *The Brenner Debate*, Cambridge: Cambridge University Press, pp. 10~63.

Clyde, Paul H. and Burton F. Beers(1975), *The Far East: A History of Western Impacts and Eastern Responses, 1830~1975*, Englewood Cliffs, N. J.: Prentice-Hall.

Dukes, Paul(1985), *A History of Europe: The Arrival, the Rise, the Fall*, Basingstoke: Macmillan.

Eckert, Carter J. et al.(1990), *Korea Old and New: A History*, Seoul: Ilchokak.

Fry, Peter and Fiona Somerset Fry(1988), *A History of Ireland*, London: Routledge.

Hearder, Harry(1988), *Europe in the Nineteenth Century, 1830~1880*, London: Longman.

Hughes, Michael(1992), *Early Modern Germany, 1477~1806*, London: Macmillan.

Katz, Claudio J.(1989), *From Feudalism to Capitalism: Marxian Theories of Class Struggle and Social Change*, New York: Greenwood Press.

Lenin, V.(1975), "Imperialism, the Highest Stage of Capitalism: A

Popular Outline." in *Selected Works* Vol. I, Moscow: Progress, pp. 634~731.

McMichael, Philip (1990), "Incorporating Comparison Within a World-Historical Perspective: An Alternative Comparative Method." *American Sociological Review*, vol. 55: 385~397.

Shannon, Thomas R. (1989), *An Introduction to the World-System Perspective*, Boulder, Col.: Westview Press.

van Wolferen, Karel (1989), *The Enigma of Japanese Power*, London: Macmillan.

제 2 부

상처받은 유교적 금욕주의와 한국 자본주의

제 6 장 주자학적 계급 : 한국 노사관계의 이념적 후광

제 7 장 한국 교육현상 속의 왜곡된 성리학적 유산 : 보상과 의무의 문제와 관련하여

제 8 장 아시아적 가치와 자본주의 : 조율적 분화의 선진성

제 6 장

주자학적 계급 *

한국 노사관계의 이념적 후광

1. 이념과 계급

1) 계급의 이념적 맥락

계급이 놓여 있는 사회의 전체적 맥락은 계급의 성격을 규정하는 중요한 요소다. 맑스에 의하면 예컨대 유럽 고대나 중세의 계급관계는 정치나 이념이 경제의 전면에 놓여 있는 사회적 맥락 속에 있다는 점에서 현대적 계급과 그 성격이 다르다. 그곳들에서의 "사회적 관계"는 그 자체가 자연적인 관계로 여겨지며 경제적 (착취)관계는 그 뒤에 숨어서 나타나지 않는 성격을 지니는 관계이다. 거꾸로 자본주의에서의 사회적 관계는 상품들 사이의 물적 관계로 "신비화"되어 있는 모습이다 (Althusser and Balibar, 1979: 216~218).

맑스 전통에서는 사회의 전체적 맥락을 사회구성의 개념을 통하여 고찰하여 왔다고 할 수 있는데, 그간의 한국 사회구성에 관한 논쟁을 통하여 결과적으로 노정된 점은 한국이 아직은 완전한 자본주의적 사회

* 〈사회과학연구〉 3집(1995), pp. 1~38.

구성을 갖추지 못하고 있다는 점이었다. 예컨대 한국의 자본주의에 가장 후한 점수를 주려고 했던 입장도 "신식민지"와 같은 한정어를 붙일 수밖에 없었던 것이다. 그렇다면 한국에서의 계급관계도 전형적인 자본주의적 계급관계가 되지 못할 개연성이 그만큼 있는 것이지만 그 점을 직시하려는 노력은 왠지 그에 상응하지 못하였다. 이 글은 한국적 노사관계의 특수성을 한국사회의 전체적 맥락을 구성하는 중요한 요소로서의 이념체계의 특수성을 통하여 구명해 보려는 것이다.

베버가 맑스에 의해 제기된 바 있는 숱한 문제들을 독립된 입장에서 보다 섬세하게 다루고 있다는 것은 잘 알려진 사실이다. 이념의 문제만 해도 이념의 각종 형태에 대한 넓은 지식을 바탕으로 해서 이념과, 사회의 다른 구성요소 예컨대 경제 사이의 상호관계에 대해서 보다 치밀한 분석을 행하고 있는 것이다. 다만 베버에게는 이념, 경제, 정치 등 사회를 구성하고 있는 제요소 사이의 관계를 하나의 통일된 맥락 속에서 고찰하려는 조직적 시도가 없었다.[1] 그러다 보니 특정 요소 내지 특정 요소들 사이의 상호관계에 대한 베버적 분석이 사회 전체에 대해 갖는 규정적 의미가 얼른 눈에 띄게 드러나지 않는 경우가 많았다. 그러나 베버의 논의에 그러한 규정적 차원의 함의는 많은 경우 묵시적인 형태로서이긴 하지만 존재하고 있다.[2] 이념을 둘러싼 논의만 하여도 이념과 계층 사이의 상호적 관계에 대한 그의 논의에는 그러한 함의가 풍부히 들어 있다. 담지자라는 개념은 베버에게 있어 이러한 함의를 정

1) 여기에는 현실을 혼돈스러운 것으로 보는 베버의 의식적인 신칸트주의가 상당히 작용하고 있었다(Kocka, 1985: 146).

2) 여기서 규정이란 결정과는 조금 다른 의미이다. 그것은 현실 속에서 꼭 어떤 요소가 다른 요소(들)에 대해 인과적인 영향을 미친다는 것이 아니라 예컨대 우리가 어떤 요소의 존재를 통해서 다른 요소(들)의 존재를 추정할 수 있다는 "단서"의 의미도 갖고 있다. 예컨대 서리가 내린다는 것은 날씨가 차다는 것의 원인은 아니지만 (이 경우는 오히려 그 반대) 그 단서는 되는 것이다. 베버가 어떤 인과론적 관점에서 논의를 하였든 그것과, 우리가 그것으로부터 이러한 의미의 "규정"관계를 도출해 내는 것과는 일단 별개의 차원이다.

형화하고 있는 역할을 하고 있다고도 할 수 있다. 예컨대 자본가 계급이 개신교 윤리의 담지자라는 것은 개신교 윤리가 자본주의 사회의 — 그리고 자본주의적 "생산관계" 등 그 핵심적 요소들의 — 성격을 규정하는 단서가 된다는 의미를 내포하고 있는 것이다.

특히 이 예는 본고를 위하여 중요하기 때문에 좀더 자세히 살펴볼 필요가 있다. 베버는 《개신교 윤리와 자본주의 정신》에서 개신교가 자본주의에 기여한 측면을 좀더 집중적으로 다뤘던 것이 양자 사이의 관계에 대한 그의 안목의 전부를 보여준 것이 아니라는 점을, 예컨대 《경제와 사회》에서 그 반대방향의 인과관계도 본격적으로 고찰함으로써, 분명하게 확인시켜 주었다.[3] 거기서 개신교의 교리는 자본가라는 특수한 계층의 이해와 맞아 들어갔기 때문에 — 선택적 유사성(*elective affinity*) — 그들이 채택하게 된 것이고 일단 채택된 개신교 교리는 그들을 좀더 자본가적인 것으로 만들었다는 것이 이 문제에 대한 베버의 관점에 내포되어 있었다.[4]

개신교의 교리가 자본가 계급의 이해와 맞아 들어간 주된 연결고리는 그것이 자본가 계급의 영리추구를 도덕적으로 정당화시켜 주었다는 점이다. 그리고 일단 채택된 개신교 교리가 본격적인 자본가 계급을 주조해 냈다는 것은 자본가 계급이 개신교의 윤리적 강령을 받아들여 영리추구를 금욕적으로 하게끔 거듭나게 되었다는 것이다. 금욕적인 영리추구, 이것이 탐욕적인 영리추구의 상업 자본가로부터 본격적인 자본가로서의 공업("산업") 자본가를 구별짓는다. 그리고 영리추구가 금욕적이 될 때만 근대 자본주의를 특징짓는 획기적 축적이 가능해진다. 왜냐하면 탐욕적인 상업 자본가와는 달리 금욕적인 공업 자본가는 이윤

---

3) 베버는 그러한 안목을 이미 《개신교 윤리와 자본주의 정신》을 쓸 때 갖추고 있었고 언급도 했지만 오해를 받았고 이를 효과적으로 극복하기 위해 결국 그러한 안목의 좀더 적극적인 개진을 나중에 하게 되었던 것이다(Roth, 1968: LXXI).

4) 이러한 상승작용까지를 생각해서 "선택적 유사성" 대신에 "선택적 친화력"이라는 역어를 사용하자는 움직임이 있는 것이다. 이러한 상승작용을 자본주의의 제도화라고도 부를 수 있을 것이다(Forcese, 1991: 317).

을 향락적 투기적 목적에 낭비하지 않고 고스란히 기업의 확대재생산을 위해 재투자할 것이기 때문이다.[5)]

베버가 자본주의 정신이라고 부른 자본주의 사회의 합리적 지배이념은 이렇게 이윤추구와 금욕주의의 결합으로 이루어져 있다.[6)] 베버는 중세 서구에서는 이윤추구와 금욕주의가 따로따로 추구되는 분열적 상태가 자리잡고 있었다고 본다. 중세 기독교의 교리는 이윤추구를 승인하지 않았기 때문에 이윤추구가 서구인들 자신에 의해서가 아니라 유태인에 의해 추구되는 소위 천민 자본주의(*pariah capitalism*)라는 상업 자본주의가 한편에 있었다. 그리고 금욕주의는 기독교도들 그 중에서도 사제계급에 의해서 집중적으로 추구되었다. 세속적 활동과는 격리된 수도원의 수사와 수녀에 의해 오로지 종교적 목적으로 수행되는 금욕주의를 베버는 내세적 금욕주의(*other-worldly asceticism*)라고 부른 것이다. 중세 서구의 "제일신분"으로서의 사제계급의 이념을 중세 서구의 지배이념이라 할 때, 이렇듯 내세적 금욕주의의 지배하에 있던 중세 서구의 (봉건적) 사회체계는 이윤추구를 금기시하는 기독교도들의 (그러나 인간으로서 내재적으로 지니는) 이윤욕을 오로지 이윤만을 추구하는 ("더러운") 유태인들이 뒷받침하는 분열적인 체계였다.[7)]

근대 서구의 (자본주의적) 사회체계에서 이윤추구와 금욕주의가 결합된다는 것은 이 분열상이 제거된다는 것을 의미한다. 이제 가치지향과 이익계산은 하나로 융합된다. 이윤추구는 이념에 의해 정당화되는데 그 이면에는 이윤추구를 정당한 — 금욕주의적 — 방법으로 하도록 동기화시켜주는 교환이 이루어져 있다. 현세를 긍정하는 대신 그 현세를 금욕주의적인 것으로 만든 것이다. 루터의 소명개념과 그 이상으로 칼빈

---

5) 본격적 자본주의로서의 공업 자본주의를 상업 자본주의로부터 구별하는 것이 자본주의의 성격 및 기원에 관한 좀바르트와의 논쟁에서 베버의 출발점이었다(Klausner, 1982).

6) 다른 말로 하면 축적욕과 윤리의 결합이다(Roth, 1968: LXX~LXXII).

7) 상업 자본주의에 있어서의 가치와 이익의 분열성은 Weber(1968b: II, 584). 특히 중세 서구에서의 기독교도-유태인의 이러한 이중구조는 Weber(1968b: II, 615).

의 운명예정설이 대표하는 현세적 금욕주의(*inner-worldly asceticism*)는 그렇게 하여 진정한 합리성을 담보한다(Weber, 1968b: II, 576~589, 615~616).

이렇게 현세적 금욕주의가 지배하는 곳에서의 계급관계는 예컨대 경제외적 강제력이 부차적인 역할만 수행한다는 점에서 그렇지 않은 곳에서의 계급관계와 다를 것이다. 자본가-노동자의 생산관계가 그러한 "합리적 이윤추구"를 위하여 일단은 불가피하다는 것을 쌍방이 인식하는 한, 둘 사이의 대립은 그러한 생산관계를 복고적으로 부정하기보다 발전적으로 개선 내지 지양하는 축 주위에서 전개된다. 다시 말해서 그것은 당사자들이 일단 이념적 정당성을 인정하는 지배관계인 것이고 그만큼 외부적 강제력의 동원을 덜 필요로 하는 것이다.[8] 개신교의 교리가 자본가 계급을 도덕적으로 정당화시켜준다는 것은 바로 이러한 차원까지를 포함하는 것이고 그것은 맑스 전통에서 예컨대 그람시가 말하는 자본가 계급의 이념적 헤게모니라는 개념과 맥을 같이 한다. 다만 맑스 전통에서는 자본가 계급이 이념을 국가와 더불어 지배의 수단으로 사용하는 면에만 주로 초점을 맞추지만 베버는 이념이 "지배"계급인 자본가 계급조차를 지배하는 면도 같이 보는 것이다. 맑스 전통에서도 알튀세 등이 이념을 자본가 계급보다는 자본주의적 체제의 지배수단으로 보고, 자본가 계급이라는 인간적 요소는 그것을 지배하는 만큼 그것에 지배됨으로써 자본주의적 체제가 유지된다고 보려는 것은 그러한 측면이 엄존하는 데 대한 적응의 시도라고 할 수 있을 것이다.[9] 어쨌거나 그 사회

8) 이것이 맑스가 자본주의하에서는 인간 사이의 관계가 상품 사이의 관계로 "신비화"된다고 할 때 내포되어 있는 한 가지 함의이다. 노동자는 자기를 지배하는 것이 자본가라는 인간이라기보다는 예컨대 시장기제라는 인간외적 힘이라고 믿으며, 자본가도 기본적으로 마찬가지 "신앙"을 지니고 있는 것이다. 이렇게 인간 외적 힘이 지배 내지 착취의 궁극적 책임자라고 느껴진다면 자본가라는 인간의 책임은 그만큼 경감되는 것으로 느껴질 것이다. 결국 "신비화"라는 것은 그러한 "신앙적 형태의 정당화"를 의미하는 것이라고 할 수 있다.

9) 이 점을 좀더 문학적으로 표현한 것이 이념이 개인을 신하로 호명한다는 명

의 지배이념과의 관계에서 "이념적 헤게모니"를 쥐었느냐가 진정한 지배계급이냐의 시금석이 될 수 있고 그에 따라 계급관계의 성격도 달라질 수 있다는 것만은 틀림없다.

2) 유교의 성격

이 점에 기초하여 우리 쪽의 노사관계의 성격을 구명하기 위해서는 우리사회를 오랫동안 지배해 왔던 종교로서의 유교의 성격을 명확히 할 필요가 있다. 그런데 베버는 기독교에 대해서만 성격규정을 내렸던 것이 아니고 세계의 큰 종교들을 비교하면서 각각에 대한 성격규정을 유형론적으로 시도하였고, 그렇게 하는 데 있어서 종교들과 결부된 계층체계도 같이 살펴보았었다. 베버는 어떤 종교가 금욕주의적 종교 또는 그 반대편의 신비주의적 종교가 되기 위해서는 구원론을 갖춰야 된다고 보았다. 기독교에서와 같이 초월적인 기준을 향하여 세계를 끊임없이 개혁해 나갈 때 오는 구원이 금욕주의적 구원이고 반면에 불교에서와 같이 세계로부터 도피하여 자기 내면 속의 내재적 진리와 몰아적으로 결합할 때 오는 구원이 신비주의적 구원이다(Weber, 1968b: II, 541~556). 그런데 유교의 경우는 구원론을 갖추지 못한 종교라고 베버는 생각하였다.[10] 유교에서는 세계를 구원되어야 할 존재로 보지 않는 것이다. 세계를 타락한 존재로 보는 기독교나 고통으로 가득한 곳으로 보는 불교와 달리 유교는 주어진 세계를 문제삼지 않다. 오히려 유교에서 주어진 세계의 질서는 따라야 할 규범으로 받들어진다. 그리하여 유교는 현상유지적 자세를 낳고 그것은 다시 정체된 역사를 낳는다. 이것을 요약하고 있는 것이 기독교는 "세계를 개혁하려는" 종교인데 반해 유교는 "세계에 적응하려는" 종교라는 베버의 잘 알려진 대비인 것이다(Weber, 1968a).

제라고 할 수 있다(Althusser, 1971: 127~186).

10) 사실 베버는 유교가 "모든 구원론을 거부한다"라고 강하게 서술한다(Weber, 1968b: II, 504).

그런데 베버에 의하면 유교의 현상유지적 태도는 관리계층의 이해를 반영하고 다시 그것을 강화시켜준다. 다시 말해서 유교라는 이념과 관리라는 계층 사이에는 선택적 유사성이 있다. 좀더 간단히 말하자면 유교는 관리의 종교인 것이다.[11] 이 말은 그대로, 유교는 자본주의를 보여줄 수 없다는 선고가 되는데 그것은 개신교와 달리 유교는 자본가의 종교가 아니라는 말이기 때문이다. 베버의 말이 맞다면 유교하의 생산관계는 자본주의적 생산관계와는 다를 수밖에 없을 것이다. 자본주의적 생산관계에서는 자본가-노동자의 인간적 지배질서 — "세계" — 를 초월하는 이념이 그 지배질서를 자기 쪽으로 고양시켜가게 함으로써 정당화시켜주지만 유교적 생산관계에서는 그렇게 인간적 지배관계를 초월하는 이념이 존재하지 않는 것이다. 거기에서 이념은 인간적 지배관계와 합쳐져 있는 것이다.

그랬을 때 자본주의적 생산관계에서는 역설적으로 자본가가 노동자를 지배하는 데 있어 외부의 이념이 자본가의 힘을 덜어주지만 유교적 생산관계에서는 그렇지 못할 수 있는 것이다. 다시 말해서 자본주의적 생산관계에서는 노동자가 오로지 자본주의적 이념 — "생산성"이 그 한 구체적 지표인 — 에 복종하는 것이 결과적으로 자본가에게 복종하는 것이 되지만 유교적 생산관계에서는 지배자에게 복종하는 것과 명쾌히 분리시켜 그 이념에 복종할 수가 없기 때문에 거기서의 지배자는 다른 수단들을 동원해서라도 이념이 도와주지 못하는 만큼을 보충해야 하는 것이다. 그런데 베버에게 있어서 인간적 지배관계 — 혹은 "조직" — 가 그것을 초월하여 존재하는 기준 아래 놓이는 것이 합리성의 한 중요한 측면이었다. 베버에게서 자본주의적 생산관계란 이러한 합리성을 통하여 획기적 축적 — 현대어로 "경제발전" — 을 가져다 줄 것이었다. 유교적 생산관계가 인간적 지배관계를 초월하는 기준을 지니지 못한다는 것은 그러한 합리성과 그에 기초한 획기적 축적을 낳지 못한다는 결과적

11) 베버가 이 둘을 바로 이렇게 동격관계로 표현하고 있는 한 예로 Weber(1968b: II, 504).

성격에 있어서도 자본주의적 생산관계와의 차이를 노정시킬 것이다.

결국 유교에는 합리성이 있더라도 불완전한 형태로밖에 없다고 본 베버의 유교관은 그러나 오늘날 많이 수정되고 있다. 무엇보다도 유교는 주어진 지배질서를 받아들이게만 하는 종교가 아니라는 것이다. 유교는 그 질서가 올바른 일을 하도록 목숨을 걸고 요구할 것과 그것이 수용되지 않을 경우 그 질서 자체를 혁파할 것을 아울러 가르치는 종교인 것이다.[12] 유교의 개혁지향성은 주자학에 이르러 더욱 강화되는데 주자학에서는 이(理)라는 다분히 초월적인 기준을 향하여 사람의 기(氣)를 끊임없이 연마해가야 한다는, 그 기본구도에 있어서 베버의 정의를 정확히 충족시키는 금욕주의가 자리잡게 된다.

필자는 주자학이 베버가 말하는 내세적 금욕주의의 상태에 있음을 논하면서 베버의 유교관에 대해 좀더 세밀한 평가를 내릴 필요가 있음을 밝힌 바 있다. 베버가 전통시대의 유교를 그 합리성(-금욕주의)에 있어서 불완전한 존재로 본 것은 틀린 것이 아니었다. 베버는 그런데 이미 언급하였듯이 중세 기독교도 그 점에 있어서 불완전한 것으로 보았었다. 베버는 그렇지만 중세 기독교에 대해서는 그것을 단순히 합리성의 결핍으로 단정짓지는 않았다. 베버는 그것을 아직 금욕주의가 완전히 개화하지 못하고 엘리트 부문에 국한되어 있었던 것으로 세심한 판정을 내렸다. 베버가 금욕주의를 세분하여 내세적 금욕주의라는 범주를 만든 것은 금욕주의-합리성의 평가에 있어서 기독교를 그렇게 구하는 역할을 하였던 것이다.

베버는 같은 배려를 유교에 대해서는 하지 않았다. 필자는, 마찬가지의 배려를 유교에 대해서도 하게 되면, 주자학도 금욕적이 아닌 것이 아니라 금욕적인데 아직 그것이 "내세적"인 상태에 있는 것임을 알아차릴 수 있다는 점을 설명했던 것이다. 다만 주자학이 내세적 금욕주의인 구체적 양식에 있어서는 중세 기독교와 다른 점이 있다고 할 수 있다.

---

12) 메츠거는 이 점에 있어서의 베버 비판을 간관(諫官)이라는 구체적 제도를 통하여 행하고 있다(Metzger, 1977).

그 한 가지로서 (중세) 기독교에서 이념 — 신 — 은 각 개인을 개별적으로 지배하려는 경향이 더 강한 데 비하여 유교에서는 이념이 집단을 묶어서 지배하려는 경향이 더 강하다. 그러다 보니 기독교에서는 이념이 각 개인의 의식 — "양심" — 속에 좀더 군림하고 유교에서는 이념이 집단적 의식 — "체면" — 속에 좀더 군림하는 것이다.

하지만 "체면"이 유교가 인적 지배질서의 틀을 사후 승인하는 것을 보여주는 개념이라고 생각하는 것은 피상적인 이해이고, 사실은 유교가 인적 지배질서 위에 있으면서 한사람 한사람의 개인에 대해서는 다른 사람의 눈초리를 통하여 지배한다는 것을 보여주는 것이다. 다시 말해서 다른 사람의 눈초리 자체가 지배를 하는 것이 아니고 그 눈초리를 통하여 그 위에 있는 이념이 지배를 하는 것이다. 이 점에서 이념은 단순히 각 개인이 집단에 종속되어 있는 그 지배질서를 강화해주는 하수인의 역할을 하는 것이 아닌 것이다.[13)]

3) 한국의 상황

이러한 유교가 조선조 사회를 지배하고 있었다는 것은 잘 알려진 사실이다. 조선사회에서 유교가 내세적 금욕주의로서 작용하고 있었다는 것을 보여주는 허다한 측면이 있지만 여기서 절개와 청빈의 규범만을 간략히 설명하겠다. 절개는 여자에게 단순히 한 남자만을 섬긴다는 것 이상의 심신에 걸친 순결한 삶을 의미하는 것이었고 남자에게는 신의를 위하여 모든 고난과 박해를 무릅쓸 수 있는 자세를 가리키는 것이었다. 남자든 여자든 검소하면서도 깨끗하게 살아야 한다는 청빈의 규범은 현세에서의 물질적 풍요가 금욕적 삶의 목표 또는 지표였던 것이 아니고 시호나 열녀비가 상징하는 후세 — 유교적 내세 — 의 평가가 그 지향하

---

13) 베네딕트(Benedict, 1946)가 일본의 경우에 대해서 말한 수치(*shame*)의 개념과 그에 대비시킨 서구의 죄의식(*guilt*)의 개념은 각각 체면과 양심에 대응시킨 것이지만 그 뒤에 있는 이러한 궁극적인 차원까지를 고려에 넣은 것은 아니라고 할 수 있다.

는 모든 것임을 보여준다. 그것은 부의 축적을 거부한다는 점에서까지 중세 기독교와 같은 내세적 금욕주의임을 보여주고 있는 것이다.

문제는 이러한 유교적 이념이 현대 한국사회의 생산관계에 작용하고 있느냐 하는 것이다. "자본주의의 보편적 힘"을 극단적으로 믿는 많은 사람들에게 한국이 19세기말 "세계 자본주의 체계에 편입되어 들어가기" 이전의 역사는 현대 한국사회에는 별 직접적 영향을 주지 못하는 "선사시대"에 불과하다. 그들에게 있어서 한국사회가 예컨대 미국사회와 다른 점을 보여준다면, 그것은 다만 두 사회가 세계 자본주의 체계에서 차지하고 있는 상이한 공간적 위상에 기인할 뿐이다. 그러나 각 사회의 특수한 역사적 경험의 끈질긴 생명력을 아는 사람들에게 이것은 대단히 단순한 사고방식이다.[14)]

인간사회들의 역사적 행로에는 보편성과 특수성이 함께 존재한다. 그중 특수성을 구성하는 요소에는 분명히 당대의 세계 속에서 차지하고 있는 상대적 위치가 포함되지만 그것이 전부는 아닌 것이다. 당대의 특수한 상대적 위치로 말미암아 생긴 차이점만 하더라도 그것은 다음 시점에서도 — 다음 시점에서의 세계 속에서의 상대적 위치가 조금 변한 경우에도 — 계속 그 사회에 어느 정도 남아 있을 수밖에 없다.[15)] 뿐만 아니라 특수성에는 예컨대 자연환경을 포함하여 그 사회를 둘러싸고 있는 환경의 특수성도 또한 있다. 다른 환경에 대해 똑같은 대응방식이 통할 가능성이 크지 않는 만큼 그것은 곧 역사적 경험의 특수성으로 이어질 가능성이 크다. 그런데다가 비슷한 환경에 대해서도 인간이 생각해 낼 수 있는 대응방식이 꼭 한 가지만 있으라는 법은 없다는 점에서 특수성의 여지는 훨씬 커지는 것이다. 어떤 이유들에서든 일단 특수성이 자리잡았을 때 그것은 관성력에 따라 그리 빨리, 그리 쉽게 사라질 수 있는 것이 아니다. 이 점에서 우리가 "세계 자본주의에 편입되기" 이

14) 최재현(1992)은 노사관계를 포함하여 현대 한국사회의 특수성에 잔영을 드리우고 있는 우리의 고유한 역사적 경험의 중요성을 강조한 바 있다.

15) 많은 세계체계론자들이 주어진 사회의 세계체계에서의 위상은 변할 수 있다고 본다(Shannon, 1989: 130~133).

전의 오랜 역사적 경험에 있어서의 특수성, 특히 바로 그 앞에 이어지는 조선시대의 특수성이 현재에 영향을 미치리라 가정하는 것은 이상할 것이 없다. 특히 조선시대를 그토록 지배했던 주자학이라는 이념과 연관된 특수성의 작용을 우리는 가정해봐야 하는 것이다.[16]

그러나 보편성의 존재도 우리는 부인할 수 없다.[17] 앞에서 우리는 조선조 주자학이 기본적으로 중세 기독교와 같은 내세적 금욕주의를 이루고 있었던 것을 보았던 것이다. 이 문제에 있어서 둘 사이의 한 가지 특수성은 그 매개체에 있어서 존재하였다. 그런데 양자가 같이 내세적 금욕주의라는 것은 한 가지의 공통점을 더 내포하는 것일 수 있다. 그것은 기독교처럼 주자학도 그 금욕주의가 현세화할 가능성이 있다는 것이다. 즉 서구에서처럼 우리 사회에서도 사람들이 오로지 내세(종교)적인 것의 "주문"에 사로잡혀 있던 상태에서 현세(세속)적인 것을 향해 눈을 뜨는 "세계의 깸"(*the disenchantment of the world*)이 일어났을 가능성이 있는 것이다.

사실 그동안 "개신교 윤리 명제의 서구 너머의 적용"을 시도했던 많은 연구들은 그러한 변화가 베버의 "개신교 윤리 명제"의 좀더 궁극적인 요소라는 것을 인식하지 못하고 있었다.[18] 앞서 논했듯이 베버는 개신

16) 맑스나 베버는 모두 정도의 차이는 있지만 각 사회의 역사적 경험의 특수성에의 배려가 역사적 방법의 필수적 요소라고 생각했었다. 둘 중 베버는 특수성을 더욱 강조한 독일 역사학파 내지 관념론의 전통에 기본적으로 서 있다. 베버는 아시아 사회가 자본주의를 발전시키지 못한 이유를 그 조직 내지 지배관계의 특수성에도 관련시켜 고찰하고 있는데 가산제(*patrimonialism*)는 거기에 사용된 이상형이다. 제이컵즈는 바로 이 개념을 사용하여 우리 전통시대의 특수한 역사적 경험이 어떻게 현대에까지 지속적 영향을 미쳐 자본주의가 불완전하게 자리잡도록 하고 있는가를 논하고 있다. 제이컵즈는 한국 자본주의의 불완전성을 공간적 위상의 차이가 아니라 차이의 시간적 연속성으로 설명하려고 하는 것이다. 그러나 제이컵즈는 이념의 변수를 소홀히 하고 있다는 점에서 기존의 여러 가지 맑스적 시각을 넘어서지 못하고 있다(Jacobs, 1985).

17) 베버에게 있었던 보편사의 차원에 관해서는 Roth(1987: 81~84).

18) 꼭 그러한 변화에 초점을 맞추고 있는 것은 아니지만 아이젠스타트는 현세-내세 구분의 중요성에 주목하고 있다(Eisenstadt, 1991: 3~28).

교만이 금욕주의인 것이 아니라 원래 기독교라는 종교전통 자체가 금욕주의인 것을 누누이 강조하고 있다. 개신교에서 일어난 변화는 그것이 현세화 — 또는 "세속화" — 되었다는 것인데 이 변화가 바로 서구에서는 과거에 없었던 본격적 자본주의 출현의 배경에 있는 힘인 것이다. 이 점을 인식하지 못한 베버명제의 적용은 예컨대 왜 유교가 오늘날에 와서야 "경제발전"을 낳게 되었는지 하는 기본적 문제들을 해결하는 데 있어서 베버적 자산조차를 충분히 활용하지 못하는 것이 된다. 종교외적 변수들의 역할을 논하기 이전에, 베버에게 종교의 역할은 바로 그러한 변화를 포함하는 만큼 두터웠던 것이다.

현대세계에서 합리화가 서구를 넘어 진행되는 현상이라고 한다면 그것은 상당한 정도 이러한 세속화를 통하여 이루어지는 것이라고 할 수 있다. 즉 "자본주의에의 편입"과 함께 우리나라의 이념체계에 변화가 일어났다면 유교가 사라진 것이라기보다는 유교적 지향이 현세화되었다는 것이 변화의 내용일 가능성이 큰 것이다. 이 글은 그 가능성을 한번 확인해 보려는 것이다. 유교적 지향이 현세화되어 현대 한국사회의 노사관계를 둘러싸고 작용하는가를 보려는 것이다.

자료로는 당사자들인 노동자 계급과 자본가 계급을 이루고 있는 성원들이 수기나 자서전 혹은 면담에서 자신들의 경제적 삶에 대해 이야기하고 있는 것을 사용하였다. 거기에서 그들을 둘러싸고 있는 이념적 환경의 특성을 도출해 보려는 것이다. 이념적 환경은 개인들의 행위를 제약하면서 그들이 그 행위에 스스로 부여하는 의미에 반영될 것이다. 그 의미는 따라서 "주관적인" 것에 그치지 않는다. 사회문화적 환경이 개인들을 통하여 말하는 것이다. 개인들이 스스로 토로하는 행위의 의미를 통해 사회문화적 환경을 추정하는 것은 별빛의 분석을 통해 별의 환경을 추정하는 것과 비슷하다고 할 수 있다. 우리는 바로 이 방법을 통하여 한국의 노사관계를 둘러싸고 있는 이념적 환경의 특성을 고찰하려고 하는 것이다.

그러한 수기적 출판물들은 현재 그렇게 많이 나와 있지 않지만 그 나와 있는 것들의 다수는 관심있는 사람들에 의해 많이 읽혀지면서 자료로 이용되기까지 하였고 기업가의 어떤 자서전들은 대량판매가 될 정도로 노출된 것들이다. 따라서 확률론에 입각하여 표본의 대표성을 말할 수 있는 자료는 아니다. 우리가 포착하려는 것은 사회문화적 환경의 한 측면이 각 개인에게 드리우고 있는 그림자이다. 이 경우 한 개인에게 나타난 그림자만 가지고도 그것을 잘 분석하기만 하면 바로 사회문화적 함의에 이를 수 있다는 것이 된다.

우리는 행위자들이 자신의 입장을 자술하는 데 사용한 말을 바로 사용하였다. 그렇게 자술에 사용된 말들은 다소간에 자기미화의 과정을 통해서 선택되는 말들이라는 점에서 우리가 다루려고 하는 궁극적인 소재인 행위자 내면의 동기를 액면 그대로 표현한 것이 아닌 경우도 있을 수 있다. 그러나 그렇게 자기미화를 하게 만드는 동기조차도 우리가 살펴보려는 바로 그 동기복합체의 불가분의 일부일 뿐 아니라 그러한 자술적 문헌에서는 그러한 자기미화의 동기가 자기마음을 토해내려는 보다 근본적인 동기를 효과적으로 억압하는 데 거의 항상 실패하기 때문에 큰 문제는 아니다. 숨기려던 것이 자기도 미처 몰랐던 틈새로 삐져 나오는 일이 많은 것이다. 오히려 그것은 숨기려는 대상으로의 동기와 숨기게 만드는 동기가 결합된 그 양식까지를 보여줄 수 있는 훌륭한 자료가 될 수도 있다. 그렇다고 했을 때 자기의 생각을 좀더 자연스러운 상황에서 정리해 적어 놓은 글이 예컨대 이 목적을 위해 마련할 수도 있는 순간적인 면접과정을 통해, 여과과정을 그만큼 거치지 못한 채 "고백한" 말과는 다른 차원에서 우월한 자료일 수 있다.[19]

---

19) 예컨대 벨라가 공민종교의 모습을 미 대통령 취임사 같은 문건에서 찾아낼 수 있었던 것도 이념이란 이렇게 정제된 말에서 그 표층과 심층이 같이 드러날 수 있다는 사실에 기반하고 있는 것이다(Bellah, 1976: 168~189).

2. 노동자의 이념

1) 중노동체제

한국의 노동자들은 극심한 중노동체제 속에서 살아 왔다. 〈표 6-1〉에서 보듯이 그동안 한국의 평균노동시간은 미국이나 일본은 물론이고 싱가포르나 페루 같은 개도국보다도 현저히 많았다. 많은 "비판적" 연구자들에게 이러한 중노동체제는 아주 쉽게 설명될 수 있는 문제에 불과하다. 자본주의란 그런 것이기 때문이다. 일국 수준에서의 자본주의 체제를 가지고 설명할 수 없다면 세계 수준에서의 자본주의 체제를 동원하면 된다. 한국은 캘 수 있는 절대잉여가 아직 풍부히 존재하는 후진국, 기껏해야 중진국인 것이다. 생산력 수준이 아직 상대잉여에 의존할 처지가 되지 못할 뿐 아니라 선진국에서의 잉여고갈을 메워 주기까지 해야 하는 운명을 지고 있는 것이다. 그것이 단순노동의 이러한 양적 팽창으로 나타나는 것이다. 이러한 중노동체제는 이렇듯 "자본"의 요망이요, 억압적 국가는 이 요망을 실현하기 위한 노동탄압을 무자비한 강제력으로써 지원해 왔던 것이다.

그러나 그러한 경제적 조건이 후진국 일반의 것이라면 왜 유독 한국이 그토록 엄청난 중노동체제를 갖고 있는 것일까? 자유주의 주류 경제학적 분석들이 이 점에서는 더 유연성을 보여 가부장적, 혹은 "유교적" 전통에서 배양된 근면한 생활습관이라는 "문화적 특성"을 흔히 간략한 수준에서 언급하는 경우가 있었다.[20] 실은 그런 주류 경제학적 분석은 자본과 자원이 빈약한 한국이 택할 수 있는 길은 풍부한 노동과 부국의 자본을 교환하는 길이었다는 것, 그리고 "개발" 국가는 그러한 경제적 원리의 실현을 이끄는 자본주의 게임의 보조자 이상의 역할을 하지는 않았다는 것을 흔히 주장하였는데, 사실적 차원에서는 예의 "비판적" 분

---

20) 흥미롭게도 외국에서의 연구들이 그러한 유연성을 보여주는 경우가 많았다. 좋은 예를 하버드 대학교에서 출판된 한국경제발전에 관한 연구총서들 가운데서 찾아 볼 수 있다.

〈표 6-1〉 5개국 비농업부문 주당 평균노동시간: 1966, 1975, 1985년

국가 ＼ 연도	1966	1975	1985
한 국	57.2	50.5	51.9
페 루	—	47.9	46.5
싱가포르	47.3	47.8	45.5
일 본	44.6	39.7	40.6
미 국	38.6	36.1	34.9

출처: ILO, Yearbook of Labor Statistics.

석들도 그것과 크게 다른 얘기를 하고 있는 것이 아니었다. 다른 점은 비판적 어휘 내지 어조를 사용하지 않았다는 것과 이렇듯 "전통적 특성"에 약간은 더 유연하였다는 것이다. 조절학파(Lipietz, 1982)는 "테일러 체제" 개념을 사용하면서 같은 사실적 서술에다 비판적 어조를 가미하는 외관상의 변화를 도입하였다고 할 수 있을 것이다.

2) 근면과 검약

그런데 우리가 한국 노동자들의 자술기록을 읽어보면 그들의 중노동을 그러한 물리적 상황으로 다 설명할 수 없는 것임을 깨달을 수 있다. 한국의 노동자들이 털어놓는 노동에의 의지 속에는 분명히 경제적 필요에 대한 굴복이나 정치적인 힘에 대한 공포 이상의 것이 들어 있는 것이다.[21] 거기에는 또 단순한 근면의 물리적 "습관" 이상의 것이 들어 있기도 하다. 거기에는 근면의 "의식"이 들어 있는 것이다. 그 의식은 한국의 노동자가 일상생활에서 별 생각 없이 털어놓는 말에서 쉽게도

21) 좀더 구체적으로 자본가의 "힘"이 노동자 내부에 투사된, 소위 경제적 강제력 — "생존을 위해 노동을 팔 수밖에 없는" — 이라든지 궁극적으로 폭력에 의해 뒷받침되는 국가적 질서, 혹은 그 두 가지가 오래 결합되어 낳는 "관성" — 한국에서는 노동운동이 오랫동안 혹독하게 탄압되어왔기 때문에 노동자들은 그렇지 않았을 때에 비해 그만큼 더 동조적인 상태로 남아있다고 할 수 있다 — 등이 그러한 원초적 수준의 물리적 힘이라고 할 수 있다.

모습을 드러낸다. 다음은 출판된 한 여성 노동자의 일기에서 짧게 발췌한 것이다.

> 아침에 일어나니 7시 30분이었다. 지각도 보통 지각이 아니다. 회사에 갈까 말까 망설이다가 주저앉아 버렸다. 왜 가난할까. 이렇게 욕심도 없고 게을러서 그런가 보다(조선희, 1980: 44).

이 노동자가 오전 7시 30분에 일어난 것을 "지각도 보통 지각이 아닌" 것으로 생각하게 되는 것은 그녀의 의식 속에 어떤 상전이 들어있기 때문인 것이다. 그 상전은 그녀로 하여금 스스로에게 "욕심도 없고 게으른" 것을 질책하게 만든다. 그녀에게 이처럼 근면할 것과 더불어 성취욕을 지닐 것을 요구하는 그녀 의식 속의 상전은 다른 측면에서 한 가지 중요한 특성을 지니고 있다. 그 상전은 그녀의 마음을 통해서만 나타나는 것이 아니고 그녀의 직장 동료들의 시선을 통해서도 나타난다는 것이다. 그녀가 지각하느니보다는 차라리 결근하겠다고 마음먹는 것은 두 번째의 통로가 더 클 수 있다는 것을 말해 준다. 이것은 우리가 첫 장에서 살펴 본 유교라는 이념적 지배자의 특성이었던 것이다.

사실은 그녀를 괴롭히는 그 상전은 그녀의 글을 읽는 우리의 의식 속에도 같이 들어있어서 그것이 우리로 하여금 그 글을 읽는 중에 완전히 국외자의 평정을 유지할 수 없도록 만들고 있다. 그녀의 글을 읽는 것이 우리도 같은 상전에 의해 괴롭힘을 당하고 있다는 사실을 상기시켜 주는 것이다.[22)]

그런데 우리는 유교가 근면이나 성취와 같은 구체적 덕목을 넘어, 보다 근본적인 차원에서 주어진 현실을 초월적 기준을 향해 개혁해 나가야 한다는 점에서 금욕주의적인 종교임을 논한 바 있다. 한국 노동자들

---

22) 그리고 그것이 필자가 그녀의 의식을 이해(*verstehen*)할 수 있게 하고 필자가 이해한 것을 독자들이 다시 이해할 수 있게 하는 기반으로서의 가치적 공통분모인 것이다. 가치의 동이가 이해의 난이도에 미치는 영향에 관해서는 Weber(1968b: 5~6).

의 언행 가운데는 이러한 차원까지를 바로 보여주는 것도 있다. 다음에 발췌하는 어느 남성 노동자의 기록은 그 한 예이다.

> 현실은 이런 사람이 살기가 무척 힘들며 이렇게 사는 사람을 바보라고 생각할지 몰라도 나는 절대로 불의와는 타협하지 않는 '나' 아닌 '나'를 위해서 살아가겠다. 그리고… 보다 나은 미래를 위하여 열심히 생각하고 노력하며 배움으로 터득하는 생활이 되어야겠으며 앞으로도 계속 인간적인 삶을 추구하기 위해서 열심히 노력하는 생활의 기반을 탄탄하고도 굳게 다져야겠다(강영수, 1985: 104).

앞서의 여성 노동자가 자기는 스스로 의식하지 못하는 이념에 사로잡혀 말을 하고 있는 것이라면 이 남성 노동자는 이념 자체를 상당한 정도 스스로 의식하면서 말하고 있다. 규범으로서의 이념을 이렇듯 자의식하면서 토로하는 것은 의도적일 수 있는 만큼 그 진실성에 대한 신뢰도는 떨어질 수 있다. 그러나 한편 그것은 노동자들의 근면성이 정연한 주장을 지니는 의식으로서의 이념을 배경으로 하고 있는 존재임을 확인시켜주는 데는 더 나은 자료라고 할 수 있다. 우리는 이 노동자의 이렇게 좀더 체계화된 의식 속에서 근면 및 성취지향뿐 아니라 보다 근본적인 차원에서 자기개혁 — 이 노동자의 말에서 '나' 아닌 '나'로 표현되고 있는 — 에의 지향이라는 금욕주의의 핵심구도를 보는 것이다. 그것을 그는 "불의와는 타협하지 않는"이라는 흔히 쓰이는 유교적 어법에 연결시켜 토로하고 있는 것이다.

이러한 강한 이념적 의식이 물리적 힘들에 의해서만 피동적으로 끌려가는 노동자들이 연출하기에는 너무도 엄청나 보이는 한국의 중노동 체계의 배후에 있었던 것이다. 그런데 한국의 많은 노동자는 일만 열심히 하는 것이 아니라 매우 검소한 생활을 하여 왔다. 특히 노동운동에 대한 탄압 때문에 한국의 임금수준은 오랫동안 매우 낮은 수준에서 유지되어 왔는데 그러한 생계 이하의 소득을 저축하던 노동자들도 존재하는 것이다.[23] 다음은 두 자매가 함께 일하고 생활하는 이야기이다.

> 오늘은 내가 가장 기다리던 월급날이다. … 이번 달은 언니와 내가 노력을 한 탓인지 15만 원을 올렸다. 정말 우리에겐 너무나 큰 돈이다. 여러 가지를 제외하고 나니까 돈은 얼마 남지 않는다. 난 언니한테 은근히 용돈 주기를 기다렸다. 그렇지만 언니는 줄 생각도 않는다. 아마 그 전부터 용돈은 별로 필요치 않는 것 같아서 그런가 보다. 요사이 와서는 필요하게 됐다. 그래서 할 수 없이 내가 달라고 하니까 용돈을 천 원밖에 주지를 않는다. 나는 눈물이 팽 돌았고 너무도 서운했다. 한달 열심히 일하고 1,000원밖에 못 얻는다니. … 언니가 한참 나의 얼굴을 바라보더니 돈 2,000원을 더 준다. 그러면서 픽 웃는다. 언니가 고마웠다. 심술이 났던 마음은 사라지고 언니를 업어 주고 싶다. 진심으로, "고맙습니다." 하고 마음으로 감사하며 … (오원희, 1980).

노동자들로 하여금 중노동을 하게 하는 동일한 물리적 요인들이 계속이 자매로 하여금 이토록 경이로운 저축을 하는 데 작용하고 있다고 할 수 있다. 이 자매가 이렇게 저축하지 않으면 살아남을 수 없는 가혹한 물적 조건이 있는 것이다. 낮은 임금수준은 말할 것도 없거니와 물가고가 이 노동자들을 에워싸고 있으며 국가는 적어도 노동자에게는 최소한의 소비를 보장은커녕 장려조차도 하지 않고 있는 것이다. 그러나 중노동에서처럼 그것들로는 이러한 영웅적 저축의 충분조건은 될 수 없다. 이 자매에게는 그러한 물적 조건이 요구하는 이상으로 저축하도록 스스로를 채찍질하는 내면적 상전이 있는 것이다. 그 내면적 상전은 여기에서도 유교적인 인적 상전이라는 매개체를 통하여 작용한다. 동생에 대해 언니가 하고 있는 역할이 바로 그것이며 언니에 대한 동생의 그러한 역할기대를 통하여 동생도 역으로 언니에게 똑같이 상전 역할을 하고 있다. 그러한 인적 상전이 가족적인 관계에 기초하고 있다는 점에서 문제의 내면적 "상전"의 유교적인 기원을 더욱 확신하게 되는 것이다.

23) 1985년의 경우 제조업분야에서 유급으로 고용된 사람들의 13.5%는 생계수준의 1/5이하의 임금을 받았다(이내영, 1987: 202).

3) 절개 |

유교적 규범이 인간관계를 매개로 하여 크게 작용한다는 특징을 잘 보여주는 것이 절개라는 덕목이다. 이 덕목의 가장 원초적인 의미는 부부간에 정절을 지키기 위하여 금욕적 삶을 사는 것을 가리키는 것이었다. 이 절개의 덕목이 현대 한국 노동자들의 생활에 작용하는 것을 보여준다면, 전술한 내면의 상전이 조선시대 주자학적 금욕주의의 연속이라는 가설의 부가적 단서를 제공하는 것이 될 것이다.

한국 노동자들이 뿌린 땀의 많은 부분은 중동 건설현장에서 뿌려졌었다. 사막에서의 중노동체제에 종사했던 많은 남성들의 노동은 오일달러라는 자본으로 교환되어 환류되었다. 그러나 집에 있는 부인들의 뒷받침이 없었다면, 해외노동자들의 그러한 고생은 개인적 결실을 맺지 못했을 것이다. 우리는 많은 해외노동자 부인들의 노력에서 부부간 절개의 전형을 볼 수 있다. 다음의 인용문에는 한 해외근로자의 아내가 회사에서 온 남편의 중동취업 통보서를 받고 나타낸 반응이 들어있다.

> 매일같이 오토바이 소리에 귀기울이며 기다리던 그 환희의 순간이 저에게도 오고야 말았습니다. 멀리서 들려오는 오토바이 소리는 점점 크게 들리더니 끝내는 전보요 하고 외치는 것이었습니다. 순간 저는 현기증이 일어나며 잠시 정신이 혼미해지는 것 같았습니다. 그러나 저는 자신도 모르게 우편배달부가 대문을 여는 동시에 방문을 열고 밖으로 뛰쳐나갔습니다. 그때 받아 든 전보쪽지에는 출국 날짜가 적혀 있었습니다. 순간의 감격은 무어라 형용할 수 없었고 너무 기쁜 나머지 울음을 터뜨리고 말았습니다. 전보용지를 받아 든 저는 어쩔 줄을 몰라 앉았다가 섰다가, 기쁨의 눈물은 한없이 흐르고 있었습니다. … 늦게 들어오시는 아빠를 보는 순간 말문이 막혀 그저 울기만 하는 저에게, 아빠는 늦게 들어와서 미안하다며 아무 영문도 모르는 채 울고 있는 저를 위로해 주셨습니다. 이 기쁜 소식을 빨리 아빠께 알려드려야 할텐데 하면서도 말은 나오지 않고 눈물만이 두 볼을 타고 흘러내렸습니다(이춘자, 1984: 100~101).

이 젊은 부부는 당시 심한 재정적 난관에 처해 있었기 때문에 30대 초반의 이 부인은 남편에게 중동취업의 기회가 주어졌다는 통지를 접하자 그만 기쁨의 눈물을 흘리게 되었던 것이다. 그녀가 흘리는 눈물의 의미는 그러나 시간이 흐르면서 변하고 있었다. 해외근로자의 체류 기간은 짧아야 1년 길면 2, 3년을 넘기는 경우도 허다하였다. 그 긴 시간 동안에도 대부분의 부인들은 말 그대로의 절개를 지켜왔던 것이다. 그것은 가장 원초적인 의미에서의 금욕주의를 수반하는 것이었다. 그리고 열사의 나라에서 땀을 흘리는 남편들도 절개를 함께 하고 있었던 것이다.

4) 절개 II

절개라는 유교적 덕목에는 또 다른 의미들이 있었다. 그 한 가지는 정통성 내지 정당성을 지니는 군주를 지키는 것이었다. 또 한 가지는 옳은 일에의 신조를 지키는 것이었는데 이것이 절개의 가장 고차원적인 의미였다고 할 수 있다. 그리하여 조선조의 많은 선비들은 예컨대 그들이 속한 붕당에서 옳다고 본 입장에 대한 지조를 지키기 위해 갖은 고초를 무릅쓰곤 했다. 우리는 현대 한국 노동자들의 행위에서 그러한 형태의 절개도 쉽게 찾아 볼 수 있다. 특히 부당한 억압에 항거해 온 노동자들의 투쟁에서 그러한 의미의 절개를 찾아볼 수 있다.

이들은 무엇보다도 노동자의 권리를 찾는다는 자신들의 목적을 위해서 금욕주의적이었다고 할 수 있다. 자신들의 삶을 고양시키기 위해 주어진 세계를 개혁하려 한다는 점에서 금욕주의적인 것이다. 그것은 흔히 그러한 목적을 성취하기 위해 생각할 수 있는 모든 박해를 견뎌 내려는 의지로 이어진다. 어떤 고난이 닥쳐와도 그들이 의로운 목표로 간주하는 것을 지키려 하는 것이다. 여기 그러한 투쟁적 노동자의 이야기를 들어보자.

… 입사한지 1년이 지나도 임금이 너무 적어 한 달에 연장노동 100시간

> 이 넘어도 월급은 20만 원 선이다. 도무지 발전된 게 없다. 그러다가 1987년 8월 17일, 당시 전국으로 퍼지고 있던 파업농성투쟁이 내가 다니는 작업장에서도 일어났다. 나는 맨 처음에, 농성에 가담할까 말까 하고 무척 망설였다. 그러나 우리 동료들이 적극적으로 나서고 있는데 나 혼자 편하기 위하여 빠지는 것은 비겁한 행위이며 같은 노동자로서 스스로 주어진 권리를 포기하는 것이라 생각하고 끝까지 동참하여 부끄럼 없는 노동자가 되고 싶었다(노승환, 1988: 143~144).

이 노동자가 파업농성투쟁에 동참하게 된 직접적 동기는 같은 목표를 위해 싸우는 동료들에 대해 지조를 지키고 싶었기 때문이었다. 그 목표가 지켜야 할 의로운 목표인 것을 동료들과의 연대의식에 의해 확인하고 있는 것이다. 그는 그러한 절개를 지키려는 결정을 내리는 순간에 그 때문에 받게 될 박해를 연상하고 있었다. 그런 비용을 계산하면서도 지조를 지키는 쪽으로 선택을 했던 조선시대 선비들의 행위 결정 방식과 구조적으로 동일한 것이다. 그는 그것을 "부끄럼 없는"이라는 유교적 표현으로 요약하고 있는 것인데 이렇듯 절개의 관념은 현대의 노동자들에게 주자학적 금욕주의를 전달하는 중요한 통로의 역할을 하고 있는 것이다. 다만 조선시대 당인들이 비세속적인 "도학정치"를 위해 금욕적인 행동을 했다면 현대 한국의 노동자들은 경제라는 세속적인 영역에서 자신들의 물질적 운명을 개선한다는 현세적인 목적을 가지고 금욕적인 행동을 한다고 할 수 있다. 여기서 남성 노동자들이 선비적 절개의 이러한 현대적 형태를 독점하고 있는 것이 아니라는 사실에 유의할 필요가 있을 것이다. 여성 노동자들의 투쟁 강도도 남성 노동자들의 그것에 뒤지지 않는 것이었다.

3. 자본가의 이념

1) 근 면

노동자들로 하여금 중노동체제를 따르도록 하는 데 중요한 역할을 하고 있는 문제의 이념은 자본가 계급에게 더할 나위없는 지원세력일 수 있다. 자본가 계급이 물리력만으로 할 수 없는 것을 할 수 있게 도와주고 있기 때문이다. 그리하여 그것은 자본가 계급이 노동자 계급을 지배하는 데 사용하는 도구인 것처럼 느껴진다. 지배에는 이념에 의한 지배의 과정이 있다는 것을 보여주는 현상인 것처럼 느껴지는 것이다. 그렇지만 사실은 그것은 이념에 의한 지배가 아니라 이념 자체의 지배이다. 그 이념은 자본가들마저도 지배하고 있기 때문이다.

노동자들을 그토록 혹사시키려 드는 기업가들은 일에 관한 한은 스스로도 퍽 다그치는 편이다. 여기 한 기업가가 스스로에게 세운 중노동의 기준에 대해 자랑스럽게 얘기하는 것을 들어보자.

> 집에 밤 12시 전에 들어간 적이 거의 없어요. 며칠 밤을 새워 일하다보면 회사 한 모퉁이가 뭐가 달라져도 달라짐을 느낍니다. 3년 전 제품을 들여다 볼 때마다 내가 왜 이런 구닥다리 제품을 만들었는가 부끄러울 때도 많아요. 그만큼 변화가 빠르다는 얘기지요(경제문제연구소 편, 1986 : 125).

이 자본가가 며칠씩 밤을 새워 일하는 것과 자기 회사의 수년 전 제품에 대해 금석지감을 느끼는 것을 자랑으로 생각하는 것은 그가 내면화시키지 않았다고 하더라도 적어도 내면화시켜야 한다고는 생각하고 있음에 틀림없는 이념적 상전의 모습을 보여 준다. 그것은 노동자들의 내면에 들어 있는 이념적 상전처럼 일을 열심히 할 것을 요구하는 상전인 것이다. 적어도 근면에 관한 한 동일한 이념적 상전이 노동자와 자본가 모두에게 군림하고 있는 것이다.

그런데 한국의 기업가들은 이처럼 자화자찬하기를 좋아하는 경향이 있다. 자화자찬은 한국의 기업가들이 자기에게 부과된 규범적 역할을 연출해내는 전형적인 방식인 것이다. 그것은 그러한 역할을 부과하는 이념적 상전이 그들로 하여금 다른 사람의 시선에 그만큼 더 신경을 쓰도록 만든다는 것을 뜻한다. 다시 말해서 그 이념적 상전은 노동자에게와 마찬가지로 자본가에게도 인적 매개체를 통하여 나타나는 것이다. 다만 그 "지위"의 고하에 따라 노동자들에게는 인적 매개체 앞에서 고개를 숙이는 방식으로, 자본가들에게는 고개를 드는 방식으로 동조하게 한다는 차이가 있을 뿐인 것이다.

이러한 이념적 상전은 한국 자본가 계급 가운데에서도 "지배계급"이라 할 소위 재벌에게도 마찬가지로 군림하고 있다. 다음은 어느 재벌의 자화자찬을 옮겨 놓은 것이다.

> 시간을 함부로 쓰는 것은 돈을 함부로 쓰는 것보다 훨씬 나쁘다. 돈은 다시 벌 수 있지만 시간은 다시 벌 수가 없기 때문이다. 시간을 파는 가게는 없다. 어떤 사람은 시간이 너무 많이 남아도는 바람에 따분하고 심심해서 견디기 힘들다고 말하기도 한다. 나는 그런 사람을 이해할 수가 없다. 더구나 젊은 사람이 그런 식으로 한심하게 시간을 헛되이 쓰고 있는 것이라면 용납할 수 없는 일이다. 여기서 내 이야기를 잠시 하는 것이 좋겠다. 나는 항상 하루 24시간이 모자란다. 하루가 30시간이나 40시간쯤 되었으면 좋겠다. 너무 시간에 쫓기다 보니 출근하는 차안에서 면도하고 물수건으로 세수를 대신하기도 한다. 때때로 아침 식사까지 출근하는 차안에서 한다(김우중, 1989: 55).

이 자본가가 "시간은 돈이다"는 서구의 잘 알려진 금언을 흉내내려 하고 있다는 것은 쉽게 짐작할 수 있다.[24] 다만 그것을 자신의 근면성을 미화하기 위하여 보다 구체적인 수준에서 산문화시키고 있는 노력만큼은 이 자본가의 것이라고 할 수 있을 것이다. 그리고 그것은 단순히

---

24) 이 금언을 베버가 서구자본가의 금욕-합리성을 보여주는 근거로 사용하였다는 것도 역시 유명한 일이다(Weber, 1976: 48).

일을 열심히 해야한다는 이상의 보다 추상적인 차원에서의 금욕주의를 보여준다. 그것은 방법론적으로 보다 추상적인 수준에서 시간을 어떻게 조직적으로 사용해야 할 것인지에 대해 이야기하고 있기 때문이다.

2) 과소비

이렇듯 생산에 있어서는 노동자와 같이 금욕주의를 기본적으로 따르고 있는 한국의 자본가들이 소비에 있어서는 그렇지 않은 경우가 많다. 자본가들이 노동탄압을 합리화시키려 들 때 쓰는 주된 논리가 국제시장에서의 가격경쟁력이다. 그러나 대부분의 기업가들은 노동자들의 희생분을 가격경쟁력을 강화시키는 쪽으로 활용하는 것이 아니라 자신들의 호사스러운 생활방식을 지탱하는 쪽으로 전용하고 있는 것이다.

한국의 부자들은 정말 사치스럽게 생활한다(박우희, 1986: 195~201). 그들은 예컨대 거액의 호화 소비재를 합법, 불법적 통로를 가리지 않고 외국으로부터 사들여 왔다. 한국이 안고 있는 외채의 상당한 부분은 바로 이렇게 해서 생겨난 것이다. 이들의 과소비 때문에 노동자 계급의 영웅적인 저축에도 불구하고 한국전체의 저축률은 〈표 6-2〉에서 볼 수 있듯이 이웃 일본과 대만에 비해 상당히 낮은 수준에 놓여 있었던 것이다.

한국의 가계저축률이 일본에 비해서뿐 아니라 대만에 비해서도 훨씬 낮다는 사실은 한국과 대만이 서로 비슷한 경제발전단계에 놓여 있다는 점에서 특히 의미가 있다고 할 것이다. 한국 노동자 가구의 모범적인 저축유형이 유산자 가구의 방만한 소비유형으로 상쇄되어 버린 것이다(박우희, 1989: 203). 그리고 기업의 저축률에 있어서까지도 한국이 다른 두 나라에 비해 낮다는 것은 무엇보다도 한국의 기업가들이 가계에 이은 회사예산마저 대단히 방만하게 운용해온 사실을 반영하는 것이다. 국내저축이 낮은 한국은 그만큼 더 외국으로부터 빚을 꿔 올 수밖에 없는 처지에 놓이게 된 것이다.

그런데 이렇게 한국의 자본가 계급이 과소비를 하는 것은 단순히 소비생활에 있어서 금욕주의를 이행하지 않고 있는 것을 의미하는 것이

〈표 6-2〉 한국, 대만, 일본의 국내 저축률

(단위: %)

	한국		대만		일본	
	1982	1984*	1982	1979*	1982	1970*
가계	6.6	9.3	13.8	13.5	12.5	11.5
기업	9.6	10.3	11.5	11.3	15.8	22.0
정부	6.2	7.7	5.1	9.8	2.9	2.4
합계	22.4	27.3	30.4	34.6	31.2	35.9

* 1인당 GNP가 2,000달러 부근인 시점.
출처: 김성수(1988: 365).

아니다. 그들은 이 문제에 있어서 어떤 이념적 상전을 적극적으로 따르고 있는 것이다. 여기 한 중소기업가의 말을 들어보자.

> 어차피 우리나라의 자수성가형 중소기업은 저임금을 바탕으로 뭔가를 성취한 것이므로 이익의 절반은 근로자와 함께 나눠 갖는다는 자세가 있어야 한다고 봅니다. 자본주의 사회에선 사장은 근로자들보다 사장답게 잘 살아야 할텐데, 내 생활을 근로자들이 어떻게 볼까하는 중압감 때문에 그저 검소하게 살고 있습니다(경제문제연구소 편, 1986: 167).

소비 생활에 있어서도 검소하게 살아야 한다는 규범이 이 기업가에게 자리잡고 있지만 한편으로는 "자본주의 사회에서 사장은 사장답게 살아야한다"는 보다 적극적인 주문을 하는 상전도 자리잡고 있는데, 이것이 바로 문제의 이념적 상전인 것이다. 이에 비해 검소하게 살아야 한다는 금욕주의적 규범은 순전히 노동자의 시선으로만 존재한다는 것을 알 수 있다. 그것은 이념 자체가 남아 있지 않는, 이념의 표피 같은 존재라고 할 수 있다. 이 기업가에게는 비록 표피일망정 금욕적 규범이 승리하고 있으나 다른 대부분의 기업가에게는 그런 예외적인 일이 일어나지 않고 있다는 사실에 이 기업가가 첫머리에서 하고 있는 충고는 맞추어져 있는 것이다.

그런데 자본가는 자본가"답게" 살아야 한다는 것은 자본가나 노동자라는 것을 신분집단으로 간주하는 명제이다. 사장다운 삶이란 자본가라는 "신분에 걸맞은" 생활양식을 의미하는 것이다. 맑스도 베버도 자본가-노동자의 구분이 예컨대 서구 중세의 귀족-평민과 같은 신분적 구분이 아닌 진정한 계급적 구분이라고 한 것에 비추어 볼 때 이 기업가의 자기정의는 예사로운 일이 아니다.

3) 자본가의 준거집단

한국의 자본가가 스스로를 신분으로 정의하는 것은 그들의 준거집단이 현대 서구의 계급이 정확히 아닐 수 있음을 말해주는데 이 점을 살피기 위하여 재벌 한 사람의 이야기를 더 들어보자.

> 요즘 기업가를 흠모의 대상으로 삼는 젊은이들이 있다. 섭섭하게도 우리의 기업가가 아니라 미국의 기업가를 말이다. 미국의 경제발달사를 아는가. 그들은 서부개척이다, 철도부설이다 하면서 총으로 사람 죽이기를 다반사로 했었고, 금융가 지하에서는 위조증권을 마구 찍어냈었다는 것도 알아야 한다. 그것에 비교하면 한국의 기업은 선비들이 일으키고 이루어 낸 것이다. 우리 기업에서 권총 들고 설친 이는 단 한 사람도 없다. 우리는 부아가 터지면 기껏 상대편 집에 돌이나 몇 개 던지고 말 정도이다(정주영, 1991: 264).

이 재벌에 의해 그려지고 있는 한국 "독점자본가" 집단의 자화상은 다음과 같다. 한국의 이 새로운 지배집단은 이념적 헤게모니를 쥔 진정한 지배계급이 되지 못한 채 아직도 "선비"를 지배집단으로 하는 이념에 종속되어 있다. 그것이 이 재벌이 이윤추구를 위해서라면 "권총 들고 설치는" 미국의 기업가에 비해 자기들은 "선비"라고 말할 때의 의미다. 그는 그것을 독자의 승인을 기대하며 자랑삼아 이야기하고 있는데, 그 점에서 그것이 그가 예속되어 있는 사회의 일반적 규범이라는 사실을 알 수 있다. 그들은 선비의 직업적 후예에 해당하는 관료나 학자보다 경제적 부와 때로는 정치적 권력을 더 많이 누릴지 몰라도 사회적 위신은 아직도 그만큼 누리지를 못하는 것이다. 그들이 관료나 학자를 경멸하려 드는 경우에도 자본가로서 그렇게 하는 것이 아니라 스스로를 그 이상의 "선비적인" 존재로 자처함으로써 그렇게 하는 것이다.

한국의 자본가는 "선비"로서의 위신을 추구하는 데 방해가 될 때에는 이윤추구를 기꺼이 포기하려고 든다. 그만큼 그들에게 있어 이윤추구는 위신추구라는 궁극적 목표의 수단인 것이다. 여기에 한국 자본가 계급의 과소비의 비밀이 들어 있다. 한국의 기업가들은 돈으로 사회적 위신을 사려고 하는 것이다. 그들이 지닌 것을 가지고 지니지 못한 것을 사려는 것이다. 그들은 정승이 되기 위하여 "정승처럼" 쓰려는 것이다. 관료나 학자의 앞에서 "선비"가 되기 위하여 소비하는 것이다. 지위를 확보하기 위하여 쓴다는 점에서 그들은 재산을 낭비한다기보다 일종의 투자를 한다고 할 수 있다. 더 큰 자본 대신 사회적 위신에 투자하는 것이다.[25] 이런 뜻에서 본다면 기업가는 단순한 낭비가는 아니다. 많은 기업가가 돈을 벌었다고 해서 적어도 자기 대에서는 열심히 일하는 것을 그만두지 않는다는 것에 주목할 필요가 있다. 그들은 금욕주의적 이념을 따르지 않는 것이 아니라 그것을 신분지향적인 방향으로 따르고 있는 것이다. 노력을 안하는 것이 아니라 "빗나간" 방향으로 하고 있는 것이다.[26]

---

25) 그런데 이러한 과소비는 베블렌(Thorstein Veblen)이 말하는 과시소비(*conspicuous consumption*)와는 성격이 좀 다르다. 과시소비는 미국 등에서의 "유한계급"이 이미 확보하고 있는 사회적 지위를 과시 내지 증명하기 위하여 쓰는 것이고 우리의 과소비는 확보하지 못하고 있는 것을 확보하려는 동기에서 행해지기 때문이다.

26) 여기서 "빗나갔다"는 것은 사회전체의 경제발전이라는 기준을 두고 가치평가를 하는 것이기 이전에 자신들의 그러한 투자가 소기의 개인적 목표를 달성하는 데에도 궁극적으로 성공할 수 없는 기도이기 때문이다. "선비"를 지배자로 하는 이념체계하에서는 "선비"가 정말 되지 않고는 예컨대 돈으로도 "선비"의 지위는 결코 살 수 없기 때문이다. 그럼에도 그들이 그러한 기도를 하는 이유는 그들이 그것을 모른다는 사실 외에도 우선 당장 그들에게는 돈—무엇이든 구입할 수 있는—이 있기 때문이다.

4) 소명의식의 결여

돈을 버는 것이 정당화되어 있지 않다는 것은 한국의 자본가가 돈을 버는 것이 본업인 자기들의 직업을 목적으로 자임하지 못한다는 것을 말한다. 한국의 자본가는 자기의 직업을 돈을 벌기 위한 방편적 수단으로 생각할 뿐인 것이다(목적합리성). 그 번 돈으로 사회적 위신을 사기 위해 그 지향점인 다른 직업(선비)을 누르려는 과소비에 투자한다(가치합리성)는 점에서 목적합리성과 가치합리성이 그 직업활동에 관해 융합되지 못한 상태로 남아 있는 것이다.[27] 만약에 그 두 가지가 융합되었다면 한국의 자본가는 자기의 직업 안에서 이윤을 극대화하는 것과 사회적 위신을 얻는 것을 동시에 추구하려고 하였을 것이다. 그리고 그 두 가지 모두에서 실패가 아닌 성공을 했을 것이다. 다시 말해서 돈을 버는 것이 부끄럽지 않게 "옳게" 벌려고 할 것이고 그렇게 해서 사회적 위신을 얻을 수 있을 때 과소비 따위를 통하여 절망적으로 사회적 위신을 구하려 하지는 않을 것이다. 그리고 번 돈을 더 "옳게" 벌 수 있는 쪽으로 "옳게" 쓰려고 할 것이다. 그것은 과소비 등에 낭비하지 않고 합리적 투자를 지속하여 이윤의 극대화를 진정코 실현하게 됨을 의미한다. 그러나 자기직업을 자부하지 못하는 한국의 자본가 계급에게 소명의식은 존재하지 않는 것이다.

기독교를 비롯한 많은 서구적 문물과 함께, 소명 내지 천직의 개념도 번역되어 들어오긴 했지만 아직까지는 그냥 이국적인 말인 채로 남아있는 것 같다. 다음의 인용문에서처럼 그 말은 현대 한국인의 대화에서 실제로 쓰이기도 한다.

> 중소기업 경영자도 나름의 천직의식을 가져야 합니다. 경영도 하나의 예술이니까요. 사람을 붓이라고 하면 원료는 페인트요, 기계는 화판인 셈입니다. 어떻게 이들 화구를 사용하여 멋진 그림을 그려내는가는 화

27) 베버의 개념인 두 가지 합리성의 이러한 용례는 베버에 충실하려는 이상으로 베버를 활용하려는 것이다.

가인 경영주에게 달려있지요(경제문제연구소 편, 1986: 250).

이 기업가는 여기서 멋들어진 비유를 사용하여 자신이 얘기하고자 하는 바를 조리 있게 얘기하고 있지만 '천직'이라는 단어만큼은 그 정확한 의미대로 사용하고 있는지 의문이 든다. 그 개념이 깊이 내면화된 상태라면 어의에 좀더 부합하는 맥락으로 사용하였을 것 같다. 천직은 한국의 자본가 계급 일반에게 이처럼 다분히 이국적인 관념으로 존재하는 것이다.

4. 신분지향적 금욕주의

1) 하나의 이념

근면에 관해서는 한국의 노동자 계급과 자본가 계급이 동일한 이념의 지배를 받지만 검약에 관한 한 자본가 계급은 전혀 다른 이념의 지배를 받는 것 같다는 인상은, 자본가 계급이 소비생활에 있어서 금욕주의를 따르지 않는 것이 아니라 "빗나간" 방향으로 따르는 것일 뿐임을 알게 된 지금, 재고해 볼 가치가 있다. 소비생활에 있어서 자본가 계급이 "빗나간" 방향으로 따르고 있는 것이 결국은 금욕주의라면, 역으로 노동자 계급이 따르는 금욕주의도 결국은 "빗나간" 것일 수 있지 않을까?

사실 한국 노동자 계급의 검약성이 그 자체를 선으로 삼고 영위되는 행위양식이라기보다는 돈을 벌기 위한 수단에 불과하다는 것을 보여주는 단서는 흔히 발견된다. 노동자들이 그토록 경이적인 절약을 하는 것이 실은 부자가 되어 마음껏 쓸 돈을 마련하기 위한 것일 때가 많은 것이다. 다음은 검약의 그러한 궁극적 동기를 보여주고 있는 한 노동자의 진술이다.

검소한 생활의 덕택으로 통장은 늘어갔지만 때론 저축을 그만두고 남들

> 처럼 먹고 싶고 입고 싶었습니다. 또한 깨끗하게 차려입고 유원지나 흔히 말하는 바캉스도 가고 싶었습니다. 우리는 지금도 그렇지만 신혼 초에도 외식은커녕 육류 한번 먹어보지 못했습니다. … 자식들에게 옷 한 벌 사줄 형편이 못되는 자신이 부모된 도리로서 미안함을 느꼈습니다. 하지만 '사랑하는 내 분신들아. 지금은 비록 남의 집 헌옷을 입히고 잘 먹이지도 못할 망정 훗날 너희들이 학교에 입학할 때면 결코 다른 부모들에게 뒤지지 않은 부모로서 할 수 있는 일은 최선을 다하마' 하고 … (김병주, 1983: 118)

강한 근검절약의 의지와 그 중요한 준거점으로서의 가족이라는 관계 등 유교적 금욕주의의 핵심을 계속 보여주는 이 노동자의 진술에서 노동자 계급과 자본가 계급에게 각각 다른 규범이 작용하는 것이 아니라 하나의 규범이 두 계급 모두를 지배하지만 한 계급은 현재 그 규범에 동조할 수 있는 물질적 수단이 없을 뿐임을 잘 알 수 있다. 이 사람이 검약을 하는 이유는 그 규범에 보다 충실하게 동조하기 위한 것이라고 할 수 있는 것이다. 장래 돈을 마음껏 쓰기 위하여 그럴 수 있을 만한 돈이 모일 수 있도록 모일 때까지 참으려는 것이다.

2) 정당화되지 못한 필요성

노동자의 행동과 자본가의 행동은 동일한 의미복합체를 형성하고 있는 것이다. 다만 노동자는 비참하게 벌어서 위엄 있게 쓰는 것의 전반부에, 자본가는 후반부에 놓여 있다는 것을 알 수 있다. 노동자들의 검약은 그 자체가 추구하여야 할 가치여서가 아니라 돈을 번다는 별도의 목적을 위해서 행해지는 것이다. 노동자들이 추구하는 가치는 자본가와 전혀 마찬가지로 "양반처럼" 쓰는 것이다.

현대 한국사회에서 근검절약하여 돈을 모으는 것 그 자체가 추구하여야 할 가치가 되지 못하는 것, 즉 간단히 말해 돈 버는 것이 정당화되지 못한 것은 "돈이 원수다"라는 우리말의 현대적 관용구가 잘 보여준다. 노동자의 수기에서 이 관용구 내지 그것을 풀어쓴 표현을 흔히 볼 수 있다.

> 돈의 사회. 돈이면 뭐든지 다 하는 사회. 뭐가 이리도 불공평한지. 돈이란 무엇일까? 버는 걸까, 쓰는 걸까? … 없는 사람은 죽였다 살렸다 … 죽이는 것(이달형, 1985: 27).
> 돈이 무엇이기에 우리부부를 갈라놓으며 어린 딸마저도 아빠와 함께 살 수 없을까 하는 생각을 하니 돈이 원수만 같이 느껴지고 그때의 제 심정은 그저 한없이 울고만 싶었습니다(이춘자, 1984: 102).

돈이 원수란 말은 돈을 벌어야 한다는 필요성에는 굴복하겠지만 그 정당성에 관해서는 결코 승복할 수 없다는 뜻이다. 현대 한국의 노동자와 자본가 모두에게 돈을 번다는 것은 어디까지나 목적합리적 행동에 그치고 가치합리적 행동까지 동시에 되지를 못하고 있는 것이다.

3) 불완전한 현세화

그러나 적어도 돈을 벌어야 한다는 필요성을 인정한다는 점에서는 조선시대에 비해 변화가 일어난 것이다. 청빈이라는 말이 잘 보여주듯이 조선시대 주자학자들은 돈을 버는 것에 대해 그 필요성조차 인정하지 않는 의식구조를 지니고 있었다. 그들의 금욕적 노력은 그러한 물질적 목표가 아니라 극기복례와 같은 정신적 목표에 맞추어져 있었다. 그들은 그러한 노력을 기업이나 현실정치(*Realpolitik*) 같은 세속적 영역에서가 아니라 정자나 "도학정치"처럼 세속을 떠난 영역에서 추구했던 것이다. 그것은 자신이나 살아있는 가족성원들의 현세적 복지를 넘어 무한히 이어지는 초세대적 가문의 "내세적" 영예를 확보하려던 것이었다. 예컨대 조선의 여자들이 갖은 고초를 무릅쓰고 절개를 지켜내려 했던 것은 현세적 보상을 구해서가 아니라 열녀비가 상징하는 "내세적" 보상을 구해서였던 것이다.

그러나 이제 사람들은 현세적 보상을 구하고 있다. 그들은 이제 돈을 벌려고 하는 것이다. 현대 한국인들도 가족에 대해 가장 많이 마음을 쓰고 있으며 가족을 위해 금욕적인 생활을 한다는 점에서는 변한 것이 없다. 그러나 그들이 생각하는 가족은 이제 "내세적" 가족으로서의 초세대적 가문이 아니라 자기 자신들과, 자신들의 눈으로 볼 수 있는 자녀들로 구성되는 현세적 가족이다. 이 현세적 가족의 물질적 복지를 확보하기 위하여 그들은 금욕적 노력을 기울이는 것이다.

주자학의 금욕주의에 일어난 이러한 변화를 잘 요약해서 보여주고 있는 어느 주부의 말을 들어보자.

> 5년간의 해외근무가 지겹고 짜증스럽고 젊은 저희들이 또다시 생이별을 해야 한다는 사실이 고통스러웠지만 아직은 젊고 노후대책과 아이들 대학 교육비 마련을 위하여 1억 원을 목표로 재형저축과 선매청약을 꾸준히 불입하면서 조금도 흐트러짐 없이 계속해서 최선을 다해 알뜰히 살아가려 합니다(권현순, 1984).

여기서 쓰인 "흐트러짐"란 말은 엄격한 금욕적 규범으로부터 자세가 이완된 상태를 가리키는 말이다. 여기서 이 말은 원초적 절개에 대한 내밀한 암시까지 담고 있다. 이 부인은 원초적 절개를 포함하는 엄격한 주자학적 금욕주의를 따르겠다는 결연한 의지를 천명하고 있는 것이다. 그러나 그 금욕주의는 이제 열녀비가 아닌 "1억 원을 버는 것"을 지향하고 있는 것이다. 그것은 무한히 이어질 미래의 가문이 아니라 자신들과 아이들로 구성되는 현세의 가족을 위한 것이다. 주자학적 금욕주의가 현세화된 것이다.

문제는 현대 한국사회에서 금욕주의가 불완전하게 현세화되었다는 것이다. 그것은 돈을 버는 것의 정당성까지를 인정할 정도로 충분히 현세화되지 못한 것이다. 세속적 활동은 그 자체가 목적이 될 수 있는 가치를 부여받지 못하고 다른 목표의 수단이 되고 있을 뿐이다. "신분"이라는, 완전히 세속화되지 못한, 목표를 위한 수단이 되고 있는 것이다. 신분이란 인간을 철저하게 그 세속적(물질적) 성취에 의해서 평가하는 것이 아니라 비세속적(정신적) 성취를 그 세속적 그림자에 의해 평가할 때를 가리키는 것이라고 할 수 있다. 다음 노동자의 진술을 들어보자.

> 어떤 때는 일이 너무 힘들어 별의별 생각이 다 들어갈 때도 있었다. 이럴 때마다 나는 속으로 '성공', '성공'해야겠다, 성공해야겠다는 생각만 들 뿐이다. 성공을 하기 위해서는 배워야 한다. 그래서 배우려고 노력을 하고 있다. 아니 비록 성공을 못한다 하더라도 배워야겠다는 생각이 항시 나의 머릿속을 떠나지 않았었다. 많은 지식을 얻으려면 배워야 한다. 아냐, … 잘 되든 못 되든 사람이란 배워야만 사람답고 인간다운 삶을 영위하지 않을까 하는 것이 나의 생각이다(고영생, 1980: 142).

정자나 "도학정치"처럼 비세속적인 영역에서 금욕주의를 추구하던 조선 주자학자들의 현 후손들은 경제와 같은 세속적인 영역에서 금욕주의를 추구하고 있다는 것을 잘 보여주는 것이 현세적 "성공"에 대한 그들의 강한 집착이다. 객관적인 조건상 그러한 "성공"을 하기가 쉬울 리 없는 한 젊은 노동자가 그 말을 수없이 되뇌어야 할 정도로 성공이란 말은 한국사회를 사로잡고 있는 것이다. 그런데 이 노동자는 성공을 향한 자신의 집념을 토로하는 가운데 한국인들에게 성공이 실제로 무엇을 의미하는 것인지를 엿보게 한다. 그가 "공부"를 성공의 수단이라고 하였다가 다시 그 자체가 목적이라고 하였다가 하고 있는 것은 현대 한국사회에서 통용되는 성공에 관한 정의가 그만큼 모호한 상태에 놓여 있기 때문이다.

원래 이 "공부"라는 것은 조선 주자학자들이 정자에서 하던 활동으로서 마음의 수양에 이르는 주된 통로였다. 이 노동자가 한편으로는 공부가 현세적 성공여부와는 상관없이 "사람답고 인간다운 삶"이라는 더 중요한 다른 목표의 수단이라고 말할 때는 그런 주자학적 맥락이 드러난다. 그가 말하는 "사람답고 인간다운 삶"이 정말로 현세적 성공과는 별개의 가치라면 그것은 바로 주자학에서의 그러한 내면적인 성취를 의미할 것이다. 그러나 그가 실제로 가리키고 있는 것은 사회가 "배운 사람"

〈표 6-3〉 교육수준에 따른 상대적 임금수준: 한국과 일본

경 력	고등학교 졸업자		대학교 졸업자
	1년 이하	4~5년	1년 이하
한 국(1985)	63.9	100.0	129.3
일 본(1984)	81.2	100.0	99.2

출처: 김성수(1988: 410).

이라는 신분에 귀속시키고 있는 가치이다. 이것을 설명하기 위해서는 부가적 자료가 필요하다.

〈표 6-3〉을 보면 한국에서의 고졸과 대졸의 임금격차는 "학벌 카스트"가 존재한다는 일본(Nakane, 1970)과 비교해도 훨씬 크다는 것을 알 수 있다. 일본에서는 대졸사원 초임평균이 고졸사원 초임평균 보다 약 20% 가량 높은데 불과하지만, 한국에서는 그 두 배나 된다. 일본에서는 고졸사원이 4~5년 일하게 되면 대졸 초임보다 많은 보수를 받게되지만, 같은 경우에 한국에서는 대졸 초임이 여전히 근 30%나 더 많다. 물론 일본에서의 지배계층은 어디까지나 무사였고 선비가 지배계층이었던 곳은 한국이었다. 양반은 그 지배계층의 이름이었다. 현대의 한국인들은 대졸과 대졸 미만 사이에 양반/평민의 경계선을 긋는 경향이 있는 것이다. 양반은 공부를 통하여 마음의 수양을 쌓도록 되어 있었던 조선의 주자학자에게 부여된 계층적 지위, 즉 신분이었다. 그것은 마음의 수양을 쌓은 사람의 고귀한 생활양식에 연계시킨 사회적, 정치적, 경제적 보상의 총체였다. 다시 말해서 그것은 비세속적 성취의 세속적 평가였던 것이다. 위의 노동자가 말하는 "사람다운 삶"이란 바로 그러한 비세속적 성취-세속적 평가의 복합체를 가리키는 것이다.

만약 주자학적 금욕주의가 현대 한국사회에서 완전히 현세화되었다면, 위의 노동자는 세속적 성취에 대한 세속적 평가로서의 성공을 자기 인생의 목표로서 확고하게 천명할 수 있었을 것이다. 그러나 이 노동자는 성공이 목적이라고 말하면서 한편으로는 "사람답고 인간다운 삶"이

진짜 목적이라고도 말하는 것이다. 그가 그 두 가지를 분리해서 생각하고 있다기보다는 그에게 있어서 성공이란 후자적 의미가 섞여 있는 불완전한 개념으로 존재한다고 보는 것이 타당할 것이다. 오늘날 한국인들에게 있어서 성공은 완전히 세속화되지 못한 성취의 세속적 평가를 의미하는 것이다. 그리하여 그들은 대학교에서 공부한 내용의 완전히 세속적인 혹은 실용적인 가치를 따지지 않는 채로 그 졸업장을 가진 현대의 양반들에게 신분적인 보상, 즉 그 실용적인 가치에 비해 대단히 일탈적인 수준의 봉급과 위신과 여타 특권을 부여하려고 하는 것이다.

4) 질보다 양

세속적 활동이 그 자체 목적이 되지 못하고 그에 따르는 신분적 보상의 수단으로서의 의미를 주로 지니는 현대 한국인들에게 있어서 일 자체의 성취는 대단한 관심사가 되지 못한다. 여기 한 품질관리조의 조장이 품질관리 지역경선에서 낙선한 것을 두고 얘기하는 것을 들어보자.

> 지역대회에서 탈락된 나는 무엇보다도 어떻게 동료 분임조들을 대하나 하는 것이 가장 큰 고민이었다. 마치 도살장에 끌려가는 소처럼 암담하고 침통한 모습으로 작업에 들어선 나는 우리 작업장이 내가 생각하고 있는 만큼 침체해 있지 않다는 것을 직감할 수 있었다. … "힘을 냅시다. 이것을 거울삼아 더욱 분발하면 되지요." … 한번의 실패가 오히려 촉진제가 된 우리 분임조는 즉시 다음 테마를 선정, 적극적인 활동을 전개함으로써 과 내에서 선망의 대상이 되는 분임조로 부각되기 시작하였다(김영수, 1984: 85~86).

이 조장의 말에는 강한 성취의지와 그 중요한 준거점으로서의 동료들의 시선 등 우리가 논해 온 유교적 금욕주의의 핵심 외에도 한국의 기업에서 품질관리활동이라는 것이 실제로 무엇을 의미하는가가 어느 정도 나타나 있다. 품질관리가 규정화될 정도로 강조되고 있지만, 대부분의 노동자들에게 있어서 품질관리란 경선을 위해 품질관리주제를 잡아서 “활동을 전개해” 나가는 것을 의미한다. 여기서 “더욱 분발하면”이라는 말은 상품의 질을 개선시키기 위해 분발하기 전에, 품질관리 경선에서 이기기 위해 분발하는 것을 의미하고 있는 것이다. 한국의 노동자들은 일 자체보다 외면적 보상, 그것이 꼭 포상이 아니더라도 적어도 “열심히 한다”는 명성을 일차적으로 바라고 있는 것이다.[28] 한국의 작업장에서는 근면 즉 일의 양을 강조하는 것만큼 일의 질을 강조하는지 말하기가 쉽지 않은 것이다. 열심히 일하지만 그것이 꼭 일 자체의 향상을 위한 것은 아닌 것이다. 이것이 바로 신분지향적 금욕주의인 것이고 그것이 앞서 보았듯이 자본가 계급에게서도 소명의식의 결여로 나타났었던 것이다.

5. 결 론

현 한국사회에서의 노사관계를 에워싸고 있는 이념적 환경은 서구사회에서와 같지 않다. 주자학은 그렇게 다른 이념적 환경을 형성하고 있는 주된 요소이다. 서구에서는 “자본가 정신”이라는 말이 상징하듯 자본가에게 헤게모니를 부여하는 이념이 핵심을 이루고 있지만 우리의 이념은 조선조의 선비라는 신분에게 아직도 헤게모니를 부여하고 있는 것이다. 이념적 헤게모니를 쥐고 있지 못하는 자본가를 지배계층으로 봐줄 수 있다 하더라도 그렇듯 신분을 지향하는 지배계층이 이끄는 노사관계를 순전한 계급관계로 봐줄 수는 없는 것이다. 한국사회에서 자본가와 노동자는 단순히 계급이라기보다는 신분적 성격을 강하게 띠는 존재인 것이다. 본고에서는 노사간의 상호작용 자체를 보기 이전에 노동자와 자본가 각각이 어떻게 획득적 신분을 지향하던 주자학적 이념체계의 지배를 받고 있는가 하는 것을 주로 살펴보았다.

28) 맥클렐런드(McClelland, 1961)의 성취지향성 개념 속에서는 이 두 가지가 구별되지 않는다고 할 수 있다.

한국의 노동자와 자본가를 지배하고 있는 것은 신분적 금욕주의라고 부를 수 있는 이념체계이다. 그것은 근면할 것을 요구한다는 점에서 서구의 금욕주의와 같다. 그것은 금욕주의를 더 이상 비세속적 활동에서 주로 추구하는 것이 아니라는 점에서 서구 중세의 내세적 금욕주의와는 다른 형태의 금욕주의이다. 세속적 영역에서의 성공을 지향한다는 점에서 그것은 서구 근대의 현세적 금욕주의와 닮은 형태의 금욕주의이다. 그러나 그것이 지향하는 성공이란 일 자체의 성취에 초점이 맞추어져 있는 것이 아니라 일에 연계된 신분적 보상에 초점이 맞추어져 있다. 이 점에서 그것을 금욕주의의 제 3의 형태로서의 신분적 금욕주의라고 부르기로 한 것이다.

그동안 한국에서 불완전하나마 자본주의가 성장할 수 있었던 것은 형태는 다르지만 이렇듯 금욕주의, 그것도 비내세적 금욕주의가 작용하였기 때문이었다고 할 수 있다. 쉽게 말해서 우리가 부지런했기 때문에 "경제성장"이 있었던 것이다. 그러면서도 서구적인 기준에서의 자본주의가 완전히 자리잡지 못한 것은 그것이 정확히 현세적인 금욕주의가 아니었기 때문이었던 것이다. 우리가 부지런하긴 했지만 상당한 정도 "헛" 부지런했던 것이다.

그러면 신분적 금욕주의란 어떤 위치를 차지하고 있는 것일까? 베버에 의하면 서구에서는 중세의 내세적 금욕주의가 근대에 이르러 현세적 금욕주의로 발전하였다. 그렇게 하여 그는 중세에도 금욕주의로서의 기독교가 엄연히 있었건만 왜 금욕(=합리)적인 경제양식 즉 자본주의가 서구에 자리잡지 못했는가 하는 점을 해명하려 했다. 금욕주의는 기독교의 쉽게 변하지 않는, 혹은 본질적인 속성이지만 그 현세지향성 여부는 시대에 따라 변할 수 있는 성격이라고 본 것이다. 내세적 금욕주의에서는 금욕주의가 인간의 세속적 삶에서 미처 구현되지 못하고 잠재적인 상태에 머물러 있었던 것이다.

베버가 유교를 금욕주의가 아니라고 한 이유 가운데에는 그가 어쩔 수 없이 지니고 있던 일말의 서구중심주의도 있었다. 자기의 전통에 대해서는 금욕주의가 아닌 상태에 있는 것을 구제하여 본질은 금욕주의이

되 그 씨앗이 아직 발아하지 못했을 뿐이라는 판정을 할 수 있을 만큼 세심한 주의를 기울이면서 예컨대 중국의 전통에 대해서는 그러한 주의를 기울이지 않았던 것이다. 그렇지만 베버가 서구의 전통에 대해 한 세밀한 분석은 그러한 서구중심주의를 제거했을 때 서구 바깥에 대해서도 적용이 가능하다고 할 수 있다. 조선의 경우, 유교는 현세지향적이 아니었던 것이지 금욕주의가 아니었던 것이 아니다. 중세 기독교에 소명의 개념이 없었던 것처럼 조선 주자학에도 소명의 개념은 없었다. 그러나 조선의 선비는 중세 서구의 수도승과 비슷하게 '이(理)'라는 상전을 모시고 구도의 길을 걸어야 했다. 선비는 경건히 이를 헤아려 자기를 이기고 도덕을 지키는 삶을 살아야 했으며 평생의 수양을 통하여 이에 다가가 그것을 후세—"내세"—가 인정해주리라 확신할 때 안심하고 눈을 감을 수 있었다. 그것이 바로 주자학적 구원이었던 것이다.

서구에서는 근대 이후 수도승의 금욕적 생활방식이 속세의 평신도에게 확산되었다. 내면의 금욕적 상전은 이제 평신도로 하여금 그들의 세속적 일에 있어서 최상의 성과를 거둘 수 있게 끊임없이 노력하도록 다그치는 것이다. 사람들이 이렇듯 소명의식을 갖게 되는 곳에서 사람은 그가 무엇이냐에 의해서가 아니라 무엇을 하(였)느냐에 의해서 더 평가된다. 그가 무엇이냐 하는 것도 무엇을 하(였)느냐에 의해 규정되는 경향이 있다. 계급이란 바로 그러한 평가를 배경에 깔고 있는 존재이다.

한국에서는 금욕주의의 현세화가 현재까지 불철저하게 일어났던 것이다. 그 결과 세속적 활동은 그 자체가 목적이 될 수 있는 가치를 부여받지 못하고 다른 목표의 수단이 되고 있을 뿐이다. 사람들은 일 자체의 질적 향상보다 일 뒤에 있는 신분적 보상의 추구에 더 관심을 두고 있다. 즉 열심히 일하지만 그것은 일 자체를 위한 것이 아니고 신분이라는, 완전히 세속화되지 못한, 목표를 위한 수단일 뿐이다. 여기서 신분이란 인간을 철저하게 그 세속적("실용적") 성취에 의해서 평가하는 것이 아니라 비세속적("정신적") 성취를 그 세속적 투영을 통해 평가할 때를 가리키는 것이라 할 수 있다. 예컨대 대학 졸업자에 대한 파격적인 보상은 대학과정만큼 더 획득한 지식의 실용적 가치 이상의 "제대로 배운 사람"의 "인격"이라는 정신적 가치에 대한 보상인 것이다. 그러한 인격에 대한 보상으로 물질적인 것이 강조되지 않는다면("청빈") 그것은 조선 주자학의 내세적 금욕주의의 원형이 온전히 보전되어 있는 것이라 할 것이고, 또 그러한 물질적 보상이 그에 대체로 상응하는—적어도 그렇게 이념적으로 인식되는—일의 실용성에 대해 주어지는 것이라면 그것은 서구 자본주의에서와 같은 현세적 금욕주의가 되는 것이다. 신분적 금욕주의는 그 둘 다가 아닌 제 3의 형태라고 할 수 있다.

신분적 금욕주의는 내세적 금욕주의가 현세적 금욕주의로 탈바꿈하는 과정에서 나타날 수도 있는 변형적 상태라고 생각된다. 서구사회와 달리 한국사회는 이민족의 침입으로 비롯되기 시작한 파행적인 근대화 과정을 겪게 되었다. 이민족의 침입이 낳은 효과를 단순히 자본주의에의 주변부적 포섭이라든지 혹은 가산제의 강화라든지 하는 식으로 보는 것은 역사를 장기적으로 보는 안목과 사회를 세밀하게 관찰하려는 용의가 부족한 관점이라고 할 수 있다. 그러나 본고에서는 어떻게 우리의 파행적인 근대화 과정이 금욕주의의 왜곡된 방향전환으로 이어졌는지를 다루지는 않았다.

▪ 참고문헌 ▪

강영수(1985), "인간다움의 뜻", 전점석 편, 《인간답게 살자》, 녹두.

경제문제연구소 편(1986), 《창업: 한국의 벤쳐 비즈니스맨 50선》, 중앙일보사.

고영생(1980), "마음씨를 착하게 쓸려고 했는데", 한윤수 편, 《비바람 속에 피어난 꽃》, 청년사.

권현순(1984), "더운 물이 나오네요!", 노동부 편, 《더운 물이 나오네요!》, 노동부.

김병주(1983), "내일의 꿈을 안고", 저축추진중앙위원회 편, 《보람은 물결처럼》, 저축추진중앙위원회.

김성수(1988), 《한국경제론》, 학문사.

김영수(1984), "스마일, 꺽다리, 쉬지 말고 뛰어라!", 한국산업표준회 편, 《횃불》, KAIS.

김우중(1989), 《세계는 넓고 할 일은 많다》, 김영사.

노승환(1988), "나의 삶의 기록", 새길 편, 《외쳐라 천만 노동자여》, 새길.

박우희(1986), 《과학, 철학과 한국경제의 인식》, 한국경제신문사.

오원희(1980), "눈물이 고인 눈으로 공장에", 한윤수 편, 《비바람 속에 피어난 꽃》, 청년사.

이내영(1987), 《한국경제의 관점》, 백산서당.

이달형(1985), "내가 이 세상에 태어나", 형성사 편, 《노동자가 되어》, 형성사.

이춘자(1984), "역경을 딛고서", 노동부 편, 《더운 물이 나오네요!》, 노동부.

정주영(1991), 《나의 삶 나의 이상 : 시련은 있어도 실패는 없다》, 제삼기획.

조선희(1980), "가로등 밑에서 공부할까?", 한윤수 편, 《비바람 속에 피어난 꽃》, 청년사.

최재현(1992), "사회구조와 사회변동", 《열린 사회학의 과제》, 창작과비평사.

Althusser, Louis(1971), "Ideology and Ideological State Apparatus." *Lenin and Philosophy and Other Essays*, London: New Left Books, pp. 127~186.

Althusser, Louis and Etienne Balibar(1979), *Reading Capital*, London: Verso.

Bellah, Robert N. (1976), "Civil Religion in America." *Beyond Belief: Essays on Religion in a Post-Traditional World*, New York: Harper & Row, pp. 168~189.

Benedict, Ruth(1946), *The Chrysanthemum and the Sword*, Boston: Houghton-Mifflin.

Eisenstadt, S. N. (1991), "Some Reflections on the Significance of Max Weber's Sociology of Religion for the Analysis of Non-European Modernity." in Peter Hamilton ed. *Max Weber: Critical Assessment 1*, London: Routledge, pp. 3~28.

Forcese, Dennis P. (1991), "Calvinism, Capitalism, and Confusion: The Weberian Thesis Revisited." in Peter Hamilton ed., *Max Weber: Critical Assessment 1*, London: Routledge.

Jacobs, Norman(1985), *The Korean Road to Modernization and Development*, Urbana, Ill.: University of Illinois Press.

Klausner, S. Z. (1982), "Introduction to the Transaction Edition." W. Sombart, *The Jews and Modern Capitalism*, New Brunswick, N.J.: Transaction Books.

Kocka, J. (1985), "The Social Science between Dogmatism and Decisionism: A Comparison of Karl Marx and Max Weber." in Robert J. Antonio and Ronald M. Glassman eds., *A Weber-Marx Dialogue*, Lawrence, Kan.: University Press of Kansas.

Lipietz, Alain(1982), "Towards Global Fordism?" *New Left Review*, vol. 23: 33~47.

McClelland, David C. (1961), *The Achieving Society*, New York: The Free Press.

Metzger, Thomas A. (1977) *Escape from Predicament: Neo-Confucianism and China's Evolving Political Culture*, New York: Columbia University Press.

Nakane, Chie(1970), *Japanese Society*, Berkeley: University of California Press.

Roth, Guenther(1968), "Introduction." Max Weber, *Economy and Society: An Outline of Interpretive Sociology*, ed. by Guenther Roth and Claus Wittich, New York: Bedminster Press, Vol. 1.

______(1987), "Rationalization in Max Weber's Developmental History." Sam Whimster and Scott Lash eds., *Max Weber, Rationality, and Modernity*, London: Allen & Unwin, pp. 75~91.

Shannon, Thomas R. (1989), *Introduction to the World-System Perspective*, Boulder, Col.: Westview Press.

Weber, Max(1968a), *The Religion of China: Confucianism and Taoism*, ed. and trans. by Hans H. Gerth, New York: The Free Press.

______(1968b), *Economy and Society: An Outline of Interpretive Sociology*, 3 Vols., ed. by Guenther Roth and Claus Wittich, New York: Bedminster Press.

______(1976), *The Protestant Ethic and the Spirit of Capitalism*, New York: Charles Scribner's Sons.

제 7 장

한국 교육현상 속의 왜곡된 성리학적 유산*

보상과 의무의 문제와 관련하여

1. 서 언

한국의 교육은 양적으로 폭발적인 성장을 이룩했다. 그리하여 경제수준에 비해 대단히 낮은 문맹률, 각급 학교의 높은 취학률 등을 기록하게 되었다. 이러한 교육의 성장은 양질의 노동력, 고급기술인력을 공급함으로써 경제성장의 한 가지 밑거름이 되었다. 그러나 교육의 폭발적인 성장은 한편으로 어두운 그림자를 드리우고 있다. 흔히 한국의 교육은 양적으로는 성장했으면서 질적으로는 낙후를 면치 못하고 있다고 말해진다. 그러나 양적으로도 과잉성장하는 것은 문제를 야기할 가능성이 크다. 고학력실업이라든지 조숙하게 찾아온 이른바 3D 업종 기피현상도 교육의 과잉성장과 연결되어 있는 문제들이다.

사람들은 과열입시에 따른 중고등학생의 과중한 수업량이나 창의력 고취부재라든지 하는 단편적인 문제들만을 보면서 이른바 교육"개혁"을 운위하는 경향이 있다. 그러나 교육이란 대단히 복합적인 현상으로서 어느 한두 면만 보고 손을 대려고 하면 일을 그르칠 수가 있다. 교육에

* 〈사회과학연구〉 7집 (1999), pp. 123~158.

대한 온전한 접근을 하는 데 있어서 특히 유념하지 않으면 안 될 사항은 교육이란 그것만이 홀로 존재하는 것이 아니라, 다른 대부분의 현상들이 그러하듯이, 전반적인 사회문화적 환경 속에서 존재한다는 사실이다. 교육의 사회문화적 뿌리를 간과하면서 추진되는 교육제도 변경의 시도는 자칫 무리하거나 무모한 작업이 될 수도 있는 것이다. 그 점에서 근래에 이르러 교육 전문가들이 교육사회학적 연구의 중요성을 인식하는 추세로 나아오고 있었던 것은 다행한 일이라고 하겠다. 교육 사회학적 연구는 사회학 쪽에서도 자라는 추세에 있어 왔다고 할 수 있는데 (이혜영, 1991; 김혜영, 1993; 유팔무, 1996) 사회학에서는 꼭 교육사회학이라고 하지 않더라도 사회학의 여러 분야에서 다루어 온 문제들과 연계시켜 자연스럽게 교육현상을 다룰 수 있는 이점이 있다고 할 것이다.

이 글에서는 그간 우리사회에서 교육이 불평등의 문제에 작용하는 데 있어 어떻게 사회문화적으로 특징적인 모습을 보여 주게 되었는지를 고찰하려고 한다. 그렇게 하는 데 있어서 이념과 관련된 역사적 유산의 현대적 역할이라는 관점에서 이 문제에 접근해보려고 한다. 이 문제에 역사적 뿌리가 있다는 시사는 선행연구들이 적지 않게 해오던 것이다. 우리가 하려는 것은 그 역사적 뿌리를 좀더 자세히 논하면서 그만큼 이 문제에 대한 현황분석과 당위적 고찰에 새로운 것을 첨가해보려는 것이다. 우리가 하려는 것은 역사적 유산이 현재를 모두 설명할 수 있다는 역사결정론을 따르는 것은 결코 아니고, 현재를 설명할 수 있는 요인들은 통시적인 것 못지 않게 공시적인 데에도 있다는 것을 전제하면서 역사적 유산이 지니는 설명력의 한도 내에서는 그것을 최대로 활용해보려는 것이다.

약간의 과잉단순화를 무릅쓴다면 다음과 같은 것을 전제하고 있다. 즉 역사적 유산은 현대의 우리가 그것을 어떻게 이어받아 사용했나에 따라 그것이 구현된 양태가 어느 정도 달라질 수 있는, 가변성의 여지를 지니고 있다는 것이다. 현재 그것이 그 가운데에서 특정의 모습을 띠고 있다면 그것은 중간에 그에 상응하는 특정의 선택행위 내지 역사적 접속행위가 있었기 때문이다. 좀더 구체적으로, 조선시대에 자리잡았던 성리학적 지식관이 현대로의 접속과정에서 상당히 왜곡된 채 오늘날 우리사회의 교육현상에 작용하고 있다는 것을 본 연구에서는 주장하려고 한다. 현대 한국사회에서 영향력을 발휘하고 있는 "이념"적 전통은 과거와 완전히 단절된 상태로가 아니라 흔히 이처럼 조선시대를 지배했던 성리학적 세계관이 강하게 배어 있는 모습으로 존재하는데 그것이 좀더 가까운 역사적 요인에 의해 크게 변질되어 있는 것이다.

이념적 전통의 역할을 좀더 의미 있게 포착하기 위해서는 이념과 연계되어 있는 엘리트 체계를 함께 보는 것이 필요하다.[1] 흔히 특정의 이념은 특정의 엘리트 집단을 명시, 묵시적으로 상정하고 있으며 그 엘리트 집단의 상태에 따라 역방향의 영향을 일정하게 받는 상태로 때로는 변모하면서 작용하게 된다. 성리학적 세계관이 조선에 자리잡은 후 그것이 좀더 가까운 역사적 요인에 의해 왜곡되어진 것도 바로 엘리트 체계의 상황적 굴곡을 거치면서 그렇게 된 것이다. 교육에 관한 성리학적 세계관이 어떤 특징을 애초에 가진 채 출범했고 이후 변해왔는지를 다른 곳의 이념적 전통에 엘리트 체계를 묶은 것과 비교하면서 고찰하면 매우 효과적이 된다.

2. 서구에서의 기능주의적 지식관의 발전

1) 비교의 배경

한국사회에서 교육의 폭발적인 성장을 가져온 한 가지 주된 요인은 강한 교육열이다. 이 점은 잘 인지되고 있지만 많은 경우에 이 교육열이 당연시되고 있다. 그것이 다른 사회에도 있는 것인지 차이가 있다면

1) 물론 다른 제도적 변수들도 같이 보면 더욱 좋지만(김동노, 1995) 엘리트로 대표되는 계층체계만 같이 보아도 분석력은 현격하게 증가한다. 엘리트를 이념과 관련하여 살필 때 베버는 담지자라는 개념을 사용하였다(전성우, 1996).

원인이 무엇인지 하는 점들에 유념하는 경우는 많지 않았던 것이다. 세계적으로 보면 분명히 교육열이 강한 지역과 그렇지 못한 지역이 있어서 그것이 취학률이라든지 문맹률의 현격한 차이로 이어지고 있으며 그러한 구분은 또한 경제성장이 있고 없는 구분과 결부되어 있다. 현재까지는 서구와 동아시아가 다른 지역들에 비해 경제성장이 성공적으로 이루어진 지역이다(Berger, 1986). 또 그만큼 교육열이 높은 대표적인 두 경우라고 할 수 있다. 그러나 서구와 동아시아의 교육현실은 서로 다른 점이 적지 않다.

우리가 서구와 비슷하면서도 다른 것은 무엇보다도 그 역사적 경험 특히 이념적 전통이 비슷하고 다른 것에 있다. 성리학은 지난 왕조의 오랜 시간동안 우리 사회의 모든 제도와 의식을 철저하게 지배해온 관념으로서 아직도 사람들의 의식구조에 심대한 영향을 미치고 있을 뿐 아니라 그러한 의식구조를 통하여 현대적 제도들이 운영되는 현실에 작용하고 있다. 한편 서구에서는 기독교가 천년 이상 절대적인 종교로 자리를 잡고 있었고 현 시점에서도 그 핵심적 지향은 갖가지 세속적 이념들에 계승되어 탈바꿈된 형태로 작용하고 있는 경우가 많다(Lidz, 1970). 지식에 대해서도 두 이념적 전통은 상이한 관점을 지니고 있어서 그것이 오늘날에도 상당히 큰 영향을 미치고 있다.

실은 우리의 강한 교육열에 유교적 유산이 영향을 미치고 있는 것을 전제하는 경우는 꽤 있었다. 그러나 그럴 경우에도 그 맥락을 깊이 탐색하는 연구는 드물었다. 유교는 교육을 강조하기 때문에 그렇다고 간단히 전제해 버리고 마는 글들이 대부분이었다. 유교가 왜 어떻게 교육을 강조하는지 세밀하게 따져보지 않았던 것이다. 그럴 경우에 그에 기반한 가치평가도 대단히 단순한 모습을 띠기가 쉬웠다. 유교가 강한 교육열을 통하여 현재의 발전에 기여했다는 단순 긍정론이 아니면 정반대로 과잉교육을 초래했다는 부정일변도의 평가만이 있었던 것이다. 유교가 왜 어떻게 현대 한국의 교육 현상에 영향을 미쳤는지 세밀하게 추적해 보면 그 평가도 좀더 섬세하게 할 수 있다. 그런데 가치평가란 궁극적으로 상대적인 것이어서 알게 모르게 다른 전통과의 비교를 수반하는 것인데, 우리가 오늘날 우리의 전통에 대해 가치평가를 할 때는 흔히 서구를 기준으로 삼고 있다. 그렇지만 서구에서의 교육현상에 대해서도 사람들은 자세하게 들여다보지 않으려 하기 때문에 문제는 더 심각해진다.

2) 기독교와 기독교 이후의 도구적 지식관

그러면 성리학적 지식관의 특성을 좀더 의미 있게 살펴보기 위하여 비교적 차원에서 기독교적 지식관을 먼저 살펴보자. 기독교 전통에서는 원래 지식을 그것을 소유한 인간의 본질적인 일부라기보다는 인간이 지니는 유용한 도구로서, 인간 자신과는 일단 분리시켜 생각하는 경향이 강하였다. 기독교의 창시자로서의 예수는 율법을 위한 율법의 지식을 가지고 자만에 빠진 유태교의 율법사 집단을 백안시하면서 생산활동에 종사하는 소시민의 실천적 입장을 그의 가르침에 반영하였다고 베버는 본다. 보통사람들이 실생활에서 지킬 수 있는, 쓸모 있는 율법지식을 강조하였다는 것이다. 이후 그러한 입장은 이어져서 기독교 전통에서 실생활적 필요를 넘는 교리체계는 발전하지 않았다고 베버는 보았다고 할 수 있다(Weber, 1968: 510~518).

르네상스 이래로 기독교 바깥에 세속적 지식체계인 과학이 현저한 성장을 하게 되었는데 기독교적 지식관의 핵심적 특성은 거기에도 확산되었다고 할 수 있다. 그 과학체계 속에서는 상당한 정도 지식 자체를 추구하는 맥락이 자리잡게 되었지만 궁극적으로 현실적합성이라는 목적의식이 상실된 것은 아니었다(Hodgson, 1993). 그리하여 지식은 어디까지나 현실정복의 도구로서 의의를 갖는 것이다. 개별적 과학자가 그러한 궁극적 목적을 늘 의식하는 것은 아니지만 체계 전체로서는 그러한 목적의식을 여전히 내포하고 있는 것이다.

이때 과학자에게 지식 혹은 진리는 신의 자리를 대신 차지하는 존재일 수 있다. 기독교적 관점에서 따진다면 지식을 우상숭배하는 자세를 취할 수 있는 것이다. 그렇지만 지식을 숭배해도 결코 지식을 소유한 사람을 숭배해서는 안 된다는 강력한 금기가 존속한다. 지식은 그것을 소유한 사람과 분리되어 존중되는 것이다. 오히려 과학자 자신은 진리 앞에 엎드려 복종해야 한다는 자기낮춤 내지 자기부정(*humility*)의 엄격한 규범이 견지된다(Merton, 1949: 307~316). 자신의 지식을 가지고 다소간에 자랑하려 드는 것이 인간이 본원적으로 지니는 경향이라고 하더라도, 전통에 따라 다른 규범이 그것을 더욱 조장하기도 하고 반대로 억제하기도 할 수 있다고 할 때, 서구에는 기독교의 영향을 받아 기본적으로 그것을 억제하는 방향으로 규범이 자리잡아 왔다고 말할 수 있는 것이다.

3) 지식과 계층적 지위의 연계

그런데 지식을 소유한 사람을 존경하는 경우는 말할 것도 없지만 지식이 사람과는 별개의 도구로서 존중된다 하더라도 그 때문에 지식에 부과되는 보상은 결과적으로 지식을 소유한 사람에게 돌아간다. 그리하여 지식의 차이는 일반적으로 보상의 차이와 연계되는데 보상의 차이는 사회계층체계의 중요한 일부를 이룬다. 다시 말해서 지식은 흔히 사회계층체계와 연계되어 있는데 앞서 논한 지식에 대한 상이한 태도는 사회계층체계의 성격에 영향을 미친다. 계층적인 맥락에서는, 지식을 도구로서 존중하는 경우는 보상이 기능주의적으로 이루어지고 지식을 소유한 사람을 바로 존중하는 경우는 보상이 신분주의적으로 이루어진다고 번안할 수 있다. 지식에 대해 기능주의적인 보상이 이루어진다는 것은, 사람이 지식을 소유했느냐의 여부에 의해서가 아니라 그 지식을 수단으로 해서 성취한 결과, 즉 기능 또는 업적에 의해 보상이 이루어진다는 뜻이고 지식에 대해 신분주의적인 보상이 이루어진다는 것은 지식을 소유했다는 사실 그 자체에 대해 바로 보상이 이루어진다는 뜻이다.

신분(*status group*)이란 비단 지식뿐 아니라 어떤 자질을 그 사람의 불가분의 일부로 간주하면서 그것을 기준으로 계층적 구분을 한 것을 가리킨다. 신분은 그 기준을 그 사람의 불가분의 일부로 간주한다는 점에서 넓은 의미로의 귀속적인(*ascriptive*) 계층이라고 할 수 있는데 흔히 오해되는 것과는 달리 그것이 꼭 혈통적인 것을 의미하지는 않는다. 중세 서구의 혈통적인 신분 즉 영유신분(*estate*)은 그 한 특수한 예에 불과하며 지식을 기준으로 하는 신분은, 지식이 후천적으로 습득되는 만큼, 흔히 비혈통적인 신분을 구성한다(자세한 것은 Cho, 1998). 지식을 후천적으로 습득하여도, 그에 대해 그것이 그 사람의 본질적인 속성인 것으로 간주, 바로 보상하면 "귀속적인" 계층이 되는 것이고, 그것 자체에 대해서가 아니라 그것을 갖고 그 사람이 획득한 업적 내지 생산성에 대해 보상한다면 그 반대로서의 "획득적인"(*achieved*) 계층이 되는 것이다.[2)]

우선적으로는 지식에 대한 상이한 태도가 사회계층체계의 성격에 영향을 미치지만 거꾸로 사회계층체계의 성격도 지식에 대한 태도에 역방향의 영향을 일정하게 미칠 수 있다. 지식을 소유한 사람을 존경하는 이념적 전통하에서 지식을 소유한 사람들이 현실 속에서도 사회의 주된 엘리트 계층으로 널리 자리잡게 되면 그것은 지식에 대한 그러한 잠재적 태도를 구체적인 태도로 구현시켜 준다. 그때를 가리켜 우리는 지식이 신분주의적 성격을 띠게 되었다고 말한다. 유태교의 경우, 율법지식을 갖춘 율법사가 유태사회의 주된 엘리트 계층으로 일반적으로 자리잡는 제도화(Epstein, 1990)가 이루어진 이후 신분주의적 지식관이 유태교 전통 안에 확고히 자리잡은 것이다. 예수가 반대했던 것은 말을 바꾸어 하자면 지식을 율법사라는 지배신분의 징표로 간주하는 이 신분주의적 지식관이었다고 할 수 있다.

기독교 전통이 지배하게 된 이후의 서구에서도 시간이 흐를수록 지식을 소유한 사람들이 현실 속에서 일정하게 득세하는 상황이 벌어지게 되었다. 그것은 궁극적으로 기독교 바깥에 세속적 지식인 집단이 나타나 그들의 사회적 위상이 상승함에 따라 나타난 현상이었다(Weber, 1968: 510~517). 예컨대 프랑스에서 절대왕정의 강화는 많은 부분 기

---

2) 귀속/획득의 이러한 궁극적 구분은 Parsons(1951: 64).

능적 지식인을 보조자 내지 관료로 활용하는 것을 그 중요한 수단으로 삼고 이루어졌다. 절대왕정의 강화와 맞물려서 지식인 집단의 양적인 팽창과 정치적 위상의 상승이 일어났던 것이다. 이들은 무엇보다도 그들이 습득한 지식에 의해 그러한 상승을 이룬 것이기 때문에 당연히 지식과 우월한 인간적 가치를 등치시키는 신분지향적 지식관이 어느 정도 자리잡게 되었다. 하나의 엘리트 신분으로서의 지식인의 성장은 정도의 차이는 있어도 독일 등 유럽 대륙에서 일반적으로 이루어지고 있었다. 그러나 그들이 기존의 귀족을 완전히 대체하고 사회의 주된 엘리트 신분이 되지는 못한 만큼(Rosenberg, 1958) 신분지향적 지식관이 완연한 신분주의적 지식관으로 발전하지는 못하였다.

베버에 의하면 칼빈교는 기독교 본연의 "소시민적" 지식관을 재확인, 강화시켰다. 그리하여 영, 미에서는 지식인이 지배신분으로 화하기가 대륙에서보다도 더욱 어려웠다. 영, 미에서 대륙에서보다 근대 자본주의가 앞서 발전한 것은 그러한 분위기와 무관하지만은 않았다(Weber, 1976: 76~78). 결국 영, 미에서는 일말의 신분주의적 지식관도 자리잡지 못하고 지식은 기업가나 노동자의 실생활에서의 도구로 간주되었다. 미국에서 실용주의 철학이 발달한 것은 그 연장선상에 있었다. 자본주의가 유럽의 "대륙"으로 확산될 때에는 그러한 분위기도 적지 않게 따라갔다. 그것이 유럽의 "대륙"에서 신분지향적 지식관이 심화되는 것을 막는 추가적 힘으로 작용하게 되었다.

서구적 특히 영미적 자본주의하에서 지식은 그 기능에 상응하는 만큼 보상받는다는 신념 내지 이념이 확고히 자리잡고 있다. 생각해 보면 데이비스-무어의 이른바 "기능주의적" 계층이론은 그러한 세계관의 사회학적 표현이라고 할 수 있다. 데이비스-무어 계층이론의 핵은 각 자리에 필요한 지식과 기술을 배우는 노력과 기간에 대한 보상이 그러한 지식과 기술을 통하여 사회에 공헌하는 기능에 비례해서 이루어진다는 것이다(Davis and Moore, 1945). 지식 내지 교육이 자본주의 체제의 재생산에 어떻게 기여하느냐 하는 정치경제학적 분석들은 그러한 기능주의적 분석을 비판적인 맥락에서 연장시킨 것이라고 할 수 있다(Bowles and Gintis, 1976; Carnoy, 1982). 이들은 교육이 능력주의에 따라 이루어진다는 것을 반박하면서 그것은 불평등구조를 합리화시키는 이념에 불과하다고 말한다. 그렇게 말함으로써 그들은 데이비스-무어 이론이 스스로 의식하지 못하는 차원 즉 그런 이론 내지 그것이 담고 있는 세계관이 보편적 진리라기보다는 미국 같은 자본주의 사회의 이념이라는 점을 드러내고 있다. 그들은 교육이 능력에 따라 이루어지는 것이 아니라 오히려 결과적으로 장벽을 만드는 것이라고 주장한다. 여기서 중요한 것은 교육이 "차별의 장벽"을 만든다고 하더라도 그 "차별"은 교육자체가 아니라 교육이 낳는 "능력의 차이"에 의해 이루어진다는 믿음을 미국적 이념체계가 줄 수 있을 만큼은 기능주의적 보상체계가 자리잡고 있음을 그들의 주장이 확인시켜 주고 있다는 것이다.

기능주의적 맥락을 좀더 심각하게 부정하는 함의를 지닐 수 있는 것이 오늘날의 서구 고도자본주의 사회에서는 지식이 여러 신분적 집단들에 의해 자신들의 위치를 지키는 상징적인 독점화 자원으로 이용하고 있다고 주장하는 이른바 "베버적" 연구들이다(Collins, 1979; Parkin, 1979; Bourdieu and Passeron, 1990). 이들 연구는 고도자본주의 사회에서 지식은 계급적 자원이라기보다 신분적 자원으로 더 활용되고 있다는 주장을 펴는 셈이 된다. 이들 연구는 분명히 서구 계층체계에 나타나고 있는 어떤 변화를 감지해 내고 있다. 지식이 도구로 존중된다고 하더라도, 그것이 아주 중요한 도구일 때는, 세월이 흐를수록 그것을 존중하는 정도가 목적을 존중하는 정도에 어느 정도 다가갈 수 있다. 서구 자본주의 계층체계가 오래 지나면서 지식에 대한 태도에 그러한 일반적인 변화가 일어난 것이다. 더군다나 고도자본주의 사회에서 지식의 도구로서의 중요성 자체가 더욱 증대됨으로써 그러한 변화는 심화되었다. 그러나 그것이 적어도 아직까지는 기능주의적 지식관의 자리를 빼앗는 가치의 주객전도가 일어난 것을 의미하는 것은 아니라고 할 수 있다. 서구 계층체계에 지식과 연계된 신분적 발전이 어느 정도 이루어지고 있지만, 그것이 지식을 기반으로 한 신분이 그 체계의 가장 핵심적인 계층으로 자리잡았다는 것을 의미하는 것은 아니다. 무엇보다도 그러한

"배타적 집단"들이 누리는 독점이라고 이들 연구들이 주장하는 것이 지식을 습득한 후의 보상을 받는 과정에서 일어나는 것이 아니고 지식을 습득하기까지의 교육의 과정에서 일어나는 것을 주로 가리킨다는 점에서, 이들 연구가 말하려는 것이 신분주의적 지식관이 본격적으로 발전하여 기능주의적 지식관을 대체하고 있다는 뜻이 되지는 않는다.

3. 성리학적 전통에서의 신분주의적 지식관의 발전

1) 유교의 인격적 지식관

어떤 점에서 유교는 기독교보다도 더욱 실생활적인 내용을 담고 있다고 할 수 있는데, 그 이유는 유교가 세속적 행동지침의 성격을 강하게 갖고 출범했기 때문이다(조혜인, 1995 참조). 주지하다시피 유교에서 지식은 지식을 위한 지식이 아니라 실생활에서 펴기 위해 존재한다. 이 점에서 유교전통에서도 지식은 하나의 도구로 출발하였다고 할 수 있다. 그러나 유교전통에서는 거기에서 그치지 않고 지식으로 현실을 바로잡기 위해서는 먼저 그 지식을 습득하는 사람이 그로써 자신의 인격을 바로잡아야 한다는 것을 강조하였다. 그리하여 배운다는 말은 인격적 수양의 의미를 내포하게 되었다(금장태, 1980; 윤사순, 1996). 그런데 그러한 목적의식은 거꾸로 지식의 성격을 규정하는 작용도 하게 되었다. 지식을 도구로 보는 관점으로부터 점점 지식을 인격과 등치시키는 관점으로 화하고 있었던 것이다. 그 결과 지식의 소유자를 대단히 존경하는 자세가 자리잡게 되었다. 나아가서 인격도야와 등치된 지식 추구는 생의 성스러운 목표가 되었다. 공부 그 자체가 대단히 거룩한 종교적 활동이 되어버린 것이다.

그러나 그렇다고 해서 유교전통에서 지식 추구 원래의 목표가 현실사회의 광정에 있다는 점이 상실된 것은 결코 아니다(de Bary, 1975; 1985). 지식을 갖추어 존경을 받는 것은 어디까지나 그 지식을 사회를 위해 펴야 한다는 의무에 대한 반대급부의 성격을 지니는 것이라는 교설적 도식은 계속 살아 있었던 것이다. 지식을 갖추어 존경을 받는 만큼 그 지식을 국가를 위해, 백성을 위해 펴야 한다는 것이다. 일반적으로 모든 종교에서 사제집단의 교리적 지식의 습득은 당연한 사항이다. 그 지식은 사제집단이 나머지 사회성원들을 종교적으로 지도할 때 필요한 것이다. 그런데 많은 경우 그 지도라는 것은 종교적 의식을 집행하는 차원 아니면 선한 행동이 어떤 것인지를 보여 주는 차원에 국한된다. 유교는 사회성원들이 그들의 세속적 삶에서 올바르게 살도록 적극적으로 이끄는 세속적 엘리트의 역할까지를 그 "사제"집단에 같이 부여하고 있었다. 유교에서의 "사제"집단은 한마디로 공복의 역할도 부여받고 있었던 것이다(Metzger, 1977). 공복(*civil servant*)이란 말이 직업적으로는 관리를 가리키는 말이듯이 유교에서 본원적으로는 정부 관리를 그 "사제"집단의 직업적 모형으로 삼고 출발하였다. 그리고 세월이 흐르면서 그것은 정부 관리뿐 아니라 정부 바깥 사회에서도 백성에 대해 그러한 엘리트 역할을 수행하는 집단을 포괄적으로 의미하는 확산적 내용을 담게 되었다.

2) 조선조 계층체계하에서 신분주의적 지식관으로 발전

베버가 유교를 관리의 종교라고 말하는 것은(Weber, 1968: 502) 특정 이념과 그 담지자로서의 특정 엘리트의 성격을 연계시켜서 논하는 그의 접근법을 잘 보여주고 있다. 베버는 유교적 엘리트가 정확히 관리에 국한되는 것이 아니고 그것이 확산된 선비(*literati*)라는 집단 전체를 포괄하는 것임을 잘 인식하고 있었다. 그러나 그렇듯 관리를 유교적 엘리트의 원형으로 상정하다가, 관리가 "전제적 국가의 수족으로서" 주어진 질서를 보존하려드는 것이 유교 및 유교적 엘리트의 핵심적 성격이라는 오해를 그만 베버는 하고 말았다. 유교가 그 엘리트에 대해 백성에 대한 의무를, 백성에 대한 우월한 지위에 묶어서 같이 부과하고 있었던 점이 시야에 들어오지 않고 있었던 베버는, 그리하여 선비를 자신의 기득권의 유지에만 관심을 두는 신분으로 주로 그려내게 되었다.

유교에서 지식을 인격의 불가분의 일부로 보고 "배운 사람"을 존경하려는 지향은 시간이 흐름에 따라 과거제도가 발전하여 독서계층이 전반적인 엘리트 계층으로 자리잡아 가면서 신분주의적 지식관으로 구현되었다. 유교적 지식을 습득한 선비를 과거고시로 추려내어 그 일부는 국가의 관리로, 그리고 나머지는 "향촌"사회의 지도자로 삼는 보편적 엘리트 구조가 확립된 것은 중국에서는 송대(960~1279)에서였고(양종국, 1996) 우리는 조선대(1392~1910)에서였으므로(한영우, 1983), 신분주의적 지식관도 대체로 그 무렵에 확립되었다고 할 수 있다. 우리는 송대에 비해 삼사백 년의 시차를 가지고 그러한 체계가 자리잡았지만 그 강도는 중국을 능가하는 것이었다(Cho, 1998). 지식을 인격과 결부시키는 세계관이 신분주의적 지식관으로 구현되는 것은 이렇듯 사회 속에 그에 상응하는 계층체계가 자리잡을 때이다.

지식을 인격과 결부시키는 세계관이 있어도 제도적으로 그에 상응하는 계층체계가 아직 자리잡지 않고 있을 때에는 신분주의적 지식관이 유효하게 형성되지 않는다고 할 수 있다. 중국에서 유교가 출현한 이후에도, 심지어 국교로 자리잡은 이후에도 오랫동안, 예컨대 한대나 과도기인 당대에는, 그런 이유로 해서 신분주의적 지식관이 본격적으로 형성되거나 확고하게 자리잡지 못했다고 할 수 있다. 우리의 경우에는 기본적으로 동일한 이유에 의해 삼국시대나 일종의 과도기인 고려시대에 관해 비슷한 말을 할 수 있다(조혜인, 1995). 다시 우리보다 수백 년의 시차를 가지고 뒤따라 발전해온 일본의 경우에는 아직 그런 단계로 들어가지 않은 상태에서 서구를 만나 19세기말에 "전통시대"를 함께 마감하게 되었다. 반면, 기능주의적 지식관이 지배하는 곳에서는 설령 지식을 기반으로 하는 집단 즉 "지식인"이 사회의 주된 엘리트 계층으로 자리잡는다 하더라도 신분주의적 지식관이 유효하게 형성되어 기존의 도구주의적 지식관을 대체하기가 쉽지 않다고 말할 수 있으며 그때 지식인은 엘리트 "신분"이 되지 못하고 다른 성격의 엘리트 계층으로 존재하는 것이 된다. 사실은 그러기 전에 기능주의적 지식관하에서는 지식인이 사회의 주된 엘리트 계층으로 자리잡는 것 자체가 용이하지 않다고 할 수 있다.

3) 규범에 대한 일탈로서의 특권지향

조선조에서 그러한 체제가 성립되었을 때 선비들은 엘리트 신분으로 존경받는 만큼 백성에 대해 규정된 의무를 이행하려는 삶을 표준적으로 살았다고 할 수 있다. 선비라는 엘리트 신분에 주어지는 여러 가지 차원의 특혜는 상당한 것이었지만 봉건 영주나 상인들의 생활방식에 비하면 현저히 검소한 것이었다. 중요한 것은 많은 선비들이 우월한 보상을 받는 것에 안주하지 않고, 그들에게 교설적으로 부과된 의무를 다하기 위하여 노력하는 삶을 살았다는 것이다. 얼마나 많은 사람들이 선비에게 부과된 규범적 삶을 살기 위하여 형극의 길을 걸었는지는 열거할 필요가 없을 것이다. 하지만 모든 선비가 그러한 삶을 온전히 이행하며 살아갔던 것은 아니다. 적지 않은 선비들이 그로부터 이탈된 삶을 살았던 것이 사실인 것이다. 또 그러한 삶을 이행하려 노력했던 선비들도 모두가 언제나, 어디에서나 예외 없이 규범을 지키며 살았다고는 할 수 없다. 일탈적인 개인들과 일탈적인 경우들이 있었던 것이다. 그러나 어디까지나 규범으로부터 벗어난 것이었으며 결코 그 자체가 규범이었던 것은 아니다. 그런 사례들이 있거나 많다고 해서 일탈과 규범을 혼동해서는 안 되는 것이다. 사회와 그 변동을 의미 있게 파악하기 위해서는 규범의 작용과 일탈의 존재를 같이 보아야 한다.

일반적으로 하나의 규범이 자리잡은 일정한 후부터 일탈의 정도는 시간이 흐름에 따라 당분간 증가하는 것이 보통이다. 조선조 후반으로 갈수록 선비들이 특혜를 추구하는 만큼 의무를 다하지 않는 경우는 크게 증가하고 있었다. 그렇지만 그 시점에서도 그것은 일탈임에 틀림없었다. 왜냐하면 무엇보다도 그렇게 일탈적인 삶을 사는 대부분의 사람들이 결코 그것을 자랑스럽게 여기고 있었던 것은 아니기 때문이다. 그들은 유교가 가르치는 올바른 선비의 역할상을 여전히 그들의 핵심가치로서 내면화하고는 있었던 것이다. 다만 그것을 행동으로 구현하지 못하고 있었을 뿐이다. 그리하여 규범에 좀더 충실하게 살아가는 사람들은 여전히 존경을 받고 있었다. 많은 일탈적 선비들도 그들을 존경하고 있었다고 할 수 있다. 그런 점들에서 그들의 모범적 생활방식은 여전히 사회문화적으로 지대한 영향력을 행사하는 행위준거로 남아있었던 것이다.

베버가 유교적 엘리트로서의 선비를 기득권 유지에만 급급한 집단으로 그렸던 것은 선비의 우월한 지위에 묶여 있는 의무의 측면을 충분히 주목하지 않았기 때문이었다고 할 수 있다. 특히 이민족 왕조들 아래에서 일탈적 자세가 극도로 만연해 있는 중국에서 그러한 겉모양을 보고 규범의 존재를 별도로 포착해내기는 이방인 관찰자로서 쉽지 않았을 것이다. 행동의 차원에서는 그만큼 눈에 띄지 않더라도 마음속에서는 온존하는 규범까지를 같이 보아야 하지만 이방인인 베버로서는 중국에서 특히 마음속에 강하게 숨어 있는 그것까지를 보기가 쉽지 않았던 것이다. 베버와는 조금 다른 차원에서 선비들의 "지배욕"을 일방적으로 강조하는 것이 이른바 "유교 지배 이데올로기론"이다. 그것은 이념이 지니는 신념적 차원을 도외시한다는 근본적인 문제점을 지니고 있다. 그것은 불교를 "지배 이데올로기"로 삼아서 천 년 이상이나 "지배"를 잘 해오던 사람들이 왜 돌연 유교를 "지배 이데올로기"로 삼겠다고 나선 것인지 하는 근본적일 수 있는 문제를 미처 생각해 볼 수 없는 단순한 사고방식의 표출이거니와, 그 단순성이 규범과 일탈 같은, 사회현상을 구성하는 복잡한 면모들을 포착하지 못하게 하는 것이다.

4) 신분해소적 지식관으로의 개혁 출범

규범의 중요성은 무엇보다 그것이 현실에 의해 위배되는 정도가 어느 수준을 넘어 설 때 그것이 분출하게 된다는 데 있다. 서구의 기독교 전통에서 근대 초에 연쇄적으로 발생했던 종교 "개혁"(*Reformation*)과 "역개혁"(*Counter-Reformation*)이 바로 그 잘 알려진 사례들이 된다. 비슷한 일이 조선조 말 유교전통에도 일어나고 있었다. 유교가 규정하는 모범적 삶을 살아가던 선비들 가운데에는 적극적으로 규범을 구출하고 나아가 더욱 격상시키려는 일단의 사상가들이 나타나게 되었다. 실학과 동학은 바로 그러한 의의를 지니는 움직임이었다. 실학에서는 유교 본연의 지행합일의 의무적 측면을 복원, 강화하려는 노력을 기울였다(김채윤, 1995). 조금 더 나아가서 실학에서는 지식인 신분으로서의 선비에게 기능적인 역할을 보강하려는 시도가 이루어지고 있었는데 그러한 맥락에서 지식 자체의 "기능적"인 측면도 강조하기 시작하였다. 그러나 그것이 신분주의적 지식관을 타파하려는 것이었다기보다는 거기에 기능주의적인 것을 가미하려는 시도였다고 보는 것이 세밀한 판정이 될 것이다.

동학에서는 그 점에서 좀더 근본적인 개혁을 지향하고 있었다. 지식과 신분의 연계를 해소시키려는 명시적 지향을 담고 있었던 것이다. 최제우는 더 이상 선비라는 우월한 지식인 신분의 존재를 인정하지 않았다. 그리하여 오랜 시간을 투입할 수 있는 소수에게만 접근이 가능한 쓸데없이 어려운 지식이 아니라, 민중 일반이 바로 접근할 수 있는 손쉬운 "참지식"을 강조하였다. 그러나 그것은 유교의 도덕률을 타파하자는 것이 아니고 반대로 그것을 활짝 열어 모두에게 확대하자는 것이었다(조혜인, 1995). 당시는 원래 유교적 엘리트로서의 선비가 이끌던 시민사회의 성원권을 부르는 이름인 양반이 그 계층 자체와 함께 더 이상 소수가 아닌 다수의 인구로 확산되어져 있었던 때였다(Cho, 1998). 최제우는 당시 현실적으로 벌어지고 있던 선비 내지 양반이라는 이름의 시민권의 확산을 이념적으로 공인하면서 시민권의 이름을 선비에서 민중 자체로 바꿔주려는 운동을 펼치고 있었던 셈이다. 그런 점에서 최제우가 전파하기 시작한 지식관은 단순히 신분타파적 지식관이 아니라 신분지향적 지식관을 넘어서려는 신분해소적 지식관이라고 부르는 것이 정확한 일이 된다. 이념은 국가기구를 이른바 "이념적 국가기구"로서 활용하여 효과적으로 정착될 수 있고 흔히 그렇듯 이념을 공고히 하려는 목적을 가지고 혁명이 일어나는 것인데 동학혁명은 그러한 맥락을 띠고 있었다.

4. 일본침입하에서 특권주의적 지식관으로 전락

1) 일본침입에 의해 중단된 개혁과정

동학혁명이 일본군에 의해 좌절되면서부터 발생하기 시작한 이민족 틈입이라는 역사적 탈구과정이 없었다면, 오늘날 우리에게 남아있는 유교적 지향은 그러한 개혁과정의 완성을 통하여 그 신분주의적 지식관이 많이 해소된 것이었을 가능성이 크다. 동학혁명에 의해 단 한번으로 개혁이 완성되지 않고 설령 상당한 기간의 우여곡절이 소요되었다고 하더라도, 개혁은 결국 완료되었을 가능성이 크다. 적어도 경화 내지 악화는 되지 않았을 것으로 추정할 수 있다. 일본침입은 그러한 개혁과정을 교란시키는 것을 포함하여 많은 왜곡을 야기하였다(최홍기, 1987; Kim, 1988). 일본침입의 영향에 대해 특히 최근에 유행한 경제주의적 접근이 놓치기 쉬운 중차대한 측면이다.

일본침입이 없었다면 유교의 신분주의적 지식관은 개혁의 완성을 통하여 해소되기만 할 뿐 아니라 서구와의 직접적 대면을 통하여 기능주의적 지식관과의 순조로운 접합이 이루어졌을 가능성이 크다. 그러나 일본의 틈입은 그러한 기회까지도 가로막고 있었다. 일본의 침입은 개혁되다만 신분주의적 지식관과 불량 유입되는 서구의 기능주의적 지식관이 착종적으로 맞물리는 이중구조를 낳았다. 뿐만 아니라 일본이 창출하여 퍼뜨린 식민사관 혹은 좀더 정확하게 전도사관(顚倒史觀)은 우리의 전통에 대한 의식적인 비하를 유도함으로써 그것을 무조건 외면하게 만들어 그 장점은 망각하고 취약점은 방치하게 만드는 왜곡작용을 적극적으로 가하게 되었다.

2) 특권주의적 지식관의 생성 과정

이민족 지배는 신분주의적 지식관이 신분해소적 지식관으로 격상되던 과정을 가로막는 데 그치지 않고 그것이 외려 아래로 굴러 떨어져 특권주의적 지식관이 생성되는 계기가 되었다. 특권주의적 지식관은 일본지배하 친일파가 가졌던 자세가 그 배아가 되어 생겨난 것이다. 친일파는 자기 민족 성원들에 대하여 이민족 지배자의 냉혈적 학대의 태도를 복사하여 가지고 있었는데 단순히 복사하는 데 그치지 않고 용도증명의 동기에서 그것을 더욱 강화시켜 가지고 있었다.

본격적인 친일파가 아닌 경우에는 자기 민족 성원들에 대하여 가학적인 자세를 갖고 있지는 않았지만 일본지배하 교육과정에서 일본의 전도사관에 좀더 노출되다보면 집단적 자기비하의 맥락에서 자기 민족 성원들을 멸시하는 경향을 지니게 되는 경우가 있었다. 그런 경우가 아니더라도 자기 백성에게 실질적인 반대급부를 해줄 수 있는 진정한 엘리트의 위치를 일본인에게 앗긴 상태에서 현실적으로 지식의 의무쪽 측면을 이행할 수 없는 무력함이 짓누르고 있었다.

하지만 그러한 소극적 자세들도 친일파의 적극적 자세가 이끌면서 유교의 신분주의적 지식관에서는 전제되어 있던 엘리트-민중의 연계적 맥락을 상실한 채 민중에 대한 의무는 저버리고 그 위에 특권적으로 군림하려는 태도가 생겨나게 되었다. 그러자 심지어 조선조 후기 이념적 격상이 시작되기 전 한창 늘어나 있었던 부패한 인사들에게서조차도 규범적으로 의무와의 연계가 상실되지 않았던 신분주의적 지식관이 그러한 악성 배아에 닿아 변질하여 특권주의적 지식관으로 전락하는 경우가 발생하게 되었다. 이민족 지배가 생성하는 심각한 병리적 현상에는 그러한 변질된 지식관이 포함될 수 있는 것이다. 광복 후 친일파 청산에 실패한 후 그러한 태도변질이 번지는 것을 차단할 기회를 번번이 놓치면서 우리의 현대사는 지금까지 전개되어 왔다.

5. 특권주의적 보상의 현황

일본침입의 왜곡작용의 결과 생성된 특권주의적 지식관은, 친일파 청산의 실패로 바로 소멸되지는 않았지만, 나라를 찾은 결과 엘리트가 국민에 대해 의무를 지닌다는 자세의 자연스러운 소생이 일어나면서 빠르게 정화되어 가고 있었다. 이제 중간에 일본이라는 장애물이 없이 직접 서구문물을 접하게 된 것도 도움이 되고 있었다. 그러던 것이 일본지배 및 친일파 청산실패의 있을 수도 있는 후유증으로서 군사정변이 불행히도 발생하여 그에 의한 독재정권이 상당기간 지속됨으로써 특권주의적 지식관은 사라지다 말고 외려 착근되어지기에 이르렀다. 독재정권은, 이미 국민들이 내면화한 자유 민주주의적 가치에 의한 정당성을 충족시키지 못하는 데 대한 국민과 지식인 엘리트의 저항에 대처하는 방법으로, 철권 통치라는 채찍과 함께 엘리트의 특권 보장이라는 당근을 같이 사용하였다. 그리하여 각 부문의 엘리트들은 그것이 국민에 대한 그들의 의무를 충실히 다 이행하지 않는 것을 뜻한다 하더라도, 이런 저런 특권을 향유하는 선택을 하도록 뒤에 힘이 깔린 채 유인되어졌다(Kwon and Cho, 1997; 구정선, 1996). 독재의 장기화로 엘리트 사이에 그렇듯 특권을 바라는 자세가 어느 정도 자리잡게 되자, 그것이 사라져 가던 특권주의적 지식관을 불러와 외려 착근까지 하게 하였던 것이다.

그런데 특권선택으로의 유인은 대학 졸업자라는 교육수준에 있어서의 엘리트 범주에 대해서도 일어나고 있었다. 자신이 일반 대학 졸업자라면 오히려 그 자정에 관심을 두었을 수도 있는 대학과 대학 졸업자의 특권적 지위를 "엘리트 매수"라는 동기에 의해 반대로 더욱 조장하였던 측면이 있는 것이다. 일본은 한국에서 고등교육의 발전을 억압하면서 대학의 설립을 극도로 억제시켰기 때문에 일본지배기간 동안 대학생은 대단한 희귀성을 누리게 되었으며, 거기서부터 광복 후 우리의 고등교육사가 출발하였다. 그것이 사람들로 하여금 대학 졸업생을 조선시대

과거에 붙은 양반에 상응하는 현대의 학력 엘리트 범주로 일단 등치시키게 하는 “회귀적” 연계작용을 하였다. 그러면서 광복 후 이어진 불행한 역사적 발전들의 결과 사람들은 그 범주에 의무는 없고 그만큼 특권만이 부풀려 부여된 역할을 상정하게 된 것이다. 그리하여, 경제적 보상이라는 측면에서도, 대졸자가 받는 임금과 고졸자가 받는 임금 사이에는 동서의 다른 사회들과 비교가 안 되는 유달리 커다란 격차가 우리 사회에 존재하게 된 것이다(이혜영, 1991).

물론 기능주의적 지식관이 지배하는 사회에서도 학력별 임금차이는 존재한다. 또 그만큼은 학력을 중시한다. 특히 현대사회에서 학력중시가 가중되는 현상을 두고 “학력사회”라는 말이 쓰이기도 한다(Collins, 1979). 그러나 모든 현대사회를 학력사회라는 말로 같이 부르는 것으로 그친다면 사회간에 존재하는 적지 않은 특수성을 놓치는 결과가 초래될 수 있다. 학력을 존중하는 강도와 맥락이 다를 수 있음을 놓치게 되는 것이다. 서구에서는 학력을 중시하더라도 학력 자체를 중시해서라기보다 궁극적으로는 좀더 많이 배운 만큼 기능적 가치가 있다는 것을 최소한 정당화의 차원에서라도 전제하고서 중시하는 것이 아직까지는 주된 경향인 반면, 우리는 학력자체를 중시한다. 그리고 그것은 여느 사회와는 비교가 안 될 정도로 높은 고졸과 대졸 간 임금격차와 결부되어 있었던 것이다. 임금격차 문제를 집중적으로 다룬 한 경제학적 연구는 비경제적 요인을 중시하지 않는 경제학 전통에서는 이례적으로 우리사회에서는 대부분의 다른 사회와 달리 학력 자체가 임금결정의 중요한 요인임을 강조하고 있다. 1980년의 자료를 가지고 한 다중회귀 분석을 통하여 연령, 산업, 직종, 규모를 통제할 때도 4년제 대졸자가 고졸자보다 남자의 경우 1.41배의 임금을 평균적으로 받고 있었음을 보여주고 있는데, 통제를 하지 않았을 때는 무려 2.03배에 달하고 있었음을 보여주고 있다(박훤구・박세일, 1984: 124).

우리가 그동안의 이른바 “근대화”를 통하여 서구로부터 자본주의를 도입해 왔다고 하지만, 조금만 더 깊이 들여다보면 이렇듯 서구와는 다른 유형이 쉽게 발견되는 것이다. 또 일본의 지배가 서구를 대신해서 우리에게 서구적 "근대화"를 제대로 시켜주었다는 일부의 얕은 주장도 그 허구성이 바로 벗겨진다. 일본 자신에게는 이 문제에 있어서 기능주의적 맥락이 잘 뿌리를 내려 왔는데, 그것은 무엇보다도 다른 민족의 지배하에 있지 않았던 일본에게는 일본의 지배하에 있었던 우리의 친일파와 같이 자기 민족 성원들 위에 가학적으로 군림하며 특권주의를 추구하는 세력이 없었기 때문이다. 그리고 다른 한편으로 일본에는 지식인을 엘리트로 간주하는 현실적 태도가 그러한 계층체계의 미발달로 말미암아 형성되어 있지 않았던 것이다. 우리와 유교적 제도의 발전에 있어 수세기의 시차를 지니고 있던 일본은 유교를 도입한 이후에도 선비라는 지식 엘리트가 자리잡을 수 있는 정치, 사회적 제도들이 아직 미발달 상태에 있었던 것이다. 그리하여 그에 대해 작용할 수 있는 별개의 힘이 전혀 없는 진공의 상태에서, 서구의 기능주의적 지식관이 홀로 이식될 수 있었던 것이다. 그리하여 유교가 세속적 영역에서 중요한 역할을 하는 일본에서 기능주의적 지식관은 서구 이상의 강도로 작용해 왔다. 〈표 7-1〉은 이것을 아주 효과적으로 보여 준다.

〈표 7-1〉은 일본과 비교해서 현저하게 큰 한국에서의 고졸과 대졸의 임금격차를 1980년대의 시점에서 보여 주고 있다. 일본의 대졸사원 초임평균은 고졸사원 초임평균보다 약 20% 가량 높은데 불과하지만 한국에서는 무려 두 배나 된다. 일본에서는 고졸사원이 4~5년 일하게 되면 대졸 초임과 비슷한 보수를 받게 되지만, 같은 경우에 한국에서는 대졸 초임이 여전히 근 30%나 더 많다.[3)]

---

3) 여기서 대학 졸업자란 정확히는 대학졸업 이상의 학력을 가진 근로자를 의미한다. 이 표는 필자가 다른 논문들에서도 인용한 바 있다. 뒤에 논의되겠지만 한국에서의 학력간 임금격차는 시장상황 등의 변동에 의하여 근년에 이르러 많이 줄어들게 되었다. 물론 일본의 상황도 늘 고정되어 있었던 것은 아니다. 그러나 그것은 학력별 차별보상의 태도가 그처럼 변화했다기보다는 시장 상황 등 다른 요인의 변화가, 학력별 차별보상의 태도가 임금격차에 미치는 효과를, 어느 정도 상쇄하게 되었기 때문이다. 1985년경의 이 국제비교는 다른 요인들의 그러한 "교란 작용"을 배제하고 학력별 차별보상의 태도만을 "이념형"적으로 보여주기에 적합한 자료가 되는 것이다.

〈표 7-1〉 교육수준에 따른 상대적 임금수준: 한국과 일본

	고등학교 졸업자		대학 졸업자
경 력	1년 이하	4~5년	1년 이하
한 국(1985)	63.9	100.0	129.3
일 본(1984)	81.2	100.0	99.2

출처: 김성수(1988: 410).

일본에서는 실질적으로 대학교육을 그 기간동안 현장에서 기술을 습득하는 것과 동일하게 여긴다는 것이 되는데 이것이 바로 기능주의적 교육관의 표현이다. 일본인이나 일본 연구가들은 일본에 "학벌 카스트"가 존재한다는 주장(Nakane, 1970; Dore, 1976)을 흔히 하지만 일본에서 학력중시는 그 기능적 가치를 소박하게 연상하면서 이루어지고 있는 것이다. 실은 일본은 서구에서보다도 지식의 신분지향성이 약하다고 할 수 있는데 일본에서는 서구에서 일어나고 있다고 비평되는 그 정도의 신분지향성도 지식이나 교육을 둘러싸고 아직 발달하지 않고 있다고 여겨지는 것이다. 그것은 이제 지식인 집단의 성장사를 어느 정도는 갖추게 된 서구 심지어 미국에 비해서도 일본에서의 지식인 집단의 성장사는 너무도 일천하기 때문이다.

이러한 것은 일본에서도 경제조직과 같은 세속적 영역에서는 유교가 가장 중요한 역할을 하고 있다는 점에서 유교 자체가 바로 신분주의적 지식관을 낳는 것은 아니라는 것을 잘 보여준다. 전술한대로 유교적 지식관이 지식에 엘리트적 위상을 부여하는 계층체계와 결합되었을 때 그러한 신분주의적 지식관이 자리잡는 것이다. 일본에서는 그 전통시대에 있어서 유교적 교양을 습득한 사람 즉 선비가 주된 엘리트인 계층체계, 즉 우리의 양반체제나 중국의 신사체제를 경험하지 못하였다는 점이 여기서 중요해지는 것이다. 일본에서의 지배계급은 어디까지나 무사였고 선비가 아니었던 것이다. 한국과 일본의 임금체제를 설명해줄 문화적 차이(이근무, 1990) 뒤에는 일차적으로 깊은 역사적 연륜의 차이가 있는 것이다. 그러나 그 차이가 신분주의적 지식관을 넘어 학력간에

거의 단절적인 임금격차를 보이게 된 것은 일본의 침입으로부터 시작된 왜곡된 "근대화" 과정들을 거치며 신분주의적 지식관이 해소되지 않고 오히려 특권주의적 지식관으로 전락해왔기 때문이다. 일본이 침입을 통하여 우리의 근대화에 영향을 미친 것은 결코 서구적 문물이나 자신의 원초적 문화를 가지고 "개화적" 영향을 미친 것이 아니고 서구와의 순조로운 교류의 차단을 포함하여 우리의 발전을 크게 교란하는 왜곡작용을 주로 한 것임을 잘 보여준다.

현재의 특권주의적 지식관이 유교의 인격적 지식관에서 발달한 신분주의적 지식관이 변질된 것이라는 말은 기저에서 그러한 인격적 지식관에 뿌리를 박고 기생하고 있다는 뜻을 내포하고 있다. 많이 알수록 그만큼 더 훌륭한 인격이라는 생각에 뿌리를 박고 있는 것이다. 그러한 뿌리에서 불거져 나와, 많이 아는 사람은 그만큼 "훌륭한" 사람이고 "훌륭한" 사람은 "당연히" 그에 상응하는 보수를 받아야 한다고까지 여겨버리는 것이다. 여기서 "당연히"가 없다면 신분지향적 지식관 자체의 표현이 된다. 원래의 신분지향적 지식관에는 그 보수에 연계되어 사회 내지 국가에 대해 해야 할 의무가 전제되어 있었다. 설사 조선말에 동학에서와 같은 신분해소적 지식관의 보급 노력이 성공하지 못했다 하더라도 중간에 일본의 방해 없이 바로 서구와 교류를 할 수 있었다면 신분지향적 지식관의 그러한 의무적 측면에 기능주의적 지식관의 생산성 지향이 가미되어, 신분적 지향을 상당히 지니는 유럽대륙 쪽의 기능주의적 지식관과 서로 거울 같은 관계로 근접한 지식관이 자리잡았을 가능성도 있다. 그러나 일본의 틈입으로 시작되어 현재까지 계속 진행되어온 왜곡작용의 결과 그것이 실제로 성취하는 것과 상관없이 지식 자체에 대한 보상만 강조하는 일이 벌어지게 된 것이다. 물론 그 간의 계속적인 왜곡작용하에서도 서구로부터의 차용은 어떤 식으로든 이루어져 왔기 때문에 현재 우리의 보수체계에도 기능주의적 보상이 차지하는 비중은 적지 않다. 그러나 아직까지 그것은 우리의 보수체계에서 충분히 유효한 위치로 흡수되지 못한 채 사람은 배운 만큼 "당연히" 보상받아야 한다는 강박관념에 눌려지내고 있다고 할 수 있다.

6. 효과와 부수효과

1) 양적인 교육팽창

그동안의 교육정책은 이러한 특권주의적 지식관을 정화나 치유하기는커녕 오히려 그것을 증폭시키는 쪽으로 잘못 이루어져 온 점이 적지 않다. 만약 대학 졸업자에 대해 과다한 보상을 하려는 사회의 의식과 행태를 적극적으로 교정하려는 노력을 펼치면서 고졸이하의 기능인력에 대한 보상과 존경을 강화하는 쪽으로 지속적이고 일관성 있는 정책을 펼쳤다면, 성리학적 지식관은 뒤늦게나마 상당히 이상적인 모습으로 구현되었을 가능성이 크다. 그러나 앞서 논하였듯이 특권 쪽으로 관심을 몰아가는 독재정권하에서 스스로가 대부분 대학 졸업자인 우리사회의 엘리트 가운데 자신들에게 주어지는 그러한 과다한 보상에 편승하지 않고 그것을 교정하려 드는 경우는 거의 없었다고 할 수 있다. 일단 그러한 지식관과 체계가 자리를 잡은 후에는 민주화가 진행되면서도 이 문제를 스스로 고치려고 드는 엘리트는 많지 않았다. 이 문제를 두고 멸사봉공하려는 자세는 거의 존재하지 않았던 것이다. 이에 대해 어느 문제든 멸사봉공하려는 자세는 기대하기가 어렵다고 말할지도 모른다. 그러나 우리사회의 엘리트들이 다른 문제를 두고 보여준 멸사봉공의 자세는 적지 않았다. 그것이 우리가 이만큼이라도 발전하고 민주화된 배경에 있는 것이다. 왜 이 문제에 대해서는 그렇듯 멸사봉공의 자세를 보여주지 못했을까? 그 중요한 이유는 그것이 사람을 지배하고 있는 세계관 중에서도 가장 핵심적인 요소의 하나인 지식관에 "옳다는" 가치적 신념을 통하여 연계되어 있기 때문이다. 그것은 많이 배운 사람은 훌륭한 사람이라는 사람들이 너무도 깊이 내면화하고 있는 성리학적 지식관에 뿌리를 박고 기생하고 있는 것이다. 멸사봉공은 옳은 일을 지키고 그른 일을 막기 위하여 하는 것인지 왜 옳은 일을 문제삼겠는가? 노동운동을 탄압하는 것은 나쁜 일이지만 대졸자가 훌륭한 사람이라는 것은 너무도 당연한 일이었던 것이다.

또 한 가지, 문제해결이 계속 어려워진 것은 전도사관의 영향으로 우리가 우리의 역사적 자산에 무관심하게 된 데 있다. 만약 우리가 우리의 역사적 자산에 그렇게 무관심하지 않았다면, 이 글에서 추론해 본 것 같은 성리학 본연의 지식관이 왜곡되어온 과정이 이미 널리 인식되어 상황을 바로 잡으려는 움직임이 큰 세력이 되어 있었을 가능성이 크다고 할 수 있다. 우리와 아주 유사한 역사적 유산과 일본침입까지 같이 경험한 대만은 바로 그 점에서 우리와 달랐다고 할 수 있다. 대만은 기능교육을 존중하는 풍토를 적극적으로 조성하면서 유교적 지행합일의 지식관을 그런 쪽으로 적극 발전시켜 나갔다. 그리하여 대학 졸업자들이 그보다 하위 학력자들에 비해 특권적 수준의 임금우대를 받지 않는 풍토가 상당히 조성되었던 것이다.[4] 자기역사에 대한 자부심은 그 유산의 강점과 약점을 잘 인식하게 하여 약점을 순화시키는 정책에 착안하게 하였던 것이다.

반면 그동안 우리의 교육관련 정책은 특권주의적 지식관에 탐닉, 조장하면서 그것이 다 소모되는 지점에 이르도록 고등교육팽창을 방치해 왔다고 할 수 있다. 유감스럽게도 아직도 교육개혁을 운위할 때는 이렇게 중대한 요소에 대한 인식이 별로 가동되지 않고 있다. 부조리하게 높은 대졸자에 대한 보상은 그에 상응하는 유례없이 높은 고등교육열을 낳았는데, 그것을 냉각시키려는 노력이 추구되지 않은 채로 그 비상하게 높은 교육열을 다 소비할 때까지 고등교육이 양적으로 팽창되도록 방치 내지 조장된 결과, 우리는 우리의 경제수준에 비추어보았을 때는 말할 것도 없지만 우리보다 훨씬 잘사는 나라들보다 대학교육이 양적으로 더 커져 있다. 그리하여 전세계적으로 가장 대학생 인구비율이 높은 나라로 되어가고 있다.

〈표 7-2〉에서 보듯이 1992년 우리 사회의 인구 10만 명당 전문대(초

---

4) 1980년대 우리의 대졸/고졸 임금비가 2배에 달하는 것으로 계산한 앞서의 연구는 같은 시점에서 구미, 일본, 대만에서는 그 비가 모두 1.4배 내외의 수준이었음을 보여준다(박훤구·박세일, 1984). 그러한 맥락의 차이가 있는 대만과 우리의 교육현황을 비교한 연구로 김영화(1993)가 있다.

〈표 7-2〉 1992년도 인구 10만 명당 전문대 이상 고등교육기관 학생 수

(단위: 명)

국 가	캐나다	미국	한국	프랑스	대만	독일	영국	일본
학생 수	7,197	5,653	4,540	3,414	3,147	3,051	2,406	2,338

*캐나다, 독일, 영국, 일본은 1991년 수치
출처: 통계청(1995: 12).

대 포함) 이상 고등교육기관 등록 학생 수는 4,540명으로 캐나다, 미국 다음으로 세계 3위로서 선진국인 프랑스, 독일보다도 높으며 같은 유교권으로서의 대만(14위)이나 일본(31위) 보다도 높다. 고등학교에서 전문대 이상 고등교육기관으로의 진학률을 보아도 1993년도 한국의 수치 46.4%는 세계 6위 수준으로 역시 프랑스, 독일, 대만, 일본보다 높다(통계청, 1995: 282). 이는 말할 것도 없이 주어진 국민소득 수준에 비추어 현격하게 많은 대학생을 가르치고 있다는 말이 된다. 그것은 다른 말로 했을 때 시간과 인력과 자원을 고등교육부문에 상대적으로 과잉투입하고 있음을 의미한다(김혜영, 1993). 그리고 그것은 뒤집어 생각했을 때 우리의 체계가 고등교육이 기능주의적으로 보상 및 동기지워지는 체계가 아닌 것을 거시적 수준에서 말해주는 셈이 된다. 그리고 여기서 우리의 양반체계와 기본적으로 같은 맥락의 신사체계를 경험한 대만이 일본보다 높다는 것에 유의할 필요가 있을 것이다. 그러면서 우리가 경제수준까지도 비슷한 대만보다도 높은 수치를 보이게 된 것은 전술하였듯이 현대사에서의 역사적 연결과정에서 차이가 나는 길을 걸어왔기 때문이다.

2) 급격한 공급 팽창에 의한 임금격차의 감소

그렇지만 고등교육의 양적 팽창은 대졸인력의 공급팽창을 통하여 학력간 임금격차를 줄이는 환류작용을 하게 되었다. 그리하여 80년대 후반 이후 우리사회에서 고졸과 대졸 사이의 그토록 높았던 임금격차는

〈표 7-3〉 고졸 평균임금에 대한 대졸이상 평균임금의 비 추이: 1979~1994

연도	1979	1984	1989	1994
대졸/고졸 전체	2.31	2.27	1.91	1.56
대졸/고졸 초임	2.45	2.09	1.75	1.41

자료: 노동부, 《직종별 임금실태 조사보고서》

조금씩 줄어들기 시작하였다.

〈표 7-3〉에서 보면 1979년에 고졸평균임금의 2.31배로 두 배가 넘던 대졸평균임금이 15년 후인 1994년에는 1.56배로 격차가 뚝 떨어졌다. 이것을 초임의 수준에서 비교하면 경향이 좀더 뚜렷해져 1979년 2.45배에서 1994년의 1.41배로 변하였다. 우리는 이 변화가 얼마나 확실한 것인지를 임금격차를 낳은 또 하나의 대표적 변수인 직종별 범주 속에서 학력간 임금격차가 각각 어떠한 추이를 보였는지를 살펴봄으로써 점검해 보기로 하였다. 〈표 7-4〉는 차이가 본격적으로 줄어든 10년으로서의 1984년과 1994년 사이의 대졸과 고졸 임금격차의 변화를 직종으로 나누어 살펴본 것이다. 여기서는 앞서 살펴 본 것처럼 변화경향이 더 뚜렷하게 나타나는 젊은 집단 중에서, 특별급여를 포함시키는 만큼 그 점에서 어느 정도 안정적인 경향을 보여준다고 전제할 수 있는 경력 3~4년차의 대졸과 고졸의 임금비를 계산한 것을 실었다.

〈표 7-4〉에서 먼저 말할 수 있는 것은, 대졸/고졸 임금비는 이른바 상위 및 하위의 양극 쪽의 직업집단일수록 적고 중간 직업집단에서 높다는 것이다. 1984년의 경우를 놓고 말한다면, 맨 위 관리 및 행정직에서 1.43이던 비가 다음의 전문기술직에서는 1.65로 늘어나고 다음의 사무직에서는 1.95로 최고가 되었다가 다시 그 밑의 판매 및 서비스직에서는 1.83이 되고, 비농업분야에서의 맨 밑인 생산직에서 1.22로 최소가 된다.[5] 이러한 경향은 기본적으로 1994년에도 유지되고 있다.

---

5) 농수산직은 통계에 잡힌 숫자가 아주 미미하고(총인원의 0.2% 이하임) 특히 1984년에는 대졸자가 한 명도 없어 안정적인 비교를 할 수 없는 고로 논

〈표 7-4〉 경력 3~4년차 대졸/고졸 임금 비의 변화: 1984년과 1994년

	1984년		1994년	
	대졸/고졸 임금비	대졸/고졸 인원비	대졸/고졸 임금비	대졸/고졸 인원비
관리 및 행정직	1.43	1.40	1.34	1.66
전문기술직	1.65	1.49	1.37	2.69
사무직	1.95	0.21	1.51	0.46
판매 및 서비스직	1.83	0.08	1.31	0.07
생산직	1.22	0.00	1.20	0.01
농수산직	—	대졸 무	1.49	0.08

자료: 노동부, 《직종별 임금실태 조사보고서》

이것은 직업과 교육이 신분위신을 놓고 경합을 벌일 때 위와 아래에서 긍정적인 방향으로든 부정적인 방향으로든 직업이 강한 영향을 미치는 곳에서는 교육의 역할이 상대적으로 약해지고 직업의 영향력이 중립적인 중간층에서 교육의 역할이 상대적으로 강해진다는 것을 보여준다. 10년간의 임금비 변동에 초점을 맞춘다면, 대체로 1984년에 임금비가 높았던 범주일수록 1994년에 더 큰 폭으로 그 수치가 감소하였다는 사실을 말할 수 있다. 예컨대 1984년에 가장 수치가 높았던 사무직은 1.95에서 1.51로 0.44가 줄어든 반면 중간이었던 전문기술직은 1.65에서 1.37로 0.28이 줄었고 가장 낮았던 생산직은 1.22에서 1.20으로 겨우 0.02 줄어들었다. 그렇듯 정도의 차이는 있을지라도 1984년과 비교하여 1994년에 모든 직업범주에 걸쳐 임금비가 감소하였고 또한 그 정도의 차이가 애초에 줄어들 수 있었던 폭의 차이를 적지 않게 반영한다는 점에서, 우리는 전체 노동자 사이에서 발견한 학력임금격차 감소가 부분적이거나 피상적인 것이 아니라 전반적이고 실질적인 것임을 확신할 수 있다.

의에서 제외하였다.

3) 유지되는 학력간 차별적 인식

이렇듯 학력간 임금격차가 줄어들고 있는 사실을 가지고 학력이 임금격차의 강한 요인이라는 점이 변했다고 말할 수는 없다. 우리 사회에는 학력 자체에 의해 뚜렷하게 분화된 시장이 다른 기준들에 의해 분화된 시장들과 복합적으로 결합한 노동시장이 존재한다는 말을 할 수가 있다. 정부의 공식적 통계에는 명시적으로 그렇게 구분되어 있지 않지만, 예컨대 사무직도 대졸 사무직과 고졸 사무직이 조금은 겹치면서도 확연히 분화되어 있다고 할 수 있다. 관리 및 행정직이나, 전문기술직, 그리고 판매직 서비스직에 대해서도 마찬가지 말을 할 수 있을 것이다. 다만 생산직은 거의 전부가 고졸이기 때문에 1% 이하로 존재하는 대졸은 그 임금기대치에 있어서도 고졸에 압도당해 있을 가능성이 크다. 그것이 그 임금비가 가장 낮은 한 이유일 것이며 그 전체를 고졸로 구성된 집단이라고 생각해도 큰 무리가 없을 것이다. 그 집단과 그 위의 고졸만의 부분직업집단들은 서로 다른 직업집단으로 분리되어 있으면서도 고졸이라는 하나의 경향을 함께 구성하는 측면도 적지 않게 있을 것이다.[6]

이 말은 고졸 노동자와 대졸 노동자 사이에 상호작용이 존재하지 않는다는 말이 아니다. 둘 사이에는 물론 경쟁적인 상호작용이 있지만 고졸 및 대졸 노동자 개인들로서보다 고졸 대 대졸이라는 집단으로서 좀 더 경쟁한다는 것이다. 그랬을 때 고졸과 대졸의 사회적 세력관계가 시장상황과 함께 작용해왔음을 부인할 수 없다. 앞서의 〈표 7-3〉에서 알 수 있는 것은 고졸과 대졸의 전체적 임금격차의 본격적인 감소가 1987년 이래의 일이라는 사실이다. 1987년은 이른바 6월 항쟁이 있었고 이후 노동쟁의가 급격히 늘어나기 시작한 불연속점이 존재하는 해였다. 노동쟁의의 활성화로 그 입지가 대폭 개선된 것은 노무직으로 대표되

---

6) 이미나(1987)는 학력효과가 이른바 노동의 "내부시장"과 "외부시장"의 구분을 넘어 작용하고 있음을 보여 주고 있다.

는 고졸인력 쪽이었다. 고졸인력의 그렇듯 강화된 사회적 세력은 전술한 시장기제가 본격적으로 작용할 수 있도록 허용한 것이라고 할 수 있다. 시장상황이 곧바로 임금격차에 작용해 온 것이 아니고 그 사이에서 사회적 세력관계의 부침이 간섭작용을 해 온 것이다. 사회적 세력의 상승과 시장상황의 급격한 호전은 결과적으로 고졸노동자에 대한 경제적 보상을 대졸과의 격차를 줄이는 쪽으로 급상승하게 만들었다고 할 수 있다.

우리 사회에서 대졸인력의 공급폭발에 의해 결과적으로 학력간 임금격차가 줄어든 현상을 두고 가격이 오르면 공급이 늘고 그렇듯 늘어난 공급이 가격을 다시 내리게 하는 시장 기제의 이른바 "균형력"이 작용하였다고 말하는 데에는 한계가 있다. 이제 가격이 내렸으면 수요가 그에 따라 줄어들어야 할텐데 대학 진학열은 결코 수그러들지 않고 있기 때문이다. 그것은 대졸과 고졸 사이의 차별적 인식 자체가 약화되지 않았기 때문이며 경제적 보상의 변화가 지식추구에 바로 영향을 미치는 기능주의적 지식관이 근래에 들어선 것이 결코 아닌 것이다. 여기서 앞서 1985년경 우리와 일본을 비교할 때 사용했던 고졸 경력 4~5년의 추이에 대해 살펴보면, 노동부 자료에는 4~5년 대신에 3~4년의 구분이 존재하므로 그것을 사용하여 고졸 3~4년 경력자의 평균임금에 대한 대졸 평균초임의 비를 계산하였을 때 1984년 1.36에서 1989년에는 1.23으로 그리고 1994년에는 0.95가 되어 고졸 3~4년 경력자의 평균임금이 오히려 대졸평균초임을 조금 상회하는 모습을 보여준다. 그러나 이것이 우리가 지금은 일본처럼 지식에 대한 기능주의적인 보상체계를 지니게 되었음을 의미한다고 말할 수가 결코 없는 것은, 대졸과 고졸 사이에 대한 차별적 인식 자체는 줄어들지 않은 채로 다른 요인들이 그 효과를 경제적 보상의 영역에서만 가리우는 쪽으로 작용하게 되었기 때문이다. 무엇보다도 일본의 경우와 비교해서 현격하게 높은 비율의 대졸자를 배출하고 나서야 임금차이에 있어 비슷한 외형적 상태에 도달하고 있다는 점을 간과해서는 안 될 것이다.

4) 소득 균등화로 넘어갈 수 있는 한 가지 긍정적 부수효과

그렇게 교육열이 다 소진되어 가면서 고등교육이 어느 수준 이상으로 팽창하기 전인 1980년대 전반까지는 학력별 임금격차는 그대로 사회의 불평등을 키우는 쪽으로 작용했다고 할 수 있다. 그러나 고등교육이 어느 수준 이상으로 팽창하기 시작하면서부터는 적어도 소득분배의 문제에 있어서는 방향을 틀어 오히려 소득의 균등화를 낳는 작용을 하기 시작하였다. 이것은 고등교육의 팽창이 가져다주는 한 가지 긍정적인 부수효과이면서 그동안 주목을 받지 못했던 점이다. 고학력 소지자에 무조건 높은 보상을 주려는 태도가 장기적으로는 소득수준을 균등화시킬 수 가능성이 있다는 것이다. 고학력 소지자가 아직 전체인구 중 소수에 머물고 있을 때는 고학력에 대한 비상히 높은 보상이 소득분배를 불균등하게 만들지만, 그 비율이 팽창하면서 어느 수준을 넘어서면서부터는 반대로 소득분배를 균등하게 만드는 것이다. 그것은 한 주씩의 소득배당권을 좀더 많은 대중이 소지하게 되는 것과 같은 의미를 지닌다. 뿐만 아니라 앞서 논한 그 간의 사회적, 시장적 역학의 전개에 의해 고등학교 졸업장도 그에 준하는 소득배당권으로 가치가 상승한 것이 된다.

그 간의 변화를 한마디로 해석해서, 대학 졸업자가 받아온 높은 임금수준을 우리 사회성원들이 기대치로 내면화한 상태에서 그 기대치를 향하여 전체 임금수준이 나아가게 된 것이라고 말할 수 있다. 학력간 임금격차의 감소로 말미암은 임금소득상의 불평등 감소는 통계적으로 확인된다. 이장영(1996)은 우리나라 임금소득 불평등에 관한 지니계수가 1986년의 0.312에서 1993년에는 0.259로 줄어들어 온 것으로 계산하고 있는데, 성분분해를 통하여 학력간 임금격차의 감소가 이에 크게 기여하고 있음을 보여주고 있다. 전체소득에서 임금소득이 차지하는 비중이 급격하게 변하지 않은 상황에서 전반적 소득에 대한 불평등지수도 근래 들어 크게 개선되어 왔다. 1980년도에 있어서 한국의 전체소득불평등에 관한 지니계수는 0.389로서 같은 시점에서의 일본(0.272)이나 대만(0.277)보다 월등히 높았으나 1988년도에는 0.336으로 많이 개선되어졌다(김경중, 1993: 564).

5) 복지국가의 역기능과 비슷하면서도 다른 소득 균등화의 그늘

어떤 점에서 이것은 다른 곳에서는 국가기구가 해 온 소득평준화 시책 대신에 우리나라에서는 대학 졸업장이 같은 효과를 거두고 있다는 것을 의미한다. 다른 곳에서 국가기구가 물리력을 사용하여 그러한 소득평준화를 시행하여 왔다면 우리나라에서는 대학학위에 대한 존중이라는 의식적인 힘이 그것을 염출해내고 있다고 할 수 있는 것이다. 고등교육의 팽창과 노동의 조직화로 고등교육에 부여되던 특권주의적 보상마저도 팽창하면서 오히려 양적인 평등화의 효과가 일정하게 나타나게 된 것이다. 고졸을 포함하는 국민대중이 점점 그 높은 보상 쪽으로 떠밀려 평준화되기 시작하였던 것이다. 그러나 특권주의적 지식관이라는 마음의 병을 치료함이 없이 이처럼 노동자의 세력과 시장역학에 의해서만 외형적으로 소득평준화를 달성하는 것은 상당한 부작용을 수반하고 있었다. 국민대중이 그렇게 하여 향유하게 된 것은 높은 보상뿐 아니라 거기에 별 의무가 연계되어 있지 않다는 그 특권주의적 심성도 함께였던 것이다.

어떻게 보면 이것을 두고 서구에서 복지국가가 소득평준화를 가져다 준 대신 생산성의 저하를 초래했던 것(Block, 1987)과 비슷한 일이 일어났다고 해석할 수도 있다. 서구에서 그에 대한 반작용으로 생산성 회복을 위해서 복지국가를 축소하자고 주장하며 나온 것이 이른바 신자유주의의 이념이다. 오늘날 특히 IMF가 오면서 우리 사회에서 "신자유주의"를 표방하는 목소리들이 우리 고등인력의 낮은 생산성을 문제삼고 있는 상황에서 그러한 유사성은 한번 검토해 볼만한 가치가 있다. 그랬을 때 서구와 우리는 이 문제에 있어 상당한 차이를 지니고 있다. 서구에서는 애초에 보상을 기능에 연계시켰기 때문에 보상을 기능보다 높이는 것은 서구인들의 인식체계 속에서 기능의 기대치를 낮추는 것이 되고, 그 기대치를 다시 높이기 위해서는 보상을 낮추어야 한다는 명제가 일정하게 성립이 된다. 거기서 신자유주의는 기능 내지 생산성을 취하고 경제적 균등을 희생하는 선택을 하자는 것이다. 그러나 우리는 애초에 그 둘을 연계시키지 않았기 때문에 보상을 내린다고 해서 "생산성"이 다시 향상된다는 보장이 없다.

따라서 생산성을 올린다는 기치하에 이른바 노동시장의 "유연성"을 강화하겠다는 이름하여 "신자유주의"적 접근법은 우리가 안고 있는 문제의 근본을 비켜 가는 오진을 하고 있는 셈이고, 그 결과 병은 더 악화될 수 있다. 애초에 신분주의적 지식관이라는 마음의 병을 치유함이 없이 시장역학과 노동운동에 의해서만 외형적으로 학력간 임금격차를 줄임으로써 사회에 대한 지식의 낮은 기여를 심화시킨 굴절현상이 그 연장선상에서 반대방향으로 재굴절하는 것에 불과할 수 있는 것이다. 특히 국제통화기금(IMF)의 개입 후 노동시장의 "유연화"를 그것도 당장 실현하라는 부당한 요구는 자해적 구조조정 처방과 맞물려 전학력과 전직종에 걸쳐 대량의 실업자를 낳게 되었다. 그리하여 특권주의적 지식관이 결과적으로 겨우 성취한 소득불평등 감소의 긍정적 부수효과마저도 대량실업이라는 다른 차원의 변수가 물거품으로 만들어버리고 있다. 뿐만 아니라 임금수익에 비해 자본수익의 비중과 규모를 현격히 늘려놓은 구조조정 결과 그동안 학력간 임금격차의 상승이 주도해온 소득불평등 감소 자체가 무의미해지고 있다. 그리고 비록 대량실업이 경계를 넘어 일어나고는 있지만 학력기준을 포함 아래로 갈수록 대량실업의 정도가 더욱 커지고, 역시 아래로 갈수록 자본수익의 비중이 미미해진다는 점에서 학력간 소득격차 자체도 뒷걸음질치고 있다. 특권주의적 지식관이 아래에서 생각 없이 거두어 온 긍정적 부수효과를 특권주의적 지식관이 위의 정책기조의 차원에서 의식적으로 분출함으로써 파괴해 버린 것이다. 그리하여 특권주의적 지식관은 이제 오로지 부정적인 모습들만 수반한 채 심화된 존재를 이어가게 되었다.

7. 결 론

지식을 현실광정의 도구로 보면서도 그러한 목적을 이루기 위해서는 인격의 도야를 배움에 내포시켜야 한다고 본 유교전통에서는 지식을 인격의 일부로 보는 지향이 원천적으로 형성되었다. 더 나아가 지식인을 주된 엘리트로 삼는 계층체계가 발달한 조선 사회와 같은 곳에서는 그러한 지향이 지식소유 자체를 보상하려드는 신분주의적 지식관으로 발전하게 되었다. 그러나 그 기저에서 지식인의 의무를 강조하는 가치체계는 궁극적 규범으로서의 유효성을 잃지 않고 있었다. 다만 현실 속에서 그러한 규범으로부터의 일탈이 시간이 지남에 따라 증가하였으나, 그에 대한 반작용으로서 신분해소적 지식관으로의 격상이, 엘리트 성원권의 확대라는 구조적 변동 속에서 전개되고 되었다. 하지만 그 과정을 좌절시킨 이민족의 틈입은 친일파라는 민족변절집단의 특권주의적 자세를 생성시켜 신분해소적 지식관으로의 격상 방해에 그치지 않고 특권주의적 지식관으로의 전락을 이끌었다. 광복 후 친일파의 숙정에 실패하고 그 후 있을 수도 있는 후유증으로서 군사독재가 불행히도 장기간 발생함으로써 특권주의적 지식관은 착근되어졌다. 특권주의적 지식관이 낳은 병적으로 강한 대학진학열은 제어받지 않고 소비되면서 급속한 대졸인력의 팽창을 초래하였고 그것이 근년 들어서는 타고 소득균등화라는 긍정적인 부수효과를 한편으로 발휘하기 시작하였다. 그러나 그에 따라 특권주의의 대중화도 함께 이루어지는 가운데 특권주의에 의해 추동한 정책적 오처방들이 그러한 긍정적 부수효과마저 물거품으로 만들어버린 착란적 "구조조정"을 하게 되어 특권주의적 지식관은 이제 오로지 부정적인 모습들만 지닌 채 존재를 심화시켜가게 되었다.

근본문제는 마음에 있는데 마음의 병을 치유함이 없이 제도적 힘에 의해서만 문제를 해결하려 들면 문제는 그대로 남아 계속 뒤틀려 갈 수 있는 것이다. 여기서 우리의 빗나간 "신자유주의자"들이 잘못 초점을 맞추는 "노동시장의 유연성" 같은 물리적 개념 대신에 서구의 기능주의적 지식관 자체의 강점을 마음속에 바로 흡수하게 되면 상황은 달라질 수 있다. 서구의 기능주의적 지식관하에서 지식은 항상 그 유용성이 성찰되어 그것이 지식추구활동에 환류작용을 하게 된다. 지식을 가지고 인간적인 값어치를 자랑하는 것이 규범적으로 절제되는 만큼 지식간의 협력적 분업이 비교적 잘 자리잡고 있다. 그리하여 상호간의 중복을 피하면서 창의적 지식이 장려되는 체계가 정착되어 있다(Hodgson, 1993). 이에 비해 우리는 지식소유 그 자체를 인간적 자랑으로 삼는 만큼 그 지식이 과연 적합한 것인가에 관한 성찰적 평가와 환류작용이 잘 이루어지지 않고 있으며 또한 상호간에 협력적 분업이 잘 이루어지지 않아 많은 중복이 존재한다. 그리고 창의적 지식도 진실로 장려되지 않아 자력으로 지식발전을 이루기가 상대적으로 더 어려운 형편이다. 우리가 지금까지 서구적 지식을 대량으로 도입하면서도 그러한 원리는 잘 도입하지 못하였는데 그 이유는 무엇보다도 그러한 배경적 원리에 대한 인지가 부족했다는 데에 있다. 배경적 원리가 상실된 피상적인 서구적 지식만이 들어와 우리의 왜곡된 성리학적 지식관과 결합하였던 것이다.

지금부터라도 서구 지식체계의 원리적 측면의 뛰어난 점을 우리의 지식관 속으로 흡수하여 특권주의를 순치하게 된다면, 인격을 도야하여 현실을 광정하려는 성리학적 지식관 본연의 지향은 다시 살아날 수 있을 뿐 아니라 더욱 강화될 수도 있을 것이다. 우리가 우리 마음속의 성리학적 지식관을 그렇게 승화시켰을 때 그것은 서구의 기능주의적 지식관 자체보다 더 우월한 것이 될 수 있다. 그것은 결과적으로 기능주의적 지식관의 한 가지 중대한 약점을 극복한 모습이 될 것이기 때문이다. 그 약점이란 지식에 대해 생산성만을 강조하는 나머지 그것을 소유한 인간과 그 생존조건에 대한 보상에 너무 인색하다는 것이다. 그리하여 미국 같은 사회는 고등교육을 받은 인원의 대중화와는 어긋나게 지난 2, 30년 동안 빈부격차가 심해지는 소득분포의 양극화 현상이 나타나고 있는 것이다(Braverman, 1974; Harrison and Bluestone, 1988). 그리하여 뒤늦게 출현한, 지식을 인간자본으로 간주하려는 자세도 서구에서는 그러한 양극화를 극복하는 데는 큰 역할을 하지 못하고 있다고 할 수 있다. 서구에서의 신자유주의의 부상은 그러한 약점에서 비롯된 측면이 크다. 생산성과 보상을 연계시켜 놓았기 때문에 소득재분배의 과정에서 생산성보다 높은 보상이 돌아가게 되면 그 연계가 배반되었다는 심정에 의해 생산성이 떨어지게 된다는 것이다. 그 때문에 그 연계를 다시 회복시키기 위하여 보상을 줄여야 한다는 주장이 명분을 얻게 되면서 소득분포를 과거로 되돌리는 신자유주의가 득세하게 된 것이다. 기능과 생존을 양립시키기가 그만큼 어려운 것이다. 반면 대졸인력의 팽창에 떠밀려 소득균등화가 이루지면서 특권주의적 지식관도 같이 대중화되어 온 우리 상황에서, 특권주의적 지식관 자체를 기능주의적 지식관의 강점으로 순화시키는 데 성공한다면 그것은 특권주의와 교대하여 소득균등화와 계속 공존할 수 있다. 보상이 지식의 기능에 맞추어져 있는 것이 아니라 지식 자체에 맞추어져 있으면서 이제 기능 내지 의무도 일단은 지식 자체에 별도로 맞추어지기 때문이다.

결국 성리학적 지식관 같은 가외의 유산이 없는 서구에서는 기능주의적 지식관의 순기능뿐 아니라 역기능까지가 계속 작용할 가능성이 큰 반면, 우리의 지식관이 서구 지식관의 장점을 섭취하였을 때는 그것이 우리의 장점과 상승작용을 일으켜 서구보다 더 나은 상황을 조성할 수 있는 것이다. 그렇게 되었을 때 우리의 강한 교육열은 결과적으로 순자산(신용하, 1995 참조)으로 화할 수도 있다. 우리가 교육개혁을 할 때는 우리 유산의 그러한 특성에 대한 자기인식을 확립한 후에 하여야만 온전히 성공을 거둘 수 있을 것이다. 교육제도를 개혁하려는 그동안의 여러 가지 시도가 번번이 실패한 것은 그것이 교육체계의 현상이나 그 기능에 대한 고립적, 미시적인 고찰에 주로 토대를 두었기 때문이다. 체계 전체에 작용하는 궁극적 힘에 대한 냉철한 인식 없이 제도의 한두 가지 측면을 고치려 들면 그 힘은 어떤 식으로든 작용을 계속함으로써 문제점들은 다른 곳에서 또는 다른 형태로 어김없이 나타날 뿐만 아니라 흔히 더 악화되는 것이다. 우리가 그 점을 잘 인식하고 신중하게 교육개혁을 추진해 가는 가운데 이 문제에 관한 우리 유산의 중요성과 그 장단점을 정확히 포착한다면 전반적 사회발전정책과 연계된 의미 있는 교육정책이 자리잡는 토대가 될 것이다.

▪ 참고문헌 ▪

노동부(각 연도), 《직종별 임금실태 조사보고서》.

통계청(1995), 《통계분석 자료모음 1994. 12~1995. 11》.

구정선(1996), "한국 법률 전문직의 탈독점화 문제: 미국, 일본과의 비교를 통하여", 서강대학교 대학원 석사논문.

금장태(1980), 《유교와 한국사상》, 성균관대학교 출판부.

김경중(1993), 《한국의 경제지표》, 매일경제신문사.

김동노(1994), "현대사회 형성에 있어서 합리성의 문제: 막스 베버 비교 역사사회학의 재구성", 1994년 전기사회학대회 발표논문.

김성수(1988), 《한국경제론》, 학문사.

김영화(1993), 《한국의 교육불평등》, 교육과학사.

김채윤(1995), "실학의 직업관", 《사회계층이란 무엇인가》, 민음사.

김혜영(1993), "과잉교육화 문제", 임희섭·박길성 공편, 《오늘의 한국사회》, 나남출판.

박훤구·박세일(1984), 《한국의 임금구조》, 한국개발연구원.

신용하(1995), 《21세기 한국과 최선진국 발전전략》, 지식산업사.

양종국(1996), 《송대 사대부사회 연구》.

윤사순(1996), 《한국유학사상론》, 열음사.

이근무(1990), "한국대기업의 고용관행에 관한 사회학적 연구 - 사례분석을 통한 후발효과론 검정", 연세대학교 박사학위논문.

이미나(1987), "한국 노동시장 분단과 교육의 임금에 대한 효과", 김기석 편, 《교육사회학 탐구》, 교육과학사.

이장영(1996), "임금 불평등의 변화와 학력의 효과", 1996년 전기사회학대회 발표논문.

이혜영(1991), "학력주의와 학력경쟁", 고영복 편, 《현대사회문제》, 사회문화연구소.

전성우(1996), 《막스 베버의 역사사회학 연구》, 사회비평사.

조혜인(1995), "종교와 사회사상의 흐름", 신용하 외 편, 《한국사회사의 이해》, 문학과지성사.

차종천(1992), "사회계층의 구조와 과정", 황일청 편, 《한국사회의 불평등과 형평》, 나남출판.

최홍기(1987), "한국문화의 자생적 전개", 임희섭 편, 《한국사회의 발전과 문화》, 나남출판.

한영우(1983), 《조선전기사회사상연구》, 지식산업사.

Berger, Peter(1986), *The Capitalist Revolution: Fifty Propositions About Prosperity, Equality and Liberty*, New York: Basic Books.

Block, Fred(1987), *Revising State Theory: Essays in Politics and Postindustrialism*, Philadelphia: Temple University Press.

______(1990), *Postindustrial Possibilities: A Critique of Economic Discourse*, Berkeley: University of California Press.

Bourdieu, P. and J. Passeron(1990), *Reproduction in Education, Society and Culture*, London: Sage Publication.

Bowles, S. and H. Gintis(1976), *Schooling in Capitalist America*, New York: Basic Books.

Braverman, Harry(1974), *Labor and Monopoly Capital: The Degradation of Work in the Twentieth Century*, New York: Monthly Review Press.

Carnoy, M. and H. Levin(1985), *Schooling and Work in the Democratic State*, Stanford: Stanford University Press.

Collins, Randall(1979), *The Credential Society: A Historical Sociology of Education and Stratification*, New York: Academic Press.

Davis, Kingsley and Wilbert E. Moore(1945), "Some Principles of Stratification." *American Sociological Review*, vol. 10, pp. 242~249.

de Bary, Wm T. ed.(1975), *The Unfolding of Neo-Confucianism*, New York: Columbia University Press.

de Bary, Wm T. and Jayun Kim Haboush, eds.(1985), *The Rise of Neo-Confucianism in Korea*, New York: Columbia University Press.

Dore, Ronald(1976), *Diploma Disease*, Berkeley, University of California Press.

Epstein, Isidore(1990), *Judaism: A Historical Presentation*, London: Penguin Books.

Kim, Kyong-Dong (1988), "The Aborted Confucian Reformation in Korea's Incipient Modernization: The Case of Tasan, Chong Yag-Yong." *Seoul Journal of Economics*, vol. 1, pp. 313~356.

Kwon, Tai-Hwan and Hein Cho (1997), "Confucianism and Korean Society: A Historical Basis of Korean Democratization." in Michèle Schmiegelow ed., *Democracy in Asia*, New York: St. Martin's Press.

Harrison, Bennett and Barry Bluestone (1988), *The Great U-Turn: Corporate Restructuring and the Polarizing of America*, New York: Basic Books.

Hodgson, Marshall G. S. (1993), *Rethinking World History: Essays on Europe, Islam, and World History*, New York: Cambridge University Press.

Lidz, Victor M. (1970), "Secularization, Ethical Code, and Religions in Modern Societies." *Sociological Inquiry*, vol. 40, no. 2~3, pp. 191~217.

Metzger, Thomas A. (1977), *Escape from Predicament: Neo-Confucianism and China's Evolving Political Culture*, New York: Columbia University Press.

Nakane, Chie (1970), *Japanese Society*, Berkeley: University of California Press.

Parkin, Frank (1979), *Marxism and Class Theory: A Bourgeois Critique*, New York: Columbia University Press.

Parsons, Talcott (1951), *The Social System*, New York: The Free Press.

Rosenberg, Hans (1958), *Bureaucracy, Aristocracy and Autocracy: The Prussian Experience 1660~1815*, Cambridge: Harvard University Press.

Weber, Max (1968), *Economy and Society: An Outline of Interpretive Sociology* 3 Vols., edit. by Guenther Roth and Claus Wittich, New York: Bedminster Press.

______ (1976), *The Protestant Ethic and the Spirit of Capitalism*, trans. by Talcott Parsons, New York: Charles Scribner's Sons.

제 8 장

아시아적 가치와 자본주의*

조율적 분화의 선진성

1. 아시아적 가치논쟁의 연원

정확히 아시아적 가치(*Asian Values*)라는 말이 쓰이기 시작한 것은 그렇게 오래된 일이 아니다.[1] 그것은 아시아의 이른바 권위주의적 정부들을 향해 서구인들이 인권문제를 제기해 왔던 것에 대한 이쪽에서의 변론적 개념으로 근자에 이용되면서 부각되기 시작한 말이다. 그렇듯 권위주의에 대한 변론의 맥락에서 그 말을 쓴 사람들은 권위주의와 함께 공동체 지향, 자기희생, 의무수행 등 다른 가치들을 묶어서 그것이 극단적인 개인주의와 권리만의 추구 그리고 도덕적 타락으로 점철된 서구적 가치보다 결코 못할 것이 없고 오히려 더 뛰어난 가치체계라고 주

* 〈철학연구〉 44집 봄호(1999), pp. 35~59.

1) 이 말은 리관유 수상의 싱가포르에서 전통적 윤리에 대한 정식 교육을 강조하는 맥락에서 쓰이기 시작하여(Wei, 1994) 지역적으로는 이웃 마하티르 수상의 말레이시아를, 그리고 민족적으로는 중국인들의 세계를 많이 거치며 국제적으로 퍼져 나갔다. 그것이 국제사회에서 본격적으로 거론되기 시작한 것은 1993년 비엔나 인권회의 등에서 싱가포르의 외교 사절들의 문제 제기가 이어진 후의 일로 보이는데(Koh, 1993; Sen, 1996) 우리 나라의 모 기업도 일찍 그 담론에 참여하고 있다(Economist, 1994).

장하였다. 그들은 더 나아가서 그러한 가치체계를 가지고 아시아의 경제는 눈부신 발전을 이룩하였으며 그 연장선상에서 정체에 빠진 구미의 경제를 대신하여 21세기는 아시아의 세기가 될 것이라고 역설하였다.

서구에서도 그러한 주장에 호응하는 사람들이 적지 않게 나타났다. 우리나라 같은 곳에서 민주화가 진행되는 것을 보면서 그렇듯 동정적인 서구인들은 개발독재가 오히려 민주화를 낳는 지름길이라는 논리를 전개하기도 하였다. 개발독재는 경제성장을 통해 중산층을 키우고 이 중산층이 자유 민주주의를 갈구하기 때문에 민주화가 이루어진다는 논리였다. 그들은 경제성장 없이 정치적으로 서구적 민주주의를 충실히 따랐던 필리핀이 결국은 민주주의도 지켜내지 못했던 상황과를 흔히 대비시켜 가면서 그러한 논리를 전개하곤 하였다. 더 나아가 어떤 사람들은 서구인들도 아시아적 가치를 배워야 한다고 주장하기까지 하였다 (Blackburn, 1994).

그것이 1990년대 초까지의 일이었다. 1990년대 후반에 들어서면서 상황은 급변하기 시작하였다. 아시아의 여기저기서 금융사고들이 연이어 터지면서 경제가 전반적으로 어려운 모습을 보이게 된 것이다. 우리나라를 비롯해서 태국과 인도네시아는 국제통화기금(IMF)의 구제금융을 받는 지경에까지 이르렀다. 그러자 바로 아시아적 가치가 이러한 아시아의 경제위기를 불러온 주범이라는 비난이 많은 서구인들 및 그들을 따르는 아시아인들에 의해 퍼부어지기 시작하였다. 아시아적 가치가 올바른 자본주의가 아닌 정실 자본주의(*crony capitalism*)를 배양해 왔다는 것이다. 구제금융을 받는 나라들에 대한 IMF의 간섭은 이를 제1공리로 삼고 이루어지게 되었다. 아시아적 가치를 불식시키고 서구의 보편적 가치에 기반을 둔 올바른 자본주의로 기존의 정실자본주의를 대체하기 전에는 아시아의 경제위기는 극복될 수 없을 것으로 보는 것이다 (Hitchcock, 1998; Groombridge, 1998).

2. 확산적이면서도 구심적 경향을 지니는 아시아적 가치개념

우리가 여기서 맨 먼저 따져보아야 할 점은 아시아라는 광활한 대륙을 하나로 묶어서 공통된 가치체계를 운위할 수 있느냐 하는 것이 될 것이다. 주지하다시피 아시아라는 이름은 아시아인들 자신이 붙인 이름이 아니다. 그것은 유럽인들이 구대륙 중 유럽 너머의 동쪽 부분을, 다분히 "유럽이 아닌 곳"의 함의를 담아 소극적으로 가리키는 이름이었으며 결과적으로 여러 다양한 지역을 도매금으로 묶어 부르는 이름이 되어버렸다.[2] 가치관의 주된 공급원인 지배적 종교를 놓고 볼 때도 아시아는 회교, 힌두교, 불교, 유교 등이 역사적으로 지배하는 다양한 지역들로 구성되어 있었다. 그 하나 하나의 지역이 유럽 전체와 맞먹는 넓이나 인구를 가지고 있었음은 말할 것도 없다. 그렇기 때문에 오랫동안 아시아라는 말을 아시아인들 자신이 공통의 신원을 의식하면서 사용하는 것은 아주 드문 일이었다.

오늘날 아시아라는 말을 아시아인 자신이 의식적으로 사용하는 한 가지 현저한 경우는 중국인이 유교라는 말 대신에 사용하는 경우이다. 유교라는 말을 직접 쓰는 중국인도 드물지 않지만 다른 사람들의 이목에 좀더 마음을 쓰는 중국인들은 그러기를 꺼린다. 특히 해외에서 다른 민족들과 함께 살아가는 중국인들 사이에서 그러한 경향이 강하다. 그러나 그것이 꼭 유교라는 말을 덜 드러나는 방식으로 지칭하려는 동기만을 반영하는 것은 아니다. 그들은 그럼으로써 그동안 서구에 눌려 지내온 아시아 전체의 입장까지도 자신들이 맡아 대변해 주겠다는 말하자

2) 원래 아시아라는 말은 고대 유럽에서 보스포러스 해협 너머의 땅인 오늘날의 터키 반도(흔히 아나톨리아 반도로 불리는) 쪽을 가리켜서 부른 이름이었다. 그러다 유럽인들의 지리적 지식이 그 동쪽으로 확대됨에 따라 이름이 가리키는 범위도 확대되어 간 것이다. 이렇게 커진 이름으로서의 아시아와 구별하여 원래의 아시아 즉 터키 반도를 구별하기 위하여 나중에 쓰이게 된 이름이 소아시아(*Asia Minor*)이다(Moody Jr., 1996: n. 6).

면 "아시아의 만형" 의식을 표출하기도 하는 것이다.

중국인들은 이전에 일본인들을 중심으로 사용되어 왔던 동양이라는 말을 아주 꺼려한다. 우리와 중국은 서구인들을 그들이 주로 바다로부터 왔기 때문에 그냥 양(洋)이라는 글자 하나로 지칭한 것인데 서구인들을 따라 같이 바다에서 온 일본인들이 그것을 가지고 자가당착적인 조어를 한 것을 용납하려 하지 않기 때문이다. 미국에서도 중국계가 주동이 되어 동양계 미국인(*Oriental Americans*)이라는 말을 인종적 냄새가 난다는 등의 이유를 대면서 아시아계 미국인(*Asian Americans*)이라는 말로 표준적 명칭을 바꾸어 놓았을 정도이다.[3)]

일단 아시아적 가치라는 표현이 보급되기 시작하자 아시아의 다른 나라 사람들도 그 사용에 동참하기 시작했다. 예컨대 회교를 믿는 말레이시아 사람들도 이 말을 애용하게 되었으며 일본인들도 꼭 유교를 염두에 두지 않으면서 이 말을 쓰는 경우가 생겨났다(Sardar, 1998; Fukuyama, 1998). 그리하여 현실적으로 아시아적 가치라는 말은 현재 유교를 핵심에 두면서도 다른 전통도 조금씩 아우르는 탄력적인 맥락에서 사용되고 있다고 할 수 있다. 그것은 아시아에서 경제성장이 집중되고 있는 지역적 범위와 대체로 맞아떨어지는 맥락이기도 하다. 그럴 수밖에 없는 것이 아시아적 가치논쟁은 경제성장이 일정하게 이루어진 상태를 도마에 올려놓고 벌어진 것이기 때문이다. 지금까지 아시아에서 경제발전은 이른바 유교권에서 집중적으로 이루어지면서 인접지역으로 조금씩 확대되어 가는 추세에 있었던 것이다.[4)]

아시아적 가치라는 말이 그렇듯 약간씩 다층적인 맥락에서 사용될 수 있는 현실을 배경에 놓고 그것이 무의미한 개념이라고 비판하는 사람들도 있다(Mirsky, 1998). 우리는 그 점에 대해서 세심한 자세를 취할 필

3) 임현진(1998: 51)은 동양이라는 말과 관련된 중국과 일본의 갈등을 패권주의적 사고라는 관점에서 설명하고 있다. 아시아계 미국인의 상황에 대해서는 Yu(2001) 참조.

4) 역사적으로도 좀더 오래된 유교 기여론을 아시아적 가치론이 이어받고 있는 형국이라고 할 수 있다.

요가 있다고 생각된다. 먼저, 아시아적 가치라는 말이 어느 정도 다층적인 맥락에서 쓰일 수 있음을 인정하여야 한다. 둘째, 그러면서도 상당한 정도 공통적인 경향이 작용하고 있음을 외면해서는 안 된다. 비록 아시아라는 지역이 애초에는 서구인에 의해 잔여적으로 명명된 결과 서로 상당히 이질적인 전통들이 함께 들어있는 범주가 되었지만, 사후적으로도 그들 사이에 공통분모를 추출해 내는 것이 결코 불가능한 일은 아니기 때문이다. 더군다나 그중 한 지역이 먼저 발전함으로써 다른 지역으로 파급적 고취의 영향이 가해질 때 공통분모는 그를 중심으로 해서 전향적으로까지 도출될 수 있다. 따라서 단순히 다층적인 맥락을 지녔다는 인식에서 그칠 것이 아니고 그것이 그러한 핵심과 확산의 흐름을 강하게 내포하는 다층적 맥락이라는 점까지를 인식해야 하는 것이다. 마지막으로, 어차피 핵심이라 할 유교권 안에서도 편차는 적지 않게 존재한다는 점도 명확히 해둬야 한다. 우리와 중국과 일본에서 유교가 작용을 한 강도와 맥락은 서로 달랐으며 금세기 들어와 걸어 온 길도 다기하였고 현재의 경제적 상황도 적지 않게 다르다. 그리하여 헤쳐나가야 할 이정표 역시 자신이 처한 상황에 따라 결국은 각자가 알아서 도출해내지 않으면 안 된다. 이러한 점을 잊지 않는다면 한두 번쯤은 아시아적 가치라는 이름하에 공통의 특성을 따져 볼 필요가 있을 것이다.

3. 서구에서의 전념적 분화와 동아시아에서의 조율적 분화

동아시아적 경제의 특성을 말할 때 먼저 말하지 않으면 안 될 점은 그것이 서구적 경제와 함께 크게 보아 "성공을 한" 경우를 구성하고 있다는 것이다. 즉 동아시아적 경제와 서구적 경제의 차이를 말하기 전에 그 둘이 함께 보다 발전된 쪽에 들어서 있다는, 나머지 세계에 대해 공통으로 지니는 특성을 말하지 않으면 안 되는 것이다. 자본주의는 근대 서구에서 창출되었지만 그것이 유교권에서도 잘 자라나게 된 데에는 그 토양에 있어서의 유사성이 있었기 때문이다. 근대 서구에서 자본주의가 자라나게 된 한 가지 필수적 토양으로 제도 내지 영역 사이의 분화가 있다(Ferguson, 1966; Hegel, 1942; Durkheim, 1984). 그러한 분화를 통하여 경제 내지 시장이 충분한 자율성을 획득하였기 때문에 경제성장이 획기적으로 이루어지게 된 것이다(Smith, 1976; Marx, 1976; Braudel, 1984; Wallerstein, 1988). 이에 관하여 경제가 정치로부터 자율성을 획득한 것에 많이들 초점을 맞추어 왔지만 다른 요소들과의 관계도 개재되어 있다. 이념은 경제가 자율성을 획득해 온 또 하나의 준거점일 뿐만 아니라 경제가 정치로부터 자율성을 획득하는 데에도 뒤에서 작용하여 온 존재이다. 즉 이윤추구를 부정적으로 보던 기독교적 교리로부터 경제가 어느 정도 "독립"을 쟁취하여 갈 때 개신교는 이윤추구를 승인하는 방식으로 독립을 보장해 주었던 것이다. 또한 근대적 이념체계하에서는 정교분리가 이루어져서 그것이 측면에서 정경분리를 도와주는 역할을 하였다(Parsons, 1977).

동아시아에서도 어느 정도는 그와 비슷한 분화가 일어났기 때문에 서구에서 자라난 자본주의가 다른 곳에서보다 더 성공적으로 흡수될 수 있었던 것이다. 동아시아 특히 중국과 우리나라는 원래 상당한 제도적 분화를 이룩해 놓고 있었는데 서구로부터의 충격에 의해 그것이 더욱 활성화되었다. 유교적 체계가 잘 발달되어 있는 곳에서는 우선 국가와 사회가 일정하게 분화되어 있었다. 물론 헤겔의 동방전제론이나 그 변형이 되는 학설들은 아시아의 사회는 전제군주의 정부에 의해 완전히 장악되어 있어서 사회가 국가로부터 분리되어 있을 수가 없다는 고정관념을 널리 유포시켜 놓았다. 그러나 그것은 결코 사실이 아니었다. 중국의 국가가 사회를 완전히 장악하지 않고 있다는 사실 자체는 실은 많은 점에서 헤겔의 관점을 계승하고 있었으면서도 헤겔이나 맑스보다 훨씬 많은 자료를 접할 수 있었던 베버에 의해 포착되고 있었다.

베버에 의하면 중국의 국가는 넓이에 있어 전 중국에 걸치는 포괄적인 것이지만 깊이에 있어서는 사회 전체를 장악하지 못하고 있었다. 중국의 중앙정부는 각 지방에 파견된 관리들에게 행정을 대부분 위임하는데 이 지방관들도 관할구역을 직접 다스리기보다 기본적인 것은 주민자치에 맡기고 필요한 만큼만 간섭하는 방법을 쓰고 있었다. 이렇듯 중국에서 국가 바깥에 광범위하게 존재하는 사회를 발견한 베버는 국가가 압제하고 있다는 헤겔의 명제를 포기하는 대신에 국가를 넘어 사회와 그리고 궁극적으로는 이념이 같이 압제하고 있다고 말함으로써 "압제"의 주제는 살려내려고 하였다. 그에 의하면 국가 밖 사회에서의 주민자치를 담당하는 것은 무엇보다도 씨족이라는 친족집단이었다. 씨족의 일차적 작용공간은 농촌이었지만 베버에 의하면 그것은 중국의 도시에까지 미치고 있었다. 도시의 경제조직으로서의 중국식 길드는 친족적 끈으로 그 내부는 물론 농촌사회와도 단단히 묶여 있었다고 본 것이다. 유교는 이 친족집단 내에서의 인간적 지배질서를 강화시켜 주면서 신분추구적인 선비라는 지배계층을 통한 또 다른 차원의 인간적 지배도 동시에 뒷받침해주고 있었다. 다시 말해서 베버에게 있어 유교는 중국 사회에서 국가를 넘어 인간적 지배의 원리를 관철시켜 주던 이념이었다 (Weber, 1968).

역사적 중국에서 국가와 사회와 심지어 경제조직이 적어도 물리적으로는 일단 분화되어 있었다는 엄연한 사실은 베버처럼 헤겔이나 맑스보다 좀더 많은 자료와 좀더 객관적인 시각을 갖출 때 포착되어질 수밖에 없는 것이었다. 그러나 베버가 접할 수 있었던 자료도 여전히 불충분한 것이었고 베버가 떨쳐버리지 못한 일말의 서구중심주의는 그로 하여금 더욱 객관적인 분석으로 나아가는 데 장애물로 작용하고 있었다. 그렇지만 베버가 파악한 중국적 특성은 좀더 충실한 자료와 좀더 객관적인 시각 속에서도 어느 정도는 살아남을 수 있는 것이었다. 베버는 중국에서 비록 영역들이 물리적으로는 분화되어 있었으나 인간적 유대의 원리로 간극 없이 이어져 있어서 분화의 실익이 존재하지 않았다는 평가를 한 셈이다. 이에 관한 정확한 답안은 중국에서의 분화된 영역들이 베버가 생각했던 것처럼 간극 없이 이어져 있었던 것은 아니지만 서구에 비해 좀더 강한 유대적 상호작용이 존재한다는 차이는 분명히 있었다는 것이다. 서구에서의 분화가 영역들이 서로 전념을 다해 나뉘어지는 분화였다면 중국에서의 분화는 영역들이 나뉘어질 때 서로 조율을 하면서 나뉘어지는 분화였던 것이다. 그리고 그러한 조율적 분화는 중국을 지배하던 이념에 그 형상이 내포되어 있었다.[5]

4. 종교와 세속의 조율적 분화

원래 유교전통에서는 근대 서구에서처럼 종교와 세속이 기본적으로 서로 분화되어 있었다. 두 곳 모두에서 사람들이 세속적 영역에서 종교적 율법으로부터 상당히 자유로운 삶을 살고 있다는 공통점이 존재한다. 다른 종교권들에서는 일상적 삶에 대한 종교적 계율의 간섭이 엄청나다. 예컨대 이슬람교도는 하루에 다섯 번씩 다른 활동을 하다 말고 엎드려서 메카 쪽을 향해 경배를 해야 하고, 먹을 것이 없어도 돼지고기를 먹어서는 안 되며, 먹을 것이 있어도 라마단이라고 불리는 한달 동안은 낮에 식사를 하면 안 된다. 힌두교도에게는 소가 금기시되며 그 외에도 허다한 금기가 특히 카스트라는 계층제도와 연계되어 각자의 적성과 바램을 극도로 억압하는 삶을 살게 한다. 이들 종교권에서는 그러한 종교적 율법과 의미있게 분리된 세속적 실정법 체계가 존재하지 않는다. 이슬람교도에게는 샤리아(*sharia*)라고 불리는 이슬람 율법이, 힌두교도에게는 마누(Manu)법전으로 대표되는 율법이 곧 법률이기도 한 것이다. 규범의 영역에서 종교와 세속이 서로 분화되어 있지 않은 것이다. 그러나 유교권과 기독교권에서는 세속적 실정법 체계가 유효하게 존재한다. 설사 유교적 가치와 기독교적 가치에 어긋나는 행위를 하여도 그것과 별도로 판단을 하여 처벌을 내리지 않을 수도 있는 세속법 체계가 존재하는 것이다. 실은 유교적 가치와 기독교적 가치 자체가 그

5) 분화(*differentiation*)를 사회분석의 공식적 개념으로 도입한 사람은 파슨즈이다(Parsons, 1977). 그러나 파슨즈는 분화를 서구가 최정점에 놓이는 일선적 진화의 과정으로 파악하고 있었다. 우리는 분화가 다양한 양상으로 전개될 수 있다는, 경험적으로 좀더 타당한 다선적 진화의 관점(Sahlins and Service, 1960)을 이 점에 있어 취하고 있다.

것을 허용할 수 있을 정도로 상당히 관용적인 모습을 띠고 있다. 그리하여 이 두 지역에서는 무슨 고기를 먹어도 무슨 의복을 입어도 무슨 직업을 택해도 자유이며 처벌받지 않는다.

기독교권과 유교권에서는 그리하여 주어진 계율에 크게 구애받지 않고 그때그때의 이성의 자율적인 판단에 의해 다양한 방식으로 노동하고 소비하고 투자할 수 있다. 그리고 그것이 우리가 자본주의라고 부르는 경제체제의 중요한 토대이다. 오늘날 자본주의적 경제발전을 제대로 하고 있는 지역이 세계적으로 주로 이 두 지역에 국한되어 있는 것은 무엇보다도 그 점에서 이 두 지역이 서로 통하고 있기 때문이다. 그렇지만 종교적 계율에 속속들이 구속되지 않는다는 것이 윤리적 지향이 존재하지 않는다는 것을 의미하는 것은 결코 아니다. 윤리가 이성의 보다 자유로운 판단에 의해 현실 속에서 새로운 모습을 띨 수 있도록 매우 추상적인 수준에서 설정되어 있다는 것이다. 그것은 결국 현실세계를 계속 개혁해나가는 지향으로 나타나는데 경제의 경우 끊임없는 성장을 지향하게 되며 그것이 넓게 말해 자본주의인 것이다.[6] 그리고 그 배경에는 두 지역에서 공히 이념체계상 종교와 세속이 서로 분화되어 있는 모습이 존재하는 것이다. 대부분의 다른 종교권에서는 그렇지를 않고 종교가 세속을 완전히 구속하거나 반대로 완전히 방임하는 모습을 띠고 있다.[7]

그러나 두 지역 사이에는 또한 상당한 차이가 존재한다. 무엇보다도 근대 서구에서 종교와 세속적 이념의 분화는 전면적인 것이다. 지배적

6) 베버는 그러한 지향을 금욕주의라고 불렀는데 금욕주의의 개념을 통한 우리와 서구 자본주의의 이념적 공통분모의 비교는 필자가 앞선 논문에서 한 바 있다.

7) 완전히 방임하는 경우는 하나의 체계가 분화되어 있는 것이 아니라 아직 체계 자체를 온전하게 형성하지 못하고 있는 경우가 되므로 분화의 전제조건이 성립되지 않는다. 분화가 체계를 전제하고 있는 만큼 분화된 영역에서는 어떤 식으로든 교류가 발생하는데 그 교류의 모습에 따른 유교와 근대 서구 이념체계의 비교는 필자가 다른 논문에서 한 바 있다. 그 교류 모습의 차이는 여기서 말하는 전념적 분화와 조율적 분화의 차이에 상응하는 것이다.

종교인 기독교와 각종 세속적 이념은 일단 별도의 신원하에 존재한다. 두 가지는 그렇게 표면상으로는 별도로 존재하면서 궁극적으로만 하나의 체계를 형성한다(Parsons, 1978: 244~251). 반면 유교에서는 종교와 세속적 이념이 대체로 신원을 공유하며 분화되어 있다. 근대 서구의 세속적 이념이 표면적으로는 종교와 별도로 존재하기 때문에 인간 이성의 사용이 일단 좀더 자유로운 모습을 띤다. 그것이 각양 각색의 이념과 이론을 발전시키는 토대가 되지만 한편으로는 그 각양 각색의 이념과 이론들이 서로 격렬한 다툼을 벌이게 된다. 그리하여 역사적으로 극단적인 이념 사이에 시계추가 왕복하듯 큰 폭을 가지고 주도권이 이동하는 일이 흔히 벌어진다. 유교전통에서도 새로운 경향이 계속 나타나지만 근대 서구에서만큼 자유롭고 다양한 이념이나 이론들이 생겨나지는 않고, 주어진 덕목을 일단 계승하면서 그것을 새로운 맥락에서 조금씩 개선해 나가는 모습을 띠게 된다. 한마디로 온고이지신(溫故而知新)을 하는 것이다. 근대 서구에서처럼 각양각색의 이념이나 이론이 등장하는 대신에 유교라는 중심적 신원이 유지되면서 조금씩 다른 이론과 실천적 주장이 발전해 나가게 되는 것이다. 따라서 유교 전통에서는 각종의 이념들이 "종교전쟁"을 벌이는 대신에 서로 조율하면서 수렴하는 지향이 기본적으로 존재한다고 말할 수 있다.

경제문제와 관련해 예를 들면, 서구에서는 그간 시장주의와 복지국가주의가 대립하면서 시점에 따라 그 세력이 뒤바뀌는 일이 이어져 왔다. 시장주의가 1930년대 이후 복지국가주의에게 주도권을 빼앗겼다가 1970년대 이후 다시 복지국가주의를 밀어내고 주도권을 탈환하였는데 1990년대에 들어서면서 다시 그 입지가 약화되고 있다. 비록 시간이 흐르면서 진동의 폭이 좁혀지는 경향이 있기는 하지만(Block, 1987) 서로 다른 이론 사이에 아주 강한 이념투쟁적 동기를 유지해 오고 있는 것이다. 반면 동아시아에서는 그렇게까지 강한 이념투쟁적 진폭이 유지되지는 않는다. 동아시아에도 때로 노선투쟁이 벌어지는 경우가 있지만 투쟁을 벌이는 상이한 집단들이 채택하는 실제적 정책에서는 그토록 강한 차이가 노정되지 않는 경우가 많으며 차이가 그토록 오래 유지되는 경우는 더더욱 드물다. 그것은 바로 이념적 차원에 있어서 유교 전통이 지녀온 조율적 분화의 모습을 크게 반영하는 것이다.

5. 개인과 공동체의 조율적 분화

자본주의의 발전이 필요로 하는 또 한 가지 차원의 분화로 개인이 공동체로부터 나뉘어지는 것이 있다. 개인의 수요와 공급이 모여 시장을 이룰 뿐 아니라 개인의 능력과 책임에 기업경영의 성패가 일차적으로 달려있기 때문이다. 서구에서는 근대의 전개와 더불어 개인화(*individuation*)가 급속도로 이루어지게 되었다(Simmel, 1971). 그런데 서구에서는 이 영역에서의 분화도 전념적인 모습을 보임으로써 개인화가 극단적인 개인주의로 치닫게 되었다. 그리하여 집단은 단순히 그것을 구성하고 있는 개인의 합에 불과하다는 것을 핵심전제로 삼는 공리주의가 널리 자리잡게 되었다. 그러자 이에 극단적으로 반발하면서 이번에는 개인이 숨쉴 공간을 철저하게 부정하고 공동체만을 강조하는 레닌주의나 파시즘 같은 이른바 전체주의가 때때로 추를 반대쪽으로 몰고 가기도 하였다.

동아시아에서도 상당한 정도 개인화가 이루어져 있으며 그것이 동아시아가 자본주의적으로 성공하는 또 하나의 토양이 되었다. 흔히 유교에는 공동체 지향만이 들어있는 줄 아는데 사실은 그렇지가 않은 것이다. 유교에는 대단한 강도의 개인지향이 같이 들어있다. 먼저 유교에서 강조하는 인격수양이라는 것은 기본적으로 개인지향적인 활동이다(de Bary, 1975). 일차적으로 개인의 덕성을 함양하는 것이기 때문이다. 그리고 유교적 전통이 잘 확립된 곳에서 학업을 쌓아 과거에 합격하고 이후의 진로를 걸어가는 것이 다 기본적으로 개인의 능력과 선택에 따른 것이기 때문에 개인지향은 그만큼 강화될 수밖에 없다. 그리고 가족이라는 공동체에 있어서도 엄격히 유교적인 체계에서는 나를 중심으로 하여 대단히 세밀한 촌수관계의 동심원들이 한 꺼풀씩 바깥으로 계속 그려져 나가게 되어 있다(최홍기, 1986). 개인지향을 독특하게 담고 있는 친족관계인 것이다. 개인중심성이 인간의 자연스러운 성향이라는 것이 애초에 유가가 묵가의 "겸애"(兼愛)에 반대했던 이유이기도 하였다. 리비(Marion Levy, Jr.)는 중국의 개인주의를 서구와 같은 "원리적 개인주의"(*individualism by principle*)가 아닌 "내장된 개인주의"(*individualism by default*)라고 불렀는데(이해영, 1964 참조) 그것이 유교라는 이념과 연결되어 있음을 모르고 인간이 본원적으로 갖는 개인주의적 경향이라고만 생각했기 때문이다. 그러나 중국에도 개인주의가 있다는 것과 그것이 서구보다는 약했다는 것은 그가 제대로 관찰한 것이었다. 다만 그것이 서구보다 약했던 이유는 원리가 없어서가 아니라 그 원리가 개인을 공동체와의 조율 속에서 분화시키는 지향을 담고 있었기 때문인 것이다.

어쨌든 서구에 비한다면 공동체 지향이 상대적으로 강하게 들어 있었고 이것이 유교에 관해 공동체 지향이 일차적으로 운위되어지는 이유이다. 자연히 유교는 사물의 공적인 관리를 서구에서보다 더 강조한다. 토지에 대해 완전한 사유제를 승인하지 않는 것은 유교전통에서 표준적 관념이 되었다. 그에 기반하여 모든 농민이 기본적으로 경작권을 균등하게 갖게 하자는 것이 하나의 이상으로서 작용해 왔다. 강자가 약자의 토지를 겸병하는 현상은 바람직하지 않으며 극단적으로 발전하기 전에 손을 써야 될 현상으로 간주되었다. 토지뿐 아니라 부의 과도한 집중은 공적인 통제를 받아야 할 불건전한 현상으로 간주되었다. 그러나 유교는 결코 공동체적 지향만을 일방적으로 갖는 것은 아니었다. 땅 문제만 해도 땅을 몰수하여 집단적으로 경작하자는 것이 아니라 각자에게 땅을 주어 경작케 하자는 것이며 그것을 경자유전(耕者有田)이라고 했던 것이다. 개인과 공동체가 최적의 관계를 향해 서로 조율하며 분화하는 모습을 보여주고 있었던 것이다. 여기서 공적으로 관리한다는 것은 꼭 정부조직이 관리한다는 것을 의미하는 것이 아니었다. 유교는 이 점에서 각 공동체가 스스로 다스리게끔 위임하는 지향을 강하게 지니고 있었는데 공적인 관리의 주체로서 국가에 버금가는 위상을 지역, 친족, 직업 공동체들이 지니고 있었던 것이다.[8)]

오늘날 유교적 유산이 작용하고 있는 곳에서 기업들은 종신고용제를 기본적으로 채택하여 왔다. 거기에서 기업은 개인들이 노동을 사고파는 시장일 뿐만 아니라 서로 모여서 전체의 발전을 위해 함께 노력하며 사는 공동체도 된다. 그것은 시장의 성격을 전혀 갖지 못하는 공산주의적 조직과는 질적으로 다른 것으로서, 후자에서 이른바 "쇠밥그릇"의 믿음이 노동의지를 형편없이 저하시키는 것과는 달리, 오히려 개인들의 순간적인 시장적 결합에 지나지 않는 서구적 기업에서보다도 노동의지를 강화시킬 수 있다고 평가되고 있다. 그리하여 그것은 그동안 서구가 도입하려고 노력해 온 제도가 되었다(Kochan et al., 1986). 원래 서구적 관점에서 보면 그것은 개인의 생산성에 바로 대응하는 보수를 지급하지 않기 때문에 생산성을 극대화시킬 수 없는 "비효율적인" 제도였다. 그러나 그 제도를 가지고 우리나 일본은 빠른 속도로 서구를 따라잡으면서 이제 종종 서구보다도 더 우수한 제품을 만들어 내는 지점에까지 도달하게 되었다. 그것은 기본적으로 시장원리가 작용함으로써, 기업의 생존이 기업성원들의 근로의지에 직결되어 있고 또한 열심히 일하지 않는 사람에게는 어떤 식으로든 재가가 가해질 수 있는 곳에서는, 고용안정이 성원들의 심리적 안정과 충성심 유발을 통하여 생산성을 저하시키기보다 고양시키는 작용을 더 많이 하기 때문이다. 특히 우리같이 개인과 공동체가 조율 분화한 곳에서는 고용과 보상체계를 그에 맞추었을 때 개인 일변도의 보상체계보다 효율적일 수 있음이 증명되는 셈이다. 오늘날 서구적 체계가 이러한 유교적 체계를 다시 누르고 생산성의 "역전"을 이루었다는 말을 하는 경우가 종종 있지만, 적어도 제조업에서는 그러한 믿음이 사실이 아닌 신화임을 정밀한 연구들은 보여주고 있다(Hayes, 1996).

유교적 고용체계는 또한 각 기업이 실업자의 발생을 최대로 억제하

---

8) 개인의 경영과 함께 국가 밖 공간의 존재는 공동체적 지향이라는 유사성에도 불구하고 유교 전통을 서구 공산주의 전통으로부터 명확히 구별시켜 준다. 공과 사의 조화를 추구하는 유교적 지향을 오늘의 경제발전을 위해 이론적으로 정립해보려는 최근 중국인들의 시도에 관해서는 정인재(1997) 참조.

기 때문에 다른 곳에서 국가가 맡는 사회보장 기능의 많은 부분을 기업공동체의 수준에서 해결하고 있는 것이 되는데, 실은 그것이 훨씬 우월한 체계라고 할 수 있다. 왜냐하면 국가가 주는 실업수당은 국가 재정을 악화시킬 뿐 아니라 일하지 않는 데도 지급되고 있으므로 생산성의 저하를 낳으면서도 액수가 취업자보다 많이 떨어져 소득불평등을 감소시키는 데 한계가 있는 것이다. 반면 우리의 고용제도하에서는 일하는 것을 보상하는 것이고 또 전반적으로 보상받는 만큼 일을 하는 것이기 때문에 생산성의 저하와 상관이 없고 또 제대로 임금을 주는 것이므로 소득불평등의 심화를 미리 막아주며 국가재정도 악화시키지 않는다. 그런데 국민의 복지를 국가가 직접 나서서 맡는 것보다 기업과 같은 공동체에게 맡기고 국가는 그것을 후견하는 것이 더 낫다는 지혜가 원래 유교전통 속에는 내재되어 있었던 것이다. 그것이 결과적으로 우리에게 고용안정과 생산성향상을 모두 기할 수 있게 함으로써 경제 전체에 대해 이른바 "성장이냐 분배냐" 하는 낮은 선택이 아니라 성장과 분배의 "두 마리 토끼"를 모두 잡는 높은 선택을 가능하게 해 주었던 것이다.[9]

9) 오늘날 종신고용제를 반대하면서 이른바 "유연한 노동시장 구조"를 주창하는 사람들은 미국의 실업률이 1999년 들어서면서 드디어 일본의 실업률보다 낮아졌다는 것을 대서특필하려 든다. 그러나 두 곳 모두 4% 대의 수치를 보이는 것을 가지고 그 차이를 과대홍보하는 것은 이념적 동기를 크게 드러내는 일이라 아니할 수 없다. 오히려 일본이 현재와 같은 심각한 불황 속에서도 4% 대라는 상대적으로 낮은 실업률을 보이는 것이 놀랍다고 평해야 공정한 일이 아니겠는가. 그리고 서구에서의 실업률의 감소는 그동안 빈부격차의 완화를 낳지 못하고 오히려 그 심화를 수반하고 있다는 사실에 유의하지 않으면 안 된다. 그동안 실업자들에게 돌아온 일자리가 많은 부분 낮은 보수를 받는 일자리였기 때문이다(Strobel, 1995).

6. 국가와 사회와 시장의 조율적 분화

유교전통에서는 개인과 공동체가 조율적 분화를 할 때 공동체의 영역에서 국가와 함께 다양한 차원의 공동체가 역할분담을 하는 것을 바람직한 상태로 보았는데, 위에서 언급한 국가와 "사회"의 조율적 분화는 그렇게 하여 이루어진 것이다. 유교는 출범할 때부터 인민의 복지를 국가의 올바른 운영을 통하여 보장하는 것을 명시적으로 강조하였다. 그런데 국가로 하여금 인민의 복지를 보장하고 또는 적어도 침해하지 않도록 비판적인 통제를 가해야 한다는 유교의 핵심적 지향은, 국가내적 비판활동으로부터 국가에 "대해" 국가 바깥에서 하는 비판활동으로 확대될 수 있는 소지를 지니고 있었다(Cho, 1997). 또한 유교가 강조하는 가족적, 동료적 인간관계의 가치는 그러한 관계들로 이루어진 자율적 사회를 중시하는 지향으로 발전할 수 있는 잠재력을 지니고 있었다.

실인즉 유교가 자라고 있었을 때에는 그 배경에 있던 국가기구의 관료제적 성장에 대한 반작용으로 국가 바깥에 자율적 공간을 조성하는 지적 흐름이 중국에 나타나 있었다. 노장사상을 포함하는 여러 은자의 전통이 그러한 흐름을 담고 있었던 것이다. 세월이 흐르면서 그러한 흐름은 알게 모르게 유교 속으로 많이 수렴되었다. 특히 유교가 성리학이 되면서부터는 그러한 흐름이 유교의 전술한 잠재성들을 활성화시키는 가운데 사회적 자치의 중요성이 좀더 명시적으로 강조되어졌다. 인민의 복지를 위하여 정부가 올바로 운영되어야 한다는 것을 넘어 정부의 통치 자체를 줄이려는 지향이 본격적으로 자리하게 되었는데 인민이 살아가는 현장적 사회에 대한 직접 통치를 가급적 줄이는 것이 바로 정부가 올바로 운영되는 한 가지 중요한 토대라고 전제하게 되었다. 말하자면 일종의 "작은 정부"의 이상이 자리잡게 된 것이다(김승혜, 1997).

그리하여 국가 바깥에서 사회를 명망가적 엘리트 집단이 주도하는 자치에 맡기려는 자세가 유교전통의 한 실질적이면서 핵심적인 지향으로 자리잡았다. 그러한 엘리트 집단으로는 크게 세대적 원로와 재향 선비가 상정되었다. 그들의 정신적 권위하에 사회적 "공동체"가 올바른 삶을 영위하는 것을 유교는 이상시하게 되었던 것이다. 또 오늘날 서구인들이 흔히 그러하듯이 국가 바깥에 시장만을 주된 자율적 공간으로 상정하여 국가기능을 민간에 양도한다는 것이 바로 시장에의 방임을 의미하게 되는 것이 아니라, 여러 가지 다양한 공동체에게 기능을 양도하기 때문에 결과적으로는 이 다양한 공동체들이 국가를 대신하거나 보완하는 일도 하고 있었다. 유교에서의 위임은 방임을 의미했던 것이 결코 아니다. 국가에게는 공동체의 자치가 올바른 방향으로 이루어지는지 최종적으로 보살펴야 한다는 중차대한 역할이 남겨져 있었다(한영우, 1983: 89~114). 유교적 작은 정부란 이 점에서 지도적 역량을 잃지 않는 "작으면서도 강한" 정부를 의미하였다고 할 수 있다. 이러한 것들이 유교적 전통에서 국가와 사회가 조율적 분화를 했다는 것의 좀더 구체적인 맥락이다.

엘리트가 자신의 기득권을 중앙정부로부터 방어하려는 맥락에서 자라나기 시작한 근대 서구의 민주주의 역시 "작은 정부"의 이상을 갖고 출범하였다. 흔히 영국 민주주의의 기원으로 간주되는 대헌장(Magna Carta)은 귀족들이 국왕의 정부로부터 자신들의 기득권을 지키기 위하여 창출한 문헌이었으며, "정부로부터 자신의 권리를 지키려는" 지향은 이후 귀족에서 젠트리로, 자본가로, 국민 일반으로 확대되어 가면서 서구 민주주의의 발전을 일구어냈다.[10] 그렇게 하는 가운데 기득권을 지키기 위해서는 정부 안에서 상호견제와 균형을 이루도록 유도하고 그 이전에 정부의 개입 자체를 최소화시키는 것이 바람직하다는 명제가 설득력을 얻어 갔던 것이다. 그러다 보니 유교의 "작은 정부" 이상과 비교하여 근대 서구의 "작은 정부" 이상은 정부를 잠재적 위협세력으로 간주하는 "반국가적" 자세를 적지 않게 내포하고 있는 것이 그 한 가지 특징이다. 정부라는 것이 "본질적"으로 악한 일을 할 가능성이 있는 존재라고 보는 것이다. 반면 유교에서는 정부가 "본질적"으로 사악한 존재라

---

10) 이 과정을 "시민권의 확대"라고 한다(Marshall, 1977 참조).

고 보지는 않는다. 그리하여 유교에서는 정부가 "작은" 상태를 유지하면서도 사회와 적극적인 협력관계를 맺는 것을 바람직한 것으로 보는데 반해 서구에서는 국가의 개입을 본원적으로 경계하는 차이가 나온다. 서구에서 국가의 개입을 경계하는 잠재적 지향을 이념적으로 공식화시킨 것이 "자유주의"(*liberalism*) 라고 할 수 있는데 그것은 역사적으로 발전해 온 정치체제 자체로서의 "자유 민주주의"(*liberal democracy*) 에서는 다양한 현실적 동기 중 하나로 들어있는 반국가주의를 극단적으로 부각시킨 모습을 띠고 있다. 유교의 민주적 지향을 비자유적 민주주의(*illiberal democracy*) 라고 부르려는 시도(Bell et al., 1995; 함재봉, 1998)는 국가에 대한 태도 등에 있어서 서구와의 효율적인 대비를 하기 위하여 나온 것이다. 여기서 명확히 해 두어야 할 것은 그렇다고 해서 유교가 "큰 국가"를 지향했던 것은 결코 아니고 오히려 "작은 국가" 쪽으로의 유사한 열망을 지녀 왔다는 점이다. 그 점을 분명히 한 위에 서구의 자유주의 전통에서와는 달리 유교 전통에서는 국가를 무력화시키려는 동기를 이념적으로 천명하지 않았다는 것을 강조하면 문제가 없는 것이다.11)

"작으면서도 강한" 유교적 국가의 모습은 오늘날 대만과 일본이 잘 보여주고 있다. 이들 국가는 미국보다 결코 더 큰 국가가 아니며 오히려 오랫동안 더 작은 국가를 유지해 왔다고 할 수 있다.12) 다만 미국의

11) 그 점에서 국가에 대한 무력화 동기를 명시적으로 천명하는 자유주의와는 섞일 수가 없지만 그렇지 않은 수준의 자유 민주주의 체계와 유교는 일정한 친화력을 지닐 수가 있다. 유교와의 비교를 두고 자유주의와 자유 민주주의를 구분하는 최석만(1998)의 시도는 그 점에서 의미가 있다고 하겠다. 다만 유교와 자유 민주주의가 결코 같은 것이 아닌 것은 분명하며 그 공통분모를 전향적으로 확대해 가는 것은 몰라도 회고적으로 과대평가하는 일은 그것을 과소평가하는 일만큼이나 부적절하다. 어쨌거나 드 배리(de Bary, 1995) 같은 사람들이 유교와 서구적 자유 개념의 공통점을 조금은 과대평가하는 경향이 있게 된 것도 애초에 둘 사이에 상당한 유사성 내지 친화력이 있었기 때문이다.

12) 1980년대에 국내총생산 가운데 정부세출이 차지하는 비중이 예컨대 일본은 10% 대였던 데 반해 미국은 20% 대였다. 예컨대 1988년만 해도 이 수치가

국가는 돈만 쓰고 지도나 감독은 거의 하지 않는 반면 동아시아의 작고 강한 정부들은 돈을 지원해 주지 않는 경우에도 나라 전체의 이익을 위해서라면 지도나 감독을 할 수 있는 권위를 확보해 놓고 있다. 일본의 통산성(MITI)은 지도적 국가의 기능을 수행하는 잘 알려진 기관의 예인데 그러한 기관이 미국 정부에는 없는 것이다. 국가의 재정으로 운영하는 사회보장제도도 이들 나라에서는 별로 중시되지 않아 서구에서 상대적으로 미약한 편인 미국보다도 더 미약하다. 하지만 이들 나라에서의 불평등지수는 미국은 말할 것도 없고, 우리나라의 많은 "진보"주의자들이 그토록 떠받들어온 스웨덴 같은 사회민주주의 국가보다도 훨씬 작아 세계에서 가장 평등한 소득분포를 보이고 있다.[13] 그것은 이미 살펴 본 것처럼 이들 나라에서는 사회보장을 국가 자체가 아니라, 공동체의 성격을 크게 부여받은 기업의 수준에서 좀더 효과적으로 실시하고 있기 때문이다. 기업의 수준에서 실시하는 사회보장은 소득평준화를 더 유효하게 달성해내고 있을 뿐 아니라 생산성에도 전혀 타격을 주지 않고 오히려 더 고양시키고 있는 점도 이미 논한 바 있다. 국가만 쳐다보려고 하는 서구적 사회보장제도보다 배로 뛰어난 제도인 것이다. 서구인들이 시장과 국가를 오가며 성장과 분배 사이에서 낮은 선택을 하고 있을 때 유교적 자산은 이들 나라에서 둘을 모두 성취하는 높은 선택을 하도록 도와주고 있었던 것이다.

유교적 체계하에서는 국가는 기업공동체 외에도, 가족, 지역, "나라" 등 다양한 수준의 공동체와 함께 백성의 복지를 보살피도록 되어 있는 것인데, 각종 재난을 만났을 때 그중 가장 광범위한 "나라"의 수준에서까지 끈끈한 연대의식을 가지고 상부상조하는 역량은 우리가 수없이 눈

일본은 16.4%였는데 미국은 22.8%였다. 90년대 들어와 국가가 경기부양책을 써야 하게 된 상황 때문에 이 수치가 일본에서 증가하여 비로소 미국의 수준에 접근하게 되었다(IMF, 1997: 501, 857).

13) 1980년대의 지니계수는 캐나다가 0.374(1981년), 스웨덴이 0.329(1981년)인 데 비해, 대만은 0.277(1980년), 일본은 0.272(1980년)였다(김경중, 1993: 564).

으로 보아온 터이다.[14] 이들 인근의 나라들은 애초에 큰 국가로 간 적이 없기 때문에 다시 작은 국가로 올 필요도 그다지 없으며, 서구가 그 둘 사이에서 시행착오를 벌이며 오랫동안 방황할 때, 일찍부터 국가와 시장과 공동체에 보다 안정적이고 합리적인 역할배분을 해오며 서구보다 더 강건한 경제체계를 발전시킬 수 있었던 것이다. 대만의 경우, 비록 정치적으로 독재체제를 오래 유지해 왔었지만, 기업간, 지역간, 계층간에 인화를 해치지 않는 균형 있는 발전이 이루어지는지 늘 국가가 보살피는 "민생"의 덕목이 민주화가 진행되기 이전에도, 이후에도 계속 유지되어 왔다. 우리보다 오히려 덜 개입하면서도 더 많은 것을 챙겨줄 수 있었던 이러한 국가의 모습은 백성의 복지는 백성들의 공동체의 자치에 맡길 때 좀더 효과적으로 확보될 수 있고 국가는 그것을 적극 보살피는 일을 하여야 한다는 "작고 강한" 유교적 정부 이상의 계승이었던 것이다.[15]

7. 동아시아에는 결코 새롭지 않은 "제3의 길"

시장이 국가로부터 전념적으로 분화해 온 서구에서는 시장에 대한 자유방임이 계속되다가 엄청난 "시장실패"를 겪은 후 상황이 반전하여 사후 개입하게 된 국가가 "비대"일로의 길을 얼마 동안 걷게 되었다. 그로써 엄청나게 비대해진 국가가 새로운 문제들을 낳게 되자 다시 상황이 반전하여 국가를 치고 시장을 복권시키는 이른바 "신자유주의적" 개혁이 있게 되었다. 그렇지만 신자유주의를 도입하여 오랫동안 권좌에

14) 밴 울퍼렌은 큰 줄 알았던 일본의 국가가 실은 작고 사회 속에 국가가 스며들어 있는 것을 발견하고 그것을 수수께끼라고 하였지만(van Wolferen, 1989) 그것은 바로 유교적 지향의 구현이었을 뿐인 것이다. 하지만 그것은 그의 잘못이라기보다는 오늘날 일본인들이 유교에 진 빚을 솔직히 잘 인정하지 않기 때문에 그로서는 알기가 힘든 일이었다고 할 수 있다.

15) 대만과 일본의 국가가 그렇게 무거운 경제개입을 하지는 않았음은 유석춘(1987)이 국제비교를 통하여 잘 보여주고 있다.

있었던 영국의 보수당 정권과 미국의 공화당 정부는 모두 몇년 전 권좌에서 내려 왔다. 그들이 강화하였던 시장주의가 다시 문제를 보여주기 시작하였기 때문이다. 새로 집권한 친노동 정권들은 다시 조심스럽게 복지국가를 복구해 나가고 있는 것으로 보인다. 다시 한번 반전이 일어나고 있는 것이다.

그러나 그들이 지향하는 새로운 복지국가는 고전적인 복지국가와는 조금 다른 모습을 띠고 있다. 그들은 과거와 같이 무한정 "비대한" 국가로 자라나는 것은 피하려고 한다. 그러면서도 어떤 점에서는 과거의 복지국가보다 더 능동적인 역할을 국가에 부여하려는 측면이 있다. 한마디로 "작지만 강한" 정부를 지향하려는 것이다. 과거의 복지국가는 시장이 작동한 후에 사후적으로 개입하여 소득을 "재"분배하는 데에 초점을 맞추고 있었다. 그러나 지금의 친노동 정권들이 지향하는 국가는 시장이 작동하기 전에 활동을 개시하여 불우한 계층에게 시장에서 동일한 출발선 위에 경쟁할 수 있도록 교육 내지 재교육을 시키며 유망한 벤처기업이 자금을 확보하여 역시 대등하게 경쟁할 수 있도록 도와주는 일을 하려고 한다. 소극적인 "기회균등"에 그치지 않고 보다 적극적인 "경쟁력 균등"을 지향하는 것이다(Gamble and Kelley, 1996). 이것은 시장과 국가로 하여금 과거보다 서로 거리를 좁혀 보다 긴밀한 협력관계를 설정하게끔 하려는 것이라고 할 수 있다. 결국 서구에서는 기왕에 벌어졌던 시장과 국가 사이의 전념적 분화가 낳은 폐단을 경험하면서 바야흐로 좀더 조율적인 분화로 나아가려고 하고 있는 것이다.

또 한 가지 조류는 시장의 단점을 보완해야 할 필요성을 다시금 절감하면서도 그 역할을 국가만이 담당할 때의 역기능에 대한 인식을 또한 받아들여서 국가역할의 적지 않은 부분에 시민사회를 참여케 하여 시민사회에 시장의 폐해를 규제하는 일정한 역할을 맡기는 것이다. 기존에 국가와 국가 바깥의 공간을 이분법적으로 보아 국가 밖 공간을 때로 시장이라고 부르기도 하고 때로 시민사회라고 부르기도 하여 양자가 공통의 영역인 것처럼 전제함으로써, 국가의 역할을 줄이는 것이 곧 시장의 역할을 그만큼 늘리는 것을 의미하던 관점에서 벗어나 국가 밖 공간을 다시 시장과 시민사회로 구별하여 보는 관점이 부상하게 된 것이다. 그리하여 국가의 역할을 줄이는 것이 바로 그만큼 시장의 역할을 늘리는 것을 의미하지 않게 되었다. 그 대신에 비시장적 시민사회의 역할이 늘어날 수 있게 된 것이다. 더 나아가 그렇듯 새롭게 활성화된 시민사회와 국가가 협력하여 시장의 단점을 함께 보완해 주자는 주장도 존재한다(Block, 1987). 그리고 이러한 대안들을 묶어 "제 3의 길"이라고 부르기도 한다.

그렇지만 서구에서의 "제 3의 길"은 우리에게는 결코 새로운 것이 아니다. 그것은 우리가 이룩해 놓은 조율적 분화의 길을 서구가 뒤늦게 지향하고 있는 것에 불과하다. 서구가 나아가려고 하는 앞길에 우리의 전통이 놓여 있는 셈이다.[16] 그리고 서구는 지금까지 전념적 분화의 길을 걸어 왔기 때문에 그 관성에 의해 시계추처럼 반전하는 과정을 겪을 수밖에 없는 측면이 있어서, 비록 반전의 폭이 줄어들어 오긴 했지만 관성 때문에 지금 지향하는 그 균형점에 바로 안착할 수 있을지는 확신할 수가 없다. 그럴진대 왜 우리가 그 모든 우위를 버리고, 가던 길에서 엄청난 후진을 하여 서구가 걸어온 시행착오의 길을 뒤에서 다시 따라와 보겠다는 선택을 하여야 하는가? 우리가 얼마동안 주입받아 온 서구중심적 세계관이 그렇듯 부조리한 일이 벌어지게 하는 데 큰 역할을 하고 있다고 말할 수 있을 것이다.[17] 물론 현재의 자본주의는 기

16) 영국의 토니 블레어가 싱가포르의 국가운영을 상찬해 왔던 것은 그러한 맥락에서 이상할 것이 없다(Pilger, 1996).

17) 그것이 부조리하다는 것은 앞뒤가 맞지 않는 모습을 보이는 것으로도 나타난다. IMF 위기상황하에서 이름하여 "신자유주의"자들의 정리해고제 도입 강행은 세계적으로 실업률이 낮던 나라를 불과 수개월 사이에 엄청난 고실업률 사회로 바꾸어 놓았다. 그렇게 하여 급증한 실업자들의 고통을 차마 볼 수 없는 정부는 막대한 적자재정을 감수하면서 실업자 보호 예산을 늘리고 있다. 그리하여 사회보장과 적자재정의 "비대한 국가"를 주된 적으로 삼고 출현한 신자유주의가, 서구적 의미에서의 "비대한 국가"로 가본 적이 없는 우리 나라에서는, 목하 사회보장과 적자재정을 적극 떠맡는 "비대한 국가"를 지향하고 있는 웃지 못할 일이 발생하고 있는 것이다. 진정 신자유주의자라면 정부예산의 감소로 사회적 약자들이 얼마나 신음하든 전혀 개의치

원적으로 서구에서 발전하여 우리가 받아들인 것이다. 서구에서의 전념적 분화가 자본주의를 태어나게 하는 데 더 유리했다고 말할 수 있는 대목이다. 그러나 그것을 받아들여 더 건강하고 따라서 더 강건한 자본주의로 가다듬는 데는 조율적 분화가 유리하다고 말할 수 있다. 그런 맥락을 포함하여 전념적 분화와 조율적 분화는 서로 장단점을 지니며 어느 것이 다른 것보다 결정적으로 더 나은 것이라고 말할 수 없을지도 모른다. 그러나 둘의 장점을 취한 결합은 둘 중 어느 쪽보다도 더 나은 것이라고는 분명히 말할 수 있다. 아직 우리가 서구 자본주의의 장점을 완전히 다 흡수했다고 선언할 수는 없을지 모르지만 결코 버려서는 안 될 장점이 우리 쪽에 아주 많다는 것을 간과해서도 망각해서도 안 될 것이다.

8. 견제와 균형의 중요성

지금의 위기는 우리가 아직도 서구로부터 흡수해야 할 장점이 어느 정도 남아 있다는 것을 의미할 수 있다. 하지만 유의해야 할 점은 우리가 서구로부터 더 흡수해야 할 것은 시장주의 쪽보다 민주주의 쪽에 있다는 사실이다. 시장주의의 강조는 그동안 중산층의 몰락과 실업률의 급증 그리고 재벌집중의 심화를 가져다주면서도 이른바 "경쟁력의 강화" 에 그다지 눈에 띄는 성과를 거두지 못했다. 특히 지금 같은 비상시국에 많은 것을 해야 할 국가의 발목을 시장주의에 사로잡혀 스스로 묶어 놓고 있는 것이 일이 "뜻대로 되지 않는" 큰 원인이 되고 있다.[18]

않는 "철의 심장"을 과거 영국의 대처 수상처럼 가져야 한다. 그러나 유교의 건강한 공동체주의가 사람들의 마음속에 남겨 놓은 "어진" 궤적은 우리 정부로 하여금 그러한 비정성을 끝끝내 지니지 못하게 하는 것이다. 현재 우리가 안고 있는 한 가지 큰 문제는 이처럼 유교보존적 가슴과 서구지향적 머리가 따로 노는 데 있다.

18) 예를 한 가지만 들면, 이른바 빅딜에 관한 논란도 그러하다. 시장주의자들은 정부가 빅딜에 개입한 것 자체가 잘못인 것처럼 비난하고 있지만 정부가

오늘날 이름하여 "신자유주의"자들을 위시하여 많은 사람들이 이른바 정실 자본주의라는 것이 국가와 시장의 긴밀한 협력관계 자체에서 비롯된 것으로 전제하고 시장에의 방임이 문제를 해결해 줄 것으로 단순하게 추론하고 있다. 그러나 그들의 시장주의적 처방은 이른바 정경유착의 산물인 재벌집중 등의 많은 문제들을 완화시키기는커녕 도리어 심화시키고 있는 것이다.

정실 자본주의란 국가와 시장의 긴밀한 협력관계 자체에서 비롯된 것이 아니라 그동안 거기에 민주적인 규제가 제대로 작용하지 않았기 때문에 불거진 현상이다. 국가 내에서의 민주적 견제 그리고 국가에 대한 민주적 견제 더 나아가서는 국가와 시장 모두를 에워싼 민주적 견제가 약했기 때문에 빚어진 현상이었던 것이다. 민주적 국가는 결코 약한 국가를 의미하는 것이 아니다. 아래로부터의 목소리를 일상적으로 흡수할 때 그것은 오히려 강한 국가가 될 수 있다. 그것은 대외적으로도 마찬가지인데 이제는 많이들 개탄하고 있는 이른바 "세계화"라는 이름하의 참상에 잘못해서 빠뜨리지 않고 국민을 보호하는 일은 역시 국가가 민주적 역량을 잘 활용할 때 누구보다도 잘 해 낼 수 있기 때문이다(Gray, 1998). 우리가 지향해야 할 국가의 모습은 결코 "작고 약한" 정부가 아니라 "작고 강한" 정부여야 하는데 시장주의를 과잉강조하다 보면 "무력한" 정부가 되기 쉽다. 민주주의를 강화하면 시장을 억누르던 독재적 억압이 제거되기 때문에 시장도 건강한 수준으로 회복되기 마련

빅딜에 개입한 것은 시장자율에 맡겨달라고 한 대기업들 자신에 의한 조정이 지지부진했기 때문에 나서게 되었다는 선후관계를 우리는 익히 보아 왔다. 문제는 정부가 개입을 한 데 있는 것이 아니라 이러한 조정을 위해서는 개입이 불가피하다는 것을 처음부터 인식하여 좀더 효과적인 개입을 하지 않은 데 있는 것이다. 개입이 효과적인 것이 되기 위해서는 결정을 내리기까지 국민 일반을 포함하는 이해당사자들로부터의 투명한 "여론수렴"의 과정을 충분히 거치며 피해와 불만의 총합을 최소화하여 최대로 공정성을 기했다는 전반적 인식을 확보해야 한다. 그리하여 결정은 신중하게, 실행은 일사불란하게 이루어져야 하는데 시장주의를 현실이 받쳐주지 못할 수준까지 신봉하다가 현실에 떠밀려 준비되지 못한 개입을 하게 되면 결정은 성급하게, 실행은 우여곡절 속에 이루어질 가능성이 커지는 것이다.

이다. 시장이 건강한 수준으로 회복되는 데 정치적 독재와 달리 민주적 규제는 오히려 받침목의 역할을 해준다. 민주적 규제는 시장이 부당하게 억압되지도 부당하게 전횡하지도 않게 도와주는 균형추의 역할을 하기 때문이다.

그만큼 현재의 문제는 시장주의보다는 민주주의를 강조함으로써 제대로 해결할 수 있다. 그런데 이를 위해 우리가 서구로부터 민주주의를 더욱 차용해야 한다고 말하기에 앞서 분명히 해 둬야 할 것은 우리 전통에도 원래 강한 견제와 균형의 장치가 있었다는 사실이다. 사람들이 시장주의를 과잉강조할 때에는 "민주주의=자유방임"의 공식이 작용해서 그렇게 되는 경우가 많은데, 그것이 서구에서는 주로 앞서 논한 "자유주의적" 반국가주의 속에서 자라난 공식인 반면, 오늘날 우리나라 사람들이 "민주주의=자유방임" 의 공식을 연상할 때는 무엇보다도 그동안 있었던 이른바 "개발독재"의 국가에 대한 반감에서 비롯되는 경우가 많다. 그러면서 많은 사람들은 개발독재를 유교와 동일시한다. 실은 아시아적 가치 내지 유교를 옹호하는 사람들이나 비판하는 사람들이 흔히 같이 전제하는 것이 바로 이 "유교=독재"라는 등식이다. 다만 이때 옹호하는 사람들은 그것을 좋아하고 비판하는 사람들은 그것을 싫어한다는 차이가 있을 뿐이다. 그것은 유교에 대한 정확한 인식이 결여되어 있기 때문에 생기는 일이다. 유교는 독재 특히 군사독재와는 전혀 상관이 없는데, 이는 성리학을 국교로 삼았던 조선조 오백 년간 단 하루도 그러한 정치가 없었다는 것을 생각해 보면 바로 알 수 있는 점이지만, 더 나아가 유교 전통에는 뛰어난 견제와 균형의 제도를 포함하는 많은 민주적 요소가 있었다(강정인, 1997; 최석만, 1998). 따라서 그것이 독재적 지향을 지닌다는 뜻에서 유교 내지 아시아적 가치를 "권위주의적"이라고 규정하는 사람들은, 그들이 그것을 좋아하든 싫어하든, 잘못된 사실관계 인식을 하고 있는 것이다.[19]

---

19) 그러나 권위주의(*authoritarianism*)라는 말을 독재 이상의 의미로 쓰는 경우도 적지 않다. 그럴 경우 거기에는 다기한 사실적 그리고 가치적 문제의식이 종종 복잡하게 얽히고 설킨 채 개재되어 있음을 보게 된다. 따라서 보다

성리학을 지도이념으로 삼았던 조선 정치제도는 관리들의 신권(臣權)이 군주의 왕권(王權)을 강하게 견제하면서 균형을 이루도록 설계되어 있었고, 정승을 셋이나 두었던 것이 단적으로 말해 주듯 관리들 상호간에도 견제와 균형이 이루어지도록 고안되어 있었다. 사헌부, 사간원, 홍문관을 포괄하는 이른바 삼사(三司)의 언론기관은 왕권과 신권을 동시에 견제하면서 자신들 상호간에도 견제를 하는 조선적 견제와 균형의 백미를 보여주는 제도였다(정두희, 1986). 언로는 비단 정부 내에서만 열려있던 것이 아니라, 조선의 국가 밖 사회공간을 이끌었던 사림이 일상적으로 상소를 올릴 수 있었고 실제로 숱하게 올려 왔던 것에서 보여지듯, 사회로부터 국가를 향하여서도 열려 있었다(이상희, 1994). 국가와 사회의 조율적 분화는 그에 상응하는 민주적 견제와 균형의 장치를 동반하고 있었던 것이다. 이러한 뛰어난 민주적 전통이 특히 일본의 무단적 지배의 틈입과 그 후유증으로서의 군사독재의 출현에 의해 크게 짓눌리고 뒤틀려지게 된 것이다. 그러나 그런 상태로도 그것은 양자 모두를 끝끝내 물리치고 오늘의 민주화를 이루는 원동력이 되었다(Kwon and Cho, 1997). 이제 우리가 그 전통을 더욱 살려낸다면 우리의 발전을 위한 서구로부터의 차용을 진실로 꼭 필요한 것에만 국한시키는 밑거름이 될 것이다.[20] 우리의 민주적 전통은 국가를 본원적으로 악한 존재로 간주하지 않기 때문에 국가가 실제로 일탈적 행동을 할 수도 있는 경우에 대한 규제방법이 충분히 발전하지 못했다. 반면 국가가 흔히 나쁜 일을 할 수 있다는 가정하에 자라온 서구의 자유 민주주의 체제에는 그러한 규제방법이 잘 발달해 있다. 따라서 국가가 본원적으로 사악한 존재라고 이념적으로까지 규정하는 "자유주의"

효과적인 고찰을 위해서는 그처럼 혼돈스러운 개념을 쓰기보다는 "독재" 같은 좀더 구체적이고 간단한 개념을 사용하여 논하는 것이 바람직하다. 여기서는 적어도 독재의 의미로 등치시켜 사용하는 권위주의는 유교의 속성이 아니라는 점은 분명하게 지적한 것이 된다.

20) 이승환(1997: 184)은 개혁을 왜 꼭 서구로부터만 배우려 하고 우리 전통에서 배우려 하지는 않느냐고 일갈한다.

와는 달리 서구적 자유 민주주의의 어떤 구체적 장치들은 우리의 발전을 위해 꼭 필요한 자원이나 자극이 될 수 있다. 서구의 충격이 유교적 가치 속의 공통분모를 활성화시키면, 그것은 다시 두 전통의 다른 점들을 장점은 기리고 단점은 버리는 쪽으로 견인하면서 발전적 종합을 이룩해 낼 수 있는 것이다(Tu, 1998 참조). 그리하여 서구적 가치와 유교적 가치는 보편성과 특수성을 현란하게 뽐내면서 그에 대응하는 통일과 변화의 양상을 동과 서의 자본주의에 투영해 낸다. 마찬가지로 아시아 안에서 동아시아로부터의 유교적 가치의 충격은, 불교와 힌두교와 이슬람의 가치들에도 그러한 친화와 경합의 전향적 상호작용을 촉발해 낼 수 있다. 아시아적 가치의 개념은 바로 그 점에서 구심과 확산의 경향을 아우르며, 아시아적 자본주의에 그에 상응하는 통일과 변화의 모습을 주고 있는 것이다.

▪ 참고문헌 ▪

김경중(1993), 《한국의 경제지표》, 매일경제신문사.

강정인(1997), "유교민주주의는 모순인가?", 〈전통과 현대〉 2집.

김경중(1993), 《한국의 경제지표》, 매일경제신문사.

김승혜(1997), "주자의 유교관 - 민을 위한 의와 이의 긴장", 〈동아연구〉 34집.

유석춘(1997), "동아시아 유교자본주의 재해석", 〈전통과 현대〉 3집.

이상희(1994), 《조선 사회의 커뮤니케이션》, 나남출판.

이승환(1997), "누가 감히 전통을 욕되게 하는가?", 〈전통과 현대〉 창간호.

이해영(1964), "레비의 중국사회관", 〈이상백 박사 회갑기념논총〉.

임현진(1998), "근대화를 통해서 본 동아시아의 발전: 신화와 현실", 〈정신문화연구〉 21권 1호.

정두희(1986), "조선 성종대의 대간의 탄핵 활동", 〈역사학보〉 109집.

정인재(1997), "중국의 경제발전과 유상", 〈동아연구〉 34집.

최석만(1998), "현대 국가론의 관점에서 본 유교의 국가", 1998년도 후기사회학대회 발표논문.

최홍기(1986), "한국인의 질서의식에 관한 역사적 고찰", 〈한국의 사회와 문화〉 6집.

한영우(1983), 〈조선 전기 사회 사상 연구〉 6집.

함재봉(1998), "아시아적 가치와 민주주의: 유교 민주주의는 가능한가?", 1998년도 철학연구회 추계학술대회 발표논문.

Bell, Daniel et al. (1995), *Towards Illiberal Democracy in Pacific Asia*, New York: St. Martin's Press.

Blackburn, Kevin(1994), "Does the West Need to Learn 'Asian Values'?" *IPA Review*, vol. 47. no. 2: 35~36.

Block, Fred L. (1987), *Revising State Theory*, Philadelphia: Temple University Press.

Braudel, Fernand(1984), *Civilization and Capitalism: 15th~18th Century*, 3 Vols., trans. by Siân Reynolds, New York: Harper & Row.

Cho, Hein(1997), "The Historical Origin of Civil Society in Korea." *Korea Journal*, vol. 37, no. 2: 24~41.

de Bary, Wm. T. (1975), "Introduction." in de Bary ed., *The Unfolding of Neo-Confucianism*, New York: The Free Press.

______(1995), "The New Confucianism in Beijing." *American Scholar*, vol. 64, no. 2: 175~189.

Durkheim, Emile(1984), *The Division of Labor in Society*, trans. by W. D. Hall and ed. by Lewis Coser, New York: The Free Press.

Economist(1994), "Competing for Asia." November, 26: 16.

Ferguson, Adam(1966), *An Essay on the History of Civil Society*, ed. by D. Forbes, Edinburgh: Edinburgh University Press.

Fukuyama, Francis(1998), "Asian Values and the Asian Crisis." *Commentary*, vol. 105, no. 2: 23~27.

Gamble, Andrew and Gavin Kelly(1996), "Making the Best of Thatcherism." *New Statesman & Society*, vol. 125: 26~27.

Gray, John(1998), "Globalization - The Dark Side." *New Statesman*, vol. 127: 32~34.

Groombridge, Mark A. (1998), "Dragon Droop." *American Enterprise*, vol. 9, no. 4: 34~37.

Hayes, Robert H. (1996), "U.S. Competitiveness: 'Resurgence' Versus 'Reality'." *Challenge*, vol. 39, no. 2: 36~44.

Hegel, George W. F. (1942), *The Philosophy of Right*, trans. by T. M. Knox, Oxford: Clarendon Press.

Hitchcock, David I. (1998), "Asian Crisis Is Cultural As Well As Economic." *Christian Science Monitor*, April 9.

IMF (1997), *International Financial Statistics Yearbook 1997*.

Katz, Claudio J. (1989), *From Feudalism to Capitalism: Marxian Theories of Class Struggle and Social Change*, New York: Greenwood Press.

Koh, Tommy (1993) Address to the Conference on *Asia-Pacific Basin Trends in the Year 2000*, Harvard University, May 11.

Kwon, Tai-Hwan and Hein Cho (1997), "Confucianism and Korean Society: A Historical Basis of Korean Democratization." in Michèle Schmiegelow ed., *Democracy in Asia*, New York: St. Martin's Press, pp. 321~338.

Marshall, T. H. (1977), *Class, Citizenship, and Social Development*, Chicago: The University of Chicago Press.

Marx, Karl (1976), *The German Ideology*, Moscow: Progress Publishers.

Yu, Henry (2001), *Thinking Orientals: Migration, Contact, and Exoticism in Modern America*, New York: Oxford University Press.

Mirsky, Jonathan (1998), "Asian Values, A Fabulous Notion." *New Statesman*, vol. 127: 26~27.

Moody Jr., Peter R. (1996), "Asian Values." *Journal of International Affairs*, vol. 50, no. 1: 166~192.

Parsons, Talcott (1977), *The Evolution of Societies*, ed. by Jackson Toby, Englewood Cliffs, N.J.: Prentice-Hall.

Pilger, John (1996), "Tales from Tigerland." *New Statesman & Society*, vol. 9: 14~15.

Sahlins, Marshall D. and Elman R. Service eds. (1960), *Evolution and Culture*, Ann Arbor: The University of Michigan Press.

Sardar, Ziauddin (1998), "Asian Values Are Human Values." *New Statesman*, April 17.

Sen, Amartya (1996), "Our Culture, Their Culture." *New Republic*, vol.

214: 27~34.

Simmel, Georg(1971), *On Individuality and Social Forms*, ed. by Donald N. Levine, Chicago: The University of Chicago Press.

Smith, Adam(1976), *An Inquiry into the Nature and Causes of the Wealth of Nations*, Oxford: Clarendon Press.

Strobel, Frederick R.(1995), "Britain Goes Down the Path of Income Inequality." *Challenge*, vol. 38, no. 6: 35~39.

Tu, Weiming(1998), "Joining East and West: A Confucian Perspective on Human Rights." *Harvard International Review*, vol. 20, no. 3: 44~49.

van Wolferen, Karel(1989), *The Enigma of Japanese Power: People and Politics in a Stateless Nation*, London: Macmillan.

Wallerstein, Immanuel(1988), *The Modern World-System*, 3 Vols., New York: Academic Press.

Weber, Max(1968), *The Religion of China: Confucianism and Taoism*, trans. and ed. by Hans H. Gerth, New York: The Free Press.

Wei, Tan Tai(1994), "Moral Education in Singapore: A Critical Appraisal." *Journal of Moral Education*, vol. 21: 61~73.

제 3 부

오처방과 추락

제 9 장 유교적 금욕주의와 한국의 경제발전
제 10 장 유교와 한국 자본주의 : 냉철한 선택을 위한 당위적 고찰

제 9 장

유교적 금욕주의와 한국의 경제발전*

1. 경제발전의 올바른 버팀목

우리 경제가 대단히 어렵다. 그러다 보니까 국민들은 무엇보다도 경제를 살릴 사람을 대통령으로 뽑겠다고 한다. 이에 영합하느라 후보들은 너도나도 경제 대통령이 되겠다고 야단이다. 그런데 정말 경제를 중시하기 않았기 때문에 우리 경제가 잘 안 되고 있는 것일까? 아니 그동안 우리가 경제, 경제하고 경제만 되뇌이면서 살아오지 않았던가? 실인즉 바로 우리가 그렇게 경제, 경제 하면서 경제 제일주의로 살아왔기 때문에 우리 경제가 지금 안 되고 있음을 알아야 한다. 이 점에서 경제란 자식농사와 같은 것이라고 할 수 있다. 자식이 하고 싶은 것을 너무 억눌러 버리면 기죽은 사람이 되어 버리고, 반대로 자식이 하고 싶어한다고 그냥 다 받아주면 버릇없는 사람이 되어 자식농사를 망치게 된다. 자식의 기를 키워주면서 그 틀을 제대로 잡아주어야 자식이 가장 잘 성장할 수 있는 것이다. 마찬가지로 경제를 너무 백안시해도 안 되지만 반대로 경제를 너무 떠받들어도 역시 경제발전은 제대로 이루어지지 않

* 〈전통과 현대〉 3집 겨울호(1997), pp. 104~123.

는다. 지금 우리 경제는 후자의 함정에 빠져 점점 몰골이 흉한 경제로 낙착되어 가고 있는 것이다.

그러면 지금까지는 왜 오랫동안 경제, 경제 했던 만큼 꽤 높은 경제성장을 이룩해 온 것이며 이제 와서야 그것이 문제가 되는 것일까? 그 이유는 우리에게는 우리가 거의 의식하지 못하는 좋은 '버릇'이 있었기 때문이다. 그 좋은 버릇 위에서 경제의 강조는 기를 살려주는 역할을 좀더 많이 했었다. 그러나 경제만의 계속적인 강조는 그 좋은 버릇을 조금씩 조금씩 갉아먹어 들어왔던 것이다. 그리하여 이제 더 이상 경제의 틀을 잡아주지 못할 수 있는 상태까지 파괴되어 있다. 이제 더 이상 우리는 그 좋은 버릇에 대해 계속 무심하게 지나치면은 결코 안 될 시점에 온 것 같다. 그리고 이제라도 그것을 다시 바로잡지 않으면 우리는 여기서 결국 무너질 가능성이 굉장히 크다.

그 좋은 버릇이란 실은 흔히 사람들이 '봉건적 신분윤리'라고 매도하는 유교에 의해 많이 배양된 것이다. 유교가 경제성장의 원동력이 되었다는 말은 오랫동안 유교의 영향하에 살았던 동아시아의 사회들이 비서구 지역에서 경제적으로 가장 성공적인 사회들이 되면서 널리 유포되어진 말이다. 이것은 유교를 '자기' 종교로 생각하는 중국인들 사이에서 아주 강하게 받아들여지고 있지만 우리같이 더 이상 유교를 '우리' 종교로 생각하지 않는 사람들 사이에서는 그다지 호응도가 높지 않다. 그렇지만 유교는 더 이상 우리 '종교'가 아니라고 하더라도 아직도 우리의 '버릇'으로 남아 있는 것이 또한 사실이다. 그 버릇의 어떤 점이 우리의 높았던 경제성장과 관계가 있으며 어떠한 문제들이 존재하는 가를 직시하지 않아도 될 여유가 거의 없어진 때가 온 것이다.

2. 기독교적 금욕주의와 그 현세화

유교의 어떤 점이 우리에게 그러한 좋은 버릇을 남겨 놓은 것일까? 한마디로 하자면 유교적 금욕주의가 된다. 금욕주의(*asceticism*)라는 말을 종교와 사회의 관계를 고찰하는 데 유용한 분석적 가치를 지닌 개념으로 사용한 사람은 막스 베버(Max Weber)였다. 잘 알려진 저서 《개신교 윤리와 자본주의 정신》에서 베버는 개신교 윤리 속의 금욕주의가 서구에서 자본주의가 발전하는 데 커다란 기여를 했다고 주장하였었다. 실은 유교가 동아시아 사회들의 경제발전에 기여했다는 주장이 나오게 된 중요한 계기는 베버의 이 주제를 유교에 대해 유추적용하려고 했던 것에서 나왔다. 동아시아의 신흥공업국가들이 모두 과거에 유교의 영향하에 살았던 나라들이라는 점에서 유교가 서구에서 개신교가 한 역할을 한 것이 아니냐는 착안을 하게 되었던 것이다. 그런데 기왕 베버의 명제를 유추적용해 보는 것이라면 베버의 생각을 좀더 깊이 들여다보면서 그 영감을 활용할 수 있는 만큼은 최대로 활용하는 노력을 기울일 필요가 있을 것이다. 그런 맥락에서 파헤쳐진 한 가지 측면은 베버가 종교 같은 관념이 일방적으로 경제의 모습을 결정한다고 본 것이 아니고 여러 가지 다른 제도적 요인들과 함께 경제발전에 작용한다고 보았다는 점이다. 이것은 유교는 옛날부터 있었는데 왜 경제발전은 지금 이루어지느냐 하는 문제를 해결해 주는 한 가지 열쇠가 되는데, 동아시아 사회의 제도들이 오늘날에 와서 많이 개선이 되었기 때문에 과거에는 작용하지 못했던 유교의 잠재적인 순기능이 비로소 작용하게 되었다는 설명이 성립되는 것이다. 그런데 그동안 그렇듯 제도의 역할에 천착하다가 종교의 정확히 어떤 모습을 순기능적 요소로 베버가 보았느냐 하는, 따지고 보면 더 선결적인 문제와의 연결이 소홀히 되어온 점이 있다.

베버에 의하면 개신교 윤리는 기독교가 원래 지니고 있던 금욕주의라는 지향을 세속적 영역에서 구현시킨 것이다. 일상적인 의미에서 금욕주의는 인간의 욕구 예컨대 성적인 욕구를 억제하는 것을 의미한다.

중세 기독교에서 일반적으로 사제 계층 특히 수도원에서의 수사, 수녀 등이 이 점에서 얼마나 금욕적인 생활을 했는지는 말할 필요가 없을 것이다. 그러나 그들은 그뿐 아니라 재물을 추구한다거나 편안함을 추구하는 등의 일반적인 다른 욕구도 마찬가지로 엄격히 억제해야 했다. 그것은 궁극적으로 신의 엄격한 계율에 생활을 종속시킴으로써 평생을 통해 신에게로 다가가려는 것이었다. 초월적인 기준을 향해 삶을 끊임없이 고양해 나아가는 것 그것이 곧 베버에게 있어 금욕주의의 궁극적 정의였다.

그러나 한편 중세에는 평신도들의 세속적 삶은 그러한 기독교의 금욕주의 바깥에 방치되어 있었다. 이자를 취하는 대금업을 죄악으로 간주하였듯이 이윤추구활동은 기독교에 의해 적극적으로 수용되지 않고 다분히 일탈적인 행동으로서 영위되고 있었던 것이다. 거기에 합리적 기업활동이 정착될 수는 없었다. 베버는 이렇듯 중세 기독교하에서 금욕적 활동을 주로 사제 계층이 종교적 영역에서 집중적으로 추구하던 상태를 내세적 금욕주의(*other-worldly asceticism*)라고 불렀다. 그러다가 개신교에서는 이것이 현세적 금욕주의(*inner-worldly asceticism*)로 변했다는 것인데, 이제는 사제 계층뿐 아니라 상공인을 포함하는 평신도들도 세속적 영역에서 금욕적인 삶을 살라고 요구받게 되었다는 것이다. 기업활동에서도 일하되 즐기지 않고 신의 영광을 위해 보다 나은 수준으로 끊임없이 매진하라는 것이다. 그럼으로써 이윤추구는 윤리적인 활동으로 정당화되면서 동시에 윤리의 굴레가 씌어지게 되었다. 자본주의는 그러한 도덕적 받침목 위에서 제대로 성장하게 된 경제라는 것이다.

이렇듯 베버는 금욕주의를 내세적 단계와 현세적 단계로 나누어 생각하였다. 쉽게 말해서 내세적 금욕주의에서는 돈을 벌지도 말고 쓰지도 말라는 것이며 그것을 사제 계층에게만 적극적으로 요구하고 평신도는 아무렇게나 살도록 방치한다는 것이고, 현세적 금욕주의에서는 일을 열심히 해 돈을 벌더라도 그것을 쓰면서 향락하지 말라는 것이며 평신도에게 그렇게 살도록 적극적으로 장려한다는 것이다. 그렇듯 일 자체를 신의 소명으로 받들어 매진하면 돈 버는 것 자체를 목적으로 하는 것보다 결과적으로 돈을 더 많이 벌게 되는 '역설'이 실현되고, 그것이 곧 자본주의의 정신이라는 것이다.

3. 조선조 성리학적 삶의 내세적 금욕주의

그런데 바로 그러한 금욕주의가 유교에도 들어있었다. 필자가 이런 주장을 하면 서구를 모델로 한 베버의 분석을 도식적으로 다른 역사적 상황에 적용하는 무리를 범하는 것으로 보는 경우가 있다. 사실 필자는 베버를 포함하여 서구 이론 속에 있는 서구중심주의를 순치하려는 노력을 줄곧 기울여 왔다. 그러나 맞는 것은 맞는 것이고 그들이 우리 보다 먼저 개발해 낸 분석적 도구가 유용한 만큼은 그것을 인정하고 평가해 줄 줄 아는 도량이 진정으로 서구중심주의를 극복해 낼 수 있는 것이며, 맞는 부분까지 무조건 배척하면 그것은 서구중심주의에 역으로 사로잡히는 것이 된다. 실은 이 문제에 대한 베버의 개념틀에 개선의 여지가 없는 것은 아니며 필자도 그 개선작업을 계속 해오고 있다. 그러나 여기서는 논의의 번잡을 피하기 위해 베버가 정의한 금욕주의 그대로를 활용하려고 한다. 그랬을 때 놀라운 것은 그 금욕주의가 가장 핵심적인 것을 포함하는 유교의 교설 속에 오히려 좀더 직설적으로 서술되어 있다는 것이다. 성리학의 목표를 한마디로 요약한 말은 "하늘의 이성(天理)을 좇아 사람의 욕구(人欲)를 누르는 것"인데 이는 금욕주의의 너무도 평이한 낱말풀이가 되는 것이다! 이것을 알면 어떻게 베버의 "서구적 이론을 도식적으로 동아시아에 적용하려는 무리"라는 말이 나오겠는가? 그리고 베버가 스스로도 알아보려 한 유교에 그러한 모습이 있음을 포착하지 못했다는 데 비판이 가기보다는, 그가 내린 정의가 그가 포착하지 못했던 경험적 세계에서 실제로도 발견된다는 사실에 경탄이 먼저 이는 것이다.

그것은 결코 교설로 끝난 것이 아니라 성리학자들이 실제 삶 속에서 추구하려 하였던 목표였다. 그런데 조선조 성리학자들의 생활은 베버의 분류를 따른다면 내세적 금욕주의의 상태에 해당하는 것이었다고 할 수 있다. 먼저 조선시대 사람들의 삶이 어떻게 "욕구를 누르는" 삶이었는지를 절개와 청빈이라는 두 가지 구체적 모습을 통하여 살펴보겠다. 흔히 금욕이라는 말을 쓸 때는 일상적인 의미로 무엇보다도 남녀 사이의 관계를 생각하는데 분명히 조선시대의 남녀관계는 그 점에서 엄격했다고 할 수 있다. 조선시대 여성에게 있어 절개라는 말은 단순히 한 남성만을 안다는 것을 넘어 심신에 걸쳐 쾌락을 거부하는 순결한 삶을 사는 것을 의미하고 있었다. 기독교 금욕주의하에서처럼 남성 지배적 사회에서 현실적으로는 이중잣대가 적용되고 있었지만 남자에게도 역시 절제된 삶이 미덕으로 장려되고 있었다. 이러한 엄격한 남녀관계는 조선시대 이전에 비해 커다란 차이를 노정하는 것이었으며 어떤 점에서 기독교하에서보다 강도가 높은 측면이 있었다. 그런데 남성에게는 절개라는 말이 그와는 또 다른 차원에서 엄청난 고행을 요구하는 덕목이었다. 그것은 자기가 올바르다고 보는 것을 지키기 위해서는 어떤 박해도 무릅써야 한다는 것이었다. 수많은 사람들이 그러한 맥락에서 유배와 고문과 죽음을 감수했던 것은 잘 알려진 사실이다. 절개가 그렇듯 남녀간에 어느 정도 분화된 고행을 요구하는 것이라면 청빈은 남녀간의 분화마저도 내포하지 않는 덕목이었다. 그것은 단지 물질적 검약을 인내할 것을 요구하는 선에서 그치는 것이 아니라 물질적 검약 속에서 자세를 흐트러뜨리지 않을 것까지를 요구한다는 점에서 극도의 고행을 지향하는 덕목이었다.

궁극적으로 조선 성리학도들의 삶의 지향이 우리가 사용하는 의미의 금욕주의였다는 것은 그러한 고행을 통해 보다 고양된 인격을 향하여 그리고 보다 나은 사회를 위하여 끊임없이 노력하고 채찍질하여야 한다는 데에서 찾아진다. 그들에게 있어 "사람의 욕구를 누르는" 것은 종국적으로 "하늘의 이성을 좇아" 끊임없이 매진하기 위함이었던 것이다. 그들은 그러한 채찍질을 자신에게, 가족에게, 이웃에게, 동료에게, 군주에게 쉴새 없이 가해야 했다. 성리학도들은 생산자로서의 농민에게 부지런히 일할 것을 촉구하는 수많은 권농가를 보급했으며 더 나아가 자기 스스로 학문과 경작을 같이 하려 한 경우도 종종 있었다. 그리고 그들이 본연의 활동으로 여기는 학문활동 속에서 좀더 나은 정치, 행정, 경제, 기술, 국방 등을 위하여 노심초사하여 저술한 책은 수를 헤아릴 수 없었다.

그런데 사람들이 절개를 지키기 위하여, 청빈을 이루기 위하여 초인적인 고행을 했던 것은 흔히 후세가 그것을 기려 줄 것이라는 기대 속에서였다. 그들이 시호가 아니더라도, 효자문과 열녀문, 하다못해 후세인들로부터 다만 일말의 칭송이라도 받을 수 있으리라는 믿음은 그 엄청난 고행을 감내할 수 있는 커다란 심리적 버팀목이었다. 성리학에서는 천당이나 지옥 같은 내세는 없지만 후세가 비슷한 역할을 하고 있었음을 알 수 있다. 후세에 대한 관심은 인간이 일반적으로 갖는 것이지만 이렇듯 강한 역할을 하게 된 것은 성리학적 삶 속에서라고 할 수 있다. 그 후세는 현세에서의 욕구절제에 대한 보상의 역할을 하고 있었으며 이 점에서 조선 사회 성원들의 삶을 '내세적' 금욕주의의 삶이라고 할 수 있는 것이다.

또한 내세적 금욕주의란 나아가 비유적인 의미에서 종교적 엘리트들이 비물질적인 영역에서 금욕주의를 추구하는 모습을 가리킨다. 조선의 경우에도 앞서 말한 덕목들은 특히 사대부에게 강하게 요구되었으며 일반 민중들은 상당한 정도 규범 바깥에 방치되어 있었다. 잘 알려져 있는 바와 같이 이윤추구 일반을 악덕시하여 상공업을 억압까지 하려고 했던 것은 이자수익에 초점을 맞추었던 중세 기독교보다 물질적인 것에 대한 부정적 지향이 좀더 강하였음을 의미한다. 그리하여 결과적으로 상인의 이윤추구활동은 금욕적 규범 바깥에서 일탈적으로 행해졌는데, 이 점에서도 중세 기독교의 내세적 금욕주의와 기본적으로 평행한 구도가 존재하였던 것이다. 그렇지만 유교의 금욕주의가 기독교의 금욕주의와 똑같다는 것은 결코 아니다. 상당한 차이가 있는데 한 가지는 기독교의 금욕주의에서 욕구를 죄악과 결부시키는 데 반하여 성리학에서는 욕구 자체를 죄악시하기보다 그것이 절제되지 않은 상태를, 좀더 실무적인 맥락에서 피해야 할 것으로 본다는 점이다.

4. 신분적 금욕주의

하지만 세월이 흘러 선비들이 그러한 금욕적 정신에 충실하지 않고 양반이라는 이름의 획득적 지배 신분으로서의 우월권을 향유하려는 데에 일차적 관심을 갖는 이완된 의식이 늘어나게 되었다. 그런데 이 역시 중세 기독교가 후반에 이르러 상당한 타락상을 노정한 것과 평행한 사태발전이라고 할 수 있다. 실은 일탈로서의 상공업이 대폭 성장한 것도 그와 맞물려 벌어진 일이었다. 그러자 그것은 다시 한번 서구에서처럼 일련의 개혁운동을 촉발하게 되었다. 이 개혁운동은 그 두 가지 종류의 변천에 대해 상반된 처방을 내리려는 것이었다.

먼저 상공업의 성장에 대해서는 이윤추구활동을 전향적으로 포용하는 쪽으로 규범 자체를 바꾸려고 하였다. 그것은 실학에서 북학으로 이어지면서 점차 심화되어 갔는데, 이는 현세화의 추세가 유교의 금욕주의에도 나타나고 있었다는 것을 말해 주는 좀더 가시적인 측면이라고 할 수 있을 것이다. 한편 의식 이완의 증가에 대해서는 반대로 그것을 바로 잡는 방향으로의 개혁이 탐구되고 있었다. 동학은 이미 실학에서부터 나타난 그 방향으로의 개혁을 더욱 철저히 밀고 나간 운동이었다. 마치 개신교가 기독교적 금욕주의의 추구에 있어 사제와 평신도의 벽을 허물려 했던 것처럼 동학 역시 유교적 금욕주의의 추구에 있어 선비와 민중의 벽을 허물려 했다.

동학혁명은 그러한 이념적 개혁을 국가권력의 장악을 통하여 실현하려는 것이었다. 그때 국가권력을 혁명군이 장악하는 데 성공하였다면 그 점에서 이른바 '이념적 국가기구'의 역할을 하게 되었을 가능성이 크다. 만약 혁명군이 그렇게 하는 데 실패하였더라도 우리 자신의 체제가 계속 국가권력을 장악하고 있었다면 밑으로부터의 압력은 서구로부터의 자극과 합쳐져서 선비를 향해 의미 있는 자기개혁의 자극을 지속적으로 가했을 것이고 그 결과 어떤 형태로든 유교적 금욕주의의 현세화는 제대로 완성되었을 가능성이 크다. 그 또한 서구에 그와 평행한 사태 발전이 있었던 것인데 카톨릭의 이른바 역개혁이 그것이다.

불행히도 동학혁명을 좌절시킨 것은 일본군이었으며 이후 국가권력을 실질적으로 장악한 일본에 의해 이질적 서구화를 강요당하면서, 개혁되다 만 유교적 금욕주의는 내면 깊은 곳으로 숨어들어가 표피의 서구적 가치와 악수를 거부하게 되었다. 그리하여 내면의 개혁되다 만 유교적 금욕주의와 표피의 뿌리 없는 서구적 가치가 상호동화를 거부한 채 현재까지도 이중구조를 이루어 왔다. 조선말에 서구와의 만남은 어떤 식으로든 불가피하였다고 할 수 있으나, 일본의 침입은 일본 자신이 서구로부터 받은 연성적이고 협화적인 충격과는 다른 극심한 불협화적 충격을 우리에게 가하기 시작한 것이다. 그 결과 우리의 현세화는 서구에서와 같은 온전한 현세화가 아닌 상처 입은 현세화가 되어 현재에 이른 것이다.

필자는 현재까지 우리의 내면에 완강히 버텨 왔던, 개혁되다 만 유교적 금욕주의를 '신분적' 금욕주의라고 명명하고 있다. 이것이 그동안 한국의 괄목할 경제성장을 이끌어 온 궁극적인 힘이었던 것이다. 그것은 근면할 것을 요구한다는 점에서 서구의 금욕주의와 같다. 그것은 이제 물질적 성공을 지향한다는 점에서 서구의 현세적 금욕주의와 닮아 있다. 필자는 그동안의 우리 경제발전의 역군으로서의 노동자, 기업가, 주부 등의 수기를 갖고 수행한 한 연구에서 유교적 금욕주의가 그렇듯 '현세화된' 모습들을 수없이 발견할 수 있었다. 한 두 가지만 예를 들면 어떤 노동자는 밤늦게까지 잔업을 하고 들어온 날 아침 7시 조금 지나 일어나서는 자기가 "늦잠이나 자는 게으르고 욕심도 없는" 못난 사람이라고 자책을 하는 것이었으며, 어떤 주부는 남편을 중동으로 보내면서 그가 열사의 나라에서 일할 때 자기는 "조금도 흐트러짐 없이 알뜰살뜰 모아 꼭 1억 원짜리 적금을 달성하겠노라"고 다짐하는 것이었다. 이런 '억척스러운' 생활자세가 오늘날 세계 도처에서 우리 민족의 성원들로 하여금 주목을 받게 만드는 큰 요인이 되고 있다. 그런데 찬찬히 살펴보면 "게을러서는 안 되고" "포부를 가져야 하고" "흐트러짐이 없어야 하고" 하는 그 모든 명제들이 다 성리학적인 구절들이다. 그것은 그러한 구절들 속에서 우리의 선조들이 조선시대 수백 년을 살았던 생활습관의 유산인 것이며 이른바 '자본의 논리'가 무에서 창출해 낸 것도 애초부터 우리의 '피' 속에 흐르던 것도 아니다. 다만 조선시대의 선조들이 그렇게 하여 바라던 것이 시호요 열녀문이었다면, 이제 그 후손들에게는 '1억 원짜리 적금'이 되어 있다는 것이 달라진 점이다.

그런데 좀더 세밀히 살펴보았을 때 그 현세적 성공이라는 것이 일 자체의 성취에 초점이 맞추어져 있지 않다. 일에 연계된 신분적 보상에 초점이 맞추어져 있는 것이다. 그 점에서 그것은 온전한 의미의 현세적 금욕주의가 아니다. 행동을 할 때 그 행동의 주체로서의 인간의 품성에 우선 관심을 두고 그 행동의 성과에는 부차적인 관심을 두는 금욕주의이다. 부지런히 일해서 내놓은 결과물이 얼마나 충실한 것이냐 보다 그렇게 해서 그 사람이 게으른 사람이 아니라는 것에 더 초점을 맞춘다. 그리하여 일의 양을 중시하는 만큼 일의 질을 중시하지 않는다. 열심히 지식을 추구하는 것도 그 지식으로 좀더 정확한 작업을 하기 위한 것이 아니라 지식소유 자체를 인격의 일환으로 평가받기 위함이다. 결국 인격도야라는 성리학적 목표가 애매하게 현세화되어 현세적 혹은 기능적인 노동에 내놓고 초점을 맞추지 못하는 것이다. 부지런하고 많이 아는 '사람됨'에 보상이 맞추어지기 때문에 사람들은 그에 대한 보상을 바라면서 그러한 사람됨을 과시하는 데 일차적으로 노력을 기울인다. 그렇듯 사람됨에 연계된 보상을 두고 '신분적'이라고 부르는 것이다. 그렇더라도 더 나아지기 위하여 열심히 살고 있지 않은 것은 아니므로 신분적 '금욕주의'라고 부를 수 있는 것이다.

5. 서구와의 비교

이에 반해 서구에서는 일의 성과 자체에 우선 초점을 맞춘다. 서구에서는 더 이상 베버가 묘사한 청교도적 금욕주의가 그대로 지배하고 있지는 않지만 그것이 세속적으로 탈바꿈한 형태인 공리주의가 자리잡고 있다. 사람들은 성도덕이라든지 검약이라든지 하는 면에서 더 이상 금욕적이라고 할 수 없지만 아직도 소명 내지 천직 의식은 상당히 강하게 남아 있다. 예를 들어 소프트웨어 개발자라면 자기 소프트웨어를 보다 편리하고 보다 결점이 없는 것으로 만들기 위해 편집광처럼 밥 먹을 때도 잠 잘 때도 또 생각하고 또 고쳐보고 하면서 산다. 모험영화 감독이라면 자기 영화가 조금이라도 더 실감나게 느껴지게 하기 위해 역시 그렇듯 작품에 달라붙어서 지낸다. 그러면 자연히 그 소프트웨어 그 모험영화는 공들인 그만큼 더 편리하고 실감나게 되어 엄청난 판매고를 올리게 된다. 그래서 엄청난 돈을 벌게 되지만 그것은 결과인 것이다. 물론 그런 결과를 예상이나 의식을 전혀 안하면서 그러한 노력을 기울이는 것은 아니지만, 일단은 그처럼 일 자체의 개선을 위하여 끊임없이 노력하려는 마음을 갖고 있고, 그렇게 개선을 했을 때 스스로 즐거워하는 것이다. 그리고 그렇게 하여 번 돈은 그에 대해 당연히 받아야 할 보상이라고 생각하는 순서이다.

그런데 우리라면 일반적으로 먼저 보상을 생각한다. 보상을 일차적으로 생각하는 만큼 일 자체에 대한 관심은 약화될 뿐 아니라, 더 큰 문제는 좀더 힘을 덜 들이고 보상을 받을 수 있는 이른바 편법주의에 쉽게 길들여지게 된다는 점이다. 가능하다면 물건을 더 잘 만들기 위해 고생하기 보다 대충 만들어서 다른 방법으로, 예컨대 사술이라든지 유통과정에서의 독점이나 농간을 통하여 폭리를 노리려는 마음가짐이 자리잡게 되는 것이다. 그러면 당연히 제품의 질이 그렇지 않은 경우보다 떨어지게 되어 장기적으로는 수익을 크게 올릴 수 없다. 그러나 일반적으로 다 그러한 수준에서 작업하기 때문에 그 점을 쉽게 실감하지 못할 뿐 아니라, 그러한 환경 속에서는 그렇게 하지 않는 것이 오히려 더 손해를 보는 '바보짓'이라는 인식이 흔히 자리잡는다. 대부분 새치기를 하려 할 때 그렇게 하지 않고 정도를 걷는 것이 손해를 가져다주는 맥락이다. 문제는 그렇게 하지 않는 다른 집단, 즉 서구의 사람들과 경쟁을 하게 되면 비로소 그것이 그렇듯 장기적으로 주는 손실을 만나게 되는 것이다.

그러나 그동안은 우리가 주로 개도국과 경쟁을 하여 왔기 때문에 서구와 직접 경쟁하는 일은 많지 않았다. 그리하여 아직 그 정도의 현세적 금욕주의나마 갖추고 있지 못한 대부분의 다른 개도국과의 경쟁에서 대단한 우위를 보이며 '괄목할' 경제성장을 이룩하여 온 것이다. 그러나 이제는 서구와 맞경쟁하는 단계로 본격적으로 진입해 들어가면서 우리의 신분적 금욕주의가 서구의 현세적 금욕주의에 비해 갖는 열세가 만져지기 시작한 것이다. 최근 우리 귀에는 예컨대 크럭먼(P. Krugman) 교수 같은 사람들이 한국경제는 지금까지 단순히 쏟아 부은 자본만큼 산출을 해 왔을 뿐인데 이제 그 역량이 다 한 것이며 서구의 수준으로 들어갈 수 있는, 질적으로 그 이상의 성장역량은 없다고 비웃는 소리가 자주 들려 온다. 그것은 경제성장에 작용하는 중대한 비경제적 요소가 존재함을 소극적으로나마 인정하는 것으로써 앞으로도 더 자본을 쏟아 붓는 만큼 계속 경제성장은 이루어질 것이라는, 우리 사회에 널리 유포되어 있는 경제주의적 낙관론에 경종을 울리는 것이 된다. 그러나 애초에 '쏟아부은 만큼' 성장할 수 있는 역량도 아무나 일반적으로 갖는 것은 아니라는 인식이 거기에는 존재하지 않는다. 그 비경제적 요인을 적극적으로 포착하려 하지 않고 기껏해야 잔여적 존재로 처리하는 데서 오는 한계이다. 그 요인을 적극적으로 포착해내게 되면 그것이 그냥 기본으로 주어지는 것이 아니라 특수한 생성과정과 가변성을 지니는 역동적 존재임을 알게 될 것이다.

6. 부정확하거나 전도된 인식

유교가 그동안의 한국경제성장에 기여한 가장 근본적인 통로는 그렇듯 비록 상처 입었지만 상당한 정도 현세화된 금욕주의였다. 그런데 유교의 공헌을 말하는 사람들이 드는 통로는 실제로는 그다지 중요하지 않은 통로들, 심지어 오히려 역기능적일 수 있는 통로들이다. 가장 많이 들어지는 통로는 가족주의가 아닐까 한다. 그러나 그것은 이른바 전통사회의 거의 모든 곳에서 지배적인 지향이다. 예컨대 남미 사회에서도, 이슬람 사회에서도, 인도 사회에서도 사람들의 뇌리에는 일반적으로 가족이 충성의 일차적인 대상으로 자리잡고 있다. 그렇지만 그것이 이들 사회로 하여금 경제성장을 하는 데 별 기여를 하지 못하고 있다. 우리 사회로 하여금 이들 사회에서와는 다른 모습을 띠게 하는 데 기여한 것은 가족주의 속에 그 것과 결합하여 들어있는, 더 근본적인 지향이다.

그것은 자기를 희생하여 자신의 가족이 "이 사회에서 남들에 뒤떨어지지 않는 최소한의 물질적, 정신적 존엄성을 갖춘 삶"으로 나아가게 하려는 것이다. 현재보다 발전한 삶을 위하여 어떤 고난도 감수하려는 그러한 자세가 바로 우리가 말하는 금욕주의이다. 그렇듯 자기희생을 할 때 자신의 분신에게 물질적, 정신적 존엄성 특히 정신적 존엄성을 갈망하며 "못배운 한을 풀어줄 것"을 요구하는 데에서 나오는 것이 우리 사회의 세계적으로 유례없는 강한 교육열이다. 그리고 이것이 유교가 한국경제성장에 작용한 통로로 흔히 거론되는 또 하나의 요소이다. 그런데 그러한 교육열은 '과잉교육'을 통하여 고학력 실업자를 양산하는 등의 부작용도 낳고 있다. 교육에의 강한 지향은 더 발전하려고 하는 금욕주의의 하나의 구체적인 표현인데 '과잉교육열'은 금욕주의가 완전히 현세화되어 일과 지식의 기능적 측면을 강조하기보다, '배운 사람'이라는 신분을 강조하는 쪽으로 오도된 모습이다. 이 외에도 규율, 근면, 검약 등 거론되는 특성들이 다 기본적으로 금욕주의의 구체적 표현인데 역시 현재 상당한 정도 일그러진 모습들로 존재한다. 그러한 것들은 개별적으로 보아서는 온전한 고찰을 하기가 힘들고 그 배경에 있는 신분적 금욕주의를 바라볼 때 그 의미를 좀더 효과적으로 파악할 수 있는 것이다.

어쨌든 우리에게는 이렇게 유교적 금욕주의라는 본원적으로 뛰어난 자산이 있었고 거기에 서구로부터의 자극도 가해져서 현재의 경제성장을 이루게 된 것이라고 할 수 있다. 그런데 일본이 침입을 하는 바람에 그것이 불협화적 자극이 되어 그 뛰어난 자산이 상당히 왜곡된 형태로 존재하게 된 것이다. 일본의 침입이 아니었으면 현재 우리는 더욱 발전된 상태에 있었겠지만 이제는 그 왜곡에서 오는 애로를 본격적으로 만나고 있는 지경에까지 이른 것이다. 그런데 적지 않은 사람들이 이것을 정반대로 알고 있다. 즉 우리는 "5000년 동안 가난에 쪼들리던"(도대체 세상의 어느 나라가 부자로만 계속 있었다고 생각하는 것일까?) 못난 역사와 못난 국민성을 가지고 있는 나라인데, 일본의 침입이 자본주의의 충격을 제대로 가해 오랜 잠에서 깨어났고, 이후 박정희라는 위대한 지도자가 나타나 이 못난 백성을 그래도 여기까지 이끌고 왔다는 것이다. 문제는 우리 경제성장의 진정한 자산이었던 것을 빨리 청산할수록 좋은 대상으로 인식하고 있으니 얼마나 위험한 일인가? 그만큼 무엇이 우리의 진정한 자산인가를 인식하는 것이 시급해진다.

7. 개혁을 통해 살릴 강점

그런데 유교적 금욕주의라는 그 자산은 현재 많이 왜곡되어 있다는 것도 인식해야 하는데, 유교적 자산의 중요성을 말하는 사람들도 그 점에 대해서는 별 주의를 기울이지 않고 있는 편이다. 유교적 자산은 그것이 왜곡되어 있는 만큼 교정되고 개혁되어야 한다는 것을 그 자산의 중요성과 함께 인식해야 하는 것이 우리가 현금 지니어야 할 정확한 주안점이다. 만약 우리가 신분적 금욕주의를 늦게나마 지금이라도 개혁해 낸다면, 그 금욕주의는 오히려 서구보다 더 강력한 현세적 금욕주의가 될 수도 있다. 신분적 금욕주의에는 실은 '인격'의 개념을 보다 강조하는 유교의 특성이 반영되어 있다. 그것이 경화되어 있는 것이다. 거기서 '신분적'이라는 것은 인격의 '잘난' 바가 '잿밥'에 일차적으로 연결되어 있는 상태를 가리키는 것인데, 그것이 개혁되어 '잘난' 것이 '염불'에 일차적으로 연결되는 쪽으로 바뀌면 그것은 엄청난 위력을 발휘할 수 있다.

실은 지금 '염불'에 부차적으로 연결이 되어 있는 상태에서도 그것은 상당한 위력을 발휘해 왔다. 우리가 자동차나 반도체에서 서구와 어느 정도 경쟁을 할 수 있었던 것에서 그 예를 찾아볼 수 있다. 우리의 기업들이 자동차나 반도체에 엄청난 투자를 했을 때 많은 서구의 관찰자들은 그것이 '비합리적'인 투자이며 조만간 그 기업들과 한국경제를 결딴내고야 말 것이라고 경고했었다. 그러나 세월이 흐르면서 자동차나 반도체는 많은 수익을 그 기업들과 한국경제에 돌려주게 되었다. 그러자 서구의 관찰자들 가운데에는 그것이 한국기업들이 장기적인 수익계산을 하고 한 것이었으며 따라서 결코 경제적으로 비합리적인 투자가 아니었다고 분석하는 경우가 생겨나게 되었다. 모든 것을 철저하게 경제적으로 설명하려는 것이다. 그러나 사실은 한국의 기업들은 꼭 경제적으로 수익을 극대화하려는 동기에 의해서만 움직였던 것은 아니다. 한국의 기업들은 우리('우리 기업'과 '우리 나라')도 반도체 같은 앞선 물건을 만드는 '잘난' 대열에 동참해야겠다는 사회적 위신의 동기에 의해서도 강하게 움직였던 것이다. 이것은 간과되어서는 안 될 중요한 심리적 사실이다. 사실에 충실해야 할 사회과학도라면 결코 놓쳐서는 안 될 내용이다. 그런데 그것이 결과적으로 수익을 극대화하는 데에도 도움을 주었던 것이다.

가만 생각해 보면 그것이 우연한 일인 것만은 아니라고 할 수 있다. 왜냐하면 앞서 가는 '잘난' 물건이란 부가가치가 더 높은 상품일 개연성이 크기 때문이다. 그러나 이 경우 워낙 많은 투자를 해야 하기 때문에 상당한 기간 동안은 수익은커녕 많은 적자를 낳게 될 행동이 된다. 이

때 만약에 경제적 수익에 따라서만 행동하는 사람이라면 그러한 모험을 결코 하지 못할 수도 있다. 그러나 모종의 다른 가치적 동기가 작용하면 그것을 극복하게도 하는 것이다. 그러한 관계는 실은 베버가 개신교 윤리 명제를 통해 보여 주려 했던 예의 '역설적' 관계의 연장에 불과하다. 거기서 '인격'을 강조하는 유교의 특성이 그러한 역할을 더욱 강력하게 수행해 냈던 것이다. 이 예에서는 유교의 또 다른 특성도 등장하였는데 그것은 유교가 서구적 이념에 비해 공동체 지향을 좀더 강하게 지니고 있다는 것이다. 그것이 잘난 기업 못지 않게 잘난 나라를 지향하는 데 작용하여 왔다. 서구에도 애국심은 있지만 우리의 좀더 강한 공동체 지향이 애국심도 그만큼 더 강하게 만들어 온 것이다.

8. 경제주의의 무사려한 복사를 넘어

만약 우리가 현재의 신분적 금욕주의를 잘 개혁해 낸다면 서구와의 맞경쟁에서 본격적인 우위를 바라볼 수도 있다. 그러나 개혁을 해내지 못한다면 점점 서구와의 경쟁에서 뒤쳐지게 되어 중진국 수준을 크게 벗어나지 못할 가능성이 크다. 현재 서구와의 경쟁에서 느끼는 위기 의식은 이른바 경쟁력 담론으로 표출되고 있다. 그런데 현재의 경쟁력 담론은 무조건 우리가 서구보다 못난 것으로 전제함으로써 가다듬기만 한다면 서구보다 더 뛰어 나게 될 수 있을 뿐 아니라 그 상태로도 이나마 성장을 있게 한 우리의 자산을 송두리째 버려야 한다며 기존의 자기파괴적 태도를 심화시키고 있다. 그것은 또한 서구로부터 껍데기의 경제주의만을 겉멋을 부려 모방하려 하기 때문에 안 그래도 수십 년간 경제, 경제하고 경제만을 되뇌이는 속에 더욱 약해지고 부패해진 유교적 금욕주의를 더욱 만신창이로 만들거나 심지어 아무런 도덕률도 존재하지 않는 바와 같은 무규범 상태로 몰아가고 있다. 그리하여 경쟁력 담론은 실제로는 경쟁력파괴 담론이 되어 버리고 있는 것이다.

내막을 알고 보면 서구인들이 경제주의를 말할 때는 그것을 의식하든 안하든 그 뒤에 앞서 논한 현세적 금욕주의 내지 공리주의의 도덕률이 숨어 있다. 그렇게 도덕률이 깔려 있는 위에 경제주의를 얘기하는 이중주가 연출되고 있는 것인데, 서두에서 한 자식농사의 비유를 사용하여 말한다면, 그러한 도덕률이 틀을 제대로 잡아주는 위에서 경제주의가 기를 키워 왔던 것이다. 실은 경제학의 아버지로 추앙받는 애덤 스미드(Adam Smith)야 말로 경제와 도덕의 보완관계를 잘 인식하였던 대사상가였었다. 흔히 사람들은 스미드가 《국부론》을 지은 줄만 알지 그 전에 《도덕적 감정의 이론》이라는 또 하나의 역서를 펴낸 줄은 거의 모른다. 스미드는 시장의 원리가 원활히 작동하기 위해서 그 시장 속에 사는 사람들이 도덕적인 인성을 구비하는 것을 선결요건으로 보았던 것이다. 그렇지 않고 협잡에 물든 사람들에 의해서는 가격결정 기제가 올바로 작동할 수 없다고 보았다.

불행히도 이후 경제학에서는 스미드의 이 도덕철학적 전제가 논의에서 거의 사라져버렸다. 그렇더라도 그들 마음속에서 알게 모르게 들어있는 기독교 기원의 도덕률까지 몰아내지는 못했던 것이며, 그것이 그들의 경제주의와 함께 스미드가 의도하던 이중주를 결과적으로 연출하고 있었다. 우리는 서구에서 경제주의를 베끼면서 바로 이 뒤에 숨어 있는 도덕률까지 베끼지를 못한 것이다. 서구인들의 숨은 도덕률까지 같이 받아들이지 못할 바에는 우리의 도덕률을 버리지는 말아야 한다. 실은 우리의 도덕률은 아직 서구보다 더 금욕적인 상태에 있을 뿐만 아니라 (오렌지에도 불구하고) 앞서 조금 살펴본 것처럼 강점도 적지 않게 지니는 것이다. 물론 약점도 있다. 그러니 더 나은 것은 둘을 더욱 좋은 쪽으로 결합시키는 것이라고 할 수 있다. 그것이 유교적 금욕주의를 개혁 발전시키는 효과적인 방편도 된다. 어떤 경우에도 둘 다 버려서는 안 되는 것인데 지금은 최악의 상황이 전개되고 있는 것이다.

다시 말하자면 오늘날 서구인들이 '경제주의'를 말할 때는 그 뒤에 여러 가지 형태의 기독교적 도덕률이 깔려 있는 위에서 그렇게 하는 것이다. 그것을 의식하는 경우는 이제 거의 없어졌지만 의식하든 안하든 실제로는 그러한 이중주가 벌어지고 있는 것이다. 우리도 그동안은 그러한 이중주가 펼쳐져 왔다고 할 수 있다. 그러나 서구와 달리 우리는 그보다 결코 못지 않은 도덕률이 우리 자산에 대한 잘못 주입된 자기 비하의 경향 속에서 대단히 빠른 속도로 내팽개쳐지고 있다. 그 결과 바야흐로 경제주의만의 독주가 들리기 시작하고 있는 것이다. 그리고 그것은 바로 망쳐지고 있는 경제를 의미하는 것이다. 마치 제멋대로 크는 아이가 그렇듯이. 그럴진대 부디 새 대통령은 경제 대통령이 아닌 온전한 대통령이 되기를 기원한다. 그리하여 정치, 사회, 문화, 국방, 그리고 경제 자신을 올바른 도덕률 위에 굳건히 올려놓을 때 그 속에서 현 경제위기는 진정 극복될 수 있을 것이다.

▪ 참고문헌 ▪

김일곤(1985), 《유교 문화권의 질서와 경제》, 한국 경제 신문사.

유석춘 편(1992), 《막스 베버와 동양 사회》, 나남.

전성우 편(1996), 《막스 베버 사회학의 쟁점들》, 민음사.

조혜인(1988), "주자학적 세계관 속의 긴장", 《사회운동과 사회의식》(일랑 고영복 교수 회갑기념 논총 II), 전예원.

______(1995), "주자학적 계급: 한국 노사 관계의 이념적 후광", 《사회 과학 연구》 3집.

余英時(1993), 《중국 근세 종교 윤리와 상인 정신》, 정인재 역, 대한 교과서 주식회사.

제 10 장

유교와 한국 자본주의*

냉철한 선택을 위한 당위적 고찰

1. 서 언

그간 자리잡아온 한국경제의 특성에 대해서는 의견의 수렴이 많이 이루어져 있다고 할 수 있다. 그러나 그 특성과 유교와의 관계에 대해서는 아직 인식이 제대로 이루어져 있지 않은 편이다. 그 중요한 이유의 하나는 유교적 지향에 관한 정확한 이해의 결핍에 있다. 오늘날 이른바 국제통화기금(IMF) 간섭하에서 그 둘 사이의 관계를 주로 부정적인 시각 속에서 설정하고 있는 관점은 유교적 지향에 관한 적지 않은 오해에 바탕을 두고 있다. 그러한 관점을 노정하고 있는 입장들은 그러한 오해에도 일부 영향을 받아 현재 우리 경제에 대해 때로는 상당히 틀린 처방을 내놓고 있는 듯 하다. 이 글에서는 유교적 지향의 정확한 모습을 살펴보면서 그것이 우리 경제발전에 기여할 수 있었던 기반이 무엇이었나 하는 점과 동시에 그것이 그 과정에서 충분히 실현되지 못한 점까지를 같이 언급하려고 한다. 그동안 우리가 걸어온 발전의 길은 실은 유교적인 것 못지 않게 유교와는 상관없거나 그로부터 적지 않게

---

* 〈사회와 역사〉 53집(1998), pp. 93~121.

일탈된 내용을 상당히 담고 있었다. 실은 이른바 "유교 자본주의"에 비판적인 입장뿐만 아니라 그에 대해 동정적인 입장에서도 특히 이 점에서 적지 않은 오해를 하고 있었다고 할 수 있다.

우리는 자본주의의 운용에 작용할 수 있는 유교와 서구 세속적 이념체계의 공통점과 차이점을 가려봄으로써 무엇이 동서의 진정한 장단점일 수 있는가 하는 것을 평가하는 기초를 세워보려고 한다. 그렇게 하는 가운데 과연 "유교 자본주의"라는 것이 수호해야 할 이념이나 블록이 될 수 있는가 아니면 유교를 발전전략에 활용될 수 있는 하나의 자산으로 다루어야 하는가 하는 점도 논하려고 한다. 그렇게 하는 데 있어 우리 자신을 돌아보기 위한 방편으로 비교적인 접근법이 어느 정도 사용될 것이다. 그리하여 궁극적으로는 현 상황에서 우리가 설정할 수 있는 보다 올바른 정책적 좌표가 무엇인지를, 때로 나오고 있는 틀린 처방을 광정하는 맥락에서, 조금 논의해보려고 한다. 한국경제의 특성을 말할 때 먼저 말하지 않으면 안 될 사항은 그것이 근처의 몇몇 다른 나라들과 함께 비서구지역 속에서는 크게 보아 성공적인 경제발전을 이룬 경우에 속해 있다는 것이다. 즉 한국경제와 서구경제의 차이를 말하기 전에 그 둘이 함께 보다 발전한 쪽에 들어서 있다는, 나머지 세계에 대해 공통으로 지니는 특성을 말하지 않으면 안 된다. 유교는 한국경제와 서구경제의 차이에 작용하기 전에 둘을 서로 만나게 하는 그 측면에서부터 작용하였다고 할 수 있는데 둘 사이의 차이에 작용한 측면도 거기에서부터 논의를 이어가면 효과적이다. 따라서 아래에서는 그러한 순서로 논의를 전개해 나갈 것이다.

2. 합리적 세속과 자본주의의 공유

우리와 서구가 자본주의적 경제발전에서 좀더 성공해 있다는 공통점 뒤에는 사람들이 세속적 영역에서 종교적 율법으로부터 상당히 자유로운 삶을 살고 있다는 공통점이 존재한다. 예컨대 세계에서 각종 음식을 자유로이 먹을 수 있는 곳은 유교 문화권과 기독교 문화권밖에 없다. 이슬람교도와 힌두교도는 먹을 수 없는 음식이 있기 때문인데 그 점은 유태교도 마찬가지다. 그들은 돼지고기를 먹을 것인지 쇠고기를 먹을 것인지를 그들의 이성에 의해 자율적으로 결정할 수 없다. 그들의 종교가 그것을 엄격하게 규정해 놓고 있기 때문이다. 비단 음식뿐만 아니라 그들의 종교는 그들의 다른 삶에 대해서도 대단히 간섭적인데 한마디로 이들에게는 종교적 율법이 곧 법률인 것이다.

기독교권과 유교권에서는 율법에 별로 구애받지 않고 예컨대 요리에 관해서라면 이성의 판단에 의해 그 영양가, 해독성유무, 기호, 가격 등을 저울질하여 자유로이 만들고, 팔고, 먹을 수 있다. 물론 다른 상품에 대해서도 일반적으로 그렇게 할 수 있다. 그리고 그것이 우리가 자본주의라고 부르는 경제체제의 한 중요한 토대이다. 그리고 그 점에서 오늘날 자본주의적 경제발전을 제대로 하고 있는 지역이 세계적으로 주로 이 두 지역에 국한되어 있다는 것이 결코 우연한 일이 아닌 것이다. 물론 자본주의는 근대 서구에서 창출되었지만 그것이 유교권에서도 잘 자라나게 된 데에는 그 토양에 있어서의 유사성이 있었기 때문이다.

그러나 율법이 지배하지 않는다는 것이 윤리적 지향이 존재하지 않는다는 것을 의미하는 것이 결코 아니다. 윤리가 이성의 보다 자유로운 판단에 의해 현실 속에서 새로운 모습을 띨 수 있도록 매우 추상적인 수준에서 설정되어 있다는 것이다.[1] 그것은 결국 현실세계를 개혁해나가는 지향으로 나타나는데 경제의 경우 끊임없는 성장을 지향하게 되는 것이며 그것이 크게 보아 자본주의인 것이다.[2] 그런데 그렇게 되는 것은 무엇보다도 이념체계상 유교권과 기독교권에서는 공히 종교와 세속적 인본주의가 서로 유기적으로 공존하는 모습을 띠고 있기 때문이다.

---

1) 그것은 구체적으로 여러 가지 차원의 합리성으로 나타나는데 이동인(1986)은 유교의 합리성을 구체적인 차원에서 상세하게 묘사하고 있다.

2) 베버는 그러한 지향을 금욕주의라고 불렀는데 금욕주의의 개념을 통한 우리와 서구 자본주의의 이념적 공통분모의 비교는 필자가 앞선 논문에서 한 바 있다.

대부분의 다른 종교권에서는 그렇지를 않고 종교가 세속적 세계를 완전히 구속하고 있거나 반대로 완전히 방임하고 있는 모습을 띠고 있다.[3)]

3. 유교와 서구 세속적 이념체계의 공통점과 차이점

유교와 서구의 이러한 유사성은 보다 근본적으로 유교가 출범할 당시의 중국의 사회문화적 환경과 근대 서구의 사회문화적 환경의 유사성으로 거슬러 올라가서 살펴 볼 수 있다. 흔히 유교는 종교가 아니라 세속적 이념에 불과하다는 말들을 한다. 이 말은 완전히 틀린 말이라고 할 수 없다. 그런데 같은 말이 유교가 그만큼 성숙한 지적 환경의 소산이라는 뜻일 수 있다는 점에는 미처 생각들이 닿지 않는 것 같다. 유교는 중국사회가 세속적 이념들을 가질 수 있을만한 지적으로 성숙한 환경에서 그 신원이 확립된 전통이었다.

사람들은 B.C. 5세기경의 중국에 근대의 서구와 비슷한 사회문화적 환경이 있었다는 말에 대단한 거부감을 보일 때가 많다. 그때 어떻게 그것을 가능케 할 물적 하부구조가 있었겠느냐는 의심을 꼭 유물론자가 아니더라도 흔히 내비치는 것이다. 재미있는 것은 그 동일한 사람들도 B.C. 5세기경의 그리스에 근대의 서구와 비슷한 문화가 있었을 뿐만 아니라 근대 서구의 것은 바로 그것이 부활한 것이라는 말에는 거의 아무런 반발도 하지 않는다는 것이다. 중국과 그리스는 비슷한 시기에 인간의 이성에 바탕을 둔 이른바 인본주의가 꽃피기 시작했다고 할 수 있다. 그 전까지 두 곳에서는 국가적 차원에서 행해지던 자연주의적 종교

---

3) 종교계와 세속계를 구분하고 그 사이의 관계가 종교에 따라 다른 모습을 띠고 있다는 점을 중시하는 관점은 이미 베버에게 어느 정도 들어 있었지만 시스템적 접근을 좋아 할 수 없었던 베버의 신칸트적 입장은 그것을 그런 식으로 본격적으로 논의하도록 이끌지 않았다고 할 수 있다. 오늘날에는 여기서와 같은 수준의, 과도하지 않은, 시스템적 접근은 사람들에 따라 조금씩 다른 맥락을 띠긴 하지만 흔히 사용되고 있다. 예컨대 Bellah(1965: 207~212) 또는 McGuire(1981: 199~202).

가 있었는데 국가기구의 발전 등과 더불어 정신적 차원에서 인본주의적 발전을 경험하게 되었던 것이다. 그런데 기존의 종교와 관련해서 인본주의가 발전한 방식이 두 곳에서 약간 달랐다. 그리스 및 로마에서는 그 아기자기한 신화들로 해서 유명한 기존의 자연주의적 종교는 아기자기한 상태 그대로 두고 완전히 그 바깥에서 정신의 발전이 이루어짐으로써 인간의 이성을 극단적으로 강조하는 인본주의 전통이 전형적으로 성장하였다(Weber, 1968: II, 500 참조). 반면 중국에서는 여러 가지 학파가 그 점에 있어 조금씩 다른 접근법을 취하는 가운데 공자의 유교는 기존의 종교를 완전히 떠나지 않으면서 그러한 인본주의가 종교와 합쳐지는 내용의 접근법을 취하였다. 그리하여 유교는 하늘이라는 종교적 힘을 계속 숭앙하면서도 그 피안적 성격을 최소화하면서 인간의 이성에 강하게 호소하는 모습을 보여주게 되었다. 하늘뿐 아니라 토지신과 조상신을 섬기는 의식들도 그 주술적 심지어 피안적 요소가 많이 배제된 채 흡수되어졌다(Chan, 1973: 1~2 참조). 한마디로 종교와 세속적 이념이 합쳐진 모습을 띠게 된 것이다.

어쨌거나 중국과 그리스에서 정신의 발전이 인본주의를 발전시키는 쪽으로 나아간데 반하여 역시 오랜 역사를 지닌 이스라엘에서는 정신의 발전이 주로 종교 안에서 이루어져 신본주의를 더욱 철저하게 발전시킨 모습의 기독교를 출범시키게 되었다. 그리스-로마는 앞서 말했듯이 자연주의적 종교와 세속적 인본주의의 두 영역이 별도로 존재하는 그러한 상태가 얼마 정도 계속되다가 이스라엘로부터 기독교를 받아들이게 되어 그것이 종교적 영역에서, 종교로서는 아무래도 수준이 떨어지는 기존의 그 종교를 대체하게 되었다. 그리하여 기독교가 대신 종교적 영역을 차지한 상태로 인본주의의 세속적 영역과 별도로 공존하는 상태가 당분간 계속되었다. 그러다가 게르만족이 이동해와 서로마 제국을 멸망시킴으로써 그러한 상태는 종식을 고하게 되었다. 이제 인본주의의 세속적 영역은 파괴되고 기독교만이 존속을 하게 된 것이다.

서구(*Western Europe*) 문명은 게르만 민족이 그렇듯 고전문명을 몰아내고 주로 그 기독교만을 계승한 상태에서 A.D. 5세기경에 새로이 시작한 문명이었다(Anderson, 1974). 그것은 그로부터 약 10세기 동안의 나중에 스스로 암흑시대(the Dark Ages)라고 부르는 기간을 지나서 A. D. 15세기경에 부활이라는 뜻의 르네상스(Renaissance)를 맞게 되었다. 거기서 부활이란 물론 고대 그리스-로마 문명의 인본주의가 다시 태어났다는 것을 의미한다. 그러나 비단 이념적인 영역에서뿐만 아니라 국가기구 등을 포함하는 기저에서도 그 시점을 전후해서 그리스-로마의 발전수준을 회복하였다고 할 수 있다. 르네상스 이후의 성숙한 서구로서의 근대 서구와 고대 문명사회들의 훨씬 이른 시기 사이에 발전수준의 등치를 행하는 것은 그러한 맥락에서 보면 순탄하게 파악될 수 있다. 그것은 그 다른 사회들이 조숙했다기보다는 서구의 문명의 역사가 그만큼 새롭다는 것을 의미하는 것이다. 서구의 문명은 그리스-로마 문명을 되살려 대단히 높은 수준으로 격상시켜 놓았다. 그러나 그렇게 더 올려놓을 수 있었다는 것은 그것이 새로운 성장을 하였기 때문이라고 할 수 있는 것이다(Toynbee, 1957).

4. 서구의 열정성과 유교의 냉철성

인본주의가 다시 부활한 이후 서구에서 인본주의가 기독교와 공존하게 되었을 때 그 공존의 모습이 고대 그리스-로마에서와 조금 달랐다. 그것은 기독교가 유일한 보편적 지배이념으로 천 년간 깊숙이 내면화된 이후 그 터전 위에 인본주의가 부활해 자라난 것이기 때문이다. 그리하여 표면적으로는 기독교와 인본주의가, 더 나아가서는 그 각각의 수많은 교파들이 별개의 신원을 가지고 분열적으로 존재하는 것처럼 보이지만 실은 깊은 곳에서 그것들은 만나고 있는 것이다. 그렇듯 종교와 세속적 이념이 어떤 식으로든 만나고 있다는 점에서 근대 서구의 이념적 체계는 고대 그리스-로마보다 유교적 전통에 한 발짝 더 닮아 있는 것이 된다. 그러나 둘 사이에는 또한 상당한 차이가 존재한다. 무엇보다도 근대 서구에서 종교와 세속적 이념의 결합은 이원적인 것이다. 지배적 종교인 기독교와 각종 세속적 이념은 일단 별도의 신원하에 존재하는 것이다. 두 가지는 그렇게 표면상으로는 별도로 존재하면서 좀더 깊은 곳에서 연결되어 있는 모습인 것이다(Lidz, 1970). 반면 유교에서는 종교와 세속적 이념이 표면에서부터 하나로 결합되어 있다. 하나의 신원하에 결합되어 있는 것이다.

근대 서구의 세속적 이념이 그렇게 표면적으로는 종교와 별도로 존재하기 때문에 이성의 사용이 일단 좀더 자유로운 모습을 띤다. 그것이 각양각색의 이념과 이론을 발전시키는 토대가 된다. 그러나 주어진 이념을 따르는 사람들은 그 이념에 대해서만큼은 마치 하나의 종교를 섬기듯이 절대적인 믿음을 가지고 따른다. 그것은 서구인들이 기독교를 따르던 그 종교적 열정은 그대로 계승하고 있기 때문이다. 근저에 남아 있는 기독교적 신념의 강도 위에서 주어진 이념을 받드는 것이다. 이것이 근대 서구에서 종교와 인본주의가 깊은 곳에서 이어져 있다는 것의 구체적 모습이다. 종교와 인본주의가 그렇게 이원적으로 만날 때는 이성의 산물을 신처럼 신앙하는 일이 발생한다.[4] 그리고 서로 다른 이념들을 그러한 종교적 열정을 가지고 받드는 가운데 그 사이에 종교전쟁에 버금가는 이념적 투쟁이 벌어지게 된다(Parsons, 1978: 300~322).

반면 유교에서는 종교와 인본주의가 일원적으로 결합되어 있기 때문에 이성의 사용이 절반의 자유만을 누린다고 할 수 있다. 이것은 물론 종교 일반과 비교하면 이성의 사용이 좀더 자유롭지만, 서구 인본주의를 놓고 비교한다면 상대적으로 덜 자유로운 것을 의미한다. 이 점을 좀더 구체적으로 말한다면 유교 전통에서는 주어진 덕목을 일단 계승하면서 새로운 상황을 만나거나 하면 그것을 조금씩 개선해 나가려 하게 된다는 것이다. 한마디로 온고이지신(溫故而知新)을 하는 것이다. 그래서 근대 서구에서처럼 각양 각색의 이념이나 이론이 등장하는 대신에 유교라는 하나의 신원이 유지되면서 조금씩 다른 이론과 실천적 주장이

4) 기독교적인 표현을 쓰면 이념을 우상숭배하는 것이다(Goudzwaard, 1979 참조).

발전해 나가게 되는 것이다. 이성의 사용이 완전히 자유롭지 않은 만큼 그것을 또 하나의 신으로 받드는 일도 없다. 이것이 바로 유교적 냉철성의 구도이다.[5] 그리하여 유교 전통에서는 각종의 이념들이 종교전쟁을 벌이는 대신에 하나의 이정표로 수렴하려는 지향이 기본적으로 존재한다고 말할 수 있다. 오늘날 서구인들은 다원주의를 자랑한다. 그러나 그 기저에는 엄청난 정통주의가 버티고 있는 것이다. 반면 유교 전통하에서는 분명히 일원주의가 자리잡았지만 그것은 대단한 유연성을 깔고 있는 것이다.[6]

5. 국가, 시장, 공동체 및 유교적 냉철성

자본주의의 가장 핵심적 개념의 하나는 시장이다. 시장에서 수요와 공급이 가격을 매개로 하여 부단히 상호작용하는 것을 그 기본 운동양식으로 삼고 있는 것이다. 그러나 세월이 흐르면서 시장이 갖는 한계 역시 이론적, 경험적으로 많이 노정되었다. 그러자 특히 1930년대의 대공황기를 거치면서 서구에서는 국가가 그러한 시장의 한계를 보완하는 쪽으로 대거 개입하는 이른바 수정 자본주의 체제가 발전해 왔다. 국가가 공공부문에서 일자리를 적극 창출하고 특히 실업수당 등의 사회복지체제를 확충함으로써 시장이 갖는 한계를 경제적, 사회적, 정치적으로 보완하려고 하였던 것이다. 그러나 1970년대 경부터 그렇게 비대해진 국가는 그 자체의 문제점을 크게 노정하게 되었다. 공공부문에 고용된 수많은 인력은 투입된 예산만큼 열심히, 제대로 일하지 않고 확충

---

5) 여기서 냉철하다(*sober*)는 것은 주어진 관념에 신들려 있다고 할 정도로 사로잡혀 있지 않은 상태를 가리킨다. 다른 곳에서 필자는 "실무적" 성격이라는 표현을 사용한 바 있다(조혜인, 1997: 121).

6) 다만 기독교 전통에서도 정통주의의 강도에 있어서 장기적 부침이 있었듯이 유교 전통에서도 주어진 교설을 받드는 신념의 강도에 있어서 적지 않은 부침이 장기적으로 있었다. 특히 성리학 시대에는 유교도 대단한 정통주의를 띠고 있었는데 그것이 조선시대의 우리 나라에서 최고조에 달하게 된다.

된 실업수당은 노동자 일반의 근로의지를 크게 떨어뜨리는 것으로 나타난 것이다. 한마디로 효율성의 저하가 있었고 커다란 낭비가 있었던 것이다. 그리하여 1980년대에는 그렇게 비대해진 국가를 작은 국가로 환원하고 다시 시장으로 돌아가자는 이른바 신보수주의 개혁이 풍미하게 되었다.

우리는 여기서 그러한 공방에는 상당한 정도 종교전쟁적인 요소가 개입되어 있다는 점을 지적할 필요가 있다. 근대 경제학의 창시자인 애덤 스미드가 시장의 효능을 역설한 이래 시장에의 신봉은 서구 경제사조에서 일종의 정통적 종교의 위치를 점하게 되었다. 그에 대해 국가의 보완적 역할을 강조한다든가 하는 여러 가지 다른 입장은 이단의 위상을 갖는 것이었다.[7] 수정 자본주의 시대에 이단들에게 자리를 뺏겼던 정통파들에게 전술한 비대한 국가가 보여준 문제점들은 반격의 둘도 없는 호기였다. 이른바 신보수주의 개혁에는 본래의 위치를 탈환하려는 정통파의 이념투쟁적 동기가 같이 들어있었던 것이다. 이제 그들은 영원한 승리를 거둔 것일까? 아마 아닌 것 같다. 그러한 신보수주의 내지 신자유주의를 도입하여 오랫동안 권좌에 있었던 영국의 보수당 정권과 미국의 공화당 정부의 집권은 모두 몇 년 전 막을 내렸다. 그것은 그들이 강화하였던 시장주의가 다시 문제를 보여주기 시작하였기 때문이다. 새로 집권한 친노동 정권들은 다시 조심스럽게 복지국가를 복구해 나가고 있는 것으로 보인다. 다시 한번 반전이 일어나고 있는 것이다. 다만 아직까지는 그 반전의 폭이 시간이 흐를수록 줄어드는, 말하자면 수렴의 모습을 보여주고 있다고 할 수 있다(Block, 1987).

유교적 냉철성은 시장이나 국가의 역할에 대해 이념적인 자세를 근본적으로 취하지 않는 데 있다. 서구에서 시장을 섬기면서 국가를 적대시하는 태도로 출발했다가, 그러한 반국가적 자세에서 친국가적 자세로 변하고 또 반전이 일어나고 하였던 것과는 달리, 유교 전통에서

7) 그것은 이른바 신고전학파가 아닌 다른 쪽을 따르는 사람들이 스스로를 이단(*heterodoxy*)이라고 풍자적으로 부를 수 있게까지 한다. 예를 들면 Foldvary (1996).

는 애초에 국가에 대해 그렇듯 반국가적이나 친국가적인 자세의 어느 것도 취하지 않았었다. 국가의 할 일과 국가 밖 사회가 할 일을 적절히 배분하고 협력케 하려는 자세를 취하였다고 할 수 있다. 유교가 큰 국가를 지향하는 것으로 오해하는 경우가 많다. 그 점에서는 이른바 유교 자본주의를 반대하는 사람들도 찬성하는 사람들도 마찬가지일 때가 많다. 오히려 유교에서도 일종의 작은 국가를 지향하였던 것이 실상이다(김승혜, 1997). 유교 전통에서는 백성을 국가가 직접 통치하기보다 각종 공동체의 자치에 대폭 위임하는 것을 이상으로 삼고 있었던 것이다. 각 지역의 부락공동체, 친족공동체 등이 선비와 장로의 지도에 따라 스스로 통치해 나가는 것을 이상으로 삼았다(Cho, 1997). 조선시대의 향청, 향약, 계 등을 생각해 보면 바로 알 수 있다.[8] 조선시대의 정부가 작았던 것은 무엇보다 궁궐의 조촐한 규모가 잘 상징해 주고 있다. 그러나 유교에서의 위임이 방임을 의미했던 것은 아니다. 공동체의 자치가 올바른 방향으로 이루어지는지 보살피도록 되어 있는 국가였던 것이다. 또 서구인들이 흔히 그러듯이 국가 바깥에 시장만을 중요한 자율적 공간으로 상정하여 국가기능을 민간에 양도한다는 것이 바로 시장의 방임을 의미하게 되는 것이 아니라, 여러 가지 다양한 공동체에게 기능을 양도하기 때문에 결과적으로는 이 다양한 공동체들이 국가를 대신하여 시장의 기능을 보완하는 역할도 하게 되었던 것이다.

이러한 유교적 국가의 모습은 오늘날 대만과 일본이 잘 보여주고 있다. 일본의 국가는 미국보다 결코 더 큰 국가가 아니며 오히려 오랫동안 더 작은 국가를 유지해 왔다고 할 수 있다.[9] 다만 미국의 국가가 돈

8) 여기서 공동체란 원래의 의미로서의 게마인샤프트, 즉 소속이 태어나면서 운명적으로 결정되는 집단이라는 의미를 조금 넘어서서 결사체적으로 조직된다고 하더라도 강한 연대의식에 의해 결속을 유지하게 되는 집단까지를 포괄한다. 파슨즈가 말하는 사회공동체(*societal community*)가 그런 것이라고 하겠는데 파슨즈는 그 표현으로 시민사회의 개념을 대치하였다고 할 수 있다. 김필동은 어떻게 계가 그러한 확대된 의미의 공동체에 해당하는지 잘 보여주고 있다(김필동, 1992).

9) 1980년대에 국내총생산 가운데 정부세출이 차지하는 비중이 일본은 10% 대

을 쓰는 만큼 지도는 거의 하지 않는 반면 일본의 국가는 지도를 많이 하는 것이다. 사회보장제도만 해도 일본은 서구에서 상대적으로 미약한 편인 미국보다도 더 미약하다. 하지만 일본의 불평등지수는 미국은 말할 것도 없거니와, 서구추종에 있어 결코 빠지지 않는 많은 "진보"주의자들이 그토록 떠받들어 온 스웨덴보다도 훨씬 작아 경제협력개발기구(OECD) 회원 국가 중에서 가장 평등한 소득분포를 보이고 있다(김경중, 1993: 564). 그러면서 실업률도 제일 낮은 편이다. 서구인들이 시장과 국가를 오가며 성장과 분배 사이에서 낮은 선택을 하고 있을 때 유교적 자산은 일본에서 둘을 모두 성취하는 높은 선택을 하도록 도와주고 있었던 셈인데 일본에서는 말하자면 사회복지를 국가 자신이 아니라 기업, 가족, 지역, 나라 등의 공동체의 수준에서 자치적으로 해결하도록 하고 있었던 것이다.[10] 일본은 애초에 큰 국가로 간 적이 없기 때문에 다시 작은 국가로 올 필요도 그다지 없으며, 서구가 그 둘 사이에서 시행착오를 벌이며 오랫동안 방황할 때, 일찍부터 국가와 시장과 공동체에 보다 안정적이고 합리적인 역할배분을 해오며 서구를 멀리 앞지를 수 있었던 것이다. 오늘날 일본이 작은 국가로의 개혁에 동참한다고 말하는 것을 액면 그대로 받아들일 필요는 없을 줄 안다. 일본경제가 흔들리고 있다는 것도 상당히 이념적으로 각색되어져 있는 편이다. 어쨌든 모든 다른 문화와 함께 유교를 일본에게 가르친 스승으로서의 우리는 불행히도 유교적 지향을 일본만큼 잘 활용하지를 못하였다. 우리의 국가는 일본이나 대만보다 훨씬 비합리적으로 행동해 왔었다. 하지

였던 데 반해 미국은 20% 대였다. 예컨대 1988년만 해도 이 수치가 일본은 16.4%였는데 미국은 22.8%였다. 1990년대 들어와 국가가 경기부양책을 써야 하게 된 상황 때문에 이 수치가 일본에서 증가하여 비로소 미국의 수준에 접근하게 되었다(IMF, 1997: 501, 857).

10) 밴 울퍼렌은 큰 줄 알았던 일본의 국가가 실은 작고 사회 속에 국가가 스며들어 있는 것을 발견하고 그것을 수수께끼라고 하였지만(van Wolferen, 1989) 그것은 바로 유교적 지향의 구현이었을 뿐인 것이다. 하지만 그것은 그의 잘못이라기보다는 오늘날 일본인들이 유교에 진 빚을 솔직히 잘 인정하지 않기 때문에 그로서는 알기가 힘든 일이었다고 할 수 있다.

만 다른 대부분의 개도국에 비해서는 훨씬 합리적으로 행동해 왔고 그것이 우리를 크게 보아 성공한 경우에 속하게 한 중요한 원동력의 하나였다. 충분히 잘 활용하지는 못했지만 유교적 자산이 우리에게도 기본적으로 작용하여 왔기 때문인 것이다.

6. 인간의 본성에 대한 냉철한 인식

유교적 전통이 작용하고 있는 곳에서 기업들은 종신고용제를 기본적으로 채택하여 왔다. 이러한 고용제도는 기업공동체적 수준에서 소득불평등을 줄이는 데 크게 기여하고 있다. 서구적 관점에서 보면 그것은 개인의 생산성에 바로 대응하는 보수를 지급하는 것이 아니기 때문에 시장원리에 어긋나는 비효율적 제도이다. 그러나 그 제도를 가지고 우리는 경제성장을 이루었고 이제는 서구 기업과도 어느 정도 겨룰 수 있는 제품을 만들어 내게 되었다. 뿐만 아니라 우리보다 현실적으로 먼저 그 수준에 도달한 일본 기업들을 보면, 바로 그 제도로 해서 미국 기업보다 경쟁력 있는 제품을 만들어 낼 수 있었다. 그 제도는 전술한 성장과 분배의 두 마리 토끼를 잡는 데 기여한 또 하나의 유교적 요소인 것이다. 그 작동원리를 생각했을 때 그것은 개개인의 즉시적 보상의 동기 이상으로 기업 전체 속에서의 장기적 보상의 동기를 자극할 때 생산성을 높일 수 있음을 보여 주는 제도로서 그간 미국이 도입하려고 노력해 왔던 제도였다(Kochan et al., 1986; Bosworth et el., 1997: 277). 일본 기업들이 근래에 서구적 고용제를 채택하는 경향이 증가하고 있다는 점이 역시 과대홍보되는 경향이 있지만 그것이 근본 틀을 깨고 있는 것은 결코 아니라는 점에 유의해야 할 것이다.

여기서 우리는 원래 서구인들이 시장이라는 추상적 개념을 신봉할 때 인간의 행동원리에 대해서 대단히 단순한 도식을 상정하여 신봉하고 있음을 알 수 있다. 인간을 완전히 개인으로 고립되어 있으면서 일회적 보상에 정확히 대응하여 행동하는 이기적이고 타산적인 존재로서만 전제하고 있는 것이다(Drakopoulos, 1991 참조). 그러나 실제상의 인간은 그렇게 단순한 존재가 아니며 개인으로서만이 아니라 상당한 정도 집단으로서 존재하고, 일회적 보상에 대해서만이 아니라 좀더 장기적인 전망도 고려에 넣으며, 이기적인 면과 함께 이타적인 면도 보여주고, 이익만을 계산해서 행동하지 않고 그 이상의 가치와 관습과 감정에 의해서도 움직이는 존재이다. 유교 전통에서도 인간의 그러한 모든 복잡한 모습을 체계적으로 다 포착하여 왔던 것은 아니지만 원래부터 지니고 있던 냉철성이 인성논쟁, 법가와의 상호작용, 불교와의 상호작용 등을 통하여 인간의 그러한 복잡한 면모에 대해 마음을 열어 놓은 모습을 유지케 하였던 것이다. 유교 전통에서는 비단 인간에 대해서 뿐이 아니라 사물 일반에 대해서 그렇듯 한 면만을 보지 않고 여러 면을 두루 보는 자세가 있어 왔었다. 그러한 태도는 한편으로 주어진 사물을 하나의 추상적 개념으로 완전히 획일화시켜 현실로부터 격리시켜 보기보다 구체적인 현실 속에서 실체적으로 파악하는 자세로 이어지게 되었다(조혜인, 1998).

7. 탈규제의 문제

실은 시장이라고 하는 것이 진공 속에서 존재하는 곳은 없으며 그 형태 역시 천차만별이다. 남대문시장과 동대문시장이 다르며 상품시장과 금융시장과 노동시장이 다르다(Block, 1990). 그런데 서구에서 19세기를 풍미했던 자연과학주의는 이런 다양한 사회적 공간들을 하나의 획일적 개념으로 처리하는 것에 대단한 지적 가치를 부여하게 하였다. 그리하여 원래 몇 가지 상품의 거래를 대상으로 하여 만들어 낸 시장의 "법칙"을 금융과 노동과 자본에 대해 확대 적용시켜 나가면서 엄청난 지적 정복감에 도취하곤 하였다. 그러나 시장이라는 개념은 처음부터 상당한 자가당착성을 내포하고 출발한 개념이었다. 원래 시장이라는 개념을 정립할 때에는 경제주체들이 자유로이 경쟁하는 과정을 어떤 힘이 간섭하여 교란해서는 안 된다는 당위성이 핵심적 요소로 포함된 개념으로서였다. 문제는 그러한 간섭을 막기 위하여서도 간섭은 필요하다는 것이다. 말 자체가 모순을 내포하고 있는 것이다. 그런데 그 일은 국가가 그 법체계와 권력을 가지고 누구 못지 않게 효과적으로 할 수 있는 것이어서 시장과 국가 사이에 협력적 관계가 일정하게 요구되는 것인데도 시장개념이 정립될 때는 국가를 본질적으로 시장 교란의 위협세력으로서 적대시하는 태도가 내장되어졌던 것이다. 어쨌거나 시장에서 경제주체들이 자유로이 경쟁을 하게 되면 적자생존의 현상이 심화되면서 몇몇 독과점적 기업들로의 경제집중이 일어날 수 있다. 그러면 그 독과점적 기업들이 시장의 자유로운 경쟁을 방해하는 또 다른 차원의 힘이 될 수 있다. 시장 내부에서 시장을 교란하는 힘이 등장하게 되는 것이다. 좀더 경험적인 차원에서 시장이라는 개념에 내포된 모순이다(Gee, 1991: 93~100). 물론 그러한 교란을 막는 간섭작용에 있어서도 국가는 중요한 역할을 할 수 있다. 실은 서구에는 시장의 교란을 막기 위한 국가적 차원의 기구와 제도가 많이 발달해 있는데 미국의 독점금지법(Antitrust Law)은 그 한 가지 예이다. 그런 의미에서 정통 경제학에 있어서도 시장은 결코 탈규제와 동의어가 아닌 것이다. 그런데도 오늘날 우리 나라에서 시장주의를 외치는 사람들은 정통 경제학에서 시장이라는 개념으로 말하려는 것보다도 더욱 심한 탈규제를 외치고 있는 것이다.

시장은 이렇듯 자유경쟁이라는 그 지향과 관련해서도 자기모순을 잉태하고 있는 개념이지만 그것이 지향하는 자유경쟁이 줄 수 있는 폐해와 관련해서 많은 한계들을 갖고 있다. 그리하여 서구에서 시장에 대한 국가의 규제는 재정적인 측면은 차치하고라도 비재정적인 측면에서도 계속 강화되어 오고 있는 추세에 있다. 그렇게 하는 데에는 시장의 다기성이 적지 않은 작용을 하고 있다. 예컨대 상품이라 하여도 식품이나 의약품의 유통을 전적으로 시장원리에 맡긴다면 유해성분을 지닌 식품이나 의약품이 국민의 건강에 엄청난 위해를 끼치는 것을 막을 수 없을 것이다. 그렇기 때문이 식품의약국 같은 기관이 계속 확충되어 가고 있는 것이다. 그것은 결코 예외적인 것이 아니며 실은 오히려 일반 상품에 있어서도 국민보건과의 관련성이 확대되고 있는 추세에 있다고 할 수 있다. 뿐만 아니라 환경 등 기본적으로 같은 성격을 지니는 측면에 대한 규제가 계속 증가하고 있는 추세에 있다. 노동시장도 마찬가지이다. 노동에 대해서도 국가 내지 공공기관의 자격증을 요구하는 비중이 늘어나고 있는데 그 이유는 역시 그 질을 시장원리에 의해 확보하는 것이 근본적인 한계를 지니고 있기 때문이다. 그러나 노동시장 개념의 사용에 관해 제기되는 좀더 궁극적인 쟁점은 원래 상품이라는 물건에 대해 정립된 시장 개념을 사람에게 그대로 적용하는 데 있다. 인간노동의 인간적 측면을 배제하고 물질적인 측면만을 보려고 하는 것이다. 그리하여 원래의 노동시장 개념으로는 앞서 살펴 본 종신고용제의 장점을 포착할 수 없었으나 근래에 역시 앞서 말한 인간이 지니는 복잡한 면모에 좀더 다가가려는 수정의 노력이 경제학 내에서도 이루어지고 있다(Doeringer and Piore, 1971; Akerlof, 1986). 가장 극단적인 것은 기업을 상품으로 보는 이른바 기업시장이라는 개념이다. 이것은 서구 자본주의의 핵심적 동력이어 온 기업가 정신의 중요성을 완전히 부정하는, 서구 자본주의가 스스로를 잡아먹으려 드는 자해적 흐름의 대표적인 예라고 할 수 있다. 서구 내에서도 도덕적으로 뿐만 아니라 경제효율성 면에서 논란이 되고 있는 이른바 적대적 인수합병을 외국기업에 의한 것까지 그것도 새로운 도덕으로 적극 도입하려 드는 것에서 현재 우리나라의 심각한 정신적 혼돈상의 한 단면을 읽을 수 있는 것이다(Coffee et al., 1988; Milgrom and Roberts, 1992: 519).

물론 그러한 여러 가지 사항들이 밝혀지게 된 데에는 서구 학자들의 정치한 경험적, 이론적 연구들의 공헌이 지대하였다. 문제는 서구인들 자신은 각자 자신들이 밝혀낸 그러한 복잡한 모습의 한 측면만을 택하여 절대진리로 받들면서 서로 종교전쟁을 계속 하려고 한다는 것이다.[11] 그러나 그러한 자세를 원래 갖지 않는 사람들은 그 복잡한 모습

11) 오늘날 서구에서도 이른바 정보화의 진전에 따라 정보처리 능력이 대폭 증가하면서 사물을 하나의 추상적 개념으로가 아니라 다양한 현실에 좀더 충실할 수 있는 다기한 언술을 통해 접근해야 한다는 생각이 이른바 포스트

에 접했을 때 그 모습 그대로를 별 저항 없이 받아들이려 할 수 있다. 유교적 전통에서 살아 온 사람들은 원래 국가와 사회와의 사이에 협력적 분업관계를 설정하던 자세를 기본적으로 지니고 있는 데다가 그렇게 복잡한 새로운 정보들을 접했을 때 그렇게 좀더 냉철한 자세를 취하기가 더 용이한 것이다.

그동안 우리의 국가가 과잉규제했던 측면이 분명히 있다. 그러나 모든 규제가 다 나쁜 규제였던 것은 아니다. 계속 유지되어야 할 규제가 적지 않은 것이다. 또 해야 할 규제이지만 그것을 올바르게 하지 않고 나쁘게 규제한 것도 있었다. 그리고 규제를 해야 할 것을 안하고 있었거나 새로이 도입해야 할 규제도 적지 않다. 뿐만 아니라 그동안 있었던 그른 규제의 결과 생긴 왜곡된 형태들을 바로잡기 위해서는 그것을 교정하는 적극적인 작위적 활동이 필요한 것이다. 예컨대 그동안의 "정경유착"에 힙입어 문어발 식으로 자라온 재벌을 세계 대기업들과 본격적으로 겨룰 수 있는 전문 대기업들로 다시 태어나게 하고 대기업과 중소기업의 협력적 영역분담을 도출하는 것은 본래 의미의 시장의 활성화를 뒷받침하기 위하여서도 적극적으로 이루어져야 하는 정부 규제활동의 마지노선인데도, 현금의 탈규제론자들은 너무도 무절제한 탈규제를 외치고 있다. 그것은 전반적으로 그른 규제에서 그른 탈규제로 넘어가자고 하는 것이 된다. 우리의 국가가 그동안 그렇게 적지 않게 그른 규제를 하고 있었던 것은 민주주의가 제대로 작동하지 않았기 때문이다. 국가의 규제를 무차별적으로 삭감하는 것이 우리가 걸어가야 할 길이 아니라 국가가 규제를 좀더 올바르게 하도록 국민 내지 시민사회가 국가에 대해 좀더 일상적으로 작용할 수 있는 장치를 마련하는 것이 채택되어야 할 이정표라고 할 수 있다. 그동안의 그른 규제에 대한 반발 때문에 시장주의가 지선으로 인식되는 상황이 조성된 측면이 없지 않지만

모더니즘의 가치하에 대두되고 있다(Lyotard, 1984). 그러한 맥락에서 시장이라는 획일적 개념도 다기화되어야 할 필요성이 논의된다. 다만 서구인들은 다시 그러한 포스트 모더니즘적 착상을 또 하나의 종교로 삼으려 든다는 문제가 있다.

그것은 결코 올바른 방향수정이 아닌 것이다. 특히 지금 같은 비상상황하에서는 오히려 평시에 요구되는 것보다 훨씬 높은 강도의 정부개입이 이루어지지 않으면 안 된다. 현재와 같은 상황에서 시장기능에 문제교정을 맡기겠다고 하는 것은 마치 의사가 수술을 한다고 개복을 해 놓고는 자연치유에 맡기겠다고 하는 것과 크게 다름이 없다.

8. 유교적 자산을 훼손한 개발독재와 자기비하

그러면 애초에 우리 국가가 그른 규제를 한 것은 유교와 상관이 없는 것인가? 많은 사람들이 이른바 개발독재를 “유교 자본주의”의 동의어로 사용하곤 한다. 유교에 대해 사람들이 반감을 갖는 적지 않은 경우가 실로 거기에서 비롯되고 있다. 그것은 유교에 대한 정확한 인식이 결여되어 있기 때문에 생기는 일이다. 유교는 우리가 오늘날 독재라고 부르는 지향과는 크게 다른, 오히려 우리가 민주주의라고 부르는 지향에 훨씬 가까운 지향을 내포하고 있었다. 특히 군사독재와는 전혀 상관이 없는데(강정인, 1997) 이는 성리학을 국교로 삼았던 조선조 오백 년간 단 하루도 그러한 정치가 없었다는 것을 생각해보면 바로 알 수 있는 점이다. 그리하여 유교적 자산은 그동안 우리가 민주화를 이루는 쪽에 훨씬 크게 작용하였다고 할 수 있다(Kwon and Cho, 1997). 유교적 자산은 자유 민주주의와 더 친화성을 가질 뿐만 아니라 자유 민주주의와 결합했을 때 뛰어난 화합력을 낼 수 있는데 일본의 전후 경제발전은 어떻게 자유 민주주의와 유교적 자산이 상승작용을 일으킬 수 있는지 보여주는 사례라고 할 수 있다.

그동안 우리의 개발독재는 유교적 자산을 충분히 활용하지 못했을 뿐 아니라 그것을 적지 않게 훼손시켜 왔다. 이 점에서 그것은 예컨대 대만보다도 떨어지는 상태에 있었다고 할 수 있다. 대만은 비록 정치적으로 독재체제를 오래 유지해 왔었지만 유교적 인화(人和)를 해치지 않는 경제성장이 이루어지도록 국가가 보살피는 맥락과 수준에서의 개입을 유지해 왔다. 기업간, 지역간, 계층간 균형있는 발전이 이루어지도록 늘 신경을 써왔으며, 그것은 공동체에 초점을 맞추는 만큼 오히려 우리보다 국가개입의 정도가 훨씬 덜한 모습으로 나타나는 것이었기 때문에, 대만이 정치적으로 독재였긴 하지만 경제적으로 개발독재이기까지 하였다고는 쉽게 말할 수 없다. 그것은 백성의 복지는 백성들의 공동체의 자치에 맡길 때 좀더 효과적으로 확보될 수 있고 국가는 그것을 보살피는 일을 하여야 한다는 맥락의 전술한 유교적 작은 정부 이상의 계승이었다고 할 수 있는 것이며, 그 점에서는 자유 민주주의를 택한 전후 일본과 유사한 것이다.[12] 대만은 민주화가 진행되기 이전까지, 그리고 민주화가 진행되는 도중에도, 유교 속의 주된 민주적 요소의 하나로서의 민본주의를 잘 활용함으로써 좋은 성과를 거둘 수 있었던 것이다. 우리는 그만큼 인화를 기하지 못했기 때문에 차별을 받는다고 느끼는 여러 차원의 집단들이 당연히 크게 반발할 수밖에 없었고, 그것이 오래 계속되는 동안 상당히 굳은 균열로 화하게 되었으며 그것이 인화의 기도 자체를 조금씩 더 어려운 것으로 만드는 악순환이 있어 온 것이다. 그리고 그것이 민주화의 진전에도 불구하고 국민과 엘리트의 정치적 행동이 완전히 합리적인 것이 되지 못하게 하는 중요한 요인으로 작용해 온 것이다. 그리고 충분히 동의에 기반을 두지 않은 무단적 힘의 계속적인 작용은 커뮤니케이션 체계를 크게 왜곡시켜 조선시대에 자리잡았던 유교적 언로(이상희, 1994)의 수준보다도 크게 떨어지는 수준에 놓이게 한 것이다. 그러한 상황이 민주화 이후에도 크게 개선되지 않은 결과 계속 쌓이게 된 비합리적 결정의 누적점에 IMF 간섭을 불러온 계기로서의 재벌의 외화과잉차입이 놓여 있는 것이다.

그러면 우리는 왜 유교적 자산을 대만이나 일본만큼 잘 활용하지 못하였을까? 그 중요한 이유의 하나는 우리가 대만이나 일본과 달리 자기 역사와 자기 전통에 대해 그다지 강한 자부심을 갖지 못하다는 데 있

12) 국가개입의 강도에 있어 대만과 일본이 공히 우리보다 상대적으로 약했음은 유석춘(1987)이 국제비교를 통하여 잘 보여주고 있다.

다. 그리고 다시 그렇게 된 가장 중요한 계기는 바로 일본이 그 역사와 전통의 많은 부분을 준 스승을 짓밟는, 유교식으로 말하자면 패륜행위를, 금세기 초에 저질렀던 데 있다. 그리고 광복 이후 대만과 달리 친일파의 득세가 계속되는 불운의 연장 속에서 자기비하로 점철된 친일파의 관념적 이익이 국민정신, 특히 엘리트의 정신 속에 계속 확대 재생산되어 왔기 때문인 것이다. 그런데 우리가 자부하거나 의식하지 않는다고 하여 우리의 전통이 그렇게 쉽게 사라지는 것은 아니다. 그렇지 않고, 전통은 흉한 모습으로 방치된 채 있게 된다. 오늘날 우리에게는 자기를 비하하는 정도에 비례하여 서구를 무조건 추종하려는 자세가 있다. 그러나 그것이 완전한 서구화를 낳기는커녕 크게 왜곡된 서구화를 낳게 되었는데 그것은 속에 들어 있는 흉한 모습의 전통이 겉의 서구화를 그만큼 왜곡시키기 때문이다. 따라서 우리는 필요한 만큼의 서구화도 제대로 구현하지를 못하고 있는 것이다. 반면 대만이나 일본에서는 건강한 모습으로 지켜지고 있는 전통이 서구화를 필요한 만큼은 더 잘 실현하게 하는 확고한 토대가 되고 있다.

현금 아시아 자본주의의 위기라는 담론이 유행하고 있지만 자세히 살펴보면 유교권에서 정말로 흔들리고 있는 나라는 우리밖에 없음을 알 수 있다. 우리가 비틀거리고 있는 것은 그것이 이른바 유교 자본주의여서가 아니라 오히려 그로부터 보아도 상당히 잘못된 길을 걸어 왔기 때문인 것이다. 그렇지만 유의하지 않으면 안 될 점은 우리 경제가 대단한 중환을 앓고 있는 것은 결코 아니라는 것이다. 우리가 앓고 있는 것은 상당히 가벼운 병인 것이며 다만 상당한 정도 만성이 되어 있을 뿐이다. 지금 갑자기 서구와 똑같은 모습의 경제를 갖추기 위해 순식간에 대수술을 하라고 하는 것은 적어도 세 가지 점에서 크게 잘못된 처방이 된다. 첫째, 서구의 경제는 서구의 경제대로 갖가지 병을 앓고 있다는 점을 인식해야 한다. 서너 가지만 예를 든다면 서구인들은 현재 저축률이 대단히 낮고 자기들이 생산하는 이상으로 소비하는 경향을 보인다. 서구의 노동자들은 적어도 양적으로는 우리만큼 열심히 일하지 않고 있다. 서구의 기업가들은 우리처럼 장기적인 안목에서 경영을 하지 않고 단기적 이익을 극대화하는 쪽으로 경영하는 것이 체질화되어 있다. 그리고 극단적인 개인주의 때문에 사회 전체로 볼 때 많은 중복투자를 통하여 심한 자원의 낭비가 이루어지고 있다. 법만능주의로 인하여 과다한 법조인원과 송사유지에 물적, 인적, 정신적 자원이 과도하게 투입되고 있다. 우리가 위염을 앓고 있다면 그들은 신장염을 앓고 있는 셈이다. 둘째, 우리가 IMF로 가게 된 것은 우리 자신의 문제 외에 세계금융자본의 불건전한 유통이라는 서구에서 발전한 문제가 있다. 그것으로부터 우리가 주위의 나라들보다 훨씬 더 심한 타격을 받게 된 한 가지 이유는 우리가 우리 경제발전수준보다 과도하게, 그것도 대항장치를 채 마련하지 않은 상태에서, 개방을 시도한 데 있는 것이다. 셋째, 무엇보다도 중요한 이유는 만성의 가벼운 질환을 고치는 데에는 그에 상응하는 순하면서도 지속적인 처방이 요구된다는 점이다. 그에 대해 순간적으로 강도 높은 대수술을 시도한다는 것은 치료가 아니라 성한 사람을 공연히 불구로 만들겠다는 것이나 다름이 없는 것이다. 이러한 사항들은 우리가 냉철하기만 하다면 인식하기에 그렇게 어렵지 않은 사항들이다. 그러나 자기 전통에 대한 자부심과 함께 유교적 냉철성까지를 적지 않게 잃어버린 우리 나라의 많은 엘리트들은 서구중심주의에 사로잡혀 너무도 투명한 현실마저도 직시하지를 못하고 있는 것이다.

9. 블록도 이념도 아닌 순수한 방법론적 자산

여기서 한 가지 명백히 해야 할 점은 유교 자본주의라는 것이 수호되어야 할 하나의 초국가적 공동체를 이루는 것은 결코 아니라는 것이다. 크게 유교 자본주의를 보여주고 있는 동아시아의 각 사회들은 그런 공동체를 이루기에는 모두 제갈길이 바쁜 사회들이다. 지역적으로 그리고 또는 그에 덧붙여 문화적으로 이웃하고 있다고 하여 이른바 블록화를 일반적으로 이룰 수 있다는 명제는 인도/파키스탄, 그리스/터키, 이란/이라크, 이스라엘/시리아 등 너무도 많은 경우가 그것이 난센스임을 말해 준다. 유럽은 성긴 수준이나마 공동체가 가능한 것이 원래 서구는 애초에 중세가 성립되었을 때부터 다소간 그러한 밀도의 공동체로서 존재해 왔기 때문이다. 그러한 역사와 함께 대체로 고만 고만한 나라들 사이에 세력균형이 크게 위협받지 않을 수 있다는 전망이 그 수준이나마 공동체를 서로 간에 받아들이게 하고 있는 것이다. 아세안의 경우도 그러한 세력균형의 전망이 주된 배경으로 작용하고 있다. 하지만 동아시아는 다르다. 중국은 혼자서 유럽만한 면적에 세계 인구의 5분의 1을 갖고 있는데 무슨 블록화를 필요로 하여 그것을 진정으로 바라겠는가? 일본의 1억 3천만 인구는 유럽에서 가장 인구가 많은 독일의 8천만보다 5천만이 많으며 미국의 절반이나 된다. 그 인구로 할 수 있는 만큼은 다 하고 있는데, 예컨대 결코 한 국가로 유기적으로 통합되지 않는 유럽공동체보다 더 알찬 경제를 만들고 있는 것이다. 우리는 남한의 인구만 했을 때 이제 5천만 수준으로 유럽의 전통적 강국인 영국이나 프랑스와 같은 수준에 있으며 남북한 인구를 합치면 이내 8천만 수준이 되어 독일과 같아진다. 주어진 인구와 역량으로 지금이라도 정신차리고 우리 갈 길을 제대로 가면 아무도 함부로 대할 수 없는 세계 5강의 반열에 들어 설 수 있다. 한마디로 동아시아 좀더 정확히 말해 동북아시아는 블록화를 이루기에는 머리들이 너무 큰 소수의 나라들이 버티고 있는 마당인 것이다.

유교 자본주의는 지켜야 할 공동체도 아니지만 지켜야 할 이념인 것도 아니다. 우리에게 유교는 하나의 귀중한 방법론적 자산일 뿐이다. 중국인들에게는 그것이 방법론 이상의 존재가 될 가능성이 있는데, 그 이유는 중국인들은 유교라는 종교적 신원을 내면 속에 상당히 강하게 유지하고 있고, 그리하여 유교가 어쩌면 천 년 전 인도 불교의 도전에 전향적으로 대응하여 신유교로 되살아난 것처럼 서구문물의 도전에 대응하여 다시 한번 "개신유교" 등의 형태로 되살아날 가능성이 있기 때문이다(정인재, 1997; 조혜인, 1997). 우리에게는 그럴 가능성이 크지 않은데, 그것은 우리가 그것을 하나의 방법론으로서 좀더 자유롭게 개선시켜 나갈 수 있다는 것을 의미할 수 있다.

우리는 지금까지 유교의 냉철성에 좀더 초점을 맞추어 살펴보았지만 유교는 종교로서 버리기 쉽지 않은 본원적 신념의 차원도 물론 지니고 있다. 신념 자체의 차원에서 그것은 서구와의 비교에서 취약한 점이 없다고 할 수 없다. 유교는 비록 이성의 산물인 이론 내지 지식을 종교로 받들지는 않지만 지식을 소유한 인간은 대단히 숭배하는 경향이 있다. 그 한 가지 이유는 지식을 그것을 소지한 사람의 인격의 불가분의 일부로 보기 때문이다. 그리하여 무조건 "많이 아는 사람"을 존경하는 경향이 있다. 반면 서구에서 지식은 인격의 일부가 아닌 사람 바깥에 존재하는 별도의 실체이다. 그리하여 무조건 "많이 아는 사람"을 존경하지는 않는다. 지식을 종교로 숭배할지라도 그 지식을 소지한 사람을 숭배하지는 않는 것이다. 그럴 때 사람은 그 지식을 위하여 자신을 그 발전의 도구로 헌신하려는 자세를 지닌다. 이에 비해 우리는 이것저것 무조건 "많이 알기만 하면" 존경을 받기 때문에 잘못하면 지식이 소화불량상태에 빠질 수가 있다. 특히 우리나라에서는 고학력자에게 무조건 과도하게 높은 보상이 주어지고 이것이 고등교육의 양적인 과잉성장을 낳고 있다. "유식한 인간"을 특별히 숭배하지 않는 서구적 태도는 실은 신 앞에서 인간은 피조물의 위치를 망각하기 않고 "마음이 가난한 자"로 항상 겸손한 채로 남아 있어야 한다는 기독교적 지향의 세속적 탈바꿈이라고 할 수 있다.

서구인들이 오늘날 경제적 영역에서 "생산성"을 강조하는 뒤에는 그러한 귀중한 맥락과 종국적으로 연결되는 측면도 있다. 그러므로 우리는 그만큼은 수용하여 기왕의 "한국 자본주의"를 더 좋은 방법론으로 발전시킬 필요가 있다. 그러나 지금 IMF가 우리에게 요구하는 것에는 그렇지 않은 점도 많다. 무엇보다도 거기에는 이념투쟁적 동기가 상당히 개재되어 있다.

10. 요구되는 냉철한 선택

IMF는 그 기관의 성격과도 관련되어, 통화의 수급을 중시하는, 정통주의적인 입장 중에서도 더욱 극단적인 입장이 작용하고 있는 기관이라고 할 수 있다. 말하자면 시장주의에 관하여 거의 근본주의적인 자세를 취하고 있는 곳이다. IMF가 우리에게 주문하고 있는 "개혁"은 정통주의적 입장에서 규범으로 이상시하고 있는 경제의 모습을 궁극적인 이정표로 설정해 놓고 있다. 그런데 그들이 보기에 우리의 경제는 그 규범에서 너무도 일탈한 모습을 보여주고 있는 문제아이다. 그래서 대수술이 시급하게 이루어 져야 한다.

IMF가 우리에게 요구하고 있는 "개혁"에는 IMF가 오기 전에도 우리가 개혁해야 한다고 국민적 수준에서 느끼고 있는 처방도 들어 있다. 재벌의 전문 대기업화나 불건전한 금융관행의 개혁 등이 그것이다. 그러나 IMF의 처방에는 수술하지 않아도 되거나 더 나아가 수술해서는 안 될 "생살"까지 도려내라고 하는 부분이 적지 않다. 이른바 "노동시장 유연성"의 도입요구가 그 한 가지 예이다. 앞서 논한 바와 같이 서구에서는 원래 노동도 상품처럼 일회적 내지 단기적으로 매매하는 것을 당연시하였다. 그러다가 복지주의가 성장하던 기간에 노동자에 대한 여러 가지 보호장치가 도입되었다. 이것이 생산성의 저하를 일정하게 낳았고 신보수주의 개혁이 이에 대해 "원상회복"을 어느 정도 이루어 놓은 것이 바로 노동시장의 "유연성"이다. 그러나 우리는 종신고용제를 이상으로 하여 노동에 대해 장기적인 계약을 맺어 왔는데, 역시 전술하였듯이 이것은 성장과 고용안정의 두 마리 토끼를 다 잡는 높은 선택을 가능케 하는 제도라고 할 수 있다. 그러나 IMF는 이 "이단"을 버리고 서구적 "정도"를 걸을 것을 우리에게 요구하고 있는 것이다. 자기들이 저성장과 고용불안정 사이에서 해 오던 낮은 선택의 반전과 재반전이라는 "문명"의 길을 우리에게 깨우쳐 주고 싶어하는 것이다. 우리도 자기들과 똑같은 병에 걸려서 똑같은 약을 먹을 때 구원은 이루어질 것이다.

여기서 일차적인 문제는 설사 그러한 선택이 낮은 선택이 아니고 그들 생각처럼 더 좋은 길이라고 하더라도 우리에게는 사회복지의 약이 제대로 갖추어져 있지도 않은데 다짜고짜 실업의 병부터 먼저 걸리라고 하는 데 있다. 또 설사 그 문제를 건너 뛸 수 있다 하더라도 그렇게 해서 도입한 “노동시장의 유연성”이 우리 사회에서는 생산성의 향상이 아니라 오히려 저하를 낳을 가능성이 있다는 것이다. 그것은 기존의 노동시장은 그에 맞는 근로동기 및 경영동기 복합체를 강력한 관성을 갖고 우리 사회에 심어 놓았기 때문이다. 서구에서는 예컨대 “정리해고”를 할 때 피차 기본적으로 합리적인 기준과 맥락에 의해 해고를 하게 된다. 그러나 우리 사회에서 얼마나 정확히 능력과 기능에 의해 해고가 이루어질지 큰 의문이 아닐 수 없다. 그보다는 이른바 “줄”이나 “정치력” 아니면 “운” 등 비합리적인 기준이 크게 작용할 가능성이 없다고 말할 사람은 별로 없을 것이다. 그것은 원취지와 달리 노동자들에게 “열심히 일해야 살아 남는다”는 마음가짐 대신에 정실주의, 정치주의, 패배주의, 운명주의 등 비합리적인 동기를 강화시킬 가능성이 있는 것이다. 쉽게 해고할 수 있다는 것은 사용자에게도 합리적 경영의 책임감을 오히려 약화시킬 가능성이 있다. 그렇게 되면 성장과 고용안정 두 마리 토끼를 모두 놓치는 최악의 상황이 발생함을 의미한다. 높은 선택에서 서구적 낮은 선택보다도 못한 나락으로 급전직하함을 의미하는 것이다.

물론 근자에 와서 우리의 근로윤리가 상당히 해이해졌고 일부 부문의 임금이 너무 상승했다는 것에 대해 국민적 수준에서 문제의식이 형성되고 있었지만 IMF적 처방은 문제를 해결하기보다 악화시키고 있다고 할 수 있다. 금융부문에 대한 “개혁” 역시 그것이 준 엄청난 고통에도 불구하고 금융기관들로 하여금 오히려 경제를 해치는 쪽으로 행동하도록 만들고 있다고 할 수 있다. IMF가 요구하는 개혁은 무엇보다 그 속도에 있어서 진정코 치료를 지향한다기에는 너무도 과격하다고 하지 않을 수 없다. 여기서 한 가지 더 말할 수 있는 것은 그것이 우리와 피와 살이 닿는 기관이라면 아무리 이념투쟁적 동기를 지닌다 하더라도 그렇게까지 무사려하고 무책임하게 행동하려고 들지는 않을 것이라는 점이다. 그것은 또 우리가 "외국자본"에게 완전히 문을 개방했을 때 어떤 일이 벌어질 것인지 판단할 수 있는 좋은 단서를 제공해 준다. 그 점에 유의하지 않았을 때 "자본이면 다 같은 자본이지 국적이 무슨 상관이냐"는 말을 스스럼없이 할 수도 있게 되는 것이다. 따져 보면 그러한 논리의 연장선상에서 최근 일부 논객들이 일본침입기의 민족모순을 부정하고 있는 것이다.

우리가 지금 취해야 할 냉철한 선택은 다음과 같이 그 원칙을 세워 볼 수 있다. 즉 IMF와 상관없이 우리가 당연히 해야 할 개혁으로 국민적 수준에서 논의되어 오던 개혁을 우리의 진정한 이정표로 삼는 것이다. 그것은 물론 그 내용뿐 아니라 순서와 속도에 있어서도 부작용을 최소화할 수 있는 그런 것이어야 한다. 그 다음 IMF의 처방 중 그것과 차이가 나는 부분은 최대한 피해가야 한다는 것이다. 적어도 그것을 반기며 맞아들여서는 안 되는 것이다. 그렇게 원칙을 정한다면 현 상황에 대한 처방은 먼저 안으로 국민의 화합을 극대화하는 쪽으로 개혁의 완급을 최대로 조정해 나아가는 한편으로 외부의 행위자들을 적극적으로 설득하는 선국민 후외부의 우선순위를 담게 될 것이다. 반대로 나라의 주권이 마치 "외국 투자가"에게 있고 우리 국민은 그 신임을 얻기 위해서나 존재하는 것으로 말하고 행동하는 현재의 모습이 더 지속된다면 우리는 곧 남미형으로 고착될 가능성이 적지 않다.[13] 이른바 종속이론은 남미경제를 대상으로 해서 수립된 것이었으며 지금도 남미경제에 대해서는 효력을 상실하지 않고 있다. 종속이론이 일반이론으로 성립하

---

13) 현재 일단의 "진보"적 지식인들이 이 가능성을 대단히 빨리 감지하고 세계체계에의 종속을 피할 수 없는 운명인 것으로 전제하면서 사태를 냉소적으로 비평하기 시작하고 있다. 그러나 그것은 결코 피할 수 없는 운명이 아니며 사람들, 특히 엘리트와 지도자가 어떻게 대처하느냐에 따라 결과가 달라질 수 있는 것이다. 그것을 운명으로 전제하게 되면 그러한 대처 의지와 역량을 마비시키는 데 기여하게 되며 그것은 그들의 "비판"적 정열과 모순되는 것이다. 만약에 우리가 그 "운명"에 빠지게 된다고 하더라도 주위의 다른 나라들은 건재할 가능성이 크기 때문에 그들의 세계체계 종속 불가피론은 성립될 수 없는 것이다.

는 데 타격을 가한 것이 바로 동아시아의 경제발전이었다. 그렇게 되는 데 동아시아가 지녔던 유교적 유산들과 함께 작용했던 한 가지 차이점은 좀더 강한 문화적 자아를 바탕으로 경제적 의사결정에 있어 상대적으로 높은 독립성을 유지해 왔다는 것이다. 현재 우리가 남미보다 썩 앞서 있지 않은 수준에서 이제 그 모든 것들을 버리고서도 남미처럼 되지 않을 수 있다고 자신한다면, 그야말로 스스로의 운명에 대해 어떤 과대망상을 하지 않고서는 그러기 힘든 것이다. 반면 새 정부가 이러한 모든 상황들에 대해 주도면밀하게 따져 보고 이 문제에 있어 냉철한 결정, 최소한 신중한 결정을 내린다면 집권기간 동안 설사 재도약을 시작하지 못한다 할지라도 더 이상의 추락은 막을 수 있을 것이며, 장래에 역사와 그리고 당장에 국민이 그것을 높이 평가해줄 것이다. 그리고 민주화의 투사가 개발독재의 유령에 패배하는 일견 어이없는 일이 재발하는 것을 막을 수 있을 것이다.[14)]

▪ 참고문헌 ▪

강정인(1997), "유교민주주의는 모순인가?", 〈전통과 현대〉 2집 가을.

김경중(1993), 《한국의 경제지표》, 매일경제신문사.

김승혜(1997), "주자의 유교관 - 민을 위한 의와 이의 긴장", 〈동아연구〉 34집.

김필동(1992), 《한국 사회조직사 연구: 계조직의 구조적 특성과 역사적 변동》, 일조각.

유석춘(1997), "동아시아 유교자본주의 재해석", 〈전통과 현대〉 3집.

이동인(1986), "유교적 합리성과 근대화", 〈정신문화연구〉 28호.

이상희(1994), 《조선조 사회의 커뮤니케이션》, 나남출판.

---

14) 민주국가는 국민 일반의 안녕과 복지를 내외의 위협적 힘으로부터 보호하는 것을 그 일차적 존재 이유로 삼고 있다. 목숨을 걸고 민주주의를 쟁취하여 그 동기의 여하간에 결과적으로 국가의 힘을 제 목적을 위하여 사용하지 못하는 일이 발생한다면 참으로 안타까운 일이 될 것이다.

정인재(1997), "중국의 경제발전과 유상", 〈동아연구〉 34집.

조혜인(1997), "유교적 유산과 중국 경제발전의 관계", 〈동아연구〉 34집.

______(1998), "유교와 포스트모더니즘 - 베버 유교관의 지양을 통한 전향적 대화", 〈동아연구〉 35집.

Akerlof, George A. (1986), "Labor Contracts as Partial Gift Exchange." in Akerlof and Janet L. Yellen eds., *Efficiency Wage Models of the Labor Market*, Cambridge: Cambridge University Press, pp. 66~101.

Anderson, Perry (1974), *Passages from Antiquity to Feudalism*, London: NLB.

Bellah, Robert N. ed. (1965), *Religion and Progress in Modern Asia*, New York: Free Press.

Block, Fred (1987), *Revising State Theory: Essays in Politics and Postindustrialism*, Philadelphia: Temple University Press.

______(1990), *Postindustrial Possibilities: A Critique of Economic Discourse*, Berkeley: University of California Press.

Bosworth, Derek et al. (1997), *The Economics of the Labor Market*, Harlow: Longman.

Chan, Wing-tsit ed. (1973), *A Source Book in Chinese Philosophy*, Princeton: Princeton University Press.

Cho, Hein (1997), "The Historical Origin of Civil Society in Korea." *Korea Journal*, vol. 37, no. 2, pp. 24~41.

Coffee, John C. et el. eds. (1988), *Knights, Raiders, and Targets: The Impact of the Hostile Takeover*, New York: Oxford University Press.

Doeringer Peter B. and Michael J. Piore (1971), *Internal Labor Markets and Manpower Analysis*, Lexington, Mass.: D. C. Heath.

Drakopoulos, S. A. (1991), *Values and Economic Theory: The Case of Hedonism*, Aldershot: Avebury.

Foldvary, Fred E. ed. (1996), *Beyond Neoclassical Economics: Heterodox Approaches to Economic Theory*, Cheltenham: Edward Elgar.

Gee, J. M. Alec (1991), "The Neoclassical School." in Douglas Mair and Anne G. Miller eds. *A Modern Guide to Economic Thought: An*

Introduction to Comparative Schools of Thought in Economics, Aldershot: Edward Elgar, pp. 71~108.

Goudzwaard, Bob(1979), *Capitalism and Progress: A Diagnosis of Western Society*, Toronto: Wedge Publishing Foundation.

IMF(1997), *International Financial Statistics Yearbook 1997*.

Kochan, Thomas et al. (1986), *The Transformation of American Industrial Relations*, New York: Basic Books.

Kwon, Tai-Hwan and Hein Cho(1997), "Confucianism and Korean Society: A Historical Basis of Korean Democratization." in Michèle Schmiegelow ed., *Democracy in Asia*, New York: St. Martin's Press, pp. 321~338.

Lidz, Victor M. (1970), "Secularization, Ethical Code, and Religions in Modern Societies." *Sociological Inquiry*, vol. 40, no. 2~3: 191~217.

Lyotard, J.-F. (1984), *The Post-Modern Condition*, Manchester: Manchester University Press.

McGuire, Meredith B. (1981), *Religion: The Social Context*, Belmont, C.A.: Wadswoth.

Milgrom, Paul and John Roberts(1992), *Economic Organization and Management*, Englewood Cliffs, N.J.: Prentice-Hall.

Parsons, Talcott(1978), "Religion in Postindustrial America: The Problem of Secularization." *Action Theory and the Human Condition*, New York: The Free Press, pp. 300~322.

Toynbee, Arnold(1957), *A Study of History*, 2 Vols., abridged by D. C. Somervell, New York: Oxford University Press.

van Wolferen, Karel(1989), *The Enigma of Japanese Power: People and Politics in a Stateless Nation*, London: Macmillan.

Weber, Max(1968), *Economy and Society: An Outline of Interpretive Sociology*, 3 Vols. ed. and trans. by Guenther Roth and Claus Wittich, New York: Bedminster Press.

제 4 부

병리적 인식의 해부와 난국타개의 유일처방

제 11 장 경제회복의 선결과제로서의 분배개선과 경제학의 공동체적 역량

제 12 장 경제 "종속화"마저 낳은 대외굴종적 특권 주지주의

제 11 장

경제회복의 선결과제로서의 분배개선과 경제학의 공동체적 역량*

1. 서 론

현재 우리 경제는 침체에서 벗어나지를 못하고 있다. 한 분기의 성장률이 기대치에 못미치면 다음 분기로 기대치를 이월해 보지만 다음 분기에서 기대치는 더욱 떨어지는 일이 계속되고 있다. 다른 나라들의 경제도 마찬가지로 침체되어 있다면 원인을 세계적 불경기로 돌릴 수도 있겠지만, 다른 나라들의 경제는 우리와는 반대로 호황이 심화되면서 경기과열을 걱정하는 경우들도 있어서 우리 경제가 심각한 병환을 앓고 있음을 잘 드러내 준다. 그러한 상태를 두고 언론이 현 정부의 "좌파"정책이 경제파탄을 불러 왔다고 공격하고 야당이 그에 가세하면 많은 국민들이 그에 심정적으로 동조하는 일이 벌어지고 있다. 그러자 초조해진 집권당에서는 적극적인 경기부양책을 써야 한다고 요구하면서 추경예산을 편성해서 서둘러 집행해야 한다고 주문한다. 하지만 그러한 정책기조적 논쟁은 현 경제침체의 진정한 원인을 외면하고 있는 빗나간 것이며, 그것은 우리 경제를 더욱 심한 침체의 골로 몰아가는 역할을

* 〈사회과학연구〉 13집 2호(2005), pp. 132~161.

하고 있다. "10년 장기불황의 엄습"이라는 소리가 들리기 시작하는 가운데 불행히도 그 진정한 원인을 말하는 목소리가 많이 들리지 않고 있기 때문에 그것을 아는 사람들은 한 사람이라도 더 발언을 해야 할 시급한 필요가 있다.

이 글은 현 경제침체의 진정한 원인이 지난 세월 있었던 정책착오의 결과 발생한 국민대중의 소득붕괴에 있으며 그것을 바로 잡는 것이 경제회복의 절대적 선결요건이라는 점을 논하려는 것이다. 경제정책에 관한 논의는 학문적인 분업체계상 일차적으로 경제학의 영역이다. 그러나 어떤 상황에서는 경제학이 올바른 경제정책을 향해 충분한 목소리를 스스로 형성시켜내지 못할 때가 있다. 특히 그럴 때에는 정치학이나 사회학 같은 인근 사회과학 분야가 지원활동을 전개할 필요가 커진다. 정치학은 정치경제학 그리고 사회학은 경제사회학 같이 경제현상을 다루는 분야가 있기도 하지만 자신들이 집중적으로 다루는 이념이나 가치의 변수가 경제현상에 미치는 통로를 통하여 경제학자들이 충분히 스스로 의식하지 못하는 어떤 인식적 함정에서 상대적으로 자유롭기 때문에 경제학자들이 시야가 가려 보지 못하는 길을 보고 그 방향을 말해 줄 수가 있는 것이다. 그러면서 경제학자들이 빠져 있는 함정에 대해 지적해줌으로써 경제학자들 자신으로 하여금 그들의 전문적 역량을 본격적인 문제해결을 위해 투입하도록 도와줄 수 있는 것이다. 그런 점에서 현대의 주류 경제학자들이 흔히 전제하는 "경제의 자율성"을 약간은 상대화시켜 줄 필요가 있는 것이다(Block, 1990 참조).

현재 우리 사회의 많은 경제전문가들을 현혹시키고 있는 고정관념의 하나가 분배와 성장을 무조건 대립적인 관계로 놓는 단순주의적 시각이다. 이것이 현 상황에 대한 그들의 올바른 진단과 처방을 방해함으로써 결과적으로 경제침체를 심화시키고 있는 한 가지 중요한 요소가 되고 있다. 그것을 교정해서 분배가 성장의 선결요건임을 인식하는 것이 현재의 침체에서 헤어나기 위해 필요한 한 가지 시급한 부대과제라고 할 수 있다. 자유주의 학파들을 포함하여 경제학에서는 원래 학파적 경계를 초월하여 고른 분배가 경제성장에 기여하는 인과적 연결 고리를 일반론적으로 상정해 왔으며 그 점에서 정확한 인식을 할 수 있게 하는 공동체적 지향이 있어 왔다.[1] 이 글의 후반부에서는 경제학 전통에서의 그러한 공동체적 지향에 주의를 환기시켜 경제전문가들이 주어진 역량을 최대로 발휘하도록 고무해 줌으로써 그들이 결국 올바른 정책을 본격적으로 수립하여 우리 경제를 구출하도록 지원하는 논의가 이루어질 것이다. 경제학에서는 자신이 공동체적 지향을 지니고 있다고 하더라도 그것을 늘 강하게 의식하지 못할 수도 있어서 정치학이나 사회학이 그 존재를 지적해 줄 필요가 있을 경우가 생기는 것이다. 그러한 작업을 하기 전에 글의 전반부에서는 경제전문가들이 왜곡된 관념에 사로잡혀 놓치고 있는 현 경제상황의 원인이 그러면 무엇인지 그 요점을 논할 것이다. 그리고 그 쪽으로의 목소리를 많이 들을 수 없는 상황에서 올바른 처방의 방향이 어느 쪽에 있는지 조금은 구체적으로 논할 것이다. 물론 아주 구체적이고 정교한 처방은 경제전문가의 몫이 되겠지만 현 경제상황을 같이 우려하는 인근 사회과학도로서 할 수 있는 구체성은 최대로 발휘해 보려고 하였다.

2. 외환위기 이래의 오처방에 의해 함몰된 우리 경제

1) 현 경제난국의 명백한 원인

현 경제난국의 원인은 너무도 명백한 것이다. 하지만 현재 우리 사회에서 지배적인 목소리를 내는 사람들은 흔히 국민과 정치인들로 하여금 그 명백한 원인에 제대로 초점을 맞추지 못하게 현혹하는 단순주의적 대비법들에 기반하여 빗나간 진단과 처방을 발하고 있다. 간단히 말해 현재의 난국은 외환 위기 이래의 오처방에 의해 빚어진 것이다. 많은

1) 그동안 우리 사회에서 정치학자들을 중심으로 공동체주의의 논의가 적지 않게 이루어져 왔었다(예컨대 황주홍, 1990; 김동수, 1994). 그런데 크게 자유주의로 분류될 수 있는 이론들에도 공동체적 요소가 포함될 수 있는 것이다.

사람들이 외환위기에 대해 당시 정부가 취한 정책적 기조를 비판 내지 우려해 왔었다(예컨대 장상환, 1998; 김성구, 1998; 이필상 외, 2001; 장하준, 2004). 필자도 그러한 정책적 기조가 채택되기 시작하던 1998년 초에 그것이 가져다 줄 결과에 대해 경고하는 맥락의 논문을 발표한 바 있었다. 그것은 너무도 당연한 추론에 입각한 것이어서 전제조건이 충족된다면 필연적으로 실현될 결과를 말한 것이었다. "종속적 신자유주의"는 그 정책적 의도를 요약해서 가리키는 규정이었다(손호철, 1999: 7). 그것은 우리의 경제를 종속화시키고 중산층과 서민을 몰락케 함을 의미하는 것이었다.

뿐만 아니라 우리에게는 영미에서 "신자유주의" 정책기조가 채택될 때 그것이 해결하고자 했던 것과 같은 경제적 증상이 전혀 존재하지 않았었다. 예컨대 미국에서 1980년대에 레이건 정부가 신자유주의 정책을 추진했을 때에는 그 이전 수십 년간 자라왔던 복지국가가 의미하는 높아진 재정비중과 이완된 근로의지가 있었다.[2] 그리고 아주 낮은 경제성장률과 10%에 육박하는 극도로 높은 실업률이 있었다. 그러나 우

---

2) 1950년 미국 연방정부의 지출이 국내총생산에서 차지하는 비중은 15.6%였는데 1976년에는 21.4%로 늘어나 있었다. 사실 그 수준에서도 사회민주주의적 정당의 집권을 오랫동안 경험해 온 유럽 여러 나라에 비해서는 여전히 작은 국가였지만 "자유주의"적인 분위기가 상대적으로 강하기 때문에 그러한 반작용이 발생했다고 할 수 있다. 레이건 정부는 그 비중을 다시 줄이지는 못했지만 더 이상 늘어나지 못하게 그 증가 추세를 꺾어 놓았다고 할 수 있다. 이 수치가 레이건 정부 초기인 1983년에 23.5%로 최고치에 도달한 다음에 그의 집권 나머지 기간에는 대체로 21% 대를 유지하고 있었다(OMB, 2003: 23~24). 레이건 정부가 사회복지 관련 예산은 정색을 하고 일정하게 깎았다. 하지만 한편으로 국방예산을 대폭 증액했기 때문에 총지출을 줄이지 못하게 된 것이다. 당연히 국방비 지출이 총지출에서 차지하는 비중이 많이 늘어났다. 이 수치가 1980년 22.7%에서 1987년에는 최고치인 28.1%까지 올라갔다. 반면 광의의 사회 복지 활동을 포괄하는 "인간 자원" 부문의 지출은 1980년 53.0%에서 1986년에 48.6%로 최저치가 되었다(OMB, 2003: 48~49). 레이건 정부가 정색을 하고 줄이려 들었던 또 한 가지 차원은 세금이었다. 그리하여 지출은 줄어들지 않는데 세수가 꽤 줄어든 결과 재정적자가 상당히 늘어나게 되었다.

리에게는 전혀 그러한 선행조건이 존재하지 않았다. 반대로 우리는 아주 높은 경제성장률과 대단히 낮은 실업률을 향유하고 있었다. 그리고 대한민국에는 복지국가가 존재한 적이 없어서 대단히 낮은 수준의 재정비중과 세계 최고수준의 노동강도 및 저축률이 있었다. 외환위기 발생 전해인 1996년에 국내총생산에서 사회보장비가 차지하는 비중이 1.8%였는데 이것은 같은 해 프랑스(18.9%), 독일(15.0%)의 10분의 1 수준일 뿐 아니라 바로 옆의 일본(10.2%)은 말할 것도 없지만 사회 복지 전통이 상대적으로 약한 미국의 6.9%와도 비교가 안 되는, 거의 존재하지 않는 수준이었다(한국조세연구원, 2002: 127). 신자유주의 정책은 비유하자면 비만증 환자의 군살을 빼겠다는 약이었다. 그런데 우리의 경우는 아주 날씬한 사람에게 살빼는 약을 다량으로 처방했던 것이다.[3] 우리는 그 부작용은 차치하고 생살을 빼는 실로 엄중한 우환을 당하게 된 것이다.

미국에서 신자유주의 정책기조가 의도했던 것은 기존에 세금으로 걷어 재정으로 쓰던 돈을 세금으로 걷지 않고 민간의 수중에 그대로 두어 민간으로 하여금 그 증대된 사적 소득을 쓰게 하면 훨씬 더 효과적으로 소비하여 더 큰 수요창출을 하게 한다는 것이었다. 증대된 수요의 호경기에 맞추어 기업들이 더 많이 생산하면 그것은 그대로 경제성장의 증대를 의미하는 것이었다. 그리하여 일자리가 늘면 실업수당을 받던 많은 사람들이 임금을 받게 되어 그 사람들의 복지도 "복지국가하에서보다 오히려" 증가하고 생산까지 한다는 것이었다.[4] 그런데 지난 정부가

---

3) 이런 불합리성에 대해서 많은 미국인을 포함한 외국학자들의 비판이 있었다. 많이 회자되던 펠드스타인의 비판(Feldstein, 1998)은 그 대표적 예가 될 것이다. 신자유주의 정책기조의 이론적 기초로 이용되던 이른바 "공급측면 경제학"의 이론가이면서 레이건 정부의 경제자문위원장이었던 그가 그런 불합리성에 대해 통렬한 비판을 가한 것이다.

4) 레이건 정부하에서 과거 10%에 육박하던 실업률이 결국에는 5% 수준으로 떨어져 가기 시작하며 경제성장률도 많이 높아졌다(Kudlow, 2004). 그러나 소득불평등은 개선되지 않고 증가하였다. 그것은 우선 복지지원액이 줄어든 결과 계속 실업자로 남아 있는 사람들에게는 유일한 소득원이 줄어들었기

몰두한 "구조조정"은 그와는 정반대로 민간수요를 철저히 삭감시키는 것이었다. 최고의 저축률이 말해주듯이 결코 방만하지 않았던 자국 사경제에 초긴축을 강요하며, 기업들에게 돈을 몰아준 것이 아니라 반대로 우량기업들을 포함하는 무수한 기업과 금융기관의 급격한 도산을 유도하여 천문학적인 수의 신규 실업자를 거리로 쏟아내면서 그것을 정리해고제로 가중시켜 자국민의 실업률을 단 수개월 사이에 수배로 늘리는 일을 아무런 주저 없이 시행한 것이다. 10%에 육박하였던 실업률을 어떻게든 줄여보려 했던 미국에서의 신자유주의 정부와는 정반대로 미미하던 실업률을 10%에 육박하게, 그것도 단 몇 개월 사이에 늘려버린 것이다.[5]

그리하여 소비의 주축인 국민대중의 소득이 철저하게 붕괴됨으로써 수요는 증대되기는커녕 급속도로 수축되었고 그것은 점점 더 증폭되는 경기침체의 악순환이 시작되게 하였다. 그동안에 최고수준이었던 우리의 개인 저축률은 최저수준으로 떨어져 버렸다. 즉 1996년에 15.9%나 됐던 우리의 개인 저축률이 2002년에는 단 1.5%로 거의 사라져 버렸다. 이것은 같은 해 대만의 15.4%나 독일의 10.6%는 말할 것도 없지만 일본의 5.4% 그리고 그 헤프게 쓴다는 미국의 2.3%보다도 낮아져 있는 것이다(한국은행, 2004: 4). 그런데 그것은 그토록 검약하던 우리 국민이 이제 대단히 헤퍼져서 맘껏 소비를 해댄다는 것을 의미하는 것이 전혀 아니다. 소득이 붕괴되어 소비를 할 돈이 없는 상태에서 저축을 할 돈은 더욱 없게 된 것이다. 앞뒤가 완전히 안맞는 일은 거기서 그치지 않았다. 그 무리한 "구조조정"을 위해 엄청난 공적 자금을 쏟아부은 결과 방만한 재정을 줄이는 것이 아니라 정반대로 작았던 재정을

때문이다. 또 실업자로 있다가 취업을 한 사람의 경우 그 새로 생긴 일자리들이 임금에 있어 흔히 변변치 않은 것들이어서 실업자로 있을 때보다 소득이 아주 많이 향상되지 않으면서, 증가한 경제성장의 좀더 많은 과실이 상위 계층에게 돌아갔기 때문이다. 이른바 "레이거노믹스"의 여러 가지 부작용에 대해서는 Kuttner(1990) 참조.

5) 물론 나라마다 실업률 정의에는 조금씩 차이가 있지만 여기서 일차적으로 중요한 것은 같은 나라의 전후 변동이다.

아주 방만하게 늘려가고 있었다.[6] 그러면서 정경유착이나 재벌집중 등 진정 고쳐야 할 병으로 우리가 거의 국민적 수준에서 합의해 오던 과제는 제대로 돌보려 하지 않았다. 그렇기 때문에 IMF와 상관없이 국민적 수준에서 논의되어 오던 개혁을 진정한 이정표로 삼고 IMF 처방 중 그것과 차이가 나는 것은 최대로 피해가야 하며 적어도 그것을 반기며 맞아들여서는 안 된다는, 필자가 한 바와 같은 경고가 성립될 수 있었던 것이다.[7]

생살을 없애면 생병으로 쓰러진다는 너무도 명백한 추론에 기반한 경고에 대해 당시 정부는 아무런 반응을 보이지 않았다. 그리하여 조건절은 충족되었고 시간이 흐르면서 결과절이 그대로 실현된 것이다. 아무런 진로수정이 가해지지 않았던 그 시간 동안 그 노선이 향하고 있는 곳이 어딘지를 잘 아는 많은 사람들은 외려 IMF 처방을 앞서가기까지 하는 그 자해과정을 하릴없이 지켜보게 되었다. 그런데 당시 정부는 국민대중의 소득파괴가 수요붕괴로 나타나기 시작하자 국민의 카드대출 남발을 유도하여 당장의 불을 끄는 방법까지 동원하였다. 생살을 뺀 대신 헛살을 불리게 한 것이다. 그리하여 1998년 64조 원에 불과하던 신용카드 이용액이 2002년 무려 622조 원으로 약 10배나 증가하였다(최공필 외, 2004: ix).

그것은 본격적인 경기수축을 잠시 늦추게 하는 역할을 하였지만 그

---

6) 공식적인 중앙정부의 재정만 하더라도 국내총생산에서 차지하는 비중이 1996년 11.0%에서 2001년 14.7%로 늘어나게 되었다. 우명동은 “신자유주의”를 표방하는 국가가 앞뒤가 이렇게 안 맞는 행동을 하는 것을 “우리 사회경제의 구조적 특성과 그 역사적 전제에 부응하지 못한” 잘못된 정책적 선택에 있음을 예리하게 지적하고 있다(우명동, 2004: 25, 38).

7) 거기에는 민주화의 투사가 실패한 대통령으로 다시 전락해 갈 것에 대한 안타까움도 내포되어 있었다. 그렇게 된 한 가지 큰 원인은 손호철이 잘 지적한 바와 같이 절차적 민주주의조차도 제대로 지켜지지 않은 데 있었다. 민주국가의 지도자로서 국민의 뜻을 받들어 그것을 이행한다는 자세를 취하지 않고 마치 “계몽” 전제군주처럼 행동하려 들었던 것이다. 그런데 국민을 “계몽”하겠다는 그 식견들이 실은 많은 경우 국민의 중지에 의해 교정되어야 할 부실한 내용으로 이루어져 있었던 것이다.

헛살까지가 꺼졌을 때 이제는 국민대중을 가계부채의 깊은 수렁으로까지 빠져 들어가게 하였다. 국민대중은 이제 자산을 상실한 것을 넘어 엄청난 부채까지 짊어지게 된 것이다. 2003년 말에는 개인신용불량자가 물경 372만 명이나 생겨나 있었다(최공필 외, 2004: 7). 경제활동인구 2,292만 명의 16.2%가 빚을 얻어 소비를 할 수조차도 없게 된 것이다. 나머지 다수의 국민들도 빚을 갚느라 소비를 할 수 없고 빚이 없어도 돈이 제대로 없어 소비를 할 엄두를 내지 못하는 상태에 있다.

이러한 비상한 상황은 소득불평등을 나타내는 지니계수 상에 반영이 되고 있다. 1996년에 한국의 지니계수는 0.298이었다. 이것은 스웨덴 같은 사회민주주의 국가(0.239)나 "보수적" 국가(0.267)보다는 높지만 영미 같은 "자유주의" 국가(0.339)보다는 낮은 수치였다. 그런데 2000년에는 한국의 지니계수가 단 4년 만에 그것을 능가하는 0.358로 급상승하였다. 능가하게 된 것도 경악스럽지만 더욱 경악스러운 점은 서구에서 가장 급격한 소득양극화를 경험한 예의 자유주의 국가에서도 10년 동안에 0.031 증가했을 뿐인데 우리는 4년 만에 0.060이나 증가했다는 것이다(Sonn, 2004: 15~18). 이것은 그 기간 동안 우리 사회에서 통상적인 차원에서의 최악의 소득양극화를 훨씬 뛰어 넘는 국민대중의 소득붕괴라는 대재앙이 발생하였다는 것을 잘 보여 주는 방증이다. 그리하여 그러한 소득붕괴의 엄중한 증상으로서의 바닥 모를 나락으로 빠져 들어가는 경기침체의 악순환이 지금 진행되고 있는 것이다.

2) 계속되는 적반하장적 진단과 처방을 통한 병세악화

이제 그때 경고를 발했던 사람들은 다시 나와서 그러한 과정이 너무도 당연한 경고가 실현된 것에 불과한 것임을 사람들에게 주지시켜 주어야 한다. 왜냐하면 지금까지 잘못된 정책기조를 이끌어 왔던 흐름이 우리 사회에서 계속 목소리를 장악하고 있으면서 일종의 적반하장적 진단과 처방을 일삼고 있기 때문이다. 자기가 내린 잘못된 처방 때문에 생병을 앓게 된 환자에게 잘못된 처방을 먹으려 하지 않기 때문에 병에서 헤어나지 못하고 있다고 말해대고 있는 것이다. 그리하여 모두가 다 번연히 목도하였으면서도 그러한 잘못된 목소리의 세뇌를 받아 그 의미를 제대로 인식하지 못하거나 그렇듯 반대로 인식하고 있는 경우가 많다. 일반 국민도 많은 정치인도 잘못된 목소리에 그렇듯 휘둘리고 있기 때문에, 그것을 가로막고 그들이 목도해온 일의 의미를 그대로 투명하게 인식시켜 줄 목소리가 될 수 있는 대로 많이 발해져야 하는 것이다.

언론이 사실에 관한 보도를 전혀 하지 않고 있는 것은 아니다. 언론은 이제 소비부진이 불황의 원인이라는 점을 종종 보도하고 심지어 가금씩 국민대중의 소득붕괴에 관한 보도도 하지만 그 둘의 인과관계에 대해서는 거의 함구로 일관한다. 그리고는 전혀 맥락에 닿지 않게 현 정부의 "친노동" 정책이 자본가의 투자의욕을 상실케 해서 불황이 계속되고 있다는 식으로 아무런 인과적 논증도 제시하지 않고 단순 힐난의 맥락으로 몰아붙이는 것이다. 논증을 하자면 그 말이 진상과 반대된다는 것이 바로 드러날 것이기 때문에 논증과정을 생략할 수밖에 없을 것이다. 그런데 그것은 인과관계의 진상전도이기 이전에 사실관계의 전도이기도 하다. 왜냐하면 지금까지 지난 정부의 정책기조의 골간이 대체로 유지되고 있기 때문에 그 효과를 떠나 "친노동" 정책을 현 정부가 본격적으로 채택했다고 아직까지는 말할 수가 없는 것이다.

그러한 정책기조의 편에 서왔던 사람들 가운데 경기침체가 여간해서 극복할 수 없는 중증임을 알아차린 사람들은 그 병리성이 덜 느껴지게 하려는 말을 하기도 한다. 아예 병리성을 배제시키려는 말이 우리가 이제 "선진국형 저성장 시대"로 접어들었다는 것이다. 그동안 국민소득이 "선진국"의 1/3 수준에도 채 이르지 못했다는 것을 강조하면서 선진국이 되기 위해서는 예의 잘못된 정책기조를 추구해야 한다던 사람들이 갑자기 "선진국"이 되었음을 강조하는 것이다. 그런데 그 "선진국"들은 그 수준에 있을 때는 현재의 우리보다 훨씬 높은 성장률을 보이고 있었을 뿐 아니라 현재의 수준에서도 우리보다 높은 성장률을 지금 보이고 있는 것이다.

그리하여 현재 우리 경제가 보여 주는 저성장의 병리성을 완전히 부정할 수 없다는 것을 느끼는 사람들은 우리가 이제 일본식 장기불황에 빠져들었다고 말하기도 한다. 그것이 병이긴 하지만 꼭 우리만 걸린 병이 아니라 일본 같이 바로 옆에 있으면서 우리보다 "선진"인 경제도 역시 걸려 있는 병이라는 것이다. 그러나 일본식 장기불황의 일차적 증상으로서의 소비부진은 국민이 돈이 없어 소비를 하지 못하는 것이 아니라 돈은 있어도 소비를 하지 않는 것이다(Morioka, 1999: 22).[8] 돈은 충분히 있지만 그것을 쓰지 않는 것이다. 어떻게든 그것을 쓰게 하면 해결될 수 있는 문제이다. 그러나 지금 우리 국민은 돈이 있어도 안쓰는 것이 아니고 쓰려 해도 돈이 없는 것이다. 그렇기 때문에 우리는 쓸 돈부터 갖춰 주어야 해결될 수 있는 문제이다. 원래는 쓸 돈도 있고 쓸 의지도 있다는 점에서 이 방면에서 일본보다 좋은 여건에 있었는데 단 몇 년 동안에 일본보다도 훨씬 못한 여건이 되어 버린 것이다.

3) 단순주의적 분배 대 성장 대비법의 오도

현 상황의 진상으로부터 국민과 정치인을 현혹시키는 데 있어 아주 큰 힘을 발휘하고 있는 것이 단순주의적 분배 대 성장의 대비법이다. 분배와 성장이 늘 서로 대립되는 관계에 있는 것처럼 전제하는 시각이다. 그것이 현 상황은 분배의 대폭적인 개선이 성장의 회복을 낳는 필연적인 선결요건임을 직시하지 못하게 만드는 것이다. 물론 그러기 전에 그 시각이 예의 잘못된 정책기조에 합세하여 현재의 경제상황을 야기한 한 가지 중요한 요소이기부터 하였다. 분배와 성장이 필연적으로 대립하는 관계이기 때문에 분배를 악화시키면 곧 성장을 촉진시키는 것이라는 전도된 판단을 하게 한 것이다. 그 시각이 국민대중의 소득을 삭감시켜 소비를 못하게 하여 경기를 침체시켜 경제성장률을 떨어뜨리는 착란적 일을 거들었다. 그랬으면서도 그 시각이 여전히 우리 사회의

---

8) 물론 기업과 은행 간의 불량 채권 등도 심각한 문제이다. 하지만 일본 국민이 있는 돈을 충분히 쓰기 시작하여 경기가 계속 좋아져 가면 그러한 문제들도 결국 해결될 수 있는 것이다.

“목소리”를 장악하고 있으면서 국민들을 현혹시키고 있는 것이다. 국민 대중의 소득이 붕괴되어 소비를 할 수 없어 성장을 할 수 없는 상황을 면전에 두고 분배로의 정책기조 전환을 요구하는 사람들에게 “성장을 해야 분배할 부가 생기지”라고 말하게 하는 것이다.

그리하여 지금도 여론조사를 하면 과반수의 국민들이 성장우선정책을 펴야 한다는 말에 동의하는 것으로 나타나곤 한다. 그것은 소득이 줄어들어 현재 소비를 제대로 하지 못하는 계층에 속하는 국민들의 많은 비율도 그러한 명제를 받아들이고 있음을 의미한다. 그들은 우선 성장을 해서 부를 만들어야 자기들도 그 혜택을 조금이라도 누릴 수 있다는 논리 내지 정념에 감염되어 있는 것이다. 그리하여 그들은 성장을 우선시하지 않는 “좌파”로 알려진 정부에 불만을 표시하고 있다. 그들은 우선 그들의 소득이 갖춰져야 그것으로 소비를 하고 그것이 경기를 좋아지게 해서 성장이 이루어질 수 있다는 논리를 제대로 접해 본 적이 없는 것이다.

그렇기 때문에 그러한 단순주의적인 대비법을 교정시키는 주는 것이 지금 아주 중요한 작업이 된다. 그리하여 지금은 분배가 성장을 희생하고 선택할 수 있는 덕목이 아니라 바로 성장의 필수적 전제조건이라는 것을 사람들로 하여금 직시하도록 도와주어야 하는 것이다. 분배위주의 경제정책기조의 변화를 촉구하는 사람들도 이 점을 분명히 같이 강조하면서 촉구를 할 필요가 있다. 지금은 분배위주의 경제정책을 펴는 것이 단순히 분배만을 위한 것이 아니라 그것이 성장의 필수적 선결요건이라는 것을 강조해야 하는 것이다. 그렇게 하면 분배를 희생하는 것이 성장을 선택하는 냉철한 결정이라는 왜곡된 인식을 사람들이 계속하는 것을 좀더 효과적으로 막아 줄 수 있다. 실은 그동안 그러한 왜곡된 인식이 일단 자리잡게 된 위에 그렇다면 그것이 두 마리 토끼를 다 잡으려다 둘 다 놓치는 어리석은 행동 대신에 두 마리 중 성장이라는 더 귀중한 토끼를 잡는, “대를 위해 소를 희생하는” 더더욱 냉철한 선택이라고까지 왜곡된 인식을 하고 있었던 것인데 그것을 막아줄 수 있는 것이다.

4) "뉴딜" 정책적 개입의 오류

현 경제난국을 타개하는 유일한 구급처방은 붕괴된 국민대중의 소득을 보전하는 특단의 조처를 취하는 것이다. 물론 그것은 지금 정부가 바로 개입을 해야 한다는 것을 의미한다. 그런데 정부 개입론자들 가운데에는 어떤 식으로든 정부개입만 하면 된다는 식의 조야한 관점을 갖고 있을 때가 많다. 그러나 정부개입 가운데에는 안하니만 못한 방식의 개입이 분명히 있다. 그렇기 때문에 정부개입을 해야 한다고 무조건 말해서는 안 되고 정확히 어떤 방식의 정부개입을 해야 한다고 말하는 것이 중요하다. 현 정부가 과거 정부에서처럼 "인위적인" 경기부양을 하지 않겠다고 하는 것은 그 점에서 일단 긍정적인 일이다. 분명히 부동산 경기 증진을 통한 경기부양책은 실이 많은 개입이다. 현 정부가 과거 정부에서처럼 부동산 경기 진작을 통한 경기부양은 하지 않겠다고 못박은 것은 잘 한 일이고 앞으로도 그것을 꼭 지켜야만 한다.

그만큼은 아니라도 득보다는 실이 훨씬 큰 개입방식이 이른바 재정투입을 통한 경기부양이다. 현재 경기침체가 점점 심화되는 것을 보면서 다급해진 정부나 여당 쪽 일부에서 추가경정예산을 풀어서라도 "한국판 뉴딜 정책"을 수행해야 한다고 말하는 것은 바로 이 방법을 염두에 둔 것이라고 할 있다. 그러나 그렇듯 "공공사업"을 일으켜서 실업자를 고용하여 임금을 주는 것은 상당한 정도 밑 빠진 독에 물붓기가 될 가능성이 크다. 왜냐하면 그럴 경우 우선 임금을 주는 주체가 기업이 아닌 정부이면서 더군다나 임금을 주는 것이 목적인 맥락에서 그 실업자들에게 제대로 일을 시키지 않으면서 돈만 주게 되기 때문이다.

그렇게 되면 그들이 전후 경기유발 효과를 낳을 실질적 생산을 해당 산업에서 그 금액만큼 제대로 하지 않게 된다. 그래서 공공사업에 참여한 실업자들이 받은 그 돈만큼의 수요증대만 일차적으로 기대할 수밖에 없는데 그 경우 "공공사업"에 자발적으로 참여하는 실업자의 범위가 제한적일 뿐 아니라 더 중요한 것은 그것이 현재 소비를 못하게 만드는 근본적 요인인 신용불량상태에 있는 사람들의 범위와 일치하지 않는다는 것이다. 더군다나 그들이 받게될 획일적 금액이 가계부채의 깊은 편차를 감당하기에는 크게 미진할 수밖에 없다. 그렇기 때문에 그런 식으로 "쏟아 붓는" 돈은 경기활성화의 선순환을 개시할 충분한 임계치의 효과를 불러일으키지 못한 채 탕진될 수밖에 없는 것이다.[9)]

5) 유일 처방으로서 정부 직접개입을 통한 국민대중의 소득보전

재정 또는 국가가 동원 가능한 다른 재원의 투입을 통한 간접적 경기부양으로는 그렇듯 득보다 실이 훨씬 크기 때문에 현재 상황은 정부가 좀더 직접적으로 분배상태에 개입할 것을 요구하고 있다. 정부가 직접 국민대중의 소득상태를 개선해 주는 것이다. 현재 상황을 타개할 수 있는 유일한 긴급처방으로서의 올바른 정부개입방식은 크게 말해 그 한 가지 밖에 없다. 그 구체적 방법으로는 여러 가지가 있을 수 있다. 먼저 관련 자료를 가진 기관들을 총동원하여 약간의 미비나 착오가 있더라도 저소득층의 자산 및 부채 상태의 총분포를 파악하여 자산이 부의 상태로 내려간 개인 내지 가계 중 그 수효 내지 빈도가 무시할 수 없는

---

9) 일본에서도 그동안 그렇듯 공공자금을 투입하는 간접적 부양책을 통하여 소비와 경기를 진작시켜 보려고 아주 많은 금액을 다년간 누적적으로 퍼부었지만 별 소득 없이 그만큼 재정만 크게 악화시켰던 것이다(Morioka, 1999: 23). 미국에서 1930년대에 뉴딜 정책을 시행했을 때에는 제반 경제적 여건이 아주 달랐었기 때문에 의도한 대로 경기회복을 시키는 성과를 거둘 수가 있었다. 뿐만 아니라 그 뉴딜 정책은 공공사업 외에도 여러 가지 소득보전 시책을 포함하고 있었다. 그런데 이른바 "한국판 뉴딜 정책"은 최근 "종합투자계획"이라는 이름으로 바뀌면서 2007년까지 23조 4천억 원을 투입해 15개 분야의 사회기반시설을 짓는 사업으로만 이루어지게 되었다. 그런데 그것도 정부가 직접 투자하는 것이 아니고 "민간투자유치사업"의 형식을 취해 정부가 뒤에 지원하는 것으로 되어 있다(〈동아일보〉, 2005. 3. 9). 더욱더 간접적인 지원방식을 택하려고 하는 것이다. 아마도 정부개입이라는 비난을 될 수 있는 대로 덜 받아 보려고 그렇게 하는 것으로 추측할 수 있는데, 현 상황에서는 간접적으로 개입할수록 더 큰 역효과를 낳게 될 가능성이 크다고 일반적으로 말할 수 있다. 결국 같은 금액의 공공자금을 써도 그것을 허비하게 될 가능성이 더 커지는 것이다.

가장 아래를 최빈구간으로 정한다.[10]

그리고는 그 최빈구간부터 시작하여 위로 올라가면서 자산이 어느 수준 이하인 저소득층 모두에게 소득지원을 실시한다. 즉 빚을 지지 않아 정의 자산이 일정하게 존재하는 저소득층에게도 소득지원을 같이 실시하는 것이다. 그래야 그들이 궁핍에도 불구하고 카드빚을 사용하지 않고 견뎌 낸 보상을 카드빚을 사용한 사람과의 관계에서 해줌으로써 공정성을 도모하고 이른바 "도덕적 해이의 억제"라는 가치에 대해서도 최대한의 배려를 하는 것이 된다. 다만 모두에게 동일 액수를 지원하는 것보다는 위로 갈수록 조금씩 줄어들어 가는 지원을 하는 것이 총 소요금액을 크게 줄이는 방법이 될 것이다.

또 한 가지는 예컨대 자동차 산업 같이 전후방 경기유발 효과가 큰 산업의 상품에 대해 구매 보조금을 대폭 지원하는 방법이다.[11] 또 한 가지는 마치 기업부채에 대해 그랬듯이 가계부채의 처리를 맡는 법인을 설립하여 운영하는 것이다. 기왕 재정 내지 공공자금을 투입하려면 그 대부분이 효과를 낳지 못하고 낭비되어 버리는 간접투입의 방법 대신에 이렇게 직접투입의 방법을 사용해야 하는 것이다. 그런데 만약 금액 자체가 더 많이 소요된다면 예컨대 누진세를 더 걷어서라도 자원을 충당해야 한다.[12] 돈이 너무 많아진 소수가 쓸래야 쓸 수 없는 돈

---

10) 예컨대 보건복지부, 국세청, 금감위 등의 자료를 모두 동원하는 것이다. 적지 않은 미비와 오류가 있어 그만큼 시행착오가 발생한다 하더라도 그런 구급 처방이 가능케 할 경제회복의 가치에 비한다면 그 정도는 약과라고 할 수 있다.

11) 물론 이때 특혜를 준다거나 기업간 차별을 한다는 오해를 받지 않기 위하여 극히 유의해야 할 것이다. 대외적으로 외제 상품에 대하여도 똑 같은 조건의 보조금을 지급하여야 한다. 그렇게 되면 외국기업들도 자기 상품이 그만큼 더 많이 팔리기 때문에 싫어하지 않을 것이다. 하지만 세계무역기구에 고소당할 가능성을 배제할 수 없기 때문에 이런 조처는 일회적으로 신속히 하고 말아야 한다.

12) 재정에의 충격을 줄이는 한 가지 방법은 일정 기간에 걸쳐 분할지급하는 것이다. 그리고 설사 지원 대상 국민에게 일부씩만 지원하고 만다고 하더라도 어느 수준 이상으로 그렇게 한다면 그만큼의 효과를 볼 수가 있는 것이다.

을 쓰려고 해도 없어도 못쓰는 다수에게 조금이라도 더 넘겨주는 것이다. 소수의 유휴소득을 다수에게 양도하여 맘껏 쓰게 하면 그렇게 해서 경기상승의 선순환이 개시되어 경제성장이 이루어져서 어느 정도 누적되면 그렇지 않았을 때에 비해 세금을 더 낸 계층에게도 결국은 큰 이익으로 돌아오게 된다. 그런데도 예의 왜곡된 목소리를 내는 사람들 가운데에는 감세를 하여 돈이 남아도는 소수에게 쓸 돈을 더 남겨 놓아야 한다는 강변을 이 지경에서도 발하는 사람이 있는 것이다.

이렇듯 구체적 방안의 차원까지 서술하는 것은 서두에서 말했듯이 현 경제난국의 병인을 직시하면서 정곡을 때리는 경제 전문가의 목소리가 너무 들리지 않기 때문이다. 아픈 데를 정확히 짚지 못하고 빗나간 곳을 헛짚는 일이 계속 이어지고 있는 것이다. 예컨대 노동자의 편에서서 분배의 중요성을 강조할 뿐 아니라 심지어 분배와 성장 사이에 선순환의 관계가 있다는 점을 논하는 한 경제학자도 "성장엔진의 이상, 고용창출능력의 현저한 감소가 지금 한국경제에서 가장 중요한 문제이다. 이것이 이차적으로 분배를 악화시키고 이것이 다시 총수요를 억제하여 성장을 억제하고 또 사회적 갈등과 불안을 야기하는 측면이 있다"(조원희, 2003: 24)고 말함으로써 현재의 난국에 대하여 그 종국적인 인과관계를 반대로 진단하고 있다. 현 상황이 분배가 "성장"을 가능케 하는 절대적 선행조건이라는 것을 놓치면서 인과관계를 거꾸로 설정하고 있는 것이다.

재정으로 소요금액을 다 충당할 수 없으면 그 부족분을 국가채무로 채우는 일을 감수할 필요도 있다. 원래 우리의 국가채무는 아주 미미했었는데 그간의 공공자금의 낭비로 크게 늘어나 있다. 하지만 국내총생산에서 국가채무가 차지하는 비율은 아직도 다른 나라보다 많이 낮은 수준에 있다. 2003년 말 기준 우리는 이 비율이 18.7%인 데 비해 영국 53.5%, 미국 63.4%, 독일 65.3%, 일본 154.5%이다(한국조세연구원, 2004: 81). 더 이상 공공자금을 한푼이라도 낭비해서는 안 되지만 이렇듯 경제를 소생시키기 위해 절대적으로 필요한 자금의 수혈은 부채를 지고서라도 써야만 한다. 그렇게 해서 경제를 살려 놓으면 그로부터 귀결된 부의 증가분의 극히 일부분만을 가지고도 그 부채는 청산할 수 있을 것이다.

그것은 "성장엔진"이라는 말의 사용에서 드러나듯이 지금까지의 잘못된 경제정책적 기조를 이끌어 온 궁극적인 논리를 공유하는 데서 오는 한계이기도 하겠지만, 시선이 아픈 곳에 아직 다다르지 못한 데에서도 기인하는 일이라 할 수 있다. 그렇기 때문에 그 아픈 데와 직결되는 구체적 수준의 구급처방의 개요까지 개진함으로써 경제 전문가들의 시선을 그곳으로 좀더 강하게 불러오고자 하였다. 지금의 상황에서 "성장엔진"이라는 말을 쓸 수 있다면 국민대중의 복구된 소득 외에는 그런 것이 있을 수가 없는 것이다. "성장잠재력" 이니 "새로운 시스템"이니가 다 마찬가지이다. 다른 상황에서는 그런 말들이 별개의 실체를 가리킬 수 있어도 지금은 그럴 수가 전혀 없는 것이다. 현재 상황에서 가리키는 실체가 없기 때문에 그런 말들을 쓰는 사람들은 구체적인 부연적 진술을 전혀 하지 않고 도망가듯이 언급하고 마는 것이 고작이다.

현 정부가 분배개선의 덕목을 강조하는 것은 다행한 일이다. 그러나 그것을 말로만 강조해서는 안 되고 구체적인 정책으로 구현해야만 한다. 그런데 그렇게 하는 것은 정부가 적극 개입을 해야 하는 것을 의미한다. 정부가 "인위적"인 개입을 안한다고 하여 올바른 개입까지 안해서는 안 된다. 거품을 안만든다고 하여 생살을 다시 찾아주는 일까지 안해서는 안 되는 것이다. 다시 말해서 정부가 "인위적"인 개입을 안한다고 하는 것이 정부의 모든 개입을 "인위적"인 것으로 간주하려 드는 예의 잘못된 "자유주의적" 논조에 계속 사로잡혀 있는 것을 의미해서는 안 되는 것이다. 그 잘못된 논조에 더 이상 휘둘리지 않는 상태에서 필요하고 올바른 개입을 국가가 꼭 해야만 하는 것이다. 그리고 현 상태에서 유일하게 올바른 국가의 개입방식은 공공사업의 진작 같은 간접적 개입이 아니라 국민 대중의 소득개선에 직접 개입하는 방식이라는 것이다. 그렇게 하면 경기상승의 순선환이 비로소 개시될 수 있고 그로부터 경제성장률의 제고가 이루어질 수 있게 된다. 또한 현재 상황에서는 분배의 대폭적 개선이 성장과는 별개의 또 하나의 중요한 덕목이 단순히 아니고 그렇듯 바로 성장을 위한 절대적 필요조건이라는 것을 정부가 추가로 인식하고 강조해야만 한다.

6) 너무도 자본주의적인 손해보상 개념에 의한 비상사태적 개입

그러한 구급처방에 대하여 현재 왜곡된 목소리를 내는 사람들 가운데에는 "사회주의"라고 비난하고 나설 사람이 있을지 모른다. 그렇게 말한다면 그것은 보수가 아니라 무지의 발로라고 할 수밖에 없다. 왜냐하면 현재는 일종의 비상상황이기 때문이다. 국민대중의 소득이 붕괴되어 있는 실로 엄중한 비상사태인 것이다. 물론 그에 그치지 않고 대외적 종속상태에 빠져 있는 것이기 때문에 근본적으로는 이 종속상태에서 빠져 나오지 않고서는 정상적인 경제발전의 도정을 재개할 수 없지만 일단은 대내적인 소득붕괴에 대해서라도 즉각 대처하여 경기회복을 시키는 것이 급선무이다. 자본주의 체제에서라도 비상사태에서는 그보다 더한 개입도 국가가 할 수 있는 것이다.

실은 진정한 비상상황이 아니었는데도 지난 정부는 무리한 "구조조정"을 위하여 그보다 훨씬 심한 개입을 하였었다. 기업의 부채를 메워주기 위하여, 심지어 외국자본에 기업을 넘겨주면서 엄청난 공적 자금을 투입하였다. 하지만 아무도 그것을 "사회주의" 정책이라고 비난하지 않았다. 지금은 기업이나 외국자본 대신에 자국민 가계의 부채를 메워주기 위하여 국가가 개입을 하는 것이다. 거기에 투입할 금액은 그보다 훨씬 적은 금액이다. 더욱 중요한 것은 진정코 비상사태가 아닌 것을 두고 경제를 붕괴시켜 외려 비상사태를 야기한 부적절한 개입을 하는 것이 아니라 진짜 비상사태에 대처하기 위해 꼭 필요한 개입을 하는 것이다.

동시에 지적할 필요가 있는 점은 가계가 그렇게 몰락한 일차적 책임은 그 개인들에게 있는 것이 아니라 국가에게 있다는 것이다. 국가가 생살을 빼고 헛살을 유도하는 정책을 펴서 거기에 당하고 휩쓸린 것이다. 그렇기 때문에 국가가 그것을 해결해 줄 일차적 책무를 진 당사자이다. 물론 그렇게 잘못한 책임은 전임 정부에게 있지만 현 정부도 그것을 해결할 책무를 지는 것이다. 왜냐하면 어느 시점에서든 주어진 상황을 국가로서 타개할 무한 책무를 지고 있기 때문이다. 그 상황이 전임 정부의 실책에 의해 생겨난 것이라도 그 상황을 최선을 다해 해결할 책무는 매 시점에서의 정부에게 지워지는 것이다. 그렇기 때문에 이 일은 국가가 비상상황에 올바르게 개입하는 일일뿐만 아니라 그 이전에 국가가 잘못하여 개인들에게 입힌 손실을 보상해 주는, 너무도 자본주의적인 손해보상행위일 뿐인 것이다.[13)]

3. 성장과 분배에 관한 일반적 관점 및 경제학의 공동체지향

1) 성장과 분배의 인과관계에 관한 경제학의 일반적 관점

앞에서 성장과 분배에 관한 단순주의적인 시각이 어떻게 분배가 성장의 절대적 선결 조건인 현 상황을 직시하는 일을 교란하는지 논했었다. 분배가 성장에 기여한다는 것은 특히 현 상황에서 절실한 진리가 된다. 하지만 그것은 꼭 현 상황이 아니라도 일반적으로 성립되는 명제이기도 한다. 물론 분배와 성장은 인과관계가 쌍방향으로 존재하면서 다른 변수들도 관련되는 복합적인 관계라 할 수 있다. 그러나 분배로부터 성장으로 가는 인과고리는 "고른 분배가 성장에 기여한다는" 것이 그에 관한 경제학적 연구들이 전반적으로 가리켜 온 방향이라고 할 수 있다.

1950년대에 칼도어(Kaldor, 1957: 609, 620)가 최소한의 자본을 축적

13) 블락은 정보사회의 증대된 생산력에 맞추어 모든 국민에게 일정 금액을 기본소득 보조금(*basic-income grant*)으로 지급하는 제도를 새롭게 제안한 바 있다(Block, 1990: 204~208). 그것은 실업자뿐만 아니라 취업자를 포함하는 모든 시민에게 지급한다는 점에서 새로운 것이다. 여기서의 제안은 그것과 닮은 점이 있지만 그 성격과 규모가 크게 다르다. 우선 우리는 일상적인 제도로서 도입하자는 것이 아니고 그동안 발생한 정책착오의 결과 발생한 손해를 보상하려는 것이다. 그리고 모든 국민에게 지급하자는 것이 아니고 기본적으로 정책착오의 결과 소득 몰락이 발생한 가계를 중심으로 보상하자는 것이며, 그 가운데에도 위로 갈수록 액수가 줄어드는 지급을 하자는 것이다.

한 이후의 자본주의 경제가 안정적인 경제성장을 지속하기 위하여는 생계비를 넘어 제대로 발전한 임금수준과 충분한 총수요가 필요하다는 내용을 담은 이론을 발표할 때 그에 평행하게 쿠즈네츠(Kuznets, 1955)는 초기의 발전과정을 지난 사회에서는 경제성장의 수준이 높을수록 소득평등의 정도도 높다는 연구를 내어놓았고 1960년대에 크래비스(Kravis, 1960)와 라이덜(Lydall, 1968)이 같은 취지의 연구로 뒤를 이었다. 이후 이 문제에 대한 관심이 다시 커지게 된 1990년대 이래 서구에서 이루어진 연구들은 고른 분배가 높은 성장에 기여한다는 명제를 압도적으로 지지하고 있다. 새로운 연구들은 이론적인 차원에서 총수요 말고 다른 매개변수들도 새롭게 조명하면서 적용범위를 저개발 국가를 포함하는 모든 사회로 확대하는 경향을 보인다. 갤러와 자이라(Galor and Zaira, 1993)는 고른 분배가 인적 자본의 형성을 지원하여 경제성장에 기여한다는 데에 초점을 맞추었다. 알레시나와 페로티(Alesina and Perroti, 1996)는 고른 분배가 정치적, 제도적 안정을 통하여 경제성장에 기여한다는 주장을 하였다. 벤하빕과 러스티치니(Benhabib and Rustichini, 1996)는 고른 분배가 범죄와 폭동 등 사회적 문제의 억제를 통하여 경제성장에 기여한다는 연구를 내어놓았다.

그리고 지금까지 일일이 열거하기 힘들 정도의 통계적 연구들이 국가간 횡단 비교연구를 통하여 소득불평등과 경제성장 사이에 부정적 관계가 존재함을 보여주어 왔다.[14] 즉 소득분포가 불평등할수록 경제성장률이 낮다는 것이다. 그러다가 최근에 그에 대한 반작용으로 시계열을 내포하는 패널자료를 사용한 비교연구를 통하여 그렇지 않을 수 있는 가능성을 보여 주려는 시도가 있었는데(Forbes, 2000) 이에 대해 파니자(Panizza, 2002)가 장기간의 시계열을 포함하는 패널자료를 좀더 세밀하게 사용한 연구를 통하여 소득불평등과 경제성장 사이에 부정적 관계가 존재함을 다시 보여 주고 있다. 파니자의 연구는 전반적으로 경제

---

14) 세 가지 연구만 거명하자면, 페르손과 타벨리니(Persson and Tabellini, 1994), 백홍모(Pak, 2000), 이스털리(Easterly, 2001) 등이다.

성장률이 비교적 높으면서 소득불평등 정도 역시 높은 미국 안의 각 주별 패널자료를 사용하였다는 점에서도 적지 않은 의의를 지닌다고 할 수 있다. 즉 미국 안에서 주별로 시간의 추이를 계산에 넣는 세밀한 비교분석에서, 소득분포가 불평등할수록, 경제성장률이 일반적으로 낮았던 것이다.

2) 자유주의 경제학이 지니고 출발한 공동체 지향

그런데 사실은 현대 경제학의 주류 "자유주의" 학파로서의 신고전학파의 창시자인 마셜(Alfred Marshall)이 이미 고른 분배가 경제성장에 기여한다는 것을 설파했었다. 그것도 아주 포괄적인 과정을 통하여 경제성장에 기여한다는 점을 다 언명했던 것이다. 기존에 밀(J. S. Mill)이 제기했었던 "임금기금설"에서 나아가 노동자의 임금과 자본가의 이윤을 함께 묶는 "임금-이윤 기금설"을 취한 마셜은 노동자의 지성, 정력 등 비화폐적 과정도 같이 포함시켜서 임금인상이 경제성장을 촉진시키는 과정을 논했던 것이다(Marshall and Marshall, 1994: 197~212; 서기원 외, 2000: 304~305).

분배가 성장에 기여하는 인과의 고리는 수리에 밝은 경제학자들이 외면할 수 없는 진리라고 할 수 있다. 그것은 "자유주의" 경제학자들도 놓칠 수 없는 수리적 총화의 원리라고 할 수 있는 것이다. 하지만 "자유주의" 경제학자들도 흔히 지니고 있는 공동체 지향이 그러한 원리를 쉽게 포착할 수 있도록 뒷받침하고 있었다고 할 수 있다. 그들은 흔히 공동체 지향을 명시적인 이론이나 주장으로도 보여 주고 있었다. 그리하여 서구에서 근대 경제학은 근대 정치학의 자유주의를 계승하여 그것을 심화시키면서도(조혜인, 2001 참조) 한편으로는 공동체 지향을 자신의 방식으로 표출하게 되었던 것이다. 경제학의 개조로 간주되는 애덤 스미드(Adam Smith)는 개인들의 교감공동체 위에 형성된 정의감이 그들의 이기심이 생산적 방향으로 작용할 수 있는 전제라는 것을 그의 첫 번째 명저 《도덕감정의 이론》(Smith, 1982)에서 명확히 하였었다. 그 연장선상에서 그는 《국부론》에서도 이기심과 이타심이 함께 경제적 교환의 바탕이 됨을 논하고 있는 것이다(Smith, 1976: 26).

마셜은 스미드로부터 이어지는 고전학파의 전통에다 이후의 한계효용학파의 흐름을 종합하여 신고전학파를 창시하면서 공동체 지향도 계승발전시킨 측면이 있었다. 그는 자본가와 노동자의 관계를 공생적 관계로 규정하면서 노동자와 자본가 사이의 공감과 협동의 중요성을 강조하였다. 그리하여 자본가에게 노동자의 처우개선을 위해 적극적으로 나서는 경제적 기사도의 발휘를 주문하였다(Marshall and Marshall, 1994: 218~228; Swaney, 1983: 1490). 그리고 그것이 파슨즈가 그를 그의 사회학 이론의 중요한 영감의 원천으로 삼았던 한 가지 이유였다(Parsons and Smelser, 1956). 그런 공동체 지향이 분배와 성장에 관한 그의 뛰어난 안목을 지원하였던 것이라고 할 수 있다.

3) 학파의 분기를 넘어 존속해 온 공동체 지향 활성화의 당위성

이후 피구(Pigou)의 후생경제학이나 케인즈(Keynes)의 유효수요 개념이 담긴 거시경제학도 그 연장선상에서 발전하였다고 할 수 있다. 이후 신고전학파의 시야를 좁히면서 고도로 수리화시켜 오늘날의 모습으로 정착시킨 새뮤얼슨(Samuelson)의 공동체 지향은 예컨대 그의 탁월한 공공재 개념으로 표출되고 있었다. 또한 극단적인 자유주의적 전통으로 평가되는 이른바 오스트리아 학파에 뿌리를 두고 있는 하이에크(Hayek, 1973: 100)도 "사회적 정의" 내지 "분배적 정의"라는 개념이 공허한 것이라고 말하면서도 "당사자 모두가 행복해 하는"이라는 기준을 분배문제에 대해 마련해 두고 있었다. 그런가 하면 역시 강렬한 자유주의로 평가되는 이른바 시카고 학파의 거장으로서의 프리드먼(Friedman)은 우리의 외환 위기 때 잘못된 투자를 함으로써 위기의 원인을 제공했으면서도 그 돈을 안 떼이고 메워 주기를 바라는 자국 투자자들의 "도덕적 해이"를 통렬하게 꾸짖으면서 국제적인 맥락에서 약자를 도울 수 있는 정의의 필설을 발하고 있었다(Forbes, November 2. 1998: 52).

이렇듯 서구에서는 다양한 자유주의적 흐름의 경제학자들을 추동하는 공동체 지향을 어떤 식으로든 발견할 수 있다. 그리고 그러한 공동체 지향이 분배의 중요성에 대한 경제학계의 저변에 깔린 인식을 뒷받침해주고 있는 것이다. 그러나 경제학자들은 자신의 그러한 공동체 지향을 명시적으로 논하거나 그 이전에 자의식하지 않고 있을 때가 많다. 그 점에서 정치학자나 사회학자 등이 옆에서 그것을 지적하고 고무해줄 필요가 있는 것이다. 특히 이름하여 "자유주의" 정책기조를 주창하는 우리 사회의 경제전문가들이 서구의 "자유주의" 경제학자들이 보유하는 수준의 공동체 지향만 견지하여도 분배가 성장의 절대적 선결조건인 현재의 상황을 타개하는 데 큰 힘을 발휘할 수 있을 것이다.

물론 경제학자들이 공동체 지향을 그 이상으로 강조해 준다면 더 말할 나위가 없을 것이다. 경제학에다 공동체 지향을 명시적으로 불어넣은 전형적인 학파가 독일의 역사학파였다. 역사학파는 영국의 자유주의 경제학에 대해 보다 강력한 대내외적 공동체 지향의 방어막을 형성함으로써 독일로 하여금 영국을 따라잡는 혁혁한 경제성장을 할 수 있게끔 뒷받침하였다. 흔히 역사학파의 마지막 주자의 한사람으로 간주되는 베버(Weber)는 역사학파 쉬몰러(Schmoller)와 한계효용학파 멩거(Menger)의 방법론 논쟁에 대해 제3의 시각에서 양자를 지양하는 가운데 실천적 차원에서는 기본적으로 역사학파의 공동체주의적 전통을 계승하여 그 과학적 객관성을 강화시키면서 한계효용학파의 이론적 발전을 수렴하였다(Krüger, 1987: 76). 이후 경제학은 더 풍부하고 다기한 이론 내지 기법적 발전을 이룩해 왔다고 할 수 있다. 베버가 대면하고 있었던 한계효용학파는 신고전학파로 발전해 갔고 이후 다기한 학파내 그리고 학파간 상호작용이 전개되면서 풍성한 발전이 이루어져 왔다. 그러한 발전을 수렴하면서 공동체 지향을 발휘해야 하는 과제는 지금도 우리 앞에 놓여 있다고 할 수 있다.[15)]

---

15) 어떤 점에서 미국의 제도학파 전통이 독특한 방식으로 그러한 역할을 많이 해 왔다고 할 수 있다. 독일 역사학파의 영향을 받았으면서도 미국의 독보적인 학파로 발전한 제도학파는 역사학파가 당대의 영국 고전주의 경제학에

4. 결 론

우리는 현 경제난국의 핵심이 외환위기 이래의 오처방에서 비롯된 국민대중의 소득붕괴에 있음을 살펴보았다. 아주 많은 국민이 자산의 상실을 넘어 무거운 부채를 짊어지고 있어서 소비를 하려야 도저히 할 수 없는 것이 문제의 핵심인 것이다. 국민대중에 의한 소비가 이루어질 수가 없는 상황에서 경기호전을 바랄 수는 전혀 없는 것이다. 그렇기 때문에 정부가 직접 개입하여 국민대중의 소득을 보전해 주는 것이 현 경제난국을 타개하는 유일한 구급처방이 될 수밖에 없다. 그런데 사람들로 하여금 현 경제난국의 핵심적 증상과 그 처방을 직시하지 못하도록 미혹시키는 작용을 크게 하고 있는 것이 분배와 성장을 무조건 대립적인 관계로 보는 전도된 관점이라는 점을 우리는 또한 살펴보았다. 그것이 현 상황이 분배가 성장을 희생하고 추구될 수 있는 경합적 덕목이 전혀 아니고 바로 그 절대적 선결요건이라는 진상을 바로 보지 못하게 교란작용을 하고 있는 것이다.

우리는 또한 현재 우리의 특수한 상황에 대해서는 말할 것도 없지만 일반적으로도 경제학에서는 분배가 성장에 기여하는 인과적 고리를 학파의 경계를 넘어 일차적으로 상정해 왔다는 점을 살펴보았다. 그러한 일반적 관점만 유지하였어도 현재 우리의 상황을 직시하는 데 별 방해를 받지 않았을 것이다. 우리는 심지어 자유주의 경제학에도 그러한 관점이 깔려 있을 뿐 아니라 그에 더해 실체적인 공동체 지향까지가 적지 않게 내포되어 내려왔음을 또한 살펴보았다. 그러한 수준의 공동체 지향만 보여 주어도 우리 경제를 살려 나가는 데 있어서 큰 힘을 발휘하게 될 것이다. 뿐만 아니라 경제학에는 공동체주의를 본격적으로 표출하는 전통들도 있어 왔다는 점에서 그 이상을 기대할 수도 있는 것이

맞선 것처럼 영국발 신고전 경제학에 맞서 많은 대안적 시각과 정책을 제공해 왔다(Yonay, 1998).

다. 그리하여 각 분야의 사회과학도들이 손을 잡고 공동체 지향을 다각적으로 발휘해 나간다면 그 보다 더 바람직한 일은 없을 것이다.[16]

▪ 참고문헌 ▪

김동수(1994), "민주주의와 공동체주의: 자유주의, 공동체주의 논쟁을 넘어서", 〈정치학회보〉 28집 1호.
김성구(1998), 《경제위기와 신자유주의》, 서울: 문화과학사.
서기원 외(2000), 《경제학설사》, 서울: 문영사.
손호철(1999), "IMF 위기와 정치개혁", 〈사회과학연구〉 8집.
우명동(2004), "재정에 반영된 신자유주의 국가의 성격에 관한 연구", 〈재정정책논집〉 6집.
이필상 외(2001), 《2001년 한국경제해법》, 서울: 시공사.
장상환(1998), "한국자본주의, 왜 IMF시대를 맞았나", 〈역사비평〉 42집.
장하준(2004), 《개혁의 덫》, 서울: 부키.
조원희(2004), "성장엔진 복원과 분배 성장의 선순환", 〈노동사회〉 7월호.
조혜인(2001), "공동체적 토대위의 참된 자유", 〈사회과학연구〉 11집.
최공필 외(2004), 《가계신용 증가의 경제적 영향》, 서울: 한국금융연구원.
한국조세연구원(2002), "재정통계: 국제조세비교/총괄편", 〈재정포럼〉 70호.
______(2004), "2003년 말 국가채무 165.7조 원", 〈재정포럼〉 95호.
황주홍(1990), "아리스토텔레스의 개인과 공동체", 〈국제정치논총〉 30집 1호.

Alesina, A. and R. Perroti(1996), "Income Distribution, Political Instability and Investment." *European Economic Review*, 81: 1170~1189.
Benhabib, J. and A. Rustichini(1996), "Social Conflict and Growth." *Journal of Economic Growth*, 1: 129~146.
Block, F. (1990), *Postindustrial Possibilities: A Critique of Economic Discourse*, Berkeley: University of California Press.
Easterly, W. (2001), "The Middle Class Consensus and Economic Devel-

16) 우리 사회에서 공동체 지향이 존재하고 작용하는 방식에 대한 본격적인 논의는 차후의 연구과제가 될 것이다.

opment." *Journal of Economic Growth*, 6: 317~335.

Feldstein, M. (1998), "Refocusing the IMF overdoing it in East Asia." *Foreign Affairs*, 77: 20~33.

Forbes, K. (2000), "A Reassessment of the Relationship Between Inequality and Growth." *The American Economic Review*, 90: 869~887.

Galor, O. and J. Zeira (1993), "Income Distribution and Macroecomics." *The Review of Economic Studies*, 60: 33~52.

Hayek, F. (1973), *The Mirage of Social Justice*, Chicago: The University of Chicago Press.

Kaldor, N. (1957), "A Model of Economic Growth." *Economic Journal*, 57: 591~624.

Kravis, I. (1960), "International Differences in the Distribution of Income." *Review of Economics and Statistics*, 42: 408~416.

Krüger, D. (1987), "Max Weber and the Younger Generation in the Verein für Sozialpolitik." in W. J. Mommsen and J. Osterhammel eds. *Max Weber and His Contemporaries*, London: Unwin Hyman, pp. 71~98.

Kudlow, L. (2004), "Reaganomics." *National Review*, June 28: 28~29.

Kuttner, R. (1990), "The Abyss." *New Republic*, 203: 21~25.

Kuznets, S. (1955), "Economic Growth and Income Inequality." *American Economic Review*, 45: 1~28.

Lydall, H. (1968), *The Structure of Earnings*, Oxford: Clarendon Press.

Marshall, A. and M. Marshall (1994), *The Economics of Industry*, ed. by Denis O'Brien, Bristol: Thoemmess Press.

Morioka. K. (1999), "Causes and Consequences of the Japanese Depression of the 1990s." *International Journal of Political Economy*, vol. 29. no. 1: 8~25.

OMB (Office of Management and Budget), the Executive Office of the President (2003), *Budget of the United States Government, Fistcal Year 2004*, Washington, D.C.: U.S. Government Printing Office.

Pak, Hung Mo (2000), "Income Inequality and Economic Growth." *KYKLOS*, 53: 293~316.

Panizza. U. (2002), "Income Inequality and Economic Growth: Evidence from American Data." *Journal of Economic Growth*, 7: 25~41.

Parsons, T. and N. Smelser(1956), *Economy and Society: A Study in the Integration of Economic and Social Theory*, New York: The Free Press.

Persson, T. and G. Tabellini(1994), "Is Inequality Harmful for Growth?" *The American Economic Review*, 84: 600~621.

Smith, A. (1976), *An Inquiry into the Nature and the Causes of the Wealth of Nations*, 2 Vols. ed. by R. H. W. Campbell and A. S. Skinner, Oxford: Clarendon Press.

______(1982), *The Theory of Moral Sentiments*, Indianapolis: Liberty-Classics.

Sonn, Hochul(2004), "The Post Cold War World Order and Domestic Conflict in South Korea." paper presented at an international conference "*The Post Cold War World Order and Domestic Conflict in Asia*" held on 29~30 July at the National University of Singapore, Singapore.

Swaney, J. 1983 "Rival and Missing Interpretations of Market Society: A Comment on Hirschman." *Journal of Economic Literature*, 21: 1489~1493.

Yonay, Y. (1998), *The Struggle Over the Soul of Economics: Institutionalist and Neoclassical Economics in America Between the Wars*, Princeton: Princeton University Press.

제 12 장

경제 "종속화"마저 낳은 대외굴종적 특권 주지주의

1. 대외굴종적 특권 주지주의의 부실한 지식

1) 대외굴종적 특권 주지주의와 "신자유주의"에 대한 부실한 지식

지금 우리 사회에 많이 퍼져 있는 병리적 의식상태로서의 대외굴종적 특권 주지주의는 대단히 부실한 지식을 일반적으로 수반하고 있다. 우리는 지난 정부에서의 오처방이 어떻게 대내적인 경제와해를 낳았는지 논했었다. 그러한 대내적인 차원의 오처방은 "신자유주의"에 대한 불량모방이 그 큰 부분을 차지하고 있다. 그리고 그러한 불량모방을 초래한 중요한 요인이 "신자유주의"에 대한 부실한 지식이다. 영미에서는 개인주의의 발달로 개인과 전체사회 사이에 다양한 중간수준의 공동체가 결핍되어 있었다. 그리하여 영미에서는 시장에 과도하게 방임하는 유형으로 자본주의가 발전하다가, 20세기 전반에 이르러 빈부격차는 말할 것도 없고 경기순환이 극단적으로 일어나 위기로 치닫는 일이 벌어지게 되었다. 이 문제에 대처함에 있어 완충지대로서의 중간수준의 공동체가 결핍되어 있었던 관계로 국가가 나서서 전체사회 내지 경제에 대한 개입을 하게 되었다. 이것은 빈부격차를 줄이고 이른바 "시장실패"를 어느 정도 막는 데에는 성공했지만 개인주의와 연계되어 작동되도록 유형화된 그들의 시장의 효율성을 일정하게 떨어뜨리는 부작용을 낳게 되었다.

국가재정이 악화되면서도 같은 돈이 민간부문에서 쓰여지는 것보다 비효율적으로 사용되는 측면이 있어서, 경제성장이 침체되고 그 결과 오히려 노동자에게 돌아오는 혜택이 줄어드는 일이 노동자의 근로의지가 약화되는 속에서 같이 벌어진다는 이른바 "정부실패론"적 비판이 일정하게 성립될 수 있었다. 복지예산을 삭감하고 세금을 적게 거두어 그 돈을 "사경제" 안에서 쓰이게 하면 더 효율적으로 경기를 부양할 수 있다는 "신자유주의"의 논리는 다른 자원을 알지 못하는 영미에서 일단의 자유주의적 이념가들이 문제를 해결하려고 내어놓은 것이었다. 1980년대에 대처가 이끄는 영국의 보수당 정부와 레이건이 이끄는 미국의 공화당 정부가 신자유주의를 정책기조로 도입한 후 그렇게 의도했던 바를 일정하게 성취하였지만 빈부격차가 다시 불거지면서 경제성장률도 다시 떨어져 가는, 문제의 회귀가 점점 일어나게 되었다. 그러자 1990년대에 들어서 영국의 보수당과 미국의 공화당은 국민의 지지를 잃고 "진보적인" 노동당과 민주당에 정권을 넘겨주게 되었다. 이후 두 나라 모두에서 복지국가가 새롭게 복원되어 오는 추세에 있다.1)

그런데 그렇듯 1980년대에 영미에서 부상했다가 이후 실권하게 된

1) 다만 근로의지의 약화 같이 애초에 신자유주의적 반작용을 불러 일으켰던 문제에 대해서는 복지원조 제공의 전제조건으로 일정한 근로실적을 요구한다든지 하는 식으로 복지국가를 재건하는 속에서 해결하려 하게 되었다. 영미에서 신자유주의를 지원했던 사람들 가운데에는 이것을 1980년대 신자유주의 정책의 "유산"을 좌파 정부가 일정하게 계승하는 "제 3의 길"이라고 아전인수격으로 평하려는 시도가 나타났었다. 그러나 새 정부들이 일정하게 계승한 것은 신자유주의적 반작용을 낳은 문제에 대한 인식이었지 그에 대한 신자유주의적 처방인 것은 아니었기에, 신자유주의적 처방을 대체하고 복지전통의 귀환이 자리잡아가면서 그러한 평가도 수그러들어 갔다(O'Brien, 2000: 408 참조). 이후 미국에서는 다시 공화당이 집권을 하게 되었으나 복지국가의 재건추세는 역전되지 않고 오히려 심화되고 있는 측면이 있다(O'Brien, 2002; Bartlett, 2006 참조).

신자유주의를 "목하 전세계를 휩쓸어 가고 있는 대세"라고 외치며 뒤늦게 흉내내려는 사람들이 우리 사회에 나타났던 것이다. 그들이 친 것은 뒷북일 뿐만 아니라 대단한 헛북이기도 하였다. 우리는 개인주의와 공동체주의가 공존하는 시장이 작동하고 있었기 때문에 애초에 "시장실패"를 거쳐 비대국가 내지 소위 "정부실패"에 이르는 시행착오가 벌어지지 않았었다. 노동자의 복지를 공동체이기도 한 기업이 책임지고 있는 상태에서 근로윤리도 높은 수준을 유지하고 있었고 국가재정은 아주 작은 상태를 유지하고 있었다. 신자유주의적 처방이 의미를 지닐 선행조건으로서의 아무런 병적 증상도 존재하지 않았던 것이다. 우리 경제가 부차적으로 지니고 있었던 문제는 신자유주의적 처방과는 완전히 다른 방향의 진단과 처방을 필요로 하는 문제였다. 그에 대해 오진을 하여 엉뚱하게 신자유주의적 처방을 가하려 한다면 기존의 문제는 방치되는 위에 기존에 없던 문제가 발생할 수밖에 없었다. 엄청난 진료착오가 발생하게 된 것이다.

거기에 처방조차가 신자유주의와는 완전히 어긋난 처방이 "개혁"과 "구조조정"이라는 이름으로 가해졌다. 영미에서 기업을 활성화시켜 일자리를 늘림으로써 성장률과 취업률을 높이려 한 신자유주의와는 정반대로 우량기업을 포함하는 수많은 기업을 그 일자리들과 함께 퇴출시켜 성장률과 취업률을 모두 곤두박질치게 하였던 것이다. 그리하여 경기와 소득이 함께 붕괴되어 버렸다. 그것이 의미하는 소비침체와 생산감소의 악순환을 잠시나마 줄여보려고 카드빚 남발로 약간의 거품수요를 조성한 것은 그것이 꺼졌을 때 더욱 더 낮게 떨어진 악순환의 골로 경기를 함몰시켜 놓았다. 경기침체, 고실업률, 거품수요 등은 그렇듯 엉뚱한 "구조조정" 과정에서 동시에 벌어지기 시작한 재정악화와 함께 바로 영미에서 신자유주의가 치료대상으로 삼았던 핵심적인 문제들이었다. 영미에서 신자유주의가 치료하려는 문제를 신자유주의를 흉내내겠다는 사람들이 외려 우리에게 새로 생기게 만들기까지 하는 기막힌 일이 벌어진 것이다. 그것은 서구 및 우리의 상황 모두에 대해 대단히 부실한 지식을 수반하는 대외굴종적 특권 주지주의의 속성을 잘 보여 준다.

2) "신자유주의 '비판'"도 종종 공유하는 오류

엄밀히 말하면 우리 사회의 "신자유주의" 비판자들도 그러한 문제를 다소간에 공유하고 있을 때가 적지 않다. 그들이 "신자유주의" 정책을 비판한다고 말할 때에는 "신자유주의"를 흉내내려고 한 동기를 지목하는 점에서 틀린 것이 아니다. 하지만 그 흉내낸다고 하는 것이 정확히 "신자유주의" 정책에 부합하는 것이 아니라는 부연설명을 하지 않으면서 마치 "신자유주의" 정책이 그대로 취해진 것처럼 전제하는 것처럼 느껴질 때가 많은 것이다. 우리의 상황이 영미의 상황과 전혀 달랐다는 것, 그리고 취한 행동이 영미에서 신자유주의 정책이 취한 행동과 거의 반대라는 것을 말하지 않는 것이다. 그리하여 마치 우리 경제가 영미에서와 같은 문제를 안고 있었고 그것을 해결하기 위한 행동이 영미에서처럼 취해진 것처럼 전제되고 있는 것이다. 그러면서 "분배"를 강조하게 되면 마치 그들의 그 정책이 취해진 후 성장은 이루어진 것 같은 오인을 돕게 된다. 그리하여 성장 대 분배의 양단 중 성장을 취하는 선택을 하였다는 오인을 돕게 된다.

그렇게 되면 그러한 행동을 취하거나 지지한 사람들은 자신들이 바로 그러한 선택을 한 것이며 그것이 더 냉철한 선택이었다고 호언하면서 더 나아가 성장을 해야 분배할 열매가 생기지 않느냐고 반문까지 하는 것을 결과적으로 도와주는 것이 된다. 바로 그것이 성장을 파괴하는 행동이었다는 사실을 직시하지 못하게 도와주는 것이다. 물론 분배는 목불인견의 수준으로 악화되었지만 그것은 성장을 택한 대가인 것이 전혀 아니라 생살을 자르는 엄중한 진료착오가 성장과 분배를 함께 붕괴시킨 결과이다. 그 과정에서 피차가 공유하는 "성장이냐 분배냐"의 단순주의적 대비법이 "분배를 악화시키면 성장이 이루어진다"는 전도된 관점까지를 일각에서 조성하면서 그러한 자해를 부추기는 것을 일정하게 조장하기까지 하였다고 할 수 있다. 물론 만약 그러한 비판의 결론적 요구대로 "분배"를 정책기조로 받아들인다면 문제해결에 도움을 주게 되는 만큼 그러한 비판을 하는 "뜨거운 가슴"의 가치는 높이 사야 되겠지만, 그러한 비판의 결론적 요구는 받아들이지 않고 그것이 전제하는 오류만 그렇게 이용할 수가 있는 것이다. "뜨거운 가슴"에다 "차가운 눈"까지 갖추면 적어도 그렇게 이용되는 부작용도 막을 수가 있기에 크게 아쉬운 점이다.

3) 대외굴종성의 두 가지 가능한 수준

대외굴종적 특권 주지주의가 부실한 지식을 갖게 되는 속성은 대외굴종성이 대외종속 수준의 문제를 야기할 때에도 그대로 나타난다. 대외굴종성에는 두 가지 수준이 있을 수 있다. 한 가지는 약한 수준으로서의 "추종"이다. 그것은 정치경제적으로 외국에 굽히고 들어가지는 않는 수준이다. 사회문화적으로 외국의 것을 우월한 것으로 보고 그것을 모방하려 드는 것이다. 만약 진실로 외국에 우월한 것이 있고 그것을 정확히 모방한다면 물론 그것은 득이 될 수 있다. 예컨대 일본이 패망후 서구에 대해 가져 온 태도는 상당한 정도 그런 것이었다고 할 수 있다. 일본의 그러한 대외"추종"은 우리가 근래에 보여 온 "추종"의 모습과는 다르다. 일본은 사회문화적으로 외국의 모든 것을 무조건 자신의 것보다 우월한 것으로 믿으면서 흉내내려고 하지는 않는다. 또한 외국의 것에 대한 부실한 지식을 가지고 불량모방을 하지는 않는다. 일본의 그러한 선별적 대외"추종"은 어떤 병리적 주지주의의 표출이 아닌 것이다.

반면에 현재 우리는 외국 것이라면 무조건 우리의 것보다 우월한 것으로 믿으며 흉내내려 든다. 그런데 그 외국 것들에 대한 지식이 대단히 부실한 것이어서 외국의 원본과는 다른 불량한 것을 외국의 것이라고 하면서 일방적으로 부과하려 든다. 그리하여 외국의 원본에 비해 대단히 열등한 것을 들여놓게 된다. 그런데 우리의 것에 대한 지식도 같이 부실하여 우리의 우수한 모습을 파괴하는 위에 그 외국 것의 불량모조품을 들여놓게 되는 것이다. 그리고 그것을 논하기 전에도 그렇게 갑자기 들씌워진 이질적인 요소는 우리 기존의 전반적 틀에 대해 기능장애를 야기하게 된다. 그리하여 우리의 원래 모습에 비해서는 말할 것도 없지만 서구의 원본모습에 비해서도 이중, 삼중으로 추락한 모습이 출현하게 되는 것이다. 그렇기 때문에 우리의 대외굴종성이 대외"추종"의 수준에서만 표출되는 것으로 머물러도 자해가 가해지게 된다.

그런데 대외굴종성이 "추종"에만 머무르지도 않고 "굴종"의 수준에까지 기어이 이르고 만다면 문제는 더욱 위중해질 수밖에 없다. 그것은 정치경제적으로까지 외국에 굽히려 드는 것이다. 대외적인 "종속"까지를 지향하는 것이다. 이 대외굴종성에 관해 우리는 대외굴종적 욕구와 대외굴종적 인식의 두 요소를 나누어 말할 수 있다. 대외굴종적 욕구는 그 구체적인 이유 내지 동기가 무엇이든 외국에 대해 굴종하고 싶어하거나 굴종하려고 마음먹는 성향을 지니는 것이다. 대외굴종적 인식은 대외굴종을 하는 것이 우리 사회 내지 경제에 어떤 이익을 주거나 그렇지 않더라도 피할 수 없는 선택이라고 판단하는 경향을 지니는 것이다. 그중 어느 한 가지만 있어도 대외굴종적 행동을 취할 수 있다. 즉 대외굴종을 하는 것이 우리 사회 내지 경제에 이익을 주거나 불가피한 선택이라고 판단하지 않아도 외국에 대해 굴종하려는 욕구만 있으면 대외굴종적 행동을 할 수가 있는 것이다. 하지만 대외굴종적 욕구가 대외굴종적 인식에 의해 강화되고 있을 때가 많다. 거기서 대외굴종적 인식은 역시 부실한 지식을 수반한다. 그리하여 대외굴종적 특권 주지주의가 내포하는 부실한 지식의 문제는 굴종의 수준에도 확산적으로 존재하게 되는 것이다.

4) 대외굴종성의 정치경제적 표출에 의한 경제 종속화

90년대 말부터 우리 경제의 몰락을 가져오게 한 정책적 기조에는 불행히도 대외굴종성이 굴종의 수준까지 다 표출된 결과로서의 대외적인 "종속화"의 차원도 더 들어 있었다. 이른바 "종속적 신자유주의"는 그것까지 포괄하여 지칭하려는 표현이라고 할 수 있다. 우리 경제가 현재의 구렁텅이에서 빠져 나오는 일이 정말 버거운 과제인 것은 바로 이 종속의 굴레가 들씌워져 있기 때문이다. 대내적인 붕괴상태를 교정한다고 하더라도 이 종속의 굴레가 계속 들씌워져 있는 한 우리 경제는 제대로 발전할 수가 없고 그러기 전에 대내적인 교정 자체를 제대로 할 수가 없는 것이다. 그러기 때문에 진실로 우리 경제를 구하려면 대내적인 붕괴의 교정과 함께 궁극적으로는 이 종속의 상태를 깨뜨려야 한다. 그렇듯 “종속화”가 더 심각한 문제임에도 이에 대한 비판은 대내적인 문제에 대한 비판보다 상대적으로 적게 가해져 왔다고 할 수 있다. 그것은 현금 우리 사회에 널리 유포되어 있는 대외굴종적 특권 주지주의를 이끄는 원천적 요소가 대외굴종성인 점과 관련이 있다고 할 수 있다. 그러나 상대적으로 적긴 하였어도 비판은 가해져 왔다.

필자 역시 이 문제에 대해서도 이른 시점에 경종을 울리려고 했었다. “나라의 주권이 마치 ‘외국 투자가’에게 있고 정작 우리 국민은 그 신임을 얻기 위해서나 존재하는 것으로 말하고 행동하는 현재의 모습이 지속된다면 우리는 곧 남미형으로 고착될 가능성이 적지 않다”는 말로 경고를 발하였던 것이다.[2] 그러나 그 역시 무시된 채 조건절은 충족되어졌고 당연히 결과절이 실현되어지고 있는 중이다. 아주 최근에 이 측면에 대한 비판적 담론이 늘어나는 경향을 보이고 있는 것은 다행한 일이다. 그러나 현재까지는 일부 그러한 교정의 문제의식과 노력의 출현에도 불구하고 전반적으로는 과거의 정책기조가 외려 더 심화되고 있다. 여기서는 그동안 벌어진 종속화와 그 인과적 과정을 살펴보고 그것을 이끈 정책기조를 정당화해 온 논리가 필자가 대외굴종적 특권 주지주의라고 부르는 병리적 의식이 낳는 부실한 지식과 어떻게 결부되어 있는지 논할 것이다.

---

2) 이 책에 앞서 실은 1998년 초 발표논문의 한 구절이었던 이 부분을 특히 부각시켜 인용하며 한 경제신문이 이에 대한 해설기사를 실었었는데 아마 하고 싶은 말을 대신 해 주었던 것 같다. 이 문장에서 원문에는 들어 있지 않던 “정부”라는 단어를 “말하고 행동하는”의 주어로 삽입해가며 인용하였는데 필자가 굳이 거기에 주어를 넣지 않았던 것은 정부만 그랬던 것은 아니고 언론을 포함하여 일부 지식인들이 같은 모습을 보여 주었기 때문이다.

2. 종속적 개방을 통한 부 그리고 부의 원천의 유출

1) 종속화의 개괄

먼저 그동안 벌어진 종속화의 현황을 개괄해 본다면, 90년대 말 이전까지 우리 정부는 우리의 기업을 외국인이 인수하는 것을 허용하지 않았다. 그러기 전에 우리 기업의 주식을 외국인이 다량으로 소유하는 것을 기본적으로 허용하지 않았다. 그러나 예의 새로운 정책기조하에서 그 모든 것이 갑자기 완전히 바뀌게 되었다. 그런 것들을 일거에 허용하였을 뿐만 아니라 무제한으로 허용해 갔던 것이다. 다른 국가들에서는 일반적으로 일어난 적이 없는 수준과 속도와 맥락으로 자본시장을 대외적으로 개방한 것이다. 우선 주식시장에 대해 어떤 제한도 다 없애 버리고 완전개방을 시켰다. 그리하여 외국인의 주식지분비율이 무한히 늘어날 수 있게 되었다. 실제로 그것은 무서운 속도로 증가해 왔다. 현재 주식시장 전체의 외국인 지분율은 40%를 넘는 수준으로 증가해 있다. 외국인이 우리 주식시장의 주된 위치를 차지하고 있는 것이다. 외국인이 주식시장의 주인이 되도록 허용하는 것은 정상적인 다른 국가들에서는 찾아보기 힘든 일이다.[3] 뿐만 아니라 외국자본의 종류에도 아무런 제약을 두지 않았다. 예컨대 이른바 "헤지펀드"라고 불리는 국제전문투기자금에 대해서도 아무런 제약을 두지 않았던 것이다.

주식시장을 그렇게 완전히 개방함으로써 외국인에 의한 기업의 경영권 장악이 제약을 받지 않게 되었다. 단순히 주식시장에서의 인수합병에 의한 기업경영권 장악도 가능하게 되었다. 뿐만 아니라 기업들을 적

3) 현재 우리의 주가총액 중 외국인 소유 비중은 40% 이상인데 이것은 미국 약 10%, 일본 약 20%의 수배에 달한다. 이것은 경제통합으로 상호교류적 소유가 많은 독일 약 15%, 영국 약 30%나, 아시아에서 이 비중이 높은 편인 대만 약 20%, 태국 30%보다도 크게 높다. 우리보다 높은 경우는 악명 높은 경제종속의 상태에 계속 놓여 있는 멕시코 약 45%, 노키아라는 "다국적기업"의 주식시장에서의 비중이 압도적인 인구 500만의 소국 핀란드 약 55% 등 극소수에 불과하다(한국증권거래소, 2004: 9).

극적으로 매각하기 시작하였다. 우량기업을 포함하는 수많은 기업에 대해 다른 대안이 많이 있었고 국민들이 그것을 요구하였지만 매각을 멈추지 않았다. 그것도 흔히 대단한 헐값에다 부채를 모두 탕감해 주는 등 많은 공적 자금을 더 얹어 주면서 그렇게 하였다. 그렇듯 비상한 "개방"정책의 결과 단 수년 사이에 거의 모든 주요 기업의 최대 지분은 외국인의 수중으로 넘어가 있게 되었고 적지 않은 기업은 경영권도 넘어가 있게 되었다. 그런데 "개방"은 거기서 그치지 않고 기업들의 뒤에서 보다 근원적으로 우리 경제에 대한 지원을 담당하는 금융기관들까지가 그렇게 매각되기에 이르렀다. 어느덧 매각을 주관하는 기관조차가 흔히 외국 기업인 상태로 변해 있었다(양두용 외, 2004 참조).

2) 자본부유국에서는 무의미한 "외국자본의 유치"가 아닌 그 반대

그러한 종속적 개방을 추구해 온 쪽에서는 그것을 "외국인 투자의 유치"라고 불렀다. 우리 경제가 살길은 여하히 외국의 자본을 유치하여 그것으로 일자리를 창출하느냐 하는 데 달려 있다는 것이다. 그러나 그것은 사실을 전도시킨 변론이다. 먼저 우리는 더 이상 자본이 부족하고 노동이 풍부한 저발전국가가 아니었다.[4] 수십 년간의 빠른 경제성장으로 우리는 이미 자본부유국으로 변해 있어서 기본적으로 외국자본의 유치를 절실히 필요로 하지 않는 상태가 되어 있었다. 심영섭과 오영석은 헥셔-올린 명제의 누적된 보강 모델을 이용한 우리 상품의 교역구조의 변천에 대한 세밀한 분석을 통하여 우리가 1990년과 1995년 사이에 세계 다른 나라들과의 상대적 위상에서 노동부유국에서 자본부유국으로 변했음을 잘 보여 주고 있다(심영섭 · 오영석, 2001: 41). 그렇듯 자본이 노동에 비해 남아도는 우리 경제에서 투자한 자본의 수익률은 이제 아주 낮아져 있었다. 그와 표리의 관계에 있는 사실이지만 노동이 자본에

4) 부존자원 구조라는 이 너무도 기본적인 경제적 사항에 대해 대외굴종적 특권 주지주의에 사로잡힌 우리의 많은 경제전문가들은 보지 않거나 아니면 말을 않고 있다고 할 수 있다.

비해 부족한 경제가 되어 있기 때문에 임금비용은 아주 높아져 있었다. 우리보다 못사는 무수한 나라들에서 그보다 훨씬 싼 비용으로 높은 수익을 올리는 투자를 할 수 있는데 외국 자본가가 우리 나라에 진정한 의미의 투자를 하려 들 이유는 일반적으로 존재하지 않는 것이다. 자본이 남아도는 나라가 된 우리 자신의 자본가들도 그런 나라들로 투자처를 바꾸어서 나가려고 해 왔지 않은가.

그렇기 때문에 외국인에게 진정한 의미의 투자를 우리 나라에 해 달라고 해도 외국인들이 그에 응할 이유는 일반적으로 존재하지 않는다. 진정한 의미의 투자란 돈을 가지고 와서 그 돈을 써서 공장을 짓고 인력을 키우고 기술을 개발하고 판로를 개척하는 일련의 노력을 내포하는 것이다.[5] 그러나 자본의 비용이 비싸져 있는 우리 나라에서 외국인에게 그러한 진정한 의미의 투자를 해주기를 일반적으로 바란다는 것은 난센스이다. 그것이 그동안 외국인이 국내에서 하게 된 일이 대부분 전혀 "투자"라는 홍보에 부합하지 않는 일이었던 원천적인 이유였다. 사실은 그것이 외국인이 투자를 한 것이 아니라 우리가 했던 투자의 소유주가 외국인으로 바뀐 일이었음을 사물을 찬찬히 직시할 수 있는 사람이라면 누구라도 알 수 있을 것이다. 그동안 사람들이 목도한 일은 우리의 기업가들이 위에 열거한 모든 노력을 다 기울여 투자해서 키워 온 기업들을 그냥 외국인이 가져가도록 양도한 것이기 때문이다.[6] 우리가 우리의 땀과 돈으로 키워 온 기업들의 소유권을 외국인에게 준 것이다. 그것도 헐값에다 웃돈까지 얹어 주면서 그렇게 한 것이다. 그렇기 때문에 그것은 외국인의 자본을 유치한 것이 아니라 정반대로 우리의 자본

5) 이른바 외국인 직접 투자(FDI)도 궁극적으로는 그러한 문제의식에서 생겨난 개념이라고 할 수 있다. 그러나 그것은 그 문제의식을 충실히 살려내지 못하고 있는 개념이다. 우리가 여기서 말하는 진정한 투자는 그 개념보다 좁은 것이다. 외국인 직접투자의 개념은 이른바 기업 매각에 의한 인수를 포함하는 것이어서 그간 발생한 경제종속화의 중요한 요소로서의 기업 해외 매각을 계산에 포함시키게 된다.

6) 거기에는 공기업들을 동시에 민영화시키면서 정부지분을 외국인에게 "매각"한 것도 포함된다(안현효, 2005).

을 외국인에게 유출한 것임을 사물을 직시할 수 있는 사람이라면 모를 수가 없는 것이다.

3) 부와 자본과 자본가 위상의 헌납 및 일자리의 상실과 박탈

그러한 종속적 개방이 낳는 결과에 대해서 우리가 제일 먼저 말해야 할 것은 그동안 정상적인 의식을 유지한 국민들이 "부의 유출"이라고 부르며 항의해 온 측면이다. 외국인의 경제지배가 낳는 다른 많은 문제를 외면한다고 해도 이것 하나만으로도 바로 우리는 종속의 나락으로 굴러 떨어진 것이다. 외국인이 현재 우리 주식을 소유한 비율이 10%는 고사하고 1/3 수준을 넘어서서 절반 수준으로 육박해 가고 있다는 사실이 즉각적으로 의미하는 것은, 우리 경제가 창출해 내는 이윤의 절반 수준을 외국인이 가져간다는 것이다. 그것이 뜻하는 것은 우리 국민이 일을 하여 부가가치를 만들어 내면 그 가장 주된 열매인 이윤의 절반 가까이를 외국인에게 바치고 사는 사람들의 나라로 전락해 있다는 것이다. 뿐만 아니라 외국인은 그 위에 투기를 통한 엄청난 차익실현을 통하여 그보다도 더욱 엄청난 규모의 부를 계속 가져갔다.[7] 부의 유출은 물론 일차적으로는 현재의 부를 우리에게서 가져간다는 것을 의미한다. 그것은 우선 그만큼의 즉각적인 복지상실부터를 의미한다.[8] 그것은 그 자체가 시장을 통하여 우리 국민에게 연쇄적으로 돌아올 복지를 앗아간다는 것을 의미할 뿐 아니라 세수를 통한 국가재정으로 돌아올 복지를

---

7) 1998~2004년 동안의 "국내 주식투자 외국인 수익규모"는(donga.com, 2005. 4. 5) 1322억 달러(약 137조 원)로 동일 7년 기간 동안의 한국 경상수지 흑자 총누적액 1301억 달러보다도 많은데 이것은 2005년도 한국 1년 예산 약 134조 원보다도 많은 수치이다.

8) 론스타라는 펀드 한 군데에서만 4억 5천만 원의 차익을 챙겨갔다는 것에 대한 보도가 한편에서 나오면, 한편에서는 그것과는 상관없는 듯 아동수당 4억 5천만 원의 재원을 어디서 찾겠느냐고 난색을 표하고 있다는 보도(〈한겨레〉, 2006. 7. 15)를 접하는 것은 이런 상황을 압축적으로 보여 주는 한 가지 극히 작은 단면에 불과하다.

같이 앗아간다는 것을 의미하는 것이다.

그런데 그렇듯 엄청난 부의 유출은 그만큼 현재의 부를 앗기는 것에 그치지 않고 장래 그로부터 확대 재생산될 더 큰 크기의 부를 앗긴다는 것을 의미한다. 우선 그러한 부의 상실은 시장에서 경기를 누승적으로 확대 재생산할 입력분을 상실하는 것을 의미한다. 더 근본적으로는 다음 시점에서의 경제성장을 위한 자본으로 각 산업에 투입되어야 할 원천적 부를 상실하는 것을 의미한다.[9] 경제발전을 위한 자본과 자본가의 역할을 그 어느 사회에서보다도 목청 높여 이념적으로 방어하려 드는 사람들이 바로 그 자본과 자본가의 위상을 외국인에게 방어는커녕 앞장서서 양도하고 있는 것이다. 부와 자본의 유출은 물론 일자리의 상실을 동시에 의미한다. 부와 자본의 유출이 낳는 경제성장 기회의 상실은 곧 일자리 상실을 의미하는 것이다. 그런데 그동안 정반대로 "외국자본이 들어와 일자리를 창출해 준다"는 선전을 일방적으로 펴 왔었다.

설사 여기에서 논하는 경제성장기회의 상실을 말하지 않는다 하더라도 그것은 사실과 배치되는 말이다. 앞에서 분명히 한 바와 같이 그것은 자본을 유치한 것이 아니라 자본을 외국인에게 양도한 것이기 때문에 설령 그리하여 일자리가 줄어들지 않는다 하더라도 그것은 일자리를 새로 만드는 것이 아니라 있는 일자리의 고용주를 외국인으로 바꾼 것에 불과하다. 뿐만 아니라 설령 여기서 논하는 경제성장기회의 상실이 없다 하더라도 우리 종업원과 우리 경제에 내국인만큼 관심이 없을 수밖에 없는 외국인의 입장 때문에 일자리는 쉽게 삭감되어진다. 여기에

---

9) 우리의 금고에서 그렇듯 돈이자 자본이 빠져나가 가난해지고 있는데 대외굴종적 특권 주지주의에 사로잡혀 있는 우리의 경제 전문가들은 "성장"과 "개방"이라는 말을 외치면 그 빠져나가는 현실의 돈과는 상관없는 돈이 진공에서 저절로 생겨나 빠져나가는 그 현실의 돈 대신 우리의 금고를 메워 줘 부유해 질 것처럼 일종의 주술에 사로잡힌 것 같은 자세를 노정하고 있다. 그리하여 줄어들고 있는 현실의 경제와는 상관없이 그들의 관념 속에서는 늘어나는 경제의 환상이 보이는 것이다. 현실과 유리된 상태로 개념과 이론들을 신주처럼 받드는 것이 오늘날 우리 사회에 유포되어 있는 대외굴종적 특권 주지주의의 한 가지 심각한 증상이다.

서 논하는 부와 자본의 유출이 의미하는 경제성장기회의 상실의 효과를 논하지 않아도 진실이 그러할진대 경제성장기회의 상실이 의미하는 일자리의 상실을 논한다면 더 말할 나위가 없는 것이다.

그런데도 그 대외굴종적인 심성은 외국자본과 외국기업에게 정당한 통제를 가하는 대신에 오히려 치외법권처럼 갖은 특혜를 누리게 하고 있다. 이에 대해서 겨우 최근에야 문제제기의 소리가 들리고 있다. 그러나 자본과 자본가의 위상 유출 자체에 대한 근본적인 문제제기의 소리는 그만큼도 들리지 않고 기껏해야 국내기업에 대한 "역차별"만 문제삼고 있다. 이것은 병의 본 증상은 말하지 않고 이차적 증상만 말하는 것과 마찬가지이다. 외국기업은 자기 나라에서 우리 기업과는 다른 "국내기업"의 지위를 다양하게 보호받으며 향유하고 있다. 그 점 한 가지만 생각해 보아도 우리 나라에서 외국기업을 우리 기업과 완전히 똑같이 대하면 거기서부터가 국내기업에 대한 역차별이 된다는 것을 알 수 있다. 대내적으로는 이른바 산술적 평등의 무리함을 논하고 정당한 차별의 합리적 평등을 극력 강조하면서도 대외적으로는 합리적 평등이 무엇인지 전혀 따지지 않도록 대외굴종적 특권 주지주의가 작용하고 있는 것이다.

3. 대외굴종적 특권 주지주의의 전도된 "시장원리"

1) "시장원리"의 이름으로 주창된 "시장원리 위반"

대외굴종적 특권 주지주의에 사로잡혀 우리 경제의 붕괴와 종속을 초래한 사람들은 "시장원리"라는 개념의 오용을 통하여 그것을 추상적인 수준에서 정당화하려 하였다. 그리고 그렇게 "시장원리"를 오용하면서 내건 표어가 "탈규제"였다. "국가의 간섭을 최소화하고 시장에 맡겨야 한다"는 "자유주의" 주류 경제학의 명제를 거기에 동원하려 한 것이다. 처음에 그러한 탈규제론은 개발독재 이후의 상황에서 재벌의 특권적 지위를 비호하려는 동기의 발로로 시작하였다. 하지만 여기서 우리가 분명히 해 두어야 할 점은 경제학에서 "시장원리"를 강조할 때의 "시장"은 우리 사회에서 특권주의에 사로잡힌 사람들이 마구 쓰는 "시장"과는 다른, 거의 반대되는 개념이라는 사실이다. 그것은 현실 속에서 경제적 거래가 일어나는 마당을 그대로 가리키는 말이 아닌 것이다. 공정성을 위시한 몇 가지 제한적 속성을 부과하여 사용하는 당위적 내지 규범적 개념이다.[10] 미국의 독점금지법이 잘 보여 주듯이 기업들 사이의 공정한 경쟁을 위협하는 행위에 관해서는 정부의 엄격한 규제가 가해지는데 그것은 바로 규범적 의미의 "시장"을 지향하는 것이다. 현실적 의미의 시장에 발생하는 일탈적 상황을 통제하여 규범적 의미의 "시장"으로 최대한 유지하려는 것이다. 경제학에서 "시장원리"에 따라야 한다고 할 때는 그러한 규범적 상태를 염두에 두고 말하는 것이다. 그리고 그것은 자유 민주적 국가가 그러한 상태를 지향하며 규제활동을 하는 것을 당연시하고 하는 말인 것이다.[11]

경제학에서 그리고 서구인들이 그렇듯 규범적 제약을 전제하고 말하는 "시장"을 그러한 제한적 속성을 전제하지 않고 우리 같이 개발독재를 거치며 공정성 등이 적지 않게 훼손되어 있는 상황에서 말하게 되면 거의 반대의 의미가 된다. "시장원리"를 "시장원리 위반"의 의미로 사용하게 되는 것이다. 현실 속의 일탈적 상황을 통제하려는 규범적 개념을 가지고 그 일탈적 상황을 방임하라는 의미로 사용하면 일탈적 상황을 규범으로 따라야 한다고 말하는 전도된 지침이 되는 것이다. "시장원

10) 블락(Block, 1990: 46~74)의 글은 시장이라는 경제학적 개념의 이러한 규범적 성격과 현실과의 차이에 대한 세밀한 논의를 담고 있다.

11) 흔히 "완전경쟁"이라는 개념으로 규범을 대표시키고 "독점"이라는 개념으로 그 규범으로부터의 일탈을 대표시킨다고 했을 때 물론 현실 속에는 그 두 가지가 어떤 식으로든 혼합된 상태로 존재할 수밖에 없지만 될 수 있으면 최대한 "완전경쟁"이라는 이상을 지키려고 여러 가지 규제를 가하게 되는 것이다. 새뮤얼슨은 "자유방임으로는 완전경쟁을 자동적으로 확보할 수 없다. 경쟁의 불완전도를 줄이기 위하여 영구적 감시상태를 나라는 유지해야 한다"는 말로 이를 요약하고 있다(Samuelson, 1980: 496).

리"를 강조하는 자유주의적 주류 경제학의 관점에서 재벌은 대단히 반시장적인 존재이다. 그리고 그러한 반시장적 존재의 등장을 막기 위하여 엄격한 규제를 가하여 "시장원리"를 지키려고 하는 기제가 서구에서는 일반적으로 존재한다. 그런데 대외굴종적 특권 주지주의에 사로잡힌 우리 사회의 "자유주의자"들은 재벌 같은 반시장적 존재를 방임하라는 전도된 뜻으로 "시장원리"라는 말을 사용해 온 것이다. 이후 지난 정부들에서 "신자유주의"를 흉내내려 했던 사람들은 "시장원리" 개념의 그러한 오용을 확대 재생산했다고 할 수 있다. 재벌체제개혁 등 "시장원리"를 지켜줄 장치의 새로운 도입은 많이 하지 않은 반면에 "시장원리"를 지켜 줄 많은 장치들을 제거했기 때문이다. 그리고 그러한 일들을 바로 "시장원리"의 이름으로 하였던 것이다.

2) 바깥을 향해 더 큰 "시장원리 위반"으로 확대시킨 대외굴종성

그런데 지난 정부에서는 그러한 전도된 적용을 대외적으로까지 확대하여 시장원리에 배치되는 외국자본의 존재를 비호해 온 것이다. "탈규제"를 확대하여 "종속화"를 추진하는 구호로까지 사용한 것이다. 외국자본을 포함하여 누구라도 "시장"에서 자유롭게 활동하는 데 국가가 간섭해서는 안 된다는 것이다. 하지만 무제한한 외국자본의 진입은 그 자체가 시장원리에 반하는 존재가 된다. 외국자본은 재벌과는 비교할 수 없을 정도의 독점적 위상을 차지하고 있다. 우선 그 규모에 있어서 그들 자본은 우리의 재벌과는 다른 차원에 놓여 있다. 그럴 수밖에 없는 것이 그 자본은 전혀 다른 크기와 수준의 시장에서 터를 잡아 왔던 것이기 때문이다. 그 자본이 갖는 절대적 규모의 차이도 차이려니와 그것이 본국의 시장에서 차지하는 비중과는 참으로 비교할 수 없는 비중을 우리의 시장에서 차지하게 되는 것이다. 그것은 오늘날 그 본국에서 양해되어 온 최소한의 불가피한 독점의 허용치 같은 얘기는 애당초 꺼낼 수조차 없는 수준인 것이다.

두 서로 다른 규모의 시장이 만나는 곳에서는 큰 규모의 시장의 움직임의 비중이 크기 때문에도 그 큰 시장의 움직임에 일차적으로 터잡고 있는 외국 기업 내지 자본의 움직임은 그 작은 시장에서 그와 같은 독점적 위상을 그것만으로도 발산하게 된다. 그런데다가 그 만나는 마당에서 큰 시장이 작용하는 비중이 훨씬 크다는 사실에서 비롯되는 추가적인 문제점은 그 외국기업들 내지 "외국 자본가들"의 행동이 비교할 수 없을 정도의, 거의 "결정적"인 효과를 준다는 것이다. 이것은 당위적 시장 개념의 또 한 가지 중요한 요건을 완전히 유린하는 것이다. 그러면서 그들은 그 만나는 마당에서 작용하는 비중이 그만큼 지배적인 자기 시장의 상황에 맞춰 다소간에 같이 행동하려 들 것이기 때문에, 그 두 가지 사항이 결합하면 그들이 설사 실제로 서로 "담합"을 모의하지 않는다고 하더라도 결과적으로는 같은 "외국자본"으로서 서로 담합을 한 것과 같은 행동을 하는 것이 된다. 그리하여 외국 자본가는 그들 자신의 나라에서는 도저히 할 수 없는 위해를 우리 나라에서 시장원리에 대해 가하게 되는 것이다. 한마디로 외국 자본은 우리 재벌의 독점적 위상과는 비교도 안 될 초독점적 위상을 가지고 우리의 시장에 군림하게 된다고 말할 수 있다. 우리 재벌이 시장원리에 대한 작은 위반이라면 외국자본은 큰 위반이 되는 것이다.[12)]

3) 특권주의의 머리에 앉은 대외굴종성

이렇듯 외국자본의 존재가 우리의 시장에 대한 큰 위반임에도 그동안의 굴종적 개방을 통하여 외국 자본가의 지배를 불러 온 사람들은 그것을 "시장원리"를 적용하기 위한 불가피한 선택이라고 말해 왔던 것이다. 그들은 "시장원리"의 파괴를 적용이라고 부르는 개념전도를 더 크

12) 외국인이 인수한 한 은행이 상장을 폐지한 것은(조선일보, 2004. 5. 19) 이 모든 것을 극화시켜 보여주는 하나의 상징적 사건이라 할 것이다. "시장원리"의 우위 속에 우리의 국내시장이 은행마저도 "개방"하자 그것을 차지한 다음에 자기는 그것도 바로 우리의 국내시장 안에서 그 문을 닫아 버린 것이다.

게 대외적으로 벌이게 된 것이다. 우리의 주식시장에서 외국인이 한해 수십조 원씩의 차익을 챙기는 것은 그 모든 반시장적 요소들이 결합하여 벌어지는 일로서 그들이 우리의 시장에 대해 엄청난 반시장적 존재가 되는 것을 웅변해 주는 증거이기도 하다. 반면 그들이 터잡고 있는 그 큰 시장에 대해서는 우리 시장과의 만남이 그토록 큰 반시장적 작용을 가하지 않게 된다. 그래서도 그 나라의 경제전문가들은 그것을 가지고 두 다른 규모와 수준의 시장의 만남이 시장원리에 위협을 가할 가능성을 심각한 문제로 다루지 않게 된다. 하지만 만약 반대로 그들이 작은 시장 속에 터 잡고 있었다면 당연히 그것을 "시장원리"에 대한 엄청난 위협으로 간주하고 그것을 용인하지 않으려 했을 것이다.[13] 그들에게는 대외굴종적 특권 주지주의가 없기 때문이다.

그러나 대외굴종적 특권 주지주의가 횡행하게 된 현금 우리의 상황에서 "시장원리"라는 이름으로 "시장원리의 큰 배반"이 벌어지고 있는 것이다. 오늘날 재벌의 대내적 특권을 비판하면서 그 개혁을 부르짖는 사람들은 흔히 외국자본이 가하는 위해에 대해서는 그것을 묵인 내지 조장하는 자세를 취하는 것을 볼 수 있다. "작은 시장원리 배반"의 대내적 특권에 대해서는 공격하면서 "큰 시장원리 배반"의 대외적 특권은 옹호하는 그러한 모습에서 우리는 대외굴종적 특권 주지주의를 야기한 가장 큰 요소가 대외굴종성이라는 점을 재확인할 수 있다. 외국자본의 위협이 없었을 때에는 본격적으로 하지 않던 재벌에 대한 비판을 뒤늦게 하면서 외국자본에 대해 굴종하는 모습을 보이면 그것은 외국자본에 의한 우리 경제의 종속화 및 붕괴를 가속화시킬 뿐이다.[14]

---

13) 미국이 메모리 반도체 D램에 관해 가격담합을 했다는 이유로 우리 기업의 직원들을 수년간의 징역형에 처하게 했다는 보도(동아일보, 2006. 3. 24)가 최근에 있었다. 단 한 가지 상품의 미미한 가격효과에 대해 자국 시장에서 "소비자의 이익"이 침해당했다는 이유로 심각하게 대응하는 사회라면 현재 우리가 당하고 있는 수준의 침해에 대해서는 어떤 대응을 했을지는 불문가지이다.

14) 현재 우리의 재벌들은 이것을 역으로 이용하여 국민경제를 지키기 위하여 재벌에 대한 규제를 풀어달라고 호소하는 전략을 취하려 하고 있다. 하지만

4. 종속적 개방이 훼손한 "경쟁력"

1) 경쟁력 제고를 가져다주지 않는 외국 자본가

그 간의 종속적 대외개방을 정당화시키려는 맥락에서 제시되었던 한 가지 명분은 "외국기업의 우월한 경쟁력을 도입하자"는 것이었다. 외국기업들이 들어와 있게 하면 그 외국기업들과의 경쟁을 통하여 우리 기업들의 경영수준이 제고되거나 아니더라도 최소한 외국기업들 자신이 경쟁력 있는 경영을 도입한다는 것이었다. 하지만 그것은 사실이 아니었다. 근본적으로 시장원리에 배치되는 외국인의 과도한 진입은 우리 기업과 경제의 수준을 제고시키는 것이 아니라 반대로 떨어뜨리는 작용밖에 하지 않는 것이다. 그 점을 본격적으로 논하기 전에 먼저 분명히 해 두어야 할 것은 설사 종속적 대외개방이 그 말대로 경영과 경제의 격상을 가져다준다 하더라도 우리 사회성원 일반은 그 혜택을 보지 못할 뿐 아니라 위에서 논한 대로 엄청난 박탈을 겪게 된다는 사실이다. 그 말대로의 격상된 형태가 설사 귀결된다 하더라도 그것은 우리 사회성원 일반의 경제적 삶의 향상이 아니라 그 추락을 동반하는 무가치한

재벌의 그러한 "자구용" "탈규제"를 통하여 외국자본을 막으려는 기도는 장기적으로 성공할 수 없는 일이다. 무엇보다도 그러한 "탈규제", 즉 시장원리를 지켜 줄 합리적 규제의 제거를 하게되면 그것은 재벌이 점점 더 불합리한 경영 상태로 빠져 들어가게 됨으로써 스스로 붕괴되거나 규제가 없는 상태의 국내에서 호시탐탐 촉수를 뻗쳐 올 외국자본의 먹이가 결국 될 수밖에 없기 때문이다. 그러므로 그들 기업과 함께 우리 경제를 지키는 유일한 길은 재벌에 대해서 그리고 그보다 더 강력하게 외국자본에 대해서 국가 차원의 정당하고 적절한 규제를 가하는 것이다. 하지만 현재의 상황에서는 재벌의 자기방어기제를 허용하여 외국자본의 급한 위협을 피하게 한 후 먼저 외국자본에 대한 규제를 도입하고 장기적으로 재벌에 대한 규제를 점진적으로 도입해 가는 순서를 취하는 것이 옳을 것이다. 장하준(2004)은 그 첫 번째 부분만 말하고 아쉽게도 두 번째 부분을 말하지 않고 있다. 하지만 그것을 말하지 않는다고 하여 첫 번째 부분조차가 오류인 것처럼 공격하는 것은 대내적 특권주의를 대외굴종성으로 덮는 함정에 빠지는 것이 된다.

것이 되는 것이다.

하지만 격상된 경영과 경제형태가 귀결된다는 말 자체가 사실이 아니라는 점을 여기서 분명히 하려는 것이다. 우선 그것은 기업경영의 격상이 아닌 격하를 가져다준다. 외국인의 인수가 기업의 경쟁력을 제고한다고 할 때의 전제는 외국인이 그 인수한 기업의 발전을 위하여 경영을 한다는 것이다. 그러나 지금까지의 현실이 잘 보여주는 것처럼 외국인은 그 인수한 기업의 발전을 위하여 경영하려는 동기를 지니지 않는다. 외국인이 지니는 동기는 크게 두 가지라 할 수 있다. 한 가지는 그 기업을 순전히 재물로 간주하는 것이다. 지난 정부에서 헐값으로 웃돈까지 얹혀져 양도받을 때 그것은 그들에게 비용들이지 않고 취할 수 있는 재물로 주어졌었다. 그러다가 더 비싸게 팔 기회가 오면 상품처럼 팔아 그 차익까지 챙길 수 있는 재물로 존재하게 된 것이다. 물론 지니고 있는 동안에는 이윤 등 그것이 기업이라는 특수한 재물이라는 점에서 파생되는 다른 이익도 그들은 다 향유하려 한다. 차액의 또 다른 이름에 불과한 그러한 잔여적인 맥락의 “이윤”을 더 추렴하려는 동기는 사업의 성장을 도모하는 적극적 경영이 아닌 인적, 물적 비용의 삭감 같은 소극적 경영으로 표출되기 때문에 결코 기업발전을 지향하는 정상적인 “이윤추구 동기”가 아니고 반대로 기업쇠락으로 향하는 전혀 일탈적인 동기가 된다. 설상가상으로 그렇게 해서 “이윤”이라는 이름으로 추렴되어지는 잔여이익이 조금이라도 있으면 확대재생산을 위해 당해 기업에 재투자하는 것이 아니라 그것조차도 본국의 가계로 다 가져가는 것이다.[15]

외국인이 우리 기업을 인수할 때 갖게되는 또 한 가지 동기는 자기

---

15) 아직 경영권이 넘어가지 않은 경우에 있어서조차도 지분 비중상 이제 가장 많은 발언권을 지니고 있는 외국인 주주들은 이윤의 대부분을 재투자가 아닌 배당으로 나눠줄 것을 요구하여 실현시키고 있다(헤럴드경제, 2005. 8. 20). 바깥으로 빠져나감으로써 현격히 줄어들어 온 부를 외국인이 발언권마저 장악함으로써 자본으로조차 제대로 이용할 수가 없게 된 채 그마저도 빠져나가게 되는 것이다.

나라 본 기업의 발전전략에 종속시키려는 것이다. 그 경우는 기업을 재물로 간주하지 않고 일단 기업으로 간주한다. 하지만 인수한 국내 기업 자체의 발전을 위하는 수준의 적극적 경영은 하지 않는다. 만약 본 기업의 발전을 위해 희생양으로 삼으려 하면 첫 번째 동기를 가진 인수보다 더욱 나쁜 결과가 초래될 수도 있다. 그리하여 그중 어떤 동기로 인수하든 외국 자본가는 인수한 기업에, 기존에 우리 기업가가 경영할 때에 비해, "경쟁력"을 도입하지 않는다. 반대로 있던 "경쟁력"도 그 기업의 부와 함께 빼내갈 뿐이다. 그런데 외국인의 인수가 우리 기업의 경쟁력 제고를 가져다준다는 주장이 토대를 두고 있는 한 가지 중요한 논리는 남아 있는 우리 기업이 그 기업과의 경쟁을 통하여 그 제고된 경쟁력을 배운다는 것이다. 그러나 그들이 인수한 기업이 경쟁력 제고가 아닌 경쟁력 추락으로 귀결되는 마당에 그러한 기업과의 경쟁이 남아 있는 우리 기업의 경쟁력 향상을 초래하는 자극이 된다는 말은 그 전제 조건 자체가 성립되지 않는 것이다.

2) 합리적 경영을 위한 역균형적 버팀목을 벗어나 있는 외국 자본가

외국인이 우리 기업을 인수할 때 그렇듯 자기 나라 안에서 기업을 경영하는 마음가짐과 전혀 달라져 있는 한 가지 중요한 이유는 자기 나라에서 그들을 둘러싸고 있는 공정한 시장경쟁의 틀에서 벗어나 있기 때문이다. 우리는 왜 자본주의 경제성장을 위해서는 공정한 시장경쟁의 틀 같이 그것을 지원하는 역균형적 버팀목이 필요한지 논한 바 있다. 그 역균형적 버팀목은 그 나라의 기업가들로 하여금 그들의 이익 추구욕을 기업발전을 위한 적극적 동기로 표출하게 추동해 주는 것이다. 그것이 그들의 기업과 그들의 국민경제에 경쟁력을 갖출 수 있게 해 준다. 그런데 그 기업가가 우리 같은 외국의 경제에 들어와 있을 때에는 자기 사회의 그러한 역균형적 버팀목의 제약을 더 이상 받지 않게 된다. 한편 물론 우리 쪽에는 우리의 자본주의 발전을 지원해 왔던 우리 자신의 사회문화적 틀이 존재한다. 만약 그 기업가가 우리 틀을 벗어나지 않는 정도와 범위로 우리 경제에 예의 진정한 의미의 투자를 한 상태에서 경영을 한다면 일정하게 우리 경제발전을 위하여 일하는 효과가 나게 된다. 이것이 미국 같은 나라가 그 같은 극도로 제한적인 맥락에서 우리나 일본의 기업가를 자기 경제에 진정한 의미의 투자 활동을 하도록 초대하는 이유이다. 그러나 지난 수년간의 굴종적 개방하에서 우리 경제에 일어났던 일은 전혀 그러한 모습이 아니었다.

그것은 그들의 입장에서는 우리 쪽에서도 하등의 역균형적 버팀목의 제약을 받지 않는 진입이었던 것이다. 위에서 논한 것처럼 외국인이 인수한 기업을 순전히 재물로 간주하면서 기껏해야 소극적 경영을 하면서 세월을 보내는 것은 우리 기업이라면 할 수가 없다. 그러다가는 무엇보다도 적극적 경영을 하는 우리의 다른 기업과의 경쟁에서 버틸 수가 없기 때문이다. 외국인 인수자가 버틸 수 있는 이유는 그러한 정상적인 경쟁의 틀 속에서 벗어나 있기 때문이다. 우리 나라 기업들과는 경쟁을 하지 않아도 그들의 존립에 전혀 영향을 받지 않기 때문에 그들은 우리 경제 속에서 최선을 다하는 적극적 경영을 하지 않아도 된다. 그들이 기업을 재물로 간주하고 한 몫 챙길 기회만을 노리는 행동은, 정상적인 경쟁의 틀이 제약하는 자기 나라 경제 속에서는 자신의 존립이 위협받을 수 있는 위험한 행동이 되므로 할 수가 없지만, 그 틀을 벗어난 우리 나라 경제 속에서는 할 수가 있는 것이다. 최대의 이익을 추구하려는 인간의 "경제적 동기"가 그들로 하여금 정상적인 이윤추구 활동과 그러한 폭리추구 활동 사이에서 폭리추구 활동을 선택하도록 추동한다. 공정한 경쟁의 틀을 불가분의 요소로 하는 시장원리가 작용하는 자기 나라 안에서는 기업과 경제의 발전을 이끄는 이윤추구 활동으로 표출될 외국 자본가의 이익추구 동기는 시장원리가 작용하지 않는 자기 나라 바깥에서는 순전한 탐욕으로 화하게 되는 것이다.

3) 시장원리 및 발전기제의 와해

그런데 외국인의 과도한 진입은 시장원리를 위배하는 수준에서 그치는 것이 아니라 시장원리 자체를 와해시키는 수준의 작용을 하고 있다. 제한된 정도와 범위 안에서 개별적으로 기업인수를 해도 우리 기업과의 경쟁관계를 벗어나서 존재하게 될 외국인이 무제한으로 몰려 들어와 있으면 그들은 틀을 벗어나 존재하는 것을 넘어 틀을 완전히 와해시키게 되는 것이다. 그 이유는 우선 그들이 한 두 개의 기업만 차지하고 그렇게 하는 것이 아니라 다수의 기업들을 차지하고 그렇게 하는 것이기 때문에 그것들을 가산한 만큼, 그리고 그것들이 결합하여 가중하는 만큼 우리 경제 전체 속에서 그러한 작용을 하게 되기 때문이다. 우리의 역균형적 버팀목의 제약을 받으면서 자신의 이윤추구 동기를 기업 및 경제의 성장을 위한 성취동기로 승화시켜 갈 자본가 계급의 위치를 그렇듯 그러한 제약 밖에서 탐욕의 동기에 의해 움직이게 되는 외국인 자본가가 점거하게 됨으로써 우리의 경제는 그 발전의지조차를 앗기게 되는 것이다. 한마디로 외국인들은 우리의 경제를 집단적으로 지배하면서 거시적으로 우리 경제의 틀에 들어 있던 발전동기를 와해시켜 버리는 것이다.

거기서 그치는 것도 아니고 외국인들은 이제 더 나아가서 경제정책과 시장원리를 포함하는 우리 경제의 거시경제적 통제력을 직, 간접적으로 무력화시킴으로써 보다 근본적인 곳에서 우리 경제의 발전동기를 와해시킬 수 있게 되었다. 우선 일반 기업들을 외국인들이 장악하고 있다는 사실 자체가 정부가 수립하는 어떤 산업정책도 유효하게 무력화시킬 수 있음을 의미한다. 거기에 더해 은행 같은 중요한 기업지원 및 시장통제 기관들마저 외국인들의 수중에 넘어갔기 때문에 시장 내에서의 발전중추가 거세된다(조복현, 2005). 그리고는 그러한 시장적 중추기관을 장악함으로써 우리 정부가 우리 경제발전을 위하여 발휘할 수 있는 정책적 역량을 무력화시킬 수 있게 된다. 정부가 우리 경제발전을 위해서 특정의 경제정책을 수립하려 해도 그것을 거부하고 심지어 우리 경제에 위해로울 수 있는 경제정책까지가 수립되도록 간접적 압력까지 가할 수 있게 되는 것이다.[16] 그렇게 해서 그들이 가져간 통제력을 그들은 오로지 자신들의 개인적 탐욕 내지 본국 기업과 경제의 이익을 위해 행사하게 되는 것이다.

4) 우리 자신이 할 수 있고 하여야만 하는 향상과 제고

자본주의적 기업경영의 올바른 기법을 우리가 모르는 것이 아니었다. 우리가 그것을 몰랐다면 그런 혁혁한 경제발전을 이룩할 수란 없는 것이다. 다만 개발독재가 완전히 합리적인 사회문화적 틀의 정착을 가로막고 있었기 때문에 그것을 다 발휘하려는 마음을 먹지 않게 되었던 것이다. 그 사회문화적 틀은 우리 자신이 고쳐야만 하고 우리 자신만이 고칠 수 있다. 지금까지 주욱 논해 온 것처럼 그것을 외국인의 수중에 맡기면 그들은 오로지 주어진 환경을 이용하여 최대의 이익만을 취하려는 "국외자"의 마음가짐을 갖고 행동할 뿐이어서 그것은 결국 그 환경으로서의 사회문화적 틀을 더욱 왜곡 내지 와해시키는 역할만 하는 것이다. 그렇기 때문에 설사 우리가 올바른 기법들을 전혀 몰랐다고 하더라고 그것을 외국인의 지배를 통하여 전수받을 수는 없다.

우리가 독립적인 위상을 유지하면서 그것을 획득하는 수밖에 없는 것이다. 만약 우리 자신이 독립적으로 그것을 개발하거나 공부해서 획득할 능력이 없다면 우리는 결코 그것을 갖게 될 수 없는 것이다. 외국인의 지배를 통하여서는 그것의 전수는 받지 못한 채 박탈과 붕괴만 돌아오게 되는 것이다.[17] 하지만 우리가 뛰어난 발전을 이룩해 왔다는

---

16) 최근에 있었던 모 신용카드 회사에 대한 정부의 회생전략을 외국인이 장악하고 있는 은행들이 배척한 사건은 그 한 가지 예에 불과하다.

17) 이제민(2006)은 한미 FTA 추진을 비판적으로 논하는 가운데 우리 경제의 문제를 치료하기 위해서는 우리 스스로의 내적인 교정이 우선이며 개방에 의한 충격으로는 그것을 이룰 수 없을 뿐 아니라 더 무너져 내리게 할 뿐이라는 엄중한 경고를 발함으로써 원본 자유주의 주류 경제학자가 지닐 수 있는 양식의 폭을 보여 주고 있다.

사실은 우리가 독립적으로 그 요체를 획득할 역량이 있다는 것을 너무도 잘 말해 주고 있다. 뿐만 아니라 앞선 글들에서 자세히 논한 것처럼 우리는 원래 스스로 별도의 빼어난 전통을 물려받고 있었던 것이다. 그것이 서구의 그러한 기법을 손쉽게 습득할 수 있게 하는 토대였으며 나아가 그것을 한 차원 높은 수준으로 흡수하게 될 원천이었다. 엄연히 우리 자신이 그러한 역량이 있음에도 그것을 활용하여 진정코 향상과 제고의 길을 걷게 되는 대신에 멀쩡한 자신의 역량을 외국인에게 유린당하게 함으로써 향상과 제고가 아닌 와해와 몰락 속에서 박탈과 수탈을 받는 길을 걷게 되었던 것이다.

5) 생존경쟁이 아닌 사멸경쟁으로의 가치 전도

만의 하나 우리 경제의 주인이 외국인으로 교체됨으로써 더 합리적인 틀이 자리잡게 된다고 하자. 그 경우 그 틀의 과실을 향유하며 생존하는 존재는 물론 외국인이지 우리가 아니다. 여기서 또 한 가지 분명히 해 두어야 할 중대한 사항은 경제학에서 말하는 경쟁은 절대로 그러한 상태를 가리키는 것이 아니라는 것이다. 영미인들을 포함하여 서구인들이 경쟁을 말할 때는 어디까지나 자기들이 살기 위한 "생존"경쟁을 의미하는 것이다. 경쟁이라는 개념을 어디까지나 자기들의 경제적 생존 기회를 고양하는 수단으로만 대할 뿐이다. 자기의 생존에 위협이 되는 수준으로까지 경쟁을 추구하지는 않는 것이다.

우리는 앞서 서구인들이 진정한 의미의 외국인의 투자를 그것도 아주 제한된 범위와 맥락하에서 허용하는 점을 논했었다. 자기들이 자기나라 경제의 주인으로서 온존하는 것을 전제하고 그렇게 하면 그것이 주인으로서의 자기들에게 이익이 될 수 있다고 생각하기 때문에 그렇게 하는 것이다. 결코 외국인에게 주인 자리를 내주는 상황을 염두에 두지는 않는다. 외국인에게 자기들이 "사멸"당하는 수준으로까지 경쟁을 허용하지는 않는 것이다. 자기들이 "사멸"당한 곳에서 외국인이 그 과실을 향유하며 생존하는 자기집단 희생적 경쟁을 미덕으로 추구하는 가치

전도의 경제전문가는 서구에는 없는 것이다. 그런데 지난 수년간 우리의 정책적 기조는 서구인들이 말하는 경쟁이 정확히 무엇인지 제대로 알지도 못한 채 그렇듯 전도된 의미의 경쟁까지를 추구하는 상태로 변해 있었던 것이다.

5. 시장원리의 대외적 수호자로서 경제성장을 지킨 민족주의

1) 자본주의 발전을 지켜줄 버팀목의 관건적 요소로서의 민족주의

종속적 개방이 그렇듯 경제발전의 토대를 철저하게 와해시키게 되는 것은 경제발전을 지켜 주는 대외적 보호벽의 중요성을 여실히 보여 준다. 그 중요성을 철저하게 인식하고 있는 다른 국가들은 결코 그 대외적 보호벽을 무너뜨리지 않기 때문에 우리처럼 경제발전의 토대를 하루아침에 상실하는 일은 없다. 어떤 병리적 의식과 행동 양식에 사로잡혀서 우리가 그 중요성을 망각하고 국가 보호벽을 무너뜨렸기 때문에 그렇듯 엄중하지만 당연한 결과를 겪게 된 것이다. 댐을 무너뜨리면 홍수가 난다는 것을 잘 알고 있는 다른 나라에서는 무너뜨리지 않는 댐을 우리가 무너뜨렸기 때문에 홍수에 휩쓸리게 된 것이다.

그런데 대외적인 국가 보호벽의 중요성을 인식하고 그것을 지키려는 마음가짐은 실은 일반적으로 민족주의라고 일컬어지는 지향의 핵심을 이룬다. 자본주의 경제발전을 위해서는 공정한 경쟁의 틀을 포함하여 시장원리를 지켜줄 합리적인 사회문화적 버팀목이 필요한데 그 합리적인 버팀목은 대외적으로 지켜져야 한다(Plant, 1999 참조). 합리적인 사회문화적 버팀목을 대외적으로 수호하는 요소가 바로 그 합리적인 버팀목의 관건적 요소로 부착되어 있어야 하는 것인데 그 의식적 차원이 다름아닌 민족주의인 것이다. 그것은 또한 합리적인 사회문화적 버팀목에 의해 지지되어 발전하는 경제 자체를 정치적인 차원에서 대외적으로 수호한다. 민족주의는 자본주의를 사회문화적 차원에서뿐만 아니라 정치경제적 차원에서 대외적으로 지켜주는 의식상의 힘인 것이다.

2) 시장원리와 불가분의 관계에 있는 민족주의

민족주의란 달리 표현했을 때 각 민족 내지 국민이 잘 살아보려고 자신을 위해 노력하는 마음가짐이다. 그것은 민족적 차원의 이기주의인 것이다. 자본주의가 이기주의를 이념적으로 정당화했을 때 이미 중상주의 속에 내포되어 있던 민족주의는 그 불가분의 일부로 공식화된 것이라 할 수 있다. 그러한 자본주의적 논리의 골간은 애덤 스미드에 의해 잘 표현되어졌다. 각 개인이 이기주의에 이끌려 자신의 경제적 부를 극대화하려는 노력을 하면 그것은 그 개인들의 부가 합쳐진 총화로서의 "국민의 부"—그 책의 제목이 된—를 당연히 극대화시켜주는 것이다. 거기서 각 개인의 이기주의는 집단적으로 공유하는 도덕감정에 의해 전체를 위해 유익한 방향으로 상호 결합되어야 한다는 전제조건이 스미드에게는 원천적으로 있었는데 그렇게 국민적 차원에서 상호 결합된 이기주의의 총화가 바로 이후 점점 더 본격적으로 운위되어지게 된 민족주의에 다름아닌 것이다(Khalil, 2005: 68).

자유무역의 이점을 논하는 것도 어디까지나 그러한 "국민의 부"를 위하여 이득이 된다고 판단하는 한에서 그런 것이다. 스미드는 개인적 이기주의가 국민의 부 내지 행복의 증진을 실제로 가져다주는 원리의 연장선상에서 그러한 국민적 이기주의가 인류의 부 내지 행복의 증진을 실제로 가져다준다고 설파한다. 불완전한 인간은 자신이 속한 사회의 행복의 증진을 통하여서만, 즉 자신이 속한 그 부분집합의 인류에 대한 책임이행이라는, 자신이 할 수 있는 일을 다 함으로써만, 결과적으로 또는 간접적으로 인류 전체에 기여할 수 있는 것이지 말 그대로의 전인류적 사랑은 궁극적으로 인간으로서는 그 주제를 넘는 신의 영역이라고 말한다(Smith, 1982: 227~237).[18)]

---

18) 이러한 관점은 각자 자기와 가까운 사람들에 대한 책임부터 이행해야 한다

한편 각자의 이기주의에 따르는 개인들의 행동이 그렇듯 "보이지 않는 손"에 의해 상호 결합되어 국부를 극대화하는 원리는 이후 시장원리라는 말로 불리게 되었다. 시장원리와 민족주의는 그렇게 결부되어져 있는 것이다. 시장원리는 이기심과 스미드가 말하는 "도덕감정"이 상호작용하여 빚어내는 원리이다. 그것은 개인들의 이기적 행동을 국민경제가 발전하는 방향으로 몰아 줄 합리적 버팀목을 내포하고 있는 원리인 것이다. 그리고 그 합리적 버팀목은 자신을 지키는 요소를 그 관건적 요소로 내포하고 있어야 하는데 그것의 의식적 차원이 곧 민족주의라는 서술방식을 앞에서는 취했던 것이다.

스미드가 "도덕감정"이라는 차원으로 말한 것은 이후 현실 속에서 다양한 차원으로 구체화된 모습으로 다루어지게 되었다. 그것은 예컨대 법률의 차원으로도 무수하게 존재하고 있다(Ferrell, 2002: 77~80). 미국의 독점금지법은 그 하나의 잘 알려진 예일 뿐이다. 그것은 일단 대내적인 차원에서 "도덕감정"을 법으로 구현하여 미국의 시장을 지키려는 것이다. 대외적인 차원에서 미국의 시장을 지키려는 법률은 일일이 거명하기가 힘들 정도이다. 사실 거의 모든 법률은 원천적으로 자국의 시장을 대외적으로 지키는 역할을 하고 있다고 할 수 있다. 독점금지법은 오늘날 미국의 시장을 대외적으로 지키는 데에도 동원된다는 것이 법률이 지니는 그러한 본원적 속성을 잘 말해 준다.[19] 더군다나 반덤핑법, 슈퍼301조 등 수많은 법률을 적극적으로 추가해서 대외적으로 자국 시장을 지키고 있는 것이다.

"도덕감정"이 법률 등으로 얼마나 잘 구현되어 있느냐 하는 것은 그 나라의 민주주의의 강도와 연관되어 있다. 나라가 민주적으로 운영될수록 그 국민의 "도덕감정"이 법률이나 정책기조로 바로 구현되어지기 때문이다. 거기서 민족주의는 민주주의와 표리의 관계를 맺고 있다(Ryn,

---

는 유교 전통에서의 인애(仁愛) 개념과 통한다고 할 수 있다.

19) 미국과 EU가 보잉사와 맥다널 더글러스사의 합병을 놓고 "시장(원리)의 보호"를 쟁점으로 해서 양쪽 독점금지체제 간에 한 바탕 대립했던 사건은 그 한 가지 예에 불과하다(Yang, 1997 참조).

1994 참조). 민족주의의 강도는 그 민족성원들이 상호간에 갖는 동류의식의 강도에 비례하는데 민주주의가 더 발전할수록 계층체계가 개방적이 되어 계층간 원활한 이동은 계층간 이질감을 감소시키고 민족 전체의 동류의식을 강화시킴으로서 민족주의를 강화시키는 것이다.[20] 그리고 민주주의가 더 발전할수록 민족주의가 강화되는 또 한 가지 이유는 국민의 의사들이 더 충실하게 존중이 되면서 그 최대공약수를 아우르는 견제와 균형의 기제가 잘 작동하기 때문에 국민을 이루는 모든 개인의 이기적 욕구의 상생적 총화로서의 민족주의가 강화될 수밖에 없는 것이다.[21]

3) 당연시되어 언급되지 않는 너무도 기본적인 욕구

흔히 기본적인 욕구들은 그냥 당연시되고 언급되지 않는 경향이 있다. 쑥스러워서도 그렇게 하는데 이기주의도 그러한 경우라 할 수 있다. 이기주의가 자본주의의 이념 속에서 정당화된 이후로도 그 개념을 명시적으로 강조하는 경우는 만나기가 쉽지 않다. 이기주의가 제일 공리처럼 되어 있는 주류 경제학적 담론에서도 마찬가지이다. 이기주의는 논해지는 것이 아니라 당연한 전제로 깔린 채 그것이 표현되거나 결부된 다양한 수준의 구체적 명제들이 논해지는 것이다. 개인적 차원에서 정당한 이기심의 추구가 너무도 당연한 것이면서도 말해지지 않는 것에 상응하게 서구인들은 그 총화로서의 민족주의도 잘 말하지 않는다. 그것은 실제상으로 민족주의를 추구하는 데 아무런 장애물이 가해지지 않기 때문에 굳이 말할 필요가 없기 때문에도 그러하다.

---

20) 그러한 동류의식은 국민 사이에 광범위한 신용 거래를 가능케 하고 윤리체계를 강화시킴으로써 국민경제를 발전시키는 데 기여하는 것이다(Ferrell, 2002: 251).

21) 우리의 민의는 각종 구체적 쟁점들에서 민족주의를 표출하고 있음을 여론조사는 잘 보여 준다(예컨대 중앙일보, 2005. 10. 14). 따라서 민의에 의해서 작동하는 민주적 정치라면 민족주의적이 될 수밖에 없는 것이다.

그리하여 그들은 민족주의를 논하는 대신 그것이 보다 구체적으로 표현되거나 결부된 개념이나 정책을 일상적으로 논하고 행하는 것이다. 민족주의를 말해야 하는 사회가 있다면 그것은 그 사회가 민족주의를 그만큼 더 강하게 추구하고 있다기보다는 오히려 민족주의의 추구에 장애물이 있다는 사실의 반영일 수 있는 것이다. 만약 그 사회에서 민족주의를 반대하는 목소리까지 나타난다면 그것은 그 장애물이 자신을 노골적으로 드러내는 것이라고 할 수 있다. 우리 사회에서 오늘날 그런 목소리를 내고 있는 사람들은 흔히 이기주의는 과도할 정도로 강조하는 경향을 보인다. 이기주의는 강조하면서 그 총화는 반대하는 자가당착을 범하고 있는 것이다. 그것은 논리적인 자가당착일 수도 있지만 민족주의라는 것이 정확히 무엇을 의미하는지 모르는 부실한 지식의 반영일 때도 많다. 민족주의라는 것이 그 사회를 이루는 개인들의 복지의 총화와 직결된 실체가 아니고 그것과는 아무 상관없는 유희적 관념인양 현실로부터 유리된 인식을 대단히 피상적으로 전달받아서는 맹목적으로 고수하려 드는 것이다.

4) 자유주의의 묵시적 민족주의와 신자유주의의 노골적 민족주의

자유주의는 자유 민주주의 체제에서 자유 쪽을 일방적으로 강조하고 싶어하는 이념적 전통이다. 자유주의는 그에 상응하는 강도로 개인주의를 강조한다. 이기주의에 대한 정당화는 개인주의에 대한 명시적 강조에 묶여 묵시적으로 이루어진다. 그 논리적 귀결로서의 민족주의에 대한 명시적 언급은 더욱 묵시적으로 이루어진다. 그리하여 본래의 자유주의에서는 민족주의를 드러내어 말하지 않고 추구되어진다. 그 점에서 "점잖은" 본래의 자유주의와 달리 1980년대 영미의 정책기조로 자리잡았었던 신자유주의는 민족주의를 드러내 놓고 추구하였다(McLaughlin, 1984; Munford, 1995). 미국의 레이건과 영국의 대처 모두 강한 조국을 부르짖었다. 그리고 강한 조국을 만들겠다는 취지의 다양한 정책을 추구하였다.

그리고 두 지도자 모두 강한 조국을 대외적으로도 지향하였다. 그 단적인 예로 대처의 영국 정부는 아르헨티나가 지척에 있는 자기 땅이라며 점령한 포클랜드 군도를 곧바로 군대를 보내 되찾으면서 "영국이 결코 약해져 있지 않음"을 천하에 과시하려 하였다. 레이건의 미국 정부는 카리브 해의 영연방 국가인 그레나다를 침공하면서 그 이유가 그곳에 있는 "미국인의 생명과 재산을 보호하기 위해서"라고 발표하였었다. 그럼에도 우리 나라에서 신자유주의를 흉내내려 한 사람들은 외려 민족주의를 버려야 한다고 외쳐 왔다. 그것은 그들이 흉내내려 한 원본과 상치된 수많은 측면의 하나일 뿐이었다. 그것은 그들의 대외굴종적 특권 주지주의에 부착된 부실한 지식의 극히 일부일 뿐이었던 것이다.

5) 우리의 경제성장을 이끈 민족주의적 가치

굴욕적인 한일협정을 체결했던 박정희의 독재체제하에서도 경제발전이 가능했던 중대한 요건은 국민으로부터 나오는 가치적, 정책적 압력의 정점에 있는 요소로서의 민족주의를 규범으로서 중시하고 강조하였다는 데 있다. 한글 사용의 강조는 그것을 상징해 준다고 할 수 있다. 그것은 대내적으로 문화적 독보성을 지켜주는 역할을 했고 대외적으로 경제적 주체성을 지켜주는 작용을 하였다. 그는 당시 자본이 부족한 상태에서 비록 해외자본을 끌어다 쓰는 방법을 썼지만 외국인의 직접투자의 방법이 아니라 차관을 빌려다 쓰는 방법을 주로 사용하였다. 그리하여 우리 국가와 기업의 경영자율성을 고도로 확보하여 경제발전을 우리 자신이 염원하고 판단하는 대로 이끌어 갈 수 있었다. 발전의 근본적인 요건으로서의 스스로를 위하여 결정하고 행동할 권리를 지킨 것이다. 그것은 또한 우리처럼 뛰어난 사회문화적 역량을 지니고 있을 때 그것을 최대로 발휘할 수 있게 하는 추가적 권능을 확보하는 요건이기도 하였다.

박정희는 그러한 요건을 유지하는 위에 실제로 우리의 사회문화적 역량을 존중하고 활용하는 방법을 썼다. 외국인의 직접투자 대신에 차관을 빌려다 쓰는 방법은 또한 우리가 이룩할 경제성장의 일정 부분 이상을 외국이 가져가는 것을 막음으로써 계속적인 경제발전을 위한 자본을 확보케 해 주었다. 그리고 우리의 기업들이 외국으로부터의 불공정한 경쟁에 예속당하지 않도록 우리의 시장을 대외적으로 지켜주려 하였다. 박정희는 우리의 땀의 열매를 외국인이 가져감으로써 그것이 우리의 자본으로 향유되지 못하는 사태가 발생하는 것을 최대한 막기 위하여 부족한 자본을 아예 우리가 벌어들이려는 수출의존적 발전전략을 채택하였는데, 이를 두고 그가 세계화 추세에 부응하는 대외개방전략을 썼다고 강변하려는 최근 일부의 시도는 한마디로 견강부회이다.[22] 수출을 통해 돈을 벌어들이는 것은 서구 중상주의 시대로부터 추구되고 있던 자국 중심의 민족주의적 무역 정책으로서 대외"개방"과는 거리가 먼 정책기조인 것이다.[23] 그런 곡론을 펴는 데에는 국가간 교역을 국가간 경계의 소멸로 혼동하려 드는 대외굴종적 특권 주지주의의 한 가지 표현으로서의 착란적 관점이 개재되어 있다.

---

22) 마셜은 "세계화" 명제의 무리함을 말해 주는 한 가지 중요한 사례로, 한국의 경제적 성공이 이른바 "세계기준"이라는 것에 개방적으로 동조하지 않고 "국익"을 최고로 놓으면서 자본에 "규율"을 가한 데 있었다는 점을 든다 (Marshall, 1996: 896).

23) 물론 수출만 과잉 강조하면 안 된다는 것이 중상주의에 대한 애덤 스미드의 한 가지 중요한 문제제기였다. 우리의 경우 경제규모가 아주 커지고 자본부유국까지 된 지금에 와서는 더 이상 수출에 과거처럼 매달려야 한다는 당위성이 성립되지 않고 그것이 현실로도 나타나, 80년대 후반부터 우리 경제에서 수출을 포함하는 무역이 차지하는 중요성이 줄어들어 왔는데, 이에 관해서는 뒤쪽에서 자세히 다루어질 것이다.

6. 우리 사회에서 농가성진이 되어버린 허구적 세계화 담론

1) 세계화의 허구성

박정희의 수출의존적 경제발전 전략을 "세계화"로 부르는 예는 우리 사회에서 세계화라는 말이 어떻게 남용되고 있는지를 잘 보여준다. 20세기말부터 새롭게 "세계화"의 시대가 전개되고 있기 때문에 "과거와는 달리" 개방으로 나아가야 한다고 말해대던 취지를 원한다면 언제든지 뒤집고 논리적 괴리에서 오는 하등의 심적 갈등도 없이 "수십 년 전 과거에 대해서도" "세계화"를 스스럼없이 말할 수 있는 것이다. 하지만 그것은 우리 사회에서 "세계화"라는 말이 남용되는 허다한 맥락의 한 가지 예일 뿐이다. 그런데 "세계화"라는 말이 우리 사회에서 그토록 쉽게 남용될 수 있는 데에는 "세계화"라는 말의 원취지 자체가 거의 실체를 지니지 못한다는 사실이 일조를 한 것 같다. 자본주의에 본원적으로 부착된 민족주의가 계속 유지 내지 심화되는 현실에서 이른바 "세계화"란 허구에 불과할 수밖에 없다.

"세계화"라고 번역되는 globalization(좀더 직역하자면 "지구화")이라는 단어는 20세기말에 조어되었다.[24] 그러나 그 시점 전후해서 그 말에 상응할 수 있는 불연속적 변화가 발생한 것이 있다면 인터넷과 헤지펀드 정도이다. 그 외에는 아무런 불연속적 변화가 발생하지 않았다. 그런데도 세계화론자들은 그런 부분적 변화를 가지고 마치 모든 측면에서 "국경이 없어지는 것처럼" 엄청나게 침소봉대하려 드는 것이다. 앞서 언급했던 1960년대부터 우리가 추구했던 수출지향 정책까지를 "세계화" 정책으로 간주하려드는 기도도 "세계화"의 "새로운" 시대가 1980년대 이후에 전개되고 있다는 명제가 사실적 뿌리를 지니지 못한다는 바로 그 점에 힘입은 바 크다고 할 수 있다. 실은 서구에서 세계화를 논

---

24) 프랑스에서 르페브르(Lefébvre)가 1970년대 말에 "*mondialisation*"이라는 표현을 이미 쓰고 있었으나 영어에서 "*globalization*"이 쓰이면서 담게 된 본격적 의미는 아직 아니었다(Elden, 2005: 9 참조).

하는 사람들도 그 내용에 있어 과거에도 계속 벌어져 오던 논의들을 마치 오늘날 처음 벌어지는 양 "세계화"라는 새로운 이름을 붙이고 있는 것에 불과한 경우가 대부분이다. 마셜(Marshall, 1996)은 "세계화" 담론이라는 것이 그렇듯 갖가지 구태의연한 논의들이 새로운 포장하에서 계속되고 있는 것에 불과한 것임을 조목조목 정리해서 보여주고 있다.

다만 인터넷과 헤지펀드가 같이 말해주는 국가간 자유로운 금융거래의 증가는 20세기말에 새로 나타난 현상임에 틀림없다. "세계화"라는 말로 가리키려고 하는 대부분의 구체적 현상이 결코 새로운 것이 아님을 아는 사람들은 바로 이 현상이 과거와 달리 지금 벌어지는 "세계화"를 이루고 있다고 분명히 규정하려 한다(예컨대 Gritsch, 2005: 7). 그런데 그것은 역사상 종종 있었던 새로운 기술의 출현에 대해 제도적 통제가 즉각 구비되지 못하는 단기적 지체 현상으로 볼 수가 있다. 이미 그것으로부터 국민경제들을 지킬 수 있는 여러 가지 차원의 기제가 점점 포괄적으로 다뤄지고 있다(Weller and Chaurushiya, 2006). "세계화"라는 말이 의도하려는 것은 단적으로 말해 "하나의 세계적 기준"이 모든 사회에 관철되면서 "국경이 없어진다"는 것이다. 그러나 그것은 영토내에서 물리력의 적법한 행사를 배타적으로 독점하고 있는 국가들이 서로 엄존하는 현실에 눈을 완전히 감을 때에만 할 수 있는 말이다. 오늘날 국경은 없어지기는커녕 오히려 증대하고 있고 각 사회간 차이와 다양성도 예전보다 결코 줄어들지 않고 있다. 국가간 서신왕래마저를 즉시적으로 할 수 있게 만든 인터넷의 출현에 경악하여 "이제 세계가 하나로 되었다"고 찬탄한다면 영역간 교신과 영역간 경계를 간단히 혼동해 버리고 마는 것이다.[25] 사실을 들여다보면 영역간 교신이 증가할수

25) 경제적인 차원에서도 국가를 넘는 "세계"가 실체로서 존재하지 않는다는 것은 국내총생산(GDP)에 해당하는 "세계총생산"등의 개념이 존재하지 않는다는 것이 단적으로 말해 준다. 산출을 한다면 각국 국내총생산들의 세계적 합계가 있을 뿐이다. 국내총생산 개념은 변함없는 국가의 실체적 중요성을 경제적인 차원에서 웅변해주고 있다고 할 수 있다. 근래에 조금 바뀐 것이 있다면 그것이 국민총생산(GNP) 개념을 대체했다는 것인데 그 역시 국민 사이의 경계 대신에 국가 사이의 경계를 강조한다는 수사적 차이에 불과하

록 오히려 영역간에는 서로를 지키기 위한 경계강화의 반작용이 일어난다는 것을 알게 된다. 광우병으로 각국이 해당국의 쇠고기 수입을 금지한다거나 반대로 여러 나라가 외국 입국자의 지문을 채취한다거나 하는 것만 생각해 보아도 그 원리를 바로 알 수 있듯이, 진상은 영역간의 교신이 증가할수록 영역간에는 그에 대한 반작용으로서 그로부터 각 영역을 지키려는 장벽이 증가하게 되는 것이다. 그리하여 정치나 경제 영역 등에서 오히려 국민적 경계선과 보호장벽이 계속 증가하고 있는 것이 전반적인 경향이다. 따라서 오늘날 통신의 차원이 아닌 정치, 경제 등의 실체적 차원에서 국가간 장벽이 허물어지고 있다는 뜻으로 세계화라는 말이 쓰이는 경우는 기본적으로 허상에 지나지 않는다.[26)]

수세기 동안 교통과 통신수단이 발달해 오는 동안 좀더 많은 민족국가가 계속 생겨왔는데 장기적인 경제사를 아는 사람들은 오히려 19세기의 경제가 지금보다 훨씬 더 "세계화" 내지 "국제화"되어 있었고 20세기로 넘어 오면서 그와 반대되는 추세가 이어져 왔다고 말한다(예컨대 Gray, 1998). 실은 시간의 폭을 더욱 넓혀서 보면 2000년 전 고대 로마제국은 대단히 국제화되어 있었던 화폐경제를 지니고 있었던 것이 중세서구로 넘어 오면서 각각의 작은 지방단위의 자연경제들로 나뉘어지면서도 로마교회가 주도하는 국제성이 어느 정도 남아 있었는데, 근대로 넘어 오면서 국민국가들로의 분화가 더욱 공고해져 왔다. 역사를 길게 보면 그렇듯 국민화가 장기적인 변화의 방향이었던 것인데 결국은 그것이 지금도 심화되고 있는 것이다. 아시아의 경우도 당과 신라가 보여주던 국제화가 송, 원을 거치며 전세계적인 수준으로 확대되다가 명과 조선이 들어서면서 이른바 "쇄국"으로 대방향선회가 이루어졌고 어느 정도의 시차를 두고 일본도 그것을 답습해온 큰 흐름이 자리잡았었다

다는 것은 양자 사이에 액수 차이가 일반적으로 그렇게 크지 않다는 것이 잘 보여준다. 뿐만 아니라 국민을 대신해서 오히려 국가의 실체성을 더욱 강조하는 셈이 된 것이다.

26) 지리학자들은 영토 개념의 존속을 강조하면서 "세계화" 담론에 독특한 방식으로 대처하고 있다(Yeung, 1998 참조).

(Clyde and Burton, 1975: 65 참조).

그렇듯 민족화가 심화되는 장기적 경향은 "세계화"라는 용어가 만들어진 이후에도 역전되지 않고 있다.[27] 그리고 국민의 안보와 보건을 지키려는 국경에서의 장벽은 최근에 가속적으로 강화되고 있다. 국민경제를 지키려는 동기도 예외가 아니다. 만약 어떤 나라가 어떤 시점에서 어떤 분야의 개방을 주장한다면 그것은 그 나라가 그 시점에서 그 분야에 있어서 우위를 점하고 있기 때문일 뿐이다. 그 시점에서 그 나라가 열세에 놓여 있는 분야에 대해서는 철저하게 보호주의를 취하는 것이며 우위를 점하던 분야도 만약 다른 시점에 열세로 전환되면 바로 개방의 주장을 거두어들이고 보호주의로 돌아서는 것이다.[28]

2) 세계화의 허상과는 달리 심화되어 온 각국의 민족주의

그리하여 전반적으로 각종 보호장벽이 증가하면서 세계 주요국의 무역의존도는 오히려 정체되거나 심지어 점점 줄어들어 왔다.[29] 세계무

---

27) 그리하여 국제연합 회원국 수는 계속 증가하고 있다. 국제연합 회원국 수는 1961년 104개국, 1970년 127개국, 1980년 154개국, 1991년 166개국, 2002년 191개국으로 끊임없이 늘어나고 있는데 물론 그 가장 큰 원인은 최근에 들어서도 전혀 반전되지 않고 있는 신생국의 증가추세인 것이다(UN, 2005).

28) 궁극적 실체로서의 힘을 지니는 국민국가의 계속적 엄존을 분명히 하고 있는 울프(Wolf, 2001)는 과거에도 그랬듯이 오늘날 예의 그 제한적 의미의 "세계화"라는 것도 결국 그런 힘을 지닌 국민국가가 선택하는 만큼만 벌어진다고 말한다. "세계화"가 국민국가들의 국익 추구의 방식이라는, 최근에 많이 부상하고 있는 관점은 "세계화" 자체가 거역할 수 없는 실체적 힘이라고 전제하는 것보다 진실에 다가간 관점이라고 할 수 있겠지만 종국적으로 "국가쇠퇴"를 가리키는 세계화 개념과의 논리적 모순에 대해서 매듭을 짓는 논의를 회피하는 문제점을 지니고 있다. "세계화"라는 말이 종국적으로 실체가 되지 못하고 수사로 끝나게 되는 이유는 서구의 자유주의 뒤에 도사리고 있는 민족주의가 상대방에게는 개방을 요구하면서 자기는 보호하려 드는 이중성을 노정하는 모습과 과정들이 자유주의자들이 새로운 화두로 꺼내 놓은 "세계화"라는 말 뒤에서 계속되고 있기 때문인 것이다.

역기구(WTO)의 출범은 그것을 반전시켜 수출을 늘려보려는 몇몇 나라들이 주도한 것이라고 할 수 있는데, 그 효과는 크지 않았을 뿐 아니라 그것마저도 다시 사라지고 있는 추세에 있다.[30] 세계무역기구의 출범은 "세계화"의 증거가 아니라 반대로 계속 심화되고 있을 뿐인 민족주의의 증거인 것이다.[31] 엄존하는 민족주의의 완강한 벽에 부딪쳐 이내 세계무역기구 자체가 빠르게 무력화되어 가고 있다. 세계무역기구를 통한 무역자유화 일괄타결 협상인 이른바 도하개발의제(DDA) 협상이 장소를 바꿔가며 수년간 계속 결렬되어 오다가 작년 7월 제네바에서 결정적으로 중단되었던 것이다(한국경제신문, 2006. 7. 26).

그런데 도하개발의제 협상이 중단되자마자, 대외굴종적 특권 주지주의에 휘둘려 "세계화"가 대세라고 말해 오던 국내의 "개방론자"들은 양

---

29) 이 경향을 전형적으로 보여 주고 있는 영국의 경우를 예로 들면 10년씩 평균치를 냈을 때 총무역액을 국내총생산으로 나눈 영국의 무역의존도는 1970년대(1970~1979) 51.7%이던 것이 1980년대(1980~1989) 52.3%, 1990년대(1990~1999) 53.5%로 거의 제자리걸음을 하고 있을 뿐이다. 일본의 경우는 1970년대 22.8%이던 것이 1980년대 23.6%로 제자리걸음을 하다가 1990년대 18.2%로 오히려 크게 줄었다(OECD, 2006 자료에서).

30) 미국의 경우 무역의존도 10년 평균치는 1970년대 15.1%, 1980년대 18.7%, 1990년대 22.4%, 2000년대 전반(2000~2004년 5년 평균) 24.6%로 약간씩 증가해 왔다. 그런데 이것은 주로 수입의 증가에 기인한 것이다. 총수출액만을 국내총생산으로 나눈 "수출"의존도의 10년 평균치는 1970년대 7.5%에서 1980년대 8.4%로 거의 제자리걸음을 하다가 1990년대 10.5%로 어느 정도 늘었지만 2000년대 전반 10.1%로 오히려 뒷걸음질치고 있다(OECD 2006 자료에서). 1990년대의 증가는 WTO의 효과를 많이 본 것이라고 할 수 있을 것이다. 엄청난 무역 역조(무역의존도에서 수출의존도를 빼 보면 바로 알 수 있는)를 겪어 왔던 미국이 WTO의 출범을 통하여 자국의 수출제고를 도모하려 했던 입장을 여실히 느낄 수 있다. 그러나 WTO가 자국의 무역역조를 해결하는 데 기대에 부응하는 효과를 종국적으로 줄 수 없다는 것이 점점 명백해지자 FTA등 다른 수단을 모색해 보기 시작하였다고 할 수 있을 것이다.

31) "반자족체제"(*semi-autarky*) 등을 미래의 바람직한 경제형태로 고찰하는 흐름(예컨대 Frankel, 1987) 도 결국은 그러한 추세의 현실성에 다소간 기반을 둔 것이라고 할 수 있다. 하지만 이 문제를 너무 "이념"적으로 접근할 필요는 없을 것이다.

자 사이의 논리적 모순에 대해서는 일언반구도 해명함이 없이 그 대신 쌍무적 자유무역협정(FTA) 협상이 힘을 얻게 되었다고 곧장 목소리를 내고 있다. 하지만 상대방에게는 보호장치 해제를 요구하고 자기는 보호장치를 고수하려는 것이 서로 맞부딪쳐 다자간 자유무역 협상을 결렬시킨 각국의 민족주의가 쌍무적인 관계에서라고 달라질 리가 없기 때문에 자유무역협정에 힘이 실릴 수도 없는 것이다. 자국의 국익추구가 도하개발의제 협상을 통하여서는 불가능해지고 있기 때문에 자유무역협정에 힘을 실어 돌파해야 한다는 쪽(Magnusson, 2003 참조)의 입장을 상대방에서 자신의 입장인양 받아들이고 국익추구의 포기로 호응하지 않는 한, 그런 일은 발생할 수가 없는 것이다.

실제로는 그렇듯 심화되고 있을 뿐인 민족주의의 작용 속에서 "세계화"라는 말은 세계 각국에서 언급되는 빈도도 많지 않을 뿐 아니라 수사적인 맥락 이상의 의미가 되지 않는 것이다. 더군다나 정책적 기조로 그것을 채택하는 나라는 우리 말고는 없다. 서구에서는 부분적 변화를 가지고 마치 모든 측면에서 "국경이 없어지는 것처럼" 엄청나게 침소봉대시킨 비실체적 개념이 어느 수준 이상의 담론으로 발전하지도 않을뿐더러 더군다나 정책적 기조로까지 화하는 일은 없다. "인터넷이 세계를 하나로 만들어 준다"는 명제가 무조건적 개방정책을 감행해야 하는 필연적 이유가 된다고 강변하거나 그런 강변이 받아들여지는 일은 없는 것이다. 하지만 우리 사회에서는 그런 일이 벌어지게 되었던 것이다.

만약 서구 사회들을 포함한 다른 나라들이 구체적 모습에서 어떤 변화를 보인다면 그것은 하나 하나 대단히 한정된 상황 및 쟁점 속에서 민주적으로 적절한 절차를 통해 아주 신중하고 점진적으로 바꾸어 나간 것의 집적된 결과에 불과하다. 그 하나 하나에 대해 사례별로 국민의 이익을 위해 필요한 것을 필요한 만큼만 국민의 일반의사가 판단하고 결정하는 과정을 통해 그때그때 한 가지씩 바꾸어 나간 것에 불과한 것이다. "세계화" 같이 어떤 국민도 자신의 이익을 구체적으로 표현하는데 있어 동원하지 않는 현실 속 뿌리가 없는 개념이 그 과정에 등장하지는 않는다. 그렇기 때문에 세계화라는 말이 정책적 기조로서 채택되는 경우가 생길 수 없는 것이다. 꼭 알아야 할 점은 우리가 종속적 개방을 추구하면서 그것을 당연시하게 하는 맥락에서 세계화라는 말을 사용해 온 기간 동안에 우리처럼 종속적인 개방을 새롭게 추구한 나라도 없었거니와 세계화라는 말을 그런 목적에 사용한 나라는 더더욱 없었다는 사실이다.[32]

3) 정책으로까지 추진하면서 벌어진 우리 사회의 세계화 과잉담론

세계화라는 개념을 현실로 정색하고 받아들이는 나라가 있다면 세계를 휩쓰는 국경소멸이 그 나라도 휩쓰는 것을 의미하는 것이 아니라 오직 그 나라에서만 느닷없이 무장해제에 따른 대외종속이 발생하는 것을 의미한다. 외국에서 세계화라는 말이 수사적 목적 등으로는 어느 정도 유통되기 시작하고 나서 어느 정도의 시차가 흐른 후에 그것을 외국의 최신 "유행"으로 수입해서 엄청나게 확대 유통시키려는 사람들이 우리 사회에 생겨났다. 얼마 안 있어 세계화는 우리 사회에서 일거에 정책적 기조로까지 채택되며 그 빈도와 강도에 있어서 외국에서와는 비교할 수 없을 정도로 그에 관한 담론이 점점 횡행하게 되었다. 한마디로 세계화 과잉담론이 벌어지게 된 것이다.[33] 그렇게 만들어간 소수의 사람들은

---

32) 몇 년 전 캐나다에서 다른 종류의 금융기관들이 발전함에 따라 시장에서의 몫이 크게 줄어들어 온 은행들이 엉뚱하게도 "'세계화'에 맞설" 거대은행이 필요하다는 구실을 내세우며 합병을 시도하였으나 국민-국회-정부로 이어지는 정상적인 정치 과정에 의해 봉쇄된 적이 있다(Tickell, 2000).

33) 우리의 대중매체 속에서 그것은 "세계화" 주제 기사의 엄청난 출현빈도로 나타난다. 필자의 학생 정일현이 최근의 자료를 사용하여 조사한 바에 의하면 우리의 주요 일간지들에 실리는 "세계화" 기사의 출현빈도는 다른 나라 일간지들의 수십, 수백 배에 이른다. 인터넷 영문판들에서 2004년 12월 15일부터 2005년 12월 15일까지 일 년간 미국의 일간지 USA Today에 실린 세계화 주제 기사는 78회, 영국 Guardian 23회, 덴마크 Copenhgen Post 12회, 대만 Digitimes 2회, 아일랜드 Irish Examiner 1회였다. 이에 비해 우리나라의 D일보는 무려 525회, H신문은 424회였다. 다른 나라의 경우 대체로 "국세"가 약할수록 세계화 기사 출현빈도가 줄어드는 것은 자신들의 국익을

"세계화"라는 뿌리 없는 구호하에서 아무런 현실로부터의 절박한 요구도 없고 아무런 국민적 의사의 민주적 집약도 없이 그들의 얄팍한 안목과 부실한 지식을 밑도 끝도 없이 국가 정책으로 마구 토해내고 있었다.

결국 대외굴종적 특권 주지주의에 사로잡혀 우리 경제의 종속화를 이끈 사람들이 "시장원리"의 의미를 전도시킨 일탈적 "탈규제"의 구호를 대외적으로 확대시키면서 "세계화"라는 허구적 담론까지를 우리 사회에서 증폭시켜 이용한 것이다. 그들은 지금 "세계는 세계화되고 있으니까 우리도 세계화되어야 살아 남을 수 있다"고 외쳐 댔다. 그런데 그들이 세계의 모습이라고 말하고 있는 그 그림은 세계의 진실된 모습이 전혀 아니었다. "세계화"라는 개념하에 자신의 경제를 마구잡이로 개방하거나 양도하는 정책을 편 나라는 결코 세계에 없었기 때문이다. 전혀 세계화되지 않고 있는 세계 속에서 우리만이 세계화를 추구한답시고 큰 탈없이 잘 나가고 있던 경제를 평지풍파를 일으켜 스스로 도태시키려 들기 시작한 것이다.

4) 세계화 정책이 낳은 외환 위기

군사정권이 끝나고 최초로 민주화를 이룬 정권이라고 자부하던 정부하에서 돌연 "세계화"와 "탈규제"라는 이름의 개변을 자행했던 것이 그 서곡이었다. 그것은 그 이전에 국민적 수준에서 합의되어온 재벌체제 광정을 비롯한 진정한 개혁을 대체하며 자행되었다. 재벌은 개혁의 대상이 되기는커녕 막무가내식 중복투자를 포함하는 더욱 무분별한 사업 확장으로 외화를 써댔다. 외화사용에 대한 탈규제로 일부 국민들은 유학과 여행에서 외화를 낭비해댔다. 그리하여 그 첫 번째 "민주화" 정부

보호하려는 자세가 그만큼 더 강한 것의 반영이라고 할 수 있는데 우리의 경우는 도리어, 가장 "국세"가 강해서 다른 나라들보다는 조금 더 편안하게 "세계화"라는 말을 입에 담을 수 있는 미국보다도 수배나 빈번하게 "세계화"를 말해 대고 있는 것이다.

가 시작할 때 세계적으로 상당히 높은 편에 속했던 우리의 외환보유고가 거의 바닥이 나고 있었다.

그러면서 재벌의 사업확장과 해외 금융기관의 남아도는 자금의 불필요한 차용이 결합해서 마구잡이로 끌어다 쓴 차관에 갚아야 할 대외부채는 눈덩이처럼 불어났다. 그리하여 이른바 IMF 위기로 불리는 외환위기가 닥쳐오고 여야간 정권교체가 이루어졌다. "국경이 없어진다"는 세계화 명제와는 달리 달러가 넘을 수 없는 하늘 같이 높은 국가간 담장을 치며 통곡을 해보아야 그 경제적 국경은 꼼짝달싹 하지 않았던 것이다. 그 점을 한시도 망각해 본 적이 없는 다른 나라의 정부는 "세계화"를 정책으로까지 추구하며 외화를 낭비하도록 무분별한 탈규제와 개방을 허용하지 않았던 것이다. 경제성장을 제대로 한 나라 중에 오직 우리만이 엉뚱하게도 "세계화"를 정책으로까지 추구하며 평지풍파를 일으킨 결과 오직 우리만이 어처구니없이 외환위기를 겪게 된 것이다.

5) 한술 더 뜬 지난 정부

그런데도 지난 정부는 전임 정부의 "세계화" 정책으로 야기된 경제위기에 "세계화" 정책의 전환이나 반성으로 대응하지 않았다. 외려 한술 더 떠 금융시장과 자본시장의 완전개방으로 그것을 맞이하였다. 그러면서 "세계기준"에 맞춘다며 규범적 부채비율과 여신비율에 관해 우리 현실에 비추어서는 부적절하고 부당한 기준과 시한을 들이대면서 회생 가능한 수많은 양질의 기업들을 포함하여 무수한 기업들을 마구 파산시키거나 외국에, 그것도 엄청난 헐값과 특혜를 주면서 넘겨 버렸다. 그리고 실은 서구와는 다른 맥락에서 훨씬 더 "유연한" 노동시장을 "세계기준"에 맞추어 유연화시킨다면서 수많은 노동자들을 "정리해고" 되도록 만들었다. 살려낼 수 있는 수많은 기업의 무리한 도산과 그러한 부당한 "유연화"가 겹쳐 몇 개월 사이에 실업률이 몇 배씩 늘어나는 실로 비상한 일이 벌어졌다.[34)]

그 결과 국민대중의 소득기반이 붕괴되어 소비가 아예 사라져 버리기 시작하자 경기가 처참하게 오그라들기 시작하였다. 그러자 소득을 그 기반과 함께 앗긴 국민대중에게 카드빚을 안기면서 억지로 소비를 시켜 경기위축을 조금이라고 막아보려 했지만 그것은 일이 년 이상을 버틸 수 없는 호도수단이었다. 카드빚이 엄청난 양으로 누적되어 더 이상 대출할 수 없는 수준에 이르자 그동안 다소간에 지연되었던 소비위축에 따르는 무서운 경기수축이 그 엄청난 신용부실과 함께 밀려오게 된 것이다.[35] 이제는 더 이상 호도해 볼 수단도 남아 있지 않을 뿐 아니라 그 이전에 통제권이 더 이상 우리 손에 남아 있지 않다. 지난 수년간 대내적으로 "구조조정"이라는 이름하에 대내적으로는 생살을 잘랐고, 대외적으로 "개방"이라는 이름하에 증권의 주인자리와 기업의 소유권 심지어 금융기관의 소유권을 내 줌으로써 국부와 함께 국부창출의 토대까지를 유출시킨 것이다. 한마디로 우리 경제는 종속과 와해의 구렁텅이 속으로 깊이 추락해 버린 것이다. 그렇기 때문에 백약이 무효라는 말이 나오게 된 것이다.

---

34) 그것의 부당함과 무리함, 그리고 그것이 낳을 단기적 파국과 장기적 몰락에의 추계는 이미 그 당시에 주류 경제학자들을 포함하는 외국의 많은 경제학자들도 내어놓고 있었다(예컨대 Feldstein, 1998; Wade and Veneroso, 1998).

35) 〈조선일보〉의 한 기사(2004. 7. 14)는 어떻게 신용카드 남발이 "거품수요"를 통하여 당장의 내수침체는 막았지만 그 거품이 꺼졌을 때 더욱 극심한 내수침체를 통한 만성적 성장률 저하를 종국적으로 낳았는지 잘 설명해 주고 있으면서도 신용카드 남발 전에 정상적인 방법으로는 수요를 옳게 유지하기가 쉽지 않도록 생살을 잘라낸 그 엉뚱한 "구조조정"에 대해서는 말을 하지 않고 있다.

7. 평지풍파를 뒷받침한 비민주적 의사결정기제

1) 비민주적 기제를 버리지 않은 대외굴종적 특권 주지주의

군사독재정권 이후에 집권한 민주화 투사들이 주체적 경제정책기조를 완전히 확립시켜 나갔다면 우리는 오늘날 이미 일본을 따라 잡아가는 부국이 되어 있었을 것이다.[36] 그리하여 일본의 돌출행동이 100여 년 동안 전도시켜 놓았던 역사적 위상이 제자리를 찾아가기 시작했을 것이다. 민주화 투사들은 일본지배시 친일파로 규정될 수 있는 일을 한 적도 없었다는 점에서 약점을 지니고 있지 않았다.[37] 그리하여 그러한

---

36) 2005년 한국의 명목 일인당 국내총생산은 한국은 16,422불, 일본은 35,787불이다(http://en.wikipedia.org, 2006). 1995년 한국의 일인당 국내총생산은 11,490 달러였는데 만약 이후에 발생했던 경제추락이 발생하지 않았다면 이미 일본의 수준에 근접해 있었을 것이다. 당시 연평균 실질 경제성장률은 8% 수준이었는데 이것을 6~7%로 낮춰 잡아서 10년간 추계를 한다 해도 그 기간 동안 달러가치 연평균 인플레이션 1.9%와 함께 계산하면 2005년 명목 일인당 국내총생산은 25,000달러 내외가 됨으로써 성장률이 극히 낮아져 있는 일본이 바로 추격 가시권 안에 들어와 있었을 것이다. 2005년 한국의 명목 국내총생산은 7,931억 달러로 여전히 세계 10위밖에 놓여 있다. 수년 동안이나 상승을 못하고 있는 것이다. 하지만 그동안 경제추락이 없었다면 1조 2천억 달러 수준으로 이태리를 바로 추격하는 8위 정도로 상승했었을 것이다. 그것을 생각한다면 실질적으로 오히려 서너 계단 하락한 것이 되는데 문제는 현재의 그런 추세가 계속되면 앞으로 우리의 순위 추락은 실제로도 벌어지면서 가속화된다는 것이다. 우리 경제가 미래에 계속 상승하리라는 어떤 국외 기관들의 장밋빛 전망은 그동안 벌어진 와해와 종속을 고려에 넣지 않았을 때의 추계이다.

37) 다만 대외굴종적 특권 주지주의와 결부된 세계관과 동기복합체를 친일파로 정의되는 경계와 상관없이 개인에 따라 다른 강도로 습득할 수가 있었다. 하지만 만약 광복 후 친일파 청산을 했더라면, 그 억지 효과에 의해 그러한 왜곡된 의식은 그 발현이 눌리게 되었을 것이다. 그리고 군사독재가 비민주적 의사결정기제를 남겨 놓지 않았다면, 그것은 종국적으로 실행될 수가 없었을 것이다. 한편 민주화 투쟁과 그러한 왜곡된 의식이 결부되어 있는 것으로 보는 것도 또한 잘못이다. 그것은 민주화 투쟁과는 상관없이 개인에 따라 지닐 수 있거나 없는 별개의 요소이기 때문이다. 개인에 따라 민주화

경력에 걸맞는 주체적인 세계관과 민주적인 행동양식을 보여주었다면 그들은 민주화 투사로서 뿐만 아니라 성공한 대통령으로서 다음 세대를 위해 좋은 역할모형을 정립하였을 것이다.

그들이 주체적 세계관을 지니고 있었다면 국가경제의 계속적인 확대재생산을 위해 정부와 금융기관과 기업의 경영권 및 자산을 대외적으로 확고히 지켜나가면서 지금까지의 그 뛰어난 경제성장을 뒷받침해 온 우리의 사회문화적 유산의 강점을 최대로 살려 나갔을 것이다. 설령 그들 자신이 주체적 세계관을 채 갖추고 있지 못했더라도 국민의 뜻을 받들고 국민의 중지에 의존하여 국정을 이끌어 가는 민주적 기제를 확립해 나감으로써 진정한 민주화를 이룩했다면 국민 일반으로부터 나오는 도도한 주체적 압력에 의하여 계속적인 경제발전을 위해 필수적인 그 모든 조건들이 더욱 강력한 힘에 의해 확보되었을 것이다. 그러면서 군사독재하에서 생겨난 여러 가지 문제들은 이내 교정되어졌을 것이다. 그렇게 함으로써 그들은 "개발독재의 유령"에 이기게 될 것이었는데 그것이 그것을 이기는 유일한 길이었다.

그렇게 하는 과정에서 그동안 착근되어지던 대외굴종적 특권 주지주의도 더 굳어지기 전에 그 교정을 위한 성찰이 시작되었을 것이다. 그러나 그들은 국민의 생각을 수렴하기보다는 국민을 자신의 생각으로 계도하려 들었다. 국민을 하늘처럼 받들겠다고 하여 당선되었으면서 하늘을 "계몽"하려 든 것이다. 위의 하늘을 거꾸로 내려다보려는 것에 비례해서 부실한 그들의 지식으로 그렇듯 주권자를 "계몽"하려 든 것이다. 불행하게도 그들이 그런 선택을 했을 때 그것을 가능케 해 줄 기제와 그것을 독려할 마음가짐이 군사독재시대로부터 주어져 있었다. 그리하여 그들은 "몽매한" 자기 국민을 "세계기준"으로 깨우치려 들기 시작하였다.

투쟁의 수행과 왜곡된 의식의 부재라는 훌륭한 결합이 가능할 수도 있었던 것이다.

2) "선진국"을 따라해야 한다며 "선진국"은 하지 않는 주권자 혼동

그 "세계기준"이라는 것이 신기루 속 "이중기준"일 가능성 같은 것은 전혀 따져 보지 않은 채 그들은 주권자인 자기 국민들에게 "닫힌 민족주의"의 우매한 상태를 버리고 "열린 세계주의"의 개명한 상태로 나아가라고 훈계하였다. "선진국"처럼 변해야 한다며 국민의 의사가 이끄는 자유 민주주의 "선진국"에서는 아무도 감히 전제하지 않는 국민계도의 우월한 지위를 자임하였던 것이다. 국민의 의사가 이끄는 "선진국"에서는 말하지 않고도 당연히 추구되는 국민욕구의 집합으로서의 민족주의를 그만큼 추구되지 못하기 때문에 염원해 온 자기 국민에게 "민족주의"를 아예 버려서 "선진국"처럼 변해야 한다고 강변하였다. 그러면서 이미 자본부유국이 된 자기 나라의 경제를 위해 "외국자본 유치만이 살길"이라고 말할 뿐 아니라 "선진국"에서는 하지 않는 자국민과 외국인의 주권혼동을 촉구하였다.

그러자 언론은 한술 더 떠 "대통령이 직접 나서" "외국 투자자의 입장을 잘 수용하도록" "국민을 설득하라"고 요구하였다. 그러면 "반세계화론"의 기치를 내건 적지 않은 사람들이 "참혹하지만" "피할 수 없는 세계화"의 "고통을 조금이라도 완화하기 위하여" "시민단체의 세계적 연대"가 필요하다고 역설함으로써 음으로 호응하는 것이었다. 그냥 안하면 벌어지지 않고 또한 그런 맥락에서 막으면 될 일을 세계를 휩쓸고 있는 대세라며 함께 농가성진을 연출해 온 것이다. 세계를 휩쓸고 있는 대세라는 것이 왜 바로 이웃나라들에서만 해도 전혀 벌어지지 않는지 따져 보거나 그러기 전에 지적하는 사람은 거의 없었던 것이다.

그런데 우리의 많은 언론들이 잘 보여주듯 한편에서는 그렇듯 세계화 과잉담론을 발하면서 또 한편에서는 "국가경쟁력" 순위의 추락을 연신 개탄하는 것이 현재 우리 사회에 군림하고 있는 대외굴종적 특권주지주의의 자가당착적 모습이다. 국가가 무의미해진다면서 국가경쟁력을 강조하는 것이 논리적으로 상호모순이라는 것조차를 의식하지 못하는 것, 그리고 바로 국가가 무의미해진다면서 자신의 국가를 무력화시키려 들기 때문에 국가경쟁력이 추락한다는 사실적 인과관계를 의식하지 못하는 것이 현재 우리 사회에 유포되어 있는 대외굴종적 특권 주지주의의 부실한 지식상태를 잘 보여준다. 국가가 무의미해진다고 강변하는 것과 국가경쟁력 추락을 개탄하는 것 사이에 일관성이 있다면 자신의 나라의 가치를 폄하하려는 자기비하의 모습인데 그러한 대외굴종성이 부실한 지식상태와 결합해 있는 것이다. 그러한 대외굴종성이 세계화 과잉담론 및 "국가경쟁력" 추락을 낳고 있는 것이다.

3) 착종된 민주화로 한국에서만 벌어진 "세계화"의 농가성진 속 추락

서로 상승작용을 일으키며 대외굴종적 특권 주지주의를 분출하게 된 우리의 다양한 엘리트들은 서로 밀고 끌며 그 기간동안 아무데서도 실제로는 일어나지 않는 "세계화" 즉 경제 종속과 몰락이 우리나라에서만 발생하도록 평지풍파를 일으켜 왔다. 그 결과 그렇지 않았다면 남부럽지 않은 부를 향유하며 상당히 행복하게 살고 있을 국민이 비참한 인공재난에 휩쓸리게 된 것이다. 대내적으로는 국민대중의 소득붕괴와 대외적으로는 경영권 및 자본의 박탈을 통하여 모든 성장의 동력을 파괴한 결과 당연히 성장률은 급전직하해 오고 일자리는 사라져 왔다. 생산성과 직업안정을 함께 높은 지점에서 향유하던 기업 공동체를 와해시켜 서구보다도 훨씬 낮은 지점으로 떨어뜨려 버렸다. 그와 함께 가족 공동체를 포함하는 공동체 일반을 서구에서보다도 훨씬 심한 수준으로 해체시켜버렸다.

이때 가장 미시적으로 벌어진 가족 공동체의 와해에 대해서는 예컨대 이미숙(1998)이 집중적으로 논하고 있지만, 거시적으로 벌어진 국민공동체의 와해는 계급갈등을 역사발전의 절대적인 힘으로 간주하는 입장에 힘을 보태주는 역할을 일정하게 하였다. 스스로 "자유주의"를 칭하는 정책기조가 공동체 와해를 낳고 그것이 "갈등주의"를 부추기는 악순환이 벌어지고 있는 것이다. 그리하여 현재 우리 사회는 과도한 "자유주의"와 과도한 "갈등주의"가 국민공동체의 와해를 앞에서 끌면 뒤에서 미는 관계를 형성하면서 원래는 잘 단결하여 부와 복지를 가꾸고 지켜낼 수 있는 역량을 지닌 국민이 지리멸렬해 가는 모습을 보여주고 있다. "자유주의"와 "갈등주의"의 상호 만연이 국민공동체의 와해를 계속 심화시키고 있는 점에서도 현재 우리는 남미 사회들을 닮아가고 있다.[38]

원래는 중산층과 서민을 위한다고 하여 당선되었으면서 외려 중산층과 서민을 결국 무너져 내리게 만들었는데 그것이 그렇듯 국민공동체 와해의 악순환으로까지 이어지고 있는 것이다. 수십만의 아동이 끼니를 거르는 가운데 외국의 한 무명 펀드가 수천억의 부를 가져가 그 나라 제일의 부호로 일거에 등극하는 일이 벌어지는 것은 그 모든 것을 압축해서 보여주는 사례에 불과하다. 서구를 능가해 가던 경제를 "서구대로" 하자며 서구와는 반대의 비참한 상태로 붕괴시켜버린 것이다. 그 밑으로 경제주의, 전시주의, 구호남용, 졸속주의, "정실주의" 등 정작 적극적으로 고쳐야 할 군사독재하에서의 온갖 왜곡된 유형은 방치 내지 심화되고 있었다. 독재기제를 민주기제로 대체했다면 민주적 힘이 지킬 것은 지키고 버릴 것은 버리게 하였겠지만 비민주적 기제를 청산하지 않은 결과 반대로 지킬 것은 버리고 버릴 것은 지킨 것이다.

---

38) 현재 대외굴종적 특권 주지주의가 널리 퍼져 있는 상태에서 우리 사회가 안게 된 큰 구체적 커다란 약점의 하나는 국민공동체를 강조하는 이념과 정파의 부족이다. 만약에 그러한 정파가 등장한다면 국민의 저변에 깔려 있는 정치문화적 욕구를 충족시켜 줌으로써 광범위한 호응을 이끌어 내어 순식간에 일대 중심세력으로 부상하게 될텐데 그 점에 착안하는 사람들이 없는 점이 안타까운 일이다. 남미 같은 사회들과는 반대로 독일이나 미국은 발전도정에 있을 때 국민공동체를 강조하는 이념과 정파들이 한편에서 "자유주의"와 한편에서 "갈등주의"가 고개를 들려고 하던 것을 무력화시키면서 주도권을 쥔 결과 발전에 성공할 수 있었다. 경제학상에서는 독일의 역사학파와 미국의 제도학파가 그러한 역할을 하였었다. 그런데 국민공동체를 강조하다가 잘못해서 자유를 억압하거나 갈등을 은폐하는 쪽으로 탈선할 위험성이 분명히 존재한다. 베버는 그러한 위험성에서 역사학파를 구하고 자유의 중요성과 갈등의 개연성을 직시함으로써 공동체를 진정코 살려가는, 말하자면 냉철한 공동체주의를 실천적인 차원에서 지향했다고 할 수 있을 것이다 (Schön, 1987 참조).

8. 난관극복의 처방과 대내적 지상과제인 국민대중 소득보전

1) 처방 요체와 분배가 성장의 선결요건이라는 사실 강조의 중요성

이 구렁텅이에서 탈출하기 위해 필요한 유일한 정답은 다음과 같은 것이다. 현장에서는 대내적 붕괴를 바로 잡아야 하며 그것이 실효를 거두려면 본부에서 대외적 종속화를 바로 잡아야 한다. 물론 그 이전에 그동안 계속되어 온 생살자르기로서의 불필요한 구조조정의 진행은 당장 멈춰야 하는 것이 영순위의 과제다. 대내적으로는 "신자유주의"라는 이름하에, 그리고 대외적으로는 "세계화"라는 이름하에 벌이는 이른바 "개혁"이라는 것을 바로 중단해야 하는 것이다. "신자유주의"는 홍두깨 같은 오처방이요 "세계화"는 완전한 허구라는 점을 빨리 인식하고, 우리 나라에서만 그러한 이름들을 갖고 누적시켜 온 개변 내지 개악들로부터 시급히 정상상태로 복구해 나아가야 한다. 대내적으로 시급히 해야 할 첫 번째 일은 많은 가계들이 자산을 상실한 위에 부채를 안고 있는 데서 말미암은 수요저락을 해결하는 것이다. 그렇게 만든 책임은 국가에 있고 그 수혜자가 외국인 말고도 대내적으로는 극소수의 부유층이므로 한시적 특단조치를 취하여 그에 대한 원상회복으로서의 소득보전을 시켜준다면, 수요저락은 상당한 정도 해결할 수 있다. 보다 구체적인 방법과 그와 관련해서 유의해야 할 주안점을 다른 글에서 논한 바 있지만 주안점 한 가지를 다시 한번 강조할 필요가 있을 것 같다.

우리는 분배를 악화시키면 성장을 촉진한다며 분배와 성장을 대립적인 관계로 보는 단순주의적 문제의식이 어떻게 그 간의 생살자르기를 조장하는 역할을 했는지 논했었다. 최근에 분배와 성장을 대립적인 관계로 보지 않고 함께 가는 관계로 보려는 목소리가 많이 들리게 되었다. 그런데 전제를 그렇게 시작해도 결론을 성장을 해야 분배를 한다는 명제로 이끌어 가서는 아무 소용이 없다. 원래부터 "성장"을 강조하던 사람들이 "성장"을 강조하기 위하여 현재 그 전제를 오히려 그렇게 역이용하는 경우도 많은 것으로 보인다. 현재 상황에서 분배가 성장을 이끄는 선결조건인데 그 인과관계를 반대로 인식하면 문제는 해결은커녕 악화될 수밖에 없다. 현재 상황에서 먼저 분배를 획기적으로 개선해야 성장을 할 수 있는데 먼저 성장을 시켜야 한다고 하면 분배는 물론이지만 성장 자체가 될 수 없는 것이다. 그렇기 때문에 현재 우리 사회에서 성장을 강조하는 사람들은 실은 성장을 망치고 있는 것이다.

그런데 그 사람들은 오히려 분배를 강조하는 사람들이 분배의 선결조건으로서의 성장을 강조하지 않음으로써 분배할 "파이"를 만들지 못하게되어 분배를 악화시켰다고 정반대로 주장하려 한다. 그렇게 말할 때 그 사람들은 인과관계만 전도시키는 것이 아니라 사실부터를 반대로 말하고 있는 것이다. 지난 10여 년간 우리 경제를 이끌었던 것이 "성장"을 강조하는 흔히들 "신자유주의"라고 부르던 정책기조가 아니었던 것처럼 그들은 말하고 있는 것이다. "성장" 좀더 정확히는 "반분배"를 강조하던 그들의 목소리가 내내 무대 한 복판에 있었는데 마치 그동안 거기 없었던 것처럼 딴청을 피우고 있는 것이다. 지난 10여 년간 "성장"을 강조하는 그들의 목소리가 우리 경제를 이끄는 동안 기존에 극히 높은 수준을 유지하던 우리 경제의 성장률은 제고되기는커녕 급전직하해 왔음에도 그들은 그 사실에 대해 아무런 해명도 하지 않고 계속 무대의 중앙을 차지하고 있으려 하는 것이다.[39]

그 기간 동안 오로지 성장이라는 이름하에 막무가내의 구조조정을

39) 국내총생산의 연간 실질성장률을 5년씩 평균을 냈을 때 1985~1990년간 9.6%이던 것에서 1990~1995년간 7.8%로 조금 하강하기 시작하다가 1995~2000년간 4.4%, 2000~2005년간 4.5%로 본격 추락해버렸다. 2000년대 들어서 3년간 평균을 냈을 때에는 1999~2002년간 6.4%, 2002~2005년간 3.9%로 추락이 계속 심화되고 있는 경향을 읽을 수 있다(한국은행, 2006 자료에서). 그런데 성장률의 추락이 벌어진 이 시간은 심각한 분배악화의 시간이기도 하였다. 그리고 분배악화의 시점은 성장률 추락의 시점을 이끌고 있었다. 통계청《도시가계연보》자료에 의할 때 1993년 0.281까지 조금씩 개선되어 온 지니계수가 1994년 0.284로부터 시작하여 악화로 반전된 것은 1990년대 후반의 성장률 추락의 신호탄이었고 1997년의 0.283에서 1998년 무려 0.316으로 뛴 것은(변형윤, 2004: 125) 이후 더욱 심화되어 온 성장률 추락의 전주곡이었다.

줄곧 밀어붙여 왔으면서 "기업에 대한 규제"와 "강성 노조의 조장"이 "자본가의 투자의지를 꺾어" 성장잠재력을 파괴해 버렸기 때문에 성장률이 그렇게 떨어진 것이라며 실은 그 기간 동안 마구잡이 탈규제를 계속 해와 더 이상 존재하지도 않는 규제를 철폐하고 너무도 "유연화시켜" 더 이상 유연화할 여지가 없는 노동을 유연화시켜야 성장잠재력을 다시 살려 나갈 수 있다고 강변하는 것이다. 한마디로 해서 그동안의 경제정책이 분배를 강조함으로써 경제를 죽였기 때문에 서민들이 먹을 것이 없어져 돌아선 민심에 대해 그것을 되돌리기 위해서는 분배를 더 이상 강조하지 않는 "경제 살리기"에 나서야 한다고 적반하장식의 오처방을 새삼스러운 듯 띄우고 있는 것이다.[40]

2) 분배가 성장의 선결요건임을 분명히 해야 이길 수 있는 분배론

그런데 그러한 "성장론"의 적반하장을 누르려면 분배를 요구하는 사람들이 요구를 정확히 해야 한다. 그동안 분배를 요구하는 사람들은 흔히 "분배도" 배려를 해달라는 맥락의 요구를 해 왔다. 또는 "성장을 희생해서라도" 분배우선 정책을 펴야 한다는 시사가 담긴 주장을 해 왔다. 그렇게 요구 내지 주장하는 것은 마치 성장은 이루어지고 있다는 인상을 주게 된다. 우선 그들 자신이 그 점에 관해 확실히 해 둘 필요가 있을 것이다. 그들은 그동안 성장은 이루어졌다고 보고 있는지 여부를 분명히 해야 하는 것이다. 그런 것이 아니라면 분배를 요구하는 서술을 하기 전에 성장만을 일방적으로 내세워 왔던 지난 10년간 성장이

---

40) "이념"을 버리고 "경제"(그것도 "서민경제")를 중시하는 방향전환을 해야 한다거나 하는 말이 다 그런 적반하장이다. 지금까지 그런 목소리가 일방적으로 나라를 끌고 오면서 줄곧 "경제대통령"들을 자임하게 만들어 오지 않은 것처럼 시치미를 떼고 있는 것이다. 출자총액제한 등을 풀어서 기업하기 좋은 나라를 만들어 "경제를 우선 살려 놓고 보자"는 것도 다 곡론에 불과한 것이다. 그것의 옳고 그름을 떠나서 지금 그런 조처를 취한다고 하여 현 경제난국의 원인인 소득붕괴에 따른 소비침체에 아무런 변화를 낳지 못하기 때문에 경제를 살릴 수가 전혀 없다.

급전직하해 왔다는 바로 그 사실에 사람들의 주의를 충분히 환기시켜야 한다. 성장을 앞세우는 정책이 반대로 성장을 파괴했다는 사실을 강력하게 지적해야 하는 것이다.

사실관계를 그렇게 분명히 하면서, 분배를 해야 성장을 할 수 있는 인과적 이치를 자세히 설명해야만 한다. 지금 기업가가 투자를 안 하게 되는 주된 이유는 투자를 해서 생산을 해도 소득이 붕괴된 국민대중이 그것을 소비할 수가 없을 것이기 때문에 투자한 것을 그대로 날릴까 봐 투자를 안 하는 것이지 결코 딴 데 있는 것이 아니라는 점을 분명히 설명해야 하는 것이다. 그렇기 때문에 국민대중에게 소비를 할 수 있을 만큼 소득을 보전해 주는 것이 성장의 절대적 선결요건임을 분명히 설명해야 하는 것이다. 그리하여 그들의 요구가 "성장을 희생해서라도 분배를 배려해 달라"는 것이 아니라 "바로 그 성장을 가능하게 하기 위해 분배부터 살려 놓아라"는 것임을 분명히 하면서 분배를 요구해야 하는 것이다.

그렇게 하지 않고 지금처럼 "성장주의"를 반대하고 "분배주의"를 주장한다는 식으로 계속해서 말하면, 마치 "성장주의"가 성장에는 성공을 거두어온 양 인과관계 이전에 사실조차를 전도시켜 전제하고 있는 우리 사회의 "성장론자"들을 크게 도와주는 것이 될 수가 있는 것이다. "성장론자"들은 그렇다면 성장과 분배 중에서 우선순위가 높은 성장이라는 한 마리의 토끼를 확실히 잡는 냉철한 선택을 자기들이 하고 있지 않는가 하고 반문하는 것이다. "성장론자"들이 그렇게 적반하장식으로 되쏘는 것을 도와주지 않으려면 분배론자들은 "성장론자"들이 사실과 인과관계를 온통 전도시키고 있음을 분명히 드러내 주어야 한다. 우리 사회의 "성장론자"들이 태도를 바꿀 가능성은 별로 크지 않기 때문에 분배론자들이 정말 잘해야 하는 것이다.

사실은 그 점에서 "양극화"라는 표현은 약점이 있다. 그 표현에서는 경제 전체의 성장은 더 잘 이루어진다는 전제가 만져지기 때문이다. 전체 부는 더 커지는데 상층부의 소득은 상대적으로 늘어나고 하층부의 소득은 상대적으로 줄어든다는 뜻이 들어있는 것이다. 이른바 "파이를 키워야 한다"는 명제가 실현되는 것처럼 암시되는 것이다. 진실은 전체 부의 성장 자체가 줄어들어 왔다 것이다. 최상위의 극소수를 뺀 나머지 절대다수의 국민의 부가 축소되는 것이고 시간이 흐를수록 경제추락이 가속화되어 가면서 그 최상위의 소득도 점점 더 아래로 같이 끌려 내려 가게 된다는 것이다.

그리하여 시간이 흐를수록 정말로 손가락으로 셀 수 있을 개인들을 빼놓고는 국민 전 계층의 소득이 몰락하게 되는 것인데 얼마 안 있으면 그 개인들의 절대소득도 그 하강흐름에 합류하게 되는 것이다. "양극화"라는 표현을 쓰면 그런 사실이 쉽게 은폐될 수 있다. 물론 그 표현을 쓰는 사람들이 다 그렇듯 잘못된 전제를 하면서 그 표현을 사용하는 것은 아니지만 그 표현 자체에 논리적으로 그런 잘못된 의미가 담겨 있기 때문에 그 표현을 쓰는 것이 그러한 은폐를 도와주는 작용을 하게 되는 것이다. 그렇기 때문에 가급적 "양극화"라는 표현 대신에 "국민대중 소득붕괴"같이 모든 상황을 온전히 말해 줄 표현을 쓸 필요가 있는 것이다.

3) 쓸모 없는 미지근한 분배론 대신 직접 소득 보전의 유일한 방책

현재 우리 사회에서 "성장론"의 적반하장적 곡론을 일정하게 도와주고 있는 "분배론" 쪽의 또 한 가지 모습은 미지근한 분배론이다. 먼저 말로만 분배를 말하고 실제 정책으로는 제대로 추진하지 않는 것이다.[41] 그렇듯 분배가 정책으로 실행되지 않는 동안 예의 "성장주의"의

41) 또는 분배와는 직접 상관없는 "거품억제" 정책에 그치는 것도 마찬가지이다. 예컨대 부동산투기억제 정책은 "가진 자의 돈 잔치"의 한 가지를 못하게 함으로써 서민들의 정신적 박탈이 악화되지 않게 하려는 것이 그 한 가지 의도로 들어 있다. 하지만 그것이 예의 "신자유주의" 정책기조와 함께 정색을 하고 추진되고 있다는 점에서 아마도 더 큰 동기는 "거품"을 적대시하는 "자유주의적" 신조일 것이다. 어쨌거나 그것이 분배개선을 지향하는 "복지주의적" 정책은 아니다. 그 한 건의 "자유주의적" 신조 자체는 불건전한 것이 아니고 서민들의 정신적 박탈을 조금이라도 줄여 보려는 동기 역시 나무랄 수

효과는 계속되고 따라서 분배악화는 시간이 흐를수록 가속화되어진다. 그러면 "성장론" 쪽에서는 "분배주의"가 오히려 분배를 악화시키고 있다고 반격하려 드는 것이다. "분배주의"가 실행되지도 않았는데도 그것이 운위되고 있는 분위기를 가지고 그것이 정말 실행되고 있는 양 전제하면서 그 실행된 분배주의의 결과 분배악화가 일어나고 있다고 공격하는 것이다. 정말 실행되고 있는 것은 자신들이 말하는 바로 그 "성장주의"임에도 그렇게 적반하장을 하는 것이다.

미지근한 분배론의 또 한 가지 양태는 분배정책을 어느 정도 실시는 하는 것이다. 실시는 하지만 충분하지 못한 수준 및 방식으로 하는 것이다. 예를 들면 저소득층 일부에게 미미한 액수를 지급하는 것이다. 또는 직접적인 분배가 되지 못하고 이른바 "한국판 뉴딜 정책"등으로 간접적으로 "돈을 푸는" 것이다. 그러한 불충분한 수준과 방식의 분배정책은 현금의 가속화되고 있는 도도한 분배악화의 힘에 의미 있는 대항력이 되지 못한 채 "돈만 날리는" 것으로 끝나고 만다. 분배악화를 되돌려 놓지 못한 채 재정상태만 계속 악화시키게 되는 것이다. 그러면 예의 "성장론" 쪽에서는 "분배주의"가 오히려 분배를 악화시키는 것에 더해 재정상태까지 급속도로 악화시킨다고 더욱 목소리를 높이게 된다.

지금 이 심대한 상황을 타개할 수 있는 분배정책은 앞글에서 논했듯 크게 말해서 오로지 한 가지 방법밖에 없다. 그것은 앞글에서 상론한 것처럼 직접 대폭의 소득이전을 시켜주는 것이다. 그것에 정확히 도달하지 못하는 어떠한 방법도 "성장론"의 적반하장을 도와주는 노리개밖에 되지 못하는 것이다. 지금이 그만큼 비상한 상황이라는 것을 알아야 하는 것이다. 그 "성장론"이 말도 안 되는 자기파괴를 지난 수년 간 가한 결과 그러한 비상 사태가 초래되었고 그것이 계속 심화 내지 가속되

없는 것이다. 문제는 그 정책을 폈다는 데 있는 것이 아니고 거의 아무런 분배개선도 낳지 않는 그 정책으로 그친다는 데 있다. 그러면서 그것을 "서민지향적" 심지어 "분배지향적" 정책이라고 선전하기 때문에 반대자들에게 "서민지향적", "분배지향적" 정책이 외려 서민을 죽이고 있다고 반격할 빌미만 주는 셈이 되고 있는 것이다.

고 있다는 것을 인식해야 하는 것이다.[42] 그리하여 그러한 비상 사태에 상응하는 실효있는 처방의 선택 폭은 그토록 비상하게 좁혀져 있다는 것을 알아차려야 하는 것이다. 그리고 그 비상하면서도 유일한 방법을 단호하게 선택하여 추진할 수 있는 용기와 민주적 지도력이 있어야 하는 것이다. 그렇게 하는 데 있어서 그렇듯 비상한 방법 외의 방법을 써서는 해결할 수 없는 지경으로 만들어 놓고는 다시 바로 그 점을 역이용하여 적반하장까지 하려드는 그 "성장론"의 곡론에 더 이상 농락당하지 않아야 하는 것이다.

그리고 사실과 논리에서 결코 이길 수 없는 "성장론"이 "과격하다"고는 감성적으로 공격하는 방법을 동원하더라도 그런 것에 구애받지 말아야 한다. 그것은 마치 중태에 빠진 환자에게 수술을 해야 한다고 말하는 의사보고 과격하다고 말하는 것이나 마찬가지이다. 의사의 처방을 과격하냐 과격하지 않느냐로 평가해서는 안 되고 주어진 병의 치료를 위해 적합한 것이냐를 따져야 한다. 약만 먹어도 될 경환자에게 수술을 해서도 안 되고 수술을 해야 할 환자에게 약만 먹여서도 안 된다. 사실 외환위기를 만났을 때 우리가 썼어야 할 치료법은 말하자면 약만 먹여도 될 "온건한" 것이었다. 그런데 불필요하게 "생살을 자르는" "과

42) 현 정권은 그렇듯 비상한 상태에 빠진 경제를 인수받았다는 것을 의식하지 못했을 가능성이 크다. 그리고 그것이 잘못된 "성장론"과 "개방론"에 기반한 정책기조가 초래한 것임을 모르고 있는 것이다. 그래서 기본적으로 그러한 정책기조를 유지해 온 결과 상태가 더욱 악화되어 온 것이다. 현 정권이 객관적으로 정말 어려운 상황에 놓여 있다는 것은 그러한 정책기조를 소극적으로 중단하는 것만으로는 문제가 해결되지 않는다는 것이다. 거기에서 그치면 현재의 상태는 관성에 의해 계속 심화되어 갈 것이다. 그렇기 때문에 그러한 정책기조가 야기한 자기파괴 상태로부터 정상상태를 복원해 낼 비상한 방법을 적극적으로 동원해야 하는 것이다. 그렇게 하지 않으면 문제가 심화되어 감으로써 결국 모든 책임을 다 정서적으로 뒤집어쓰게 될 지도 모른다. 더군다나 그러한 정책기조를 계속 유지하여 상태를 적극적으로 악화시켜 간다면 더 말할 나위가 없을 것이다. 만약에 그러한 정책기조를 한미자유무역협정 같은 새로운 차원으로까지 강화시킨다면 책임은 정서적인 것을 훨씬 넘어설 것이다.

격한" 방법을 "개혁"이라는 이름하에 사용하였던 것이다. 필자는 그 당시 발표했었던 앞선 논문에서 그 점을 지적하면서 노선전환을 촉구하였었다. 그때 불필요하게 과격한 방법을 써서 자기파괴를 한 바로 그 이유 때문에 그로부터 정상상태를 복원하기 위해서 현재는 "과격하다"는 말을 들을 수도 있는 비상한 방법이 역으로 필요하게 된 것이다. 그때 그 잘못된 "과격한" 일을 벌이지 않았다면 지금 이 바로잡을 "과격한" 처방이 필요하지 않았을 것이다.[43)]

그리고 여기서 한 가지 더 부언을 할 점은 재정이 투입되지 않으면서 분배를 개선할 수 있는 방법은 실시해서 나쁠 경우는 많지 않다고 말할 수 있다. 예컨대 비정규직 문제를 위시한 노동자의 직업안정성의 강화는 일반적으로 그 비용을 직접 국가가 크게 대는 것이 아니다. 사용자가 그 방면에 좀더 투입할 비용을 진정코 마련할 수 없는 경우가 아니라면 사용자가 그것을 "아까워" 하지 말고 투입하는 것이 우리 사회 노동대중 일반의 소득을 향상시킴으로써 소비를 늘리고 그것이 경기를 누승적으로 상승시킴으로써 사업의 성장(또는 최소한 축소의 저지)을 통하여 사용자에게도 이익(더 이상의 손실의 방지를 포함하여)으로 돌아온다는 것을 국가가 설득하면서(필요하다면 유인도 제공하여) 사용자의 합의를 이끌어내어 직업안정성이 점점 더 강화되는 방향으로 제도화시켜 나가면, 위에서 말한 비상구급방만큼 신속한 효과를 주지 않겠지만 장기

---

43) 현 상황에 대한 필자의 진단이나 처방을 듣는 지인들 가운데에는 필자가 "과격해졌다"고 말하는 사람들이 있다. 사실은 필자가 변한 것이 아니라 상황이 그렇게 "과격해져" 있는 것이다. 그러나 "과격하다"는 말을 들을 수 있으면 아무 방법이나 다 현 상황을 구할 수 있는 것이 당연히 아니다. 크게 보아 여기서 제시한 그 방법 외에는 없는 것이다. 지금 "과격하다"는 평을 듣는 여러 가지 처방들이 방향이나 강도가 적합하지 않다. 강도라는 차원에서 보면 오히려 여기서의 처방에 대부분 못미친다. "과격하다"는 것이 올바른 처방의 기준이 될 수 없다는 것을 거꾸로 보여 주는 것이다. 필자의 처방이 옳은 것은 그것이 "그들보다 더 과격해서가 아니라" 설사 "그들보다 더 과격하다는 평을 받는다 하더라도" 그런 것에 구애받지 않고 현 경제상황을 정확히 진단하고 그것에 적합한 처방을 내린 것이기 때문이다. 그것이 "과격하다면" 그것은 현 상황이 그것을 요구하기 때문인 것이다.

적으로 큰 힘을 보태줄 수 있을 것이다.

4) “성장”의 곡론의 확대판으로서의 “개방”의 곡론

우리는 위에서 앞 논문에서 이미 한 바 있는 대내적 “성장론”의 적반하장적 곡론에 대한 비판을 강조점을 두어 다시 전개하였다. 그 연장선상에서 이 논문에서 논한 “개방론”의 곡론에 대한 비판을 할 수 있다. “성장론”이 경제성장을 추락시켰듯이 “개방론”이 경제성장을 추락시켰는데 그 맥락을 이 논문에서 철저하게 따져 보았던 것이다. “개방론”이 경제성장을 추락시킨 강도는 “성장론”이 추락시킨 강도보다 훨씬 강할 뿐 아니라 그것을 이끌고 있다. 이 이중의 맥락에서 “개방론”의 폐해는 “성장론”의 폐해의 확대판이라고 할 수 있다. 그럼에도 “개방론”이 개방이 경제성장 내지 발전을 증진시켜 준다고 사실과는 정반대로 강변을 하는 것도 “성장론”이 경제성장 내지 발전을 증진시켜 준다고 사실과는 정반대의 강변을 하는 것의 확대판이다. 경제성장을 추락시키는 사실 속에서의 이중의 맥락에서뿐만 아니라 그러한 사실과는 정반대의 강변을 하는 데 있어서도 “개방론”은 “성장론”의 확대판인 것이다.

“개방론”이 “성장론”의 확대판 곡론을 발해 오고 있는 것은 물론 분배에 대해서도 마찬가지이다. 그것이 확대판인 이유도 그 모든 복합적인 맥락을 포괄한다. “개방론”이 분배를 악화시킨 강도는 “성장론”이 악화시킨 강도보다 훨씬 강하다. 국내에 있다면 분배로 투입될 수도 있는 부를 아예 가져가 버리기 때문이고, 더 근본적으로 부와 일자리의 생성의 물적 원천인 자본을 가져가 버리기 때문이고 더 나아가 경제발전의 틀 자체를 경쟁력과 함께 파괴해 버리기 때문이다. 뿐만 아니라 “개방론”은 “성장론”의 극심한 분배악화를 이끈다. “성장론”이 성장과 분배를 같이 파괴하는 그 “생살자르기”를 “개방”이 더욱 강력하게 요구하며 굳혀나가기 때문이다. 그 “개방”이 그 “성장”을 부하로 만들며 그 우두머리가 되어 이끌고 있는 것이다. “개방”이 그렇게 이중의 맥락에서 분배를 극심하게 악화시켰는데도 사실과는 정반대의 맥락에서 “개방으로 양극화를 치유하자"고 적반하장식으로 강변하는 것도, "성장론"이 그렇게 사실을 도치시켜 "성장으로 양극화를 치유하자"고 강변하는 것의 확대판이다. 이렇듯 성장과 개방 모두에 있어 "개방론"의 곡론은 "성장론"의 곡론의 복합적인 확대판이다. 더 나아가 성장과 분배 모두에 있어 흔히 "개방론"이라는 곡론적 논의 자체가 "성장론"이라는 곡론적 논의와 함께 이루어지거나 아니라도 서로 전제하면서 이루어질 때가 많은 데, 그럴 때 거기에서도 "개방론"이 "성장론"을 인과적으로 이끄는 논리를 취한다.

5) "성장론" 비판의 함정이 확대된 "개방론" 비판의 함정

그런데 곡론에 대한 비판이 빠지는 함정에 있어서마저도 확대판의 모습이 나타나고 있다. "개방론"에 대한 비판마저도 "성장론"에 대한 비판이 흔히 빠지는 함정의 확대판에 빠지는 모습을 보여 주고 있는 것이다. 분배를 악화시키는 측면을 여러 가지로 비판하면서 마치 개방이 성장은 촉진시키는 것 같은 느낌을 주는 모습을 보이는 것이다. 사람들이 개방이 "양극화를 심화시킨다"고 비판하거나 개방이 "노동자, 농민을 다 죽인다"고 비판할 때 흔히 그러한 느낌을 주면서 그렇게 하는 것이다. 개방이 "노동자, 농민은 죽여도" "나머지" 국민에게는 이익이 될 만큼 전체 부는 더 많이 늘려 준다는 느낌을 주는 것이다. 개방이 경제성장 내지 "경쟁력 강화" 또는 "일자리 창출"을 시켜주는 것으로 아예 전제를 하는 경우도 있고, 그렇게 하지는 않더라도 그것이 그렇지 않다는 것에 초점을 맞추지 않음으로써 결과적으로 그러한 느낌을 주는 경우도 있다.

그렇게 "개방"이 경제발전은 시켜주는 것처럼 전제하는 것은 "개방론"을 크게 도와주는 것이 된다. 우리가 이 논문에서 철저히 따져 본 것처럼 사실은 개방이 우리의 경제성장 자체를 무너뜨릴 뿐이며 더 근본적으로 경제성장의 잠재력 자체를 무너져 내리게 하고 있는데 그렇지 않은 것 같은 느낌을 줌으로써 "개방론"을 도와주는 것이 되는 것이다. 적어도 그렇다는 사실을 직시하지 못하게 함으로써 "개방론"을 도와주는 것이다. 이 모든 것이 사람들이 성장론을 비판할 때 빠지는 함정의 확대판이라고 할 수 있다. 그러한 함정에 빠지지 않기 위해서는 "개방"이 분배를 악화시키기 이전에 성장 자체를 파괴한다는 것을 분명히 하면서 분배악화 효과를 논해야 한다. 성장 자체를 파괴하는 만큼 더욱 극렬한 분배악화가 일어나며 그것은 다시 성장파괴를 가중시키는 그 모든 과정을 "반분배"정책이 하는 것을 확대시킨 수준에서 일으키며 그것을 이끈다는 것을 분명히 말해야 하는 것이다.

6) 수출 확대 당위의 곡론

"개방론"이 그러한 적반하장식 강변을 할 때 추가적으로 동원하는 한 가지 우격다짐식 명제가 수출확대의 당위성이다. 우리처럼 "수출로 먹고사는" 나라가 수출을 늘리기 위해서 개방은 대안의 여지가 없는 절대적 선택이라고 몰아 붙이려 드는 것이다. 그런데 세계화를 정책으로 추진하며 개방을 강조하기 시작한 1990년대에 우리의 무역의존도는 점점 줄어들고 있었다. 유례없이 "세계화"를 정책으로까지 추진하려 했는데도 우리 경제에서 무역의 중요성은 늘어나지 않고 오히려 줄어들고 있었던 것이다. 정확히 말하자면 그 이전부터 시작된 무역의존도의 감소 추이가 심화되고 있었던 것이다.[44] 그 근본적인 이유는 우리의 경제가 그만큼 성장하였기 때문이다. 수십 년간의 빠른 경제성장을 통하여 세계 10위 경제대국에 접근해 갈 정도로 우리 자신의 경제규모가 커진 만큼 우리 자신의 내수가 그만큼 중요해져 간 것이다.

원래 경제규모가 큰 나라들은 무역의존도가 그렇게 높지 않다. 가장 경제규모가 큰 미국과 일본은 우리의 몇 분의 일밖에 되지 않는다.[45]

---

44) 5년씩 평균을 냈을 때 한국의 무역의존도(총무역액/국내총생산)는 1980~84기간에 69.8%로 최고에 달했다가 1985~89기간에 64.8%로 낮아지기 시작하여 1990~94기간에는 54.7%로 더 큰 폭으로 감소하였다.

45) 1980년대(1980~1989) 10년간 평균 무역의존도가 한국이 67.3%인 반면 미국은 18.7%, 일본은 23.6%에 불과하였다. 유럽공동체로 역내무역이 많은 영국과 프랑스도 각각 52.3%, 44.6%로 우리보다 상당히 낮았다(OECD 2006 자료에서).

그렇듯 우리의 무역의존도는 다른 나라들에 비해 비정상적으로 높았는데 수십 년간의 경제성장을 통한 경제규모의 증대로 그것이 정상화되어 가기 시작한 것이다. 무역의존도가 낮은 쪽으로 변한 것이 내수가 주도하는 정상적 경제로의 발전임을 그렇게 다른 나라와의 비교를 통하여, 그리고 우리 자신의 시간적 추이를 통하여 인식한다면 "수출만이 살길이다"는 말을 더 이상 되뇌지 않게 될 것이다. 더군다나 "무역의존도가 '비상하게 높은' 우리 나라에서 수출증대 외에는 살길이 없다"는 식의 말을 마구 내뱉지는 않을 것이다.[46]

그런데 그렇듯 정상적인 상태를 향하여 낮아져 온 우리의 무역의존도가 외환위기가 엄습한 1990년대 후반부터 다시 상당히 높아지게 되었다.[47] 무역의존도가 그렇듯 최근에 다시 높아지게 된 이유는 분수로서의 무역의존도의 위의 분자 쪽 무역액이 늘어서라기보다는 아래의 분모 쪽 국내총생산이 위축되어져 왔기 때문이다.[48] 분수의 구조만 그렇게 차분히 살펴보아도 무역의존도가 늘어난 것이 우리 경제가 잘되고 있는 것의 반영이 아니라 못되고 있는 것의 반영임을 바로 알아차릴 수가 있다. 물론 무역액은 국내총생산만큼 바로 위축되지 않았기 때문에

46) 아래에서 논할 모든 다른 논리적, 경험적 사항들을 따지지 않고도 기본적인 수리적 판단력이 있다면 다른 나라에 비해 그렇듯 비정상적으로 높기 이전에 100%에 가깝도록 높은 그 수치를 더 높이려는 드는 일의 무리함을 바로 지적하게 될 것이다.

47) 5년간 평균에는 이것이 1995~1999기간의 66.8%, 2000~04기간의 75.6%로의 증가로 나타난다. 그러나 이것은 1998년도의 79.5%보다 낮은 것이다. 1998년에 갑자기 한꺼번에 많이 높아진 이후에는 이 수치가 정체되어 있다고 할 수 있다.

48) 앞서 말했듯이 국내총생산의 연간 실질성장률은 1990~1995년간 7.8%에서 1995~2000년간 4.4%, 2000~2005년간 4.5%로 추락해버렸다. 이에 비해 총무역액의 연간 실질성장률은 1990~1995년간 8.5%에서 1995~2000년간 10.6%로 조금밖에 늘지 않았고 2000~2005년간은 5.5%로 오히려 예전보다 줄어들었다. 1995~2000년간에 조금이라도 는 것은 원화가치의 대폭적인 하락에 크게 힘입었다고 할 수 있는데 그러고도 그것밖에 늘지 않았다는 점에서 내용적으로는 이미 그때부터 성장률이 줄기 시작했다고 할 수 있을 것이다.

무역의존도라는 그 분수값이 약간 늘어날 수 있었다. 수출을 포함한 무역액이 당장 같이 위축되지는 않았던 한 가지 중요한 이유는 그동안 우리가 일상적으로 들어 온 "내수가 무너진 상황에서 수출밖에는 기댈 데가 없다"는 착란적 강박관념에 있었다.

그러나 그렇게 수출에 매달려 안간힘을 다해 왔었는데도 경제는 살아나지 않았다. 수출고는 증가해도 그 기간 동안 경제성장률은 주욱 추락해 온 것이다. "내수가 무너진 상황에서 수출밖에는 기댈 데가 없다"는 강박관념이 착란적인 것임을 여실히 보여 주는 것이다. "내수가 무너졌는데" 바로 그 무너진 중심을 복원하지 않고 엉뚱한 가장자리 방향으로 땜질을 하려 들어서야 문제 해결이 될 수 없다는 너무도 당연한 진실을 현실 속에서 오처방의 실패를 통해서 역으로 확인케 하고 있는 것이다. 영국이나 프랑스 등 서구의 주요 부국들과 같은 5천만 전후의 인구를 가지고 소득수준도 높아져 있는 우리의 경제는 내수가 경제의 기관차가 될 수밖에 없다는 사실을 머리로 편하게 깨닫지 못하고 몸으로 고통스럽게 체험하고 있는 것이다.[49] 그래서 현재의 상황에서 분배의 획기적인 개선을 통하여 국민대중의 주머니를 채워주고 그 충분한 소득으로 소비를 원활하게 할 수 있게 함으로써 무너진 내수를 다시 살려내야만 경제가 살아날 수 있다는 점을 힘들여서 체험하고 있는 것이다.

그러나 엉뚱한 방향으로 땜질을 하는 데 관심과 노력을 투입하는 만

---

49) 현재 우리 사회에 유포되어 있는 대외굴종적 특권 주지주의에 내포된 부실한 지식의 한 가지 중요한 요소는 자기 국가의 규모에 대한 자기비하적으로 극히 부실한 사실관계 인식이다. 면적이나 인구에서 유럽의 전통 강국과 같은 수준의 규모를 지니는 자기 국가를 그 몇 분의 일 심지어 십여 분의 일에 지나지 않는 싱가포르나 핀란드 같은 나라와 등치를 시키며 예컨대 강"소"국이라고 과소서술하면서 그들과 같은 발전 내지 생존전략을 추구해야 한다고 심각한 오류를 발해대는 것이다. 그것은 약소국이라고 부르는 것보다는 과소서술의 정도가 덜해진 것이지만 여전히 사실에서 크게 이탈한 것이다. 그 점을 비판하며 "강중국"이라는 명칭과 함께 그에 걸맞은 주체적인 전략적 선택을 강조하는 임현진(2006)의 주장을 경청할 필요가 있을 것이다. 그렇듯 전통 부국들에 뒤지지 않는 규모 때문에도 우리에게 내수의 중요성은 더 절실해지는 것이다.

큼 정작 그렇듯 손보아야 할 내수는 방치하여 위축을 심화시킴으로써 문제는 계속 악화되고 있다. 그리하여 그동안 있었던 예의 수출증가 노력은 경제악화의 반영일 뿐 아니라 경제악화를 심화시키는 역할을 하고 있을 뿐이다. 그런데 그렇게 해서 경제 자체의 추락이 계속 심화되어지면 당연히 수출도 위축되어 갈 수밖에 없다. 수출을 포함하는 실질 무역액은 시간이 흐르면서 예전보다 오히려 성장률이 떨어져 오고 있는 것이다. "수출 외에는 기댈 데가 없다"고 매달렸는데도 오히려 무역액 증가의 감소추세가 벌어져 온 것이다. 내수를 복원하지 않아서 경제의 추락이 계속된 결과 수출도 따라서 움츠려지게 된 것이다. 경제가 추락하여 생산을 못하는데 무엇을 가지고 수출을 할 수 있겠는가? 그러한 착란적 행태가 바로잡히지 않으면 얼마 안 있어 실질 무역액은 성장률의 감소에 그치지 않고 성장 자체가 멈추면서 절대감소의 단계로 굴러들어가게 될 것이다. 결국 수출지상 명제는 전제에서 목표까지에 이르는 모든 사항에서 온통 진실을 뒤집어 놓은 곡론임을 알 수 있다. 또한 수출 자체가 줄어들게 되는데 수출을 강조하는 점에서도, 성장 자체가 줄어드는데 성장을 강조하는 "성장론"과 그 확대판으로서 개방을 강조하는 "개방론"과 같은 전도된 구도를 공유하고 있는 것이다.

그런데 그렇듯 국민들이 몸으로 고통스럽게 체험하고 있는 사실을 우리의 경제정책을 좌지우지하는 사람들은 아직도 머리로 깨닫지 못하고 있는 것이다. 수출에 매달리는 것이 경제를 살려내지 못하고 외려 그 추락을 도와주고 있다는 그 명백한 사실을 외면하면서 계속 "수출을 늘려야 경제가 산다"고 말하고 있다. 그리고 그 틀린 전제를 계속 당연시하면서 수출을 늘리기 위해서 개방을 해야만 한다고 말하는 것이다. 그러나 그들이 외면하고 은폐하고 싶어하는 그 현실이 바로 그들의 개방론 자체가 엄청난 곡론임을 역으로 보강 증명해 주고 있는 셈이다.

9. 경제주권 회복과 대외굴종적 특권 주지주의 청산의 과제

1) 난관극복의 유일한 근본 처방으로서의 경제주권 회복

그리하여 대내적으로 국민대중의 소득을 되살리면서 우리는 대외적으로 지금의 경제적 중태가 궁극적으로 이전 정부하에 일어난 종속화에서 비롯되었다는 것을 빨리 인식하고 경제적 주권을 회복해야 한다. 더 이상의 국부유출을 막아야만 국민대중의 소득을 되살릴 재원을 안정적으로 확보할 수가 있다. 기업의 경영권을 되찾아 와야만 기업으로 하여금 부와 일자리를 계속 창출하게 할 수 있다. 금융의 통제권을 되찾아 와야만 그렇게 하는 것을 방해받지 않고 지원할 수 있다. 그리고 경제정책의 주체성을 확립해야만 우리를 위해 필요한 그 모든 당위적 유형을 추구할 수 있다. 그리고 그렇게 하는 데 있어서 언론을 필두로 해서 발해 댈 대외굴종적 특권 주지주의의 곡론적 반응에 전혀 구애받을 필요가 없다. 그러한 곡론적 반응에 구애받는 것은 그것을 발하는 것보다도 더욱 우스운 일이 될 것이다.

한마디로 우리는 우리의 경제발전을 지키기 위해 대외적으로 필요한 울타리를 확고히 재건해야 한다. 그 울타리 안에서 우리는 우리의 발전을 위해 우리의 강점을 지키고 우리의 약점을 고쳐 나갈 수 있다. 이제라도 우리가 가야 할 길은 빨리 세계화 등의 허황되고 무책임한 외향적 구호를 버리고 우리 안으로 돌아와 그동안 그런 허황된 구호를 가지고 파괴해댔던 우리 자신의 빼어난 틀을 되살리는 동시에 그런 외향적 신기루에 들떠 방치하여 왔던 여기저기의 내적 부실을 바로 잡는 일이다. 외향적 신기루를 실제 정책으로까지 추구한 결과 야기된 광범위한 자기파괴의 과정은 그러한 내적 부실들에 대해서도 실은 방치를 넘어 극심하게 가중시켜 왔다.[50] 그러한 외향적 개념들은 선도 아니고 대세도

50) 비만 조금 많이 와도 수십 명씩 인명피해가 발생하는 부끄러운 상황은 비단 경제를 넘어 우리 사회에 만연되어 가고 있는 그러한 내적 부실의 단적인 예이다. 국내에서 오랫동안 한 가지 표준적 경제학 원론 교과서로 자리잡아

아니다. 그것은 우리를 불필요한 몰락과 고통으로 떨어뜨리고 있는 착란적 허상일 뿐이다. 정부를 이끄는 사람들이 그것을 대세로 잘못 인식하면서 세계의 부국들뿐 아니라 웬만한 개도국들도 다 취하는 정상적인 주체성을 우리가 취하면 그것을 "쇄국"이라고 부르려 들 정도로 과잉개방을 추구하는 상황이 바뀌지 않는 한, 우리 경제의 몰락은 멈춰지지 않을 것이다.

2) 친일파 미청산으로부터 비롯된 병리적 의식 청산의 중대 과제

그리고 그렇게 바로 잡는다는 것은 우리 사회의 대외굴종적 특권 주지주의를 청산해야 한다는 말과 같은 말이 된다. 국망기의 친일적 자세에서 비롯된 대외굴종적 특권 주지주의는 광복 후 친일파 청산에 실패함으로써 머무르게 되었었다. 현 정부에서 친일파 청산을 강조하는 것은 그동안 학문적으로도 흔히 간과되어 왔던 친일파 청산 실패가 초래한 엄중한 결과를 부각시켜 주는 효과도 낳고 있다. 그런데 우리는 여기서 친일파 청산이 중요한 맥락을 정확히 인식하여야 한다. 친일파 청산은 사람들로 하여금 앞으로 다시는 그런 짓을 하지 못하게 하는 이른바 처벌의 "억지"효과에 그 일차적 목적이 있는 것이다.

그런데 만약 과거의 친일 행위를 뒤늦게 규명하면서 이른바 신친일을 포함하는 현재와 미래의 대외굴종성을 방치한다면 그것은 주객을 전도하는 일이 된다. 그런 일이 벌어지게 되는 한 가지 이유는 광복 후 친일파 청산에 실패한 결과 생겨난 병의 증상을 정확히 식별하지 못하고 있기 때문이다. 대외굴종적 특권 주지주의가 자꾸 재생산되면서 유포되어 온 것을 보지 못하고 있는 것이다. 이것은 마치 병원균이 널리 확산 전이되어 있는데 원 발병처만 치료하면 완치시킬 수 있다고 생각하는 것이나 마찬가지이다.

왔던 책을 집필한 바 있는 조순(2006)은 한미 FTA를 반대하면서 현재 우리 경제가 앞으로 나아가기 위해 필요한 것은 그러한 외적 행보가 아니라 내적 교정에 있음을 강조하고 있다.

3) 종속적 의식과 결합되어 있는 비민주적 기제 청산 과제의 시급성

그런데 현재 그 종속적 의식은 군사독재의 유물인 비민주적 의사결정기제와 얽혀서 존재한다. 현재 우리 사회에 퍼져 있는 대외굴종적 특권 주지주의의 원형은 일본지배자를 따라 자기 사회 성원 일반을 "개조되어야 할 못난 존재"로 내려다보는 자세를 취하던 친일파의 모습으로부터 비롯된 것이다. 그것이 국민을 일방적으로 통치하는 독재적 기제에서 자신의 표현수단을 발견하고 "민주화"하에서도 그러한 군사독재의 유산을 버리지 않게 하였던 것이다. 그리하여 "민주화"하에서 국민의 뜻을 섬기는 민주적 의사결정기제가 아니라 반대로 국민에게 자신의 뜻을 안기는 비민주적 의사결정기제가 "국민계도의 사명"라는 이름으로 심화되어질 수 있었던 것이다. 그런데 군사독재자들은 국민이 품고 있는 민족주의적 성취욕구를 "배려"하면서 그것을 독재적 기제로 불완전하나마 실현시켜주려 했던 데 반해 "민주화"하에서 이제는 오히려 그것을 전혀 배려조차 하지 않게 되었던 것이다. 군사독재자들이 그들의 독재기제로 존중해주려 하던 민족주의적 성취욕구를, 그동안의 "민주화"하에서 청산을 하지 않은 독재기제를 가지고 이제는 반대로 무시하면서 대외굴종적 정책들을 일방적으로 부과해 온 것이다.

그 결과 군사독재정권하에서는 발생하지 않던 종속적 추락이 발생하게 된 것이다. 민족주의적 성취욕구라는 국민의 뜻이 자신을 당당하게 표출하는 민주적 기제를 향유하지 못하고 독재자의 배려를 통해 표출되어지던 그 불완전한 기제가 민주적 기제로 순조롭게 바뀌는 대신에 아예 내쳐져 버린 것이다. 주권자인 국민의 의사에 따라 작동되어지는 서구의 자유 민주주의 체제에서와는 정반대로 국민을 일방적으로 끌어가려 드는 것은 대외굴종적 특권 주지주의가 수반하고 있는 서구에 대한 부실한 지식상태를 근본에서부터 보여 준다.[51] 동시에 그것은 공론에

---

51) 역시 갑자기 튀어 온 한미 FTA만 해도 미국은 모든 이해집단을 포괄하는 국민의 뜻을 충실히 수렴한 내용을 의회에서 법령화한 후 계속 감독하는 상태에서 협상단은 그것을 수족처럼 이행하려 드는 맥락인 데 반해 우리는 민주

따라 작동되던 우리 자신의 전통에 대해서도 부실한 지식을 담고 있는 것이다. 잘 모르는 상태로 서구를 추종하고 잘 모르는 상태로 자신을 비하하는 것이다. 비민주적 의사결정기제를 시급히 청산하고 진정한 민주화를 이룩하면 그러한 부실한 지식상태를 바로 잡는다는 의미를 지니는 것이지만 그러기 전에 대외굴종적 특권 주지주의가 정책으로 구현되는 것을 당장에 막아줄 수 있게 된다.[52)]

4) 때아닌 종속화를 낳은 종속적 의식이라는 희귀병 인지의 중요성

착종 내지 전도된 민주화 과정 속에서 그렇듯 대외굴종성이 득세하면서 우리 경제에 대해 무분별한 개방을 들씌움으로써 "종속"의 구렁텅이에 빠뜨려 버렸다. 그것은 그들이 그렇게 하는 데 동원한 허구적 구호로

적 추동에 의해서가 아니라 반대로 일방적으로 "위에서 결정하여" 국민과 의회를 끌고 가려고 하는 모습을 보여 주고 있는 것이다. 그 과정에서 우리는 그 내용을 국민에게 출력조차 해주지 않고 있는 반면 미국은 국민 자신이 그 내용을 입력하는 것이다(오마이뉴스, "미국엔 왜 'FTA저지 범국본'이 없는가," 2006. 7. 10 참조).

52) 최장집(2006)은 우리에게 민주화가 또 한번 절실히 필요하다는 점을 역설하고 있다. 거기서 우리가 절차적 민주화는 이루었는데 내용적 민주화를 이루지 못함으로써 문제가 야기되고 있다고 그가 진단한 것은 좀더 세밀하게 가다듬어야 할 필요가 있다. 절차적 민주주의가 제대로 확립되지 않았기 때문에(손호철, 1999) 내용적 민주주의가 귀결되지 않았다는 중대한 연결고리를 포착하지 못해서는 안 되기 때문이다. 우리 국민이 현재 표현의 자유를 만끽하고 있다는 것은 분명히 과거에 비해 크게 발전한 점이다. 그러나 그렇게 해서 국민의 의사가 자유롭게 표출되어도 그 국민의 의사가 정책으로 자리잡는 민주적 의사결정기제는 오히려 퇴보한 점이 있다. 의사표현이라는 소극적 측면에서는 민주주의가 발전했지만 의사결정이라는 적극적 측면에서는 오히려 퇴보했다는 점에서 지금까지의 민주화는 착종된 민주화라 할 수 있다. 그리고 바로 적극적 측면에서 절차적 민주화가 퇴보했기 때문에 내용적으로 과거보다 못해지고 그것이 국민들에게 "개발독재에의 향수"를 불러일으키고 있는 것이다. 착종된 민주화를 바로 잡는 지상과제에는 그 점에서 절차적 민주주의의 퇴보를 바로 잡는 중차대한 과제가 1순위로 들어있다는 점을 놓치지 말아야 할 것이다.

서의 새로운 “세계화”가 전혀 아닌 인류 역사에 출현한지가 오래된 “종속”의 함정이었다. 지난 세기들에 동구를 헤어나지 못하게 하고 또 남미를 헤어나지 못하게 했던 그 함정에 우리 근처에서는 혼자서 때아니게 빠져 들어간 것이다. 아니 정확히는 우리가 스스로 걸어 들어간 것인데 그 점에서는 처음부터 거기에 빠져 있어서 헤어나지 못한 것이었던 그런 나라들과는 다른 세계사에 유례없는 일이 벌어진 것이다. 우리가 지난 세기에 일본에 의해 부과된 “종속”을 광복 후에 빠른 속도로 청산했으면서도 정신적 종속만은 청산하지를 못해 왔는데, 그 정신적 종속이 정치경제적 종속마저 재현해 내도록 근래에 작용해 왔기 때문이다.

그런 점에서 그것은 종속이론에서 말하는 단순한 정치경제적 종속과는 병인이 다른 종속이다. 그것은 병인이 종속적 의식에 있는 희귀병인 것이다. 그 정신적 종속이 세계화라는 말을 빌려 최신의 담론인 것인 것처럼 위장까지 하면서 재부상하게 되었고 그것이 결과적으로 정치경제적 종속이라는 구종의 질병을 불러왔던 것이다. 우리의 많은 이른바 “진보적” 지식인들도 그러한 위장된 정신적 종속을 같이 표출하고 있는데 그들은 현재 우리의 암울한 상태가 오늘날 세계를 점점 더 휩쓸고 있는 세계화의 피할 수 없는 숙명 때문이라고 말함으로써 단조의 화음으로 합창해 주고 있다. 우리 경제를 현재의 수렁에서 건져내려면 세계화가 대세라는 그러한 허위 담론에 더 이상 넘어 가면 안 되고 그동안 잠시라도 잘못 넘어갔었던 사람이라면 지금 당장 거기서 걸어나오지 않으면 안 된다.

오늘날 우리가 빠져 있는 이러한 종속상태에 대해 특히 실천적 지식인들을 중심으로 문제제기가 많이 이루어지고 있다. 거기에 대해 예의 “개방론”자들이 반격하는 한 가지 양식은 그것이 “한물간 1980년대” 종속이론에의 “시대착오적”인 의존이라는 것이다. 우리 사회의 대외굴종적 특권 주지주의가 학문을 진리추구가 아닌 유행추종의 장으로 대하는 모습을 잘 보여준다. 사실을 보여 줘도 “유행과 맞지 않는다”는 일언지하에 사실을 외면할 수 있는 것이다. 물론 1980년대에 종속이론을 추종하던 자체가 유행추종의 모습을 일정하게 보여주었던 것이 사실이다. 그 당시 종속이론이 오래 가지 못했던 한 가지 이유는 그때에는 우리 경제에 종속의 모습이 많지 않았던 데 있다. 그때에는 현실 속에 별로 없는데도 유행이라고 따랐고 지금은 현실 속에 많이 있는데도 유행이 아니라고 배격하는 것이다.

그런데 종속은 "종속이론"과는 별도의 일반적인 개념으로 다룰 필요가 있다. 물론 "종속이론"이 종속의 문제를 집중적으로 다루면서 그에 대한 관심을 환기시켜 준 것이 사실이지만 종속의 문제를 다루는 데 있어 꼭 특정의 이론적 전통에 구속될 필요는 없다. 우선 종속은 필연적으로 나타나는 현상이 아니라 잘못하면 걸릴 수도 있는 병리적 상태라고 할 수 있다. 그 상태 자체가 상존하는 것이 아니고 잘못하면 걸릴 수 있는 가능성이 상존하는 것이다. 그 점에서 질병과 비슷하다고 할 수 있다. 그리고 그 원인을 설명하는 데 있어 맑스의 잉여가치론에 얽매이지 않는 정치경제적 접근이 필요하고 더 나아가 우리가 여기서 다룬 의식 내지 이념의 중대한 작용을 고려에 넣을 수 있는 "사회문화적" 접근이 필요하다.

5) 만방과 무게 있게 거래하는 당당한 국민경제 확립의 당위성

우리가 몰락의 구렁텅이로 더욱 깊이 빠져들어 가는 대신에 거기서부터 빠져 나오는 대전환을 시작하려면 이제 더 이상 세계화니 블록화니 자유무역협정이니 하는 평지풍파를 일으키지 말고, 우리를 만국 경제 속의 당당한 일국 경제로 확고히 자리매김하면서 모든 나라와 꼭 필요한 만큼 서로 신중히 거래를 하면서도 꼭 필요한 만큼 서로를 철저히 지키는 그러한 무게 있는 나라 경제가 되어야 하는 것이다.[53] 그러한

53) 〈한겨레〉 기사(2006. 7. 8)는 한미자유무역협정 홍보의 모순을 다각적으로 지적하는 경제전문가들의 비판을 담고 있지만 한미자유무역협정을 추진하는 것의 원천적 모순은 그 필요성의 기본전제로서의 수출증가라는 목표 자체가 이미 상론했듯이 전혀 당위가 될 수 없다는 것이다. 그런데 한미자유무역협정을 옹호하는 한 가지 논리는 "세계화 시대에 쇄국을 해서는 살아남을 수

원칙하에서 좀더 가까운 나라나 좀더 큰 나라와는 그에 다소간에 비례하여 좀더 많은 거래를 하게 될 것이지만 그 비중 이상으로 그것을 과잉 추구한다면 거기서부터는 그 나라들에 빌붙어서 자기 나라의 경제를 종속적인 것으로 추락시키려는 자세의 발로가 된다.

동아시아의 경우 우리 자신을 포함하여 규모들이 큰 소수의 국가가 있는 지역이라는 점에서 오히려 그 비중을 인위적으로 더 낮추는 것이 바람직하고 정치적 갈등이 있어 왔다는 점에서 더더욱 그러하다는 것을 염두에 두면 최상의 원리가 된다. 정상적인 상황에서라면 그러한 갈등이 있는 경우에는, 비슷한 상황의 나라들이 다 그렇듯이, 당연히 그러한 자세를 취하게 되었겠지만 친일파 청산을 하지 못하고 그로부터 비롯된 병리적 의식이 많이 유포된 비정상적 상황에서 정반대로 과잉 우호를 주장하는 입장이 부상을 할 수 있게 된 것이다. 그러한 입장을 다스리면서 세계 속의 당당한 국민경제의 위상을 확고하게 견지하는 것만이 우리 경제가 오늘날 점점 깊이 빠져 들어가고 있는 이 험한 수렁에서 빠져 나와 발전을 재개할 수 있는 유일한 길이다.

없다"는 것이다. 그렇게 말하는 사람들이 미국과 자유무역을 체결하지 않는 세계 대부분의 나라가 쇄국을 하고 있다고 말하지는 못할 것이다. 세계 대부분의 나라들이 다 취하고 있는 정상적인 자세를 자기나라가 취하면 그것을 "쇄국"이라고 부르는 자가당착적인 논리를 사용하고 있는 것이다. 그것은 역으로 그들이 추구하는 정도와 맥락의 "개방"이 정상적인 수준이 아닌 극히 과도한 것임을 잘 말해 준다. 정상적인 다른 나라들은 하지 않는 손해볼 일을 세계의 대세인 양 몰고 가면서 "우리 나라만 뒤처져서는 안 된다"는 당착적인 논리를 구사하는 것은 우리 나라에서만 경제 종속을 추구하면서 그것을 세계를 휩쓸고 있는 세계화의 구현이라고 강변하는 대외굴종적 특권 주지주의가 새 가지를 치고 있는 것임을 알 수 있다.

▪ 참고문헌 ▪

변형윤(2004), "한국의 Globalization의 전개방향(1)", 학술원 개원 50주년 기념 국내학술대회 발표논문.

손호철(1999), "IMF 위기와 정치개혁", 〈사회과학연구〉 8집.

심영섭 · 오영석(2001), "한국 산업의 경쟁력 분석 - 외환위기 이후의 수출 경쟁력 변화를 중심으로", 산업연구원.

안현효(2005), "IMF 이후 민영화와 정부지분 매각의 현황과 문제점", 한국경제학회 학술대회 발표논문, 2005년 2월.

양두용 외(2004), "외환위기 이후 한국의 금융국제화 진전과 향후 과제", 대외경제정책연구원.

이제민(2006), "동북아시대와 경제협력의 정치경제학", 정책토론회 〈동북아시대, 한국의 진로〉 발표논문, 인천대학교, 2006년 7월.

임현진(2006), "한국의 발전 경험과 대안 모색: 새로운 발전 모델을 찾아서", 〈한국사회학〉 40집 1호.

장하준(2004), 《개혁의 덫》, 부키.

조복현(2005), "외환위기 이후 금융개혁의 경제적 효과", 〈사회경제평론〉 24호.

조 순(2006), "한-미 FTA와 한국경제", 〈한겨레〉, 2006. 7. 20.

최장집(2006), 《민주주의의 민주화》, 후마니타스.

한국은행(2006), 경제통계시스템, http://ecos. bok. or. kr.

한국증권거래소(2004), "신흥시장의 고주가 배경", 증권조사팀 수시보고 2004년 2월.

Bartlett, Bruce(2006), *Imposter: How George W. Bush Bankrupted America and Betrayed the Reagan Legacy*, New York: Doubleday.

Clyde, Paul H. and Burton F. Beers(1975), *The Far East: A History of Western Impacts and Eastern Responses, 1830~1975*, Englewood Cliffs, N. J.: Prentice-Hall.

Elden, Stuart(2005), "Missing the Point: Globalization, Deterritorialization, and the Space of the World." *Transactions of the Institute of British Geographers*, vol. 30, no. 1: 8~19.

Feldstein, M. (1998), "Refocusing the IMF overdoing it in East Asia."

Foreign Affairs, vol. 77: 20~33.

Ferrell, O. C. (2002), *Business Ethics: Ethical Decision Making and Cases*, Boston: Houghton Mifflin.

Frankel, Boris (1987), *Post-Industrial Utopians*, Cambridge: Polity.

Gray, John (1998), *False Dawn: The Delusions of Global Capitalism*, New York: New Press.

Gritsch, Maria (2005), "The Nation-State and Economic Globalization: Soft Geo-Politics and Increased State Autonomy?" *Review of International Political Economy*, vol. 12, no. 1: 1~25.

Khalil, Elias L. (2005), "An Anatomy of Authority: Adam Smith as Political Theorist." *Cambridge Journal of Economics*, vol. 29, no. 1: 57~71.

Magnusson, Paul (2003), "What Comes After Cancun?" *Business Week Online*, 2003. 9. 22.

Marshall, Don D. (1996), "National Development and the Globalization Discourse: Confronting 'Imperative' and 'Convergence' Notions." *Third World Quarterly*, vol. 17, no. 5: 875~901.

McLaughlin, John (1984), "The New Nationalism." *National Review*, vol. 36, no. 18: 24~24.

Munford, Michael (1995), "How Margaret Thatcher Changed Britain." *IPA Review*, vol. 48, no. 3: 55~58.

O'Beirne, Kate (2002), "The State of Welfare." *National Review*, Feb. 11: 16~18.

O'Brien, David (2000), "Reconstructuring Social Democracy: New Labor and the Welfare State." *British Journal of Politics and International Relations*, vol. 2, no. 3: 403~413.

OECD 2006 Statistics v. 2.6, "Macro trade indicators." http://stats.oecd.org/WBOS/Default.aspx? DatasetCode=TRADEINDMACRO.

Plant, Raymond (1999), "The Moral Boundaries of Markets." in Richard Norman ed., *Ethics and the Markets*, Aldershot: Ashgate, pp. 9~25.

Ryn, Claes G. (1994), "Democracy and Nationhood." N. V. Chavchavadze et al. eds., *National Identity As an Issue of Knowledge and Morality*, Washington, D.C.: Paideia Press & The Council for

Research in Values and Philosophy, pp. 97~106.

Samuelson, Paul A. (1980), *Economics*, 11th Ed., New York: McGraw-Hill.

Schön, Manfred (1987), "Gustav Schmoller and Max Weber." in W. J. Mommsen and J. Osterhammel eds., *Max Weber and His Contemporaries*, London: Unwin Hyman, pp. 59~69.

Smith, Adam (1982), *The Theory of Moral Sentiments*, Indianapolis: Liberty-Classics.

Tickell, Adam (2000), "Global Rhetorics, National Politics: Pursuing Bank Mergers in Canada." *Antipode*, vol. 32, no. 2: 152~175.

UN (2005), "Growth in United Nations Membership, 1945~2005." http://www.un.org/Overview/growth.htm.

Wade, R. and F. Veneroso (1990), "The Asian Crisis: The High Debt Model Versus the Wall Street Treasury IMF Complex." *New Left Review*, vol. 228: 3~22.

Weller, C. E. and R. Chaurushiya (2006), "Managing Portfolio Flows." *Journal of Economic Issues*, vol. XL, no. 2: 377~385.

Wolf, Martin (2001), "Will the Nation-Sate Survive Globalization?" *Foreign Affairs*, vol. 80, no. 1: 178~190.

Yang, Catherine (1997), "When Protectionism Wears Camouflage." *Business Week*, 06/02/97, p. 60.

Yeung, H. W. (1998), "Capital, State and Space: Contesting the Borderless World." *Transactions of the Institute of British Geographers*, vol. 23: 291~309.